VALLE-INCLÁN (1898-1998): ESCENARIOS

Seminario Internacional
Universidade de Santiago de Compostela
noviembre - diciembre, 1998

Edición a cargo de
Margarita Santos Zas, Luis Iglesias Feijoo,
Javier Serrano Alonso, Amparo de Juan Bolufer

(Con la colaboración del *Grupo de Investigación Valle-Inclán*)

2000

UNIVERSIDADE DE SANTIAGO DE COMPOSTELA

SEMINARIO INTERNACIONAL VALLE-INCLÁN (1898-1998): ESCENARIOS (1998. Santiago de Compostela)

Valle-Inclán (1898-1998) : Escenarios : Actas del Seminario Internacional, Santiago de Compostela, noviembre-diciembre 1998 /edición a cargo de Margarita Santos Zas... [et al.]. — Santiago de Compostela : Universidade, Servicio de Publicacións e Intercambio Científico, 2000. — 536 p. ; 24 cm. — (Cursos e Congresos da Universidade de Santiago de Compostela ; 119). — D.L. C-169-2000. — ISBN 84-8121-797-2

1. Valle-Inclán, Ramón María del - Congresos. I. Santos Zas, Margarita, ed. lit. II. Universidade de Santiago de Compostela. Servicio de Publicacións e Intercambio Científico, ed. III. Título. IV. Serie.

860 Valle-Inclán (063)

Edita
SERVICIO DE PUBLICACIÓNS E INTERCAMBIO CIENTÍFICO
Campus universitario sur

Imprime
ARTES GRÁFICAS LITONOR
Polígono Ind. do Tambre. Vía Ptolomeo, 4
Santiago de Compostela

ISBN 84-8121-797-2
Depósito Legal: C-169-2000

1002 785 388

In memoriam Antón Risco

A *Luis Mario Schneider*,
compañero de viaje ya
desaparecido

ÍNDICE

Presentación

Dos veces 98

Cien años de 1898 a 1998, dos finales de siglo, el fin de un milenio, las puertas del 2000: la sugestiva convergencia de fechas, que se dan cita en el origen y publicación de estas Actas, no es mágica, sino fruto de una lógica cadena de hechos. En marzo de 1998 la Universidad de Santiago puso en nuestras manos la organización de un encuentro académico de carácter internacional, que había de desarrollarse en el marco de una exposición dedicada a Valle-Inclán. La Universidad personificaba así en su ilustre alumno Ramón Mª del Valle-Inclán los actos conmemorativos del centenario de la llamada Generación del 98.

El Seminario Internacional *Valle-Inclán (1898-1998): Escenarios* fue nuestra respuesta a aquella demanda y estas Actas, que salen a la luz al cumplirse el año de la clausura de dicho Seminario, constituyen su premeditado colofón. Por tercera vez (1986 y 1995 fueron las dos anteriores) la Universidad de Santiago propiciaba un foro de debate en torno a la figura y obra de Ramón del Valle-Inclán, polémico "hijo pródigo del 98", y también por tercera vez su organización se confiaba a miembros del Grupo de Investigación Valle-Inclán, que desde hace años centra en él su trabajo. Pero a diferencia de las precedentes, en esta ocasión se integraba en un proyecto múltiple, cuyo eje era la exposición bio-bibliográfica: *Don Ramón Mª del Valle-Inclán (1866-1898)*, inaugurada el 10 de noviembre de 1998 y clausurada el 10 de enero de 1999, de la que fueron comisarios Joaquín y Javier del Valle-Inclán.

Si el origen de este Seminario queda dicho, su razón de ser y objetivos remiten en gran medida al punto de partida citado. El título general *Valle-Inclán (1898-1998): Escenarios* quiso integrar dos vertientes independientes, aunque complementarias, con realización en fechas distintas: una, relativa al *Viaje* y su proyección literaria, desarrollada entre el 11 y el 14 de noviembre; la segunda, articulada en torno a los *Géneros dramáticos y Recepción del teatro de Valle-Inclán*, celebrada entre el 14 y 17 de diciembre. Esta discontinuidad temporal no implica fractura en la concepción del Seminario, como revelan los actos de apertura y cierre, celebrados en sendos recintos, el Salón Noble del Colegio de Fonseca y la Iglesia de la Universidad, con la intervención del Rector, don Darío Villanueva, y la presencia del Decano de la Facultad de Filoloxía, don Emilio Montero Cartelle y de don Joaquín del Valle-Inclán. En la sesión inaugural se pronunciaron en nombre de la comisión organizadora las palabras de bienvenida que figuran tras esta presentación, y con las que se expresa la gratitud –que reiteramos ahora– a cuantos hicieron posible esta celebración. En este punto viene al caso advertir que se ha optado por fundir en un único texto las intervenciones de la Coordinadora General de este Seminario, correspondientes a la inauguración oficial del mismo y a la apertura de su segundo tramo, a fin de evitar redundancias.

La elección de los temas –viajes y teatro– tuvo que ver con los contenidos de sendas secciones de la mencionada exposición, pero, aún siendo ésta una razón poderosa, no fue la única. La idea de organizar un debate en torno a temas monográficos invitaba a acosarlos desde diferentes ángulos y perspectivas con un rendimiento previsiblemente múltiple. Del acierto dan ahora fe estas Actas, cuya disposición en dos partes respeta el orden y distribución original de las ponencias, recogidas en el programa del Seminario. Su supervisión se hizo con la ayuda de Ángeles Gómez Abalo, Catalina Míguez, Xaquín Nuñez Sabarís y Pilar Veiga.

En el caso de los viajes, los criterios de ordenación resultaron sencillos, ya que procuramos relacionar bloques cronológico-temáticos con los biográfico-literarios, planteamiento que propiciaba tocar cualquiera de esas dimensiones o combinarlas y adentrarse en la estética y poética del escritor, sin olvidar la consideración del viaje desde una perspectiva teórica. Se examinaron, así, los viajes valleinclanianos fuera de su país de origen: las dos estancias en México (1892/1921), la gira teatral americana de 1910, la visita a Francia y al frente aliado en la I Guerra Mundial y su intensa relación con Italia. En paralelo se analizaron sus repercusiones y proyección literaria en las *Sonatas*, *La Media Noche*, *Tirano Banderas* y *El Ruedo Ibérico*, que aúnan escenarios reales e imaginarios y conectan experiencia vital y ficticia, para dar paso, mediante un salto en el tiempo, a otros escenarios –los teatrales–, que se abordaron en la segunda parte del Seminario.

Tampoco ahora se pretendía afrontar los diversos géneros teatrales y la recepción del teatro de Valle-Inclán de manera exhaustiva. Pese a ello, las nueve ponencias aquí recogidas dan cuenta de cuestiones y problemas planteados por algunos de los marbetes utilizados por Valle-Inclán: comedia, tragedia, farsa, melodramas, autos y esperpento, e indagan nuevas vías de tipificación genológica, además de atender a la recepción del teatro valleinclaniano tanto desde la perspectiva de su tiempo como desde la actual.

Fueron sus autores un total de dieciocho reputados especialistas en las materias propuestas, la época y el autor, que –debemos decirlo– aceptaron con la mejor disponibilidad la preparación *ex profeso* de sus ponencias, a fin de conseguir la planificada coherencia del conjunto de este Seminario.

A las dieciocho ponencias se sumaron sendas conferencias –apertura y clausura– que respondían al deseo de abordar a Valle-Inclán desde la perspectiva del marco cronológico, que contextualizaba el Seminario, es decir, el fin de siglo pasado y este final de centuria. En el primer caso, guiados por un deseo interdisciplinar, apelamos a la pintura, cuya incidencia en la obra y la concepción artística del escritor es bien sabida; Carlos Reyero (Universidad Autónoma de Madrid) fue el autor de la lección inaugural. En cambio, en la de clausura, que impartió Rodolfo Cardona (Universidad de Boston), prevaleció la idea de un balance de la personalidad artística de Valle-Inclán desde la óptica de nuestro *hic et nunc*.

El conjunto de estas intervenciones ha puesto de relieve que las expectativas suscitadas por cada uno de los temas tratados se han visto colmadas. Pero más allá de la aportación documental, en la que hemos contado con auténticas primicias, los útiles balances, la variedad de enfoques y la lectura perspicaz e innovadora de cada tema, nos hemos visto obligados a reflexionar ante el juego de convergencias, constantes y diferencias puestas de manifiesto en la obra valleinclaniana, que permiten vislumbrar conclusiones de alcance general. Estas Actas nos darán ocasión de calibrarlo.

Quede constancia de que los miembros de la Comisión organizadora, siguiendo una costumbre que se ha convertido en tradición, decidieron no encargar ponencias a sus colegas del Departamento de Literatura Española, Teoría de la Literatura y Lingüística General, y mucho menos asumirlas ellos mismos. Sin embargo consideraron este Seminario el foro idóneo para la presentación del Grupo de Investigación Valle-Inclán de la Universidad de Santiago, integrado por los profesores que firmamos estas palabras, miembros, a su vez, del Proyecto de Investigación "Valle-Inclán" (subvencionado por la DGICYT), y por doce estudiantes de Tercer Ciclo. Cuatro de ellos en cada Seminario –su segunda jornada– se encargaron de exponer los objetivos, instrumentos de trabajo, proyectos y logros alcanzados, así como lo concerniente a la organización interna del equipo; igualmente dieron cuenta del fondo documental y bibliográfico de que se dispone, las principales líneas de investigación a las que se adscriben tanto los trabajos de los citados profesores, como las memorias de licenciatura y tesis doctorales que aquellos dirigen. Fueron portavoces del Grupo en el I Seminario Francisco Blanco Sanmartín, Ángeles Gómez Abalo, Catalina Míguez Vilas y Margarita Vidal Maza; en el II: Pilar Freire Novo, Rafael López Mella, Rosario Mascato Rey y Sandra Rosendo Fernández. Este informe estuvo precedido de una breve historia del Grupo, realizada por su actual directora, Margarita Santos Zas, que destacó los diez años de existencia del equipo, cuya andadura se inició bajo la dirección de Luis Iglesias Feijoo (su Investigador Principal entre 1988 y 1993), así como las sucesivas subvenciones del Ministerio de Educación y Ciencia y la Xunta de Galicia, merced a las cuales continúan su labor investigadora. Es este el momento de agradecer la estimulante y generosa acogida que profesores invitados y asistentes nos manifestaron, al igual que valoramos con especial interés sus sugerencias, sus propuestas de colaboración y su explícito apoyo. En este sentido recordamos con emoción el extraordinario gesto del profesor don Luis Mario Schneider, recientemente fallecido, que nos hizo donación de diez cartas autógrafas de Valle-Inclán, que desde entonces custodia la Universidad.

Tanto este Seminario como la Exposición arriba mencionada, *Don Ramón Mª del Valle-Inclán (1866-1898)*, son caras de un prismático proyecto auspiciado y coordinado por la Universidad, al que queremos referirnos en su estricta vinculación con la parte que nos concierne. En las sedes habilitadas para la Exposición –el Salón Artesonado de Fonseca y la Iglesia de la Universidad–, los ponentes y asistentes al Seminario pudieron contemplar en visita programada los más de 300 objetos que se exhibieron, muchos de ellos en primicia, procedentes de fondos publicos y privados, siendo la aportación principal la de don Carlos del Valle-Inclán, Marqués de Bradomín. El carácter efímero de toda exposición se palía en este caso gracias a un catálogo, editado en cuatro volúmenes, en el que se pueden ver reproducciones fotográficas de lo expuesto. Su diseño, así como el de toda la parte gráfica del Seminario, se debe al Grupo Revisión Diseño, que realizó con eficaz originalidad un trabajo, que es hora de ponderar.

Este proyecto múltiple se completó, por una parte, con la representación de *La Cabeza del Dragón*, cuyo estreno –15 de diciembre– se hizo coincidir con el segundo Seminario. Su puesta en escena –celebrada unánimemente por un público especialmente interesado– corrió a cargo del Aula de Teatro da Universidade de Santiago, dirigido por Roberto Salgueiro. Por otra, cabe mencionar dentro de los actos conmemorativos del 98, aunque con una incidencia tangencial en el Seminario, otra iniciativa felizmente ya concluida; se trata de la edición facsímil de la revista estudiantil compostelana *Café con Gotas (1886-1892)*, en la que aparecieron los primeros textos de Valle-Inclán. Dicha edición fue realizada por el mencionado Grupo de Investigación y presentada el pasado 16 de noviembre.

Para terminar, estas actas se concibieron *In memoriam* Antón Risco, cuyo recuerdo permanece vivo para cuantos lo admiramos como valleinclanista y lo quisimos como amigo. Lamentablemente en enero de 1999 se produjo el fallecimiento de Luis Mario Schneider. Su presencia en nuestro primer Seminario, aunque fugaz, dejó una profunda huella entre cuantos le tratamos, por ello hemos querido recordarlo aquí, dedicándole también estas páginas.

Este homenaje que la Universidad compostelana rinde a Valle-Inclán quizá se cuente como el último que el presente milenio le ha dedicado o tal vez pase a ser el primero del que estamos a punto de estrenar. Cierre, apertura, alfa, omega... es lo de menos. Esta edición sólo aspira a ser una nueva manifestación de la vigencia que para nuestra Universidad –para todos nosotros– tiene la obra de un hombre, que al cruzar el umbral del nuevo siglo, del nuevo milenio lo hace como él mismo soñaba, *fuera del espacio y del tiempo*, porque su propio siglo le otorgó categoría de clásico, es decir, de escritor universal*.

Santiago, diciembre, 1999

Margarita Santos Zas
Luis Iglesias Feijoo
Javier Serrano Alonso
Amparo de Juan Bolufer

* Tanto el Seminario Internacional *Valle-Inclán (1898-1998): Escenarios* como estas Actas se inscriben en la labor desarrollada por el Proyecto de Investigación "La obra de Valle-Inclán: esdiciones y estudios críticos" (DGICYT, PB97-0536).

Apertura del Seminario:

In itinere

En 1986 conmemoramos en este mismo recinto histórico –el Salón Noble del Colegio de Fonseca– el cincuentenario de la muerte de Valle-Inclán con un Congreso Internacional, que algunos de Uds. todavía recordarán. En 1995 celebramos los cien años de la publicación de *Femeninas* con un nuevo Simposio, que tuvo lugar en la Facultad de Filología. Si el primero se caracterizó por un enfoque y objetivos abarcadores de la vida y obra del escritor; el segundo se limitó a la primera época de su obra hasta 1906, un período tan acotado como fecundo. La acogida que ambas convocatorias tuvieron no pudo ser más satisfactoria y sus resultados están a la vista en las Actas, *Valle-Inclán y el Fin de Siglo*, publicadas en 1997. Un largo itinerario el recorrido hasta aquí, que es "suma y sigue" de un camino de investigación, que se vislumbra tan complejo como fascinante, con trayectos poco transitados y espacios vírgenes que invitan a su exploración.

Hoy, al filo de concluir el centenario del emblemático 1898, histórica fecha que designó a toda una generación, la Universidad de Santiago no podía dejar de conmemorarlo, personificando su celebración en la figura de Valle-Inclán, sin duda el escritor que mayor proyección ha alcanzado no solo entre los bien o mal llamados "noventayochos", sino en tanto representante de la Modernidad. Vaya nuestro tercer homenaje, pues, a quien Castelao calificó sin reservas de *hijo del renacimiento literario de Galicia y el mejor artista de la España contemporánea* ("Galicia y Valle-Inclán", La Habana, 1939)

La idea de este Seminario Internacional está estrechamente unida desde su origen a la Exposición *Don Ramón Mª del Valle-Inclán (1866-1898)*, de la que son sus comisarios Joaquín y Javier del Valle-Inclán, y a cuya inauguración –10 de noviembre– hemos asistido expresamente invitados por nuestro Rector. En nombre, pues, de los organizadores de este *Valle-Inclán (1898-1998): Escenarios*, me limitaré a explicar brevemente sus líneas maestras y sus objetivos.

Don Ramón, polémico hijo de su tiempo y de este tiempo, vivió *sub specie theatri*. Pérez de Ayala sintetizaba en esta afortunada expresión la reconocida tendencia de Valle-Inclán a recrear literariamente su vida, forjando su propio personaje para desconcierto de unos, regocijo de otros y ardua tarea de quienes se hayan propuesto descifrar sus claves.

Pero la expresión de Ayala connota otros significados que tienen cabida en nuestros *Escenarios*, que acogen los espacios y paisajes vitales y ficcionales, físicos e imaginarios, reales y soñados, articulados en torno a dos ejes temáticos: *Viaje* y *Teatro*. Ambos pretenden conferir sentido unitario a sus respectivos ciclos de conferencias, flanqueados, a su vez, por las fechas 1898-1998, que conmemoran el siglo.

Por lo que concierne a los *Viajes y su proyección literaria*, son numerosos los realizados por Valle dentro y fuera de España. No pudiendo abarcarlos todos, hemos optado por dar preferencia a sus estancias breves o prolongadas en países de Europa e Hispanoamérica, que han dejado en su vida y obra huellas profundas. De hecho, y según confesión propia (*El Universal*, 1921), reconoce deber *a México, indirectamente mi carrera literaria*. A un vuelo nocturno sobre el frente aliado en la I Guerra Mundial atribuye el hallazgo de la "visión estelar", concepto crucial en el proceso de renovación de la narrativa valleinclaniana, aunque previo a su formulación en *La Media Noche* (1917). Italia –en Roma vivió entre 1933 y 1935– impregna con su arte toda la obra de Valle-Inclán, siendo la *Sonata de Primavera* la que explicita ese espacio como marco físico de la ficción novelesca. Viaje y teatro se funden en la gira realizada con la compañía. Guerrero-Díaz de Mendoza en 1910 por varios países de Sudamérica (Argentina, Chile Paraguay, Bolivia...). Todos estos itinerarios tienen zonas oscuras, que estos días con seguridad se irán iluminando con sus aportaciones. Pero esta dimensión biográfico-documental tiene, como queda dicho, una rica proyección literaria, que será analizada en paralelo a lo largo de estas jornadas, tanto desde una óptica genérica como temática, espacio-ambiental o lingüística, y rastreada en sus primeras obras y en las últimas, en relación con sus técnicas descriptivas o con su particular poetica y concepción estética.

Quedan fuera de nuestra atención otros itinerarios más próximos, los de ámbito nacional (Barcelona, País Vasco, Granada, Valencia, Castilla, por no mencionar los frecuentes viajes y estancias en tierras gallegas) y tampoco será expresamene tratado otro tipo de itinerario, el viaje interior –*La Lámpara Maravillosa*–, indagación estética a la que presumiblemente se aludirá con frecuencia estos días. Al Valle-Inclán viajero apenas se le ha dedicado atención, pero, si las geografías recorridas –en casi todos los medios de locomoción conocidos– nos muestran a un hombre que observa y se imprenga de los paisajes, los colores, las gentes y sus peculiares voces y acentos, con todo ello construye, a la par que su itinerario vital, su trayectoria literaria, caracterizada por una incansable búsqueda que lo convierte permanentemente en un escritor *in itinere*.

Una vez concluido este primer tramo (11-14 de noviembre), retomaremos el hilo de Ariadna del Seminario Internacional –la imagen unitaria del *escenario*– para dar paso –sin actos protocolarios oficiales– al segundo (14-17 de diciembre). El machadiano *Todo pasa y todo queda* resume, sin necesidad de ulteriores explicaciones, el sentimiento simultáneo de lo transitorio y lo permanente suscitado por el final parcial de un periplo, que tiene continuidad en un nuevo ciclo de conferencias con otros protagonistas y otros temas. Llegados a este punto, hago mía la célebre expresión de Fray Luis, *como decíamos ayer...*, en un intento de anular el lapso temporal que media entre ambos bloques y, *enarcando la pierna, cual musa moderna*, saltar de los espacios físicos e imaginarios, vitales y ficcionales, a otro espacio –el teatral–, que será el nuevo tema de este *Valle-Inclán (1898-1998): Escenarios*.

Nos ocuparemos, pues, en el segundo ciclo de conferencias de los *escenarios* valleinclanianos, devolviéndole a este término su sentido denotativo y enfocando su estudio desde una perspectiva genérica, al mismo tiempo que se atenderá a su recepción contemporánea y actual.

El enfoque genérico propuesto no implica ignorar un debate teórico previo, cual es el referido a la pertinencia de los conceptos genéricos como categorías críticas, ni supone tampoco obviar la discusión de lo adecuado o inadecuado de la aplicación de estas nociones a partir del Romanticismo.

En cualquier caso, no me toca a mí entrar en estas consideraciones teóricas, pero me atrevería a recordar que dichos conceptos genéricos constituyen históricamente una opción pragmática difícil de soslayar, de ahí que el campo de la teoría literaria admita su operatividad. En este sentido me parecen harto elocuentes las palabras de Claudio Guillén en *Entre lo uno y lo diverso* (Barcelona, 1985):

> *La cuestión de los géneros literarios es una de las "cuestiones disputadas" (...) que han protagonizado, desde Aristóteles para acá, la historia de la Poética. Arduo sería imaginarse tal historia sin ese problema esencial y constituyente. Y por lo tanto pertinaz e interminable.*

Problema esencial, pertinaz e interminable es en Valle-Inclán la cuestión de los géneros y por ello hemos considerado oportuno proponer el estudio genológico como una alternativa de análisis a los criterios puramente cronológicos o a las clasificaciones de tipo temático, insuficientes para abordar la constante experimentación de Valle-Inclán y los diferentes modos y técnicas con los que el autor afronta los temas desarrollados en sus piezas dramáticas. Ciertamente, el nivel de complejidad de la dramaturgia valleinclaniana reside tanto en su carácter experimental como en su diversidad, ya que a lo largo del tiempo, e incluso simultáneamente, ha desarrollado proyectos teatrales muy diferentes desde el punto de vista estructural, genérico y estético, guiado –como en el resto de su obra– por el mismo afan renovador. Su vocación artística le impulsaba hacia delante en un deseo de innovar –por ello hasta Baroja capitulaba de su antipatía por Valle-Inclán y le rendía admiración–, escribiendo un teatro en prosa o verso, cultivando todos los géneros, desarrollando con osadía nuevas prácticas interdiscursivas. Desde esta óptica la expresión *in itinire* traduce con exactitud su tarea como dramaturgo, es decir, la personalidad artística de Valle-Inclán

La pertinencia del enfoque genérico como categoría aplicable al teatro de Valle-Inclán y como vía de indagación en su dramaturgia tiene, pues, su principal razón de ser en su dimensión experimental, en la subversión de los códigos y la superación de las fronteras genéricas, que caracterizan su obra. Su propia preocupación se evidencia en la profusión de marcas genéricas que, procedentes de la tradición o de nuevo cuño, Valle-Inclán aplicó a sus textos como signo de la renovación terminológica, pero también como síntoma de su propia fundamentación teórica. Recordemos las principale etiquetas: drama, coloquios romáticos, escenas rimadas, tragedia, farsa/farsa infantil, tragicomedia, comedia, esperpento, autos para siluetas, tablado de marionetas, melodramas para marionetas...

Por su parte, esas categorías genéricas tienen formas de expresión escénica que varían con el tiempo: ¿Cómo se han materializado y cómo se materializan los conceptos genéricos valleinclanianos en sus manifestaciones escénicas?. Es la pregunta que remite a la representación de su teatro y a su recepción, aspectos que tanto tienen que ver con el éxito o el fracaso de sus innovadoras propuestas teatrales, con el silencio despechado del escritor o con el exabrupto lanzado contra cómicos, compañías, actores y público, con la rabia del que sabe que su teatro es *para una noche y gracias*.

No hemos pretendido abarcar en estos días toda la producción teatral de Valle; como en el caso de los viajes, hemos tenido que optar y ello significa excluir. Tal sucede con marbetes tan importantes como *tragicomedia*, que no obstante será objeto de estudio desde la óptica del espectáculo, indisociable, por otra parte, de la lectura que cada director hace del código genérico de la pieza que escenifica. Igualmente los estrenos y recepción de su teatro han tenido que reducirse a calas, aunque muy significativas, necesariamente fragmentarias.

Agreguemos a lo dicho que este Seminario se acoge bajo un arco de fechas –un siglo– que le dan su sentido último. Ambas son el motivo central de sus conferencias de apertura y clausura, respectivamente. Del contexto histórico-cultural que ayuda a "leer" mejor a este hijo –que no pródigo– del 98, nos hemos inclinado por el artístico-pictórico, que tanta importancia ha tenido en la concepción estética de Valle-Inclán. Por fin, a modo de conclusión, podremos ponderar las causas de la vigencia y vitalidad de la obra valleinclaniana desde nuestro presente.

Para alcanzar estos objetivos contamos con un plantel de especialistas en la obra y época del escritor gallego difícilmente superable, que han hecho también su particular –largo en muchos casos– itinerario: desde México, Estados Unidos, Francia, Italia, Austria, Madrid, Barcelona, Zaragoza, Valencia, Logroño y Murcia. Algunos de Uds. han compartido con nosotros celebraciones anteriores, otros lo hacen por primera vez. A unos y otros les une un denominador común: convertir cada encuentro en un foro de debate, sin prejuicios o trabas que limiten o desvirtúen *a priori* nuestro primordial objetivo: analizar con respeto y rigor la figura y obra del escritor arousano para así aprehenderlas en su complejidad. Ello explica, por otra parte, la limitación en el número de matriculados –no hemos querido sobrepasase las 75 personas–, un grupo tan reducido como cualificado para propiciar un debate, que será grabado para su posterior publicación y publicación en las Actas, acompañando las veinte ponencias de los dos ciclos y cuya edición asume la Universidad. Es nuestro deseo dedicar dicho volumen a Antón Risco, amigo inolvidable y admirado colega.

Lo efímero de estas jornadas, que en breve serán recuerdo en la memoria de cada cual –*Todo pasa*–, contrasta con las Actas, que aspiran a perpetuar las aportaciones de todas sus intervenciones: *Todo queda*.

Este Seminario tiene previsto completar sus actividades académicas con la visita programada a las sedes de la Exposición *Don Ramón Mª del Valle-Inclán (1866-1898)*, abierta al público hasta el próximo 10 de enero. Asimismo, en el Seminario dedicado al teatro tendremos ocasión de asistir, en concreto el 15 de diciembre y en representación única, al estreno de *La Cabeza del Dragón*, puesta en escena por el Aula de Teatro da Universidade, dirigida por Roberto Salgueiro.

Para terminar, sé que no hago más que transmitir el sentir de mis compañeros al llegar al capítulo de los agradecimientos y mencionar a cuantos han hecho posible la celebración de estas jornadas valleinclanianas.

Por ser este Seminario Internacional un proyecto estrictamente universitario, la primera muestra de gratitud sea para la Universidad compostelana, que ha puesto a nuestra disposición todos los medios humanos y materiales necesarios, canalizados principalmente a través de la Secretaría del Rector y del Vicerrectorado de Extensión Cultural, bajo la dirección de su titular, don José Manuel Rivera, y su equipo de colaboradores, con Mercedes Rosón como eslabón primordial de una cadena de nombres, que no puedo mencionar individualmente, pero guardo en la memoria. A mayores de tan imprescindible y eficaz ayuda, ha sido el apoyo entusiasta del propio Rector, don Darío Villanueva, el que más de una vez ha dado aire al velero para llegar a puerto. Agradecérselo no es mera cortesía sino sincero reconocimiento. Nos sentimos íntimamente orgullosos de esa ayuda institucional,

[XX]

que también hemos encontrado en nuestra Facultad y en el Departamento de Literatura Española, Teoría de la Literatura y Lingüística General.

Agradecemos igualmente la colaboración del Grupo de Investigación Valle-Inclán, en particular a Catalina Míguez Vilas, Margarita Vidal Maza, Angeles Gómez Abalo, Pilar Freire, Rosario Mascato y Pilar Veiga, quienes se ocuparán de tareas organizativas durante la celebración de cada fase del Seminario.

Conste nuestro más sincero agradecimiento a todos los presentes, porque no estaríamos ahora aquí de no haber contado con el interés, redoblado en muchos casos al matricularse en ambos ciclos del Seminario, y la voluntad de participar de cada uno de Uds.

Mención aparte merece la generosa disponibilidad de todos los conferenciantes, que aceptaron intervenir en este acontecimiento, compartiendo con nosotros estas jornadas de noviembre y diciembre, que han de ser, estamos seguros, en lo que de ellos depende fecundas y por nuestra parte trataremos de hacerlas lo más gratas posible en esta ciudad de Compostela, que vuelve a ser nuestra sede:

> De todas las rancias ciudades españolas, la que parece inmovilizada en un sueño de granito, inmutable y eterno, es Santiago de Compostela. La ciudad de las conchas acendra su aroma piadoso como las rosas que en las estancias cerradas exhalaban al marchitarse su más delicada fragancia. Rosa mística de piedra, flor romántica y tosca, como el tiempo de las peregrinaciones conserva una gracia ingenua de viejo latín rimado (...) En esta ciudad petrificada huye la idea del tiempo. No parece antigua, sino eterna (...) Allí las horas son una misma hora, eternamente repetida bajo el cielo lluvioso (La Lámpara Maravillosa. 1916).

Bienvenidos y muchas gracias

MARGARITA SANTOS ZAS
Coordinadora General.

I SEMINARIO

Viajes
(11-14 de noviembre)

Valle-Inclán (1898-1998): Escenarios
Universidade de Santiago de Compostela, 2000: 3-28

Ponencia Inaugural

LA MUJER, *DIVINO ARTIFICIO*.
TRASCENDENCIA Y FRIVOLIDAD EN LA IMAGEN
FINISECULAR DE LA FEMINIDAD

CARLOS REYERO*
Universidad Autónoma de Madrid

El 3 de mayo de 1908 se publicaba en *El Mundo* un célebre artículo de don Ramón del Valle Inclán sobre Julio Romero de Torres titulado "Un pintor", en el que calificaba los cuadros del artista cordobés como "algo desusado en la pintura española y superior a todo". Y añadía: "Este gran artista, desdeñoso y silencioso, nos consuela de esa pintura bárbara de manchas y brochazos, donde jamás se encuentra la expresión de la línea, lo augusto del color, y la noble armonía de la composición. ¡El divino artificio que es la razón de que la pintura pueda llamarse así: Arte!"[1]. El *divino artificio*, pues, es lo que permite llamar "Arte"-según Valle, que significativamente, además, emplea la mayúscula- a la materialización visual de una imagen en una pintura. En concreto, utiliza el término *divino artificio* para

* El autor es miembro del equipo de investigación *El Movimiento Moderno: metáforas y propósitos* (Referencia PB96-0054) financiado por la Secretaría de Estado de Universidades, Investigación y Desarrollo.

[1] Recogido en J. Tusell, y A. Martínez Novillo: *Paisaje y figura del 98*, Madrid, Fundación Central Hispano, 1997 [Cat. Exp.], pág. 204. En general, sobre la estética de Valle Inclán véase, sobre todo, el catálogo de la exposición *Valle Inclán y su tiempo*, Madrid, Círculo de Bellas Artes, 1986.

referirse a las pinturas de Julio Romero de Torres (1874-1930), el pintor de la mujer por excelencia[2].

Valgan, pues, estos dos argumentos confluyentes -de un lado, la mujer como uno de los grandes temas literarios y plásticos del fin de siglo, especialmente importante en Romero de Torres, un pintor clave para comprender la estética de Valle Inclán; de otro, la concepción de la creación artística como un artificio divino, frente al inocente naturalismo, que es una tesis que también recorre toda la época- para centrar el debate sobre la construcción de la feminidad como un proceso intencionado, en el que confluyen elementos culturales, en este caso reconocibles en la plástica y en la literatura. Todo ello, naturalmente, se pone de manifiesto en el marco del discurso estético planteado en el periodo de fin de siglo, donde la polémica entre naturalistas y simbolistas, que arranca del mismo siglo XIX, marca los orígenes de la modernidad.

La mujer como encarnación de la belleza

Uno de los lugares comunes donde aparece encarnada la belleza -por lo tanto el arte- es en el cuerpo de mujer y, por extensión, en aquello que rodea y define la feminidad. Ya Baudelaire había escrito: "Todo lo que adorna a la mujer, todo lo que sirve para acentuar su belleza, forma parte de ella misma, y los artistas que se aplican al estudio de este ser enigmático se vuelven locos tanto por el *mundus mulieris* como por la mujer en sí misma"[3].

El esfuerzo, pues, por presentar a la mujer de una manera absolutamente divinizada hace que, en efecto, termine por resultar una diosa, pero una diosa artificial, al fin y al cabo. Al respecto -y la anécdota viene muy a propósito de Valle Inclán- cabe recordar el caso más conocido de una de estas "divinas artificiales" finiseculares, sacadas de la realidad, la bailarina

---

[2] La revalorización de Julio Romero de Torres en el contexto del simbolismo finisecular ha sido un fenómeno relativamente reciente. Véase, sobre todo, F. Calvo Serraller (dir.): *Julio Romero de Torres, 1874-1930*, Madrid, Fundación Cultural Mapfre Vida, 1993 [Cat. Exp.]. En particular págs. 40 y ss., donde se recogen algunas de las reflexiones de Valle Inclán.

[3] Recogido por P. Durey: "Portraits de femmes", en el catálogo de la exposición *La sculpture française au XIXe siècle*, Paris, Éditions de la Réunion des musées nationaux, 1986, pág. 262. El escritor lo utilizó a propósito de Constantin Guys.

Anita Delgado, a la que precisamente retrató Anselmo Miguel Nieto (1905, Madrid, colección Mantovani), uno de los pintores favoritos del escritor gallego: Anita, junto a su hermana Victoria, habían adquirido fama como bailarinas en el frontón Central Kursaal, donde eran conocidas por "Las hermanas Camelias"; sus actuaciones -su físico, más bien- despertaron el interés entre los asiduos del Nuevo Café de Levante -Valle, Romero de Torres, Miguel Nieto, Oroz, Baroja- para quienes tal fascinación no dejaba de encuadrarse en lo que podríamos llamar una "atracción naturalista" por dos mujeres. La trasformación -aunque obedeció al azar, como todo en la vida- no deja de ser significativa: el maharajá de Kapurtala, invitado a la boda de Alfonso XIII, se enamoró de Anita y los tertulianos del Levante se apresuraron a redactar una carta, en francés, que sirvió para que las relaciones acabaran en boda[4]. La conversión de una vulgar artista de variedades en la consorte de un maharajá, por obra y gracia de los sacerdotes de la literatura y el arte, es uno de los testimonios más singulares de entronización de una mujer -por otra parte con los fastos del Oriente, que constituyen uno de los lugares comunes del *art déco*- desde el mundo de la realidad hasta el de la fantasía.

En esta trasformación se revela una contradictoria dualidad, que es posible trasladar al panorama pictórico del fin de siglo. El artista finisecular se debate constantemente entre una atracción naturalista, que oscila entre lo puramente físico y su trascendencia, por un lado; y una elaboración simbolista, que en realidad esconde un impulso completamente primario. Esa ambivalencia, planteada, con frecuencia, en términos contrapuestos -naturalismo/simbolismo, trascendencia/frivolidad- que, de algún modo, pretendo diluir, es el hilo conductor de esta exposición.

Para ello voy a recurrir a dos tipos de obras artísticas de muy distinto carácter: por un lado obras cultas -del gran arte, digamos-, pinturas de los grandes nombres de la época, a través de las cuales creo que es posible reconocer que, tras una imagen de exquisitez y de placer, donde el cuerpo femenino se utiliza como una metáfora de gozo existencial, se esconde un

---

[4] La anécdota procede de Ricardo Baroja en su obra *Gente de la Generación del 98* y ha sido recogida recientemente, entre otros, por J. L. Bernal: "Hacia una visión estética de la Generación del 98", en el catálogo de la exposición *La mirada del 98*, Madrid, Ministerio de Educación y Cultura, 1998, pág. 270.

lastre torturador; es decir, el cuerpo termina por ser una encarnación dolorosa de la miseria y del mal o, dicho en otros términos, se pasa del placer al dolor como una manifestación de lo trascendente. En segundo lugar abordaré las consecuencias que tiene todo ello en lo que podríamos llamar el "bajo arte", y tomo como referencia las ilustraciones de novelas eróticas que, precisamente por no ser estrictamente coetáneas, sino algo posteriores en su mayor parte, hay que entenderlas como una cierta vulgarización de todos estos estereotipos femeninos que estuvieron presentes en la cultura finisecular más exquisita. Es lo que podríamos llamar la frivolización de lo trascendente.

El sexo débil

En un recorrido por las más habituales iconografías femeninas del fin de siglo podríamos considerar, de modo genérico, dos grandes vertientes: de un lado las pasivas, las víctimas, las frágiles; y de otro, las activas, las poderosas, las autoconscientes, que, supuestamente han sido reconocidas como el gran descubrimiento de la época. Ambas actitudes terminaron por ser consideradas, en ese momento, arquetipos de feminidad. En cuanto a las primeras, el fin de siglo recurrió, básicamente, a presentar a las mujeres en dos situaciones, la tortura sentimental y la prostitución.

La historia de la literatura y el arte está plagada de ejemplos donde la mujer es víctima de un conflicto sentimental. Desde el Romanticismo, muy especialmente, las mujeres han encarnado los sentimientos, frente a la razón que regía la vida de los hombres[5], en una disociación de papeles sociales que ha terminado por trascender la esfera de lo artístico.

Por una parte, los pintores formados en un realismo de carácter académico -pero aún activos y, por supuesto, con prestigio en ciertos círculos- plasmaron de un modo concreto la emoción femenina, como es el caso de Francisco Pradilla (1848-1921) en *Anhelos* (1916, colección particular)[6].

---

[5] Sobre este aspecto me he ocupado en mi libro *Apariencia e identidad masculina. De la Ilustración al Decadentismo*, Madrid, Cátedra, 1996. Véase, en particular, el capítulo II: "De caracter viril", págs. 45 y ss.

[6] Reproducido en A. García Loranca y J. R.García Rama: *Pintores del siglo XIX. Aragón. La Rioja. Guadalajara*, Zaragoza, Ibercaja, 1992, pág. 236. Sobre el pintor véase, de los mismos autores, la monografía *Vida y obra del pintor Francisco Pradilla Oriz*, Zaragoza, CAZAR, 1987.

Frecuentemente, sin embargo, la expresión de esta emoción sentimental como signo de debilidad adquirió formas alegóricas, asociadas, por ejemplo, a una determinada edad donde se manifiesta especialmente esa debilidad, como sucede en el cuadro *Juventud* (1915, Museo del Prado, depositado en el Museo de Bellas Artes de Málaga), de Cecilio Plá (1860-1934)[7], cuyas concesiones al costumbrismo sentimental alentarían, como se ha señalado recientemente, "la mordacidad de Valle cuando elogia su capacidad de provocar el llanto de las costureras"[8]. Por otra parte, en el contexto del más típico simbolismo internacional, se reconocen obras como *Melancolía* (c. 1900, Barcelona, Colección Caja de Ahorros y Pensiones de Barcelona), del catalán Joan Brull (1863-1921), donde la imagen femenina se utiliza para evocar un sentimiento evanescente. También se prodigaron en el fin de siglo las víctimas de la supuesta fortaleza sentimental masculina frente a la femenina, como revelan cuadros del tipo *Lazo de unión* (1895, Museo del Prado, depositado en el Museo de San Telmo de San Sebastián), de Pla, o *Nube de verano* (1891, colección particular) de Santiago Rusiñol (1861-1931)[9].

El otro argumento típico donde se pone de relieve el victimismo femenino es en la prostitución. Es cierto que se trata de un problema social, incorporado como tema, tanto en pintura como en literatura, al hilo de los movimientos realistas, pero también encierra una fascinación por las contradicciones del ser humano -del deseo, del amor, de la belleza- en la órbita de las obsesiones estéticas finiseculares. Por lo general, sirve para introducir en el tema pictórico el sentido de culpa, en relación con el sexo, lo que subraya precisamente esa dualidad: la antigua mujer de los románticos, celestial en lo físico como en lo espiritual -que causaba, sin duda, un doloroso anhelo, pero que quedaba sublimado en su imposibilidad- se trasforma en un cuerpo de tortura y de placer, por cuanto el sexo encierra para ella nefastas consecuencias. La iconografía sobre el tema es bien conocida, desde *Otra margarita* (1892, San Luis, Washington University Gallery of

---

[7] Sobre el pintor véase J. Pérez Rojas (dir.): *Cecilio Pla*, Madrid, Fundación Cultural Mapfre Vida, 1998 [Cat. Exp.].

[8] F. Huici: "Los gustos del 98", en el catálogo de la exposición *Plástica y texto en torno al 98*, Madrid, Círculo de Bellas Artes, 1998, pág. 34.

[9] Sobre el pintor véase M. Doñate y C. Mendoza (dir.): *Santiago Rusiñol, 1861-1931*, Madrid, Fundación Cultural Mapfre Vida, 1997 [Cat. Exp.].

Art) de Joaquín Sorolla (1863-1923), que representa a una pueblerina abortista en un vagón de tren en el momento de ser conducida por la guardia civil, donde se retrata a una mujer entre la resignación y la amargura, hasta *Trata de blancas* (1895, Madrid, Museo Sorolla), del mismo autor, donde humildes mujeres son transportadas bajo la vigilancia de una celestina[10]. Mucho más duro es el cuadro de Antonio Fillol (1870-1930) titulado *La bestia humana* (1897, Madrid, Museo del Prado), donde una joven es obligada a prostituirse por su madre.

El poder del sexo

Frente a estas imágenes de debilidad y de tortura, intrínsecamente vinculadas a la condición femenina de las protagonistas, se encuentran las imágenes que traducen un poder consciente. Quizá son las que mejor revelan la contradicción finisecular ya que, por una parte, tratan de mostrar una mujer como diosa inaccesible y, por otra, revelan, tras ella, una miserable soledad que llega a rozar una cruel deshumanización.

En este sentido, la representación pictórica y la evocación literaria del desnudo femenino se presta, especialmente, a este debate. En lo que a la literatura se refiere contamos con un testimonio singular en la descripción que hace el novelista Vicente Blasco Ibáñez de la obra de Goya *La maja desnuda*, en la novela homónima, donde el protagonista, el pintor Mariano Renovales, supuestamente inspirado en Sorolla, sucumbe a un éxtasis erótico-estético ante la contemplación de la pintura de Goya. Curiosamente, más que con esta obra, a la que expresamente se alude, cabe poner en relación el texto de Blasco Ibáñez con pinturas contemporáneas, también inspiradas, a su vez, en el modelo ideado por el artista aragonés, por supuesto, como el *Desnudo rojo* (1922, Barcelona, Museu d´Art Modern) de Ignacio Zuloaga (1870-1945)[11], que puede servir como un perfecto correlato plás-

---

[10] Sobre el pintor valenciano véanse, sobre todo, los últimos trabajos, donde se recogen la bibliografía actualizada, J. Pérez Rojas (dir.): *Sorolla en las colecciones valencianas*, Valencia, Generalitat, 1997 [Cat. Exp.]; y F. Calvo Serraller (dir.): *Sorolla y Zuloaga. Dos visiones para un cambio de siglo*, Bilbao, Museo de Bellas Artes, 1997 [Cat. Exp.].

[11] Sobre el pintor vasco sigue siendo fundamental el trabajo de E. Lafuente Ferrari: *La vida y el arte de Ignacio Zuloaga*, Madrid, 1950. Además de otras obras citadas en las notas anteriores, téngase en cuenta también el catálogo de la exposición *Ignacio Zuloaga, 1870-1945*, Bilbao, Museo de Bellas Artes, 1990.

tico. En el texto se reconoce la tortura que causa el imposible anhelo de aprehender para siempre en el lienzo la belleza de un cuerpo deseado, y en el cuadro la belleza del cuerpo se convierte una evocación del deseo como sufrimiento: "El pintor contempló con delectación aquel cuerpo desnudo, graciosamente frágil, luminoso, como si en su interior ardiese la llama de la vida, transparentada en carnes de nácar. Los pechos firmes, audazmente abiertos en ángulo, puntiagudos como magnolias de amor, marcaban en sus vértices los cerrados botones de un rosa pálido. Una musgosa sombra apenas perceptible entenebrecía el misterio sexual; la luz trazaba una mancha brillante en las rodillas de pulida redondez, y de nuevo volvía a extenderse el discreto sombreado hasta los pies diminutos, de finos dedos, sonrosados, infantiles"[12].

Este testimonio nos sirve para introducirnos, por una parte, en el papel sustitutivo que representa el ejercicio de la actividad artística en relación con la vida, y, por otra, como consecuencia de ello, la frustración -unas veces expresa, otras sobreentendida- que todo triunfo del placer y del deseo, sublimados en el arte, terminan por producir. En este sentido, una gran parte del impulso que movió a los artistas -acaso más en lo legendario de sus vidas que en el prosaísmo de su cotidiana realidad- se generó, precisamente, en el deseo de hacer del acto creativo la consumación de un anhelo vital. El viejo tema del desnudo académico, que, en principio, debiera haber quedado fuera de lugar tras las reivindicaciones realistas, cobró un inusitado interés en el fin de siglo. Aquel viejo precepto del *Manual del Pintor de historia*, que aconsejaba ocultar "algunas partes" de las mujeres porque "escondiéndolas tienen más gracia que si se vieran enteramente"[13], se olvida para siempre: la "musgosa sombra" empezó a hacerse bosque explícito cuando Mariano Fortuny (1838-1874) retrató a *Carmen Bastián* (1871, colección particular) en Granada[14] y, desde entonces, el modelo femenino fue mirado una y otra vez, desde todas partes, a través de todas las posturas, sin paños de pureza. Ignacio Pinazo (1849-1916) nos presenta un *Desnudo de mujer* (1895, Madrid, Museo del Prado) tendida, con las

---

12 V. Blasco Ibáñez: *Obras completas*, Madrid, 1946, v. I, p. 1525.

13 F. Mendoza: *Manual del pintor de historia*, Madrid, 1870, pág. 35.

14 C. González y M. Martí: *Fortuny, 1838-1874*, Madrid, Fundación Caja de Pensiones, 1989, pág. 171.

piernas hacia el espectador y recostada con los brazos detrás de la cabeza, en una posición de abierta obscenidad[15]. Joaquín Sorolla también aborda el tema en varias ocasiones: en la *Bacante* (Valencia, Museo de Bellas Artes), todavía cubre el sexo con flores, pero en el *Desnudo femenino* (Valencia, Diputación) que realiza como ejercicio de pensionado "se nota en él bien patente la tendencia a un grosero realismo"[16], según se interpretó en la época, con las piernas cruzadas y los pies sucios.

El desnudo, en la pintura, termina por revelarse como una forma de poder autoconsciente, que se presenta esplendoroso para el placer del hombre. Quizá fue Ignacio Zuloaga quien más insistió en el tema. En *La Celestina* (1906, Madrid, MNCARS) el cuerpo se convierte en un recurso de vida; *La gitana del loro* (1906, Colección particular) exhibe, no sólo sin pudor sino con verdadera ostentación, su más preciado tesoro, elevado sobre el pedestal de sus tacones rojos y bajo el palio sagrado de su chal; *La maja echada con loro azul y dorado* (1913, colección particular), a mitad de camino entre Goya y Manet, desafía al espectador al levantar su pierna izquierda y liberar el sexo de la púdica mano que cubría el de *Olympia*; *La Oterito* (1936, Pedraza, Museo Zuloaga) es una gitana desvestida, que aparece sentada, con tacones y una chaquetilla sobre los hombros, sobre su traje de faralaes, en una postura retadora y soberana[17].

Muchos pintores activos en el primer tercio de siglo recurrieron a una presentación del desnudo femenino en términos parecidos. El conocido librito, casi coetáneo a todas estas obras, *El desnudo en la pintura española*[18] revela hasta que punto el arte culto sirvió de soporte explícito a deseos eróticos. En este sentido uno de los pintores que más recurrieron a la expresión de un erotismo multisensorial, aunque fuertemente intelectualizado, fue Anselmo Miguel Nieto (1881-1964). Conocido por el apelativo

---

[15] Sobre esta pintura véase J. L. Díez García (dir.): *Maestros de la pintura valenciana del siglo XIX en el Museo del Prado*, Valencia, Autoridad Portuaria, 1997, págs. 158-159. Sobre el pintor véase, sobre todo, V. Aguilera Cerni: *I. Pinazo*, Valencia, 1982.

[16] Citado por J. Pérez Rojas (dir.): *Sorolla en las colecciones valencianas*, Valencia, Generalitat, 1997 [Cat. Exp.], pág. 126.

[17] Sobre esta pintura de Zuloaga en concreto, véase, además de la bibliografía citada en las notas anteriores, E. Quesada Dorador: *Gitanos. Pinturas y esculturas españolas, 1870-1940*, Granada, Fundación Caja de Granada, 1995, pág. 52.

[18] E. M. Aguilera: *El desnudo en la pintura española*, Madrid, 1935.

del "pintor aristócrata"[19], fue, por otra parte, junto con Julio Romero de Torres, el pintor preferido de Valle Inclán, cuya obra defendió enérgicamente. Miguel Nieto pintó, entre otros, un *Desnudo* (c. 1920, MNCARS, depositado en el Museo de Jaén) que, si bien de ascendencia goyesca, representa a una insinuante modelo con un exuberante bodegón de fondo, en clara interferencia sinestésica.

También Antonio Ortiz Echagüe (1883-1942) recurre al paralelismo de la fruta en su *Desnudo de espaldas* (c. 1920, San Sebastián, Museo de San Telmo), donde el artista, autorretratado, mira ensimismado en la distancia[20]. José Rodríguez Acosta (1878-1941), en el *Desnudo de la mantilla* (1933, Granada, Museo de Bellas Artes), por ejemplo, aborda, como Zuloaga, el fetiche sexual del objeto inequívocamente femenino, la mantilla y el zapato de tacón, en tanto que la modelo aparece, como una venus moderna, sorprendida en su intimidad[21].

Otros pintores, que igualmente sucumbieron a la fascinación temática del fetiche sexual, lo hicieron con un sentido mucho más gozoso, aunque no menos lúbrico. Las mujeres de Francisco Iturrino (1864-1924), por ejemplo, como la que aparece en el *Desnudo* (1910-1911, Santander, Museo de Bellas Artes), exhibe sonriente, como una invitación al placer, el sexo entreabierto y las ligas rojas, por encima de las rodillas; otras, como las representadas en el cuadro *Desnudos* (1910-11, Madrid, Galería de Arte del Louvre), recuerdan las antiguas *femmes damnées* baudelerianas, con medias negras y zapatos de tacón, destino de una mirada esclava[22].

Pero, quizá, el pintor en el que, por excelencia, el fetiche y la tortura del deseo se convierten en un ejercicio de mística erótico-religiosa sea Julio Romero de Torres. En sus obras, como, por ejemplo, en *Celos* (c. 1920, Madrid, colección particular) o *La chica de la navaja* (c. 1920, Murcia, colección particular), tienden a mezclarse los objetos que aluden al placer

---

[19] Sobre este pintor véase, sobre todo, J. C. Brasas Egido: *Anselmo Miguel Nieto. Vida y pintura*, Valladolid, 1980.

[20] Sobre este pintor, véase, sobre todo, M. Fornells (dir.): *Antonio Ortiz Echagüe (1883-1942)*, San Sebastián, Museo de San Telmo, 1984 [Cat. Exp.].

[21] Sobre este pintor, véase, sobre todo, M. A. Revilla Uceda: *José María Rodríguez Acosta*, Granada, Fundación Rodríguez Acosta, 1994.

[22] Sobre este pintor, véase, sobre todo, P. Joos (dir.): *Francisco Iturrino (1864-1924)*, Madrid, Fundación Cultural Mapfre Vida, 1997 [Cat. Exp.].

de los sentidos más materiales -el gusto, a través de las frutas-, con aquellos otros recursos seductores que han de desprenderse del cuerpo -el tirante del escote, el zapato, la mantilla- o romperlo -dagas, puñales-, intermitentemente confundidos con una práctica religiosa ancestral a la que es imposible escapar, como si formaran parte, todos ellos, de un rito iniciático. En *Rivalidad* (c. 1922, Buenos Aires, Museo Nacional de Bellas Artes), cuadro para el que utilizó a la modelo de variedades Margarita Goudum[23], Romero de Torres nos presenta dos desnudos femeninos muy distintos de los de Iturrino, pero no menos fetichistas, donde la sublimación erótica tiene escasa sutilidad.

Esta imagen encierra -de algún modo, también, aunque sea más obvio en obras como *El retablo del amor* (1910, Barcelona, Museu d´Art Modern)- lo que ha sido definido como "una concepción janiana" de la mujer[24], perceptible, incluso, cuando se representa una sóla imagen femenina. En efecto, en los desnudos femeninos echados, similares iconográficamente a los citados con anterioridad de otros pintores, Romero de Torres tiende a sugerir una dualidad. Los ojos turbios de la *Musa gitana* (1908, Sevilla, Museo de Bellas Artes) se nos clavan como los de Medusa, aunque su mirada no nos petrifica, sino que nos arrebata: desprendida de aditamentos, concentra en su desnudez toda la vehemencia del deseo.

La mirada constituye, pues, un elemento, a la vez, de seducción y de destrucción. El propio Romero de Torres utiliza este recurso con frecuencia, como para indicar una contradicción, una falla turbadora entre la vida interior y la exterior, como, por ejemplo, *La lectora* (1901-2, Madrid, colección particular), donde una mujer se detiene ensimismada, con la mirada perdida en el horizonte, tras haber abandonado momentáneamente las páginas de la lectura. Otras veces, como en *La Sargantain* (c. 1907, Barcelona, Cír-

---

[23] La fotografía de la artista aparece reproducida en F. Calvo Serraller (dir.): *Julio Romero de Torres, 1874-1930*, Madrid, Fundación Cultural Mapfre Vida, 1993 [Cat. Exp.], aunque el cuadro no se expuso en esa muestra. En concreto, sobre esa pintura conservada en Buenos Aires, así como otros aspectos de la pintura española coetánea en Argentina, tan estrechamente relacionada con Valle Inclán, véanse los trabajos de A. Fernández García: *Catálogo de pintura española en Buenos Aires*, Oviedo, Universidad, 1997; y *Arte y emigración. La pintura española en Buenos Aires, 1880-1930*, Oviedo, Universidad, 1997.

[24] M. Valverde Candil: "El concepto janiano de la mujer en la pintura de Julio Romero de Torres", en *La mujer en el arte español*, Madrid, CSIC, 1997, págs. 421-431.

culo del Liceo) de Ramón Casas (1866-1932), la mirada confluye en los pliegues del vestido, que traduce una imagen acusadamente sexualizada[25].

La falsedad de lo bello

Estas últimas imágenes vienen a decirnos que la belleza, condición previa al deseo, no resulta ser, en el fin de siglo, un sinónimo de bondad como en la tradición clásica. En ese sentido, Romero de Torres recurrió con frecuencia al Catolicismo para explorar un paralelo -siempre doloroso- entre la irrefrenable angustia del deseo sexual no consumado y el éxtasis místico, reflejo de un torturador conflicto entre pecado y virtud, como, por ejemplo, en *El pecado* (1913, Córdoba, Museo Julio Romero de Torres). Pero, además, el endiosamiento de la femineidad trajo consigo otra contradicción, su falsedad: de algún modo -se vino a decir- lo bello era falso.

Esta "bella falsedad" -nuevamente el artificio- puede reconocerse en diversos aspectos. Se aprecia, por ejemplo, en la sofisticación teatral de las poses, que resultan completamente alejadas del naturalismo anterior: Joaquín Martínez de la Vega (1846-1905) recurre, como tantos, a las miradas caídas que expresan desdén y contribuyen a generar una sensación de afectación general, como se aprecia en el pastel titulado *Razón tiene en hacerse la dormida* (c. 1900, Málaga, colección particular)[26]; Ramón Casas pinta a *La Trini* (c. 1923, Barcelona, Museu d´Art Modern) profundamente abstraída, presagio de un vida turbia; y Antonio Ortiz Echagüe a *Anselmina la la bailaora* (1927, colección particular) con una teatralidad enfática que la convierte -casi- en caricatura de sí misma.

Las bailarinas y actrices se prestaron, especialmente, a esa caracterización iconográfica de la feminidad como una permanente escenificación teatral. Anselmo Miguel Nieto nos ha dejado una imagen de *Tórtola Valencia* (1914, Madrid, colección particular), auténtica musa de toda la época, vestida con atuendo morisco, en el momento de ejecutar uno de sus exóti-

---

[25] M. Basso y C. Durán (dir.): *Los pintores modernistas en el Círculo del Liceo*, Barcelona, Fundación "la Caixa", 1997, pág. 126.

[26] T. Sauret Guerrero: *Joaquín Martínez de la Vega, 1846-1905*, Málaga, Colegio de Arquitectos, 1990, pág. 138.

13

cos y arcaizantes bailes orientales, llena de sofisticada afectación[27]; y otra de *María Guerrero* (1914, Madrid, colección particular) convertida en innegable diva, como si fuera una estrella de Hollywood, negligentemente recostada entre telas y cojines, que sugieren un ambiente exquisito y perfumado.

Quizá donde mejor se reconoce la falsedad de la apariencia femenina es en aquellas representaciones que establecen una especie de asociación inevitable ente la futilidad y la feminidad. Un buen número de imágenes pretenden, en efecto, sugerir una auténtica vacuidad y superficialidad en la condición de la mujer. Precisamente, junto a la fatalidad, el gran problema de género en la época del fin del fin de siglo -y, ciertamente, con muchas más dosis de misoginia- gira en torno a la ridiculización, explícita o implícita, de la vanidad femenina. Francesc Masriera (1842-1902), autor de obras como *Dama narcisista* (c. 1890, Barcelona, colección particular), donde una señorita elegante no puede resistir el deseo de besar su propia imagen en el espejo, es uno de los primeros pintores que se dedica a explorar la vanidad en la apariencia femenina, aunque bajo las formas de un realismo cosmopolita[28]. Ya en pleno modernismo, Hermenegildo Anglada Camarasa (1871-1959) pinta una obra como *Le paon blanc* (1904, Madrid, colección Carmen Thyssen-Bornemisza), donde el cuerpo tiende a disolverse y el rostro se convierte en máscara para un disfraz[29]. Néstor Martín Fernández de la Torre (18897-1938) es autor de *La hermana de las rosas* (1908, Las Palmas de Gran Canaria, Museo Néstor) donde lo femenino tiende a confundirse con la parte más decorativa de la naturaleza, inmóvil y agradable a la vista, pero incapaz de cualquier iniciativa[30]. También Eduardo Chicharro (1873-1949), duramente criticado por Valle, al

---

[27] Sobre el tema, véase, sobre todo J. Pérez Rojas: *Art Déco en España*, Madrid, Cátedra, 1990, en particular el epígrafe "Penagos y Tórtola Valencia", pág. 86 y ss.

[28] Sobre el pintor, véase: F. M. Quílez (dir): *Els Masriera*, Barcelona Generalitat de Catalunya 1996 [Cat. Exp.].

[29] T. Lloréns Serra (dir): *De Canaletto a Kandinsky. Obras maestras de la colección Carmen Thyssen-Bornemisza*, Madrid, Museo Thyssen-Bornemisza, 1996 [Cat. Exp.], pag. 222 [Texto de F. Fontbona, autor de varios trabajos sobre este artista y, en general, sobre el arte catalán de su tiempo].

[30] Sobre este importantísimo pintor, fundamental para la comprensión del simbolismo en España, con múltiples conexiones literarias, véase, sobre todo, P. Almeida: *Néstor: vida y obra*, Las Palmas de Gran Canaria, Caja Insular de Ahorros de Gran Canaria, 1987.

que tacha de haber interpretado a la ligera el prerrafaelismo[31], se apunta a esta moda en obras como *Mujer de perfil con kimono* (Barcelona, Museu d´Art Modern), donde recure a la sofisticación oriental[32].

El punto culminante de este proceso destructivo-ridiculizador de la mujer lo encontramos en la mujer-insecto. La "insecta", que picotea aquí y allá, aparece tempranamente en obras como *Libélula* (1866-67, colección particular) de Fortuny, preludio de otra *Libélula* (1912, colección particular) de Lluis Masriera (1872-1958), ligera y sofisticada como un dragón hembra, que parece proceder de un exótico lugar. Más monstruosa, aunque paradójicamente sea la más naturalista, es la *Luciérnaga* (1917, Museo del Prado, depositado en el Museo de Bellas Artes de Málaga) de José Pinazo (1879-1933), amenazante en su aparentemente recatada pose.

Los grandes arquetipos femeninos finiseculares y el "bajo arte"

Todos los arquetipos que, sobre la feminidad, fueron formulados en el fin de siglo por los grandes artistas plásticos del momento quedaron reflejados, al cabo de muy poco tiempo, en el llamado "bajo arte"[33], en concreto, en las ilustraciones de novelas eróticas que se editaron en España en

---

[31] Recogido por C. Reyero y M. Freixa: *Pintura y escultura en España, 1800-1910*, Madrid, Cátedra, 1995, pág. 377.

[32] Sobre Chicharro véase, sobre todo, E. M. Aguilera: *Eduardo Chicharro. Aspectos de su vida, su obra y su arte*, Barcelona, 1947; y J. y M. Prados López: *Eduardo Chicharro (su vida y su obra)*, Ávila, Caja de Ahorros y Monte de Piedad, 1976.

[33] Al decir "bajo arte" puede suponerse que pretendo sugerir marginalidad, pero conviene precisarlo. Por razones obvias, las ilustraciones de novelas eróticas no corresponden al "gran arte". Ni siquiera se trata de objetos artísticos autónomos, sino que las imágenes que se analizan son, claramente, subsidiarias y relativamente aleatorias. Sin embargo, no conviene olvidar su extraordinaria difusión: en primer lugar, no debemos de restringirlas (aunque eso sería lo de menos) a círculos excéntricos de la sociedad, pues parece ser que formaban parte de una cierta cotidianeidad oculta; en segundo lugar, hay que destacar la extraordinaria calidad de algunos de los dibujantes, que están entre los nombres más importantes de la época, lo que implica la posibilidad de extrapolar la interpretación de estas imágenes a otras -digamos- de erotismo menos obvio, sin anacronismos, y, por supuesto, a apreciarlas por sus resultados; en tercer lugar, la eclosión de este tipo de literatura -y, por lo que aquí interesa, de imágenes- coincide con el periodo comprendido entre las dos guerras mundiales, que es cuando irrumpen en la sociedad española algunas de las inquietudes más radicales, estética e ideológicamente, es decir, cuando lo que, hasta entonces, era exquisito o vanguardista, se descubre mayoritariamente, lo que produce una especie de "mezcla" entre esnobismo y puritanismo, que, en gran parte, explica su desarrollo; y, en cuarto lugar, creo que contribuyeron poderosamente a modificar las aspiraciones caracterizadoras en el campo de los géneros, en un nivel similar a como puede hacerlo hoy la publicidad.

el periodo de entreguerras, donde todas estos lugares comunes acabaron popularizados. Frente a tanta obsesión por la trascendencia, las elitistas preocupaciones de los decadentes terminaron por ser usadas con una desinhibida frivolidad, hasta alcanzar diversas capas de la sociedad.

Supuestamente, estas imágenes pasan por ser, por un lado, paradigmas de la modernidad, es decir, ilustran la incorporación de la mujer a su independencia, exploran su libertad sexual y ratifican su autonomía amorosa; y, por otro lado, son, también, ejemplos de hiperfeminidad: se supone que, ante ellas, nos encontramos a las mujeres más mujeres, a la esencia, en fin, de lo femenino[34].

Al margen de abordar el tema desde otros puntos de vista, algunos de los cuales he tratado en otras ocasiones[35], creo que es posible interpretar las ilustraciones de novelas eróticas como la ridiculización frívola de una inquietud que nació como trascendente. A través de cinco prototipos de mujeres -la maligna, la misteriosa, la dominante, la hipersexual y la independiente-, que no han de verse más que como aproximaciones relativamente arbitrarias de un nuevo modo de ser femenino (casi cualquiera podría ser la otra, y aún cabrían más divisiones), es posible reconocer los patrones marcados por el gran arte.

Malignas

En cuanto a la maligna, no cabe duda de que todos los autores españoles de novelas eróticas se inspiraron en la literatura simbolista y decadente de fines del siglo XIX, cuyos personajes protagonistas imitaron des-

---

[34] Algunos de estos argumentos aparecen debatidos en otro campo, hasta cierto punto paralelo al de la novela erótica, aunque mucho más pudico, como fue la publicidad. Al respecto véase, sobre todo, J. Pérez Rojas (dir.): *La Eva moderna. Ilustración gráfica española, 1914-1935*, Madrid, Fundación Cultural Mapfre Vida, 1997.

[35] Los argumentos manejados por mí al respecto han sido publicados en diversos trabajos anteriores. Con objeto de evitar una repetición innecesaria de las hipótesis y de las notas remito a los siguientes artículos: "Falleras *art déco* o *drag queens*? Alvaro de Retana y la iconografía del trasformismo", XI Congreso Español de Historia del Arte, *El Mediterráneo y el arte español*, Valencia, 1996, págs. 333-337; "¿Demasiado modernas? Las mujeres en las ilustraciones de novelas eróticas de entreguerras", en *La mujer en el arte español*, Madrid, CSIC, 1997, págs. 513-523; y, sobre todo, "Equívocos plástico-literarios y caracterizaciones ambiguas en la novela erótica española de entreguerras (1915-1936)", *La Balsa de la Medusa*,1997, n°s. 41-42, págs. 61-89.

caradamente. Pero importa destacar su acusada frivolización, de manera que la maldad femenina se convirtió en un juego destructivo; tienen algo de perversas, pero resultan divertidas, y, por supuesto, su dimensión maligna siempre se presenta como un componente clave de su modernidad y de su libertad. Una de ellas, por ejemplo, es Florencia Rosental, protagonista de la novela *El rayo de Luna*, ilustrada por el propio autor, que se define a sí misma: "Continuaré siendo la artista de la leyenda fatal; la Madona del Mal, que pasa por la vida indiferente a cuanto la rodea. Soy la conquistadora que marcha inexorable por su senda, erizada de peligros, a la captura de su ideal libertador"[36]. Aunque sin ilustraciones, salvo la de portada, presumiblemente del propio Retana, aparece significativamente dedicada a Aurorita M. Jauffret, La Goya.

Otra de estas frívolas fatales es Angelita, de la novela *El diablo con faldas*, también de Retana, que dice: "Para la generalidad del mundo yo soy la terrible musa trastornadora de estudiantes, viejos verdes y hasta respetables padres de familia; el demonio de la opereta, que con su exagerado escote y sus torneadas pantorrillas acarrea pasajeros para las legiones infernales"[37]. Las ilustraciones son de Demetrio.

A veces son viejas decrépitas, como la princesa de Lamballe que aparece en la portada, sin firmar, de la novela *Los cascabeles de Madama Locura* de Hoyos y Vinent, "prolongación caricaturesca de una vida de frivolidad, figura de una viejo museo de feria, rico en muñecos de cera, sangriento sarcasmo de la belleza y la elegancia, macabra irririsón"[38] según se reconoce en la ilustración de portada, sin firma, que recuerda la iconografía habitual de Salomé.

En *Las playas de Citerea,* que es un título que engloba varias novelas de Antonio de Hoyos y Vinent, se adopta la iconografía de la sirena, como genérica referencia perversa y destructiva hacia el deseo femenino, en la portada, realizada por Ribas, de una moderna simplicidad[39].

---

[36] A. Retana: *El rayo de Luna*, Madrid, Rafael Caro-Raggio Editor, 1921, pág. 41.

[37] A. Retana: *El diablo con faldas*, colección La novela de noche, Madrid, 15 de octubre de 1924, p. 14.

[38] A. Hoyos y Vinent: *Los cascabeles de Madama Locura,* Madrid, Biblioteca Hispania, s.a., pág.13.

[39] A. Hoyos y Vinent: *Las playas de Citerea*, Madrid, Cosmópolis, 1927.

I Seminario: Viajes

Misteriosas

En general, en la literatura erótica viene a decirse que la vida de las mujeres es más interesante y fascinante que la de los hombres, es decir, que la mujer tiene más posibilidades de escapar a la vida vulgar que los varones. Para su caracterización, el escritor -aunque menos el ilustrador- recurre a modelos de la historia del arte que supone envueltos en un aristocrático misterio, por la nobleza de su rango o la sofisticación de su compostura, con suntuosos vestidos y espléndidas joyas: Bellini, Carpaccio o Tiziano son, con frecuencia, los artistas citados.

Desde un punto de vista estrictamente iconográfico es el arquetipo que más recurre a la complicación de actitudes, a la estilización y el amaneramiento más rebuscado. Ello produce como resultado una feminidad enfática, reconocible, por ejemplo, en el gesto facial afectado, la silueta estilizada, la cabeza inclinada hacia atrás, la mirada perdida entre la indiferencia y la entrega o la exageración general de la pose. Así reconocemos a Gloria, protagonista de *Flor del Mal*, de Retana, con ilustraciones de Guillén: "soy bonita, muy bonita, y maquillada, con mis joyas ... mis pieles y mis trapos... he tenido varios amantes ... tengo un corazón más grande, pero un cerebro más grande todavía ... he nacido para la aventura extraordinaria e imposible, para el eterno salto sobre el abismo; me atrae lo nuevo, lo complicado lo maravilloso"[40].

Dominantes

Toda la literatura erótica -pero no sólo, también la publicidad y el cine de la época- se dedicó a explorar el atractivo sexual como una forma de poder. Es cierto que no es completamente nuevo ni privativo de esos géneros o subgéneros artísticos, como hemos visto al principio, pero, en general, en la literatura erótica aparece inevitablemente presentado como una característica de la mujer moderna. Frente a los ejemplos señalados de malignas y misteriosas, la caracterización tanto gráfica como literaria que

---

[40] A. Retana: *Flor del Mal*, colección La Novela de Hoy, Madrid, Sucesores de Rivadeneyra, 23 de mayo de 1924, págs. 17-18.

aparece en la novela de la dominante tiende a lo corriente: las posturas son desdeñosas y la imagen de los varones suele ser de humillación.

Tales representaciones son frecuentes en la obra de Retana bajo la figura de cupletistas o reinonas destronadas, o a punto de serlo, que aprovechan los últimos encantos para seducir a los jóvenes muchachos. A veces son decrépitas, pero mantienen su poder de seducción, como las mujeres que desfilan por *El crepúsculo de las diosas*, novela que no lleva ilustraciones, salvo la portada. En ella se describen, significativamente, los ojos irresistibles de Mabel, la resplandeciente humanidad de Salud Molina o los vestidos modernos, dentro de la ética burguesa, de Catalina Fargas[41].

No son infrecuentes tampoco en las novelas de Antonio de Hoyos, como Magdalena Palmeral, enamorada, como tantas, de un torero, al que trata "con un sabio desdén" en la novela *Los toreros de invierno*, que lleva interesantísimas ilustraciones de Pepito Zamora[42]; o todas las que desfilan por *La procesión del Santo Entierro* donde El caballero Audaz, que hace el prólogo, compara el relato con "un cuadro del divino Romero de Torres en pintura" que es una buena referencia iconográfica[43]. La ilustración de la portada, realizada por Zamora, está precisamente dedicada a Tórtola Valencia.

En general, tiende a ponerse de relieve su dominio jerárquico y físico sobre la figura masculina: Paolina Bonaparte, protagonista de la *La dama de Luxemburgo* de Retana "cuya enfermiza obsesión por las telas, las flores, los tocados y los perfumes no eran sino los recursos que ella juzgaba necesarios para hacer más eficaces sus tentadores encantos"[44], aparece en la ilustración, de Antonio Juez, en una actitud soberbia, que traduce humillación sobre el efebo que está a sus pies.

---

[41] A. Retana: *El crepúsculo de las diosas. Escenas alocadas de la vida galante en Barcelona*, Madrid, Sanz Calleja Editores e Impresores, s.a.

[42] A. Hoyos y Vinent: *Los toreros de invierno*, Madrid, Biblioteca Hispania, s.a., pág. 58.

[43] A. Hoyos y Vinent: *La procesión del Santo Entierro*, Madrid, Biblioteca Hispania, [1917], pág. 15.

[44] A. Retana: *La dama de Luxemburgo*, colección La Novela de Hoy, Madrid, Sucesores de Rivadeneyra, 1925, pág. 6.

Hipersexuales

El descubrimiento de la sexualidad femenina es el reiterado argumento de toda la literatura erótica. Como tal, aparece intrínsecamente ligado a la modernidad; es más, la conciencia del sexo y de lo moderno terminan por parecer sinónimos. En su caracterización iconográfica suele aparecer el sexo o el cuerpo como una parte enfáticamente subrayada.

Uno de los casos más expresivos de vinculación entre promiscuidad sexual y modernidad aparece irónicamente tratado en *Una niña demasiado moderna*, de Retana, con una ilustración en portada realizada por él mismo. La novela está protagonizada por Pilila, "una apetitosa criatura de quince años", hija menor de un ex-ministro y una ilustre dama de San Sebastián, que resulta una narcisista indomable, ávida lectora de novelas eróticas que le provocan inquietudes lascivas. Con mucha frecuencia, Retana recurre en sus novelas a la caracterización de adolescentes que descubren el sexo como consecuencia de una educación independiente; de hecho, el escritor consideraba que "las Pililas son el resultado de la educación moderna"[45].

Abundan, por supuesto, las prostitutas, pero, a diferencia de lo que sucede en la novela realista decimonónica, son conscientes de su poder y aprovechan el sexo para mejorar su nivel de vida y, en el fondo, para "modernizarse". De hecho, aparecen siempre como inteligentes y perspicaces modernas. Por ejemplo, las que desfilan por *Las hetairas sabias*, de Antonio de Hoyos, con una ilustración de Zamora en portada, donde se habla de Clara Navacerrada "una mujer de mundo ... habíase divorciado, amado con pasión, paseado un idilio por los lagos de Escocia y los canales de Venecia"; o Nanita "chic, chic, chic, como decía ella misma. Muy salada, muy *drôle*, con una gracia frágil de muñequilla ... divertida, alocada, y triste también a veces, con poses de maniquí burlesco"[46].

---

[45] A. Retana: *Una niña demasiado moderna. Delirantes extravíos de una ingenua libertina*, Madrid, Biblioteca Hispania, [1919], págs. 12-15.

[46] A. Hoyos y Vinent: *Las hetairas sabias*, Madrid, Biblioteca Helios, 1916, págs. 7-10.

Independientes

La autonomía e independencia de la mujer con respecto al mundo, supuestamente construído hasta entonces sólo por varones, a veces ridiculizados, es un auténtico paradigma del feminismo. Los escritores de novelas eróticas lo aprovecharon para explorar el aspecto más nuevo de la mujer moderna. Con frecuencia -lo que no deja de resultar una curiosa contradicción- es también el más profundo y trascendente.

De manera muy expresiva, frente a las actitudes tradicionales, sumisas y dependientes, que en la literatura suelen identificarse con apariencias poco atractivas, como, por ejemplo, la Marquesa de Marbella, en *El retorno*, de Antonio de Hoyos, que se describe como "una dama chapada a la antigua ... Baja, gorda, bigotuda, con el escaso pelo blanco apretado en alto rodete"[47], la moderna independiente es muy atractiva. Así, en la novela *Cómo dejó Sol de ser honrada*, también de Hoyos, aparece la mujer trasformada e independiente, por supuesto, una vez "deshonrada", lo que refleja la ilustración de Penagos en la portada[48].

Con frecuencia, la indicación de la independencia y libertad en las mujeres suele ir asociada, en el texto literario, a caracteres o formas masculinas, aunque sólo a veces se asocia, expresamente, con el lesbianismo; y, en todo caso, ello no conlleva una masculinización de las imágenes. Por ejemplo, en *La que quiso ser libre*, de Artemio Precioso, la portada, realizada por el dibujante Demetrio, es relativamente cauta, frente a las ilustraciones del interior, mucho más explícitas, aunque siempre concebidas para ser contempladas desde una óptica masculina[49]. Es el eterno juego del artificio -muy humano- que producen imágenes y palabras.

---

[47] A. Hoyos y Vinent: *El retorno*, Madrid, El Libro Popular, 21 de enero de 1913.
[48] A. Hoyos y Vinent: *Cómo dejó Sol de ser honrada*, Madrid, Cosmópolis, s.a.
[49] A. Precioso: *La que quiso ser libre*, Madrid, La Novela de Hoy, s.a.

1. Anselmo
Miguel Nieto:
Anita Delgado,
1905, Madrid,
colección
Mantovani.

2. Santiago Rusiñol: *Nube
de verano*,1891, colección
particular.

3. Ignacio Zuloaga: *Desnudo rojo*, 1922, Barcelona, Museu d'Art Modern.

4. Anselmo Miguel Nieto: *Desnudo*, c. 1920, MNCARS, depositado en el Museo de Jaén.

5. Julio Romero de Torres: *Celos*, c. 1920, Madrid, colección particular.

6. Julio Romero de Torres: *Rivalidad*, c. 1922, Buenos Aires, Museo Nacional de Bellas Artes.

7. Julio Romero de Torres: *La lectora* (detalle), c.1901-2, Madrid, colección particular.

8. Ramón Casas: *La Sargantain*, c. 1907, Barcelona, Círculo del Liceo.

9. Julio
Romero de
Torres: *El
pecado*, 1913,
Córdoba,
Museo Julio
Romero de
Torres.

10. Anselmo
Miguel Nieto:
*Tórtola
Valencia*,1914,
Madrid, colección
particular.

11. Néstor: *La hermana de las rosas*, 1908, Las Palmas de Gran Canaria, Museo Néstor.

12. A. Retana: ilustración para *El rayo de luna*, 1921.

13. Demetrio: ilustración para *El diablo con faldas*, 1924.

14. Ribas: ilustración
para *Las playas de
Citerea*, 1927.

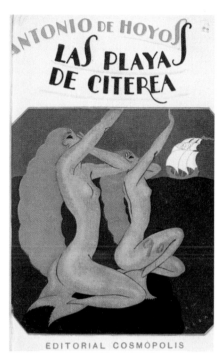

15. Guillén:
ilustración para
Flor del Mal,
1924.

16. A. Retana:
ilustración para
*El crepúsculo
de las diosas*,
c. 1924.

17. José Zamora: ilustración para *La procesión del Santo Entierro*, 1917.

18. Antonio Juez: ilustración para *La dama de Luxemburgo*, 1925.

19. José Zamora: ilustración para *Las hetairas sabias*, 1916.

20. Demetrio: ilustración para *La que quiso ser libre*, c. 1921.

Valle-Inclán (1898-1998): Escenarios
Universidade de Santiago de Compostela, 2000: 29-71

VALLE-INCLÁN EN SU CAMINO DE DAMASCO. EL PRIMER VIAJE A MÉXICO

José García-Velasco
Director de la Residencia de Estudiantes, Madrid

Cuando en 1898 Valle-Inclán se estrena como actor, Enrique Gómez Carrillo, por desengañarle en esos menesteres y para animarle a su verdadera vocación, escribe: «estoy seguro que lo haría mejor siguiendo por el camino de las letras que, para él, es su camino de Damasco»[1]. Lo que quizá Gómez Carrillo no supiera —aunque se le escapaban pocas cosas— es que aquel magnífico personaje que oficiaba en la noche madrileña ya había sido descabalgado, como lo fuera el joven Saulo galopando hacia Damasco, y que este decisivo acontecimiento se había producido a lo largo de un viaje (viaje iniciático) emprendido en el invierno de 1890 desde la casa familiar y concluido el 15 de abril de 1895, cuando toma el tren en Pontevedra para sumergirse definitivamente en Madrid y en la literatura.

Un proceso, cuyo momento álgido fue la primera estancia de Valle-Inclán en México, que es el de su génesis intelectual, iniciada con su nacimiento en octubre de 1866 en una casa arosana de la clase media liberal e ilustrada y que puede darse por finalizada con la publicación de *Sonata de otoño* en 1902. Su eclosión se sitúa entre la primavera de 1892 y la de 1893, cuando el peregrino, en su oscuro rincón de gacetillero de la Honorable Colonia Hispana, toma la determinación, que en el curso posterior de

---

[1] V. de Pedro, «América en la prehistoria literaria de Valle-Inclán», *La Prensa*, Buenos Aires, 17 de diciembre de 1961.

su vida se va a revelar como definitiva, de dedicarse enteramente a la profesión literaria. Pese a que Valle-Inclán en México va a entrar en contacto con lo que Clara E. Lida ha llamado «una inmigración privilegiada», no conseguirá aprovecharse de ella. En este aparente fracaso reside la clave —paradójica, en clara filiación finisecular— de su alumbramiento como uno de los escritores universales del siglo XX.

En síntesis, los hitos de esta peregrinación son los siguientes. A la muerte de su padre, en el invierno de 1890, Valle-Inclán decide abandonar Galicia y sus estudios y probar fortuna en Madrid. En la capital consigue publicar a lo largo de 1891 algunas colaboraciones en el republicano *El Globo* que dirige un viejo amigo paterno, Alfredo Vicenti. Sin embargo, en esta primera tentativa no logra abrirse camino. Sus escritos posteriores, algunos publicados el año siguiente en México, están llenos de testimonios del ambiente y las experiencias vividas entonces por un joven emigrante en sus condiciones. Al cabo, como Víctor, el joven gallego protagonista de *La cara de Dios*, decide abandonar las miserias del proletariado intelectual (ya se verá que sin conseguirlo) y embarcarse para América. Permanece casi un año, del 8 de abril de 1892 al 24 de marzo de 1893. Aunque desembarca en Veracruz, en seguida se instala en Ciudad de México, al arrimo de la Honorable Colonia Hispana. Allí vive también una precaria existencia de «meritorio» en la prensa local, hasta que experimenta una primera sacudida en su crisis, a finales de esa primavera. Sus colaboraciones —desde el 17 de abril en *El Correo Español* y desde el 19 de mayo en el principal periódico oficioso del porfiriato, *El Universal*, siempre como redactor al servicio de los intereses de la Honorable Colonia— se ven bruscamente interrumpidas, ya entrado el mes de junio, y sustituidas por un puñado de trabajos literarios, algunos de los cuales pueden considerarse programáticos, cuya frecuencia se va espaciando hasta interrumpirse en agosto. Después sólo disponemos de una noticia sobre él en la prensa, a comienzos de noviembre, como participante en una sesión espiritista. A mediados de ese mismo mes del 92 se dirige a Veracruz en calidad de codirector del nuevo órgano oficioso de la colonia española: *La Crónica Mercantil*. De *La Crónica* conocemos directamente el membrete de la carta que Valle dirige a Manuel Murguía el 2 de marzo de 1893, días antes de su partida a Europa, solicitándole un prólogo para el libro que está preparando y que finalmente se editará dos años después con el título de *Femeninas*.

Valle-Inclán en su camino de Damasco. El primer viaje a México

José García-Velasco

Tenemos noticia de *La Crónica*, como pasa con *La Voz de Arosa*, por fuentes indirectas, singularmente las gacetillas de otros periódicos. Más adelante las daré a conocer. Sin embargo, al no haber conseguido ningún ejemplar de esta publicación, no sabemos si Valle-Inclán se ha mantenido firme en su propósito de publicar solamente textos literarios —adivinado, como explicaré, a través de los que firma en el último mes en *El Universal*— o ha vuelto a labores más propias del coeditor de una publicación con un título tan elocuente. Es más que probable esto último, a tenor del testimonio que ofrece el otro director de *La Crónica*, Baldomero Menéndez, y que también citaré más adelante. Lo cierto es que en Veracruz tampoco va a durar mucho. Nada más llegar vive un desagradable incidente: es detenido acusado de ser testigo de un duelo. A causa de ello, un mes después se anuncia en la prensa la condena de Valle-Inclán, junto con otros, a un arresto de quince días. Su compañero, Baldomero Menéndez, fue protagonista de otros duelos y agresiones de los que he podido recoger alguna noticia. En el relato que hace la prensa de todos estos sucesos violentos Valle sólo aparece en un segundo plano, como deliberadamente apartado, y no vuelve a ser citado hasta que varios diarios mexicanos anuncian su partida a Europa el 24 de marzo.

Después de un trayecto, cuya duración e itinerario todavía no se conocen detalladamente, parece que se recogió en Pontevedra para, habiéndose ejercitado debidamente en la lectura y la escritura y con su primer libro impreso, viajar definitivamente a Madrid en la primavera de 1895. Había terminado la peregrinación, una peregrinación de más de cinco años. Valle, que se había visto obligado a abandonar el Madrid de 1891, regresa en 1895 provisto —como ha escrito Antonio Mallo— de una doble «tarjeta de visita»: *Femeninas* y su máscara, alumbradas en su aventura mexicana. Ambas son fruto de aquel viaje, un viaje también y sobre todo interior. Había nacido el literato. Sabiamente advierte Rafael Argullol:

> Entre las fuentes que alimentan el caudal simbólico de la experiencia humana el viaje es, sin duda, una de las más poderosas y persistentes. Por lejos que nos remontemos en la génesis de los procesos de civilización, y por diversas que sean las áreas examinadas, la esfera del viaje posee siempre una riqueza de proyección que va más allá de la mera utilidad [...]. Sea cual sea la naturaleza específica del trayecto [...] la ima-

gen que ha llegado, y llega, a nosotros nos conduce al viaje en forma de camino iniciático o de retorno al origen, frecuentemente adoptando ambas formas simultáneamente. [...] el espejo del viaje nos informa de la experiencia estética como travesía de lo sensible que otorga un tipo de conocimiento que transciende los márgenes de la conciencia cotidiana. Como el resto de los itinerarios simbólicos también el estético comporta una tensión, nunca resuelta pero no por ello menos fecunda, entre nuestro lugar en el seno del presente y un *no-lugar* (o lugar inefable) que en gran medida se corresponde con la geografía ilimitada del reino del deseo [...]. Nada tiene de casual, por tanto, que se haya asociado asimismo la creación artística y el viaje: viaje hacia nuevos mundos en el que el artífice actúa como explorador que, mediante su obra, invita al descubrimiento.[2]

En trabajos anteriores he insistido en la importancia del viaje en la gestación intelectual de Valle-Inclán. El viaje simboliza, mejor que cualquier otra cosa, la modernidad. Cito a José Jiménez:

> Las tres primeras décadas del siglo están marcadas por ese impulso desbordado al viaje, por la necesidad irreprimible de transitar todos los caminos y dejar atrás todas las fronteras, exteriores e interiores. Es una respuesta ante la experiencia de un mundo convulso. Una forma de intentar conjurar un sentimiento difuso entre las gentes, el presagio pleno de zozobras del final de una época, de un modo de vida.[3]

Valle-Inclán emigrante

Don Ramón cruzó el océano en tres ocasiones de su vida. De todas sus correrías americanas, la primera va a dejar una huella imborrable en el escritor. Tan profunda que, al concluirla, quienes más le conocían y trata-

---

[2] En adelante cito las referencias por orden de aparición en el texto comprendido por la correspondiente nota. A. Mallo, «Contribución á bibliografía de Valle-Inclán data do seu segundo viaxe a Madrid», *Grial*, Vigo, julio-agosto de 1971, págs. 343-350; R. Argullol, «Cerco al viajero», *El País*, Madrid, viernes 18 de agosto de 1995, pág. 9.

[3] «La pasión moderna del viaje presenta otra faz: el viaje interior. La persecución de la intimidad, la búsqueda al tiempo atormentada y hedonista de la embriaguez y la alucinación. La obsesión por poblar de imágenes el vacío de unas vidas que no encuentran ninguna plenitud en el mundo exterior». «En una narración de los años treinta, Walter Benjamin construye una síntesis plástica de sus experiencias con el hachís [...]. Un pintor imaginario [...] viaja a Marsella, cui-

ban quedaron vivamente sorprendidos por la mudanza que apreciaron en él. Es conocido el asombro de amigos y contertulios pontevedreses; a duras penas reconocen en el melenudo y estrafalario recién llegado, con aires de hombre de mundo cargado de experiencia, al atildado y bisoño periodista que habían despedido apenas un año antes. Y no sólo es un cambio de trazas lo que se ha operado en el joven escritor que torna a casa, aparentemente fracasado en su intento de «hacer las Américas». Es algo mucho más hondo que ha transformado enteramente su persona. El maestro Alfonso Reyes llamó a esta metamorfosis «el milagro de Valle-Inclán».[4]

Precisamente Alfonso Reyes —aunque más joven, protector de Valle, amigo y organizador de su segundo viaje a México— apuntó, al filo de los años veinte, las primeras pistas ciertas sobre la peregrinación juvenil del escritor a América. También el mismo don Ramón facilitó datos muy valiosos en las entrevistas concedidas a la prensa mexicana durante su segunda estancia y en las confidencias a los jóvenes intelectuales que le acompañaron, que algunos de ellos han publicado. Después de la guerra civil, Torrente Ballester aportó nuevas orientaciones basadas en materiales inéditos proporcionados por Carlos del Valle-Inclán en unos artículos publicados en el folletón del diario *Arriba*, llenos de inteligentes adivinaciones. Tras él, otros como Valentín de Pedro siguieron sus pasos, en este caso desde la Argentina. Pero fue el investigador norteamericano y eminente hispanista William L. Fichter, el que hubo de realizar hasta la fecha el único trabajo sistemático, al menos que yo conozca. Después de un rastreo por las

---

dándose de llevar su provisión de droga para el viaje [...]. Es la representación del viaje dentro del viaje, la persecución de las "inmensas dimensiones de la vivencia interior, de la duración absoluta y de un mundo espacial inconmensurable"». (J. Jiménez, *La estética como utopía antropológica. Bloch y Marcuse*, Madrid, Editorial Tecnos, 1983, págs. 13 y 21). Muchos años antes que Benjamin escribiera acerca de ese «viaje dentro del viaje», así es vivido por el joven Valle, empapado de literatura, el primero suyo: «El amanecer de las selvas tropicales [...] me ha recordado muchas veces la cubierta de aquel gran trasatlántico, con su feria babélica de tipos, de trages y de lenguas; pero más, mucho más, me lo recordaron, **las horas untadas de opio** que constituían la vida abordo del "Dalila"». (R. del Valle-Inclán, «La niña Chole», en *Femeninas [Seis historias amorosas]*, Pontevedra, Andrés Landín Ed., 1895, pág. 110. El destacado es mío.)

[4] «De aquí, de este primer viaje, procede el milagro de Valle-Inclán. El hombre que México le devolvió a España, contenía ya todos los gérmenes del poeta» (A. Reyes, *Simpatías y diferencias*, México, s.n., 1945, vol. II, pág. 65, recogido en *Publicaciones periodísticas de don Ramón María del Valle-Inclán anteriores a 1895*, ed. W. L. Fichter, México D.F., El Colegio de México, 1952.)

hemerotecas mexicanas, logró encontrar una colección de artículos publicados por Valle-Inclán en dos periódicos de Ciudad de México en la primavera de 1892 y, junto a ellos, otros datos esclarecedores acerca de la biografía del escritor recién llegado a América. Su libro, publicado en 1952, sigue siendo hoy, a pesar de las dificultades para encontrarlo incluso en bibliotecas públicas, el principal instrumento del que dispone cualquier curioso de este período valleinclanesco. Bastantes años después —en la primavera de 1982 y gracias a una amable invitación de El Colegio de México— yo mismo pude encontrar otro puñado de textos olvidados de Valle-Inclán que, en su mayoría, publiqué en 1986 en *Revista de Occidente* y algunas noticias, me parece que también valiosas para apreciar la evolución ideológica y estética del escritor en este tiempo. Muchas de ellas las presento por primera vez en este trabajo.[5]

El joven Valle es un emigrante más que llega al puerto de Veracruz el 8 de abril de 1892 empujado por la gran oleada finisecular. Señala Blanca Sánchez Alonso que «entre 1815 y 1930, más de 50 millones de europeos

---

[5] A. Reyes, *op.cit.*; G. Torrente Ballester, «Las dos versiones de "La niña Chole"», *Arriba*, Madrid, 26 de febrero de 1942; V. de Pedro, *art. cit.*; Fichter, *Publicaciones periodísticas...*, cit. Como se sabe, la mayoría de los textos y noticias sobre aquel viaje fueron descubiertos y compilados por Fichter, de cuyo libro estoy preparando una nueva edición actualizada para El Colegio de México. Después pude encontrar algunos más que di a conocer en «Fantasmas de la bohemia», *Revista de Occidente*, núm. 59, abril de 1986, págs. 9-28. *Vid.* también mi trabajo «Hacia una biografía intelectual de Valle-Inclán», *Homenaje a Rafael Segovia*, coord. F. Serrano Migallón, México D. F., El Colegio de México, 1998, págs. 405-437, y una reciente versión de este último, reducida y actualizada, «Algunas luces sobre Valle-Inclán», *Boletín de la Institución Libre de Enseñanza*, Madrid, núms. 32-33, diciembre de 1998, págs. 39-58. También encontré en el prospecto del nuevo periódico de Ciudad de México, que acaso nunca tuvo continuidad, y bajo el significativo título de *La Raza Latina* (con probable intención disidente del órgano oficioso y dirigido por J. Gándara de Velazco, periodista español que figuró en diversas épocas en la plantilla de *El Correo Español*), el 7 de agosto de 1892, el artículo «Duelos» publicado por J. Serrano Alonso, a quien se lo cedí para su imprescindible edición *Artículos completos y otras páginas olvidadas*, Madrid, Ediciones Istmo, 1987, págs. 193-195. Una recopilación utilísima para el segundo viaje de Valle-Inclán a México es la de L. M. Schneider, quien recoge la mayoría de los testimonios de los protagonistas en *Todo Valle-Inclán en México*, México D.F., UNAM, 1992. En cuanto al primero, Schneider sólo aporta un documento, pero de la mayor importancia: un fragmento del libro del periodista Baldomero Menéndez, compañero de Valle entonces, publicado en 1937. Por cierto que los textos de Valle-Inclán que edité en *Revista de Occidente* Schneider los incluyó también en su libro aunque, por algún error no achacable a la elegantísima conducta del recientemente desaparecido escritor, no indica que fueron tomados de dicha publicación y no directamente de las fuentes.

Valle-Inclán en su camino de Damasco. El primer viaje a México

José García-Velasco

abandonaron sus países de origen, en un movimiento sin precedentes». Como una parte modesta pero significativa de ese movimiento, de 1872 a 1914 casi un millón de españoles deja la Península en busca de nuevos horizontes. Esta «gran plaga nacional» —así fue vista entonces, de forma mayoritariamente negativa por la prensa y los estudiosos del fenómeno en toda el área mediterránea— afectó muy especialmente a los gallegos, quienes acuciados por la explosión demográfica y la crisis agrícola y animados por una tradición inexistente en otras regiones españolas que les permite considerar la emigración como «una alternativa razonable y deseable», recurren a ella en número creciente. Según J. A. Durán, a la altura de los ochenta el fenómeno es ya torrencial. Los editoriales de los periódicos gallegos están llenos de ataques contra la emigración y no sólo por considerarla una sangría humana, a la larga muy perjudicial para Galicia; también se denuncian las infrahumanas condiciones en que suele hacerse, sobre todo la ultramarina. A pesar de todo ello, el proceso continúa, hay una fiebre por cambiar de situación. Así, el viajar incesante se va haciendo parte de la cultura de los gallegos. Así América se acerca más y más en la mente de los habitantes del noroeste peninsular. Y así, recordando las bien conocidas palabras de Castelao (La Habana, 1939), Valle-Inclán en su relación con Galicia, fue «el hijo emigrante que más se le parecía». Su inquieta mocedad había sido contagiada por este impulso que le condujo, desde su patria gallega, primero a Madrid y después a México. Ambas son las opciones que se ofrecen, por aquellas calendas, a la población española sobrante: la emigración interior y la exterior. El joven Valle va a intentarlas sucesivamente.[6]

---

[6] Sobre la emigración de los españoles a América se han publicado durante la última década importantes monografías. Entre las manejadas destaco: VV.AA., *Historia general de la emigración española a Iberoamérica*, ed. P. A. Vives y otros, Madrid, Historia 16, 1992; VV.AA., *Españoles hacia América. La emigración en masa, 1880-1930*, ed. N. Sánchez-Albornoz, Madrid, Alianza Editorial, 1988, y, muy especialmente, B. Sánchez Alonso, *Las causas de la emigración española 1880-1930*, Madrid, Alianza Editorial, 1995, aportación esencial debido al enfoque comparativo al abordar el fenómeno en su contexto europeo. Recurre profusamente a la bibliografía internacional, ofreciendo una visión sistemática y rigurosamente actualizada de la situación española dentro de la Europa mediterránea. He citado también a J. A. Durán, *Agrarismo y movilización campesina en el país gallego (1875-1912)*, Madrid, Siglo XXI de España, 1997, pág. 6. Para el caso mexicano resulta esencial la aportación de Clara E. Lida y sus discípulos M. Miño Grijalba y P. Pérez Herrero en *Tres aspectos de la presencia española en México durante el porfiriato. Relaciones económicas, comerciantes y población*, México D.F., El Colegio de México, 1981. C. E. Lida también ha dirigido *Una inmigración privilegiada. Comerciantes, empresarios*

Días antes de embarcar, Valle-Inclán había dado a luz, en el *Diario de Pontevedra*, algunos fragmentos de un relato: allí aparece Pedro Pondal, un joven estudiante «tronado y calavera», que es evidente trasunto autobiográfico. Meses después, gracias a sus siguientes publicaciones mexicanas, sabremos que Pondal ha huido de la mediocridad de Santiago de Compostela por esconder su indigencia de arruinado hidalgo («Ya no tengo ni una almena que pueda decir que es mía», confiesa parafraseando al clásico) en el anonimato de Madrid. Junto a una continua referencia a su desesperación «sombría y muda», todos los afanes del joven bohemio están presos de una auténtica obsesión por el triunfo: «subir muy alto» es algo repetido con insistencia. Triunfar a toda costa, acabar con esa sensación de derrota, ese aire irrespirable de fracaso moral, sentimental, profesional, personal y colectivo, que tiñe muchas de las páginas iniciales del escritor mozo y de tantos coetáneos suyos.[7]

Espoleado por parejos sentimientos a los de su personaje, Valle-Inclán, muerto su padre, con los escasos caudales de su herencia, si es que

---

y profesionales españoles en México en los siglos XIX *y* XX, Madrid, Alianza Editorial, 1994, aportación a la que he recurrido, en la que se detallan sus principales rasgos: capitalismo urbano, cohesión interna, gran influencia pese a su tamaño, etc., junto a las de M. Souto, C. Blázquez y L. Ludlow. Es igualmente de interés el trabajo de J. Mac Gregor, *México y España del Porfiriato a la Revolución*, México D.F., Instituto Nacional de Estudios Históricos de la Revolución Mexicana, 1992. En cuanto a los aspectos políticos, junto a la obra de referencia de VV.AA., *Historia moderna de México. El porfiriato*, coord. Daniel Cossío Villegas, México D.F., Hermes, 1973, aprecio especialmente la magistral visión de Luis González, «El liberalismo triunfante», *Historia general de México*, vol. 3, México D.F., El Colegio de México, 1976, págs. 897-1016.

[7] R. del Valle-Inclán, «El gran obstáculo», *Diario de Pontevedra*, Pontevedra, 3 y 4 de febrero de 1892; *idem*, «¡Caritativa!», *El Universal*, México, 19 de junio de 1892, e *idem* «La confesión. Novela corta», *El Universal*, México, 10 de julio de 1892. Valle-Inclán se comporta en todo como un emigrante más, de acuerdo con lo establecido por la bibliografía especializada para la Europa mediterránea, de la que se encuentra un excelente resumen en B. Sánchez Alonso, *op. cit.*, págs. 230-231 y en las obras citadas dirigidas por C. E. Lida. Viene de una provincia con fuerte tradición migratoria e intenta sucesivamente las dos emigraciones interior y exterior. En México también prueba fortuna en los dos núcleos principales de españoles: Ciudad de México y Veracruz. Acude en una década de estancamiento en el flujo migratorio español, pero en la mejor para el mexicano. Tiene la edad, el sexo y el estado civil característicos entre los emigrantes españoles en México en el periodo. Emigra a la muerte de su padre, empleando su parte de la herencia y muy probablemente con algún dinero prestado de familia y amigos. Utiliza en la emigración una información privilegiada y recurre a la consabida «cadena migratoria»; se beneficia de la transmisión de la información, a través de cartas de emigrantes, como por ejemplo las cruzadas entre Castelar y Telesforo García que probablemente conoce, y del «efecto amigos y parientes», para buscar empleo se dirige a un antiguo emigrante español, correligionario de Castelar y de los amigos de su padre.

Valle-Inclán en su camino de Damasco. El primer viaje a México

José García-Velasco

pudo allegar alguno, un buen día deja sus estudios en Compostela y se planta en la Corte. Pero en este primer envite, aquel muchacho que como su álter ego Pondal «aunque mozo [...] no pasaba de ser un niño triste y romántico», no pudo encontrar acomodo en el Madrid de la Regencia. Su naturaleza, «neurótica, excitada y sensitiva», soporta mal las escasas y duras oportunidades que se brindan a un principiante en sus circunstancias en aquella ciudad, todavía anclada en el pasado y poco receptiva a las novedades. Se sabe muy poco de su vida de entonces. Apenas lo que contó él mismo: su encuentro por las calles con algunos personajes populares (con Zorrilla, por ejemplo), su asistencia al Ateneo, su obligado vagabundeo por redacciones y acaso por ministerios en busca de un empleo. Un antiguo amigo y compañero de su padre, Alfredo Vicenti, maestro del futuro literato, que a la sazón es director del republicano *El Globo*, va a hacer cuanto puede por ayudarle. Empero, pasan los meses y siquiera ha logrado publicar media docena de artículos y relatos en un par de periódicos. Vuelven la desesperanza y la perplejidad de los días compostelanos. Es el ambiente que evocan las historias de Pedro Pondal, es el Madrid de Víctor, el protagonista de la versión valleinclana de *La cara de Dios*, también emigrado de Compostela, que se instala hacia 1890 en una sórdida casa de huéspedes y debe sufrir la picaresca y la golfería que destrozan su vida hasta que, tras mil vicisitudes, emigra a América. En esta última historia, advierto, así mismo, una fuerte resonancia autobiográfica: el joven Valle, incapaz de resistir por más tiempo lo que se le antoja estrecho y asfixiante en la vida madrileña, resuelve, como el protagonista de su folletín y otros notables modernistas, embarcarse para América. Como indica Gabriel Tortella «la falta de dinamismo de las ciudades fue causa de una fuerte emigración al exterior». De modo que a finales de 1891 o principios de 1892 vuelve a Galicia y prepara lo necesario para el viaje.[8]

Valle-Inclán no es sino uno más de los escritores finiseculares que buscan en la emigración un futuro más digno. En 1895 muere Antonio Machado Núñez, abuelo y protector de los Machado. Todos los hermanos, ante la difícil situación en la que quedan, proyectan emigrar a Guatemala

---

[8] R. del Valle-Inclán, «El gran obstáculo», cit.; «En tranvía», *El Globo*, Madrid, 1 de febrero de 1892, y *La cara de Dios*, Madrid, La Nueva Editorial de J. García, 1900. Vid. G. Tortella en B. Sánchez Alonso, *op. cit.*, pág. 45.

donde tienen algunos parientes. Al final, Antonio y Manuel se quedan en España y se va Joaquín, uno de los más jóvenes. Pero quien sí emigra, primero a París y luego a Cuba, es el joven Maeztu. Lo cuenta él mismo: «Maeztu fue a París, a los dieciséis años, con propósito de llegar a comerciante. El señor que le recomendaba observó un día que el joven español era demasiado soñador para el comercio. Y, en efecto, pocos meses después Maeztu volvía a España despedido por sus principales. A las pocas semanas se iba a América; la fortuna paterna se había deshecho, y Maeztu pesó azúcar, pintó chimeneas y paredes al sol, empujó carros de masa cocida de seis de la tarde a seis de la mañana, cobró recibos por las calles de la Habana, fue dependiente de una vidriera de cambio... y desempeñó otros mil oficios, hasta que un día, llamado por su familia, regresó a la Península en la bodega de un barco transatlántico, convencido de no ser útil para nada y resuelto a morirse tranquilo en la tranquila ciudad donde nació y vivió su infancia espléndida, después de haber dejado en las tierras de América el poder de los músculos y el color de las mejillas». También en el mismo año de 1892 Pío Baroja, desengañado ante sus fracasos académicos y sintiendo un entusiasmo cada vez menor por sus estudios de medicina, puso anuncios para ir a América. Años más tarde contaría lo siguiente de su primer viaje a París: «llegué un día, a principio de verano. No sabía bien a qué iba. Únicamente a probar fortuna. Si hubiera sido más fácil ir a América del Norte, hubiera ido allí con el mismo objeto. Pensaba buscar trabajo en alguna empresa editorial como traductor o como colaborador en algún diccionario español [...]. Muchos españoles emigrados vivían de esta clase de trabajo».[9]

El 11 de marzo de 1892, el vapor francés *El Havre*, proveniente de Amberes, zarpa del puerto de Marín rumbo a Cuba y México. *El Havre* es un paquebote mixto que transporta viajeros y mercancías. El joven Valle-Inclán ocupa un camarote de primera clase en el buque, aunque su flaca hacienda sólo le ha permitido adquirir un pasaje de tercera. Pero el consig-

---

[9] Entre los testimonios que recogen la relación de los hermanos Machado con la emigración, *vid.* el estudio de Oreste Macrì en A. Machado, *Poesía y prosa. Tomo I: Introducción*, Madrid, Espasa-Calpe y Fundación A. Machado, 1989, pág. 17; R. de Maeztu, «Juventud menguante», *Alma Española*, Madrid, 24 de enero de 1904; P. Baroja, *Memorias*, Madrid, Ediciones Minotauro, 1955, pág. 334.

Valle-Inclán en su camino de Damasco. El primer viaje a México

José García-Velasco

natario de la compañía en el puerto gallego era José Riestra, prócer de la vida política y protector de las artes y las letras. Torrente Ballester atribuye a su liberal mediación este trato de favor que permite a Valle llevar a bordo una vida independiente, con un espacio propio para la reflexión y la escritura.[10]

Redactor en viaje

Ciudad de México, 22 de abril de 1892, *El Universal*, el primer periódico de la República, órgano de expresión de la élite intelectual cercana al gobierno del general-presidente don Porfirio Díaz, publica el siguiente suelto:

> Redactor en viaje.— Desde hace algunos días se encuentra en esta Capital el inteligente e ilustrado redactor de *El Globo*, de Madrid, D. Enrique Valle Inclán. Vino a México con el objeto de estudiar nuestras costumbres para publicar después un libro, que será sin duda muy interesante. Parece que el señor Valle-Inclán se propone dar la preferencia en sus estudios a nuestra literatura. De modo que trata de conocer a nuestros poetas y escritores de más nombradía. Últimamente, al oír leer versos de Salvador Díaz Mirón, exclamó lleno de entusiasmo: «¡es un griego; si viviera en España, no obstante que allí casi se va perdiendo el gusto por la poesía lírica, ya lo hubieran coronado!». El redactor de *El Globo* permanecerá dos o tres meses entre nosotros. Que sean con mucho provecho y agrado.

No cabe duda que el tal «redactor en viaje» es nuestro don Ramón —que no Enrique—, que había desembarcado en el puerto de Veracruz catorce días antes. La noticia, que permanecía olvidada, esclarece esta realidad ambivalente que es el horizonte de la aventura americana de Valle-Inclán. De un lado, la fuerza creadora que madura lentamente: al emprender el viaje, el futuro escritor ya vislumbra, entre ambigüedades, su larvada existencia; del otro, la dureza de las condiciones de vida comunes a las de

---

[10] V. Paz Andrade, *La anunciación de Valle-Inclán*, Buenos Aires, Losada, 1967. La salida de Marín queda reflejada en *La Correspondencia Gallega* del 11 de marzo de 1892 y su destino en *El Diario* del 12 de marzo de 1892; G. Torrente Ballester, *art. cit.*

cualquier muchacho de clase media-baja española (y aun de toda la Europa mediterránea) a finales del XIX. Todo ello puede ser leído entre las líneas del citado suelto de *El Universal*. El «redactor en viaje» enuncia lo que, en verdad, va a ser su íntimo proyecto de maduración estética durante estos meses, a la vez que despliega la estrategia del plumífero en busca de empleo: ciertamente estudió las «costumbres» mexicanas sobre las que publicó, a lo largo de su vida, no un libro sino varios; por otra parte, al llegar al país donde confía hacer fortuna simula indiferencia ante las posibles ofertas de trabajo, tal vez por elevar su cotización. No hubo tal: Valle-Inclán se vio forzado a pechar con algunos trabajillos de escasa monta y, al cabo, volverse tan pobre y desconocido como había llegado. Sobre este fallido propósito bromeaba la viuda del escritor con el erudito magistrado Bouza Brey:

> Yo le suscitaba [a Valle-Inclán] temas personales que nadie se hubiese atrevido a tocar: —cuénteme ¿a qué fue a México? Fui a ver el árbol de la Noche Triste, donde un antepasado mío acompañó a Cortés, consolándose después de la batalla de Otumba. Refiriéndole años más tarde a su esposa, Doña Josefina Blanco, ésto, exclamaba ella: ¡Qué va..! Fue a ver si ganaba unos centenes.[11]

Además, Valle-Inclán cuenta con una experiencia periodística auténtica: durante años ha ayudado a componer el periódico de su padre, *La Voz de Arosa*, una hoja local que muy probablemente se hacía en familia. Gracias a Paz Andrade sabemos que al anunciar su partida *El Faro de Vigo* del 12 de marzo de 1892 dice que en México «se va a encargar de la dirección de un periódico». Veremos cómo lo cierto es que terminó dirigiendo uno. Debía tener algún contacto en la capital mexicana porque el día 13 de abril, cinco después de su llegada a Veracruz, *El Correo Español*, portavoz de la colonia hispana en Ciudad de México, lo considera incorporado a su redacción, según reza otro suelto también hasta hoy olvidado:

> El Señor D. Ramón del Valle Inclán. Este ilustrado periodista compatriota nuestro que con gran éxito ha redactado en las columnas de *El*

---

[11] F. Bouza Brey, «Valle-Inclán en mi memoria», *La Noche*, Santiago de Compostela, 29 de marzo de 1962.

Valle-Inclán en su camino de Damasco. El primer viaje a México

José García-Velasco

Globo de Madrid, magníficos artículos literarios, ha ingresado a esta redacción. Sus compañeros en este diario se felicitan de ello, y esperan que bien pronto la prensa mexicana reconocerá las notables aptitudes del joven periodista. Felicitan también a los lectores de *El Correo Español* por la buena adquisición que hacen, al contar con una pluma tan bien cortada como la del inteligente y modesto señor Inclán.

El periodista Baldomero Menéndez, compañero de Valle-Inclán en ésta y en otras redacciones, nos refiere cuál era ese contacto:

> [...] tomó pasaje en el ferrocarril Mejicano, rumbo a la capital de la república. Trayendo en escarcela, bien guardada y conservada, enjoyada carta del ilustre república, don Emilio Castelar, para el español don Telesforo García, que gozaba en el país de preponderancia social. [...] Llegado a la gran Tenoxtilán [*sic*], don Ramón se hospedó en el modesto Hotel Humboldt, en la calle Flamencos, hoy Pino Suárez. La carta a don Telesforo García, de Castelar, que en América fue un ídolo y que ha llenado brillantes páginas en la moderna historia de España, [...] fue entregada en forma y tiempo. Valle-Inclán solicitaba poder vivir la juventud en la prensa, de donde procedía, habiendo sido redactor en periódico del propio Castelar. Promesa de protección la recibió, no realizada quizás por atenciones políticas y sociales.

El valioso testimonio de Menéndez, recogido por L. M. Schneider, nos trae a escena a Telesforo García, personaje central de la vida mexicana que fue con Íñigo Noriega el líder indiscutible de la colonia española en el porfiriato. Ambos serán novelados en *Tirano Banderas* —en feroz caricatura— junto al licenciado Fernando L. Julliet de Elizalde, director de *El Correo Español*. Al comenzar 1892, los tres fueron elegidos presidente, vicepresidente y secretario, respectivamente, de la Cámara de Comercio Española en México. La necesaria caricatura valleinclanesca no debe oscurecer la labor realizada por estos empresarios españoles, «relevante y ejemplar». Así califica Josefina Mac Gregor la de Telesforo García, ya que fue capaz de conjugar «sus fuertes raíces hispánicas y su arraigo en México». Una labor que permitió estrechar los vínculos de los españoles con su tradición histórica desde el virreinato, con la metrópoli y con la colonia, a través de las instituciones españolas en México, pero procurando siempre crear también sólidas redes en la sociedad mexicana, fomentando una política de matrimonios mixtos, invirtiendo la mayoría de los beneficios obtenidos en la industrialización y la renovación de la economía mexicana y manteniendo una activa presencia en la vida política, especialmente en los núcleos relacionados con el liberalismo. Era entonces muy conocida la simpatía que Telesforo García —quien aparentemente había emigrado a México por razones políticas, tras el fracaso de la revolución del 68— sentía por el propietario del madrileño *El Globo*, Emilio Castelar, recogida en diferentes ocasiones por la prensa. También nos sugiere Menéndez que Telesforo García no pasó de vagas promesas con Valle-Inclán, aunque en su posterior incorporación a *El Universal* probablemente también tuviera alguna influencia. En definitiva, el joven Valle no consiguió valerse de una recomendación, en principio óptima, para este caso como era la de Castelar y que se ajusta a los usos de la emigración «en cadena» (característica de México) o a lo que otros autores han llamado el «efecto amigos/parientes». Telesforo García se había convertido en un comerciante próspero gracias a una extraordinaria habilidad para los negocios, pero era un intelectual y así gustó de verse siempre a sí mismo. Estaba por tanto propicio a ayudar a otro escritor que llegaba a México en una situación parecida a la suya inicial. Empero, Valle-Inclán no va a demostrar la adecuada disposición —o al menos, no durante el tiempo necesario— para medrar apoyándose en lo que Nicolás Sánchez Albornoz ha llamado, con acierto, «las sutilezas de la emigración» mexicana.[12]

Cuatro días después de la publicación de este suelto en *El Correo*, aparece en sus páginas el primer texto firmado por Valle-Inclán (desde ahora firmará siempre así, lo cual no es de extrañar aunque sólo fuese por

---

[12] B. Menéndez, en Schneider, *Todo Valle Inclán...* cit., pág. 136. Para la transcripción de las citas se ha optado por la fidelidad con respecto al original. El estudioso mexicano G. Rosenzweig está preparando una edición con 52 cartas que dirigió Telesforo García a Castelar entre 1888 y 1899. El material es muy rico en datos sobre la vida de los españoles en México y sus relaciones con el régimen de Porfirio Díaz. Sobre Telesforo García, *vid.* también J. Mac Gregor, *op. cit.*, págs. 63-65; L. Ludlow, *op. cit.*, pág. 148, sobre su plan de revitalización de la Beneficencia Española, y P. Pérez Herrero, *op. cit.*, págs. 136-137, sobre la Cámara Española de Comercio. Sobre Íñigo Noriega, amigo personal de Porfirio Díaz y enlace entre el dictador y Francisco Madero (a quien llegó a financiar), *vid.* Ludlow, *op. cit.*, págs. 144 y 151, y P. Pérez Herrero, *op. cit.*, pág. 129, como impulsor de todo el proceso productivo, *ibídem*, pág. 133, como creador del ferrocarril de Morelos, *ibídem*, pág. 138. En el mismo número prospecto de *La Raza Latina* en el que Valle-Inclán escribe su breve artículo «Duelos» el 7 de agosto de 1892 se inserta

Valle-Inclán en su camino de Damasco. El primer viaje a México

José García-Velasco

la existencia de otro «Ramón Valle», sacerdote que regularmente colabora en los periódicos de la ciudad). Se trata de un breve poema que no recoge Fichter y que considero de gran interés puesto que —además de una huella indudable de los románticos preferidos de los Valle-Inclán— encuentro ya en este serventesio de pie quebrado, que tanto recuerda la manera de las *doloras* y las *rimas*, ráfagas de un mundo nuevo muy próximo a la sensibilidad finisecular:

> Contágiate la eterna carcajada
> bate en el aire las ociosas manos,
> se arlequín en la insulsa mascarada
> que formáis los humanos.

La olvidada poesía está fechada en Ciudad de México el 16 de abril: otra prueba de que Valle, nada más desembarcar en Veracruz, viajó hasta la capital. (Es muy probable que, como sugiere Menéndez, lo hiciera en el Ferrocarril Interoceánico, línea de Xalapa a México. En julio de 1893 escribió en una revista pontevedresa sus impresiones de aquel hermoso trayecto, uno de los pioneros en la historia del ferrocarril americano.) El poema está encabezado por una dedicatoria a Manuel Larrañaga Portugal, joven escritor que gozaba de excelentes relaciones tanto en la prensa progubernamental como entre la colonia española. Es también ésta la primera noticia —al menos, que yo sepa— de la amistad entre el joven Valle y un literato mexicano. Aquí se puede datar el inicio de una camaradería que perdurará más allá de su estancia en el país. El Vate Larrañaga (así fue inmortalizado

---

este breve suelto (muy probablemente inspirado, aunque no creo que escrito por el propio Valle) en el que se ironiza sobre la sinceridad de la devoción que Telesforo García proclama hacia Castelar: «*Castelar. El Nacional, El Tiempo, La Voz de México, El Siglo XIX, El Partido Liberal* y otros vapulean de lo lindo á D. Emilio y hasta le niegan que sepa Historia y mucho menos hacerla. *El Correo Español,* buen patriota siempre, salió á la defensa del Jefe del *Posibilismo,* pero tan débil y concisamente, que no ha conseguido dejarle bien parado, ni desfacer el *entuerto ose,* continuando Castelar *ferido* de gravedad. ¿Por qué no suplican á D. Telesforo García *objeto* de la dedicatoria, que defienda á su *galante* y respetable amigo? Bueno sería que derrochara ahora todo su económico-filosófico talento, y para lo cual ponemos desde hoy á su disposición las columnas de *La Raza Latina*». Sobre las relaciones entre Telesforo García/Celestino Galindo y Castelar, *vid. Tirano Banderas,* sexta parte, libro segundo, iv. N. Sánchez Albornoz, «Una inmigración privilegiada», en C. E. Lida, *op.cit.,* pág. 11.

por Valle-Inclán en el *Tirano*) va a ser para el futuro escritor el «cuate» de sus correrías literarias y profanas que ya anticipan estos versos.[13]

Sin embargo, el joven emigrante no puede conformarse con un puesto de colaborador en la redacción del diario hispano. Aunque formar parte de *El Correo* no le debía granjear recursos económicos, traía consigo otras ventajas: de este modo Valle-Inclán podía darse a conocer en los medios periodísticos de la ciudad al tiempo que se va introduciendo en la sociedad mexicana de la mano de la influyente —y según donde, también odiada— Honorable Colonia Española. Ahora bien, para un neófito de la H. Colonia llegado únicamente con sus deseos de situarse, nada hay más recomendable que hacer méritos, y no sólo con la pluma. Apenas había pasado un mes de su arribada cuando al nuevo redactor de *El Correo* se le brindó la ocasión de hacerlos: desafía en duelo a Victoriano Agüeros, director de *El Tiempo* y uno de los periodistas más prestigiosos de la oposición a Porfirio Díaz, convirtiéndose en paladín de todos los españoles, «de Cortés para acá», frente a los «indiscriminados ataques del nacionalismo indígena». He aquí el episodio quizá más famoso, aunque también más trastocado, de este primer viaje de Valle-Inclán a las Américas. Pero todo este revuelo (que, al cabo, queda en liviano incidente, uno más del enfrentamiento político y social de aquellos meses) resulta, sin duda, provechoso para el joven redactor. *El Universal*, la voz más poderosa de la República, había publicado el día 15 de mayo un retrato de Valle-Inclán junto al de una personalidad tan significada en la vida mexicana como es Victoriano Agüeros, generalmente respetado por su erudición, su refinamiento y la mesurada energía con que defiende sus posiciones frente al régimen. No es de extrañar que el mismo 19 de mayo, un día después de darse por concluido el lance, *El Universal* anuncie que el joven Valle ha ingresado en su redacción. ¿Es ello una consecuencia del «*affaire* Agüeros»? Todo hace suponer que así sea, máxime si se repara en lo que está aconteciendo en el país donde ha desembarcado el emigrante Valle-Inclán en la primavera de 1892.[14]

---

[13] R. del Valle-Inclán, "Consejos de la musa", *Revista de Occidente*, cit., págs. 19-20. «X», *Extracto de Literatura*, Pontevedra, 8 de julio de 1893.

[14] En cuanto al «*affaire* Agüeros», *vid.* Fichter, *Publicaciones periodísticas...*, cit., págs. 29-37. Torrente Ballester, en su citado artículo, refiriéndose al tal incidente y a su posterior conducta en México, escribe que «sus pasos de llegada fueron arrogantes, y humildes en extremo

Valle-Inclán en su camino de Damasco. El primer viaje a México

José García-Velasco

La prensa y el porfiriato: Valle-Inclán en *El Universal*

Para entender la biografía del «redactor en viaje» durante aquellos meses decisivos es preciso remitirse a las coordenadas históricas. Ya que las limitaciones de este trabajo impiden un análisis o siquiera una descripción de cada una de ellas, por somera que fuera, cabe sólo citarlas: éste es el año de elecciones a la presidencia de la República. La pugna entre partidarios de la reelección de don Porfirio Díaz y los que consideran inconstitucional esa posibilidad revela muchas otras cosas. Entre ellas el decisivo papel de la prensa, muy especialmente de la prensa de la Ciudad de México, durante el porfiriato; también de la política exterior de don Porfirio, entonces preocupado por buscar alianzas con terceros países para evitar el excesivo predominio de los Estados Unidos. De ahí sus estrechos lazos con la poderosa colonia española que apoya con entusiasmo su reelección. La calidad y cantidad de las investigaciones realizadas en la última década sobre todos estos aspectos —México del porfiriato, emigración española en México, historia de la prensa en aquellos años— nos permite corroborar la solvencia histórica del fresco que compone *Tirano*, siempre deformada según el canon esperpéntico. La íntima conexión de todos estos temas se inicia, sin duda, en la redacción de *El Universal* mexicano, a donde llega Valle-Inclán como exponente de la voluntad de entendimiento entre la élite gobernante porfirista aglutinada en torno a este periódico, conocida como «los científicos», y la colonia española liderada por Telesforo García, muy próximo él mismo a «los científicos» en aquel año de reelección. Un lector de los diarios mexicanos que siga la evolución de los acontecimientos durante aquellos meses

---

todos los demás». No me parece a mí lo propio, que no advierto en este joven que lanza el desafío la más mínima arrogancia personal sino a un recién llegado haciendo méritos y complaciendo a sus poderosos padrinos. Éste es el caso confesado de R. de Maeztu, *art. cit.*, pág. 43, «Y así, lo mismo mi feliz infancia que mi adolescencia y juventud dramáticas se marcan por intermitentes rasgos de heroísmo sobre un fondo de resignada sumisión. Antes de los treinta años no llegué a saber aplicar constantemente la energía». Y es que como ha dicho Octavio Paz (*Los hijos del limo. Del romanticismo a la vanguardia*, Barcelona, Seix Barral, 2.ª ed., 1974, pág. 130), «Los modernistas dependían de aquello mismo que aborrecían y así oscilaban entre la rebelión y la abyección. Unos, como Martí, fueron incorruptibles y llegaron al sacrificio; otros, como el pobre Darío, escribieron odas y sonetos a tigres y caimanes con charreteras». De esta guisa, entre dependencia y aborrecimiento, el inicialmente sumiso Valle-Inclán va a descubrir íntimamente y desarrollar en México una peculiar forma de rebelión que ya conocía literariamente: el heroísmo artístico. *Vid.* págs. 54-56 y notas 22 y 33.

encontrará numerosos ecos —si bien, a través del espejo cóncavo del esperpento— en las páginas de *Tirano Banderas*. Pero hubieron de transcurrir más de treinta años hasta el momento todavía no precisado, tras la proclamación de la dictadura de Primo de Rivera en 1923, cuando Valle-Inclán comienza a escribirlo. En esta larga maduración ha ido aquilatando su honda y vivísima experiencia de emigrante, su visión depurada de aquel México de 1892 a 1893.

La inteligente política de los ministros de don Porfirio por acallar a la prensa opositora mediante diferentes subvenciones era práctica común de muchos otros gobiernos de la época, incluidos los españoles. Sin embargo, lo notable del caso mexicano tal como lo conoció Valle-Inclán fue la gran riqueza de su prensa periódica, tanto en número como en la calidad de lo que se editaba. Entre la prensa opositora que se toleraba y la oficiosa que se apoyaba, el joven Valle-Inclán pudo conocer en México una gran diversidad informativa. En noviembre de 1892, la República contaba con 328 publicaciones periódicas de las que 29 eran diarios y 174 semanarios. En la capital se editaban 77, respondiendo a toda la gama de públicos: masónicas, católicas, deportivas, algunas de probada reputación como el radical *Monitor Republicano*, otras dirigidas a un lector especializado como el excelente *Economista Mexicano* o la finisecular *Ilustración Espirita*. Hasta se editaba un diario en francés. Pese a la censura y a lo artificial que hoy pudiera parecer una circulación que no llegaba en muchos casos al millar de ejemplares, lo cierto es que el joven Valle se asomaba a un panorama informativo de gran vivacidad. También se va a encontrar, de un modo muy directo, con una experiencia harto diferente de aquélla con la que se hallaba familiarizado hasta su ingreso en la redacción de *El Universal*. Precisamente entonces se está produciendo en México algo transcendental: la aparición de otro periodismo basado en una tecnología novedosa que, en pocos años, transformará la vida informativa de la República. El artífice de esta renovación fue Rafael Reyes Spíndola cuyas empresas iniciaron el moderno periodismo mexicano. Reyes Spíndola era unos de los «científicos» más destacados y, en apoyo a dicha corriente política e intelectual, había fundado en 1885 *El Universal*.

Dichas transformaciones se intentaron por vez primera en *El Universal*, por más que no dieron fruto sino en su sucesor, también fundado por el equipo de Reyes Spíndola, *El Imparcial*, que fue el diario más caracteri-

Valle-Inclán en su camino de Damasco. El primer viaje a México

José García-Velasco

zado de la última etapa del porfiriato. Pero en el momento de asomarse el joven Valle-Inclán a la redacción del primero, ya puede percatarse de los cambios que están en puertas. Por ejemplo, en lo que se refiere a la rotativa, *El Universal* había sido el primer periódico mexicano en instalarla. Aunque no sin ciertos contratiempos, se trajeron las nuevas prensas de los Estados Unidos, y hasta dos técnicos que vinieron con ellas para echarlas a andar, pero la cosa no marchó bien y hubo que tornar a las viejas planchas planas. Sin embargo, cuando Valle-Inclán llega a México, *El Universal* era ya el primer diario de la República. Tres meses antes de incorporarse a su redacción, proporciona el mismo periódico algunos datos acerca de su funcionamiento: emplazado «en el piso superior del edificio Macedo, uno de los más elegantes y mejor situados de Ciudad de México [...]. *El Universal* sostiene a noventa y dos empleados, de los cuales veintidós pertenecen a la redacción». Una empresa de tales proporciones fue levantada en sólo siete años gracias al tesón de quienes hacían el periódico y a su agresiva política de competencia con los demás diarios, reduciendo en lo posible el precio del ejemplar y aumentando la tirada; pero tampoco puede pasarse por alto el decidido apoyo que encontró Reyes Spíndola en el gobierno de la República. Las cuentas de *El Universal* fueron hechas en una ocasión por *El Tiempo* del siguiente modo: se hacía una tirada de 2.500 ejemplares con un coste diario de 96 pesos el periódico, perdía diariamente 45 pesos, sin contar los salarios de la redacción y el personal administrativo, lo que suponía, en definitiva, que el gobierno debía subvenir a más de la mitad de su presupuesto global. En efecto *El Universal* tuvo siempre, para sus coetáneos, el marchamo de portavoz oficioso, no tanto del régimen cuanto de un sector cualificado del mismo: los «científicos». Como tal, se caracterizó por defender las posturas más «avanzadas» dentro del sistema y, salvo en aquellas cuestiones que venían sugeridas directamente por don Porfirio o que atañían a la defensa del régimen, se mostró como una publicación liberal en lo posible, laica, moderna y siempre dispuesta a entroncar con las principales corrientes del pensamiento occidental, manteniendo un mirador abierto a lo que ocurría en Europa y muy singularmente en París.[15]

---

[15] *El Universal*, México, 14 de febrero de 1892; E. Carballo, «La prensa durante el Porfiriato», *El Día*, México D.F., 6 de mayo de 1982; *El Partido Liberal*, México, 15 de noviembre de 1892, proporciona muchos e interesantes datos de la Secretaría de Fomento sobre las publicaciones periódicas mexicanas de aquel año.

He aquí lo más importante de cuanto había acontecido hasta ahora al joven emigrante: el 19 de mayo de 1892 ha conseguido ingresar en la redacción de *El Universal*, lo que supone entrar en contacto con el grupo más selecto de escritores en el México de entonces y, por añadidura y a través de las páginas del periódico, con la mayoría de los grandes de la literatura americana en lengua española. Al tiempo que buscaban hacer de *El Universal* un pionero, en cuanto a su planteamiento renovador en lo tecnológico, Reyes Spíndola y sus colaboradores (en especial su jefe de redacción, Ramón Munguía) quisieron y pudieron rodearse de una plantilla de escritores de extraordinaria calidad, acaso impulsados por lo sustancioso de las retribuciones. Por ello no es de extrañar que este diario fuera uno de los principales vehículos de difusión de las nuevas corrientes modernistas en la República en el momento en que el joven Valle-Inclán inicia sus colaboraciones. Junto a su firma nos topamos con las de Gutiérrez Nájera, Salvador Díaz Mirón, Francisco de Ycaza, Balbino Dávalos o Carlos Díaz Dufóo, entre los mexicanos, y casi con la misma frecuencia podemos encontrar a Rubén Darío, Julián del Casal, Martí, Ricardo Palma, Gómez Carrillo... Y es que *El Universal* acabó siendo la manifestación más relevante del horizonte ideológico de los «científicos» y la clara evidencia de las contradicciones que caracterizaron su proyecto modernizador. Se diría que la enorme vitalidad intelectual de este diario debió desenvolverse entre antítesis. Un recorrido por sus páginas nos deja la persistente fragancia de la paradoja que ni se puede ni quiere resolverse, de la antítesis que se queda ahí, en pura tensión inacabada. Tal es *El Universal*, esa peculiar combinación de progresismo y pragmatismo políticos, ese positivismo doctrinal que evoluciona hacia un eclecticismo filosófico cada vez más irracionalista, ese modernismo literario que exalta los valores del primitivismo indígena desde una óptica estética de cuño francés. Al cabo, no parece arriesgado concluir que tamaña complejidad ideológica —creo que de considerable interés en el proceso que está viviendo el joven Valle— viene a ser emblemática de la complejidad misma del sistema del porfiriato y su peculiar urdimbre, en la que tales contradicciones —progresismo, positivismo, europeísmo, junto a autoritarismo, irracionalismo, primitivismo— marcharon siempre parejas a un sinuoso proceso de modernización.

El Universal, en un suelto de este 19 de mayo titulado significativamente «A los españoles», anuncia «la adquisición [...] de tan elegante escri-

Valle-Inclán en su camino de Damasco. El primer viaje a México

José García-Velasco

tor». Pero también advierte con claridad sus cometidos: «Nuestro intento es que *El Universal* trate los asuntos de España, políticos, literarios o sociales, con criterio español, y ése es el encargo que hemos dado al señor Valle-Inclán». En un primer momento, aceptó el juego. No le hubiera sido fácil evitarlo, teniendo en cuenta las circunstancias que le habían franqueado las puertas del diario «científico»: de una parte su calidad de gachupín, de otra no precisamente la arrogancia, sino su contraria: la sumisión, que es estado que concuerda bien con un gacetillero respetuoso con los gustos de sus lectores y el superior criterio de sus jefes. Dicho esto, casi no resultaría necesario agregar que las relaciones entre prensa y literatura, a medida que aumentaron en intensidad y en tanto la segunda se fue haciendo más dependiente de la primera (en un proceso que no ha dejado de incrementarse hasta la fecha), están siempre a pique de volverse tormentosas. Uno de los primitivos del modernismo, asiduo y forzado colaborador en un sinfín de diarios precisamente por las razones aquí expuestas, fue el malogrado poeta cubano Julián del Casal, quién en 1893 pintaba tales relaciones en los siguientes términos:

> El periodismo puede ser, dado el odio que en él se respira hacia la literatura, la mano benefactora que, llevando el oro a nuestros bolsillos, coloque el pan en nuestra mesa y el vino en nuestro vaso. ¡Ay!, pero no será nunca el genio tutelar que nos ciña la corona de laurel. Sé que es más provechoso, como dice Zola, emborronar cuartillas en una redacción que mascar ensueños en una buhardilla, pero eso será en la magnífica Francia, donde el periodista tiene que ser literato, no en la infortunada Cuba, donde sólo es, salvo excepciones, el antípoda de su cofrade parisiense. [...] Lo primero que se hace al periodista, al ocupar su puesto en la redacción, es despojarlo de la cualidad indispensable del escrito: su propia personalidad [...]. Así, el periodista, desde el momento que comience a desempeñar sus funciones, tendrá que sufrir inmensos avatares, según las exigencias del diario, convirtiéndose en republicano, si es monárquico; en libre pensador, si es católico; en anarquista, si es conservador.[16]

---

[16] J. del Casal, en A. González, *La crónica modernista hispanoamericana*, Madrid, Ediciones José Porrúa Turanzas, 1983, pág. 114, que sigue siendo hasta la fecha el trabajo más documentado y esclarecedor que conozco no sólo para entender este nuevo género introducido por el modernismo, sino el decisivo problema de la institucionalización de la literatura en sus relaciones con la prensa en el periodo de entresiglos.

El panorama no sólo vale para los países hispanoamericanos, también era muy semejante en España. El propio Valle-Inclán evocó en *Luces de bohemia* una situación parecida para el Madrid del cambio de siglo, sobre el que disponemos de otros testimonios coetáneos como el de Luis París en 1888:

> Hoy la prensa diaria está invadida por el noticierismo; [...] y la crónica ligera, á veces festiva, á veces pseudo-filosófica, ocupa lugar muy preferente en la atención de los lectores [...]. El afán de brillar pronto, de colocarse rápidamente en una buena posición, obliga á la mayoría de nuestros periodistas jóvenes principiantes á cultivar, á repentizar mejor sobre motivos de una crónica, y así lo que más abunda entre ellos es los tales cronistas, *malgré lui* muchas veces.[17]

El primer bloque de artículos firmados por Valle-Inclán en *El Universal* responden a esa buena vecindad de «científicos» y gachupines y a esa subordinación del periodista a los intereses del periódico, representado en su director. Se publican casi todos los días entre el 20 de mayo y el 11 de junio. Son comentarios de los principales sucesos que atañen a la Madre Patria, la más de las veces en forma de revista de prensa, escritos bajo la influencia de este género naciente al que se refiere Luis París: la «crónica», practicado en las mismas páginas del diario «científico» por modernistas como Gutiérrez Nájera (sobre la actualidad mexicana) o Gómez Carrillo (sobre la parisiense). Constituyen, en su conjunto, una de las muestras raras de la bibliografía de un escritor que nunca volvió a suscribir juicios tan convencionales ni a tratar de asuntos tan prosaicos o, al menos, tan alejados de los que luego le interesaron pese a que, en este momento, parece evidente que Valle-Inclán aceptaba su papel de cronista al uso. Al leerlos, encontramos embutidos en el *collage* de una «revista» los más variados temas, sólo relacionados por el interés que podían suscitar al lector hispano. (Por cierto que en los Ecos de Sociedad de uno de los más destacados cronistas del porfiriato encontré una larga y deslumbrada referencia a «la graciosa e inteligente Chole Juárez». Sin tener seguridad de que sea quien inspira a Valle-Inclán este nombre, lo cierto es que la hija del presidente Juárez es también

---

[17] L. París, *Gente nueva*, Madrid, Imprenta Popular, 1888, pág. 91.

Valle-Inclán en su camino de Damasco. El primer viaje a México

José García-Velasco

una patricia mestiza como «La niña Chole».) Sin embargo, esta labor no le va a durar mucho al joven Valle. Para entender su brusco final es preciso recurrir en primer lugar a un testimonio autobiográfico bellamente incrustado en *Tirano Banderas*.[18]

De las muchas resonancias que se pueden identificar en esta obra maestra que Valle-Inclán decía preferir en sus últimos años, acaso la de mayor intensidad sea, precisamente, la que se refiere a la experiencia del joven Valle como periodista. Podemos encontrarla en el libro primero de la segunda parte (V y VI). El director de *El Criterio/Correo Español* está sentado en un bar elegante. Se trata de Nicolás Díez de Rivero/Fernando Julliet Elizalde, de quien ya hemos hablado. Le acompaña Celestino Galindo/Telesforo García, a quien también conocemos. Del cercano Circo Harris —que en realidad es el Orrin— llega un joven periodista, destacado allí por el diario gachupín, para asistir a un mitin antirreeleccionista. Es el Vate Larrañaga en quien no es difícil ver más de un reflejo de Manuel Larrañaga Portugal, el colega de Valle-Inclán en aquellos meses: «un joven flaco, lampiño, macilento, guedeja romántica, chalina flotante, anillos en las manos enlutadas: Una expresión dulce y novicia de alma apasionada». El director trata con dureza a su joven empleado, revisándole las notas, imponiéndole sus propias opiniones. El Vate Larrañaga escucha «encogido y silencioso» mientras el director le recrimina por reflejar siquiera algo de lo ocurrido en el mitin, en vez de deformarlo abiertamente en favor de la posición de su periódico:

> —Le falta a usted intención política. Nosotros no podemos decir que el público premió con una ovación la presencia del Licenciado Sánchez Ocaña. Puede usted escribir: los aplausos oficiosos de algunos amigos no lograron ocultar el fracaso de tan difusa pieza oratoria, que tuvo de todo menos de ciceronista. Es una relación de elemental formulario.

---

[18] C. Frollo, «En el Picnic-Club: [...] la graciosa e inteligente Chole Juárez [...]. Cuando volví a la realidad después de haber soñado [...] vi a dos ministros del gobierno inclinándose ante Chole Juárez y comprendí ese tributo de admiración. La hija del gran patricio que, como dijo Gutiérrez Nájera, pertenece a la primera nobleza de México por ser hija de Juárez, tiene mucho talento y mucha gracia. Su conversación es música. Cuando Chole platica bailan alegremente las ideas en el cerebro» (*El Universal*, México, 27 de noviembre de 1892). Creo que merece la pena seguir esta pista.

¡Cada día es usted menos periodista! El Vate Larrañaga sonrió tímidamente: —¡Y temía haberme excedido en la censura! El Director repasaba las cuartillas: —Tuvo lugar, es un galicismo: Rectificó complacido el Vate: —Tuvo verificativo. —No lo admite la academia.

¿No escucharía el propio Valle-Inclán cómo le recriminaban algunos en forma parecida?: «¡Cada día es usted menos periodista!». Al menos en su fuero interno, el desasosiego que muy probablemente dio en crecerle nada más incorporarse al equipo en *El Universal* tiene, precisamente, tal cadencia y sentido: día a día, en tanto van apareciendo sus complacientes «Ecos de la Prensa Española», el «elegante escritor» se va sintiendo menos periodista. Hasta que dejó de suscribir las mansas crónicas para gachupines cuando no se había cumplido un mes desde la publicación de la primera. Como escribe Julián del Casal en la carta del 19 de marzo de 1891:

> He renunciado al puesto porque los suscriptores se quejaban de que nunca me ocupaba de fiestas, salones, teatros y cosas propias del folletín. Aunque el director no me dijo nunca una palabra acerca de esto y me suplicó que no abandonara el destino, resolví dejarlo de una vez, porque ya no estaba dispuesto a complacer a los suscriptores ni a tolerarles sus quejas.[19]

La crisis

Y en esto ya nos hemos topado, casi de bruces, con la crisis personal que terminó arrojando al joven emigrante en brazos de la Literatura. Como suele pasar con esta clase de fenómenos que se desencadenan y en gran

---

[19] J. del Casal, *op. cit.*, págs. 112-113. Éste es también el caso de R. Darío, *Autobiografía*, Madrid, SHADE, 5.ª ed., 1945, págs. 73-74: «Se me encargó una crónica semanal. Escribí la primera sobre sports. A la cuarta, me llamó el director y me dijo: "Usted escribe muy bien... Nuestro periódico necesita otra cosa... Así es que le ruego no pertenecer más a nuestra Redacción...".». Y, por escribir muy bien, me quedé sin puesto». Desde aquellos días, Valle-Inclán mantendrá siempre vivo un juicio parecido —y como en el caso de Julián del Casal o Rubén— basado en su propia experiencia. Luego lo va a extender a las redacciones periodísticas del Madrid finisecular, que ya conoció de otro modo. R. Fuente (*De un periodista*, Madrid, Romero Impresor, 1897, pág. 191) le recuerda como visitante asiduo de la redacción del *El País*, hacia 1895, y, al evocar las frecuentes —y encendidas— discusiones que Valle tenía con todos ellos, cuenta como Valle solía concluir mostrándoles su compasión, como literatos a sueldo «que manchaban su pluma con la desaliñada y pedestre prosa periodística».

Valle-Inclán en su camino de Damasco. El primer viaje a México

José García-Velasco

medida suceden en un territorio íntimo poco asequible a terceros, la crisis, cuando acertamos a descubrirla, se nos muestra con una dinámica y hasta una cronología imprecisas. Para intentar restablecerlas considero necesario, ante todo, tener en cuanta el viejo postulado de que en asuntos concernientes a la vida psíquica, situaciones y discursos que pueden aparecer como contradictorios, a la postre, no lo son, sino que, contrariamente, vienen a complementarse y explicar de consuno la trayectoria seguida por un sujeto. Éste es el caso del joven emigrante que, todavía no reconociéndose como literato, ha viajado a México preñado de la Literatura; y que, no obstante su apariencia dócil y su actitud sumisa hacia toda clase de superiores, será capaz de romper con la trayectoria que se esperaba de él para abrazar la profesión literaria, con lo que ello aparejaba de seguras privaciones personales y de rebelión intelectual. Naturalmente, en el tránsito hay muchas lagunas, abundantes retrocesos, junto a esos otros momentos álgidos donde emergen con intensidad las líneas de fuerza que están alimentando la mudanza. El primer episodio significativo, del que actualmente tengamos noticia, se refleja en un párrafo de su crónica del 9 de junio:

> Si no fuera por atender las indicaciones de mi buen amigo el Director de «El Universal» que desea publicar en su diario algunos artículos sobre costumbres españolas, y en particular madrileñas, no me hubiese yo metido en estos andurriales, de los cuales tengo por sabido de antemano, cuán poco airosamente he de salir. ¡Yo, pintor de costumbres! ¡Yo que marcho por las calle como un sonámbulo, sin enterarme, ni tantico, de lo que a mi lado sucede! ¡Yo, que por mis «distraimientos» parezco destinado a morir hecho tortilla por un tranvía! ¡Válate Dios! —como dicen las viejas— ¡y que cosas nos tienen reservadas a los chicos de la prensa los directores amigos![20]

Aún va a escribir otro artículo costumbrista en el que hay ya, como en el anterior, breves apuntes de la bohemia y los bajos fondos madrileños tan recurrentes en el Valle-Inclán maduro. La fuerza de esta temática está engendrada por la experiencia autobiográfica, presente con una vehemencia extraordinaria en el segundo de los textos propiamente literarios que va a dar a luz en *El Universal*: «Caritativa», que como «La confesión» es ade-

---

[20] R. del Valle-Inclán, «Madrid de noche», *El Universal*, México, 9 de junio de 1892, en *Publicaciones periodísticas...*, cit., pág. 158.

lanto de «Octavia Santino» y también contiene elementos de «La condesa de Cela». Este conjunto, en el que ya prefiguran los principales relatos de *Femeninas*, se abre con un fragmento de «La niña Chole» que después también permanecerá en *Sonata de estío* y es uno de los más depurados de los que publicara entonces: «Bajo los trópicos (Recuerdos de México)». Por cierto que el subtítulo parece indicarnos que su autor está ya pensando desde una España en la que sin duda «recordará» a México. Tras un avance de «La generala» y otros dos trabajos menores, concluye con «Psiquismo» e, inmediatamente antes, publica el más importante de todos ellos: «La poesía en Europa y América (Generalidades)». El literato en ciernes, deseoso de manifestar todo lo que le bulle dentro, comienza en este texto, que debe calificarse de programático, declarando francamente: «hace mucho tiempo que deseaba tocar ese punto». A continuación esboza lo que yo me atrevería a llamar una lúcida «iluminación» del movimiento simbolista europeo y del americano, señalando algunas de sus diferencias. Pero lo que verdaderamente importa es que Valle-Inclán, aun manifestando su inclinación por el modernismo americano, parece estar sugiriendo que puede darse en él mismo, en la obra futura que sueña, la síntesis entre Europa y América. De hecho, muchos años después, así terminó ocurriendo.[21]

---

[21] «La poesía en Europa —y hablando así casi cometo un tropo tomando a París por todo el resto— es poesía de inteligencias enloquecidas o desequilibradas; de hombres que sufren una exaltación mística, que muchas veces no está en el alma, sino en los nervios, y en el cerebro, vibrante por la lectura de algún autor moderno, sugestivo y maníaco. Los ingenios de hoy, no tienen aquella sublime serenidad de los ingenios clásicos; son enfermos mentales como los poseídos de San Megardo, o los estigmatizados; padecen la neurosis del siglo; y este estado enfermizo de la inteligencia, dependiente de la falta de vigor físico, del lastimoso decadentismo a que llegó el cuerpo, en las grandes capitales se manifiesta en las artes y sobre todo en la literatura». Creo que habla por sí mismo un texto que Valle-Inclán, consciente de la importancia, ha fechado, cosa que no solía hacer. En cuanto a la poesía americana, Valle-Inclán repite el juicio que ya conocemos cuando, nada más llegar a Ciudad de México, elogia a Díaz Mirón: «Por el contrario, los poetas americanos, se han asimilado mejor el espíritu helénico. Algunos, como el notabilísimo Díaz Mirón escriben hoy, igual que escribirían, al haber nacido en Grecia dos mil años hace. Para ellos, como para el pueblo judío, aun no ha nacido el Mesías. Verdaderos poetas paganos, en su alma la doctrina de Cristo no dejó huellas. Son hombres de otra época que parecen educados en el culto gentilicio de la vieja Atenas [...]. En la semejanza de estos pueblos jóvenes de América que viven bajo un cielo alto y azul, propicio al arte con Grecia y Roma, en sus albores. Son libres y aman la libertad; son jóvenes y fuertes y sienten la alegría de vivir» (R. del Valle-Inclán, «La poesía en Europa y en América [Generalidades]», *El Universal*, México, 24 de julio de 1892, en *Publicaciones periodísticas...*, cit., pág. 210). Sólo con estos breves párrafos podría darse por sentado que las últimas colaboraciones aparecidas en *El Universal* son de una gran importancia para conocer el contenido de la crisis estética que está experimentando el «redactor en viaje».

Valle-Inclán en su camino de Damasco. El primer viaje a México

José García-Velasco

Desde este momento y hasta su muerte, apenas se conocen textos firmados por él fuera del ámbito de la literatura. Acaso pudiera hallarse alguno más y ello no cambiaría el sentido de su trayectoria, pero lo cierto es que no se conocen. Hay una pista que todavía es preciso seguir: los meses en que fue codirector de *La Crónica,* de los que hablaré en seguida. Sería muy raro que en dicho diario (hasta hoy en paradero desconocido) no publicase nada más. En todo caso, es prácticamente seguro que Valle-Inclán siguió colaborando en diversos periódicos con trabajos no literarios de carácter convencional: crónicas, traducciones, gacetillas... Pero no volvió a estampar su firma en tales escritos, bien recurriendo al seudónimo —práctica común en los modernistas americanos—, bien dejándolos sencillamente anónimos. Acaso era ya consciente de que su firma debía ser reservada para aquellos de cuya paternidad no tenía que avergonzarse.[22]

Éste es el punto de partida formal de un proceso cuyos antecedentes se encuentran en el mundo interior que ya se agitaba en él antes de su partida a México. En ese mismo tiempo lo vimos poseído por una turbadora conciencia de fracaso, personal y colectivo. Era todavía el brote inicial de la crisis, cuyas raíces permanecían ocultas incluso para él, aunque podía reconocer en sus adentros el latido de una emoción estética de indudable estirpe literaria paterna y acrecentada en un ambiente familiar propicio. Pero hay, al menos, un elemento más, que también ha surgido en el joven emigrante, según creo, por influjo del clima intelectual vivido en la casa de su padre: y es la voluntad de aprendizaje estético propia de su condición más íntima, hasta el punto de constituir, según me parece, uno de los atributos vertebrales del escritor a lo largo de su vida. He aquí, pues, dos elementos que van a actuar como agitadores de su conciencia estética y por los que el redactor-emigrante se distinguía radicalmente, aun sin saberlo, de los jóvenes que le rodeaban. Es verdad que muchos, como él, publicaron textos mediocres, pero en muy pocos alentaba, súbitamente, esa atmósfera

---

[22] Sus repetidos intentos de integrarse, de un modo u otro, en la escala social demuestran que Valle-Inclán no fue un héroe prematuro. Una y otra vez probó a hacer lo que todo el mundo, aunque es muy probable que de cada una de ellas saliese más fortalecido en la idea de que había que buscar un camino alternativo. Tras someterse a estas pruebas, e incluso varias veces, quedó cada vez más confirmado en su barrunto de que aquello no era lo suyo y que había que tirar para otra parte. Al cabo, pudo más el sentido común que la vergüenza de regresar aparentemente peor y, desde luego, con menos posibles que a su llegada.

capaz de transformarlos, siquiera algunos párrafos, en algo diferente. Y menos todavía estaban preparados para mantener un activo, constante y provechoso aprendizaje de la realidad circundante y de la literatura.

Y aquí parece recomendable volver a nuestra historia en el punto donde la habíamos dejado: un pulcro y complaciente «redactor en viaje» que, inesperadamente, mientras escribe sus grises crónicas para la colonia española se ha empezado a remover, inquieto, en su silla de *El Universal* mexicano. Podemos suponer cómo se sentiría el joven Valle-Inclán entrando en puertas de su crisis: cual Vate Larrañaga a la merced del director, «despojado de su propia personalidad» —como denuncia Julián del Casal—, iría experimentando un malestar creciente, lo que no significa que simultáneamente se le desvelara el camino a seguir. Finalizada la primavera de 1892, parece evidente que todavía no sabía muy bien qué hacer ni hacia dónde orientarse, lo cual debía ser especialmente angustioso para él que se encontraba en una posición económica y laboral cada vez más desesperada. Para salir de ella a nadie que estuviese en sus cabales se le podía ocurrir, por aquellos días, aconsejar a un escritor bisoño que se dedicase íntegramente a la creación literaria. Así que no resulta extraño que el redactor-emigrante tardase en tomar un rumbo tan arriesgado y que, antes de tomarlo, le veamos enrolarse en sucesivos trabajos periodísticos que, a la postre, acaban siendo una mera variante del anterior. La razón que le empujaba a hacerlo era la misma en todos los casos: en México, un emigrante de sus características si no quería o no podía dedicarse al comercio no tenía mucho donde elegir. En este sentido, tampoco me parece probable que al incorporarse a la redacción de *El Universal* (y siquiera a la primera de *El Correo Español*) anduviera ignorante de lo que se le iba a pedir. Probablemente pensaría, como tantos otros en sus circunstancias, que aceptaba esa clase de empleo sólo como un medio para sobrevivir, pero que, al cabo, lograría el reconocimiento y, entonces, quedaría libre de tales servidumbres. Sin embargo, al verse despojado de «su propia personalidad» acaba reaccionando siempre y rompe el trato una y otra vez, por más que lo que le lleva a convertir esa ruptura en definitiva se incube en un periodo que dura muchos meses, y, como él mismo declararía luego (si bien transfigurando los contenidos de la opción), no sin «algunas vacilaciones». En esta declaración hecha en 1921 en México, Valle-Inclán igualmente confiesa que allí encontró su «propia libertad de vocación». Como ya he indicado en otras ocasiones y pese a que me resulta imposible desarrollarlo aquí, considero capital este aspecto de la experiencia mexicana de Valle-Inclán que permite definir con mucha precisión el mecanismo de resolución de su crisis. Rafael Argullol ha insistido con lucidez y belleza en que la honda relación entre el viajero y el artista, a la que ya me he referido en cita anterior, se fundamenta «en un cierto peregrinaje de la libertad». Este peregrinaje es precisamente el de Valle-Inclán en su primer viaje a México y gracias a él pudo cuajar su vocación, desarrollada a lo largo de una vida fecundísima, siempre asentada e impulsada en y por la libertad:

> La exaltación del viajero en la cultura moderna guarda una estrecha vinculación con la exaltación del artista, y ambas exaltaciones, además, se fundamentan en un cierto peregrinaje de la libertad que ocupa el espacio abandonado por el anterior sacerdocio de la salvación. El viajero es el artista que atraviesa las geografías del mundo; el artista es el viajero que atraviesa las geografías de la subjetividad: culturalmente ambas siluetas se funden a menudo en un único prototipo, el del hombre a la búsqueda de *otro tiempo*, de *otro lugar*, de aquel universo en formación en el que la realidad todavía no está ordenada por completo y facilita, por tanto, *intervalos de libertad*.[23]

Ésta es, según yo lo veo, su respuesta a la crisis: el joven emigrante al tomar conciencia de su situación y muy especialmente al rechazarla, descabalgado de sus quimeras de triunfo, se vuelve hacia la creación literaria, «su camino de Damasco». Y en este punto el escritor mozo empieza, sin saberlo

---

[23] «Hace veinticinco años —nos dice don Ramón— que estuve por primera vez en México. Y usted no sabe cuán grato a mi espíritu es regresar de nuevo a este país, en donde encontré **mi propia libertad de vocación**. Debo, pues, a México, indirectamente, mi carrera literaria. ¿Por qué? Voy a decirlo en enseguida: Mis padres allá en España querían que yo me recibiese de abogado, es decir, que yo terminase esa carrera espantosa a la cual no tenía ninguna inclinación, a pesar de que ya sólo me faltaba el último examen. Pues bien, para no terminarla, me trasladé a México con el dinero que me dieron para recibirme, y aquí empecé a seguir mi propio camino, es decir, el literato, **no sin antes haber pasado por algunas vacilaciones**, ya que solicitaba también muy poderosamente a mi espíritu la carrera de las armas...» (W. L. Fichter, *Publicaciones periodísticas...*, cit., pág. 40. Los destacados son míos). Estas vacilaciones no concluyen con la llegada de Valle-Inclán a Madrid. Todavía hacia 1900, Valle le ofrece a Ortega Munilla como corresponsal literario de *El Imparcial* en París, «comprometiéndome a enviarle a usted por correo una nota de actualidad pintoresca, casi todos los días». *Vid.* «Fantasmas de la bohemia», cit., pág. 26; R. Argullol, *art. cit.*, pág. 9.

todavía, a distanciarse de compañeros como Manuel Larrañaga, pues los demás quedan en la piel de «vates» mientras él la va abandonando para vestirse con esa otra que llevó el resto de su vida y que él mismo confesó haber encontrado en México: la libertad de vocación.

La Crónica Mercantil de Veracruz

La colonia española en Veracruz —enfrentada al gobernador Teodoro Dehesa, a diferencia de lo que ocurría con los españoles de Ciudad de México— consideró necesario editar una publicación que representara sus intereses. Buscaron para dirigirla a un veterano periodista español afincado en México, Baldomero Menéndez Acebal (Fernández Almagro hace dueño de una imprenta y convierte en compañero del joven Valle en El Havre a quien muy probablemente sólo lo era en el círculo de periodistas gachupines), y éste, según él mismo cuenta, aconsejado por Julliet de Elizalde propuso compartir su aventura a un Valle-Inclán en bancarrota y sin salida. A estas alturas Valle había roto su relación con *El Universal*. Según Baldomero Menéndez porque había dejado de enviar originales, atribuyendo la causa a un hipotético carácter desordenado y bohemio, sin reparar en que, como el mismo Menéndez narra en su testimonio, Valle-Inclán, con tal de no seguir escribiendo crónicas, estaba dispuesto a cualquier cosa, incluso a volver a humillarse ante Telesforo García y solicitarle una recomendación para que le alistaran en las tropas que iban a luchar contra los pobres indios yaquis. Confundiendo el título del primer periódico de Reyes Spíndola con el segundo dice: «Logró ingresar por fin en *El Imparcial*, con obligación de escribir a diario cuentos cortos, tema favorito de Valle-Inclán, con sueldo de cuarenta pesos mensuales. Los comenzó, sin concluirlos nunca. Característica muy de él, en aquellos tiempos». Sin embargo, mi opinión es que a estas alturas Valle prefiere realizar cualquier actividad para buscarse el sustento con tal de no ver perjudicada su labor creativa. Lo cual es un indicio más de que en Ciudad de México (en la redacción de *El Imparcial*) ha emergido la crisis, mientras que en Veracruz (en la redacción de *La Crónica*) va a empezar a resolverla, no concluyendo en este empeño hasta publicar *Sonata de otoño*.[24]

---

[24] B. Menéndez, *op. cit.*, pág. 137.

Valle-Inclán en su camino de Damasco. El primer viaje a México

José García-Velasco

Queda por saber cómo pudo sobrevivir Valle entre septiembre y noviembre. Desde la aparición de sus últimos artículos el 7 de agosto, no vuelve a haber noticias suyas hasta que *El Monitor Republicano* del 9 de noviembre le cita entre los participantes de unas sesiones de espiritismo en casa del doctor don Porfirio Parra, reconocido publicista en pleno proceso de evolución del positivismo al espiritualismo. Aunque don Porfirio no participa en los experimentos, sí lo hace su hermana, quien es, además de anfitriona, la médium. Junto a Valle-Inclán encontramos entre los testigos a otros habituales de la colonia española: Julliet de Elizalde o Larrañaga Portugal. Creo que la noticia rebasa la mera anécdota ya que esta práctica forma parte de una de las principales preocupaciones del joven Valle en ese momento; recuérdese que su última conferencia en *El Recreo de Artesanos* de Pontevedra había versado sobre «El ocultismo» y que la última publicación citada del día 7 de agosto se titula significativamente «Psiquismo».[25]

Siguiendo con el testimonio de Menéndez, el caso es que Valle-Inclán, sin blanca, hubo de trasladarse desde su habitación del Hotel Humboldt, donde se había instalado al llegar a la Ciudad de México, a:

> otra modestísima en la azotea, con techada con vil lámina acanalada. [...] A cuyo hotel me dirigí, encontrándole en cama, siendo hora cercana a las doce del día. Mi presencia lo hizo salir de la somnolencia en que se encontraba. Le hablé de mis proyectos, invitándole a compartir penas y triunfos. Lo que tú digas —contestó, sin voluntad de sí mismo—. Levántate, para el arreglo de tus asuntos. ¿Cuánto debes al hotel? No puede recordarlo. Fueron sí, muchos pesos de aquellos que valían.[26]

Si hacemos caso de Menéndez, así quedó satisfecha su principal deuda en estos meses. Puede deducirse de este testimonio una vida desordenada y

---

[25] De la detalladísima descripción de *El Monitor Republicano* del 9 de noviembre de 1892 —redactada en forma de acta que firman Valle-Inclán y otros testigos— sólo citaré cuando se le menciona: «fue atada sólidamente de pies y manos la Srta. Parra con unos largos cordones cuyas puntas les fueron confiadas a los Sres. González Mier y Valle-Inclán, a fin de que pudiesen estar pendientes hasta de los menores movimientos de la señorita y si se paraba o cambiaba de sitio» y «Nueve personas, entre ellas los Sres. Juliet de Elizalde, Valle-Inclán, Agustín Alfredo Núñez y Manuel Larrañaga Portugal, declararon públicamente que habían visto que la repetida luz había afectado la forma de una mano pequeña».

[26] B. Menéndez, *op. cit.*, pág. 137.

bohemia, pero en realidad Valle-Inclán parece que practicaba ya su peculiar estoicismo pues, a la manera hindú y también como Proust, probablemente para ahorrar energías, siempre gustó de trabajar en la cama. Sobre ello se dispone de numerosos testimonios, como por ejemplo el de Manuel Bueno para el fin de siglo: «Lo más del tiempo se le iba acostado y meditando». También cuenta Menéndez que hubieron de desempeñar la ropa de Valle-Inclán del abarrote donde se hallaba. Desde luego el relato de Menéndez me resulta muy convincente ya que esboza lo que serán los elementos fundamentales de la subsistencia valleinclaniana hasta bien entrado este siglo, tal y como también se reflejan en la correspondencia con Ortega Munilla que he publicado y comentado en *Revista de Occidente*: vivienda mísera, frecuentemente una buhardilla. Valle trabaja en la cama, que es el mueble principal de su escaso ajuar y le permite combatir el frío y el hambre. Para ayudarse a la subsistencia recurre sistemáticamente al empeño de sus prendas y utensilios domésticos de cierto valor. Todo de acuerdo con lo establecido por Murger en *Scènes de la vie de bohème*.[27]

Pero continuemos con el testimonio de Menéndez: «Al día siguiente, teníamos que salir para Puebla, donde mis amigos y compatriotas me esperaban para obsequiarme con un banquete». Así lo atestiguan también los sueltos de la prensa mexicana que he podido reunir. Se refieren al banquete ofrecido en Puebla a la redacción de paso hacia Veracruz y al nacimiento del nuevo periódico español, de los que sólo cito el más expresivo:

> *La Crónica Mercantil.*— Hemos recibido el número-prospecto de este nuevo periódico que comenzará a publicarse en Veracruz el 1.° de Diciembre próximo, y que según anuncia en su programa, se consagrará a la defensa de los intereses comerciales de aquel puerto, y observará en su vida periodística una conducta independiente. La nueva publicación sustituirá al *Mensajero*, del propio puerto, y sus dimensiones serán las mismas que las del *Correo Español*, de esta capital. Aparecen como

---

[27] M. Bueno, «Días de bohemia», *La Pluma*, Madrid, núm. extraordinario, enero de 1923, pág. 43. Sobre la bohemia finisecular Manuel Aznar Soler ha escrito páginas esclarecedoras. Vid. la última: «Bohemia, dandysmo y literatura en Valle-Inclán hacia 1900», *Valle-Inclán y el Fin de Siglo*, ed. de L. Iglesias Feijoo et al., Universidad de Santiago de Compostela, 1997, págs. 85-104. Para una referencia más completa, *vid.* mi artículo «Algunas luces sobre Valle-Inclán», cit., pág. 46, nota 11.

Valle-Inclán en su camino de Damasco. El primer viaje a México

José García-Velasco

directores del diario veracruzano los Sres. Baldomero Menéndez y Ramón del Valle-Inclán; como jefe de redacción, el Sr. Lorenzo A. Miranda, y como redactor responsable el Sr. Luis C. de San Martín. Deseamos larga vida a la naciente publicación.[28]

Es muy probable, por tanto, que *La Crónica* comenzara en diciembre. Desde luego, al comenzar 1893 Valle-Inclán se encontraba ya instalado en la ciudad y conforme a los usos y costumbres se había hecho socio del Casino Español, como lo acredita el libro de actas de dicha institución en su sesión del 4 de enero.[29]

Veracruz en 1893 es la segunda ciudad de la República, una ciudad con intensa actividad comercial y también con el abigarramiento y la turbulencia de un gran puerto. Algunos estudios recientes han puesto de manifiesto la transformación económica experimentada por la Veracruz del porfiriato, un desarrollo propiciado por sus excelentes condiciones desde la época virreinal. En esta modernización participó decisivamente, como ha probado Carmen Blázquez, la pequeña pero activa e influyente colonia española, en su mayoría dedicada al comercio y fuertemente comprometida, como ha señalado Matilde Souto, con las corrientes más liberales y modernizadoras de la República, ya desde los años previos a la Independencia. Pero en esta Veracruz próspera y liberal vivía también una población marginal y aventurera, característica de todo gran puerto, aunque quizá en aquellos años más intensamente marcada por el clima de violencia que también tiñe la vida de las ciudades del *Far West*. *El Reproductor de Orizaba* mencionaba el 1 de diciembre de 1892 las numerosas casas de citas en la playa de Mocambo, donde «se organizan orgías públicas». En el mes de septiembre de ese mismo año Veracruz había sido azotada por el

---

[28] *El Monitor Republicano*, México, 25 de noviembre de 1892. Sobre la formación de *La Crónica Mercantil*, vid. también: B. Menéndez, *op. cit.*, pág. 137; *El Partido Liberal*, México, 15 de noviembre de 1892; *El Universal*, México 24 de noviembre de 1892; *El Reproductor de Orizaba*, 18 de diciembre de 1892, y *El Monitor Republicano*, México, 23 de noviembre de 1892.

[29] «Junta Directiva. Sesión Ordinaria. Presidente: D. Segundo Alonso. Concurrentes: Sr. Alonso; Sr. Ulibarri; Sr. Ramos; Sr. Carretero; Sr. De Ruano y Sr. Palau. Abierta la sesión fue leída el acta anterior fecha 11 del mes ppdo y quedó aprobada. Diose cuenta de las solicitudes de los Sres. Baldomero Menéndez, D. Onésimo Aragón y Ramón del Valle-Inclán para ingresar en calidad de socios suscriptores y habiendo sido llenados los trámites necesarios, fueron admitidos por unanimidad» (Libro de actas del Casino Español de Veracruz, 4 de enero de 1893).

cólera, el día 17 fue declarado «puerto infectado» por la Gran Bretaña. Es también Veracruz una ciudad muy violenta. *El Monitor Republicano* del 7 de enero de 1893 reproduce un suelto de *La Crónica Mercantil* con datos sobre «una gavilla de bandoleros» que actúa en las cercanías de la ciudad. El 1 de marzo, *El Siglo XIX* cita también *La Crónica Mercantil* para contar que los asaltos y robos son muy frecuentes. En ese ambiente tumultuoso (numerosas descripciones en la prensa con ecos casi literales en *Sonata de estío* o *Tirano Banderas*) como en la ranchera, se diría que en aquella Veracruz de 1893 «la vida no vale nada». Aunque los límites de espacio me impiden detallarla, he podido reunir una colección de duelos y desafíos con los que el joven Valle pudo tener o tuvo alguna relación, las más de las veces indirecta, pero al menos en alguna muy dramática y con segura huella en su vida y en su obra posterior. Valgan unas pinceladas ilustrativas.[30]

Semanas antes de la llegada de Valle-Inclán a México, la República entera se había estremecido con el asesinato en duelo de Wolter a manos del poeta Salvador Díaz Mirón que, en un primer momento, fue encarcelado en el Hospital Penitenciario de Veracruz. Todo el mundo sospechaba que antes o después sería liberado por el gobernador Dehesa, ya que era compañero suyo desde la escuela. Así fue efectivamente. También su hermano Manuel Díaz Mirón estuvo un periodo de tiempo en la cárcel acusado del asesinato de Luis Mignoni. Según un ilustre periodista jarocho, Díaz Mirón:

> Por su carácter extremadamente violento y susceptible, desde joven participó en riñas y duelos, llegando a ser terrible duelista a pistola, la que manejaba con maestría y pulso certero. Varios de los lances en que intervino fueron originados en pugnas o notas periodísticas. Tal el trágico incidente que se provocó antes de 1890 entre los periodistas veracruzanos, Carlos Díaz Dufóo, recién llegado de España en donde iniciara sus primicias periodísticas y Carlos Berea, poeta romántico y redactor en «El Ferrocarril», del también poeta, novelista y juriscon-

---

[30] C. Blázquez, *op. cit.*; Matilde Souto, *op.cit.* El día 22 de febrero, el periódico *El Siglo XIX* de la Ciudad de México citaba *El Diario Comercial* de Veracruz: «Es creencia muy difundida que la población de Veracruz es el punto más malsano de todo el país. Inspira tal terror entre algunas gentes, que basta un ligero malestar para que de los que de fuera vienen en la estación propicia a solazarse se marchen desolados creyendo llevar consigo algún mortífero contagio. La ciudad cuenta hoy con 30.000 almas poco más o menos: tiene fama de desolada y pestilente, y de incubar todos los gérmenes contagiosos más terribles».

Valle-Inclán en su camino de Damasco. El primer viaje a México

José García-Velasco

sulto veracruzano don Rafael de Zayas Enríquez. En efecto la pugna de los jóvenes no era cosa mayor pero interviniendo en ella Díaz Mirón, como padrino de alguno de los enemistados, se obstinó en que era del caso un duelo a muerte por necesidad, o sea que ambos contendientes avanzasen disparando hasta que cayera uno de ellos. Y así sucedió en un funesto amanecer y en la desolada Isla de Sacrificios, en donde Díaz Dufóo tuvo la desgracia —que toda la vida le atormentó— de matar de un tiro en la frente a Berea.[31]

Se sabe que Carlos Díaz Dufóo —fundador con Gutiérrez Nájera, poco tiempo después del regreso de Valle-Inclán a Europa, de la emblemática *Revista Azul*— fue, además de su compañero en la redacción de *El Universal*, uno de los escasos amigos del joven Valle en este momento.[32]

Hay otros dos casos que resulta obligado mencionar. El primero la detención de Valle-Inclán días después de su llegada a Veracruz. El segundo se refiere a una grave agresión sufrida por Baldomero Menéndez en el domicilio de *La Crónica Mercantil*. Valle es citado ya que se hallaba en el edificio en aquel momento, pero no fue testigo presencial al encontrarse en el piso superior.

Valle-Inclán, como ya se ha indicado, había publicado el día 7 de agosto un breve artículo que en clave satírica hacía una dura crítica de los duelos. Lo cual es sólo aparentemente contradictorio del interés que manifestó por el arte de la esgrima e incluso por la teoría de los duelos. Interés que llegó a costarle, aunque accidentalmente, la pérdida de una mano. Pero en ese clima de violencia que incluye también a sus intelectuales, Valle-Inclán se mantuvo cada vez más distante, «alejado de todo contacto con el mundo», como reconoció Baldomero Menéndez. También lo había confesado él mismo en el texto ya citado del día 9 de junio: «¡Yo que marcho por las calles como un sonámbulo sin enterarme, ni tantico, de lo que a mi lado sucede!». Pese a ello no se va a poder sustraer de tanta violencia, pero no me parece muy aventurado suponer que en este asunto, como en el del carlismo, Valle-Inclán va a convertir, a lo largo de los años, su propia experiencia en materia literaria e incluso deforma y oculta sus propias convicciones, sin desvirtuarlas ni llegar nunca al extremo de negarlas. En suma

---

31 L. Pasquel, «Periodismo veracruzano, II», *Revista Jarocha*, núm. 28, octubre de 1963.

32 W. L. Fichter, *Publicaciones periodísticas...*, cit., nota 28, págs. 38-39.

creo que el rechazo que probablemente termina sintiendo por esta clase de vida le lleva, como advirtió Antonio Machado, a una forma superior de heroísmo: el ascetismo propio del poeta, que debe sacrificarlo todo a su libertad de creación.[33]

La detención y otros incidentes. Regreso a España

El 1 de enero de 1893, *El Partido Liberal* anuncia:

> Por asunto personal.— Comunican por teléfono a un colega de esta capital la siguiente noticia de Veracruz: Hoy fueron detenidos los Sres. Valle-Inclán, Baldomero Menéndez, Francisco Sánchez Terán, Daniel Rodríguez, Ruperto Villanueva y Julio Díaz, por asuntos personales suscitados en la prensa de esta localidad. Deseamos por tratarse de amigos, pues casi todos los detenidos lo son nuestros ¡que todo esto resulte una tempestad en un vaso de agua!

Ese mismo día, en *El Monitor Republicano* leemos:

> Un asunto enojoso en Veracruz.— La prensa de aquel puerto se ha ocupado en estos días de un cartel de desafío dirigido por el Sr. D. Ruperto Villanueva al Sr. Julio B. Díaz con motivo de lo cual se han originado agrias discusiones entre los representantes de ambos sectores. La causa de este incidente personal, fue un disgusto que tuvieron los contrincantes en un sitio público en el mencionado puerto. A consecuencia de las discusiones que dio margen por la Prensa, el reto del Sr. Villanueva al Sr. Díaz el asunto se hizo público y las autoridades han tomado cartas en el asunto, según nos comunican de dicha localidad. En tal virtud y con fundamento, según se nos dice, del artículo 126 del Código Penal del Estado, fueron aprehendidos y encarcelados los autores de tan enojosa cuestión.

---

[33] B. Menéndez, *op. cit.*, pág. 137: «Conocedor el Sr. Elizalde de mi determinación, recomendó llevará a Ramón del Valle-Inclán, alejado de todo contacto con el mundo». Sobre el heroísmo en Valle-Inclán (estrechamente relacionado con el dandysmo y con la máscara) *vid.* las extraordinarias necrológicas de J. R. Jiménez y, sobre todo, de A. Machado, *El Sol*, Madrid, 26 de enero de 1936. De este último *vid.* también el prólogo a *La corte de los milagros*, Madrid-Barcelona, Ed. Nuestro Pueblo, 1938, págs. 7-12.

Valle-Inclán en su camino de Damasco. El primer viaje a México

José García-Velasco

Y tras la detención, la condena: *El Monitor Republicano* del 5 de febrero de 1893 publica:

> Noticias de Veracruz.— De aquel puerto (México/Veracruz) comunican las siguientes al «Partido Liberal»: El Juez 1º de 1ª Instancia de esta ciudad, sentenció por conatos de duelo entre los Sres. Julio Díaz y Ruperto Villanueva: al primero á 60 días, al segundo 45; á Don Pedro Ranero á 8 días, á Don Daniel Rodríguez, Don Francisco Sánchez Terán, Don Baldomero Menéndez y D. Ramón del Valle Inclán y de la Peña á 15 días de prisión conmutable y absolvió al Sr. Leandro Egeo.

Por último, entre los sucesos violentos en los que se van a ver envueltos los redactores de *La Crónica* desde su llegada a Veracruz, cito el que considero más significativo, especialmente por la actitud de profundo distanciamiento que se adivina en Valle. *El Universal* del 12 de enero de 1893, «Veracruz, Enero 12.— El Sr. Baldomero Menéndez, Director de *La Crónica Mercantil*, fué atacado cobardemente hoy». Y el día 13, «Veracruz, Enero 13.— El Sr. Menéndez se encuentra mejor, aunque todavía no desaparece el peligro. Los rufianes alevosos que lo atacaron se encuentran presos en la cárcel pública». *El Monitor Republicano* del 21 amplía la información:

> Un desagradable suceso en Veracruz.— Como se recordará hace varios días, la Agencia Cablegráfica nos trasmitió la noticia de que el Sr. Baldomero Menéndez, Director de La Crónica Mercantil de Veracruz, había sido atacado cobardemente. Posteriormente el mismo periódico La Crónica Mercantil, publicó un párrafo que reprodujimos, en que se decía que dos hombres habían penetrado sigilosamente á la Imprenta del colega, para asesinar al Sr. Menéndez.

Con este motivo, *El Diario Comercial* del puerto publica un remitido en el que el Sr. Rodolfo Sevilla, encargado de la regencia de la imprenta y de la administración de *La Crónica*, manifiesta que de tiempo atrás la administración del periódico venía dando origen a disensiones entre él y el Sr. Menéndez, y continúa diciendo:

> Así las cosas, llegó el mediodía del jueves 12 del corriente mes. —Era la una y media P.M. y nos encontrábamos en la sala de la Imprenta solamente nosotros y Don Baldomero— *Nadie absolutamente nadie más, entiéndase bien, se hallaba allí.— Valle-Inclán se encontraba*

en los altos de la casa. Aprovechose Sevilla de aquellos momentos únicos que podía distraerse de sus labores, para manifestar a D. Baldomero el propósito de retirarse definitivamente de la Imprenta y de pedirle que le liquidase sus cuentas y le pagase el saldo a favor de Sevilla. Así lo hizo éste en términos comedidos; pero esta justa pretensión de Sevilla irritó a D. Baldomero de tal suerte que levantándose de sus asiento, se encaró con Sevilla, le dirigió las más atroces injurias y echó mano Sevilla de una llave de cañería que estaba cerca, en un estante muy próximo y dió con ella dos golpes, «no por detrás, lo cual es miserable calumnia, sino por el otro lado izquierdo de la cabeza. El segundo golpe hizo caer aturdido a D. Baldomero. El muchacho Manuel Liñero, aprendiz que se dedicaba en aquellos momentos á emparejar unas cuartillas de papel, y que no tenía motivos de encono contra D. Baldomero, para nada intervino en el caso: se asustó simplemente y se salió del local, al ver salir á Sevilla.— Este se presentó espontáneamente á la autoridad, y confesó explícitamente el hecho.

De nuevo tenemos la sensación de un Valle-Inclán «alejado de todo contacto con el mundo», ya que mientras se produce esta bronca él «se encontraba en los altos de la casa» sin acudir en ningún momento al oír el estrépito. Me parece que, a estas alturas, Valle tenía su decisión tomada. Todavía hubo de cumplir con una última misión al servicio de sus mentores. Reelegido gobernador Teodoro Dehesa y como Baldomero Menéndez, según explica él mismo, dado su enfrentamiento con las autoridades, no podía representar a *La Crónica*, se acuerda que sea Valle- Inclán el enviado a Jalapa a los fastos de la toma de posesión del responsable de la Aduana de Veracruz, organizados por Díaz Mirón:

> Al juramento constitucional del acto gubernativo, con fiestas y garambainas, movidas por el gran poeta, don Salvador, mandé a Jalapa, en representación del periódico, a Valle-Inclán, con instrucciones de informar del lujo y derroche [...]. Terminados los festejos, regresa Valle-Inclán, y pasados unos dos meses, díjome, deseaba volver a España.[34]

---

[34] B. Menéndez (*op. cit.*, págs. 137-138) añade a propósito de otro duelo en el que se vio envuelto: «Por razones de actividades periodísticas, obligado por las circunstancias de furibundos ataques contra mi España y compatriotas residentes en la república, me condujo a aceptar un duelo que debió ser con el gran poeta, don Salvador Díaz Mirón. Reemplazándolo otra persona, debido a contratiempo que tuvo, en víspera de mi,arribo al puerto veracruzano. Duelo efectuado en Tehuacán, en Hacienda histórica en época de la Independencia [...]. Electo gobernador del

Valle-Inclán en su camino de Damasco. El primer viaje a México

José García-Velasco

Desde luego, estaba dedicado a su quehacer literario, según se desprende de su carta del 2 de marzo a Murguía, solicitando un prólogo para lo que ya considera «mi primer libro». Y en el quejumbroso tono que gustaba a los amantes de Rosalía, se refiere a sí mismo como «errante discípulo [...] donde quiera que los vientos, inclementes y contrarios de la fortuna le arrastre».[35]

Prepara su regreso. Unas fuentes señalan que pudo ser repatriado con cargo a la Beneficencia española. Pero Baldomero Menéndez ofrece una versión muy distinta:

> Prometió escribir correspondencias de importancia, por gratitud a lo que por él había hecho. Rogándome al mismo tiempo le asignase un sueldo, mientras arreglaba una canonjía, que en su provincia de Galicia decía tener. Le señalé doscientas pesetas mensuales, que disfrutó como un año, sin haber escrito más de dos cortísimos relatos. Llegué a quererle y a comprender a Ramón. Por eso me sacrifiqué a sus defectos e intemperancias. Sus cuartillas parecían pentagramas de música, con borrones y tachaduras. Fue formándose en España —hoy consagrado—, escribiendo libros, historietas, bradominismos sin pasar las miserias de Méjico, merced a las pesetas para su orientación, que seguramente de mucho sirvieron.[36]

---

estado, en esos momentos, don Teodoro A. Dehesa, por obra y gracia del gran dictador, [...]. El señor Dehesa, había sido eje de la campaña contra lo español, con buen escándalo, por cierto y causa del desafío».

[35] Como es bastante conocida, creo innecesario trascribir la importantísima carta de M. Murguía, dada a conocer por Juan Naya, «Dos misivas de Valle-Inclán a Murguía», *Boletín de la Real Academia Gallega*, Santiago de Compostela, XXX, núm. 351, 1969, págs. 213-216. *Vid.* «Valle-Inclán y Murguía», también del mismo autor y en la citada publicación, núm. XXIX, 1959, págs. 50-56. Sólo insistir que en la reproducción fotográfica que hace Naya de la carta —fechada el día 2 «en la Villa Rica de la Veracruz»— se reconoce con claridad el membrete de *La Crónica*. Resulta imposible en este trabajo analizar ni siquiera esbozar la trayectora ideológica del joven Valle a lo largo de su estancia mexicana. Baste decir que no es precisamente su discrepancia con el liberalismo doctrinario del porfiriato, y muy singularmente del grupo «científico» que alienta *El Universal*, lo que provoca su crisis intelectual, desarrollada en el ámbito estético y profesional. Otra cosa es que la política tal y como se practicaba en el México del porfiriato o en la España de la Regencia le provoque un *spleen* que termine desembocando en su anarquismo literario de los últimos años del siglo. Pero esta carta revela su fuerte vinculación, todavía en aquel momento, con el regionalismo progresista, cuyo origen es republicano federal, que emblematiza y lidera precisamente Murguía. He aquí una fuente de su arcaísmo, más que Chautebriand, a quién leerá en la biblioteca del casino de Veracruz, o los legitimistas franceses, que probablemente sólo conocerá a fondo después, en sus lecturas de 1894 a 1895 en la biblioteca de Jesús Muruais.

[36] B. Menéndez, *op. cit.*, pág. 138.

¡Ojalá pudiéramos encontrar esos relatos, por pocos y cortos que fueren! Y así llegamos al día de embarcar. Lo recogen muchos periódicos de Ciudad de México, por ejemplo *La República Mexicana* del 28 de marzo de 1893:

> Don Ramón de Valle Inclán, Director de *La Crónica Mercantil* de Veracruz, ha salido rumbo a Europa en el vapor «Montevideo». Queda pues la dirección de ese diario a cargo de D. Baldomero Menéndez.

El Monitor Republicano del mismo día precisa la fecha de su partida, el 24 de marzo. Tal vez su viaje de regreso incluyó alguna escala. Todavía es probable que hiciera algún nuevo intento de acomodo profesional al margen de la literatura.[37]

Aquí se hace de nuevo el silencio, salvo los textos que va publicando a lo largo del verano y el otoño, especialmente en *Extracto de Literatura*, revista pontevedresa auspiciada por José Riestra, donde da a conocer el 8 de julio «X», precioso testimonio de su aventura mexicana. Una semana después, probablemente gracias a una gestión suya, *Extracto* publica un poema de Manuel Larrañaga Portugal y sucesivamente otras muestras de la labor literaria de Valle-Inclán en México. Creo que, aunque pudo enviarlas por correo, es más verosímil que hubiera regresado a Pontevedra a principios de este mes. Ésta es la época en que debió zambullirse en la biblioteca de Jesús Muruais, y también probablemente en la de Víctor Said Armesto, preparándose para la vida que había decidido emprender. Después, tenemos noticias suyas en la prensa de Pontevedra entre la primavera y el otoño del 94 y en los meses de marzo y abril del 95. *Femeninas* se publica en Pontevedra, después de sufrir algunos retrasos, a principios de abril de 1895. Inmediatamente va a tener algunas críticas y será anunciada a toda plana en *El Globo*. Una vez más serán Alfredo Vicenti y el diario republicano quienes nos van a proporcionar una información preciosa sobre estos años oscuros que median entre las fechas ciertas de su embarque en el *Montevi-*

---

[37] El *Montevideo* era el primer vapor de la flota española que hacía la ruta con México, *vid.* M. Miño Grijalba, *op. cit.*, págs. 69-70. La misma noticia de la partida del *Montevideo* queda cubierta el 28 de marzo de 1893 por *El Monitor Republicano*, señalando su trayecto «por Barcelona y escalas», y *El Universal*, que menciona a Valle-Inclán, como también lo hacen al día siguiente *El Diario del Hogar* y *El Siglo XIX*.

deo y en el tren Pontevedra-Madrid. En un artículo sin firma pero que sin duda es del director del periódico del posibilismo republicano, titulado «Impresiones de "Tierra Caliente"», se anuncia la publicación de *Femeninas* y se habla de su autor, «un antiguo amigo de los lectores» que «De regreso de América, y después de haberse calafateado en el país natal [...], toma ahora un copioso baño de Madrid». Todo ello me parece exacto. Calafatear es un excelente verbo para explicar su principal ocupación durante ese tiempo. Lo que añade Vicenti, además de entreverar la historia y la leyenda, es probablemente el primer y muy valioso testimonio de la nueva máscara de Valle-Inclán. Por tanto todavía no se puede dar por sentado si hizo un periplo final por Yucatán (aunque voy reuniendo algunas pruebas sobre ello, todavía débiles), si de veras intentó poner o trabajar en una lotería en Santo Domingo, o si —como parece verosímil— «buscó el contraste intelectual de París». Por fin el *Diario de Pontevedra* del 15 de abril de 1895 anuncia «En el tren mixto de esta mañana salió para Madrid nuestro querido amigo el distinguido escritor D. Ramón del Valle. Deseámosle feliz viaje».[38]

Conclusión

Espero haber proporcionado alguna información pero también alguna clave interpretativa para este primer viaje de Valle-Inclán, decisivo en su toma de conciencia como escritor. Una conciencia que, como se ha apuntado, es inseparable de la crisis finisecular, conocida por el joven Valle en una versión netamente parisiense, en el círculo de amigos de su padre y en la pequeña pero informada ciudad de Pontevedra de los ochenta y los noventa. Pero esa visión posromántica de la crisis, de la que va a ir adquiriendo una noción más clara en Madrid entre 1890 y 1891, se ensancha, se concreta e incluso se transforma en los once meses de su peregrinación mexicana. En el México primitivo y cosmopolita, afrancesado y salvaje del porfiriato, Valle-Inclán va a alumbrar su proyecto artístico, estrechamente relacionado con la condición de emigrante en la que ha podido reconocer

---

[38] «X», *op. cit.*, y M. Larrañaga Portugal, «Facer ignis», *Extracto de Literatura*, Pontevedra, 15 de julio de 1893; «Impresiones de "Tierra Caliente"», *El Globo*, núm. 7.101, Madrid, 23 de abril de 1895.

mejor su mundo originario, reinterpretado a la luz deslumbradora de las preocupaciones de los escritores del fin de siglo. Este complejo enfrentamiento entre dos mundos, el familiar y el finisecular, y también como él mismo explicita, entre dos continentes, el europeo y el americano, hará del propio joven escritor un «médium», capaz de fundirlos —eso sí, críticamente— en el crisol de su arte. Acaso porque en las zozobras de su biografía de aquellos años aprendió a instalarse en ese extraño pero definitivo territorio en el que florece la obra artística, siempre fruto de la soledad, territorio del extrañado, del nómada:

> El territorio del nómada —escribe Argullol— es el territorio del artista moderno, el espacio incierto, lleno de brumas y antagonismos, en el que se desarrolla la confrontación entre arte y mundo. En tal territorio el artista no puede ser sino un huésped desconcertado, un extranjero en el que la vaga añoranza de poseer una identidad propia está permanentemente asediada por la certidumbre de sentirse un apátrida. La conciencia de extranjería, e incluso de exilio, representa así una de las claves más hondas para la comprensión de la modernidad, al significar el punto de partida de buena parte de sus trayectos estéticos.[39]

No es posible entender la aparente contradicción que define muchos aspectos no sólo de la obra del Valle-Inclán maduro, sino de la mayoría de sus coetáneos, especialmente los que son más afines: Unamuno, Juan Ramón o Baroja, Joyce, T. S. Eliot, Hugo von Hofmannsthal, etc., sin reparar que vivieron y alumbraron toda su obra instalados en este territorio. Por ello Valle-Inclán interpretó siempre su misión como una respuesta, desde la literatura, a la crisis de su tiempo. No tanto por resolverla sino por trascenderla desde ese estado agónico, paradójico, antidogmático, que indica a las claras la radical fuente liberal de la que todos ellos se nutrieron; por más que el mundo que vieron alzarse se preparaba para un largo tránsito en el que dicho liberalismo sería depurado, tras terribles experiencias, para integrarse ya en nuestros días en la vida democrática. En aquellos otros días del pasado fin de siglo el tránsito estaba comenzando y el joven Valle pudo participar de él porque fue capaz de mantener una actitud de continuo aprendizaje:

---

[39] R. Argullol, *Territorio del nómada*, Barcelona, Ediciones Destino, 1987, pág. 9.

Valle-Inclán en su camino de Damasco. El primer viaje a México

José García-Velasco

Don Ramón enciende otro cigarrillo y nos habla de su profesión. Los escritores —dice— vivimos de lo que vemos y de lo que estudiamos en nuestros viajes; tenemos que aprovecharnos de cuanto encontramos en nuestro camino; un viaje nos enseña más que una biblioteca; tiene más sentido plástico que ella, y debemos utilizarlo forzosamente en lo que más tarde hemos de escribir.[40]

Y desde luego, Valle-Inclán el peregrino pudo al cabo convertirse en un maestro porque fue capaz de despreciar los valores de una biografía convencional, con tal de preservar su independencia. Como escribió Manuel Bueno:

Otro, en su lugar, habría saltado sobre el trampolín del ingenio a un alto puesto en la Prensa, que de momento le hubiera permitido hacer frente a las estrecheces de la vida; pero Valle ha sido siempre de una independencia de carácter y de una austeridad de costumbres, que le han preservado de toda claudicación.[41]

---

[40] Entrevista a R. del Valle-Inclán aparecida en *Excélsior*, México, 6 de noviembre de 1921, en D. Dougherty, *Un Valle-Inclán olvidado: entrevistas y conferencias*, Madrid, Editorial Fundamentos, 1983, pág. 126.

[41] M. Bueno, *art. cit.*, pág. 41.

Valle-Inclán (1898-1998): Escenarios
Universidade de Santiago de Compostela, 2000: 73-89

SONATAS Y VIAJES:
LA SONATA DE ESTÍO Y LA OTREDAD

ELIANE LAVAUD-FAGE
Université de Bourgogne

Anochecía cuando la silla de posta traspuso la Puerta Salaria y comenzamos a cruzar la campiña llena de misterio y de rumores lejanos.

Quería olvidar unos amores desgraciados, y pensé recorrer el mundo en romántica peregrinación.

Mi amor adorado, estoy muriéndome y sólo deseo verte. ¡Ay! Aquella carta de la pobre Concha se me extravió hace mucho tiempo. [...] Yo recibí su carta en Viana del Prior, donde cazaba todos los otoños. El palacio de Brandeso está a pocas leguas de jornada. Antes de ponerme en camino....

Llegué a la Corte de Estella, huyendo y disfrazado con los hábitos ahorcados en la cocina de una granja por un monje contemplativo, para echarse al campo por Don Carlos VII.

En estos textos cada uno puede reconocer sea la misma apertura textual de dos *Sonatas* (*Sonata de primavera* y *Sonata de estío*), sea unas líneas del primer capítulo de una de ellas (*Sonata de otoño*), sea el principio del segundo capítulo de otra (*Sonata de invierno*), siendo el primero en este caso un capítulo de meditaciones sobre la vida y la vejez. Propp ya había contado el desplazamiento, la salida del héroe dentro de los elementos indispensables y fundamentales del cuento maravilloso[1]. Esta función

---

[1] Vladimir Propp, *Morfología del cuento*, Madrid: Fundamentos, 1987, p. 47 y siguientes.

definitoria del héroe se extiende de hecho a muchos textos narrativos más allá del cuento maravilloso. De entrada vemos que en las *Sonatas* la partida, el alejamiento, en una palabra el viaje funda al héroe en la medida en que de él nacen las peripecias que alimentarán la intriga dándole sustancia a la historia del Yo. Pero, por ser la que más desarrolla la temática del viaje, me interesaré hoy por la *Sonata de estío*.

La *Sonata de estío* es toda ella efectivamente una relación de viaje, por mar primero y luego a través de las tierras de los Trópicos. Es, como se sabe, eco ficticio de un viaje que realizó el propio Valle-Inclán a Méjico entre abril de 1892 y la primavera de 1893, momento durante el cual empezó a escribir los primeros pre-textos de la *Sonata*. De hecho, en una carta dirigida a José Ortega Munilla, Valle-Inclán presenta *Sonata de estío* como "...las impresiones, un poco novelescas, de un viaje por los países tropicales", como se puede apreciar en el texto que se transcribe a continuación:

> Sr Dn. José Ortega Munilla
>
> Mi querido Don José:
> Tengo escritas las impresiones, un poco novelescas, de un viaje por los países tropicales. Se titulan: "Sonata de Estío" -si El Imparcial- las pudiese publicar en folletín como -Sombras Chinescas- sería para mí una consagración. Quizás así consiguiese romper el hielo ¡ay!
> Sabe cuanto le quiere y le admira su reconocido amigo
> Valle-Inclán
> Argensola, 9. Domingo 6.[2]

Los antiguos consideraban ya los viajes como algo esencial. Navegar es necesario; vivir no es necesario, solían decir. Desde los tiempos más remotos el viaje constituye una de las formas de expresión del hombre y cuando Ulises, el viajero por antonomasia, enuncia los caracteres bárbaros de los cíclopes, incluye en lugar destacado el hecho de que no saben construir navíos para salir de su insularidad y comunicarse con otros seres.

A partir del encuentro entre los dos mundos, se suceden los viajes que unen uno y otro lado del Atlántico. Hasta mediados del siglo XIX se realizarán casi siempre en una misma dirección: de Europa hacia América, y

---

[2] Debo esta carta a la generosa amistad de Cecilio Alonso.

será la visión del europeo la que se plasme en los textos. Es esta también la dirección que tiene el del Marqués de Bradomín que hoy nos interesa.

Vinculado con esta gran línea de la literatura mundial que es el viaje, aparece lo extranjero en la obra y el viaje allende los mares significa la representación de una naturaleza, unos hombres, unas sociedades que no pertenecen a Europa y que, por lo tanto, constituyen su alteridad. Un viaje de este tipo, con la creación de un espacio-tiempo alejado de la experiencia normal del lector, es la puesta en escena de lo que es "lo otro" en relación con la cultura europea. Fundamentalmente todo texto sobre lo extranjero está subordinado a la dialéctica de lo mismo y lo otro o del mismo y del otro. El otro se puede presentar como el envés o el doble y se puede llegar a una pintura estereotipada que describe un pueblo a través de unos rasgos groseramente reductores. El otro extremo consiste en dejarle al otro su propio ser por un exotismo que subraye su misterio. La literatura se mantiene entre aquellos dos extremos: representar al extranjero como un reflejo de la cultura europea, la mismidad, o reconocerlo como encarnación de su otredad. De todas formas, la escritura de la alteridad es una tentativa paradójica.

¿Cómo practica Valle-Inclán en *Sonata de estío*?

Este texto tiene que dar a conocer un espacio considerado como nuevo, pero existe ya una tradición bien arraigada cuando Valle-Inclán escribe. En primer lugar, el viaje marítimo que trae al visitante a aquellas costas conlleva puntos obligados de desembarco, para quien viene de Europa: los puertos de Veracruz y Tampico. Otro paso obligado suele ser el viaje a la capital. La ciudad de Méjico no aparece en el texto valleinclaniano (a pesar de que Valle-Inclán allí vivió varios meses), pero el Marqués de Bradomín desembarca en Veracruz, también llamada por el nombre harto simbólico que le puso Cortés cuando la fundó: La Villa Rica de la Veracruz, alusión implícita al conquistador que tendremos presente más adelante. De esta ciudad verdadera que permite anclar el texto en tierras mejicanas sabremos muy poco ya que no se describe. Lo único que aprendemos es que se llega a ella por una playa de arena dorada y que ofrece a la vista unas "blancas azoteas moriscas", ambos sitios sobre los que se ciernen unos pajarracos feos y negros; también tiene un venerable parador de la época de los

I Seminario: Viajes

virreyes donde pueden descansar los viajeros y unas puertas que, a poco de llegar, franquean ya para salir la Niña Chole y Bradomín. Sin embargo, en el texto valleinclaniano, no es Veracruz la primera escala en tierras mejicanas sino San Juan de Tuxtlan, desde donde el viajero realiza la excursión a Tequil y sus ruinas. La conocida riqueza del pasado prehispánico de aquellas tierras hace que sea casi de rigor, en este tipo de textos, la visita de sitios arqueológicos, aunque aquí sólo están evocados rapidísimamente. Ahora que Tequil[3] no parece existir realmente como tampoco San Juan de Tuxtlan[4]. El héroe narrador o los otros personajes del relato nombran pueblos o lugares por los que pasan o que columbran o que son meta de su viaje o que tienen que ver con un personaje secundario presente o aludido. De estos topónimos, los unos existen realmente: la Isla de los Sacrificios que ostenta un nombre muy propio, con sus connotaciones trágico-religiosas, para despertar la curiosidad del lector, el castillo de Ulúa, fortaleza bien conocida en la península por haber permanecido bloqueados allí los españoles de 1821 a 1825; la cordillera del Orizaba que domina a más de 5.000 metros la ciudad del mismo nombre; Tlacotalpan, ciudad del estado de Veracruz, al sur de la capital, tierras adentro; Colima, capital del estado del mismo nombre, fundada por Gonzalo de Sandoval; Campeche, un puerto situado en el litoral del Golfo de Méjico, también capital de su estado en la península del Yucatán; Palenque, una ciudad del estado de Chiapas. Los otros, Necoxtla, Nueva Sigüenza, Grijalba, Tixul, San Juan de Tegusco, Tuxtlan, Laguna parece que son pura creación valleinclaniana. Más de la mitad de los topónimos no son reales y esta elección por parte del autor de la *Sonata de estío* nos lleva a hablar de una geografía imprecisa y de un itinerario imposible de seguir o sea que, aunque el texto se presenta como una relación de viaje, el espacio literario no corresponde con el de la percepción.

Y esto es tanto más de notar cuanto que en los pre-textos de la *Sonata de estío*, no pasaba lo mismo. En "La Niña Chole" de *Femeninas*, la primera escala se verifica en Progreso, un puerto del estado de Yucatán a 36 kilómetros de Mérida y eran las ruinas de Mérida las que visitaba el viajero

---

[3] Existe un pueblo llamado Tequila.

[4] Existen varios topónimos con San Juan, pero Tuxtlan no aparece en los diccionarios de geografía. Existen, sin embargo, ciudades cuyo nombre tiene una consonancia muy similar: Tuxpan (Jalisco) o Tuxtla (Chiapas).

de la novela corta y no las de Tequil. En uno de los pre-textos publicados en la prensa[5], se lee Tuxpan, nombre de una ciudad del estado de Jalisco y no San Juan de Tuxtlan y en *Apuntes*[6] la feria se celebra en Sancti Spiritus o Espíritu Santo, primera ciudad fundada en Nueva Galicia por Gonzalo de Sandoval y no en Grijalba. En aquellos pre-textos de la *Sonata* más o menos se podría establecer un mapa del viaje. La desrealización espacial es, pues, fruto de una corrección y justamente atañe a los topónimos donde pasa la acción del texto, los lugares que merecen mayor atención de parte del narrador. Así la única ciudad descrita es Grijalba, topónimo inexistente[7]. Sin embargo el número de los topónimos reales es suficiente para introducir al lector en un espacio mejicano. Los otros, ficticios, si no señalan una realidad precisa, tienen un poder de evocación y suscitan una atmósfera implícita inmediatamente identificada por el que lee. No obstante, está claro que existe una búsqueda de misterio incluso en aquello mismo que funda la verosimilitud de una relación de viaje: los lugares. Y esto es otra forma de reacción valleinclaniana contra el positivismo imperante que reduce el mundo a un conjunto perfectamente repertoriado. Las novelas de Jules Verne, por ejemplo, obedecen al mismo tipo de rebeldía.

Los nombres de los personajes -que no son muchos- también participan del artificio léxico en el que arraiga el exotismo: el único indio que tiene nombre se llama Cuactemocín, eco del protagonista de la Noche Triste; en cuanto a la Niña Chole reúne el tratamiento de respeto que usan para los superiores, para los amos, la gente humilde y los campesinos (Niña) y el diminutivo de Soledad en su forma típicamente mejicana (Chole). Son señales léxicas de lo extranjero: como los topónimos, aseguran al lector que la intriga se sitúa en un universo alejado de su vivir cotidiano.

En cuanto a los habitantes de aquellas tierras son negros, mulatos, indios y criollos. El que mata tiburones para regocijo de los pasajeros de la fragata es un negro colosal. Se le compara con un gorila; cuando sonríe muestra "sus blancos dientes de animal familiar" o "esa sonrisa blanca de los salvajes" o "una sonrisa de ogro avaro y sensual". La Niña Chole le manifiesta "ese desdén patricio que las criollas opulentas sienten por los

---

[5] "Tierra caliente", *La Correspondencia de España*, Madrid, 8-VI-1902.
[6] "La feria de Sancti Spiritus", *Apuntes*, Madrid, 1-I-1897.
[7] Pasa lo mismo con Santa Baya de Cristamilde en *Flor de santidad*.

negros"[8]. Por amor al dinero intentará matar otro tiburón, lo que le valdrá una muerte horrible. Un negro africano de "figura de carbón" con sus "abultados labios de gigante" lleva al viajero de la fragata a la playa de San Juan de Tuxtlan. La "lentitud desesperante" de la bogada, el sopor que se desprende de los aires monótonos que silba transforman este viaje en "el viaje infernal de los antiguos en la barca de Caronte"[9]. En cuanto al otro negro presente en el texto, el liberto casado con la antigua doncella de la Niña Chole, es cornudo consentido y de su antigua condición de esclavo conserva unos "ojos de res enferma: Ojos de una mansedumbre verdaderamente animal"[10], la voz resignada del siervo, un andar de perro sumiso y una mentalidad de paria.

Los mulatos son servidores como Julio César, que un aventurero portugués regaló como mero objeto al Marqués de Bradomín. Por lo que toca a los indios, están presentados, de entrada, como estatuas de la antigüedad, merced a transposiciones de arte a la manera de Gautier: se ven "como antiguos bronces", "como figuras de un friso del Parthenón"[11]. Pero este tipo de escritura analógica dignificadora no va a durar y, en cuanto el viajero los trata o los escucha hablar, la apariencia exterior deja paso a otras características recurrentes: tienen "la voz mansa y humilde"[12], una "voz de siervo", una "eterna voz de esclavo"[13] incluso cuando amenazan de muerte. Son tristes, humildes, miedosos. "Son indios, señor... Aquí prometerían de rodillas, y allá, apenas su amo les mirase con los ojos fieros, todo se lo dirían..." explica la Niña Chole a Bradomín que cree en la posibilidad de imponer silencio a los criados[14]. Ni siquiera se distinguen por su vestido; apenas tienen corporeidad: están "ensabanados como fantasmas" y no se oyen sus pisadas apagadas[15]. Son supersticiosos y silenciosos. Prácticamente, los únicos que se salvan son los jinetes que pertenecen a la escolta

---

[8] P. 116-117. Cito aquí y en adelante por la edición: *Sonata de estío*, Madrid: Espasa-Calpe, 1991, Col. Austral, n° A 37.

[9] P. 103.

[10] P. 160.

[11] P. 103

[12] P. 108.

[13] P. 109

[14] P. 137

[15] P. 154.

del Marqués de Bradomín, "magníficos jinetes todos ellos"[16] y parecen encarnar la grandeza de lo primitivo.

Las indias que, en las ferias de Grijalba, venden plátanos y cocos a la puerta de los jacales son "andrajosas". "Viejas de treinta años arrugadas y caducas" tienen la "fealdad quimérica de los ídolos". Sus senos, negros y colgantes recuerdan "las orgías de las brujas y los trasgos" y parecen "sibilas de algún antiguo culto lúbrico y sangriento"[17]. Los "jarochos, mitad bandoleros y mitad pastores" conducen los rebaños a la feria de Grijalba y son hombres que tienen "la esbeltez que da el desierto y actitudes de reyes bárbaros, magníficas, sanguinarias..."[18]. En el real de la feria, "Mulatas y jarochos[19] ejecutaban aquellas extrañas danzas voluptuosas que los esclavos trajeron del Africa"[20]. Aun cuando sus actitudes corporales, magníficamente primitivas, pueden a veces despertar admiración, las notas que mayormente se desprenden de los retratos de la población de aquellas tierras que cruza el viajero de la *Sonata de estío* son las de animalidad, de cierto salvajismo, de esclavitud o sea la idea de que se trata de seres inferiores. Esto se resume claramente en dos palabras recurrentes de la *Sonata de estío*. Son las "razas vencidas" y la repetida alusión a la raza de bronce viene a significar lo mismo[21].

Ahora bien, la inferioridad de lo americano es uno de los presupuestos que están en la mente de los viajeros europeos; es un prejuicio que tiene carta de ciudadanía en todos los viajeros europeos y que comparte el héroe narrador de la *Sonata*.

Y sin embargo el viaje hacia América en el siglo XIX está marcado por un elemento fundamental: los viajeros ya no se dirigen a unas posesiones coloniales, sino a naciones que acaban de emanciparse. El acontecimiento histórico que trae repercusiones tan decisivas en todos los planos de la vida de estos países tendría que incidir también en la visión de los viajeros que se suceden a lo largo del siglo. Méjico había conseguido su inde-

---

[16] P. 169
[17] P. 163
[18] P. 171
[19] Campesinos de la costa de Veracruz. Tienen fama de ser buenos jinetes.
[20] P. 163.
[21] P. 126.

pendencia desde 1821. El tiempo de la fábula en la *Sonata de estío* se sitúa entre 1839, año del Convenio de Vergara que trae como consecuencia la emigración del Marqués de Bradomín a Londres desde donde se embarca, y 1846, momento en que deja de ser Papa Gregorio XVI a cuyas rodillas tiene que ir a postrarse la Niña Chole para obtener el perdón del incesto. En cuanto a la fecha de escritura, ya se sabe que hay que situarla entre 1893, fecha de publicación del primer pre-texto, y 1903, año de edición de la obra. Por los años en que se redactaba lo gordo de la *Sonata*, España estaba perdiendo sus últimas colonias...

El Marqués de Bradomín viaja, pues, hacia regiones donde han cambiado las circunstancias políticas, sociales y culturales. Y, sin embago, el texto sigue haciéndose eco del sentimiento común en la Europa de entonces que devalúa la civilización del Oriente, siendo el Oriente una región muy mal definida, pero alejada del Occidente. Al mismo tiempo se exalta el esplendor de aquellas regiones. El espectáculo oriental, en sentido amplio, que elabora el siglo XIX responde a este concepto más o menos disimulado de la superioridad occidental, concepto que el héroe narrador hereda de sus lecturas, según él mismo confiesa:

> Recordé lecturas casi olvidadas que, niño aún, me habían hecho soñar con aquella tierra hija del sol: Narraciones medio históricas, medio novelescas, en que siempre se dibujaban hombres de tez cobriza, tristes y silenciosos como cumple a los héroes vencidos, y selvas vírgenes pobladas de pájaros de brillante plumaje, y mujeres como la Niña Chole, ardientes y morenas, símbolo de la pasión que dijo un cuitado poeta de estos tiempos[22].

Parece efectivamente que existe una articulación, variable pero esencial, entre la historia del exotismo y la del imperialismo aunque a veces se disimule esta relación entre escritura del exotismo y mentalidad imperialista[23]. Geografía e historia se reúnen aquí ya que aquellas regiones lejanas y exóticas son precisamente las que sufrieron el imperialismo colonial. Y la sexualización de Oriente ¿no es también otra forma de dominación?

---

[22] P. 114

[23] A este propósito, se puede ver: Margarita Pierini, *Viajar para (des)conocer. Isidore Löwenstern en el México de 1838*, México: UNAM, 1990.

Desde este punto de vista existe mucha distancia entre la visión exótica a base de clisés que ofrece Valle-Inclán de los habitantes de las tierras de los Trópicos presentados en la *Sonata de estío* y la que domina el poema *Nos vemos* posiblemente escrito cuando, invitado por Obregón, el novelista español va a Méjico, en 1921, para la conmemoración de la Independencia. Considerable es también la distancia que media entre *Sonata de estío* y *Tirano Banderas*[24] con sólo tener en cuenta el hecho que, en la obra de 1903, el indio no tiene voz salvo en los momentos en que juega a los naipes o se revela como ladrón e incluso asesino potencial.

La *Sonata de estío* y su itinerario están dominados por la figura de la Niña Chole. De Pierre Loti, que escribió casi cuarenta volúmenes entre las relaciones de viaje y las obras de ficción dominadas por la perspectiva autobiográfica y el exotismo, escribe el crítico Jean-Marc Moura que

> ... les contrées de l'exotisme sont femmes par excellence. Aziyadé, Rarahu, madame Chrysanthème sont autant de chers visages qui permettent au protagoniste d'entrevoir "l'âme" de cultures très différentes de l'Occident[25].

Pues bien, la Niña Chole es la típica mujer exótica, una belleza fatal, cruel, sensual y sagrada, incluso la típica mujer oriental en sus rasgos[26], sus perfumes y sus velos sugerentes : "... arrebujada en aquella túnica de seda, que envolvía en una celeste diafanidad su cuerpo de diosa"[27]. Está relacionada con el pasado prehispánico que la engrandece:

> Era una belleza bronceada, exótica, con esa gracia extraña y ondulante de las razas nómadas, una figura hierática y serpentina, cuya contemplación evocaba el recuerdo de aquellas princesas hijas del sol, que

---

[24] En el momento en que se leyó esta ponencia me enteré de que la recalca también Dru Dougherty en un artículo recién publicado: "Anticolonialismo,'arte de avanzada' y *Tirano Banderas* de Valle-Inclán", *Revista de crítica literaria latinoamericana*, Lima-Berkeley, Año XXIV, n° 48, 2do semestre de 1998, p. 39-47.

[25] *Lire l'exotisme*, Paris: Dunot, 1992, p. 82-83.

[26] "El labio abultado y rojo de la criolla sonríe con la gracia inquietante de una egipcia, de una turania" (p. 112). La turania es una mujer de Turán, region de la antigua Asia Central. "Semejante a una princesa oriental, ungióse con esencias" (p. 179).

[27] P. 157.

I Seminario: Viajes

en los poemas indios resplandecen con el doble encanto sacerdotal y voluptuoso. [...] ... tenía esas bellas actitudes de ídolo, esa quietud extática y sagrada de la raza maya, raza tan antigua, tan noble, tan misteriosa, que parece haber emigrado del fondo de la India[28].

No es casualidad si el Marqués de Bradomín la descubre en las ruinas de Tequil, perfecto telón de fondo para su belleza y su esencia[29]. Claude Dumas demuestra, con un cotejo de textos muy elocuente, que una novela inacabada de Justo Sierra -*El ángel del porvenir*- fue inspiración para la *Sonata de estío* y sugiere que el nombre de la heroína de la novela de Sierra, Maïa, pudo originar la raza de la Niña Chole[30]. Si es así, y la demostración de C. Dumas es convincente, lo cierto es que Valle-Inclán supo sacar un magnífico partido de aquel nombre.

A través de ella y por ella se abre otro espacio propio de aquellas tierras lejanas. Méjico es, como lo fue Oriente -y la equiparación se hace desde el primer capítulo de la *Sonata*-[31], un espacio de juego regido por un principio único: el placer. Es un espacio encantador que seduce y desconcierta; ahí pueden desahogarse las pasiones reprimidas por la sociedad civilizada de Europa. Tierra del placer, de los fantasmas[32] sexuales, el Trópico valleinclaniano propone la transgresión de los tabúes europeos: el incesto, "el magnífico pecado de las tragedias antiguas"[33]; la homosexualidad, "aquel bello pecado, regalo de los dioses y tentación de los poetas", expresión de "las divinas fiestas voluptuosas"[34]. Supuesta tierra de los desenfrenos amorosos, como lo es Oriente, Tierra Caliente ofrece un marco a una imaginación liberada y permite a los autores que lisonjeen los ensueños sensuales de

---

[28] P. 105.

[29] En "La Niña Chole" de *Femeninas* el encuentro se realizaba en un hotel, de forma mucho más prosaica.

[30] Claude Dumas, "Une source mexicaine de Valle-Inclán dans la *Sonata de estío*", *Bulletin hispanique*, Bordeaux, janv.-juin 1966, vol. LXVIII, p. 309-322.

[31] "Como un aventurero de otros tiempos, iba a perderme en la vastedad del Imperio Azteca. Imperio de historia desconocida, sepultada para siempre con las momias de sus reyes, entre restos ciclópeos que hablan de civilizaciones, de cultos, de razas que fueron y sólo tienen par en ese misterioso cuanto remoto Oriente" (p. 100).

[32] La palabra se usa en sentido técnico para hablar de aquel mundo subterráneo que lleva en sí mismo cada uno de nosotros.

[33] P. 138.

[34] P. 151.

su público incluso escandalizándolo, o lisonjeando a los unos y escandalizando a los otros. Bajo la pluma de Valle-Inclán y de los decadentes franceses antes que él, exotismo rima con erotismo.

Es doble espacio de placer porque, al de los sentidos, también se añade el placer de la escritura cuyo juego se hace más libre que en otros géneros de normas más estrictas. La relación de viaje, incluso cuando conlleva una intriga, le permite al autor pasar de consideraciones histórico-legendarias a la evocación de los habitantes, del retrato de alguna hermosa extranjera a una observación de las culturas o de las formas de vida, incluyendo aquí y allá la descripción luminosa de los paisajes o dando a conocer unos peligros desconocidos de los europeos. Esto es lo que realiza la pluma valleinclaniana en su sonata estival con perfecta libertad y es uno de los atractivos del relato de viaje tanto para el escritor como para el lector. No olvidemos tampoco que la libertad frente a los géneros es uno de los goces y de los logros del escritor gallego.

Acabamos de mencionar la descripción de los paisajes y es cierto que en la *Sonata de estío*, como en todos los textos que se presentan como relaciones de viaje, desempeñan un papel cuantitativa y cualitativamente importante: se trata de fijar en la imaginación y en la memoria del lector una serie de elementos que hasta entonces le son ajenos. Muchas de estas descripciones entran dentro del tópico del *locus amoenus*, el cual, por otra parte, funciona a modo de código común entre lector y autor. Las mañanas y los atardeceres en el barco o en tierra se prestan particularmente a este tipo de descripción, como, por ejemplo, el descanso en el bohío:

> El campo se hundía lentamente en el silencio amoroso y lleno de suspiros de un atardecer ardiente. La brisa aromada y fecunda de los crepúsculos tropicales oreaba mi frente. La campiña toda se estremecía cual si acercarse sintiese la hora de sus nupcias, y exhalaba de sus entrañas vírgenes un vaho caliente de negra enamorada, potente y deseosa[35].

Una descripción del amanecer en el barco cuando éste se encuentra frente a Grijalba es particularmente significativa:

---

[35] P. 106.

En aquella hora el calor era deleitante, fresca la ventolina y con el olor de brea y algas. Percibíanse en el aire estremecimientos voluptuosos. Reía el horizonte bajo el hermoso sol. Ráfagas venidas de las selvas vírgenes, tibias y acariciadoras como aliento de mujeres ardientes, jugaban en las jarcias, y penetraba y enlanguidecía el alma el perfume que se alzaba del oleaje casi muerto. Dijérase que el dilatado Golfo Mexicano sentía en sus verdosas profundidades la pereza de aquel amanecer cargado de pólenes misteriosos y fecundos, como si fuese el serrallo del Universo[36].

En toda la *Sonata*, el denominador común de aquellas tierras es la promesa sensual que encierran. La virginidad de la naturaleza viene asociada de forma absolutamente recurrente con la sensualidad, la voluptuosidad. Es un paraíso de los sentidos. Un capítulo entero de la *Sonata* está dedicado a las descripciones, a los recuerdos llenos de admiración que conserva el narrador en el momento en que escribe sus memorias, unos recuerdos que surgen tan nítidos que se escriben en presente: "¡Cuán bellos se me aparecen todavía esos lejanos países tropicales! [...] Por mi memoria desfilan las torres de Veracruz, los bosques de Campeche..."[37]. Aquel uso del *locus amoenus* se puede considerar como un clisé de la literatura exótica de viajes. En la *Sonata,* sin embargo, se introducen notas discordantes (el calor con el "sol abrasador" y "los horizontes calcinados", "la angustia de la sed y el polvo") o inquietantes como aquellas "bandadas de feos y negros pajarracos" que acogen a los viajeros en la playa de Veracruz[38]. Estos puntos que matizan la impresión de encontrarse en un paraíso pueden llegar a ser totalmente disfóricos. Asi son la cabalgata por la arenosa sabana hasta llegar al lago de Tixul, el vadeo del lago infestado de cocodrilos seguido por la tormenta infernal en el momento de la puesta del sol. Aparece ahí, casi como la prueba última por la que tiene que pasar nuestro flamante Marqués, el tópico de la salvaje naturaleza americana que en un dos por tres puede acabar con el viajero. En el texto valleinclaniano se juntan las dos pulsiones que dan nacimiento a la literatura exótica: el afán de huída hacia otro mundo ideal y el posible terror a las amenazas que encierra. De la des-

---

[36] P. 153.
[37] P. 154.
[38] Respectivamente p. 103, 104, 121.

cripción de estos peligros surge la figura intrépida, valerosa, incansable del que los vence. Los capítulos dedicados a los plateados, fenómeno real, pero, al mismo tiempo, tópico novelesco que está presente en la fantasía de todo viajero como algo quizás más deseado que temido, son buen ejemplo de este ensalzamiento. Es la clásica exaltación del viajero que se encarga de crear su propia figura de héroe con el relato de las fatigas y los peligros del itinerario. Así se edifica el Yo en la *Sonata de estío*. Y, para esta exaltación, es casi inevitable también recordar al conquistador. Así cuando el Marqués de Bradomín pisa las playas del Nuevo Mundo más o menos explícitamente se siente él mismo reencarnando a Cortés:

> Yo iba a desembarcar en aquella playa sagrada, siguiendo los impulsos de una vida errante, y al perderme, quizá para siempre, en la vastedad del viejo Imperio Azteca, sentía levantarse en mi alma de aventurero, de hidalgo y de cristiano, el rumor augusto de la Historia[39].

Ahora bien, todas estas descripciones, que evocan un universo nuevo y deslumbrante, son trozos literarios estructurados como tales: los lugares, las cosas, los seres tienen connotaciones fantásticas, se revelan a través de asociaciones poco esperadas. Los indios se parecen a las estatuas de los frisos atenienses del Parthenón, los lagartos se comparan con "faquires centenarios" o con "duendes enredadores y burlones", el cocodrilo con "una divinidad antigua", el mar de las Antillas fascina como los ojos de "las hadas que habitan palacios de cristal en el fondo de los lagos", el lago de Tixul se ve a lo lejos como "una expiación dantesca"[40]. Siempre se trata de descripciones expresivas que se presentan como depositarias de un punto de vista, el del personaje eje del relato, el Marqués de Bradomín que sobredetermina el trozo descriptivo, el cual a su vez opera sobre el estado de ánimo del narrador: "... penetraba y enlanguidecía el alma el perfume que se alzaba del oleaje casi muerto"[41]. El movimiento parte del narrador para volver a él sugiriendo lo infinito del paisaje americano integrado al relato a través del ver o del hacer de los protagonistas, aquí singularmente del Mar-

---

[39] P. 114.
[40] Respectivamente p. 103, 168, 169, 102, 168.
[41] P. 153.

qués de Bradomín por cuyos ojos pasa todo el paisaje. El lago de Tixul está descrito a medida que los viajeros lo ven y la tormenta que sigue a medida que sufren sus embestidas. Siempre se integran al relato sin romper su progresión. Característico de esta manera de escribir es el capítulo dedicado a la descripción de Grijalba:

> Permanecimos toda la noche sobre cubierta. [...] La fragata daba vista a Grijalba, y rayaba el sol. [...] A la sombra del foque, y con ayuda de un catalejo marino, contemplé la ciudad a mi talante. Grijalba, vista desde el mar, recuerda esos paisajes de caserío inverosímil, que dibujan los niños precoces...[...] ¡Cuán bellos se me aparecen todavía esos lejanos países tropicales![42].

Por supuesto que existe un paralelo implícito -pero nunca explícito en la *Sonata de estío*- entre la naturaleza virgen y voluptuosa de Tierra Caliente y la europea domesticada por el hombre. Pero, si este paralelo, abundante en la literatura del exotismo, nunca se desarrolla en el texto valleinclaniano, existe otro perfecta y claramente expresado desde el principio del texto. El segundo capítulo se dedica por entero a este tema así como el final del séptimo. Se ponen en paralelo dos viajes del Marqués de Bradomín: el que está realizando en la Dalila y el que hizo hacia Tierra Santa, más espiritual en su meta y donde disfrutó la compañía de "gente de toda laya", príncipes, damiselas, tahures, misioneros, "una farándula exótica y pintoresca"[43], en una palabra unos pasajeros que no pertenecían a la estereotipada burguesía. En cambio, en la fragata que navega hacia Méjico, todo el pasaje se compone de "herejes y mercaderes" de "ojos perjuros y barbas de azafrán"[44], "de manos coloradotas y plebeyas"[45]. Al llegar a Veracruz, después de ajustar y regatear, desembarcan: "allá van, sin otro deseo que tocar cuanto antes la orilla. Son los conquistadores del oro"[46]. En "La Niña Chole" de *Femeninas*, los pasajeros descritos en términos muy similares eran yankees. Aquí son ingleses e Inglaterra, microcosmos de

---

[42] P. 153-154.
[43] P. 101.
[44] *Ibid.*
[45] P. 118.
[46] P. 115.

Europa, pasa a encarnar el mito de Calibán frente al arielismo implícito del primer viaje. La comparación entre los dos viajes es el instrumento de una distanciación con la sociedad que rodea al escritor.

Y esto nos lleva a interrogarnos sobre la relación que existe entre la escritura exótica y la historia de las mentalidades. ¿Por qué aparece la raza sajona como símbolo de la despreciable sociedad europea que pone el dinero por encima de todos los valores con el terrible añadido antibritánico de 1913: "La raza sajona es la más despreciable de la tierra. Yo contemplando sus pugilatos grotescos y pueriles sobre la cubierta de la fragata, he sentido un nuevo matiz de la vergüenza: La vergüenza zoológica"[47]? Probablemente no esté ajeno a esta elección el hecho de que Inglaterra se había hecho muy impopular en Europa y singularmente en Francia a raíz de la guerra de Transvaal (entre los años 1884 y 1902) que apareció como mera consecuencia de la codicia de los Ingleses despertada por las minas de oro y los diamantes de la región. El odio hacia Inglaterra es una nota constante en la obra de Pierre Loti, por ejemplo o de Joséphin Peladan que escribe en *La terre du sphinx* (1898): "... cette race est la honte de la terre". Es también la raza inventora del boxeo que, por los años 1911-1912, empieza a ser espectáculo en España, de donde posiblemente el añadido de 1913. Otro clisé cultural, vinculado con el imaginario social contemporáneo, es un cambio en la escritura analógica para presentar a la Niña Chole. Hasta 1933, la metáfora recurrente para evocarla fue la de Salambó; en 1933, de Salambó se pasa a musmé, o sea a una metáfora de la vida amorosa japonesa, de hecho una moda que había invadido París y Madrid, entre otras capitales europeas[48].

Es un clisé cultural como lo es la figura de la mujer exótica, como lo es la libertad del espacio primitivo, como lo es también en Europa la evocación -a veces contradictoria con la admiración- de la superioridad occidental. Y lo primero que se nos ocurre pensar es que revelan una falta de

---

[47] P. 101

[48] Véase de E. Gómez Carrillo, *El Japón heroico y galante*, La Novela Corta, 2-V-1917. Fascinan las estampas de las fiestas galantes del Yoshiwara así como las pinturas de Utamaro llamado por los europeos "el pintor de las casas verdes" o sea el pintor de las musmés. Los hermanos Goncourt traducen y comentan el *Anuario del Yoshiwara* de Jipenska Ikku que se hizo famoso en Europa.

originalidad. Sin embargo, no hay que olvidar que también es un elemento indispensable de la comunicación literaria. La imagen de la otredad que propone una obra exótica se establece sobre la base de una complicidad cultural cuyos indicios son los clisés y los estereotipos que, prácticamente a la fuerza, organizan un primer nivel textual.

Y a veces uno se pregunta hasta qué punto difieren fundamentalmente lo uno y lo otro. La Niña Chole, por ejemplo, que es prototipo de la mujer exótica, tiene "la misma sonrisa de Lilí", "los labios de Lilí", siendo Lilí la mujer europea a quien quiere olvidar Bradomín. Como ella es infiel. Es a la vez la otredad y la mismidad. Y a partir de ahí empieza, en cierta forma, otro viaje. A través del viaje por una nueva realidad exterior el hombre va profundizando en su realidad interior, tan desconocida a veces como la primera. Intenta conocerse a sí mismo. Incluso el viaje cobra a veces características de un "camino de perfección"; una idea vinculada a la del hombre como *homo viator*. En una obra publicada en 1847, el editor parisino Albert Montémont expone el enorme interés de los viajes:

> Viajar es aprender a conocer, a comparar, a juzgar y a convertirse en alguien mejor; es relacionar la propia experiencia con la de otros pueblos; es agrandar la esfera de las ideas y prepararse para el porvenir una multitud de goces inagotables; es penetrar cada vez más en las infinitas maravillas de la naturaleza y en los secretos aún más infinitos del corazón humano[49].

Evidentemente, lo que Montémont plantea es el viajero ideal: el que gracias al viaje aprende y convierte ese aprendizaje en nuevas conductas. El que es capaz de transformarse, de volverse mejor gracias a lo nuevo conocido. El ideal propuesto a todo viajero es el haber crecido en su propia estatura de hombre. Algo de esta relación de viaje interior -particularmente apreciada en el siglo XX- nos ofrece el Valle-Inclán de la *Sonata de estío,* aunque el viaje interior nunca se corta de su referente inmediato. El Marqués de Bradomín que se embarca, como un peregrino de amor, para olvidar la infidelidad de su dama, al terminarse el periplo aprendió nuevas conductas. Pero

---

[49] Albert Montémont, *Voyages nouveaux par mer et par terre effectués ou publiés de 1837 à 1847 dans les diverses parties du monde*, Paris: A. René, 1847.

sólo engrandecen un aspecto de su figura: ¡su provocadora estatura de decadente! Así lo atestigua la frase que cierra el texto: "Desde entonces compadezco a los desgraciados que, engañados por una mujer, se consumen sin volver a besarla. Para ellos será eternamente un misterio la exaltación gloriosa de la carne"[50].

En conclusión, podemos decir que el país escogido -y perfectamente bien elegido para unos lectores españoles- es, en realidad, un pretexto útil para poner al autor en situación de escritura. Se concibe como la metáfora de la otredad con la consiguiente dialéctica otredad/mismidad. En la alteridad uno mismo se busca y se encuentra. Por otra parte, Méjico es el Oriente valleinclaniano, escapismo geográfico que permite rechazar la modernidad y refugiarse en la grandeza primitiva de la naturaleza virgen y sensual y en la voluptuosa sumisión de unas mujeres de embriagadora belleza. Y si esta escritura del escapismo presenta la alteridad cultural como un sueño bastante plagado de estereotipos, es que los clisés lexicales y culturales son señales necesarias a la lectura del exotismo. Permiten la creación o la fabricación de un mundo a la vez extraño y conocido, estribando en el principio de una distancia imitada, artificial que refiere a una serie de convenciones. Además, si el viaje literario desde sus orígenes fue primero un periplo mítico en un espacio maravilloso, luego un desplazamiento en un espacio bien jalonado, para llegar al viaje interior liberado de nuevo de los apremios de la geografía, podemos decir que, en su *Sonata de estío*, Valle-Inclán nos ofrece reunidos los tres tipos de viajes.

---

[50] P. 180.

Valle-Inclán (1898-1998): Escenarios
Universidade de Santiago de Compostela, 2000: 91-121

VALLE-INCLÁN Y LA GIRA AMERICANA DE 1910

VIRGINIA MILNER GARLITZ
Plymouth State College of the University System of Newhampshire

"Las Indias Españolas, como antaño decía mi abuela y para mí es tan grato seguir diciendo, volvieron a llamarme con su voz de maravilla y de aventura."[1] Así escribió Valle-Inclán desde Buenos Aires al principio del viaje a América del Sur que hizo con Josefina Blanco en 1910. Lo que sigue representa parte de una exploración de esa gira por el Cono Sur[2] que hasta ahora ha sido muy poco estudiada a pesar de la importancia de los temas del viaje y de América en la obra valleinclaniana.[3]

---

[1] "Andanzas de un español aventurero. Hojas de mi cartera. De viaje por las Indias," fechado en Buenos Aires, 18 mayo 1910, fue publicado en *El Mundo* [Madrid] el 12 de junio del mismo año. Este artículo y un segundo, bajo el subtítulo de "La Sra. Infanta en tierra argentina", fechado el 24 de mayo y publicado en *El Mundo* ([M]19 jun 1910), fueron recogidos y comentados por Serrano (250-253).

[2] El proyecto de mi sabático de enero-agosto de 1998 fue apoyado por Plymouth State College of the University System of New Hampshire (USA) y por una beca de The Program for Cultural Cooperation of the Spanish Ministery of Education and Culture and United States' Universities. La parte sudamericana fue facilitada por el magnífico personal de bibliotecas, hemerotecas y archivos en Buenos Aires, Rosario, Córdoba, Santiago del Estero, Tucumán y Mendoza de la República Argentina; Asunción, Paraguay; Montevideo, Uruguay; y Santiago, Chile. También me ayudaron personalmente algunos investigadores muy generosos. Entre ellos, quisiera agradecerles especialmente a la Dra. Olga Vitalle, al Dr. Hugo N. Martínez Moreno, a la Dra. Amalia J. Gramajo de Martínez Moreno, al Sr. Vladimiro Muñoz, al Dr. Enrique Marini-Palmieri y a la Dra. Leda Schiavo.

[3] El simposio internacional, organizado por la Universidad de Santiago de Compostela en noviembre de 1998, empezó a llenar aquella laguna, dedicándose al tema del viaje, dentro del cual se leyeron tres ponencias sobre los viajes de Valle a América.

Información previa

Primero, vamos a repasar brevemente lo que ya sabíamos de ese viaje en el año del Centenario de la Independencia de la Argentina y de Chile. Antes de ir a América, Valle-Inclán había publicado su trilogía de *La Guerra Carlista*[4] y en marzo de 1910 había estrenado *La Cabeza del dragón* en el Teatro de niños de Benavente (*El Mundo* [Madrid] 6 mar: 3) y *Cuento de abril* en el Teatro de la Comedia en Madrid (*El Mundo* [M] 20 mar:1). Tenía fama, pues, de ser, no sólo el creador del Marqués de Bradomín, sino un dramaturgo modernista y un tradicionalista profesado (Santos 187-193). El autor y su esposa Josefina viajaron como director artístico y actriz con la Compañía de Francisco García Ortega,[5] contratada, a su vez, por el Teatro de la Comedia de Buenos Aires.[6] Salieron de Lisboa el 5 de abril a bordo del vapor "Amazón" de la Mala Real Inglesa.[7] Se desembarcaron primero en Las Palmas de la Gran Canaria donde tuvo lugar el famoso incidente en el cual Valle intentó a encerrar a Josefina para que no pudiera actuar en *Mancha que limpia* del odiado Echegaray y tuvieron que detener a don Ramón hasta después de la representación (Lima 96).

Llegaron a Buenos Aires el 22 de abril donde debutaron el 27 del mismo mes.[8] Tomaron parte en la velada teatral en honor de la embajada

---

[4] *Los cruzados de la Causa*, Madrid: Librería de Victoriano Suárez, Imp. de Balgañón y Moreno, 1908; *El resplandor de la hoguera,* Madrid: Librería de Victoriano Súarez, Imp. de Primitivo Fernández, 1909, y *Gerifaltes de antaño*, Madrid: Librería Victoriano Suárez, Imp. de Primitivo Fernández, 1909.

[5] Josefina (Josefa María Ángeles Blanco y Tegerina) ya había trabajado con García Ortega en 1907, el año de su casamiento con Valle, tomando parte en el estreno de *El Águila de blasón* el 2 de marzo en Barcelona (D'Ors 205-213). Durante la temporada de 1909-1910, Josefina fue miembro del elenco de García Ortega en su gira por las provincias. (Lima 96).

[6] En "Los actores que van a América," *El Mundo* [M] 16 feb 1910: 1, firmado por "Alejandro", Higinio Sierra, dueño de tres teatros en Buenos Aires (el de la Comedia, el de la Avenida y el de Mayo), dice "me llevo a García Ortega, que aún no tiene concluida la formación, de la que sólo sé como probables Barraycoa y una ilustre actriz muy querida del público madrileña, hace 3 o 4 años retirada de la escena." Hablaba de Josefina Nestosa que sería la primera actriz de la compañía.

[7] *El Diario Español* [BA] 5 abr 1910: 3, dice que "Ya se ha embarcado, con destino a Buenos Aires, la compañía que dirige Francisco García Ortega, que trabajará en Comedia". Después de dar los nombres de la compañía, añade que "viene como director artístico el conocido escritor y autor, don Ramón del Valle-Inclán."

[8] "Teatros. Debut de García Ortega", *Caras y Caretas*, [BA] 30 abr 1910: 1, incluye una foto de García, una descripción de la transformación del Teatro de la Comedia y una breve reseña del debut con "La Zagala" de los Hermanos Quintero y el estreno de "El marido de la viuda", comedia de un acto de Benavente.

real de la Infanta Isabel con dos otras compañías españolas, la de María Guerrero y Fernando Díaz de Mendoza y la de Enrique Borrás.[9] La Compañía García Ortega estrenó *Cuento de abril* en la capital argentina y también en Montevideo (Lima 97). Pero, cuando García Ortega sustituyó el drama de Valle por *Las vengadoras* del echegarayista Eugenio Sellés[10] para ganar favor con la embajada real con la que viajaba, don Ramón y su mujer rompieron con García y se juntaron a la Compañía de Guerrero y Mendoza (Lima 116-117). Con ellos, Valle y Josefina continuaron en gira por la Argentina y Chile, y, según la declaración del autor, también llegaron a Bolivia.[11] Sabíamos que Valle fue guiado por las calles de Buenos Aires por Gustavo Caraballo,[12] y que fue homenajeado por los jóvenes de la revista "Nosotros", por la colectividad gallega y por el Círculo Tradicionalista (Lima 97). Teníamos noticia de los dos artículos que don Ramón envió a *El Mundo* (Serrano 250-253) y una carta a Azorín[13] en la cual criticó a la Real Academia por premiar a anticuados mediocres como Sellés y atacó el

---

[9] "La Infanta en América. Velada teatral para la Infanta", *El Mundo* [M] 25 mayo: 2. Guerrero y Mendoza habían debutado el 20 de mayo en el Teatro Odeón con la asistencia de la Infanta. Borrás había trabajado en el Teatro Victoria desde el 12 de abril con Santiago Rusiñol como director artístico.

[10] Eugenio Sellés y Ángel (Granada 1842-1926) era abogado y periodista en Madrid, popular como escritor del teatro de la escuela moralista de Echegaray y miembro de la Real Academia de la Lengua desde 1895. Valle se refirió al "reestreno" de *Las vengadoras*, que había causado un escándalo en su estreno de 1883, en "Ecos de la Prensa española", *El Universal* [México] 21 mayo 1892, recogido por Serrano (143).

[11] En una entrevista con *La Tarde* de Mendoza (19 julio: 1), Valle declaró que "Con María y Fernando [pasaría] a Chile para seguir a Bolivia y volver en gira por el norte de la Argentina de regreso a Buenos Aires, donde nos embarcaremos rumbo a España." De vuelta en España, Valle dijo a *El Debate* ([M] 27 dic 1910) que "He visitado cinco repúblicas. Las ya citadas [la Argentina, Chile, Paraguay] y Uruguay y Bolivia..."(*Entrevistas* 58-59).

[12] Caraballo, entonces un joven redactor de *La Nación*, que sería después brillante jurisconsulto y miembro del Alto Tribunal de Justicia y laureado autor teatral (Castagnino 112), documenta en "Recuerdos" que Valle le declaró al conocer su artículo de presentación, "Vas a ser mi cicerone en Buenos Aires y relator de mis conferencias..."(77). También tenemos recuerdos de conversaciones de Valle con Ventura Chumillas ("Visita") y con el redactor de *La Prensa*, Bernardo González Arrili ("Valle-Inclán").

[13] La carta a Azorín, fechada el 5 julio de 1910 y publicada en *La Vanguardia* [M] 10 ag 1910, fue recogida y comentada por Hormigón (465-503). En contraste con la ligereza de los dos artículos enviados a *El Mundo*, Valle aborda la política internacional de España en América, la tensa situación clasista en Buenos Aires (que tal vez produjera el atentado el 26 de junio en el Teatro de Colón comentado por Lima 257, n. 29) y trata la varia fortuna de los escritores y profesores hispanos en la Argentina.

gobierno de Canalejas por haber enviado a la Infanta a un país donde intentaron asesinarla.[14] Sabíamos que don Ramón dio una serie de cinco conferencias en Buenos Aires (Garat), tres más en Paraguay (Corral) y otras tres en Chile.[15] Ignorábamos la fecha exacta de su vuelta a España en el mes de noviembre.

Información nuevamente encontrada

Ahora tenemos el itinerario casi día por día no solo de Valle, Josefina y su hijita Concha (Apéndice 1), sino también de Guerrero y Mendoza, pues no estuvieron siempre juntos. Con la Compañía, Valle visitó en La Argentina las ciudades de Rosario, Córdoba, Tucumán, Santiago del Estero y probablemente Santa Fe; estuvo en Montevideo para el estreno de "En Flandes se ha puesto el sol" y, en Chile, fue a Valparaíso y Santiago. Viajó sólo a Mendoza, Argentina y a Asunción, Paraguay. No he podido hallar constancia alguna de una visita ni de él ni de la Compañía a Bolivia. Puedo decir que don Ramón y su familia dejaron Buenos Aires el 15 de noviembre con la Compañía de Guerrero-Mendoza en el mismo barco con dos otras celebridades del año, el poeta y senador, J. A. Cavestany y el catedrático Adolfo Posada (*El Diario ilustrado* [Santiago, Chile] 16 nov).[16]

Valle dio por lo menos 17 conferencias.[17] Sí, todas son variantes de las primeras cinco, y sólo tenemos reseñas periodísticas de ellas, pero éstas ayudan a completar nuestra visión del concepto estético y del pensamiento político y la relación entre ambos durante aquel período tan importante para la obra y la vida de don Ramón.

---

[14] Valle se refiere al intento de asesinar a la Infanta (María Isabel Francisca de Asís de Borbón [1851-1931], "La Chata") por parte de un anarquista, que entró en la catedral donde la Infanta oía misa, armado con un puñal escondido en un número de la *Nación* (Serrano 252-253).

[15] "Valle-Inclán en Chile," *El Correo Español* [M] 2 dic 1910: 1; *Entrevistas* 53-56.

[16] Es irónico que Valle tuviera que viajar con dos hombres a quienes había criticado tanto durante su estancia. Criticó a Posada en su carta a Azorín, diciendo que el intercambio de profesores había sido un fracaso. En cuanto a Cavestany, González Arrili dice que don Ramón lo satirizaba porque "tenía un éxito rotundo-y no sólo de taquilla- entre las damas y los niños que llenaban las salas"(87).

[17] Tal vez diera otra conferencia en Rosario, sobre "El Modernismo", que había propuesto en un telegrama del 29 de septiembre desde Asunción (Corral 195-196). Pasó por aquella ciudad en ruta de Paraguay a Buenos Aires, pero no he podido verificar si dio una tercera conferencia allí o no.

Tenemos algunas entrevistas menos conocidas del autor con sus propias palabras que nos dan más de sus impresiones de América, sus opiniones literarias y políticas, su relación con Josefina, y sus actividades y proyectos en proceso en aquel momento. (Obras citadas)

Tenemos muchos artículos sobre don Ramón que revelan la valoración de él como literato, conferenciante y tradicionalista. Podemos decir más sobre la recepción de su obra en general y de *Cuento de abril* en particular. Algunas obras literarias dedicadas a Valle-Inclán nos indican algo de su influencia en América,[18] como también lo hace la publicación de ejemplos de su propia producción durante su estancia. Y tenemos adicional documentación visual en forma de fotos y de caricaturas. (Obras citadas).

Itinerario general

El itinerario de la gira fue increíble por su duración, su intensidad, y, para Guerrero y Mendoza, por su éxito tremendo. A pesar de lo que había creído antes de hacer el viaje yo misma, aquella gira era mucho más factible entonces que ahora. Valle y Guerrero-Mendoza llegaron en la edad de oro del ferrocarril y toda la compañía de 36 artistas, 70 personas en total, con su equipo y sus muchas propiedades podían viajar en relativo confort por la Argentina y, gracias a la nueva línea trasandina, también por Chile; además había buena comunicación fluvial con Paraguay y Uruguay.[19]

Guerrero y Mendoza, que eran contemporáneos de Valle,[20] estaban en la cumbre de su carrera en España y en América. Habían hecho su primera gira por la Argentina en el año 1897, otra en 1908 y para 1910 eran uni-

---

[18] Véanse, por ejemplo, el cuento: "De tierra fragosa", de Vicente A. Salaverri, *Bohemia* [Montevideo] 15 abr 1910: 2 y tres poemas: "Soneto convivial a Don Ramón del Valle-Inclán" de Ricardo Rojas, leído en el banquete ofrecido por la revista modernista "Nosotros" en Buenos Aires, 20 mayo 1910, y publicado en *La Nación* [BA] 21 mayo 1910; "Sombra" un poema de Diógenes Rojas Doldán, *El Nacional* [Asunción] 21 sep 1910; y "Es Don Ramón María del Valle-Inclán" un soneto de Luis Bayón Herrera, *El Diario Español* [BA] 13 nov 1910.

[19] El equipo se describe en *La Unión* [Valparaíso, Santiago y Concepción] 6 oct 1910: 4. *La Prensa* [BA] 4 abr: 13, proclama que Chile y la Argentina ya están unidos por ferrocarril por la apertura de la Trasandina.

[20] Valle tenía entonces 43 años; Fernando (n. 7 jun 1862) era cuatro años mayor y María (n. 1867) un año menor.

versalmente idolatrados.[21] Entre los centenares de reseñas que he visto, no he encontrado una menos que sumamente elogiosa. Su exitazo con los estrenos de *Doña María la Brava* y *En Flandes se ha puesto el sol* de Eduardo Marquina fue realmente espectacular.[22]

Pero la gira debe haber sido agotadora. Había muy pocos días o noches en esos casi ocho meses sin una o dos funciones con Guerrero y Mendoza en uno de su repertorio de 15 dramas, cinco de los cuales eran estrenos.[23] Recorrieron tres países y por lo menos 13 ciudades.[24] Trabajaron hasta la última noche, despidiéndose de Buenos Aires y de América con *El hombre del mundo* de Lope de Vega el 14 de noviembre, antes de embarcarse para España al día siguiente (*La Prensa* [BA] 14 nov 1910: 15).

La gira de Valle y Josefina

Buenos Aires, 22 abril-13 julio

La gira iba a ser menos exitosa para Valle y Josefina, pero comenzó bastante bien. La llegada de don Ramón empezó a anticiparse cuando, el 20 de febrero, *El Diario Español* publicó un artículo por Felipe Sassone (fechado dic 1909) con la siguiente invocación: "¡Artistas y literatos, leedle, leedle, leedle en silencio, solos, cariñosamente, devotamente...!" (4). Todos los diarios de Buenos Aires presentaron o recordaron al público, en artícu-

---

[21] Un ejemplo de su popularidad en España es la clamorosa despedida de sus admiradores cuando los actores se embarcaron desde Cádiz (*El Diario Español* [BA] 30 abr 1910: 1). Su gran celebridad en América se manifiesta en artículos como el de "Teatro y artistas" *Sucesos* [Valparaíso] 27 oct 1910, que muestra fotos de los artistas con sus dos hijos, también actores, en uno de los salones y el jardín de su palacio en Madrid; en la descripción de regalos, como el magnífico pendatif presentado por Faustino Da Rosa a María, "que oculta entre sus brillantes y perlas un reloj en miniatura" (*El Diario* [BA] 2 jul 1910: 15); y hasta en la confección de un modelo de corsé llamado "el María Guerrero" anunciado en primera plana de *El Sur* [Concepción] 1 oct:1.

[22] Díaz de Mendoza mandó un telegrama que se publicó en "Teatros", *La Capital* [Rosario] 31 jul 1910, diciendo que "En Flandes" era "uno de los triunfos más grandes de nuestra vida artística. No recuerdo ahora que haya tenido éxito más grande, más entusiasta y más completo".

[23] Su repertorio era el mismo de su temporada de 1910 en el Teatro de la Princesa en Madrid con la adición de los estrenos mencionados arriba.

[24] Además de los lugares visitados por Valle, menos Asunción y Mendoza, Guerrero y Mendoza dieron funciones en Chivilcoy, Lomas de Zamora y La Plata de la República Argentina y Talca y Concepción de Chile.

los llenos de admiración, a Valle como "exquisito estilista".[25] Cuando don Ramón y Josefina visitaron brevemente el Teatro de la Avenida la noche antes de desembarcar oficialmente, fueron buscados y entrevistados por reporteros de dos diarios.

En la entrevista con *El Diario Español* ([BA] 23 abr: 2) que ya conocíamos (*Entrevistas* 29-31), Valle expresó el asombro que le causaba la gran ciudad en camino de ser la capital de la raza latina. Dijo que había venido a recorrer el pais y conocer a sus compatriotas y los lectores de su obra. Declaró que casi no había venido por un compromiso político con don Jaime de Borbón y que no pensaba quedarse más allá de octubre. Quería estrenar *Cuento de abril*, *El Marqués de Bradomín* y *Aguila de blasón*.

En una segunda y menos conocida entrevista con *El Diario* la misma noche ([BA] 23 abr 1910: 5), Valle habló de su respecto para Lugones y de *Cuento de abril*. Explicó que su drama no volvió a representarse en Madrid más que para el beneficio de Matilde Moreno, porque él no quiso que el empresario se aprovechara de su obra que no había apreciado antes de ver, por la recepción favorable, que podía ganarle dinero. Valle dijo que pensaba poner una tragedia campesina todavía sin nombre que estaba terminando. Esto tiene que ser *Voces de Gesta* cuya primera escena se publicaría en Tucumán como ya lo veremos.

El reportero describió a Josefina, quien participó en la discusión, como "de físico agradabilísmo, de gran distinción, muy acertada y modesta en su juicio sobre gente de teatro y [añadió que], por sus antecedentes y su actuación en buenos escenarios, se sabe que es una aplaudida actriz"[26].

Durante el primer mes en Buenos Aires, Valle fue muy visitado en el Hotel Madrid en la Avenida de Mayo que el periodista Salaverri describió como "un hotelito pulcro [que] tenía mucho de casa española"("Visita"). Vemos a don Ramón y Josefina allí en una foto conocida de la revista *Caras y Caretas* que acompaña un artículo sobre la llegada de "uno de los más

---

[25] Por ejemplo, "Españoles ilustres. Próxima llegada a la Argentina." *El Diario Español* [BA] 8 mar 1910: 2.

[26] Esto hace eco de la prensa española. Por ejemplo, "Según la crítica española, es una de las damas jóvenes, que posee el arte español en la actuación", *El Diario Español* [BA] 26 abr 1910: 3. El mismo periódico, 28 abril 1910: 3: dice que "es una dama joven, ingénua de indiscutibles condiciones".

ilustres representantes que nos envía la madre patria" ([BA] 30 abr:16).[27] Según los periódicos, el literato recorrió los sitios más pintorescos de la capital, hizo un viaje a La Plata acompañado de escritores argentinos y fue obsequiado por una fiesta campestre en el Tigre. Mientras tanto dirigía los últimos ensayos de "Cuento de abril".[28]

Dejaré para otro momento un estudio detallado de la fortuna de *Cuento de abril* en América. Sólo mencionaré ahora que su estreno en Buenos Aires parece haber sido un éxito completo, gracias en gran parte a la interpretación del Trovero, Pedro de Vidal, por la Sra. Blanco.[29] Ambos Josefina y Valle fueron muy aplaudidos. Creo que el estreno en Montevideo fue menos exitoso porque las dos personas más responsables de su triunfo en la capital argentina, es decir su director y su "trovador", no estuvieron. Valle se había quedado en Buenos Aires para trabajar en sus conferencias para el Conservatorio Labardén y Josefina se había quedado con él.[30]

Las conferencias

Valle tuvo un éxito algo mayor con sus conferencias. Había declarado al salir de España que "no iba con gesto mercantilista, que no daría conferencias de pago... Yo no haré nunca de mi literatura lucro indebido o espectáculo populacho."[31] Pero cuando rompieron con García Ortega, Josefina no tenía muchos papeles en la Guerrero-Mendoza,[32] que venía con su

---

[27] Debajo de la foto se lee "El autor de 'Las memorias del Marqués de Bradomín', su esposa y los Sres. Clodomiro Moreno Durán y Luis Ruiz de Velasco, en el hotel en que se aloja el primero." La foto fue publicada de nuevo por Aznar Soler (19).

[28] "Velada Teatral", *El Diario* [BA] 23 abr 1910: 13 y 29 abril 1910: 15. Los herederos de Valle-Inclán agregan que él asistió con Rusiñol, como invitados especiales, a un festival en honor de los representantes de la prensa (*Exposición* 20).

[29] Por ejemplo, *La Prensa* [BA] 10 mayo 1910: 14, dice que "La actuación descollante de la noche fue la de la Sra. Blanco en su papel del Trovero.... Los aplausos tempestuosos fueron producidos por esta artista en su recitado de la tercera jornada...".

[30] *El Diario Español* [Montevideo] 15 jun 1910: 1, dice que Valle-Inclán aplaza su venida por sus conferencias. *El Liberal* [Montevideo] 16 jun 1910: 1-2, alaba a la Nevares que parece desempeñar el papel del Trovero en lugar de Josefina.

[31] "De nuestra redacción en Madrid". "Charla de arte. Viaje de Valle-Inclán." *El Diario Español* [BA] 12 abril: 1.

[32] Sólo sé de dos de los papeles de Josefina con Guerrero-Mendoza: el paje Albertino en *En Flandes se ha puesto el sol* y Enriqueta en *Mancha que limpia*, irónicamente el papel que causó tantos problemas en la primera parada de la gira con García Ortega. *La Hoja teatral* [Santiago, Chile] 8 nov 1910: 8.

reparto hecho, y Valle no tenía ninguno. Había que aceptar el pago y dar conferencias aún en las provincias. Y don Ramón tenía que competir con muchos otros conferencistas europeos aquel año.

En efecto, tantos españoles habían salido para América que la redacción madrileña de *El Diario español* envió a Buenos Aires la siguiente declaración: "Adiós, Madrid, que te quedas sin gente... Las mil maravillas contadas del fastuoso y cosmopolita Buenos Aires, hacen que en la época del Centenario Argentino, lo más granado de la intelectualidad española...emigre temporalmente a la gran capital de la America Latina. Ahora tócale el turno al príncipe absoluto de los estilistas castellanos..."([BA] 2 abr 1910:1).

Antes de romper con García Ortega, Valle había aceptado dar cinco conferencias para el Conservatorio Labardén, que seguía con ellas el programa cultural ya comenzado con Anatole France (*El Diario Español* [BA] 11 jun 1910 :11); no sabemos por cuánto dinero. *El Diario* de Buenos Aires (25 jun: 4) celebró el hecho pues, a pesar de tantos conferencistas renombrados citados en la capital rioplatense, como Ferri, Clemenceau, Blasco Ibañez y Altamira, "nos faltaba un galano *causeur*", original, de gran gusto, que conoce el secreto del matiz, gran innovador del idioma que lo ha hecho "un colosal instrumento de evocación".

En Buenos Aires, Valle fue criticado por no seguir las reglas de la oratoria y por no tener la voz adecuada para llenar la sala del Teatro Nacional,[33] pero fue alabado por su elocuencia efectista, su originalidad, ironía y sutileza (*El Diario Español* [BA] 27 jun: 8). Según *La Prensa* ([BA] 3 jul:10), ya para la tercera conferencia, el literato era "más dueño y poseído del ambiente y lució toda su personalidad de agudo y espiritual comentarista". Pero a pesar de ser bien recibido por los intelectuales y artistas, el número de concurrentes del público general se redujo para cada ocasión, causándole frustración al autor (Arrili 87).

Las conferencias de tema más puramente literario, "Bocetos de maestros", "El Arte de escribir" y "El Modernismo" se consideraban más propias del maestro estilista y tuvieron la mayor recepción por toda América. La conferencia "Excitantes de la literatura," "excitó" gran interés un poco

---

[33] Por ejemplo, *La Prensa* [BA] 26 jun 1910: 9.

escandalizado por la detenida revelación de la experiencia personal del autor con el hachís y causó admirada confusión por su esotérica cosmogonía (*El Diario Español* [BA] 29 jun :1). Valle nunca repitió la conferencia como tal, sino que integró elementos de su visión cosmogónica en las otras conferencias y parece haber elaborado su concepto del centro y la esfera a menudo en sus conversaciones.[34]

La conferencia más polémica de don Ramón se llamaba en Buenos Aires "La España antigua", en Córdoba "El Alma de España"y terminó llamándose en Asunción y Santiago de Chile "El Alma de Castilla", el título que tendría en la gira de 1911.[35] Desde el principio Valle había sido conectado con el carlismo; la caricatura por "Gedeón" que acompaña el artículo de *El Diario Español* publicado el mismo día de su llegada ([BA] 22 abr: 2) lo muestra con la famosa boina, y todos habían oído de su apasionada manifestación de adherencia durante el banquete del Círculo Tradicionalista.[36] Pero era la pública conferencia de "El Alma española" que, al ganarse la aprobación de sus correligionarios, ajenó a un grupo más grande que le admiraba como escritor, pero que tuvo que protestar su mensaje de "intolerancia".

En el conjunto de conferencias, tenemos los temas estéticos predominantes de Valle que empezaron a aparecer en germen en el artículo de 1902, fueron desarrollados con motivo de la Exposición de Bellas Artes en 1908, seguirían con la Exposición de 1912 y terminarían en su forma más cristalizada en *La lámpara maravillosa* de 1916.[37] También podemos ver sus temas políticos igualmente importantes que son inseparables del pensamiento estético en ese momento, como nos lo ha señalado Margarita Santos (183-205).

---

[34] Por ejemplo, su entrevista con *El Comercio* de Córdoba (Obras citadas).

[35] Se llamaría "Elementos tradicionales del alma española" para el Círculo legitimista de Valencia, 31 mayo 1911, y "El alma de Castilla" para el Círculo Tradicionalista, de Barcelona, el primero de julio 1911. Dejaremos para otra ocasión el estudio detallado de esas variantes de la conferencia. Para Valle en Barcelona en 1911, véase Sánchez-Colomer. Para Valle en Valencia, véase Dougherty.

[36] *El Diario Español* [BA] 25 jun 1910. Santos (190-191) recoge la reseña que *El Correo de Galicia* [Santiago] reprodujo de *El Pueblo* [BA] 30 jul 1910.

[37] Véase Garlitz, "La evolución". Para los textos de los artículos de las Exposiciones de 1908 y 1912, véase Serrano 226-247, 254-262.

Valle define el Modernismo en contraste con el clasicismo que él ve como fijado por reglas rígidas. El Modernismo enfoca no las formas, sino la esencia eterna de la emoción que se transmite en el recuerdo depurado. No repudia la tradición, pero en vez de imitarla, recomienda tomar lo más vital de lo viejo y buscar nuevas combinaciones de elementos contrarios. Para don Ramón, la escultura de La Victoria de Samotracia, y la pintura de Rafael, El Greco y Velázquez ejemplifican conceptos claves para la creación literaria: la "equivocación," que varía lo visto para revelar su esencia invisible; el "gesto único" que se capta mejor en la muerte; y la "distancia," que depura lo accidental para clarificar lo eterno, unido y divino de los seres y las cosas.[38]

La inspiración para el Modernismo en la literatura empieza con Séneca como literato moralista. El mejor modelo para la lengua se encuentra en el Romancero que refleja el hablar y pensar del pueblo y los mejores del Siglo de Oro son Quevedo, Cervantes y el Góngora de los romances. Sus maestros del siglo pasado son los románticos, sobre todo Zorrilla, que sabía juntar palabras para llegar a un nuevo matiz de la idea y que entendía como nadie el efecto del ritmo. Admira a Campoamor, Manuel del Palacio y Valera por su ironía y su moralidad.

Para Valle-Inclán, el Modernismo empezó primero en la pintura cuyos grandes cultores son Sorolla, como paisajista; Rusiñol, Casas, Anselmo Miguel Nieto y Romero de Torres. Atribuye a los dos últimos su propio concepto de que el artista no pinta lo que es sino lo que se recuerda.[39] En la literatura moderna, Darío es el gran modelo a quien don Ramón cita varias veces, no solo en las conferencias sino en sus conversaciones,[40] y cuenta entre los grandes del momento en España a los de su propia Generación del '98, juntos a Ciges, Marquina, Villaespesa, y Ortega y Gasset.

La conferencia sobre "Los excitantes" contiene lo que son para mí los conceptos más interesantes porque iban a formar la base de *La lámpara*

---

[38] Dejaré para otro momento un estudio más detallado de todas las variantes de las conferencias sudamericanas. Para las reseñas de las de Buenos Aires en *La Nación*, véase Garat 99-111, para las de *La Prensa*, véase *Entrevistas* 37-52.

[39] Sorolla tenía cuadros entre las 400 obras traidas para una exposición durante el Centenario argentino. *La Prensa* ([BA] 15 abr 1910: 9). Rusiñol trajo obras para exponer durante su propia gira con Borrás (*La Prensa* [BA] 2 abr: 16).

[40] Por ejemplo, en su entrevista con *La Tarde* de Mendoza (Obras citadas).

maravillosa y sirven para conectar la estética de don Ramón con su política. Valle elogia el hachís porque le ha alterado su vista normal para revelarle la visión de un arte que trasciende las limitaciones de lo físico, el espacio y el tiempo para crear algo eternamente bello. Este proceso se compara con el esotérico centrarse dentro del círculo y la armonía de contrarios. Creo que podríamos interpretar la obra lírica de *Cuento de abril* y la épica de *Voces de Gesta* como ejemplos de los contrarios que el artista intenta armonizar en una unidad bella y eterna.

Es esta obsesión con la perduración de la esencia que conecta la estética de Valle-Inclán con su política tradicionalista. Porque no solo el artista, sino el hombre, debe superar sus limitaciones humanas para aproximarse a Dios. Valle, como otros de su generación, busca lo esencial del alma para ser la base no solo de su arte, sino de su vida. Es esta idea que mantiene mucho después de terminar su época de militancia en el partido jaimista; va a continuar toda su vida. Yo diría, pues, cambiando el órden de las palabras de Jesús Rubio (467), que más que tradicionalista, Valle es esencialista.

Durante su viaje por América, la conferencia "El Alma Española" iba cobrando la forma que tendría el año siguiente en España. Ya en Santiago, Chile, Valle expresó lo esencial del alma española en la mística forma tripartita: religiosidad, moralidad y fundacion. Estos elementos, que están presentes en las leyendas del Angel Miguel, Santiago y la Virgen María, anteceden las heroicas de Roldán, el Cid y Teodosio de Goñi y las hazañas del Gran Capitán, Cortés y Zumalcárregui y explican el apoyo de los espanñóles de la monarquía en su conquista de Granada y de América y en su lucha contra Napoleón; y dan la razón por su falta de respaldo por la conquista de un país cristiano como Portugal. Don Ramón cerró esa última conferencia en América con la misma letanía al alma española que repetiría con tanta resonancia ante los círculos tradicionalistas de Valencia y Barcelona en 1911: "¡Castilla...alma de Castilla..águila de blasón, hierro de lanza y lis de plata para las fundaciones!" (*Entrevistas* 55).

El intento de Valle-Inclán de caracterizar el espíritu castellano como moralista en vez de guerrero, así afirmando su derecho de imponer sus creencias aún por la fuerza,[41] no podía encontrar favor entre los americanos

---

[41] Sorprende este razonamiento dada su preocupación por la política entre España y América como indicaba en su carta a Azorín (supra, n. 13) y una entrevista con Severino Aznar de enero 1911, "Hablando".

que celebraban el centenario de su liberación de trescientos años de dominación española. Pero don Ramón, que siempre prefería expresar sus ideales en vez de buscar popularidad, no podía dejar de hablar de su idea del alma castellana tan sólo porque algunos de sus oyentes eran incapaces de verla como una lógica extensión de su visión estética y vital.

Mendoza, 15-19 julio

Al terminar su ciclo de presentaciones en Buenos Aires con menos éxito al final que al principio, don Ramón aceptó una invitación de dar dos conferencias en el Teatro Municipal de la ciudad vinícola de Mendoza. Era la primera vez en América que Valle había viajado sólo, sin el apoyo ni de Josefina ni de una compañía teatral. Fue un viaje largo a través de la pampa hasta la frontera de Chile y don Ramón tuvo dificultades en llegar. Perdió su tren y arribó a una hora no esperada, estropeando la gran recepción en la estación que la colectividad española le había planeado.[42] Pero algunos de sus compatriotas, enterados de su llegada, se apresuraron a ir a recibirle y acompañarle primero al Grand Hotel y luego en ligera gira por la ciudad donde pudo visitar la redacción de *El Diario de los Andes* y de *El Debate*. El redactor del segundo cuenta que el autor le sorprendió por su apariencia de "hombrecillo bronceado... con aire de indio melancólico, sencillo, penetrante; apenas convencido de lo que pudiera valer", pero luego éste "departió breves instantes proporcionándonos la nueva ocasión de admirar sus dotes intelectuales y su palabra fácil y galana" (16 jul: 6-7).

El representante de *La Tarde*, tal vez el mismo director, J. A. Alvarez Blanco, que había publicado un muy elogioso "Envío al maestro"(15 jul: 1), fue a saludarlo en su hotel y lo encontró paseando por la vereda tomando el buen sol andino. Valle le habló de "El poema de otoño" de Darío, todavía desconocido en Mendoza. Lo llamó el mejor que el poeta había producido

---

[42] *El Diario de los Andes*, [Mendoza] 13 jul 1910:7, anuncia su llegada y, el 16, el mismo periódico habla de la recepción estropeada, y publica una lista de la comisión de distinguidos señores que se habían apuntado para la recepción y para el banquete de honor que se preparaba también.

y recitó algunos de sus versos luego publicados por *La Tarde*.[43] Valle se refirió a la influencia de Darío en España y al prestigio de los autores americanos, Estrada y Gálvez en las letras modernas.[44]

Durante su visita, el literato fue agasajado en casa del gobernador y en un banquete del Jockey Club (*El Debate* [Mendoza] 16 jun: 7), y, según los periódicos, la gente culta anticipaba sus conferencias con gran ilusión.[45] Pero para la primera disertación había un auditorio avergonzosamente escaso que no aumentó mucho para la segunda conferencia. Valle parecía no molestarse; habló animadamente de "Siluetas de maestros" el 16 de julio y de "El modernismo" a la noche siguiente, dando las gracias a su presentador, el Dr. Juan M. Contreras y miembros de la comisión organizadora (*El Debate* [Mendoza] 8 jul: 6).

Por lo visto, las conferencias eran tan semejantes a las que don Ramón acababa de dar en Buenos Aires, que *El Debate* no se dio la pena de hacer más que copiar las reseñas de *La Nación* con pocos cambios (18 jul: 6). *La Tarde*, sin embargo, nos muestra que Valle habló más del interés de Zorrilla en el Gran Capitán e incluyó entre "las siluetas" de sus maestros las del Duque de Rivas, Espronceda, Larra y Constantino Gil. El mismo periódico dice que "la selecta concurrencia admiró su palabra" la primera noche y la segunda, el autor consiguió un éxito mayor, si cabe... y el numeroso y escojido[sic] auditorio hizo objeto del conferencista, de una entusiasta ovación..."(18 jul: 1).

Aún así, *La Tarde* busca razones por la poca popularidad de Valle Inclán en Mendoza: "tal vez se aduzca a la selección y personalidad de escritor", pero decide que la culpa es nuestra y espera que se rectifique cuando Valle vuelva como lo tenía provisto hacer en agosto con la Compañía Guerrero-Mendoza (18 jul: 7). Cuando el mismo periodista fue

---

[43] *La Tarde* [Mendoza] 19 jul 1910 dice que "*El poema de mi vida* no ha llegado a nosotros" y cita los versos recitados por Valle: " ¿Qué haces tú con la barba en la mano.../Y no obstante la vida es bella/por poseer/La perla, la rosa, la estrella/ y la mujer".

[44] El redactor también alude a un altercado que había tenido don Ramón con Calixto Oyuela con motivo de la poesía de Darío. Sería el mismo Oyuela que era el director del Conservatorio Labardén y que escribió los versos leidos por María Guerrero para la velada teatral en honor de la Infanta (*El Mundo* [M] 25 mayo: 2), pero no tenemos más datos sobre el incidente.

[45] *La Tarde* [Mendoza]14 jul:7 anuncia que se habían retirado numerosas localidades para las conferencias.

a despedirse del autor en la estación, vio que su

> [su] silueta ...rijida[sic], enjuta, con la grave austeridad de un hidalgo, tenía un no sabemos qué de fantástico, de solemne, de soledad trágica... en nuestra alma lloró una infinita piedad por la injusticia cometida...Y hemos pensado que talentos tan aristocráticos como el de Valle-Inclán, no deben venir a Mendoza a recojer[sic] la indiferencia de un egoismo grosero, brutal... (19 jul: 1).

Tal vez *El Debate* publicara *Cuento de abril* en su forma completa (21 jul-5 ag), en parte, para expiar la falta cometida. De todos modos, creo que este viaje, agregándose a las desilusiones recién sufridas en la capital, es más que nada lo que le agrió la visión que don Ramón tenía de la Argentina. De vuelta en España habló de su "horrendo" paisaje; "de Buenos Aires a Mendoza treinta horas consecutivas de llanura interminable. Un campo triste, sin la dulce tristeza del ocaso, triste en su soledad ígnea. Ni un altozano donde distraer la mirada; de vez en vez un árbol solitario que se aburre..." (*Entrevistas* 58). Y la pequeña ciudad provinciana parece haber sido para don Ramón un ejemplo más de un lugar poblado de "fenicios". No es de extrañar que nunca hiciera la segunda visita prometida.

Montevideo, 19-28 julio

Desde Mendoza, Valle fue a Montevideo "con el solo propósito" de presenciar el estreno clamoroso de Guerrero y Mendoza de *En Flandes se ha puesto el sol*, en el cual Josefina, ya parte del elenco, desempeñaba el papel del paje Albertino. La capital uruguaya había seguido con gran interés todas las actividades de Valle-Inclán en su ciudad rival al otro lado del Río de la Plata. Vicente Salaverri, llamándose discípulo suyo, dedicó el cuento *De tierra fragosa* "al divino don Ramón" y le entrevistó en Buenos Aires para la revista montevideana *Bohemia* (15 jun:1-2) que publicó también la escena de las adivinanzas de *Cuento de abril*. En la entrevista, Salaverri lamenta que los libros de Valle-Inclán no circulen tanto como debieran por la apatía de los libreros uruguayos. Don Ramón le pregunta por su antiguo amigo Rafael Barrett[46] y con Josefina le da "numerosos pormenores del 'Teatro de los niños' y de Benavente, su peregrino organizador".

---

[46] Gracias a la ayuda de Salaverri, quien también era corresponsal de *Caras y Caretas* de Buenos Aires, Barrett le mandó su dirección a Valle por medio de aquella revista.

Otra revista ilustrada montevideana, *La Semana,* (18 jul: 6) incluyó una caricatura de Valle tocando una harpa que sale de su manga vacía junto con un poema descriptivo y un autógrafo del autor.[47] La misma revista publicó "El miedo" que fue el cuento más favorecido de Valle en América aquel año, publicándose por lo menos tres veces.(Obras citadas)

Valle, Josefina y Conchita se alojaron en el Hotel Morini donde el autor fue muy visitado, pero nunca se llevaron a cabo todos los grandes homenajes a don Ramón que los de Montevideo habían estado planeando desde su llegada a América, debido a los muchos cambios en su itinerario (*El Diario Español* [Montevideo] 14 jul: 2).

Rosario, 29 julio-8 agosto; 7-13 septiembre, 1-2 octubre

La próxima parada fuera de la región de Buenos Aires para Valle, ahora viajando con la Guerrero-Mendoza, fue la ciudad de Rosario, localizada en un muy concurrido puerto del Río Paraná y una importante encrucijada de ferrocarril. Valle y la Compañía se pararon allí tres veces, durante dos de las cuales el autor dio conferencias. La primera sobre "El arte de escribir" tuvo lugar el 7 de agosto en el Teatro Colón donde la Compañía dio el primero de dos beneficios, uno para la Sociedad de Beneficencia y otro para el Hospital Español (*La Capital* [R] 3 ag: 7 y 9). El mucho respeto que ganaron María y Fernando por este favor, que fue un éxito pecuniario y social (*La Capital* [R] 5 ag: 9 y 10), acrecentó el valor de Valle-Inclán también.

Cuando volvieron por segunda vez, don Ramón fue "visitadísimo en su alojamiento del Hotel Italia, recibiendo a cada momento homenajes que le presentan las asociaciones literarias, intelectuales rosarinos y gran número de sus compatriotas."(*La Capital* [R] 9 sep: 9) Le invitaron a hablar en el Club Social que competía en prestigio con el Jockey Club por

---

Desgraciadamente, sin embargo, los dos amigos nunca se vieron más porque Barrett se murió en diciembre de 1910 en Europa adonde había ido buscando cura para su tuberculosis. (Muñoz 46-47).

[47] El poema: "A cuanto bardo ramplón,/o escritor con pretensión,/se la da con una mano,/sabio, sereno y galano/el divino don Ramón." El autógrafo: "He aquí una bella revista que me complazco en saludar. Mis votos porque 'La Semana' cuente siglos."

ser "integrado por lo más selecto de la población rosarina" (DeMarco). Numerosos socios y muchos de ellos acompañados de sus respectivas familias acudieron el 9 de septiembre a oir la conferencia sobre "Siluetas de los grandes padres de nuestra literatura" precedida por la presentación del Dr. Francisco E. Correa (*El Municipio* [R] 9 y 10 sep: 2). *La Capital* ([R] 10 sep: 6) dice:

> La primera parte de su exposición no agradó tanto como el resto de ella porque su auditorio recién pudo adaptarse a su dicción, a su voz y también a su énfasis que pareció al principio declamatorio y solemne, impresión que pasó después al contacto de la amenidad de las anécdotas y ante la convicción de que su 'manera' no era artificiosa sino su forma natural de expresión y al final fue objeto de felicitaciones y de aplauso.

Cordoba, 9-18 agosto

Mientras que el éxito de Valle-Inclán en la burguesa ciudad de Rosario, parece haber sido más bien social, su recepción en la vieja ciudad de Córdoba, sede de una universidad jesuita muy importante, fue mucho más compleja. Su llegada fue anunciada con estudios de su obra que llaman la atención sobre su lado espiritual. *La Verdad* ([C] 10 ag: 5) lo llama "cincelador de la prosa castellana...uno de los más prestigiosos e interesantes razonadores de cultura.....su palabra es ferviente y devota como la de un apóstol...". *La Voz del Interior* ([C] 10 ag: 5) declara que "...es algo más que una gloria de la literatura española, [es] toda la raza puesta en pie, para conquistar de nuevo el mundo...[el secreto de su arte] "radica en la honda emoción religiosa con que su alma sabe mostrarse al mundo...".

Los estudiantes de la Facultad de Derecho que visitaron a Valle-Inclán en su hotel, salieron bien impresionados por sus profundos consejos y vivaces recuerdos de Galicia (*Los Principios* [C] 13 ag: 3). En su entrevista con el literato, *El Comercio* ([C] 12 ag: 1) lo encontró parsimonioso en el hablar cuando se refería a temas profanos, mas cuando le recordó de su conferencia sobre el excitante del haschich, Valle, con "una extraña iluminación", les habló de sus ideas metafísicas, del círculo y el centro, parando solo para "dar tregua" a sus oyentes y cambiar al tema de Galicia tan importante para sus obras.

Hablando de su literatura, *El Comercio* declara que "No se ha creido poeta...mas, en cierta ocasión, ocurriósele versificar, y de aquella, más que decisión de su voluntad-ocurrésenos a nosotros-inclinación de su alma artista, nació aquel libro de rara métrica *Aromas de leyenda,* que llena de poesía el alma que lo lee."

Hablando del teatro español, en vez de comentar su largo proceso evolutivo, Valle sólo recordó lo que él, Marquina y Benavente se propusieron hacer para el teatro de niños en España. Hay que hacerles un teatro especial, que a la vez de despertar interés en los hijos, no aburra a los padres.

Del teatro de Marquina, dijo que *Doña María la Brava*, que "reconstruye con tan admirable perfección al teatro antiguo...bastaría asignar encumbrada posición intelectual a su autor". Para Valle, Marquina ha sufrido una radical transformación en su arte literario, pues fue en sus comienzos, poeta rebelde al clasicismo que hoy le da fama y gloria universales. Defendió a Marquina contra los que le atacan por su falta de fidelidad histórica, diciendo que "el artista no puede ser historiador. No hace crónicas políticas ni religiosas, sino leyendas. La verdad objetiva aminoraría el mérito de la verdad subjetiva. El artista traduce nada más que la impresión íntima que dejan el suceso o el personaje".

Antes de concluir la conversación, Valle comentó las recientes agitaciones político-religiosas de España. "Creo que es un recurso ingeniado por Canalejas para mantenerse en el ministerio, donde su situación denuncia positivas fluctuaciones que determinarán seguramente, su caída irremisible. La paz volverá, y el conflicto tendrá una solución satisfactoria."

Antes de llegar a Córdoba, Valle había sido anunciado como un conferenciante "distinguido, ameno y fecundo aún para los no carlistas."(*Los Principios* [C] 5 ag:6) Pero su conferencia el 13 de agosto sobre "El Alma de Castilla" en el Club Católico no agradó a todos. El periódico católico *El Comercio* (13 ag 1910: 4), como es de suponer, alabó su dominio de la materia y la intensidad y claridad de su pensamiento, y habló de una "justiciera" ovación". El corresponsal para *El Diario Español* de Buenos Aires (16 ag 1910) atribuyó a una brecha de generaciones la gran incomodidad causada por la conferencia que se manifestó en una "carraspera atroz". *La Voz del Interior* (12 ag 1910: 7), aunque impresionado por la forma de la presentación, fue perturbado por su fondo de "intolerancia" y sintió la necesidad de hacer una apología por la tolerancia tradicional de Córdoba, aunque, después de todo, concluyó que el conferencista había hecho una magnífica síntesis del espíritu de la raza.

La conferencia ocasionó una lucha en la prensa entre los católicos y los liberales. *La Verdad* ([C] 13 ag : 2) mandó que Valle diera otra conferencia pero en el Teatro Rivera Indarte, donde actuaba Guerrero-Mendoza, que contenía más de los "200 asientitos" del salón de la "vejez católica" que servía para mostrar películas "beatíficas". Al principio parecía que Valle iba a hablar sobre "El arte de escribir", pero luego, tal vez al pensarlo mejor, salió para Tucumán con la Compañía sin dar la segunda conferencia.[48]

Tucumán, 19-27 agosto

Fue la primera vez que Guerrero y Mendoza habían llegado a esa capital norteña en cuyo Teatro Belgrano darían ocho funciones.(*El Orden* [T] 19 ag: 1) En su reseña sobre "En Flandes", *El Orden* ([T] 23 ag:1), dijo que "La Sra. Blanco interpretó con exactitud y extrema finura el papel de Albertino, revelando sus dotes superiores... mereciendo los aplausos con que fue premiada su interpretación". En un artículo sobre Valle (20 ag:1), le llamó "uno de los hombres de letras más genuinamente español" y alabó su obra, que define el alma del pueblo de los hidalgos; su vida, en la cual actua como soldado y partidista; y su figura que "al verlo viene a la memoria los versos de Darío y vivimos ante él una vida más intensa y más pura". Tal vez en agradecimiento de estos dos elogios tan gratos a Valle y su mujer, sobre todo después de la experiencia conflictiva de Córdoba, el autor le dio al periódico la primera escena de una obra en progreso titulada entonces "Nueva Gesta" que apareció en la plana principal el 24 de agosto. Es la primera vez, por lo que sepamos, que se había publicado parte de lo que sería, con una solo palabra variada, la versión en libro de *Voces de gesta* en 1911.[49]

---

[48] *La Patria* [C] 12 ag 1910: 2; *Los Principios* [C] 14 ag 1910: 2.

[49] *Voces de gesta. Tragedia pastoril* [dedicatoria a María Guerrero], Madrid, Imp. Alemana, 1911.

El mismo periódico anunció que Valle daría una conferencia en la Sociedad Sarmiento, que era entonces el centro de cultura más importante de la ciudad (*Un Siglo*). Dice que Valle firmó el album de la Sociedad con unas palabras que tal vez revelen su estado de ánimo entonces: "Saber desdeñar y no amarse a sí mismo es toda la ciencia de la vida. Desgraciadamente los sabios nunca son felices"(17 ag:11)[50]. Esta vez, don Ramón se quedó dos días despues de la salida de la Compañía para poder hablar el 27 de agosto sobre "Bocetos de maestros y amigos", conferencia que fue muy bien recibida por una concurrencia enorme que le tributó una prolongada ovación (*El Orden* [T] 29 ag:1).

Santiago del Estero, 28 agosto-1 septiembre

Creo que Valle, como lo anunció *El Orden* ([T] 25 ag 1910: 1), fue entonces a reunirse con la Compañía en la ciudad de Santiago del Estero que en aquellos días había empezado a ser una encrucijada importante. En 1910 acababa de abrir su magnífico Teatro del 25 de mayo que, recién restaurado, sigue funcionando hoy. Guerrero y Mendoza inauguraron su primera temporada dramática y dieron cinco funciones más.[51] No he encontrado mención de Valle-Inclán que no habló allí, tal vez porque era una estadía muy corta y porque ya estaba preparándose para su viaje a Asunción.

Asuncion, 17-29 septiembre

El 11 de septiembre en Rosario don Ramón había recibido la visita del cónsul de Paraguay, el Sr. Mácoras, con una invitación oficial de ser el huesped de su país adonde llegaría en un buque particular por el Río Paraná.[52]

El excelente artículo de Francisco Corral nos ha dado los datos más salientes de su estancia en Asunción. Yo he encontrado algunos detalles

---

[50] Consulté el album que guarda La Sociedad de esa época pero no pude localizar el autógrafo de Valle-Inclán.

[51] *El Liberal* [Santiago del Estero] 24, 25, 26, 27, 29, 31 ag 1910: 3.

[52] Telegrama desde Rosario, *La Nación* [BA] 11 sep 1910.

más, pero, por ahora, sólo mencionaré que las primeras dos conferencias, "Perfiles de los autores españoles" y "El arte del estilo" fueron bien recibidas aunque poco concurridas. La tercera, "El alma de Castilla", en cambio, ofendió a casi todos que, como nos explica Corral, habían sido formados en la tolerancia krausista (197). A pesar de todo, Valle, de vuelta en España, recuerda Paraguay como un país maravilloso, y que, según una carta que le escribió a uno de sus anfitriones paraguayos, el Sr. López Decoud, va a entrar en *Tirano Banderas* (Corral 200-201).

Valparaíso, 7-17 octubre

Cuando salieron para Chile, don Ramón y otros de la Compañía sufrían problemas de salud (*El Diario* [BA] 6 oct:13). Guerrero y Mendoza dieron seis funciones en Valparaíso, luego Josefina dejó a Valle en Santiago para seguir la gira con la Compañía por las ciudadas sureñas de Talca y Concepción antes de volver para una temporada en la capital.[53]

Valle-Inclán todavía estaba en cama en el Royal Hotel de Valparaíso, cuando el día 12 un joven periodista de *El Mercurio* de aquella ciudad portuaria, y un escritor y el fotógrafo de la revista ilustrada *Sucesos* fueron a entrevistarle.[54] Cuando Valle parecía sorprenderse de que allí le conocieran y el reportero le aseguró que allí le conocía y le leía, dijo: "¡Raro caso! Por donde he venido pasando me ha sido casi imposible encontrar libros míos." El reportero le respondió: "Una prueba más de que se venden. Aquí se le reputa a usted como uno de los primeros de los estilistas españoles....entre los que saben leer, ¡es usted debidamente apreciado!"

Conversaron sobre el problema de los editores que hacen víctimas de los autores al publicar sus obras sin permiso y luego venderlas a precios que las mantienen fuera del alcance de muchos lectores. No estaban de acuerdo

---

[53] "Vida Social" *El Mercurio* [S] 14 oct: 6 dice que la Guerrero-Mendoza está en el Teatro Apolo de Valparaíso y que después de girar por Talca y Concepción, volverá a Santiago para estrenar el 22 de octubre. *El Sur* [Concepción] 2 oct: 4 precisa que la Compañía dará 6 funciones en Valparaíso, 4 en Concepción, 2 en Talca y 12 en Santiago. El itinerario y el programa completos se dan día por día en *La Hoja teatral* [S] oct-nov 1910.

[54] No sabemos si Valle estaba bastante bien como para asistir a un banquete en honor de él y de Cavestany, anunciado en el Club Valparaíso para el 17 de octubre, en *La Unión* [Valparaíso] 15 y 16 oct 1910: 5.

en cuanto a la solución; Valle opinaba que el autor debe reservar el derecho de poner precio a su libro, el reportero creía que los tratados de propiedad harían aún más escasos los libros.

En el artículo tenemos un vistazo de la relación entre don Ramón y Josefina, quien interviene para tranquilizar al enfermo. El reportero la describe diciendo:

> En la Sra. de Valle-Inclán se observa desde el primer momento una clara inteligencia, una comprensibilidad vivaz, y un interés sincero y afectuoso por el trabajo de su esposo. Siempre, al referirse a éste, habla en plural: trabajamos, corregimos, hemos tenido tanto que hacer.... Dualización que muestra toda una faz de la hermosa vida literaria de Valle-Inclán y en la que tal vez esté en parte, el secreto de sus éxitos, tan grandes, como legítimos.

Después de posar para el fotógrafo, Valle expresa "con franqueza que no le gustaba Buenos Aires por su intensa monotonía, por su uniformidad desesperante. -"Todas las calles iguales, por Dios!...Debo decirles que Valparaíso con sus cerros y sus calles torcidas me parece encantador, verdaderamente pintoresco."

Cuando el entrevistador le preguntó si sentía cierta desolación de estar tan apartado del tráfico de la vida europea, Valle respondió que

> de ningún modo. En primer lugar, yo no hago en España esa vida bulliciosa y exterior que se llama la vida literaria. Soy hasta cierto punto un solitario, absorbido por mi trabajo. Lo que echo de menos son mis elementos de aficionado a las artes plásticas. A mí me gustan con verdadero ardor el grabado, el tallado, todas esas ramas de las bellas artes tan poco apreciadas todavía, me entretienen mucho, y como, así de viaje, no puedo dedicarme a ella[s], suelen darme de deseos de estar en España, en la casita que todos mis amigos conocen.

Espera que la exposición de bellas artes de Santiago sea mejor que la de Buenos Aires "cuyo atraso, en estas materias raya en lo inconcebible".

Terminaron hablando de escritores y libros:

> Valle recordó el libro de la Sra. Labarca Hubertson, sobre la literatura española contemporánea; habló cariñosamente de Francisco Con-

treras, escritor chileno, a quien conoció en Europa[55]; y expresó deseos de estrechar relaciones con los escritores chilenos, especialmente con los jóvenes, deseos de llevar a España una buena impresión de nuestra actividad intelectual.

Tenemos tres imágenes más de Valle-Inclán en Valparaíso en el mismo número de la revista, *Sucesos*. En contraste con la entrevista cuidada de *El Mercurio*, el artículo basado en la misma conversación, es mucho más frívolo, empezando con el título "El marqués de Bradomín," acompañado de la foto de Valle entronado en su cama. (20 oct: s. n.) El escritor de la revista confiesa haberse sentido desencantado al principio por la fisonomía de ese hombre de mirar de altanería y sospecha que la indisposición de Valle-Inclán fuera más "propiamente una grande y majestuosa pereza de hidalgo español, que se envuelve en su capa o se tiende en su cama a soñar, a vivir intensamente la vida del ensueño".[56]

Pero parece que su enfermedad fue seria, pues en otro artículo del mismo número de *Sucesos* sobre Valle-Inclán y otro ilustre huésped, el abate Gaffre, debajo de una foto de don Ramón en sombrero de hongo sentado en una silla, tal vez en el pasillo de su hotel, se explica que el autor no pudo aparecer en público porque una violenta enfermedad lo retuvo en cama.

En todavía otra página, encontramos una caricatura en colores por "Wiedner" que, con el verso acompañante, resume magníficamente el carácter dual de Valle como modernista encantado y carlista militante que dificultó su aprecio universal en América. El autor, en la forma de un fauno portando una gran boina roja, pausa de escribir sobre un pergamino en rollo y medita con una pluma de ganzo en la boca. Está sentado sobre un campo de rosas y flores de lis con un castillo sobre rocas en el fondo. Parece

---

[55] *Las últimas noticias* de Santiago (1 oct 1910) y de Valparaiso (12 oct: 5) publicaron el largo artículo, "La literatura española de hoy. Los prosistas. Valle-Inclán," fechado agosto de 1910 en París por Francisco Contreras.

[56] El reportero dice que había tratado de visitar a Valle-Inclán antes pero la Sra. Blanco, que "en esos momentos desempeñaba la función de sacerdote intermediario entre el dios desconocido y el peregrino creyente", le explicó que estaba enfermo pero que volviera al día siguiente. El artículo incluye un autógrafo de Valle-Inclán: "Mi saludo más afectuoso /Redacción de "Sucesos": y mis votos por su prosperidad. Valparaíso, 12 de octubre 1910".

estar pensando en el debate reflejado por el poema que reza: "¿Vale tanto/como el egregio Manco de Lepanto?/ ¿Sí? ¿No? ¿No? ¿Sí?-Bien puede suceder /que de sus libros el sutil encanto/ émulo de Cervantes le haga ser".

Santiago de Chile, 18 octubre-9 de noviembre

El Ferrocarril ([Santiago, Chile] 16 oct 1910: 2) declaró que Darío se había equivocado al decir que no le aconsejaría que Valle-Inclán visitara Buenos Aires, pues ha venido y ha triunfado; y todavía más, ha llegado hasta Santiago. Al principio Valle no pensaba dar conferencias en aquella capital, por su salud y porque, como el resto de América aquel año, estaba inundada de conferencistas y los periódicos abundaban en burlas y caricaturas de ellos.[57] Pero, tal vez al verse saludado en el Gran Hotel,[58] requerido por numerosos admiradores,[59] elogiado por los periódicos,[60] cariñosamente caricaturizado por "Chau" en la revista *Zig Zag*[61], invitado con

---

[57] Por ejemplo, *Zig Zag* [S] oct 15 1910: s.n. (Apéndice 2). *Monos y monadas* [Valparaíso] oct 31 1910: s.n. contiene una caricatura, titulada "La plaga del día". Un hombre de la ciudad habla con un campesino:

-¡Caramba, qué plaga...con razón dicen en la ciudad que brotan los conferencistas como callampas [un tipo de hongo]!

-Y aquí decimos todo lo contrario, patrón. Que brotan las callampas como conferencistas."

[58] "El día social," *El Ferrocarril* [S] 15 oct: 3: "Es nuestro huésped desde ayer... ha recibido desde su llegada a la estación saludos de numerosos literatos y admiradores... cumpliendo con un grato deber de cortesía, uno de nuestros redactores se acercó ayer mismo al Gran Hotel, en donde se hospeda el eminente escritor, cuya visita nos honra y presentarle nuestra bienvenida."

[59] "Actualidades," *El Diario Ilustrado* [S] 17 oct: 3: "Muchos son los que desean tiempo oir hablar a Valle-Inclán, todos aquellos que lo admiramos tiempo atrás en sus obras, en sus admirables y artísticos libros. Es justificado el deseo de oir al eminente literato y él podrá acceder a nuestros deseos dando algunas conferencias en un teatro de la capital y el más apropiado para el objeto, tanto por su situacion como por su sala íntima y recogida será el Teatro Royal, por ejemplo. Agradeceríamos diera publicidad a estas líneas-Varios admiradores"

[60] *El Diario Ilustrado* [S], en particular, le prestó mucha atención. Véanse, por ejemplo, el artículo de Carlos Julián World (14 oct 1910: 1), con una foto publicada en Buenos Aires; el estudio elogioso de Pedro Pablo Parrain (25 oct 1910: 1); y las reseñas de sus conferencias (2 y 4 nov 1910: 1). *Las últimas noticias*, que publicó el artículo de Contreras (*supra*, n. 55), incluyó (17 oct:1) "Un ilustre literato español" con lo que parece ser la misma foto de *Sucesos* del 20 oct 1910.

[61] [S] 15 oct. 1910: s. n.: "Este que veis aquí/con su barba marroquí/y su estatura sin fin,/es un genial escritor/es el aplaudido autor/del Marqués de Bradomín". La caricatura se reproduce en *Exposición* 47.

Posada y Cavestany a una velada del Ateneo,[62] y su cuento "El miedo" publicado en *El chileno* (Obras citadas), Valle-Inclán consintió en dar dos conferencias en el Teatro Municipal[63] y una más en en el Salón de honores de la Universidad de Chile.[64] Entonces presentó "El Modernismo", "El arte del estilo" y "El Alma de Castilla" el 3, 5 y el 8 de noviembre respectivamente, como partes de una misma lección (*El Mercurio* [S] 4 nov: 13).

El Mercurio ([S] 6 nov: 11) dijo que don Ramón habló

> ante un público, cuyo mejor mérito no era el número sino su selección...[y que] indudablemente podrán ser disentidas sus dotes como conferencista, o la bondad de sus ideas, pero no puede negarse la magia de su estilo personal y brillante... Aún su figura, nada común, destacándose con rasgos un tanto trágicos sobre la roja cortina del palco escénico contribuye a acentuar aún más el carácter único de su modo de pensar y de decir.

Las primeras dos conferencias fueron bien recibidas (*El Mercurio* [S] 3 nov: 5; 6 nov: 11). Valle terminó la segunda, declarando su convicción de que Chile era "el pueblo más vigoroso y genuinamente heredero de las gloriosas tradiciones hispanas. Pueblo que se forma y que por su gran espíritu patriótico, por su concepto orgulloso de nacionalidad y su bravo anhelo de progreso está llamado a ser el pueblo americano de más elevada conciencia artística...". Esta proclamación le ganó un gran tributo de aplausos y muchas felicitaciones, y un grupo de admiradores le acompañó a su hotel (*El Mercurio* [S] 6 nov: 11).

José A. Alfonso, en la revista *La Semana* ([S] 30 oct 1910:120-121), alabó la última conferencia con reservaciones. Dijo que sólo pudo oir la segunda parte, por el bullicio de la gente que llegó tarde como solía pasar por allí y por los enormes sombreros que llevaban las damas. Una foto en

---

[62] "Vida social", *El Mercurio* [S] 19 oct: 7 anuncia una Velada del Ateneo, sesión en honor de Posada, Cavestany y Valle-Inclán en la Universidad de Chile, para el 20 de octubre a las 5:30 de la tarde con un programa detallado. Los herederos dicen que Valle no asistió (*Exposición* 21).

[63] *El Mercurio* [S] 4 nov 1910:13 aclara que las conferencias se dan a ruego de los administradores de esta capital. La primera fue presentada por el Sr. Carlos Silva Vildósola.

[64] "Vida Social" *El Diario Ilustrado* [S] 8 nov: 2 circula la siguiente invitación: "Santiago, 5 noviembre de 1910-El rector de la Universidad de Chile tiene el honor de invitar a usted y familia a la conferencia que dará el novelista español en el salón de honor de la Universidad el 8 de noviembre a las 9 pm. Tema: 'El Alma de Castilla'".

Sucesos (27 oct 1910: s. n.) de la misma sala universitaria durante la velada del Ateneo documenta aquellos molestosos tocados femeninos.

En esta versión de "El Alma de Castilla," Valle incluye, para el público chileno, a Valdivia entre las grandes figuras de Hernán Cortés y Pizarro, que, en los campos de batalla, luchan por la idea suprema de la unidad moral y religiosa. Y ello, agrega el comentarista, aún cuando haya que cometer inmoralidades.

Alfonso le critica la voz de don Ramón, que es mala para un teatro y con poca inflexión. Pero muestra que entiende el mensaje del autor cuando decide que es la voz de un moralista, la voz severa, intencionada, honda del predicador. Compara a Valle con Ferri y encuentra que los dos representan el genio de su raza: el uno, la brillantez italiana, y el otro, la severa gravedad española.

"Oidor" hace un último comentario en *El Mercurio* ([S]10 nov 1910: 9). "Ayer partió Valle-Inclán, el último de los conferencistas europeos que han venido en estos meses y ahora que se han ido se puede hablar de ellos." Sugiere una industria nacional de conferencistas para no dar todo el dinero a extranjeros. Da un resumen gracioso del arte de conferenciar y una serie de reglas, la más importante de las cuales es:

> que deben procurarse ...que no lleguen todos los conferencistas a un tiempo, porque está probado que el exceso es fatigante, desprestigia el género y ocasiona gran confusión de ideas. Se puede oir una conferencia por semana; pero si a uno le imponen en una misma semana el positivismo de Ferri, la Andalucía de Cavestany, la extensión universitaria de Posada, la Juana de Arco del abate Gaffre y el Arte"emotivo" de Valle-Inclán, la cabeza le queda como si se la machucaran.
>
> Con estas reglas elementarias, creemos que en poco tiempo la industria de las conferencias se habrá desarrollado en Chile casi tanto como los duraznos en jugo. Al fin al cabo ¿qué es la conferencia sino una conserva literaria o científica, y qué puede ser sino una lata?

Obras citadas

Aznar, Severino. "Hablando con Valle-Inclán." *El Carbayón* [Bilbao] 9 en 1911:1.

Aznar Soler, Manuel. "Estética, ideología y política en Valle-Inclán," *Ramón del Valle-Inclán. Un proyecto estético: modernismo y esperpento. Anthropos,* 158/159, jul-ag, 1994: 9-40.

Caraballo, Gustavo. "Mis recuerdos del paso de don Ramón del Valle-Inclán por Buenos Aires." *Ramón M. del Valle-Inclán 1866-1966. (Estudios reunidos en conmemoración del centenario).* La Plata: Universidad Nacional de la Plata, 1967, pp. 76-83.

Castagnino, Raúl H. "Valle-Inclán en Argentina", "Vínculos hispanos y mediaciones académicas en el teatro porteño." *Boletín de la Academia Argentina de Letras* [BA] LIII, 1988: 109-123.

Chumillas, Ventura. "Una visita a Valle-Inclán". *Literatos y tópicos españoles.* Buenos Aires: Nieto, 1924, pp. 119-129.

Corral, Francisco. "Valle-Inclán en Paraguai. Loas á Santa Inquisición e visos do *Tirano Banderas.*" *Grial*, vol XXXI, no. 118, abr-jun 1993: 193-210.

DeMarco, Miguel. "El Club Social, espejo de la historia rosarina." *La Capital* [Rosario] 4 jun 1995: 2.

D'Ors, Miguel. "Dos estancias de Valle-Inclán en Granada y una de Antonio Machado, con noticias de adaptaciones perdidas ("Andrés del Sarto" y "Mussote")." *Revista Hispánica Moderna*, jun 1997, L, 1: 205-213.

Dougherty, Dru. "Valle-Inclán en Valencia (1911)". *Cuadernos hispanoamericanos*, en 1994, 523: 7-18.

Exposición Don Ramón María del Valle-Inclán (1866-1898). Comisarios Joaquín del Valle- Inclán Alsina y Javier del Valle-Inclán Alsina. Universidad de Santiago de Compostela: 1998.

Sánchez-Colomer, María Fernanda. *Valle-Inclán. El Teatro y la oratoria: cuatro estrenos barceloneses y una conferencia.* Barcelona: Cop d'Idees, 1997.

Garat, Aurelia. "Valle-Inclán en la Argentina", *Ramón M. del Valle-Inclán 1866-1966. (Estudios reunidos en conmemoración del centenario).* La Plata: Universidad Nacional de la Plata, 1967, pp. 89-111.

Garlitz, Virginia. "La evolución de La lámpara maravillosa," *Leer a Valle-Inclán en 1986. Hispanística XX* [Dijon] 4: 193-216.

González Arrili, Bernardo. "Valle-Inclán, eximio escritor y extravagante ciudadano," *Ramón M. del Valle-Inclán 1866-1966. (Estudios reunidos en conmemoración del centenario).* La Plata: Universidad Nacional de la Plata, 1967, pp. 84-88.

Hormigón, Antonio. *Valle-Inclán. Cronología. Escritos dispersos. Epistolario.* Madrid: Fundación Banco Exterior, 1987, pp. 465-503.

Lima, Robert *Valle-Inclán. The Theater of His Life*, Columbia: University of Missouri Press, 1988.

Muñoz, Vladimiro. *Barrett en Montevideo.* Montevideo: 1982.

Rubio, Jesús. "Ecos en *Voces de gesta*: sugerencias de un retablo primitivo." *Valle-Inclán y su mundo*, ed. M. Aznar Soler y J. Rodríguez. Bellaterre: Universitat de Barcelona, 1995, pp. 467- 487.

Santos Zas, Margarita. *Tradicionalismo y literatura en Valle-Inclán (1889-1910)*. Boulder, Colorado: Society of Spanish and Spanish-American Studies, 1993.

Serrano Alonso, Javier. *Artículos completos y otras páginas olvidadas*. Madrid: Ediciones Istmo, 1987.

Serrano Alonso, Javier y Amparo de Juan Bolufer. *Bibliografía general de Ramón del Valle-Inclán*. Santiago de Compostela: Universidad de Santiago, 1995.

Un Siglo de Cultura Provinciana. De la Sociedad Sarmiento a Nuestra Universidad. Tucumán: Universidad Nacional de Tucumán, 1916.

Valle-Inclán, Ramón María del.

Entrevistas:

Entrevistas, Conferencias y cartas. Ramón María del Valle-Inclán, edición al cuidado de Joaquín y Javier del Valle-Inclán. Madrid: Pretextos, 1994.

——, "Con don Ramón del Valle-Inclán," *La Tarde* [Mendoza] 15 jul 1910:1.

——, "Del Valle-Inclán," *La Tarde* [Mendoza] 19 jul 1910:1.

——, "Entrevista con Valle-Inclán," *El Comercio* [Córdoba] 12 ag 1910: 1

——, "Velada teatral. Don Ramón del Valle-Inclán," *El Diario* [BA] 23 abr 1910: 5.

——, "Una visita a Valle-Inclán," *El Mercurio* [Valparaíso] 14 oct 1910: 6 y [Santiago] 16 oct: 11.

——, "Una visita a Valle-Inclán [entrevista con Vicente A. Salaverri]," *Bohemia* [Montevideo] 15 jun 1910:1-2.

Cuentos:

——, "¡Malpocado!', "El miedo", "Un cabecilla", "El rey de la máscara", "Del misterio", y "A media noche," *Ideas y figuras* [BA] 27 abr 1910 (Serrano y de Juan 67).

——, "El miedo" *La Semana* [Montevideo]. jul 2: 8-9 y *El Chileno* [Valparaíso] 31 oct 1910: s. n.

——,"El rey de máscaras" *Monos y monadas* [Valparaíso] 28 nov 1910: 1-2.

Dramas:

——, "Cuento de Abril" (fragmentos) *El Diario Español* ([BA] 22 abr 1910); *El Diario* ([BA] 9 mayo 1910); *Bohemia* ([Montevideo]15 jun: 3; *El Liberal* [Montevideo] 16 jun: 1-2); *El Siglo* ([Montevideo]17 jun: 5

——, "Cuento de abril" (versión completa) *El Debate* [Mendoza] 21 jun-5 ag 1910.

——, "Nueva gesta" [primera escena de lo que sería *Voces de gesta*] *El Orden* [Tucumán] 24 ag 1910: 1.

Caricaturas:
Anónimo, *La Semana* [Montevideo] 18 jul: 6.
"Chau", *Zig-Zag* [Santiago] 15 oct: s.n.
"Gedeón," *El Diario Español* [BA] 22 abr: 3.
"Wiedner," *Sucesos* [Valparaíso] 20 oct: s. n.

Fotos:
La Semana [Santiago] 13 nov 1910: 121.
Sucesos [Valparaíso] 20 oct 1910: s. n.
Las últimas noticias [Santiago] 14 oct 1910:1.

APÉNDICE 1:
Itinerario de la gira de 1910

5 abril	Lisboa hacia Palmas de la Gran Canaria
22 abril-13 julio	Buenos Aires, Argentina
25 junio	"El arte de escribir"
27 junio	"Los excitantes"
2 julio	"Semblanza de los literatos españoles"
5 julio	"El Modernismo"
11 julio	"La España antigua"
15-19 julio	Mendoza, Argentina
16 julio	"Siluetas de maestros"
17 julio	"El Modernismo"
c. 20-29 julio	Montevideo, Uruguay
31 julio-7 agosto	Rosario, Argentina
7 agosto	"El arte de escribir y las tendencias modernas"
8-18 agosto	Córdoba, Argentina
13 agosto	"El Alma de España"
19-27 agosto	Tucumán, Argentina
27 agosto	"Bocetos de maestros y amigos"
28 agosto-1 septiembre	Santiago del Estero, Argentina
2-6 septiembre	Buenos Aires, Argentina
7-16 septiembre	Rosario, Argentina
9 septiembre	"Maestros de la literatura"
17-29 septiembre	Asunción, Paraguay
23 septiembre	"Perfiles de los autores españoles"
26 septiembre	"El arte del estilo"
28 septiembre	"El Alma de Castilla"
30 septiembre-4 octubre	Rosario-Buenos Aires, Argentina
5-14 octubre	Valparaíso, Chile
15 octubre-9 noviembre	Santiago, Chile
3 noviembre	"El Modernismo"
5 noviembre	"El arte del estilo"
8 noviembre	"El Alma de Castilla"
c. 10-14 octubre	Buenos Aires, Argentina
15 noviembre	Sale para España
2 diciembre	Lisboa
3 diciembre	Vigo de camino hacia Pontevedra

APÉNDICE 2

"El Conferencismo" por "Moustache" *Zig Zag* [Santiago] oct 15 1910: s.n.

CONFERENCISMO

1. -Bartolo, por Dios, ¡en qué facha has llegado!
-Me he venido desde Buenos Aires a pie.
_¿Y por qué no tomaste el Transandino?
-Venía completamente lleno de conferencistas.

2.-Pero, hombre, ¿cómo ha caído usted en tal miseria? ¿No tenía usted dos casas en la Calle de Huérfanos y 40,000 pesos en bonos?
-Sí, Sr., pero me empeñé en asistir a todas las conferencias que se dieron en Santiago en el año 1910

3. "Las conferencias, dentro de pocos días, cuando falten teatros para los conferencistas. [Valle-Inclán está subido en el árbol a la izquierda.]
Nota: Habrá una ventaja: cuando un conferencista quiera rebatir a otro, no tendrá más que sacudir el árbol, y su rival caerá completamente batido."

Valle-Inclán (1898-1998): Escenarios
Universidade de Santiago de Compostela, 2000: 123-143

LA SEGUNDA ESTANCIA
DE VALLE-INCLÁN EN MÉXICO (1921)

Luis Mario Schneider
Biblioteca Nacional de México

Ramón del Valle-Inclán, después de una ausencia de 28 años, regresó por segunda vez a México el 7 de septiembre de 1921. Ya no era el escritor embrionario, el personaje sediento de aventuras e invenciones de capa y espada, sino el explorador de una realidad, de un ambiente propiciador de milagros, en busca de un habitar, de vivir más de los sueños que de amarrar la vida, sensorial y paradójico caballero de una época, de una historia que la modernidad destruyó y propuso su ética nueva.

México ya no era el país del lustre porfiriano, ahora era un país replegado en persecución de su conciencia y de nuevos anhelos. Convulso y experimentado ante una contienda para escribirse en la contemporaneidad, de reclamaciones y sacrificios.

En este segundo viaje don Ramón del Valle-Inclán no llega a México anónimo y solitario, llega oficialista y relumbrante. Ya no es el escritor principiante, es un profesionista de las letras, del triunfo. México lo venía reconociendo desde algunos años atrás como un intelectual de primera línea. Muchos testimonios así lo confirman. Aparecían colaboraciones suyas y se hablaba de su obra en la importante *Revista Moderna* desde mayo de 1906. Igualmente *El Diario* y *México Moderno* amparaban sus escritos, pero la aparición de una antología, *Cuentos, Estética y Poemas* de Ramón del Valle-Inclán, que edita la célebre editorial Cultura, con prólogo de Guillermo Jiménez en 1919, le da al escritor español su primera y más rotunda consagración. El mexicano, admirado, escribe:

> Cuando abro los libros de este gran don Ramón María del Valle-Inclán y Montenegro me parece que abro una cancela herrumbrosa forjada por un artista de Florencia, que guarda el embeleso de un jardín señoril, de esos jardines de las viejas estampas donde hay estatuas mutiladas bañadas de capullos, sátiros vigilantes que asoman un solo cuerno entre las frondas que tiemblan bajo la luz, en un rincón olvidado, y dos pavos reales que reflejan en una fuente estática el verde cantárida de sus colas bizantinas.
>
> El espíritu de Valle-Inclán es altamente complicado, tiene el refinamiento de los Medicis y el fervor alucinante de San Francisco de Asís, conoce el *Eclesiastés* y *El libro de San Cipriano*, la *Magia Negra* y la *Imitación de Cristo*, sabe de Cábala, de hechizos, de maldiciones y sabe también del misticismo de Teresa de Ávila, de Juan de La Cruz y de Fray Luis; atesora las máximas quietistas de Miguel de Molinos y a través de ellas escribió su *Lámpara maravillosa*, sus ejercicios de belleza espiritual, precioso libro de meditación, y de alta estética.
>
> Cultura, siempre atenta e innovadora, rinde un homenaje al gran don Ramón María del Valle-Inclán y Montenegro, que es en la literatura española lo que es Maurice Maeterlinck en Francia, lo que es Gabriel D' Annunzio en Italia.[1]

Valle-Inclán mantenía amistosas relaciones con mexicanos que por entonces vivían en España y que asistían a las tertulias de los cafés madrileños, en especial el de Regina: Francisco A. de Icaza, Alfonso Reyes, Luis G. Urbina, Antonio Méndez Bolio, Artemio del Valle Arizpe y el embajador mexicano Miguel Alessio Robles. Indudablemente todos estos amigos influyeron en forma determinante para que don Ramón del Valle-Inclán fuera invitado oficial por el Gobierno para asistir en representación de la intelectualidad española a las fiestas conmemorativas del primer Centenario de la Independencia Nacional.

Alfonso Reyes, a quien siempre unió al español una sincera y cordial amistad, nos aclara su gestión para este segundo regreso de Valle-Inclán a México:

---

[1] *Cuentos, Estética y Poemas de Ramón del Valle-Inclán*, pról. de Guillermo Jiménez, México: Cultura, 1919.

> Don Ramón se va a México. Yo estaba en San Sebastián cuando recibí el encargo de convidar a Valle-Inclán para las fiestas del centenario de la Independencia mexicana, huésped de honor de la República. Le telegrafié a la Puebla del Caramiñal. Le telegrafié con cierto vago temor... ¡Hay por ahí cada Pío Baroja, escritor de aventuras por tierra y mar, novelista del hombre de acción y conspirador honorario, que no sería capaz nunca de embarcarse rumbo a la inquieta América!... Pero don Ramón resistió la prueba. Cuando acaso estaba más entregado a su familia y a los placeres aldeanos, rusticando por la pintoresca Galicia, oyó el campanillazo de la aventura. Y a vuelta de telégrafo, decidió partir.[2]

Enseguida de conocerse en España la invitación hecha al novelista, en todos los círculos de la península se recibió con entusiasmo y elogios la designación. Testimonia ese afecto un gran banquete que se realiza en La Coruña, próximo a la partida[3] y en el que Valle-Inclán a través de la voz resumida de un periodista comenzó dando gracias por el agasajo a los que en él tomaban parte y al Gobierno de México que le invita a las fiestas del Centenario no por sus propios méritos, sino por su amor bien probado a aquella República Hispanoamericana. Dijo cómo en su juventud el afán de aventuras le llevó hasta la costa mexicana. Recordando que un gallego, don Gonzalo Domingo, naciendo como él en la Puebla del Caramiñal, fue compañero de Hernán Cortés y murió cerca del conquistador en la Noche Triste, y otro gallego, don Gonzalo de Sandoval, fundó una nueva Galicia en aquellas tierras; habló elocuente y compendiosamente de la cultura mexicana, estableciendo entre ella y la helénica notables analogías y terminó con un brillantísimo párrafo encomiando la orientación espiritual de la floreciente república, que se alza como un baluarte en el límite norte de la América Latina para contener la invasión de los yanquis.

A bordo del vapor "Oriana", vía Nueva York-La Habana, llega al puerto de Veracruz el día 7 de septiembre de 1921, y a la ciudad de México el 18, alojándose en el Hotel Regis. Los principales periódicos de la capital

---

[2] "Apuntes sobre Valle-Inclán", *La Pluma*, Madrid, enero de 1923, reproducido en *Obras completas*. México: Fondo de Cultura Económica, 1956, t. 4, pp. 276-286.

[3] "Don Ramón del Valle-Inclán, gratitud de La Coruña por la invitación hecha por México al eximio escritor", *El Universal*, México.

comienzan a dar amplia información sobre su arribo y sus actuaciones.[4] Es posible seguir minuciosamente esta segunda estancia de Valle-Inclán en nuestro país, porque, sin exagerar, casi diariamente la prensa periódica recoge sus pasos.

El Universal del día 19 publica con la firma de Roberto Barrios y con el título de "Don Ramón María del Valle-Inclán en México. En charla cordial y amena con el Marqués de Brandomín", el primer reportaje con el novelista, que entre otros juicios manifiesta:

> Hace veinticinco años que estuve por primera vez en México. Y usted no sabe cuán grato a mi espíritu es regresar de nuevo a este país, en donde encontré mi propia libertad de vocación. Debo, pues, a México, indirectamente, mi carrera literaria. ¿Por qué? Voy a decirlo enseguida: Mis padres allá en España querían que yo me recibiese de abogado, es decir, que yo terminase esa carrera espantosa a la cual no tenía ninguna inclinación, a pesar de que ya sólo me faltaba el último examen. Pues bien, para no terminarla, me trasladé a México con el dinero que me dieron para recibirme, y aquí empecé a seguir mi propio camino, es decir, el literario, no sin antes haber pasado por algunas vacilaciones, ya que solicitaba también muy poderosamente a mi espíritu la carrera de las armas. Al recibir dicha invitación no vacilé en aceptarla, no obstante algunos compromisos que tenía con uno de mis editores.
>
> Ella venía a llenar una necesidad de interior que experimentaba desde hacía muchos años: volver a México. ¡Imagínese, pues la alegría que sentí! Aquí, en este país, yo me llegué a connaturalizar, no obstante el poco tiempo que estuve, con sus costumbres. Aparte de esto, el palpitante espectáculo de su pasado, que se encuentra en las piedras de las iglesias, en los edificios coloniales, etcétera, me hicieron amar este suelo en donde encontré mudas, pero significativas enseñanzas de arte y belleza.[5]

El mismo día 19, Valle-Inclán es presentado al presidente Álvaro Obregón y ambos asisten a la inauguración de la exposición de Arte Popu-

---

[4] Buen ejemplo de ello es la noticia aparecida en *El Heraldo de México* del 19 de septiembre con el título de "Ramón del Valle-Inclán, el de las barbas floridas, se encuentra en México desde ayer". Una fotografía ilustra la noticia.

[5] Roberto Barrios. "Don Ramón María del Valle-Inclán en México. En charla cordial y amena con el Marqués de Bradomín". *El Universal*, 19 de septiembre de 1921.

lar que formaba parte de las fiestas del Centenario. De este acto al que concurren ministros, diplomáticos, pintores e intelectuales se conserva una foto donde el escritor español está retrato junto al presidente de la República.[6] Daniel Cosío Villegas en sus *Memorias* cuenta:

> Un grupo de intelectuales y estudiantes llevamos a don Ramón del Valle-Inclán a que conociera al Presidente Obregón. Lo encontramos en uno de los corredores de Palacio. Obregón lo recibió con gran afabilidad tendiéndole su mano única, y don Ramón, hizo lo propio con la suya, sólo que quitándose antes el sombrero.
>
> Don Ramón hizo un ligero parpadeo de disgusto al ver que el presidente conservaba puesto el suyo. Obregón lo advirtió como de rayo y enseguida le explicó: "Aun los mancos tenemos técnicas distintas: Usted se descubre primero y después tiende la mano, mientras que yo tiendo la mano antes y enseguida me quito el sombrero. Lo importante es, sin embargo que las manos se estrechen". Don Ramón no hizo comentario alguno, pero volvió a tender su mano conservando bien puesto el sombrero...[7]

Al día siguiente *El Demócrata* y el *Heraldo de México* insertan en sus páginas otras dos entrevistas a Valle-Inclán. La primera realizada por Juan Cristóbal y en la que el gallego vuelve a fantasear sobre su anterior estancia en México. En la segunda, ilustrada con caricaturas de Toño Salazar y realizada por el escritor Manuel Horta, se discute entre otras cosas el proyecto de un futuro libro basado en la figura de Hernán Cortés, la literatura española actual, sobre su vida intelectual y sus recuerdos del México porfiriano.

También se enjuicia al presidente actual: "Me parece un hombre con grandes cualidades para gobernar un pueblo. Sereno, discreto y con un criterio muy justo para aquilatar valores y compensarlos. Su política tiene mucho de las características de Briand. Cordial, reservado, inteligente..."

Ese mismo día, martes 20, es inaugurado por José Vasconcelos, rector de la Universidad, el Congreso Internacional de Estudiantes, al que asistie-

---

[6] "Ayer inauguró el C. Presidente la exposición de arte popular", *El Universal*, 20 de septiembre de 1921.

[7] *Memorias*. México: Editorial Joaquín Mortiz, 1976.

ron representantes de 17 naciones. Valle-Inclán asiste al evento en la mesa de honor próxima al rector, al embajador argentino, Manuel Malbrán, a Victor Belaunde, quien llegará a ser con el tiempo presidente del Perú y al director de la Preparatoria[8].

Sabemos por una fotografía que inserta *El Universal Ilustrado*, el 22 de septiembre, que ese día 20 por la tarde Valle-Inclán acompañado del presidente de la República asiste a una corrida como un acto más de los festejos de conmemoración del Centenario.

Patrocinados por la Universidad se llevaron a cabo los juegos florales. El jurado decretó vencedor, el 12 de septiembre, al joven poeta Jaime Torres Bodet por su composición "El alma de los jardínes"[9].

La premiación se efectuó el 21 del mismo mes en el Teatro Iris. En el palco de honor, junto al rector, se encuentra Valle-Inclán, quien fue ovacionado cuando Torres Bodet le dedicó la lectura pública del poema[10]. Un reportero anónimo solicita de Valle-Inclán una opinión sobre el acto: "fiesta como la que acabamos de presenciar —dijo—, constituye el mejor signo de adelanto de un pueblo; y estos Juegos Florales hablan muy alto del grado extraordinario de cultura que ha logrado alcanzar México"[11].

En las páginas de *El Heraldo de México*, fechado asimismo el día 21, la yucateca Esperanza Brigas Núñez entrevista detenida y admiradamente a Valle-Inclán. Se platica de la vida íntima y mucho de literatura latinoamericana y española. Se cuestiona la estética con el siguiente juicio del intelectual español:

> El artista verdadero debe tener en cuenta esencialmente que es preciso dar la comprensión intuitiva que ha tenido sin que las palabras hagan cronológica la imagen. Debe procurar que cada palabra sea un valor y olvidar los medios por los cuales le llegó el conocimiento. Sólo olvidado de sí mismo podrá oír el ritmo del universo y dar en su canto algo de la emoción estética que ha percibido.

---

[8] Veánse *El Universal y Excélsior*, 21 de septiembre de 1921.
[9] Véase *El Universal*, 13 de septiembre de 1921.
[10] *El Universal* y *El Heraldo de México*, 22 de septiembre de 1921.
[11] *Boletín de la Universidad*, septiembre de 1921.

El alma creadora está fuera del tiempo. Esto se logra aislándose del paisaje para no mirarlo como si se estuviera dentro de él sino contemplarlo de la altura, como si el ojo estuviera colocado en la punta de un cono[12].

Determina Valle-Inclán a una pregunta de la reportera sobre lo que significa para él *La lámpara maravillosa*:

Ése es el libro del cual estoy más satisfecho, tanto por la forma, como porque me parece que logré la idea que tenía, de que él despertara en cada uno de los lectores una emoción diversa y que como los antiguos libros de las escuelas iniciáticas de Alejandría, pudiera contener verdades de eterna belleza; siempre nuevas, porque quien las siente, puede interpretarlas.[13]

Finalmente, se platica sobre un posible libro, tipo diario, donde el escritor escribirá acerca de México y también sobre el concepto de su teatro:

Estoy haciendo algo nuevo, distinto de mis obras anteriores. Ahora escribo teatro para muñecos. Es algo que he creado y que yo titulo "Esperpentos", este teatro no es representable para actores sino para muñecos a la manera del teatro "Dei Piccoli" en la Italia.

De este género he publicado *Luces de Bohemia* que apareció en la revista *España* y *Los cuernos de don Friolera,* que se publicó en *La Pluma.* Esta modalidad consiste en buscar el lado cómico en lo trágico de la vida misma. ¿Imagina usted a un marido que riña con su mujer, diciéndole parlamentos por el estilo de los del teatro de Echegaray? Porque hay que apropiar la literatura a ellos. ¿Supone usted esa escena? Pues bien, para ellos sería una escena dolorosa, acaso brutal... Para el espectador, una sencilla farsa grotesca.

Esta es algo que no existe en la literatura española. Solo Cervantes vislumbró un poco de esto. Porque en el *Quijote* lo vemos continuamente. Don Quijote no reacciona nunca como un hombre, sino como un muñeco; por eso provoca la hilaridad de los demás, aún cuando él esté en momento de pena.[14]

---

[12] Esperanza Brigas Núñez. "Don Ramón María del Valle-Inclán". *El Heraldo,* 21 de septiembre de 1921.

[13] *Idem.*

[14] *Idem.*

El mismo *Universal Ilustrado* da a conocer por "El hombre de la sortija blasonada" y bajo el título "Don Ramón opina muchas cosas y habla poco de literatura", otra de las tantas entrevistas sobresalientes de este segundo viaje de Valle-Inclán al país. Después de un retrato entre serio e irónico, el periodista aclara que, según juicios del entrevistado, éste se sorprende de que habiendo recibido una buena y excelente acogida por el pueblo mexicano, no se cumplió de igual manera con sus compatriotas que residen en el país, quienes no se dignaron invitarlo para la fiesta del Casino Español. Sobre la conquista española y, en especial, sobre Hernán Cortés afirma: "Sí, hace tiempo que pienso escribir el drama de Hernán Cortés. Ahora complementaré mi estudio sobre él". Considera al conquistador como el capitán más grande de los tiempos y sostiene que no fueron él y sus gentes de guerra quienes provocaron en México el odio hacia los hispanos:

> Los imperios indios eternamente batalladores consideraban muy natural que el mas fuerte o el mas hábil venciera y que el vencedor diezmara y aún exterminara a los vencidos. La acción violenta de los conquistadores era consecuente con la guerra y no se podía esperar de ellos otra cosa, como no puede esperarse de una espada sino que hiera. Y los indios se resignaron en el fondo de sus grandes almas de sílex. El odio hacia los españoles nació en los hombre de la conquista, que teniendo méritos gloriosos, se vieron pospuestos en riquezas y honor por hidalgüelos segundones que venían a recoger sin pena el fruto de sus esfuerzos. Y más tarde, fueron estos mismos y sobre todo las gentes de curia, quienes, con su expoliación al indio, provocaron el odio de la raza oscura.[15]

Muchos son los temas que se manejan en el cuestionario. Se pasa revisión sobre los héroes nacionales, sobre la figura de Porfirio Díaz, sobre el problema agrario, sobre la supresión de la herencia, sobre el comunismo, sobre la aristocracia del talento, sobre la actual literatura española, y otros. Las contestaciones fluyen contradictorias, revelando de continuo un espíritu extravagante, aún cierto en lo paradójico.

El jueves 22 de septiembre se verificó en Xochimilco una fiesta floral como rememoración a la diosa Xochiquetzal. El Canal de Cuemanco se vio

---

[15] El hombre de la sortija blasonada. "Don Ramón opina sobre muchas cosas y habla poco de literatura". *El Universal Ilustrado*, 22 de septiembre de 1921.

lleno de trajineras, adornadas de flores y repletas de invitados. Después del desfile, donde intervinieron como invitados Secretarios de Estado y la mayoría de los Embajadores, se realizó un banquete en una tienda de lona frente al Club Alemán de Regatas. Uno de los oradores de la tarde fue don Ramón del Valle-Inclán, quién asentó:

> No soy español, sino ciudadano del habla española la que he procurado difundir intensamente y esculpir en ella como si fuera una plancha de mármol las bellezas que he vivido y que he sentido. Nunca me sentiré lejos de mi patria cuando estoy en México, donde se me animó a principiar y continuar la carrera literaria que he seguido, pues, repito, me considero ciudadano donde quiera que se hable esta lengua, que abraza estrechamente a quienes hablan. Ahora, en México, con motivo de las fiestas del Centenario me considero mas todavía, creo que soy ciudadano de la América Latina. Ciudadano de esta América, que no es sino una prolongación de España, porque aquí también palpita como allá el alma latina y el alma romana.[16]

Por primera vez Valle-Inclán toca directamente el tema de la Revolución Mexicana respecto a la ley agraria. Según el reportero, el español dijo sentirse admirado de "que se hubiese realizado el anhelo de la Revolución de ceder la tierra al pueblo, de que la tierra es de quien la labra". Finalmente, brindó por México, país que considera iguales a todos los hombres.[17]

Hombre inquieto, trashumante, no podía permanecer solamente en la ciudad de México. Su interés era conocer más íntimamente el interior de la República, tal como lo hiciera durante su primera estancia. El 24 de septiembre *El Universal* publica una nota donde se dice que el novelista español será invitado a visitar Guadalajara por algunos grupos culturales de esa ciudad. El día 25 *El Heraldo de México* notifica, por su parte, que Valle-Inclán visitará Guanajuato.

José D. Frías, quien tratará a Valle-Inclán en Madrid, titula su artículo "Don Ramón del Valle-Inclán" y éste aparece en *Revista de Revistas* ese mismo 25 de septiembre, ilustrado con caricaturas de Ernesto García Cabral.

---

[16] Véanse *El Universal* y *El Heraldo de México* del día 23 de septiembre.
[17] *Idem.*

El breve ensayo de Frías trata más bien de resumir las ideas vertidas sobre Valle-Inclán en un artículo de Don Alfonso Reyes para finalmente retratar a un "Caballero del siglo XVI que es al mismo tiempo muy siglo XVIII y muy moderno".

El 2 de octubre en la Universidad Nacional, se creo la Federación de Intelectuales Latinoamericanos "con el objeto de estrechar las relaciones existentes entre los pueblos de América y luchar por la defensa y engrandecimiento de la raza". En el capítulo tercero de la convocatoria se designaba Presidente Honorario de la Federación a Don Ramón María del Valle-Inclán.

Reunidos a las seis de la tarde, Valle-Inclán ocupa la mesa de honor de la asamblea junto a José Vasconcelos, a Antonio Gómez Restrepo embajador especial de Colombia; a Ricardo Fernández Guardia, embajador especial de Costa Rica, y al doctor Alejandro Rivas Vázquez.[18] Valle-Inclán intervino innumerables veces durante casi todas las secciones.

El día 4, para estrechar relaciones entre intelectuales, propone la creación de un centro de libreros que se encargue de concentrar la producción de toda la obra literaria de los autores de habla española. Más tarde insta a "que se descentralizara la labor de la educación y de la defensa en cada país de la democracia y la justicia social"; más adelante apoya la tesis de Vasconcelos sobre la necesidad de dar nueva orientación para hacer cambiar a los pueblos latinoamericanos e inscribirlos en un nuevo criterio.

Vasconcelos se inclinaba por un programa socialista de gobierno. El español cuestiona esta última parte y previene que un programa socialista quizás encontraría fuerte oposición en muchos gobiernos, sobre todo en España. A continuación se refirió a los "Once famosos discursos del Lenine", ya traducidos a muchos idiomas, pero que no han sido suficientemente difundidos porque "los libreros son capitalistas".

La participación de Valle-Inclán recibió replicas, en especial de Federico Gamboa, quien le exigió precisión sobre el "socialismo moderno".

---

[18] Véanse *El Heraldo de México, El Demócrata, Excélsior* y *El Universal*, del 4 de octubre de 1921 . En ellos se halla la lista de personas que formaron parte desde el primer momento del Acta Constitutiva: Jaime Torres Bodet, Rafael Heliodoro Valle, L. F. Obregón, Antonio Gómez Restrepo, Federico Gamboa, Félix Palavicini, Teresa Farias de Issasi, Mariano Silva, Luz Vera, Enrique Schulz, entre otros.

Al siguiente día, 5 de octubre, Víctor Belaunde dictó en la Escuela Nacional Preparatoria una conferencia sobre "La Universidad Medieval y la Universidad Moderna". Valle-Inclán asistió a la plática acompañado del rector Vasconcelos.

Recordemos que durante su primer viaje a México, Valle-Inclán se compromete en forma decidida y violenta con cierto ambiente nacional para defender a sus compatriotas. En este segundo viaje, la actitud frente a los residentes españoles variará en forma sorprendente. Se vieron ya sus reclamaciones por no haber sido considerado por la colonia española. Con la firma de Rogelio G. Rendueles aparece en *El Día Español* un primer ataque al novelista, titulado precisamente "Don Ramón María del Valle-Inclán y la Colonia Española", a raíz de las declaraciones que éste formuló a *El Universal Ilustrado*:

> Dicen los que dicen saberlo, y suponen cuantos han leído el penúltimo número de *El Universal Ilustrado*, que Don Ramón María toma a menosprecio la discreta inhibición de la Colonia en el largo proceso de merecidísimos agasajos con que el Supremo Gobierno de la República honra en él a las letras patrias; por zafia descortesía, la forzada sobriedad de los escritos, a él referentes, publicados en los periódicos españoles en México; y por agravio imperdonable la omisión en que respecto a él también incurrieran los encargados de distribuir las invitaciones a la suntuosa fiesta celebrada hace días en el Casino Español.
>
> Pues bien, no está en lo justo don Ramón, pese a ciertas exterioridades que parecen la razón de su enojo, y quiero ser yo quien públicamente lo diga, porque puedo, para hacerlo sin riesgo, escudarme en la admiración y el cariño, que de antiguo siento por el prócer autor de las *Sonatas*.[19]

El sábado 8 de octubre se llevó a cabo el anunciado banquete del Congreso Estudiantil Internacional ofrecido por la Federación de Estudiantes de México. La comida se realizó en el restaurante Chapultepec y en la mesa principal figuraba Valle-Inclán junto a José Vasconcelos, Víctor Belaunde, Rafael Heliodoro Valle y Jaime Torres Bodet. La nota periodística firmada por Federico Martínez y publicada en *El Universal* al día siguiente, da amplios detalles sobre el convivio, inclusive se asienta el menú servido y

---

[19] *El Día Español*, 4 de octubre de 1921.

una lista de los concurrentes. Carlos Pellicer ofreció el banquete y hablaron además el Dr. Belaunde, Vasconcelos y Cosío Villegas. En cierto momento del almuerzo y por pedido general de los asistentes, Valle-Inclán dio un brindis. Sus palabras fueron:

> Ilustre Rector, animosos estudiantes: voy a brindar por vosotros y por la juventud que representais. Yo que siempre he sido el eterno joven, os admiro. Para conservar siempre los ideales y la fragancia juveniles, hay que dar un salto mortal, con peligro de romperse el espinazo. Y yo lo he dado. Constantino con el objeto de allegarse soldados proclamó el infundio de que había visto la cruz *in hoc signo vinctis*. Pero desde ese preciso momento, Constantino, en vez de hacerse cristiano, dejó de ser cristiano... Seamos rebeldes... La juventud vive ahora una sincera rebeldía.
>
> Pero hoy puede afirmarse con orgullo que la clase estudiantil ha entrado por la senda del progreso. Y prueba de ello es el último Congreso Internacional de Estudiantes que acaba de celebrarse y cuyas nobles y altas resoluciones ponen de manifiesto el vigoroso espíritu de la juventud moderna. Ya que los estudiantes desde hoy son los maestros del futuro tienen una suprema obligación: cumplir con su deber.[20]

Por la tarde de ese día 8, Valle-Inclán asiste al anfiteatro de la Escuela Nacional Preparatoria a la conferencia de Víctor Belaunde sobre "Los últimos momentos de Amado Nervo"[21].

Desde días antes, los periódicos capitalinos venían anunciando un ciclo de conferencias que dictaría don Ramón María del Valle-Inclán. La primera se verificó en el Salón El Generalito de la Escuela Nacional Preparatoria. Las notas periodísticas aparecidas en *El Universal, El Heraldo* y *Excélsior* son contradictorias respecto a la concurrencia, pues algunos hablan de una asistencia numerosísima, en cambio, otros se quejaban del escaso público. Solamente se sabe con certeza que presenciaron la plática personajes de la alta política nacional, de la diplomacia e intelectuales destacados: Alberto J. Pani, Aarón Sáenz, El Marqués de los Arcos, Roberto Montenegro, Rafael Heliodoro Valle, José Vasconcelos, y otros. El reportero de *Excélsior* describe así el actuante:

---

[20] Federico Martínez. *El Universal*, 9 de octubre de 1921.
[21] *El Heraldo de México*, 9 de octubre de 1921.

> Toda la figura extraña y atractiva, poderosamente sugestiva del ilustre autor de *Las Sonatas*, de pie, recortándose netamente en el fondo de los arcaicos tallados y de los severos y artísticos sitiales, ofrecía una silueta de recios lineamientos y de un atractivo poderoso y la voz, esta hueca y sonora, de metálicas entonaciones, y la expresión, toda la expresión, toda la potencia que se desprende de este hombre y que revela la energía extraordinaria de su mentalidad y de su fantasía dinámica.[22]

Sin texto escrito, al parecer la plática improvisada, abordó una serie de temas cuya principal directriz fue, primero, una historia de Galicia a partir de los Reyes Católicos y que más tarde conectó a la conquista del Nuevo Mundo. Abordó la ausencia de identidad nacional de los pueblos que fueron protagonistas de la conquista. En seguida retoma el tema gallego para referirse directamente a la literatura y a su propia obra, en especial su primer libro *Jardín Umbrío*. Insiste en el ambiente de política española y en el tema del Carlismo, que influye notablemente sobre los juicios que se emiten de la obra de Pereda, Pardo Bazán, Antonio Trueba y Juan Valera.

La conferencia muy ovacionada trae el juicio siguiente de un reportero de *Excélsior*: "Terminó de hablar en medio de mayores aplausos dados más al novelista que al orador, pues su conferencia fue de ideas pobres y de lenguaje trivial".[23]

Al día siguiente, 11 de octubre, se efectuó en el convento de Churubusco un banquete ofrecido a Ramón María del Valle-Inclán por el rector de la Universidad. Como asistentes estuvieron Roberto Montenegro, Diego Rivera, Ricardo Gómez Rovalo, Rafael Heliodoro Valle, Jorge Enciso, Jaime Torres Bodet, Carlos Pellicer, Francisco Zamora y otros. Según la reseña de *El Universal*, estuvo también presente el presidente Álvaro Obregón y hubo actuaciones de cantantes como la de Fanny Anitúa.[24]

La segunda conferencia del escritor español y en el mismo sitio que la anterior se llevó a cabo el jueves 13 de octubre. Entre los asistentes además de un buen grupo de mujeres se encontraba el Secretario de Educación

---

[22] Véanse *El Heraldo de México*, *Excélsior* y *El Universal*, 11 de octubre de 1921.
[23] *Idem*.
[24] *El Heraldo de México* y *El Universal*, 11 de octubre de 1921.

Pública, José Vasconcelos, quien había recibido su nuevo nombramiento el día anterior. La plática comenzó a las siete de la tarde y el conferencista abordó primero sus experiencias juveniles en una posada de Mérida y donde surgió su interés por los tipos populares que dieron como resultado la creación de muchos de los personajes que con posterioridad recogen sus obras. Enseguida platica sobre su familiaridad con la historia y los procesos de la inquisición en España, los que también han influido en su íntimo proceso creador.

En la última parte de la conferencia abordó el tema del desarrollo de la lengua castellana en los pueblos de América. En resumen, una conversación sobre su estilo, haciendo hincapié en la motivación subyacente a su propia creación.[25]

En la jornada anterior, 13 de octubre, *El Día Español*, vocero de los residentes españoles, lanza un despliegue anónimo con el título de "Las inexactitudes de Valle-Inclán" que resume un contraataque a las opiniones del novelista respecto a los juicios emitidos sobre España.

Casi todos los periódicos venían anunciando la puesta en escena de *La Marquesa* de Ramón del Valle-Inclán por un grupo de aficionados, con el patrocinio de la Universidad Nacional y que tendría lugar en el Teatro Principal el día 14. También toda la prensa capitalina reseña minuciosamente el acontecimiento al que se supone asistió el presidente Obregón. Antes de la representación, Esperanza Velázquez Bringas analizó en una conferencia la dramaturgia del español. Como actores principales figuraron Isaura Cano, Fernando Romano, Armandita Chirot, David N. Arce, Enrique Gallardo y Enrique Wuitis, dirigidos todos por Alberto Miguel.

La Marquesa Rosalinda, escrita en 1912, era la primera obra de Valle-Inclán que se representaba en el país y al parecer no logró el éxito que esperaba, pues no tuvo ni una segunda función, a pesar de las simpatías que el cronista de *Excélsior* testimonia:

> Y en la escena principal, por unos breves momentos, nos hemos sentido soñar ante el paisaje ideal lleno del encanto misterioso que quiso

---

[25] *El Heraldo de México, Excélsior y El Universal*, del 14 de octubre de 1921.

prestarle don Ramón, sin que faltara, como siempre, el rojo clavel de la ironía.

En cuanto a los intérpretes, todos llenos de cariño y de admiración por el Maestro de las letras hispanas, poniendo su amor y sus afanes sinceros por dar a la obra de don Ramón del Valle-Inclán la más fiel interpretación. ¿Qué no todos los consiguieron? No importa. Se trata de un homenaje a don Ramón.[26]

El Heraldo de México, el sábado 15 publica una nota: "El Partido Agrarista felicita a Valle-Inclán", en el que se aclara que, en junta, dicho partido decidió un voto de aplauso por juicios que Valle-Inclán emitió en una conferencia, haciendo un llamado a sus compatriotas, los terratenientes de origen español, para que colaboraran sobre el problema agrario en el que estaba involucrado el Gobierno.

Como empieza a observarse, la vista de Valle-Inclán va adquiriendo otra dimensión; rebasa la de un simple invitado extranjero a compartir una festividad, la de un intelectual famoso, representante de una cultura, para inscribirse en un asunto político que, como consecuencia, lo enfrenta a los intereses de sus compatriotas inmigrantes. Toda esta problemática redundará en la "amabilidad" de su estancia en México, pues creará un enfrentamiento con los intereses de un buen grupo de españoles residentes, creándose una polémica que se irá agravando durante la permanencia de Valle-Inclán en el país y que se continuará después de su salida de México.

Como caso curioso y a la vez irónico, recojo un soneto, de autor anónimo, titulado "La enamorada", que sirve de propaganda a los "Grandes almacenes de ropa *La Alfonsina* de L. Migoya y Hermanos" situados en la 5ª Calle de Capuchinas, indudablemente propiedad de un español.

La composición, aparecida en la revista *Castillos y Leones*, en el mes de octubre dice así:

---

[26] Ermilo Abreu Gómez (*Sala de retratos*, México, Editorial Leyenda, 1949) cuenta una visita a Valle-Inclán en el Hotel Regis y proporciona datos sobre un ensayo de *La Marquesa Rosalinda*. Véase: *"La Marquesa Rosalinda* en Honor de Don Ramón del Valle-Inclán", *Excélsior,* 15 de octubre de 1921. También *El Heraldo de México* del mismo día.

LA ENAMORADA

¿Con qué sueña la bella enamorada,
fijos los ojos en la lejanía,
en el balcón romántico apoyada,
bajo su manto de melancolía?

¿Pensará en el poeta de rizada
melena, en la gallarda galanía
del caballero que quebró su espada
por no herir al galán a quien quería?

¿Pensará en la figura romanesca
de don Ramón del Valle-Inclán, en gresca
con los terratenientes? Colombina

No fija su pasión en estas cosas
sino en comprar las telas más hermosas
que acaban de llegar a "LA ALFONSINA".

La tercera conferencia de Valle-Inclán se realizó el día 15 a las siete de la tarde, pero tuvo que cambiarse de El Generalito al anfiteatro de la Preparatoria por la gran afluencia de público y contó con la asistencia de José Vasconcelos. El reportero del periódico *El Universal* del día siguiente resume la plática:

> En medio de un gran silencio, se levantó la palabra florida y atrayente del conocido escritor, quien dio a conocer el estado de ánimo que le embargaba y cuáles fueron sus propósitos al atrasar dos de sus obras, muy conocidas por cierto en México: *Flor de santidad* y *La lámpara maravillosa*.
> En la primera de dichas obras, don Ramón quiso que con todos los tiempos fuera de actualidad y para ello buscó una historieta que puede ocurrir en todas las épocas y en cualquier lugar. Una historia ejemplar como la de los libros piadosos.
> En *La lámpara maravillosa* que el escritor no quiso describir tan sólo los ojos sino que quiso impresionar con paisajes nuevos, tal como los imaginara una ciega al poco tiempo de perder la vista. Describir una ensoñación del alma.

Don Ramón del Valle-Inclán al referirse a *La lámpara maravillosa* relató aquel pasaje en que un rey mostró ante sus tres hijas una copa hermosamente labrada llena de cristalina agua. Una de ellas exclamó: 'Dame ese sol'; la segunda 'Quiero a quien la labró' y la tercera: 'Dame tu intelecto'. Una maravillada por la obra, la otra por el que la ejecutó y la última por la mente en que nació la idea de ejecutar esa obra.

Pasó después el conferencista, sin que por ello decayera el interés del público, al referirse al cambio que se operó en él, al igual que en otros escritores españoles, después de la guerra haciendo mención de las persecuciones que han sufrido los hombres de letras como Unamuno, Baroja y Valle-Inclán, así como otros, por ese cambio de ideas.

Algunos escritores han cambiado su manera de pensar -dijo Valle-Inclán-, pero obligados por la amargura del destierro o por la cárcel.

Pero todo cambiará bajo la arcada de Paz y Justicia que se tendrá en Rusia y México y que abarca todo el continente.[27]

El 17 de octubre concluye, con la cuarta conferencia, el ciclo programado por la Universidad Nacional de las pláticas de Valle-Inclán en el país. El asunto central versó sobre el sentimiento del paisaje en sus libros e hizo referencia a las ciudades castellanas de Toledo, Segovia y Salamanca y afirmó que "nunca pudo comprender la belleza de esas ciudades de Castilla, ciudades muertas, ruinas de un pasado que se desmorona".

El cronista de *Excélsior,* sorprendido, comenta el estupor ante tales conceptos de don Ramón, que causan verdadero asombro y hasta un poco de desconcierto:

Se necesitaría conocer muy a fondo el pensamiento del admirable artista, para explicarse bien su magnífico desprecio por estas vetustas pero gloriosas ciudades de Castilla, ciudades de adobe, como pintorescamente las llama don Ramón, y que sólo despiertan en su imaginación visiones tétricas de la inquisición, de la Castilla torva y sombría de Felipe II, encastillada en sus rancias tradiciones...

Inmediatamente Valle-Inclán salta a otras cuestiones. Se refiere, entonces, al célebre Miguel de Molinos y diserta rato sobre ése extraño personaje y sobre su filosofía mítica, con un gran acopio de datos y detalles.

---

[27] Existe un destiempo entre los reporteros de *El Universal* y el de *Excélsior* respecto a ciertos temas tratados por Valle-Inclán en esta tercera conferencia. Sin entrar en sutilezas opto por la veracidad del periodista de *El Universal.*

Y para finalizar, don Ramón del Valle-Inclán nos habla de la literatura española contemporánea y dice que en sus principios aquélla casi podría considerarse sólo como un mero diletantismo porque carecía de un ideal verdaderamente humano, en tanto que en Rusia ya se iniciaban los grandes movimientos y se trataban los máximos problemas universales. Todo renovamiento, toda grande iniciación era inmediatamente atajada, amordazada... Unamuno es procesado, Baroja perseguido, el mismo Valle-Inclán se ve precisado al silencio y a la no publicación de una obra. Araquistáin tiene que exiliarse.

Pero, afortunadamente, dice don Ramón, vamos entrando en el camino de la regeneración. Desde Rusia a México ya se inicia el gran movimiento que habrá de efectuar la emancipación espiritual de los pueblos...[28]

El periódico *Excélsior* publica el 22 de octubre la noticia de que el presidente Álvaro Obregón concedió una audiencia a don Ramón del Valle-Inclán. La sintética nota aclara que la reunión en el Palacio Nacional duró aproximadamente media hora y que el fin de ella era una "visión de cortesía".

Sin lugar a dudas en ese encuentro el Presidente obsequió al novelista su teatro autografiado y su libro *Ocho mil kilómetros de campaña*.

El Centro Gallego de México, agrupación establecida en los altos del Teatro Principal, organizó una fiesta para homenajear a tres ilustres compatriotas que se hallaban en México: Ramón María del Valle-Inclán, Antonio Rey Soto y la soprano Ofelia Nieto. La noticia del acontecimiento la da *El Heraldo de México* el día 22 de octubre, pero el 24 aparece otra información escueta con el título de "Se suspendió el banquete a Valle-Inclán y la Nieto". ¿Sería demasiada suspicacia pensar que la anulación del homenaje se debiera a que Valle-Inclán comenzaba a ser persona *non grata* entre los residentes españoles por su actitud política?

El 23 de octubre *El Universal* publicó que Valle-Inclán llegaría a Guadalajara el día 25, sin embargo, *El Heraldo de México* señala como fecha de partida rumbo a Jalisco el miércoles 26.

El viaje se realizó en un vagón especial que el presidente Obregón puso a disposición de Valle-Inclán, posiblemente en la última entrevista con el

---

[28] *El Excélsior*, 18 de octubre de 1921.

mandatario. La comitiva estaba formada por Pedro Henríquez Ureña, el Dr. Atl, Diego Rivera, Roberto Montenegro, Carmen Cornejo, Julio Torri, Daniel Cosío Villegas, Arnaldo Orfila Reynal y otros cuatro estudiantes que formaban la delegación argentina al Congreso Internacional de Estudiantes.

Los distinguidos huéspedes serían recibidos por dos comisiones, una del Ejecutivo Estatal y la otra del Municipio y con un acompañamiento de la Banda de Gendarmería.[29]

Doce horas de retraso tuvo el ferrocarril y por supuesto las comisiones habían optado por retirarse. Los visitantes se alojaron el Hotel Fénix y se apersonaron casi inmediatamente de su llegada al Palacio de Gobierno y al Ayuntamiento. Con posterioridad hicieron una excursión al balneario-lago de Chápala.[30]

El día 27 la comitiva visitó Tlaquepaque y Tonalá para admirar la artesanía regional. Más tarde fueron al célebre Hospicio Cabañas. En el teatro Degollado y por la noche, Valle-Inclán sustentó una conferencia sobre la literatura contemporánea española.[31]

El día 28 la comitiva sale rumbo a Colima, llegando el día 29. Allí visitan la ciudad y el balneario de Cuyutlán.[32] El domingo 30 de octubre Valle-Inclán regresa a Guadalajara y aún hay tiempo antes de marcharse por la noche a la ciudad de México, de conocer la biblioteca y el museo del Estado.

La revista *Castillos* y *Leones,* de la capital, de españoles emigrantes, en su número de octubre y a manera de nota editorial titulada "La tierra es de quien la labra" enfrenta la cuestión de la Ley Agraria Gubernamental. Por supuesto no desperdicia la ocasión de arremeter contra el invitado compatriota:

> Nosotros estamos de acuerdo con don Ramón del Valle-Inclán, al decir que la tierra es de quien la labra.
>
> Luego sería justiciero repartir las tierras no labradas, para que el beneficiado las roture; no las roturadas a aquellos que no han tomado arte ni parte en la misma. Existen tierras labradas materialmente por unos y guiadas por otros. En este caso, creer que pertenece la tierra a los

---

[29] *El Informador,* Guadalajara, 25 de octubre de 1921.
[30] *El Informador,* Guadalajara, 26 de octubre de 1921.
[31] *El Informador,* Guadalajara, 27 de octubre de 1921.
[32] *El Informador,* Guadalajara, 28 y 29 de octubre de 1921.

primeros, es tan injusto, como que un intelectual escriba un libro y en vez de pertenecer a él, se le arrebate la propiedad y se le entregue al impresor o al cajista.[33]

Ya en la capital, la próxima noticia que se tiene de sus pasos es en una nota-reportaje del 6 de noviembre en *Excélsior* con el título "Se va don Ramón del Valle-Inclán" y con el subtítulo de "Escribirá una obra sobre las observaciones que ha hecho en nuestro país".

Extensa la entrevista y de una innegable riqueza ideológica porque afirma a un Valle-Inclán determinadamente político, adherido a las ideas socialistas. No sin predecir, proféticamente, señala: "Toda revolución no es un triunfo sino una experimentación, y la revolución bolchevique será fatal en todas partes".

El 12 de noviembre, *El Heraldo de México* hizo una reseña del banquete organizado por estudiantes e intelectuales para despedir de México a don Ramón del Valle-Inclán. No se sabe el lugar donde se efectuó la comida, solamente que fue organizada por Mariano Silva y Aceves, Julio Torri, Carlos Pellicer y Roberto Montenegro.

El domingo 13 de noviembre, *El Universal* dio la noticia de que ese día partía Valle-Inclán camino de Nueva York, pasando por La Habana. Nombrado por la Universidad Nacional, el poeta nicaragüense Salomón de la Selva iba a ser su acompañante hasta Cuba. En la estación de San Lázaro se apersonaron muchas comisiones a despedirlo para su partida al puerto de Veracruz.

Marchó don Ramón del Valle-Inclán, pero su invisible presencia mantendrá por algún tiempo el interés en los círculos intelectuales políticos y sobre todo entre sus coterráneos emigrantes.

Al día siguiente todavía la prensa recoge más datos que ilustran su polémica figura. *El Universal* inserta un reportaje de Ruy de Lugo Viña, "Las últimas palabras del Valle-Inclán en México", y el agresivo subtítulo de "El estrambótico literato español agasajado en este país por un pequeño grupo de nuestros literatos *snobs*, salió ayer de esta capital".

Impertinentes y violentos el reportero y el reportador. Preguntas y respuestas de juegos y arbitrariedades que trajo desatadas consecuencias. No

---

[33] "La tierra es de quien la labra", *Castillos y Leones*, octubre de 1921.

era para menos. Valle-Inclán contestó que el rey de España era "un cobarde vergonzoso" y que la única salida de una España que vivía en la censura era una revolución comunista. De paso, que los habitantes argentinos -país que visitó Valle-Inclán en sus festejos del Centenario en 1910- eran unos bárbaros que jamás pensaba regresar a ese país. La colonia española enfurece.

Se hacen declaraciones y se publican artículos ofendidos que también ofenden. *El Día Español* titula "Las últimas y sabrosas palabras de Valle-Inclán. Vaya usted con Dios, don Ramón", firmado por J. Ramos Páramo el 15 de noviembre. Un mexicano, Francisco M. D. Olaguíbel, tercia en el asunto y asume la defensa del rey español en *El Universal* ese mismo día. La revista *Castillos y Leones* publica un reportaje de Zutano y otro desahogo: "El mal de nuestros intelecturales. Villaespesa, Linares Rivas, Valle-Inclán, Albiñana", en el mismo número. Otra más, "Luego Viña, Valle-Inclán y Palavicini", firmado por Vicente Graña.

Se fue don Ramón del Valle-Inclán de México, pero sus lazos no se romperán ni con su muerte. Antes de partir dejó el manuscrito de su poema "Nos vemos", que se publicó en la revista *México Moderno*, el 10 de septiembre de 1922, casi al cumplirse un año de visita, y en el que en alabanza al indio mexicano le advierte:

> Indio mexicano,
> mano en la mano
> mi fe te digo.
> Lo primero
> es colgar al Encomendero
> y después, segar el trigo.

Partió y se llevó lugares y personajes para su gran obra *Tirano Banderas*, que apareció en 1926, y una preocupación por la realidad nacional que condensó en un prólogo en 1928 al libro de Ramón J. Sender *El problema religioso en México (católicos y cristianos)*, publicado por la imprenta Argis de Madrid.[34]

---

[34] Este texto no pudo ser corregido por su autor, que lamentablemente nos dejó en enero de 1999. Nos hemos limitado a modificar el título inicial, como era su deseo, y a subsanar aquellas erratas que detectamos en su manuscrito, cuya recuperación agradecemos a Laura Pérez Madrigal.

Valle-Inclán (1898-1998): Escenarios
Universidade de Santiago de Compostela, 2000: 145-158

TIRANO BANDERAS,
NOVELA TRANSCULTURAL

DRU DOUGHERTY
University of California, Berkeley

En *Tirano Banderas. Novela de Tierra Caliente* (1926), Valle-Inclán abordó la realidad colonial de España en América, abriendo un espacio donde convergían el discurso de la metrópoli y las voces americanas casi desapercibidas en la literatura española moderna. Escribiendo en la estela de una larga historia imperialista, Valle-Inclán insistió en la persistencia del colonialismo allende los mares, reflejo de actitudes en la Península que, a su parecer, no habían cambiado desde los tiempos del virreinato. Por ello hubo de afrontar una paradoja planteada por la representación literaria del colonialismo: por más que el escritor de la metrópoli quiera desprenderse del discurso colonial, queda preso de él en tanto que la lengua en que escribe, las formas literarias que practica y los estereotipos que maneja son productos de la propia cultura que pretende combatir[1]. En palabras de Derrida: los "discursos deconstructivos [...] están atrapados en una especie de círculo. [...] No tenemos ningún lenguaje —ninguna sintaxis, ningún léxico— que sea ajeno a esta historia; nos es imposible pronunciar una sola proposición deconstructiva que ya no haya comenzado a deslizarse hacia la forma, la lógica y los postulados implícitos de lo que se pretende desmontar"[2].

---

[1] Véase Elleke Boehmer, "The anti-colonial conundrum" en *Colonial and Postcolonial Literature*, Oxford, Oxford University Press, 1995, pp. 167-175.

[2] Jacques Derrida, "Structure, Sign and Play in the Discourse of the Human Sciences" [1966]. Recogido en Philip Rice y Patricia Waugh (compiladores), *Modern Literary Theory. A*

Como otros escritores de su época —Joseph Conrad, E.M. Forster, etc.—, Valle-Inclán escribió *desde dentro* de estructuras coloniales cuyos discursos impregnaban los mismos materiales que le servían para combatirlas. ¿Cómo salir del círculo? ¿Cómo cuestionar actitudes y prácticas coloniales desde el seno de una sociedad que sancionaba valores coloniales? *Tirano Banderas* ofrece algunas respuestas a estas preguntas.

Cuarzos ibéricos

La Segunda Parte de *Tirano Banderas* nos traslada a una escena de conspiración política. Para proteger sus intereses, los líderes de la Colonia Española en Santa Fe de Tierra Firme se reunen en la terraza del Casino Español con el propósito de salir a alborotar un mitin revolucionario. En el Circo Harris las fuerzas de la oposición, encabezada por don Roque Cepeda, presentarán un programa centrado en la reforma agraria, política nefasta para los terratenientes españoles arraigados en Santa Fe. Entre los que están presentes en la terraza destaca un "estanciero español, señalado por su mucha riqueza, hombre de cortas luces, alavés duro y fanático, con una supersticiosa devoción por el principio de autoridad que aterroriza y sobresalta" (II,1,iv, p. 51)[3]. Este emigrado se llama Teodosio del Araco, encarnación para Valle-Inclán de la tradición colonialista, tan dura y duradera como el granito: "Don Teodosio del Araco, ibérico granítico, perpetuaba la tradición colonial del encomendero".

En boca de Teodosio del Araco coloca Valle-Inclán un tópico colonial rápidamente desautomatizado. La primera manera de salir del círculo consiste en poner al descubierto las premisas racistas que sostenían la riqueza de la Colonia Española en Santa Fe:

> Don Teodosio movía la cabeza, recomido de suspicacias:
> —Ustedes no controlan la inquietud que han llevado al indio del campo las predicaciones de esos perturbados. El indio es naturalmente

---

Reader, 3ª edición, London, Arnold, 1998, p. 152. La traducción es mía de éste y los demás textos publicados en inglés.

[3] De aquí en adelante citaré de la edición de *Tirano Banderas* preparada por Alonso Zamora Vicente para Espasa Calpe (Madrid, 1978).

146

ruin, jamás agradece los beneficios del patrón, aparenta humildad y está afilando el cuchillo. Sólo anda derecho con el rebenque: Es más flojo, trabaja menos y se emborracha más que el negro antillano. Yo he tenido negros, y les garanto la superiordad del moreno sobre el indio de estas Repúblicas del Mar Pacífico. (II,1,iv, p. 52)

También se encuentra en el Casino don Celestino Galindo, otro emigrado español que se expresa "con vacua egolatría de ricacho" al lado del asturiano. Su opinión sobre la crisis política en Santa Fe hace resaltar otra premisa del colonialismo desvelada por el texto:

> Don Celes infló la botarga patriótica, haciendo sonar todos los dijes de la gran cadena que, tendida de bolsillo a bolsillo, le ceñía la panza:
> —Estas Repúblicas, para no desviarse de la ruta civilizadora, volverán los ojos a la Madre Patria. ¡Allí refulgen los históricos destinos de veinte naciones! (II,1,iv, p. 53)

He aquí dos tropos fundamentales del discurso colonial español de 1926: jerarquías raciales, civilización y barbarie. De la Madre Patria parte la civilización que se imparte con látigo sobre las espaldas del indio "naturalmente ruin". Patriotismo, racismo y misión civilizadora se entretejen en este diálogo que llama la atención sobre ciertas actitudes que sostienen la tradición colonial de España en América[4].

En la terraza del Casino Español se confirma la idea de Derrida: no existe ningún lenguaje ajeno a la historia del dominio colonial en Tierra Caliente. Sin embargo, el texto de Valle sí ofrece una manera de contrarrestar la hegemonía de ese lenguaje: se trata de resaltar sus tópicos y revelar que éstos significan lo contrario de lo que postulan. Un lugar común como "la ruta civilizadora", de repente quiere decir la "esclavitud del

---

[4] Edmundo González-Blanco, al reseñar *Política entre España y América* de Julio Cola en noviembre de 1921, hizo suya la doctrina de un "contraimperialismo ibérico" en América para hacer frente al imperialismo anglosajón: "Lo que importa es que los pueblos hispánicos creen para ellos mismos un sistema de economía apto para producir una buena industria, una agricultura extensa, una administración técnica, unas Universidades serias, una Marina mercante numerosa y una sabia legislación jurídicosocial. Y este será el mejor modo de que no se nos vaya de entre los dedos la tradición racial y colonial, porque no hay mejor modo de cultivarla que regar con agua corriente sus duras y viejas raíces" ("Política entre España y América", *La Esfera*, Año VIII, Núm. 412, 26-XI-1921).

indio". Así lo precisa el "ibérico granítico" al referirse al indígena: "—Flojo y alcoholizado, necesita el fustazo del blanco, que le haga trabajar y servir a los fines de la sociedad" (I,1,iv, p. 53).

Una primera estratagema para burlar la trampa del discurso colonial, consiste, pues, en apropiarse de sus propios términos y desplazarlos a contextos donde sus significados cambien de signo, de positivo a negativo. En el fondo de esta práctica discursiva se aprecia la intuición, por parte de Valle-Inclán, de que el poder del colonialismo radicaba en el lenguaje. Revelar la falsedad de ese lenguaje vino a ser una manera de oponerse a su poder. Así cuando Celestino Galindo afirma que "El General Banderas no teme la discusión, autoriza el debate" (I,1,iv, p. 51) el lector traduce mentalmente: "El *tirano* Banderas *teme* la discusión y por ello *desautoriza* el debate".

Transculturación literaria

Si el colonialismo se sostiene sobre un lenguaje, que representa la realidad de una forma interesada, una segunda manera de no quedar atrapado en él se halla en la apertura de ese discurso a términos extraños o imprevisibles. La simple presencia de otro discurso ajeno al de los españoles que ocupan las mesas en la terraza, delimita las fronteras de su lenguaje. Mientras conspiran los emigrados españoles "Bajo la protección de los gendarmes" (I,1,iv, p. 51), los indios que ocupan la acera de enfrente alzan sus voces contra símbolos del colonialismo en Latinoamérica:

> —¡Muera el Tío Sam!
> —¡Mueran los gachupines!
> —¡Muera el gringo chingado! (I,1,iv, p. 53)

Se podría argumentar, con Derrida, que los vocablos "gachupín" y "chingado" mantienen las mismas estructuras que se pretende desmontar ya que los insultos acaban por realzar el objeto contra el que van dirigidos. Sin embargo, las palabras "gachupín" y "chingado" no se prestan a ser confundidas con el discurso de la metrópoli. Son americanismos lanzados desde la calle contra los representantes del poder —y su lenguaje— en Tierra Caliente. Su valor consiste en diferenciar dos maneras de valorar la presencia de los españoles en América. Para don Celestino Galindo sus compatriotas son honrados ciudadanos de "la Madre Patria"; desde la óptica del discurso revolucionario americano, esos mismos españoles sólo merecen el sobrenombre de "gachupines."

La incorporación de americanismos en el castellano de *Tirano Banderas* puede entenderse, así, como una manera de denotar los límites de un discurso colonial. Cuando Valle-Inclán habló en 1925 de su nueva novela, dejó bien clara su intención de abrir la lengua hegemónica de la Península a formas de expresión de las antiguas —y actuales— colonias:

> —Es menester crear el "sermo" hispanoamericano [...] aceptando, pero sin limitaciones y sin titubeos, las voces americanas. Tenemos que incorporar a nuestro idioma algo más que esos bajos vocablos de garito y de burdel, que es hasta ahora lo único que hemos tomado del habla de América. [...]
>
> En una novela que yo voy a publicar ahora, *Tirano Banderas*, uso más de cien americanismos de éstos[5].

Aceptar "sin limitaciones y sin titubeos" las voces americanas daba entrada en la lengua del poder colonial a perspectivas periféricas, contrarias a la de la metrópoli. "—¡Mueran los gachupines!" Este grito sólo tiene sentido en la colonia, como expresión de resistencia ante la presencia del poder; y como respuesta a los gritos de sus representantes, españoles etnocéntricos y partidarios de la política del General Banderas:

> —¡Viva España!
> —¡Viva el General Banderas!
> —¡Viva la raza latina!
> —¡Viva el General Presidente!
> —¡Viva Don Pelayo!
> —¡Viva el Pilar de Zaragoza! (I,1,iii, p. 50)

La terraza del Casino Español se convierte, así, en una zona de contacto en la que dos culturas se encuentran en una relación de poder desigual. Esta es la zona de la "transculturación", concepto acuñado por el

---

[5] *Heraldo de Madrid*, 30-VI-1925. Recogido en Dru Dougherty, *Un Valle-Inclán olvidado: entrevistas y conferencias*, Madrid, Fundamentos, 1983, p. 157.

antropólogo cubano Fernando Ortiz para analizar las transmutaciones de culturas registradas en la isla caribeña, desde la llegada de los españoles en el siglo XV hasta las oleadas de culturas inmigratorias en el siglo XIX, pasando por la importación de los negros[6]. Como explica Bronislaw Malinowski, en su prólogo al libro de Ortiz, la teoría de la transculturación mantiene que en toda situación colonial, se realiza un *intercambio* de materiales y actitudes, no una imposición unilateral de ellos en la cultura colonizada:

> Todo cambio de cultura, o como diremos desde ahora en lo adelante, toda *transculturación*, es un proceso en el cual siempre se da algo a cambio de lo que se recibe; es un "toma y daca", como dicen los castellanos. Es un proceso en el cual ambas partes de la ecuación resultan modificadas[7].

A la luz de esta teoría, el carácter *americanista* de *Tirano Banderas* cambia de valor y se nos presenta como novela también *americanizada*, por cuanto recibió de Latinoamérica tanto como dió en un proceso de mutuas influencias literarias. Vista así, la novela de Valle-Inclán nos recuerda que "Mientras la metrópoli imperial suele suponer que determina la periferia [...], habitualmente está ciega a las maneras en que la periferia determina la metrópoli"[8].

Se plantea así la posibilidad de que la América que Valle-Inclán inventó en su "novela de Tierra Caliente" fuera, en gran medida, una construcción "determinada" por los muchos latinoamericanos —hablantes y escritores— encontrados por Valle-Inclán en sus viajes y lecturas. No cabe duda de que Tierra Caliente fue una construcción del autor gallego, pero ¿no será en parte también un invento americano, una representación pro-

---

[6] Fernando Ortiz, *Contrapunteo cubano del tabaco y el azúcar*, Caracas, Biblioteca Ayacucho, 1978. Las ideas de Ortiz fueron ampliadas por Angel Rama, *Transculturación narrativa en América Latina*, México, Siglo XXI, 1982; Néstor García Canclini, *Culturas híbridas. Estrategias para entrar y salir de la modernidad*, México, Fondo de Cultura Económica, 1992; y Antonio Cornejo Polar, *Escribir en el aire. Ensayo sobre la heterogeneidad socio-cultural en las literaturas andinas*, Lima, Horizonte, 1994.

[7] *Contrapunteo cubano del tabaco y el azúcar*, 1987, pp. 4-5.

[8] Mary Louise Pratt, *Imperial Eyes. Travel Writing and Transculturation*, New York, Routledge, 1995, p. 6.

vocada e informada por los pueblos y los textos que esperaron al viajero en sus tres visitas al continente americano? Las conversaciones que Valle sostuvo con Alfonso Reyes[9], el viaje que hizo a México en 1921[10], los libros americanos que pidió a sus amigos, ¿no transmitieron mensajes *autóctonos* sobre una identidad latinoamericana que estaba emergiendo en la época postcolonial? ¿No será *Tirano Banderas*, en fin, una novela en que ambas partes quedaron "modificadas"?

Creo que se constata un proceso de transculturación en tres niveles de esta "novela de Tierra Caliente": 1) en la importancia concedida a la perspectiva del indígena y en la presencia constante e integrada de americanismos en el texto; 2) en la recepción selectiva de la novela por sus primeros lectores americanos; y 3) en la asimilación y transformación del texto por novelistas latinoamericanos que encontraron en él una materia prima que se prestaba a múltiples usos locales.

Abismos de cólera

Hace años Speratti-Piñero descubrió un "injerto" textual en *Tirano Banderas*, del escritor y pintor mexicano Gerardo Murillo[11]. En el Libro Tercero, "Carceleras", de la Quinta Parte de la novela, un soldado indio narra el relato de "la derrota de las tropas revolucionarias en Curopaitito" (V,3,ii, p. 200). El relato presenta la revolución desde la perspectiva de "los de abajo", pero es la voz del indio, "fluida de eses y eles", lo que rompe el cerco lingüístico de la metrópoli. Sin representar fonéticamente el "monótono sonsonete" del indígena, el texto insiste en la diferencia de su habla, respecto de la Península, mediante vocablos como "balear", "balasera", "huisaches", "esquitero" y una expresión que todos asociamos con México: "no más". En este relato queda muy atrás la metrópoli en que Valle-Inclán editó su "novela de Tierra Caliente". Los muchos americanismos en el texto lo distanciaban del mismo ámbito al que iba destinado.

---

[9] Véase Alfonso Reyes,"Apuntes sobre Valle-Inclán", en *Obras completas*, IV, México, Fondo de Cultura Económica, 1956, pp. 277-286.

[10] Véase mi estudio "El segundo viaje a México de Valle-Inclán: Una embajada intelectual olvidada", *Cuadernos Americanos*, 38, ii (marzo-abril 1979), pp. 137-176.

[11] Emma Susana Speratti-Piñero, *La elaboración artística de Tirano Banderas*, México, El Colegio de México, 1957, pp. 30-37.

No sólo este episodio sino el texto entero de *Tirano Banderas* está sembrado de americanismos que llenan "sin titubeos" sus páginas. Cabe notar que las voces americanas no aparecen entre comillas ni en cursiva —práctica habitual de la época para hacer patente su exotismo desde el punto de vista de la metrópoli—. Antes bien se incorporan directamente, llevando a la heteroglosia de la novela una perspectiva —y una oralidad— inconfundiblemente americana. Tratándose de ciertos personajes indios —Zacarías el Cruzado y su mujer, la chinita—, estos vocablos marcan el momento en que los súbditos del colonialismo dejan de ser objetos de la "mirada imperial" para convertirse en sujetos problemáticos. Observa Fredric Jameson, "cuando el Otro habla, se convierte en sujeto que ha de ser reconocido como problema por el sujeto metropolitano o imperial"[12].

En *Tirano Banderas*, Zacarías San José y su mujer emplean un castellano híbrido, un código lingüístico que mantiene y altera al mismo tiempo la lengua del poder colonial. Así conversan, por ejemplo, sobre cómo aprovechar la sortija que les acaba de regalar el coronel fugado, Domiciano de la Gándara:

> —¡Pendejada que resultare fulero el anillo!
> —¡Pendejada y media!
> La chinita le muestra la mano, jugando las luces de la tumbaga.
> —¡Buenos brillos tiene! Puedo llegarme a un empeñito para tener cercioro.
> —Si corres uno solo pudieran engañarte.
> —Correré varios. A ser de ley, no andará muy distante de valer cien pesos.
> —Tú ve en la cuenta de que vale quinietos, o no vale tlaco.
> —¿Te parés lo lleve mero mero?
> —¿Y si te dan cambiazo?
> —¡Qué esperanza! (IV,1,vi, pp. 117-118)

Elementos léxicos ("pendejada", "tlaco"), sintácticos (el voseo) y semánticos ("mero mero") diferencian este habla de la norma lingüística que repre-

---

[12] Frederic Jameson, "Modernism and Imperialism", en Seamus Deane (ed.), *Nationalism, Colonialism and Literature*, Minneapolis, University of Minnesota Press, 1990, pp. 43-66.

senta el castellano. En otro nivel, toda la "historia" de Zacarías el Cruzado, cobró plena autonomía al ser publicada por Valle-Inclán, en una colección popular, antes de que apareciera la novela[13]. No está de más recordar que esta novelita detalla la opresión del indio por el empeñista Quintín Pereda y culmina con el ajusticiamiento del "honrado gachupín" en un acto de venganza brutal. Convertido en sujeto y hablante que se sale de los límites de la norma (y de la novela), el indio en efecto problematiza la presencia colonial de España en América.

La venganza de Zacarías representa una respuesta violenta y alegórica a los valores del colonialismo. Pero tal vez fuera más desconcertante la equiparación de su idioma americano con el castellano de la metrópoli: el discurso del indio no sólo rivaliza con el idioma del "gachupín" sino que en ocasiones pretende anularlo, como cuando el prestamista dialoga con Zacarías minutos antes de ser ahorcado. El discurso del "gachupín" se contagia de la lengua de su verdugo:

> —¡Quier decirse que aún los hay más ladrones! Pero no he venido sobre ese tanto. Usted, Patrón, ha presentado denuncia contra la chinita.
>
> Gritó el gachupín con guiño perlático:
>
> —¡No puedo recordar todas las operaciones! ¡Vete *no más*! ¡Vuelve cuando te halles fresco! ¡Se verá si puede mejorarse la tasa!
>
> —Este asunto lo ultimamos luego luego. Patroncito, habés denunciado a la chinita y vamos a explicarnos.
>
> —Vuelve cuando estés menos *briago* [borracho]. (IV,6,vii, p. 172)

Es difícil no sentir, en este lenguaje ya híbrido, una agresión dirigida contra el discurso del dominio colonial. De repente se rompe el marco lingüístico en que se pretende situar la realidad americana, dejando entrar vocablos —e ideas— extraños. Antes de que el indio se vengue del rico gachupín, su lenguaje ya comienza a sustituir el castellano de la Madre Patria. Esta ocupación lingüística también ocurre en los párrafos narrados, donde el discurso de la cultura dominante sufre modificaciones por la otra

---

[13] Ramón del Valle-Inclán, *Zacarías el Cruzado o Agüero nigromante. La Novela de Hoy*, Núm. 225, 3 de septiembre de 1926.

dominada. Nótese, por ejemplo, como "plata" sustituye a "dinero" y como "caballo" queda borrado por "guaco" en el siguiente pasaje:

> Zacarías posó el saco a los pies, se desató el cinto y, sentado en la sombra del cedro, contó la *plata* sobre una punta del poncho. Nubes de moscas ennegrecían el saco, manchado y viscoso de sangre. El perro, con gesto legañoso, husmeaba en torno del *caballo*. [...] Zacarías ató la *plata* en la punta del poncho y, demorándose para cerrar el ajuste, reconoció los corvejones y la boca del *guaco*. (IV,6,v, p. 167)

Se aprecia en estos ejemplos una voluntad clara de dar cabida en la novela a la realidad del indio que se rebela contra la presencia —y el discurso— colonial. Ante el problema epistemológico —¿cómo representar la realidad de la colonia desde el centro de la antigua metrópoli?—, Valle-Inclán optó por crear una zona de contacto novelística en la que centro y periferia pudieran intercambiar palabras, textos y perspectivas. El español de la Península prevalece en la novela, claro está, pero el carácter híbrido del texto garantiza que las voces y las miradas latinoamericanas contribuyan a la representación de la realidad latinoamericana. La novela viene a ser así, al decir de Malinowski, "Un proceso en el cual emerge una nueva realidad [...] que no es una aglomeración mecánica de caracteres, ni siquiera un mosaico, sino un fenómeno nuevo, original e independiente"[14]. Cabría esperar que los lectores latinoamericanos de la novela agradecieran al autor gallego sus esfuerzos por incorporar en su texto la perspectiva periférica. Como ahora veremos, no siempre fue así.

Una soberbia "americanada"

La transculturación registrada en el discurso híbrido de *Tirano Banderas* halló su contrapartida fuera del texto, en la primera recepción de la novela por lectores latinoamericanos. Por un lado, algunos lectores denun-

---

[14] *Op. cit.*, p. 5. "Para describir tal proceso —sigue glosando el crítico— el vocablo de latinas raíces *trans-culturación* proporciona un término que no contiene la implicación de una cierta cultura hacia la cual tiene que tender la otra, sino una transición entre dos culturas, ambas activas, ambas contribuyentes con sendos aportes, y ambas cooperantes al advenimiento de una nueva realidad de civilización".

ciaron lo que consideraron una representación *neocolonialista* de su ámbito; otros, en cambio, elogiaron el retrato, el mismo que hoy en día llamaríamos *postcolonialista*. La presencia simultánea de estas dos lecturas recuerda la dinámica de culturas en toda zona de contacto. Partiendo de la metrópoli, la representación valleinclaniana de América fue acogida por algunos lectores latinoamericanos como una imposición de valores ajenos; simultáneamente, otros habitantes de la periferia determinaron qué aspectos de la novela iban a dejar pasar y aprovechar para su propia construcción de América.

Tras leer *Tirano Banderas* en Nueva York, Angel del Río apuntó: "Probablemente la caricatura palpitante y cálida de Valle-Inclán habrá herido muchas susceptibilidades en América"[15]. El jóven filólogo tuvo razón. Fue representativo el comentario del venezolano Rufino Blanco-Fombona: "Ramón del Valle-Inclán ha cumplido con respecto a América la obra de todo el romanticismo francés con respecto a España. El solo —tanta es su fuerza— ha creado, en *Tirano Banderas*, una América de pandereta. ¡Muera el Tirano!"[16]. Es decir, en su novela, Valle-Inclán había inventado una América que no existía. En palabras de Juan Uribe Echevarría: "Valle-Inclán ha escrito adrede, de propósito, la más soberbia americanada que se pudo concebir. Para Valle-Inclán, Hispanoamérica es cosa propia; una hija o una amante a la que viste y desviste a su regocijado antojo"[17].

En el fondo de estas observaciones latía aquella "resistencia cultural" que Edward Said y otros han estudiado como respuesta a la imposición de una identidad ajena en los pueblos colonizados. Volvamos a Uribe Echevarría:

> Los escritores españoles miran muchas veces a su América como ciertos literatos europeos que asignan un «color» andaluz a Galicia o a

---

[15] Ángel del Río, "La literatura de hoy. La vida literaria en España", *Revista de Estudios Hispánicos*, Tomo I, Núm. 1 (enero-marzo 1928), p. 62.

[16] Rufino Blanco-Fombona, "En torno a «Tirano Banderas»", *La Gaceta Literaria*, Año I, Núm. 2 (15-I-1927), p. 2.

[17] Juan Uribe Echevarría, "«Tirano Banderas», novela hispanoamericana sin fronteras", *Atenea*, Año XIII, Núm. 127 (enero de 1936), p. 15.

las provincias vascongadas y a los que siempre viene a parar a las manos una España de cromo, llena de Cármenes, toreros, panderetas, curas y contrabandistas.

Esa visión en unidad, *virreinal y colonial*, de la que hemos hablado, tiene su máxima expresión en «Tirano Banderas» [...][18].

"Virreinal y colonial": no se refería el crítico a don Teodosio del Araco, quien "perpetuaba la tradición colonial del encomendero" sino al autor de *Tirano Banderas*. Desde esta óptica, parece que Valle-Inclán no consiguió salir del círculo discursivo del colonialismo sino que fortaleció las mismas estructuras de poder que pretendía minar.

Para otros lectores, en cambio, la novela de Valle se abrió al afán latinoamericano de librarse de identidades impuestas desde fuera. Obsérvese la metáfora médica empleada por Xavier Bóveda en su reseña de *Tirano Banderas*: "Platónicamente interesado en todas aquellas manifestaciones que afectasen directamente al ansia de expresión de América, Valle-Inclán no se redujo —como tantos otros— a caricaturizar los modismos léxicos que América *ha inoculado en la vena* hispánica, sino que, vivamente interesado en ellos, procuró incorporarlos a su propio acervo" (las cursivas son mías)[19]. Cabe preguntar contra qué "enfermedad" servían los modismos americanos inyectados en *Tirano Banderas*, si no era contra el discurso del colonialismo.

En la revista chilena *Atenea*, Mariano Latorre comparó la novela de Valle-Inclán con *Los de abajo* de Mariano Azuela. Su reseña se destaca por atribuir a *Tirano Banderas* cierta "objetividad", resultado de los viajes que permitieron a Valle presenciar, absorber y más tarde transmitir vivencias americanas:

> Valle Inclán se acerca, en este libro sobre América, a los realistas. Objetiva es la anotación del medio ambiente de la República de Santa Fe de Tierra Firme (México) y objetivos son los trazos rápidos con que se yerguen y actúan y viven los innumerables personajes que pueblan las páginas de su libro.

---

[18] *Ibid.*, pp. 14-15.

[19] X[avier] B[óveda], "Bibliografía. *Tirano Banderas*", *Síntesis*, Año I, Núm. 2 (julio de 1927), p. 120.

Y se comprende el milagro. El espíritu de síntesis, en primer término, ejercitado en veinte novelas, el acopio de observaciones directas,
recogidas por Valle Inclán durante su estada en América, en contacto
con el alma popular [...][20].

Encrucijadas

Una de las cuestiones más interesantes planteadas por la teoría de la
transculturación es cómo las representaciones literarias de la periferia, publicadas en la metrópoli, son recibidas y apropiadas por las culturas coloniza-
das. Apunta Mary Louise Pratt al respecto: "Aunque los pueblos subyuga-
dos no pueden controlar facilmente aquello que les llega de una cultura
dominante, sí determinan en cierta medida lo que dejarán pasar a su propia
cultura y cómo lo usarán"[21]. Hemos visto algunas muestras de la acogida
reservada de *Tirano Banderas* en Latinoamérica, pero no quero dejar sin
mencionar su posterior apropiación por escritores como Martín Luis Guz-
mán, Miguel Angel Asturias, Gabriel García Márquez, o Alejo Carpentier.
Me refiero, claro está, a los novelistas que desarrollaron el subgénero de la
novela moderna en español conocido como "novela del dictador".

La importancia de *Tirano Banderas* para la evolución del subgénero
es bien conocida[22]. Sin embargo, la teoría de la transculturación permite
reconocer en la obra de Valle-Inclán un retrato de la periferia posteriormente aprovechado por ella. No se trataba de un modelo a imitar sino de
un texto que se podía explotar para responder a una actualidad local. Si
Tirano Banderas asimiló elementos autóctonos de las culturas americanas,
éstas a su vez se apropiaron del texto valleinclaniano para la creación de ese
"fenómeno nuevo, original e independiente" que nace de toda transcultu-

---

[20] Mariano Latorre, "Tirano Banderas y Los de abajo, dos novelas sobre la revolución
mejicana", *Atenea*, Año V, Núm. 5 (31-VII-1928), p. 450.

[21] *Op. cit.*, p. 6.

[22] Véase "Cuatro ejemplos hispanoamericanos" en Gonzalo Díaz Migoyo, *Guía de
Tirano Banderas*, Madrid, Fundamentos, 1985, pp. 195-200; Roberto González Echevarría, "The
Dictatorship of Rhetoric/The Rhetoric of Dictatorship", en *The Voice of the Masters. Writing and
Authority in Modern Latin American Literature*, Austin, University of Texas Press, 1985, pp. 64-
85; y Juan Bruce-Novoa, "*Tirano Banderas* y la novela de dictadura latinoamericana", en Harald
Wentzlaff-Eggebert (ed.), *Ramón del Valle-Inclán (1866-1936)*, Tübingen, Niemeyer, 1988, pp.
219-232.

ración literaria. Tras editarse a finales de 1926, *Tirano Banderas* pronto se convirtió en una "encrucijada" textual donde muchos escritores (y críticos) se iban a encontrar. Así lo declaró uno de ellos —Augusto Roa Bastos, autor de *Yo, el supremo*— en el cincuentenario del fallecimiento de Valle:

> La novela de don Ramón del Valle-Inclán se perfila así definitivamente como el modelo fundador de la saga de dictadores en la literatura latinoamericana y caribeña. [...] Inauguraba ella un tema de encrucijadas tejiendo los elementos de una realidad de pesadilla en la irrealidad de los signos de la escritura[23].

Novela insólita, que abrió espacios donde se citaron historia y ficción, pesadilla y escritura, metrópoli y periferia. Novela de encrucijadas: novela transcultural.

---

[23] Augusto Roa Bastos, "Valle-Inclán, fundador de la saga de los dictadores latinoamericanos". *ABC*, Sabado Cultural (4-I-1986), p. II.

Valle-Inclán (1898-1998): Escenarios
Universidade de Santiago de Compostela, 2000: 159-177

VALLE-INCLÁN EN FRANCIA:
UN DÍA DE GUERRA

ARCADIO LÓPEZ-CASANOVA
Universitat de València

1916 es fecha —así lo ha venido subrayando la crítica más solvente— de valor emblemático en nuestra modernidad literaria, pues si, por una parte, señala el declinar, con la muerte de Rubén Darío, de la *poética modernista*, y la asunción por Juan Ramón Jiménez del rol de *guía estético*, por otra parte —y es la que aquí y ahora nos interesa de modo fundamental— en Valle-Inclán marca unos hitos vitales y creadores de muy especial relevancia, a la vez que determina un punto axial en el tránsito de un ciclo a otro de nuestro autor, esto es, del *sistema del modernismo* a la *poética del expresionismo* que encuentra su culminación en los *esperpentos*.

Pues bien, esos hitos vitales y creadores nos remiten, en cuanto razón motivadora, al dramático hecho epocal de la *Gran guerra*, que —según reseña Gómez de la Serna, precisamente en una página de su tan personal biografía de don Ramón[1]— llega "como si fuera un disolvente y una vorágine y una ausentación de las vidas en medio de la vida (...)". Para añadir a continuación: "Cae sobre todos como un nubarrón que cubre nuestros problemas y eclipsa nuestros destinos, dejando a la literatura a la espera de

---

[1] *Vid. Don Ramón María del Valle-Inclán*, Madrid, Col. Austral, 427 [1944], 1969, p. 116.

mejores tiempos". Unos terribles hechos bélicos, entonces, que van a movilizar en Valle, en tan compleja y rica figura humana, todas las vetas o caras de su personalidad.

Así, y en primer término, se dinamiza el Valle como *hombre social*, o, quizás mejor, en su imagen —tan propia y cara al momento histórico— del *intelectual*[2], que se compromete, desde su visceral postura aliadófila (y, sobre todo, francófila), con la firma del manifiesto "Palabras de algunos españoles", aparecido primero en París, y luego en Madrid, aquí bajo el título de "Manifiesto de los intelectuales" (y que no dejó de crear ciertas tensiones y disensiones).

Pero esa razón de compromiso como *hombre social* —tan auténticamente conmovido por los terribles acontecimientos— tiene su más significativa plasmación en el viaje a Francia que le gestiona su amigo, traductor y admirador Jacques Chaumié, hijo de un destacado político de la Tercera República, y que Valle cumplirá como corresponsal de *El Imparcial* (Madrid) y *La Nación* (Buenos Aires).

Un viaje —una *ruta* o *itinerario experiencial* de muy enriquecedores frutos, según veremos— que ya don Ramón esperaba expectante desde hacía tiempo —más de un año atrás—, pues en una carta fechada en enero de 1915 —recogida por Caamaño Bournacell[3]— y dirigida a su amigo Estanislao Pérez Artime, le dice:

> Pronto te escribiré una larga carta comunicándote nuevas de la guerra. Yo tengo el compromiso de ir a Francia muy pronto (...) Quieren que escriba un libro de la guerra. Que el Gobierno francés me haya encomendado esta misión, te confieso que me llena de orgullo (...).

Un viaje, en fin, que le llevará a París, y al mismo frente de batalla en torno a Verdún, marcado —con punto de partida el 21 de febrero de 1916— por acciones violentas de ofensivas, contraofensivas, y desgaste.

Claro que este tan decisivo viaje, esta tan excepcional experiencia vital, dinamiza —como no podría ser de otra manera— otra cara de Valle

---

[2] Cfr., sobre este aspecto, E. Inman Fox, "El año de 1898 y el origen de los "intelectuales", en *La crisis intelectual del 98*, Madrid, Cuadernos para el Diálogo, 1976, pp. 9 y ss.

[3] *Vid.* "Los dos escenarios de *La media noche*" *Papeles de Son Armadans*, núm. CXXVI, 1966, p. 139.

(presente siempre en él), la que corresponde a lo que llamaríamos *la mítica del personaje*, o lo que es lo mismo, a su atractiva *máscara*. Una *mítica* que él motiva ya, y muy vivamente, desde su propia indumentaria, según el apretado retrato que traza Corpus Barga[4] —compañero y confidente— ("Llevaba capote, boina, polainas y una maquila cogida de la muñeca con la correa"), y cuyo aspecto militar, unido, además, a sus barbas y a la falta del brazo, hará —para culminación del signo mitificador— "que algunos soldados (...) le tomaran por el general francés que gozaba de más popularidad, el general Goureaud (...)" (manco también como Valle).

Pero —todavía más en esta línea— otro episodio o anécdota llamativa del viaje, que ahora tiene lugar en un campo de aviación, va a perfilar intensivamente esa *figuración mítica* del personaje. Allí ("los aviadores se entusiasmaron tanto con él que no le dejaron continuar su camino", reseña Corpus Barga) Valle, rompiendo con todos los rígidos protocolos de la visita, pasará dos días y una noche con ellos "haciendo la vida de guerra"; y lo que va a tener especial incidencia (sea hecho de realidad, sea fábula): realiza —al parecer— un vuelo de noche sobre el campo de batalla.

Ahora bien, si estos aspectos reseñados de don Ramón como *hombre social* o en su *figuración mítica* no dejan de tener, ciertamente, su atractivo, es obvio que el centro del interés ha de estar en su imagen de creador, en ver de qué manera, y sobre qué fundamentos, la muy intensa experiencia vital —ese ser testigo directo de los terribles acontecimientos bélicos— encuentra poderosa transposición artística, alcanza vigorosa categorización estética.

En tal sentido, no se olvide, al respecto, que Valle cumple su viaje como corresponsal (con intención, claro está, de ofrecer una *crónica de la guerra*), y que ya desde el primer momento —según atestigua la carta comentada de 1915 a Pérez Artime—, en su intención y compromiso está —y citaremos sus propias palabras— "escribir un libro de guerra". Y abundando, y ahondando a la vez, en la cuestión, de esa idea suya de convertir la experiencia (todavía en expectativa) en razón creadora, participaron también sus contertulios de "El Gato Negro" fechas antes de su salida hacia París y el frente, de lo que da testimonio amplio e ilustrativo Rivas

---

4 En "Valle-Inclán en la más alta ocasión", *Revista de Occidente*, núms. 44-45, 1966, pp. 288-301.

Cherif[5] (y que Gómez de la Serna recoge en su citada biografía). Comenta Valle-Inclán (y no tiene desperdicio ninguno de sus comentarios):

> Escribiré un libro que tengo ya visto *en concepto* (...) Yo tengo un *concepto anterior*, yo voy a constatar ese concepto y no a inventarlo. El arte es siempre una abstracción (...) La guerra no se puede ver como unas cuantas granadas que caen aquí o allá, ni como unos cuantos muertos y heridos que se cuentan luego en las estadísticas; hay que *verla desde una estrella, amigo mío, fuera del tiempo, fuera del tiempo y del espacio*[6].

Y añadirá también, en esa declaración de intenciones creadoras:

> Yo quisiera dar una *visión total* de la guerra (...) Yo sé muy bien que la gente que lee periódicos no sabe lo que es la fatalidad de esta guerra, la continuación de la historia y no su interrupción (...) Lo que sucede es que no ven sino lo que pasa en su derredor y no *tienen capacidad para contemplar el espectáculo del mundo fuera del accidente cotidiano, en una visión pura y desligada de contingencias frívolas*[7].

Por otra parte, y entiéndase como complementación a lo reseñado, tras el episodio vivido en el campo de aviación (y aquel vuelo nocturno sobre el paisaje de batalla, realidad o fábula, es lo mismo), Valle no deja de repetirle insistentemente en París a su confidente Corpus Barga: "*La visión estelar, el vuelo de noche*".

Y ya ante la despedida, sentados en un café enfrente del Jardín de Luxemburgo:

> El vuelo de noche ha sido una revelación. Será el punto de vista de mi novela, la visión estelar[8].

---

[5] *Vid.* su artículo "El viaje de Valle-Inclán" publicado en *España* (11 de mayo de 1916), y recogido en *Entrevistas, conferencias y cartas. Ramón Mª del Valle Inclán*, edición al cuidado de Joaquín y Javier del Valle-Inclán, Valencia, Pre-Textos, 1994, pp. 163-168.

[6] Art. cit., pp. 165-168.

[7] *Ibidem* [Subrayado nuestro].

[8] Art. cit., p. 297.

Ha sido —bien lo sé— larga la referencia dada, pero me parece que merecía la pena tanto detenimiento en sus comentarios por lo muy clarificadores que resultan, por lo mucho que nos ilustran acerca de las claves estéticas de Valle en esos momentos, en la expectante espera de cumplir su viaje, y una vez cerrado ya tan decisivo itinerario, tan directa *visión de guerra*.

Pero esos iluminadores comentarios, esas claves de creación —recordemos, *"yo tengo un concepto anterior, yo voy a constatar ese concepto"*, *"el arte es siempre una abstracción"*, *"hay que verla [la guerra] desde una estrella (...)"*, *"yo quisiera dar una visión total"*, etc.—adquirirán plenitud de sentido, definitivo horizonte de comprensión, si a su vez las remitimos a otro hito valleinclaniano de 1916, las tan sugestivas páginas de *La lámpara maravillosa* (y aunque ahora, obviamente, no podamos —ni nos corresponda— entrar en pormenores al respecto).

Sí quiero dejarlo subrayado, no obstante, porque esa *Lámpara* —que ya en el término de su título simboliza la *transmisión de la doctrina* (descubrimiento de la sabiduría)— es breviario, o guía, o viaje interior simbólico (lo que se quiera) que encierra una rigurosa —y bien compleja— "disciplina", y que, en definitiva, —y comparto la autorizada opinión de Virginia Garlitz— "refleja la vena más personal y profunda de la estética valleinclaniana, con validez para la totalidad de su escritura"[9].

Y porque también, en razón y en consecuencia de lo reseñado, su experiencia vital —esa directa *visión de guerra*— va a encontrar muy plena categorización literaria bajo las claves o directrices creadoras de un trabado *código estético*. Dicho con otras palabras —y utilizando términos de Morón Arroyo[10]—, el relato bélico de Valle, en el que ahora entraremos con algún pormenor, representa un modélico ejemplo de *ecuación*, esto es, de ajuste y concordancia entre la *estética teórica* (los principios que formula en sus comentarios, la disciplina expuesta en *La lámpara maravillosa*) y la *práctica estética* (la conversión artístico-literaria).

---

[9] En páginas de su estudio "Valle-Inclán y el ocultismo: la conexión gallega", en *El modernismo*, edición de T. Albaladejo, J. Blasco y R. de la Fuente, Valladolid, 1990, insistirá en que esa doctrina ocultista "llega a ser no sólo el cimiento estético, sino la clave de su visión vital".

[10] Cfr. *"La lámpara maravillosa y la ecuación estética"*, en A.N. Zahareas, *Ramón del Valle-Inclán, Appraisal of his Life and Works*, Nueva York, Las Américas Publishing Co, 1968, pp. 443-459.

Dejando ya estas consideraciones sobre lo que representó *el viaje* (con todas sus motivaciones), y las referencias a los fundamentos creadores que Valle dejó formulados (y sobre los que tendremos ocasión de volver), al acercarnos al texto de *La media noche* (y su breve continuación, *En la luz del día*), no deja de sorprender la poca atención y valoración que los estudiosos han dedicado a tan espléndido —y radicalmente original— *relato de guerra*, excepción hecha de los iluminadores trabajos de Alfredo Matilla[11] y Darío Villanueva[12], o las apreciaciones de Risco[13] o Bermejo Marcos[14], por ejemplo. Más todavía, parece que esa valoración ha de hacerse forzando incluso la opinión del propio autor —si se acepta la estricta literalidad de sus palabras, como hacen Fernández Almagro[15], Caamaño Bournacell o Villanueva— cuando en la "Breve noticia" inicial expone lo siguiente (manejando aquellas claves suyas ya conocidas):

> Yo, torpe y vano de mí, quise ser centro y tener de la guerra una visión astral, fuera de la geometría y de la cronología, como si el alma, desencarnada ya, mirase a la tierra desde su estrella. He fracasado en el empeño (...) Estas páginas que ahora salen a la luz no son más que un balbuceo del ideal soñado (...).

Opino, sin embargo, que no cabe tal literalidad en la consideración. Bien al contrario, me parece que estamos ante uno de esos tan habituales "guiños" irónicos de don Ramón, siempre vivos y presentes —ironía, distancia humorística, lectura de frente y al sesgo— en todos los órdenes de su vida. Diría más: con ese juego —que algo quiere tener, a la vez, de *captatio benevolentiae*— intenta atraer la atención, ya desde los indicadores paratextuales, sobre unas claves que centraron su empeño creador ("quise ser *centro* y tener de la guerra una *visión astral*").

---

[11] "*La media noche*: Visión estelar de un momento de guerra", en A.N. Zahareas, *ob. cit.*, pp. 460-466.

[12] "*La media noche* de Valle-Inclán: análisis y suerte de una técnica narrativa", en *El polen de ideas*, Barcelona, PPU, 1991, pp. 306-339.

[13] Cfr. *La estética de Valle-Inclán en los esperpentos y en "El ruedo ibérico"*, Madrid, Ed. Gredos, 1975, p. 50.

[14] Cfr. *Valle-Inclán: Introducción a su obra*, Madrid, Anaya, 1971, cap. IV.

[15] En su *Vida y literatura de Valle-Inclán*, 2ª edición, Madrid, Taurus, 1966.

Un empeño, por lo demás, que nuestro autor —también de un modo muy habitual en él— fue cumpliendo con un esmerado, y doble, *proceso de escritura*[16]. Así, terminados el viaje a Francia y la visita a los escenarios bélicos, Cambados —su tan entrañado paisaje, la geografía sentimental de la tierra saliniense— se convierte —según ha comentado Caamaño Bournacell— en el "segundo y lejano escenario" de su relato, pues allí escribe las nueve entregas que, bajo el título general siempre repetido de "*Un día de guerra (Visión estelar). Parte primera. La media noche*", publica en los folletones de *El Imparcial* entre el 11 de octubre y el 18 de diciembre de 1916. Después, ya en 1917, el conjunto del relato se recogerá en un librito de 113 páginas (que figurará como volumen nº XII de sus *Opera Omnia*).

Centrándonos —aunque sólo sea por un breve momento— en lo que caractericé como *esmerado, y doble, proceso de escritura*, convendría que, con respecto a él, reseñáramos cuando menos dos cuestiones de interés. De una parte —y sería el primer punto—, que Valle escriba en Cambados, con distancia sobre la experiencia de su directa *visión de guerra*, y ciertamente en un ámbito o *locus* vivificador bien opuesto a la desoladora geografía bélica, creo que nada tiene que ver, contrariamente a la opinión de Caamaño, con el (supuesto) o pretendido fracaso del empeño ("balbuceo del ideal soñado"), o que motive en él —y cito palabras del estudioso— al querer "revivir y reavivar en su mente y en su pluma el espectro de la guerra" una negativa o aniquiladora "ambivalencia ideológica, sentimental y geográfica"[17].

Valdría la consideración, acaso, si se tratase de unas *crónicas* atadas a la inmediatez del momento y al verismo fiel de los hechos, pero de sobra sabemos que no es tal la razón creadora de Valle. Recuérdese, al respecto, que ya desde el primer momento hablaba de un *libro de guerra*, y que, en sus confidencias parisinas a Corpus Barga, se refirió a *su novela* (entiéndase, en sentido amplio, *relato o crónica novelada*). Pero es que, además, esa lejanía que el "segundo" escenario cambadés establece en relación con la experiencia vivida, con la visión de guerra, está respondiendo muy justamente a

---

[16] Para ese proceso, puede verse nuestro *estudio preliminar* a *Flor de santidad/La media noche*, Madrid, Col. Austral, 1995, de modo especial pp. 50-53.

[17] Est. cit., p. 149.

principios explicitados en la disciplina de *La lámpara maravillosa*, de modo especial a la teoría del *quietismo estético*, tan ricamente sugestiva. Por dar alguna breve y apurada referencia en ese sentido, citemos dos claras formulaciones:

> El recuerdo —dirá Valle-Inclán— da a las imágenes la intensidad y la definición de unidades, al modo de una visión cíclica. El recuerdo es la alquimia que depura todas las imágenes, y hace de nuestra emoción el centro del círculo, igual al ojo del pájaro en la visión de altura.

Y también, en otro interesante párrafo:

> Las imágenes del mundo nunca están como los ojos las aprenden, sino como adecuaciones al recuerdo (...).

De otra parte, y estaríamos en la segundo cuestión, de las entregas en los folletones de *El Imparcial* a *La media noche. Visión estelar de un momento de guerra* como libro, Valle desarrolla un minucioso y complejo trabajo de reelaboración, de reescritura de la obra, según —para decirlo muy esquemáticamente— cinco pautas claras:

a)   En primer término, una pauta de *supresión* nada menos que de cinco capitulillos o fragmentos de las *entregas*, y con un atinado sentido: se trata de partes secundarias, anecdóticas para la tematización del relato, y que rompían digresivamente su coherencia textual.

b)   Después, una pauta de *modificación estructural* de otros cuatro capítulos, que se desmembran —según los casos— en dos o tres del libro. Se acentúa, pues, el rigor y el equilibrio del diseño.

c)   En tercer lugar, una pauta —muy compleja— de *cambio situacional* de capítulos, tal sucede en el significativo caso del XXIX —poderoso panorama del amanecer— y el XXX —Cuarteles Generales en la retarguardia—, y que aparecían como el IV. Una vez más, modificando intencionadamente la *ley de montaje*, buscando engarces que acentúen la cohesión estructural.

d)   Ya por último, en lo que será redacción definitiva, Valle escribe —*pauta de ampliación,* y nuevo signo de esmero— *cinco capítulos* de especial relevancia, pues plasman una batalla aérea, o abren significativos escenarios en la geografía de la guerra (con muy cambiantes perspectivas), y vigorosos episodios bélicos (tal, por ejemplo, la visión de la batalla que se encrespa, al amanecer, en la gran llanura picarda, cap. XXXI).

Mas si estos aspectos de elaboración y reelaboración son realmente valiosos, y mucho nos dicen del trabajo de Valle, del esmero que siempre presta a sus obras, no menos relevantes y pertinentes son los principios estructurales que rigen el texto, las técnicas determinantes de su construcción y diseño. Para concretar y resumir, creo que, de modo necesariamente apretado, podríamos traer a consideración tres de esos principios (y sus tácticas implicadas): de *focalización* o *punto de vista*, de *diseño* y de *visión*.

De los tres apuntados, la crítica ha atendido, de modo especial, al primero (el problema, pues, de la *focalización*). Y con razón, ciertamente, —y ahí están páginas muy esclarecedoras de Darío Villanueva, a las que por obligación me debo remitir[18]—, pues todo lo relacionado con el punto de vista, y así lo resalta en el subtítulo del relato (*visión estelar* de un momento de guerra), fue lo que más preocupó a Valle-Inclán, lo que más perfilado estaba en aquel su *concepto anterior*, y, asimismo, lo que mayor grado de innovación y originalidad va a significar en la escritura de *La media noche* (y va a incidir en la configuración de la *poética del relato* de su segundo ciclo creador). Principio, pues, de esa *visión de altura o astral* —a la que de modo tan insistente se había referido—, o conflicto entre focalización limitada —la del "narrador que antes fue testigo —explica—, y da a los sucesos un enlace cronológico puramente accidental", esto es, el esquema propio del relato *ovíparo*, en términos unamunianos—, y, frente a eso, la búsqueda de fórmulas hacia una visión totalizadora, aquella —y cito otra vez palabras suyas— que trata de alcanzar "una intuición taumatúrgica de los parajes y los hechos" o "comprensión que parece fuera del espacio y el tiempo".

Y en esa "búsqueda de fórmulas" posibilitadoras de tal *visión astral*, en concurrencia con los grandes renovadores de la novela de la modernidad va

---

[18] Cfr. su importante estudio citado, concretamente las pp. 320-332.

a manejar con sabiduría la técnica de la *reducción temporal simultaneística*, aquí —prestemos atención a esto— un *ciclo nocturno*, del filo de las doce de la medianoche al filo del despertar del día, y con un escenario de vasto dominio, una desolada geografía de la guerra que se extiende en más de doscientas leguas, "desde los bosques montañeros de la región alsaciana hasta la costa brava del mar norteño". De este modo, con esta técnica, la tan soñada *angostura del tiempo* —ocho dramáticas horas que dan *forma de crisis* al relato— se densifican al proyectarse sobre la multiplicidad de la sintaxis espacial, de los focos escénicos, a la vez que ese narrador de la posición *astral*, desde su impasibilidad demiúrgica, abarca y acierta a plasmar toda su compleja interacción en un signo unitario, totalizador y revelador.

No menos original resulta, después, el *principio de diseño* del relato, con una *ley de montaje* —que tanto, siempre, preocupó a Valle— determinante, aquí, de una ajustada composición en *sarta fragmentarista*, engarce cuidado, perfecto, de los definitivos cuarenta *cuadros* o *estampas* del conjunto.

Claro que ese apuntado "engarce" perfecto de la tal *sarta fragmentarista* se hace, a su vez, según unas determinadas reglas. Por llamar la atención, o subrayar las más básicas, hay una *regla de distribución formularia* que afecta a las posiciones de *apertura/cierre* —"son las doce (...) la luna navega por cielos de claras estrellas (...)", "en la luz del día que comienza, la tierra, mutilada, (...)"— (caps. I/XL), creando un esquema *enmarcado* y una circularidad con la recurrente focalización oteadora sobre toda la geografía bélica, y que también afecta a determinados capítulos de *transición*, como los que marcan, por ejemplo, el paso temporal hacia el alba, y los movimientos de relevo en el frente (caps., ahora, XXVIII y XXIX).

Luego, en el cuerpo del relato, es una medida *regla de secuencialización* la que da orden, determina la organización, conduce la progresión y cohesión de la *sarta fragmentarista*. Regla compleja (o de engañosa sencillez), desde luego, motivada por cuatro —nada menos que cuatro— registros:

(i)   Uno es el de la ya apuntada —a propósito del punto de vista— *multiplicidad espacial* del escenario bélico, de esas amplias doscientas leguas, de manera que la seriación toponímica va fijando las concretas *localizaciones:*

Granizos y ventiscas en los montes alsacianos y en los Vosgos (cap. V).

Entre Thann y Metzeral el cañoneo (...) se enrabia (cap. VIII).

Las estrellas tiemblan sobre la gran playa inundada de los Flandes (cap. X).

Lento cañoneo del lado de Iprès (...) (cap. XIII).

(ii) Otro, después, maneja los *planos* sobre cada uno de los puntos, combinando, con acertada minucia, perspectivas, cambios, desplazamientos. Planos que corresponden al frente de trincheras, a la retaguardia de pueblos y aldeas, y de las fuerzas acampadas, y a un escenario conector de carreteras y caminos, de ajetreado y dramático tránsito de huidas, de refuerzos, de regresos, etc. Citemos algún apunte ejemplificador:

Ahora, a un lado y otro del camino, aparecen campos cubiertos de cruces (...) (cap. XVII).

Las bombas caen en lluvia sobre las trincheras alemanas (...) (cap. XXIII).

Todos los caminos de la retaguardia están llenos de carros y de tropas (...) (cap. XXII).

(iii) Luego, en tercer lugar, están los *núcleos* de tematización que se desarrollan u organizan en *secuencias* más o menos amplias (de tres, cuatro o —incluso— ocho capítulos), y que, naturalmente, remiten a motivos de la contienda localizados en un punto y plano del escenario. Así, por ejemplo, las acciones alemana y francesa en Alsacia y los Vosgos, la terrible huida de una madre y dos hijas, la acción inglesa junto al Ancre, etc., etc.

(iv) Y, en fin, lo que remite a un movimiento interno más profundo: el de una acción globalizadora —diríamos— que orienta su sentido hacia el final, y que parte —y avanza— sobre tramos de conflicto y caos, y se cierra —en triunfo— con el asalto de los franceses e ingleses sobre los *boches*.

Pero las claves de esa esmerada *ley de montaje*, determinante del diseño en *sarta fragmentarista*, no se agota en lo apuntado. Bien al contra-

169

rio, muy decisiva es asimismo en la composición la *técnica cinemática*, y que da a *La media noche* la atractiva tipología de relato visual (tipología —bien se sabe— válida para otros textos valleinclanianos).

De todas maneras, yo me atrevería a llamar la atención sobre la especial riqueza en ese sentido de este relato, y sobre la variedad e intensidad —muy llamativas— en el uso de tal técnica. Porque, en efecto, es amplia la gama de *modalidades* (y de los juegos combinatorios).

Así, está la *modalidad panorámica*, el oteo amplio, abarcador, totalizador sobre ese inmenso paisaje bélico, de las montañas del este al mar, característica de los capítulos de *apertura/cierre* o de *transición*:

> ¡Los ecos de la guerra se enlazan desde la costa norteña hasta los montes alsacianos!. Al estampido de las bombas surgen las llamas de los incendios: Arden las mieses, y las sobrecogidas aldeas, y las ciudades que lloran al derrumbarse las torres de sus catedrales. Caen miles y miles de soldados en la gran batalla nocturna (...) (cap. IX).

Y está, con más amplia aplicación, el *travelling* que, en su movimiento, crea un intenso efecto de dinamización del espacio, y, a menudo, desplaza o traslada la visión de la óptica del narrador a la limitada y subjetiva de este o aquel personaje. Modélico es, al respecto, su uso en la representación de la huida de esa madre y sus dos hijas (embarazadas por soldados germanos), en su itinerario de Arras a Saint-Denis:

> El carro rueda por una carretera toda en claro de luna: Las muchachas miran con recelo el camino, levantan las lonas, y sus ojos tristes siguen la luz roja de los aviones, que cruzan el cielo (...) De tiempo en tiempo, al borde de la carretera, aparece confusamente una gran mancha de ganado que acampa (...) La carretera se alarga en la llanura, se alarga infinitamente: Grandes molinos (...) (cap. XV).

Y queda, finalmente, la eficacia estético-expresiva de otras dos *modalidades* que Valle usa con magistral precisión. Una es, muy dominante en el conjunto del relato, la referente al *movimiento y la gestualidad de los personajes*, aquí especialmente rica y llamativa porque la acción bélica motiva, obviamente, diversidad de proyecciones —saltos, carreras, caídas, repliegues, ocultamientos, etc.—, y mueve tanto a masas o grupos humanos, a colectivos en cambiantes desplazamientos, como a personajes que por un momento quedan focalizados. Y es ahí cuando, precisamente, se pasa a veces a la otra *modalidad, al relieve del primer plano,* a la pupila analítica, a la portentosa selección de la minucia o el detalle revelador, al signo fisonómico que delata, singulariza, retrata al personaje. Véanse dos representativas muestras:

> Filo del amanecer, la infantería de los aliados se lanzó fuera de sus trincheras, asaltando las defensas alemanas. Los soldados, tendidos en ala, corren con la cabeza baja, alentados por el fuego de la artillería; resbalan, caen, chapotean, salvan las zanjas, se desgarran en las alambradas. Alguna vez, en los socavones de las balas desaparecen, sumiéndose lentamente, y el agua fangosa hace remolino en torno de los cascos. Sólo las manos asoman pidiendo auxilio, tan hondo cavaron las balas en la tierra. Hay parajes que son verdaderos tremedales. Las ametralladoras alemanas cruzan sus fuegos, y filas enteras caen como si se doblasen. En medio de la humareda, algunos soldados, muy destacados, siguen avanzando a la carrera, la granada en el puño. Las columnas de asalto se suceden en oleadas (...) (cap. XXXII).
>
> Los oficiales de órdenes caracolean sus caballos al detenerlos frente a los batallones, tendidos en línea bajo las banderas desplegadas. El General Goureaud revista las tropas, y decora las banderas con la Legión de Honor. Tiene un brazo cercenado, y el rostro curtido por todos los soles, la mirada exaltada y mística, con una luz azul de audacia sagrada. Besa las banderas al imponerles la cruz, y las banderas, rasgadas por la metralla enemiga, flamean sus jirones sobre la figura mutilada del general (cap. XXXIX).

Pasando ya al tercer principio, el de *visión* —entiéndase, el patrón de estilización (o mirada) que dará la "elaboración ideal"—, me interesa insistir en la novedad de este relato de *La media noche,* pues en él es dominante y definidora la *visión expresionista.* Dicho de otro modo, la del *principio coherente de la deformación artística,* como define Hausenstein, que Valle aplica a su experiencia vivida (y luego evocada y rememorada desde su "segundo escenario"), que precisamente en *tema* —la guerra—, en *signos de protagonización* —masas humanas en movimiento, protagonismo plural, colectivo— y el *ámbito* —el ciclo nocturno— manifiestan especial ajuste adecuado.

Una *visión expresionista*, por otra parte, que don Ramón ejecuta aquí, en estas páginas, con sorprendente riqueza de procedimientos, y con momentos de estremecida calidad y brillantez. Subrayemos, por apuntar algún rasgo concreto, el relieve de los *claroscuros* y montajes contrastivos, o de la realidad que a menudo aparece, en ese fondo de contraste o ráfagas, difuminada, fantasmal o desvanecida, o la pertinencia de lo *sensitivo desarmónico* (el "sonido de guerra", por ejemplo), o, en fin, la recurrencia de las imágenes "feístas":

> Entre nubes de humos y turbonadas de tierra, vuelan los cuerpos deshechos. Brazos arrancados de los hombros, negros garabatos que son piernas, cascos puntiagudos sosteniendo las cabezas en la carrillera, redaños y mondongos que caen sobre los vivos llenándolos de sangre y de inmundicias. (cap. XXXVI).
>
> En las sombras de la noche, largos convoyes que llevan municiones al frente de batalla, ruedan por los caminos. Los cohetes de las trincheras abren sus rosas en el aire, los reflectores exploran la campaña y la esclarecen hasta el confín lejano de bosques y montes. Se muestra de pronto el espectro de un pueblo en ruinas, quemado y saqueado, mientras por la carretera, en el lostrego del reflector, corre cojeando algún perro sin dueño. (...) Ruedan con los faroles apagados, informes bajo las estrellas, sumidos unas veces en la sombra de las arboledas, y otras destacando su línea negra por alguna carretera blanquecina y desnuda. (...) (cap. III).

En definitiva, pues, tres *principios* determinantes del relato —*punto de vista, diseño, visión*— que trabados, y dado su signo innovador y dada su eficacia estética, hacen de *La media noche,* en ese año 1916, una obra ejemplar y axial de Valle-Inclán.

Ahora bien, y llegados a este punto de nuestro asedio, el valor, la pertinencia y la originalidad de esas claves textuales que hemos visto, no pueden velarnos el acceso a otro *horizonte explicativo* de la obra, a otra *clave de lectura*, me parece que poco atendida hasta el momento, aunque ya de algún modo —claro que sin articular en pormenor— intuía Alfredo Matilla al apuntar a "la intención gnóstico-mística de la obra"[19], y que yo identificaría, con un término más amplificador, como *clave simbólica*.

---

[19] *Vid.* art. *cit,* p. 461.

Y no me parece en nada gratuito ese "otro" horizonte explicativo, ese "otro" itinerario de lectura, cuando como primer fundamento tenemos variedad de *informaciones*, quiero decir *indicadores* o *referencias* que, de modo elemental, cabría clasificar en tres grupos:

1) Hay, entonces, unos *indicadores metatextuales*, el conjunto de opiniones y comentarios —a los que ahora volvemos—, y que Valle manifestó con respecto a sus intenciones creadoras. Recordemos, en esa línea, todo lo relacionado con el *concepto anterior, la visión estelar,* y aquellos puntos tan concretos en relación con la experiencia (que iba a vivir):

> Yo quisiera dar una visión total de la guerra, algo así como si nos fuera dado contemplarla sin la limitación del tiempo y del espacio (...).

O asimismo:

> La guerra no se puede ver como unas cuantas granadas que caen aquí o allá, ni como unos cuantos muertos y heridos (...) hay que verla desde una estrella (...), fuera del tiempo y del espacio.

Y refiriéndose a los lectores ("gente que lee periódicos"), etc.:

> no tienen capacidad para contemplar el espectáculo del mundo fuera del accidente cotidiano, *en una visión pura y desligada de contingencias frívolas.*

2) Hay, también, unos *indicadores paratextuales* de singular relevancia. Así, en la "Breve noticia" que abre el relato, se refiere Valle a quien *"pudiera ser a la vez en diversos lugares"*, y, en consecuencia, a la visión, emoción y concepción de la guerra *"en todo tan distinta de la que puede tener el mísero testigo, sujeto a las leyes geométricas de la materia corporal y mortal"*. Es decir, lo que él considera *"una intuición taumatúrgica de los parajes y los sucesos"*. Más adelante, y en clave de simbolismo arquetípico (o signo ocultista), aludirá al *"círculo que, al cerrarse, engendra el centro, y de esta visión cíclica nace el poeta, que vale tanto como decir el Adivino"*. *El círculo* —entendemos— que es símbolo de perfección, de totalidad indivisa e inmutabilidad, y el *centro* que ante todo es el *Principio*, correlato del *axis mundi* y punto, en fin, propicio —por sagrado—, óptimo para las revelaciones.

Y está —no menos llamativo— el *lema* (que Valle modifica sutilmente en el paso de las entregas al libro)[20], con la referencia a Artefio, el filósofo hermético (s. XII), y al fenómeno de la *autoproyección, desdoblamiento o proyección astral.*

3) Hay, después, *referencias textuales* de diverso nivel (pero todas importantes), y que, por mor de la brevedad, cabría articular muy esquemáticamente:

(i)   El importante —para mí decisivo— capítulo XXXIII (obsérvese, además, el prodigio numérico, y que en las *entregas* era el XXVII), inciso y digresión del *autor implícito* pero, precisamente, en figuración de *Adivino*, y en donde leemos claves como éstas:

> La guerra tiene una arquitectura ideal, que sólo los ojos del iniciado pueden alcanzar, y así está llena de *misterio telúrico y de luz (...).*

Y después:

> La muerte es la divina causalidad del mundo. ¡Y qué mística iniciación de esta verdad tan vieja se desvela en la guerra!.

(ii) El propio signo numérico del diseño definitivo —el *cuarenta*—, al que se podría añadir el *siete* de *En la luz del día* (su continuación).
       Curiosamente, el 40 es el número de la *prueba*, el *infortunio*, la *espera*, la *preparación*, del *cumplimiento de un ciclo*. Por su parte, el 7 es el número del *dinamismo total*, del *acabamiento cíclico* y de su *renovación.*

(iii) También, en fin, podríamos además preguntarnos: ¿por qué esa *visión de la guerra* bajo el ciclo nocturno, en el régimen de la noche, desde ese filo marcado de las *doce* hasta el filo del amanecer, del romper del día...?.

---

[20] En la edición [1917], la referencia de autor que figuraba en la *entrega (Artephius-Clavis Majores Sapientiae.- Cap. XII)* aparece de este modo: "*Artephius*, astrólogo siracusano, escribió este libro, que se llama en latín *Clavis Majores Sapientiae*".

A partir de aquí, de este cuadro de *informaciones* o *referencias*, creo que la "otra" clave a la que aludía —intención simbólica, dijimos— puede quedar iluminada a la luz de la *poética del imaginario*, esto es, fijando el *régimen de escritura* y la *modalidad de estructuración* que rige en *La media noche*[21].

Pues bien, y resumiendo en muy apretada síntesis lo que, obviamente, necesitaría minuciosa categorización, desarrollo teórico pormenorizado, subrayemos, como primera caracterización, que esa escritura es de base *dialéctica*, motivada por razón de contrarios, pero que no rompen o anulan sus diferencias, sino que, a la inversa, se sirve de sus antagonismos u oposiciones para alcanzar fuerza y progresar.

Ejemplificándolo sobre el propio texto, esos signos de contrariedad —que no se anula— están en la misma protagonización de los contendientes *(peludos/boches)*, en la propia naturaleza de los acontecimientos de la acción bélica *(asaltos/retiradas, avances/repliegues,* etc.); está, asimismo, en la *espacialidad,* el *escenario* (focos de repliegue o refugio/campo abierto// frente/retaguardia// de lucha/de celebración o conmemoración), y hasta en el tiempo (régimen nocturno/diurno).

Subrayemos, a su vez, y como segunda categorización, que estaríamos ante una *modalidad de estructuración* que Jean Burgos[22] tipifica como de *progreso,* caracterizada *"porque no le dice no al tiempo y no le opone conquista o rechazo",* porque su esquema director es la fuerza de la repetición cíclica, y porque, en fin, se trataría de "una historia que arranca su sentido de su desarrollo en sentido único".

Más en concreto, y buscando también claras ejemplificaciones sobre el texto, esa *modalidad de progreso* respondería a tres tipos de *esquemas,* modélicamente patentes y actuantes en el relato valleinclaniano:

1) *Esquemas rítmicos,* esto es, *generadores y cíclicos,* modulación —diríamos— de tiempos fuertes y débiles, de tensión, equilibrio y conti-

---

[21] Seguimos, y tratamos de aplicar en nuestra propuesta, los fundamentos que formula Jean Burgos en su obra *Pour une poétique de l'imaginaire*, Paris, Ed. du Seuil, 1982, cap. 4, pp. 139-174.

[22] Ob. cit., pp. 165 y ss.

nuidad. Así por ejemplo, en la progresión del relato la combinación de *ciclos temporales* (nocturno/diurno), de las *acciones de guerra* (ataque/contraataque, avance/retirada, camino hacia el frente/regreso a retaguardia, salidas/llegadas, estatismo/dinamismo, etc., etc.). También —no se nos olvide— los valores simbólicos que irradian del simbolismo numérico del *diseño* (*cuarenta/siete*, ya considerados).

2) *Esquemas dramáticos*, aquellos que todo en el relato lo orientan hacia una significación totalizadora, unificadora, o de visión última y global. Por citar muestras igualmente claras, piénsese en todas las peripecias de diversas historias —*fragmentarismo*, precisamente— que se ponen en escena y que se organizan, claro es, en una Historia (*visión de la guerra*); piénsese, asimismo, en el movimiento de las acciones bélicas, desde el caos, la confusión, el conflicto, al asalto convergente y la apoteosis; piénsese, a modo de *correlato*, en el signo del *ciclo* —*régimen nocturno* como ámbito de las gestaciones, de las transformaciones, del morir/renacer, —que encuentra plasmación de sentido —orden, triunfo— en el filo del amanecer; piénsese, incluso, en cómo el *espacio profano* —geografía de la desolación bélica— va siendo progresivamente valorizado y como sacralizado por el tiempo que orienta y plenifica, espacio en movimiento en donde se multiplican focos, planos, estados, etapas, y que, al final, —leemos—:

> Una emoción religiosa cubre la vasta plana, y las sombras antiguas ofrecen sus laureles a los héroes jóvenes (...) (cap. XXXIX).

3) *Esquemas escatológicos*, con su modulación insistente del motivo de la muerte, vida y muerte en íntima fusión, vivos que caminan con el olor de la muerte, o signos de creencias (y acciones) como las de la escuadra de marineros (ellos, pescadores de Normandía y Bretaña, "almas infantiles (...) temerosas de los muertos"), que, "supersticiosos y diestros", convierten los cadáveres alemanes, "inflados y tumefactos", en una alucinante escuadrilla de faluchos:

> (...) Se les ve alinearse bajo la luna, y partir hacia el horizonte marino empujados por la fresca brisa que sopla del tercer cuadrante. Pasa un aliento de alegría sobre aquellas almas infantiles y crédulas. Un

grumete, con la gorra en la mano, y las luces de las estrellas en los ojos fervorosos, clama en su vieja lengua céltica:

—¡Madre del Señor! ¡Ya no tengo miedo a los muertos! (Cap. XII).

Toda esta esquematización, en consecuencia, debe dar "otro" horizonte explicativo. El punto de partida radica, claro está, en el poder autorial, en su capacidad para, con y desde la *posición estelar*, convertir una experiencia vivida —su visión de la guerra— en *revelación*; autor, ciertamente, que deviene en *Poeta*, en *Adivino*, portador e intérprete de "una emoción y una concepción en todo distinta".

A partir de ahí —y ya para terminar—, son diversos, y complejos, los simbolizados irradiados por el texto (desde los esquemas expuestos y comentados): *caos y desorden* que se orientan a un principio de *orden, vida como signo de antagonismos* que cierra su ciclo y queda iluminada de sentido con la muerte, *historia y tiempo* que progresan hasta desvelar un *esquema ideal* ("visión pura y desligada de contingencias frívolas"), espectáculo del mundo que proyecta un *sentido último en la unicidad de las cosas*, en el Todo integrador, etc., etc.

En definitiva, una obra que no solo nos conmociona por la visión poderosa de ese *día de guerra*, sino también, y a partir de ahí, por los hondos significados simbólicos, universalizadores, que acierta a transmitir su tan compleja urdimbre textual. Una obra maestra, pues, del gran maestro de nuestra modernidad literaria.

Valle-Inclán (1898-1998): Escenarios
Universidade de Santiago de Compostela, 2000: 179-196

ITALIA EN VALLE-INCLÁN

MARIATERESA CATTANEO
Universitá di Milano

Observaba García Lorca, en la conferencia-recital "Un poeta en Nueva York": "He dicho 'un poeta en Nueva York' y he debido decir 'Nueva York en un poeta'". De la misma manera, o sea dentro de una lógica interior del escritor, no de una transitoria voluntad descriptiva, hablaremos de Italia en Valle-Inclán, tanto más dado que las referencias italianas son una constante en el escritor gallego y no se circunscriben a los años de su residencia en Roma.

Italia es, ya desde su primera producción, un escenario, análogo a México o a la misma Galicia, que soportaba ese proceso de sublimación que transforma la realidad fea o vulgar en el refinado y alusivo "país de las alegorías" dariano[1], conscientemente elaborado, así como el mismo escritor estaba elaborando su propio personaje. Un lugar dibujado según trazas iconográficas precisas y persistentes: antiguos linajes nobiliarios, excepcionalidad artistica, "luz de los mitos"[2], belleza femenina, ardor de pasiones, manejos misteriosos, con algo de brujería. Principal referencia textual: las *Memorias* de Casanova.

---

[1] Véase la poesía XXIII de *Cantos de vida y esperanza* (Rubén Darío, *Poesías completas*, Aguilar, Madrid 1961, p.761). Véase también Mariateresa Cattaneo, *Il pellegrinaggio allegorico (Intorno a due poesie di Rubén Darío)* en *Studi di letteratura ibero-americana offerti a G.Bellini*, Bulzoni, Roma 1983, pp.181-189.

[2] *La marquesa Rosalinda*, en *Obras Completas de don Ramón del Valle Inclán*, Madrid, Rivadeneyra, 1944, tomo II, p.349. "Las rosas nos vengan de Galia!/¡Las nieblas del lado del Rhin!/ !La luz de los mitos de Italia!/¡Y de Sevilla, un bailarín!".

Los tanteos de esta visión se encuentran ya en un poema publicado en *El Correo Español* de México en 1892, "Adiós para siempre", del cual nos interesa la dedicatoria: "A Octavia Santoni, Condesa de Lucca" y la nota explicativa de redacción que lo acompaña: "El señor Valle Inclán, obedeciendo a los deseos de una dama italiana, entusiasta de la poesía española, y en particular del autor de las *Doloras*, compuso en Nápoles la imitación [de Campoamor] que tenemos el gusto de reproducir"[3]. Se da aquí noticia de un presunto viaje a Italia, anterior al mejicano, del cual sólo tenemos otro testimonio en un sucesivo artículo publicado en *El Universal,* México, 7 de agosto 1892, bajo el título *Psiquismo,*[4] en el cual presentando nuevas teorías espiritistas, Valle recuerda los fenómenos de una medium italiana, Eusapia Paladino, "de quien Lombroso se ha servido para sus experiencias, a las cuales he tenido el honor de asistir en Nápoles".

Demasiado poco para confirmar un viaje del que no queda noticia alguna, pero que tampoco se puede descartar sin más. Lo que sí queda es una imagen femenina desdibujada en un nombre y en un título nobiliario: que con modificaciones diferentes volverá a asomarse a menudo a lo largo de la intrincada serie de reelaboraciones de la "singladura" (para decirlo con Eliane Lavaud[5]) narrativa del joven Valle.

En "X" (publicado por primera vez en la revista de Pontevedra *Extracto de Literatura* el 8 de Julio de 1893) el autor encuentra en el ferrocarril de Jalapa a Méjico a una hermosa señora italiana (una cantante, quizás, según puede entender por sus conversaciones en italiano) que viaja con un compañero que parece muy joven y extremadamente débil. Se presenta como la "condesa de Lucca" y el joven enfermo debería ser el conde su marido. En el "atardecer ardiente", mientras él duerme, ella cuenta las grandezas de su familia "con una verbosidad pintoresca y descosida, como los cintajos de su sombrerillo de viaje que alborotaba la brisa de la

---

[3] R. del Valle Inclán, *Artículos completos y otras páginas olvidadas,* ed. de J. Serrano Alonso, Madrid, Istmo, 1987, pp.398-99. El editor recuerda que según el descubridor del texto, García Velasco, el poema fue escrito por el padre de Valle, Ramón del Valle Bermúdez.

[4] Reproducido en *Artículos completos...* pp.190-192.

[5] Eliane Lavaud Fage, *La singladura narrativa de Valle-Inclán,* La Coruña, Fundación Conde de Fenosa, 1991.

laguna"[6]. El autor vuelve después a ver varias veces a la extraña pareja: un día la encuentra a ella sola, que llorando le anuncia la muerte de "el mío caro, el mío carísimo fratelo". La narración acaba con la sorpresa.

Es un cuento frágil, de cautivadora ambigüedad, donde se entrecruzan dos fascinaciones, la de la bella, mentirosa italiana, con su antiguo fabuloso linaje[7] y la de una naturaleza suntuosa y salvaje (otro tópico, la Tierra Caliente) que invade la escena o, mejor dicho, la crea con sus luces, olores, "susurros misteriosos y nupciales".

Octavia Santoni, por su parte, se encarnará en Octavia Santino, la protagonista de una novela corta[8] que nos hace presenciar su muerte: su ambigua confesión al amante Pedro Pondal, durante la agonía, de un presunto engaño parece configurar un supremo dono de amor. En realidad ya en 1892 aparecen diferentes versiones de Octavia: en *¡Caritativa!* es "la Santino", una madura cantante italiana que fue célebre, y utiliza en los momentos de conmoción su lengua en repetidas exclamaciones "¡oh, povero! ¡poverino! ... Mio povero!". En *La Confesión* ella, moribunda, se despide de Pedro Pondal y, ante el dolor de su amante, le confiesa que le ha engañado: "¡Qué no haría yo para que no me sintieses, mi poverino fanciullo!". *Octavia Santino* presenta de nuevo, en un texto más complejo, esta ambigua y dolorosa elección, pero han desaparecido los italianismos como cualquier otra referencia a un origen italiano, es interesante por el contrario la evolución de Pedro Pondal, ahora muchacho muy joven, triste y romántico, que de manera lejana puede recordar la desigual pareja de "X".

La adaptación del relato en el drama *Cenizas* (1899)[9] conlleva muchas alteraciones: Octavia es una mujer casada, a causa del adulterio ha renunciado a su hija, pero, ahora que está enferma, sufre muchísimo esta ausencia y también experimenta el miedo de una muerte cercana y de una posible condenación con que le amenazan juntos su madre y el confesor. Su

---

[6] J. A. Hormigón, *Valle Inclán. Cronología, escritos dispersos, epistolario*, Madrid, Fundación Banco Exterior, 1987, p. 99.

[7] Merece la pena recordar que, si no existieron nunca los "condes" de Lucca, fue princesa de Lucca y Piombino Elisa Baciocchi Bonaparte, famosa por su contrastado amor con Paganini.

[8] *Octavia Santino* es una de las "seis historias amorosas" de *Femeninas*, Pontevedra, Andrés Landín, 1895.

[9] Véase Jean-Marie Lavaud, *El teatro en prosa de Valle-Inclán (1899-1914)*, Barcelona, PPU, 1992, pp. 54-80, 113-144.

dolorida historia sufre años más tarde una revisión importante en *El yermo de las almas* (1908) a través de la modificación de la estructura teatral y la búsqueda de una intensificación melodramática que subraya el tema de la cruel elección entre la hija y el amor en un ambiente de alta burguesía. Curiosamente vuelve la alusión italiana: Octavia Goldoni "es de origen italiano, hija de un pintor florentino, casado con una devota española"[10] y una referencia italiana sirve también para dibujar a su enamorado. Pedro Pondal "tiene el aspecto infantil, lleno de timidez, y el rostro pálido y orlado de una barba naciente. [...] Su mirar melancólico es el mirar de esos adolescentes que, en medio de una gran ignorancia de la vida, parecen tener como la visión de todos los dolores y de todas las miserias. Hay algo en aquel mozo que recuerda el retrato que pintó de sí mismo Rafael de Sanzio"[11].

Y los motivos italianos serpean en otra novela corta, *Epitalamio* (1897) que volverá a aparecer, con las acostumbradas variantes, como *Augusta* en *Corte de amor* (1903). El protagonista masculino, Attilio Bonaparte, es un príncipe y poeta italiano, descrito con riqueza de alusiones al renacimiento florentino, a su tradición erótica y a sus ambientes, desde el palacio Borgia al jardín de Boboli[12]. Aunque no falten alusiones a la sonrisa de la Gioconda, y en las sucesivas versiones a Cellini, al duca de Medici, a Aretino, el modelo parece ser más bien el erotismo libertino de las novelas de D'Annunzio[13], con el mismo gusto de intensificar las sensaciones rozando la perversidad, sin dejar de lado un intento de parodia desacralizadora de la *Divina Commedia* que Eliane Lavaud ha señalado con perspicacia en *Epitalamio* [14].

Pero, como siempre en Valle, predomina el eclecticismo, por el deseo de no apartar ninguna imagen que pueda aparecer significativa o cargada

---

[10] *El yermo de las almas,* en *Obras completas* cit., tomo II, p.21.

[11] *Ibidem*, p.29.

[12] "Merced a esta doble naturaleza de artista y patricio, el príncipe Bonaparte es de todos los poetas italianos modernos el que mejor encarna la tradición erótica y cortesana del renacimiento florentino [...] El príncipe Attilio parece haber respirado el aroma voluptuoso de sus estrofas en los orientales camerinos del palacio Borgia, en los verdes y floridos laberintos de Boboli", *Epitalamio*, Madrid 1897, pp.26-27.

[13] Una solapada y lúdica alusión a su fuente figura en el cambio del nombre de la vaca que la hija de Augusta ordeña con infantil coquetería: que pasa del gallego Maruxa a Foscarina, jocoso homenaje a la protagonista de *Il fuoco*.

[14] Eliane Lavaud Fage, *La singladura narrativa* ..., cit., pp. 147-149.

de un halo sugestivo: Augusta "hundía sus dedos blancos en la ola negra, que formaba la barba del poeta, una barba asiria y perfumada como la del Sar Peladan"[15], con un efecto de acumulación sincrética análogo, para citar otro ejemplo, al de *Sonata de primavera,* donde, en el ambiente italiano dibujado con esmero, el mayordomo melifluo y tramador se llama Polonio. Se percibe claramente en este caso el procedimiento de construcción de una realidad "otra", alusiva, que utiliza la convencionalidad de símbolos que el lector fácilmente reconoce, ya que pertenecen a un patrimonio temático tradicional. Seguro de la fácil recepción de la alusión, Valle se permitirá hasta un guiño irónico y lúdico, proponiendo una curiosa modificación de la imagen, que la incorpora al mundo italiano: "El mayordomo me dirigió una mirada oblicua que me recordó al viejo Bandelone, que hacía los papeles de traidor en la compañia de Ludovico Straza[16]". Y además el recuerdo de la Commedia dell'Arte acentúa los rasgos caricaturescos del personaje.

Sonata de primavera es por otro lado la culminación de la recreación italiana en Valle-Inclán. Ya desde la primera página la presentación de "la vieja, la noble, la piadosa ciudad de Ligura" remite a aquellos moldes que he enumerado al empezar, la admirada valoración de los antiguos monumentos y de las memorias de un pasado señorial, la sugestión de una religiosidad ceremonial que no llega al espíritu pero que halaga la contemplación. Bastante cerca, en esta sensibilidad, se encuentra Valle de Rubén Darío, que en su *Diario de Italia* (1900) insiste sobre la presencia contemporánea de un "mundo heráldico, cardenalicio, real, imperial, papal" y fija inolvidables imágenes de la devota emoción que hace brotar la figura "blanca" de papa Leone[17].

---

[15] *Corte de amor,* en *Obras completas* cit. tomo I, p. 508.

[16] *Sonata de primavera,* en *Obras completas* cit., tomo I, p. 233.

[17] Rubén Darío, *Diario de Italia,* en *Obras completas,* tomo III, Madrid, Afrodisio Aguado 1950, p. 582 y pp. 563-579. Darío subraya la blancura y la fragilidad del papa, "se alza en esfuerzo visible un dulce fantasma", "un ser que no es ya terrestre", "Sencillo pasó en su roja portantina, como una perla en un petalo de rosa" (p.566-67) e insiste sobre el gesto de bendición "el brazo se agita débil" y sobre su mano, descrita a través de imágenes ligeras: "una madeja de seda, una flor, un lirio de cinco pétalos, un viviente lirio pálido o acaso una pequeña ave de fina pluma" (p.563). Quizás se pueda revelar un recuerdo de esta "hebra tan leve" (p. 572), próxima a romperse, en la descripción valleinclaniana de Monseñor Gaetani.

Al final del breve esbozo inicial, bastante esproncediano con sus calles antiguas, sus aleros sombríos, el agonizante farol de una hornacina y una Madona con el Niño (éste "sonriente y desnudo", abandona el modelo romántico en favor de la memoria iconográfica de pinturas italianas del XV y XVI siglo) el yo narrante ofrece la presentación del revés italiano de Bradomín, altísono y lúdicamente frívolo: "Yo soy Bibiena di Rienzo, por línea de mi abuela paterna, Julia Aldegrina, hija del príncipe Máximo de Bibiena, que murió en 1770, envenenado por la famosa comedianta Simoneta la Corticelli, que tiene un largo capítulo en las Memorias del Caballero de Seingalt"[18]. Se perfila así claro el recorrido de la invención valleinclaniana sobre la base de indicaciones y señales que exhibe el autor mismo y que introducen también presentimientos que el texto desarrollará después. La Italia que observa es la de las grandes familias nobles, cargadas de historia y de historias más o menos ejemplares, que conllevan oscuras intrigas y peligros pero que también posibilitan conturbantes aventuras.

Por tanto, después de unos topónimos precisos (Puerta Salaria, Puerta Lorenciana) el espacio geográfico de la imaginaria Ligura queda borrado y se reduce al palacio Gaetani, con sus salones, sus estancias hondas y silenciosas, altares, fuentes, jardines con laberintos de mirtos y rosas, pavos reales y palomas; hasta el mar Tirreno que se entrevé a lo lejos, con su "dorada arena" y "el son de los caracoles" de los pescadores, parece pertenecer a esta "fábula antigua", lugar de ensueño o encantamiento, más que a una real localización geográfica. Cierto no le interesa a Valle la exactitud histórica ni geográfica, lo que busca es recrear un "paisaje cultural" -para utilizar las palabras de Salinas sobre Darío[19]- que construye tanto con elementos icónicos, usuales de un *decor* sublimado y artificioso (refinadamente convencional) -como tal repetitivo, "cristalización constante de exotismo"- como a través de una adecuación artística más propiamente italiana, que utiliza mentores literarios (Casanova declaradamente y, en filigrana, D'Annunzio) y referencias pictóricas, desde la inicial discusión alrededor de problemas de atribución de unos dibujos (¿Rafael, Andrea del Sarto, Leonardo?) a la proyección de símiles que realzan el aspecto visual, esencial en

---

[18] *Sonata de primavera,* en *Obras Completas* cit., p.198.
[19] Pedro Salinas, *La poesía de Rubén Darío,* Barcelona, Seix Barral, 1975.

su narrativa: "un grupo casto y primaveral como aquel que pintó Sandro Boticelli", "la audacia que se admira [...] en aquel retrato que del divino César Borgia pintó Rafael Sanzio"[20].

Las reminiscencias de la pintura italiana, en particular la de los primitivos y de los renacentistas, son por otra parte constantes en Valle: lo guían cuando estiliza leyendas piadosas y milagreras de su tierra en los versos nítidos de *Aromas de leyenda*, cuando, en las reseñas de pintura de 1908 y 1912, "saca a relucir a los grandes autores italianos del Renacimiento -Donatello, Cellini, Leonardo, Botticelli- como parámetros de lo más alto del arte de todos los tiempos"[21]; cuando intensifica la recepción visiva en momentos de virtuosismo descriptivo de la *Lámpara*: "en el tablero de las siembras, los senderos parecían las flámulas donde escribían las leyendas de sus cuadros los viejos maestros de aquel tiempo en que las sombras de los santos peregrinaban por los senderos de Italia. Atajábamos la Tierra de Salnés..."[22]. Pasadas a través de la reinterpretación prerrafaelista y dannunziana, las imágenes de esta pintura presiden la evocación a la vez cándida y emotiva del "Pobrecito de Asís": "Todo el arte de los primitivos italianos se unge con la emoción franciscana igual que con un divino óleo. La pintura se hace amable, y en las vidrieras y en los frescos murales, y en las claras tablas de la escuela florentina, aparecen los milagros evangélicos como rosas que acaban de abrirse. El alma de los pinceles está llena de emoción y de sonrisa, los temas son de un candor amoroso, de un sentimiento familiar y divino"[23]. Y, siempre en la *Lámpara maravillosa*, la

---

[20] *Sonata de primavera*, cit. p. 224 y p. 230. Puede observarse, a propósito de César Borgia, que el único retrato suyo se conserva en la Accademia Carrara de Bérgamo, obra de Altobello Meloni (1502). Valle Inclán retoma una presunción que deriva probablemente de D'Annunzio: "il ritratto del gentiluomo incognito ch'è nella Galleria Borghese, la profonda e misteriosa opera d'arte in cui le immaginazioni affascinate credetter ravvisare la figura del divino Cesare Borgia dipinta dal divino Sanzio" (*Il piacere*, en *Prose di romanzi*, I, Verona, Mondadori, 1942, p.51)

[21] Javier Serrano Alonso, en R. del Valle Inclán *Artículos completos* cit. p. 227. Se podrían multiplicar las citas: ciertamente el aspecto visual y artístico constituye el centro de la relación de Valle con Italia, en cuanto le ofrece una posibilidad de intertextualidad o de creatividad multiplicativa que le permite un juego de alusión con el lector y también un primer distanciamento de su mirada resumido en la afirmación "Nada es como es, sino como se recuerda" ("Un pintor") o "Para la obra de arte nada es como es, sino como la memoria lo evoca" ("Del retrato"). *Ibidem*, p.232 y p.243.

[22] *La lámpara maravillosa*, en *Obras completas* cit. tomo I, p.781.

[23] *Ibidem*, p. 806.

meditación sobre Rafael resulta decisiva para la definición de su actitud creadora y de un canon que aparece abierto a una sucesiva evolución experimental y rupturista cual el esperpento: "Rafael de Urbino, el más maravilloso de los pintores, modificó siempre la línea que le ofrecían sus modelos, pero lo hizo con tal sutil manera, que los ojos solamente pueden discernirlo cuando se aplican a estudiarle y comparan las imágenes vivas frente a las de sus cuadros. Entonces se advierte que ninguna de aquellas figuras pudo moverse con la gracia que les atribuyó el pincel. Este milagro conseguido sobre las líneas, desviándolas y aprisionándolas en un canon estético, ha de lograrlo con su verbo el poeta"[24].

Todavía en 1920 el escritor utilizaba para precisar su concepto del arte como construcción y significación simbólica una voz italiana: la de Maese Lotario, personaje que mezcla ecos cervantinos, comedia del arte, enredos novelescos (y justifica así la aparición del Caballero de Seingalt) en la *Farsa italiana de la Enamorada del Rey*. Un *pastiche* jovial donde Valle hace coexistir quijotismo y modernismo, melancolía y polémica antiacadémica, ternura, bufonería e italianismo, con un gran virtuosismo verbal y una apuesta decidida por una de las dos posibilidades artísticas:

> En arte hay dos caminos: Uno es arquitectura
> y alusión, logaritmos de la literatura:
> El otro realidades como el mundo las muestra...[25]

Cuando en 1929 Valle-Inclán publica en *Caras y Caretas* de Buenos Aires una breve narración intitulada *Un bastardo de Narizotas*, ya se ha cumplido la modificación esperpéntica y el canon estético ahora admite una desviación según la "matemática de espejo cóncavo". Han salido los dos primeros volúmenes del *Ruedo Ibérico* y el estilo de Valle ha evolucionado

---

[24] *Ibidem*, p.791.
[25] *Farsa italiana de la Enamorada del Rey,* en *Obras completas* cit. tomo II, p. 511. Hay que recordar que el adjetivo "italiana" fue añadido en 1926, cuando Rivadeneyra volvió a publicar el texto, antes aparecido en la Sociedad General Española de Librería de Madrid, en la trilogía *Tablado de marionetas para educación de príncipes*, junto a *Farsa infantil de la Cabeza del Dragón* y *Farsa y licencia de la Reina Castiza*, tomo X de la *Opera omnia*. La adición tiene quizás razones simétricas ("Farsa infantil" "Farsa y licencia"), de todas maneras subraya una actitud grotesca y liviana, de teatro de marionetas y de comedia del Arte, que la justifica, mucho más que el uso de unos parlamentos en italiano.

Mariateresa Cattaneo

hacia un nuevo ritmo, rápido, incisivo y mordaz, con una diferente selección de vocablos, que logra una fuerte eficacia idiomática y un realce visual más visionario y relampagueante, entre las sugestiones cubistas y el dramatismo oscuro de pintores como Zuloaga y Gutiérrez Solana.

El breve esbozo narra la aventura, en 1868, de un equívoco personaje conocido como conde Blanco que se hacía pasar por descendiente bastardo (nieto o hijo) de Fernando VII: al llegar a Roma para entregar unos pliegos secretos al cardenal Antonelli, secretario de estado, se da cuenta, violando los sellos, del interés que pueden tener, y decide venderlos a los carbonarios. Pero éstos, durante una cena, le emborrachan y le narcotizan para robarle el documento. El relato termina con un breve epílogo que cuenta que la carta fue vendida en Londres en el mes de junio de 1868, y comprada por un emisario del duque de Montpensier.

Las precisiones del epílogo[26] se atenúan en la versión sucesiva, publicada en *Ahora* del 12 de marzo de 1933, con el título *Correo diplomático*, que presenta muchísimas variantes, pero sin modificar el contenido. Valle-Inclán propone al público español un episodio que había tenido escasa difusión, en razón de su publicación argentina, y que había descartado en *Viva mi dueño*, quizás "por introducir un nuevo escenario: Roma" como sugiere convincentemente Leda Schiavo[27]. Además Valle parece barruntar ya en 1932 el proyecto de un libro del *Ruedo ibérico* sobre la "influencia del Vaticano" en la política española. "Para este último -insta en repetidas entrevistas- me interesaría especialmente ir a Roma, porque una parte de su acción ocurre en esta ciudad".[28] Precisará de nuevo, ya instalado en Roma: "Estoy ahora con una novela que forma parte del *Ruedo ibérico*. Se refiere a la parte que Roma tuvo en la boda de la infanta Isabel con el conde de Girgenti, hermano del candidato a la corona de Nápoles".[29]

---

[26] Valle quita nombres, precio y ofrece la noticia con fórmulas dubitativas, al darse cuenta de algunas equivocaciones y contradicciones históricas; véase E. Lavaud Fage, *La singladura narrativa* cit. pp.63-66.

[27] Leda Schiavo, *Historia y novela en Valle-Inclán*, Castalia, Madrid 1980, p. 239.

[28] Entrevista aparecida en *La Libertad*, Madrid, 17 de noviembre de 1932, reproducida en R.M.del Valle-Inclán, *Entrevistas, conferencias y cartas*, ed. de Joaquín y Javier Valle-Inclán, Pre-textos, Valencia 1995, p.547. Y en el *Heraldo de Madrid*, 25 de enero de 1933, convaleciente de una operación a la vejiga en el sanatorio de Cuatro Caminos, declara: "Uno de los tomos de mi *Ruedo ibérico* está consagrado, en su mitad, a Italia. Parte de la obra se desarrolla allí. En él estudio la política tramontana, la actuación del papa Pío IX", *ibidem*, p.550.

[29] En *Luz*, Madrid, 9 de agosto de 1933, *op.cit.*, p.577.

La Roma presentada en los dos cuentos difiere de la primaveral de la *Sonata* desde el comienzo: "La primavera en la campaña romana es siempre nubosa y friolenta...": pero el autor repite el mismo talante descriptivo, utilizando en las primeras páginas puntuales indicaciones topográficas ("el camino de Civita-Vechia, la Porta de Popolo, el London Hotel, la via de los Santos Mártires"[30]) para buscar después principalmente una ambientación, un telón de fondo que esta vez, en armonía con el argumento, es esencialmente papalino. "Se desgranó un rosario de seminaristas -negros zapatos con hebillas, medias moradas, revuelo de sotanas..." "Apenas, con largos espacios, un clérigo, una beata, la infantil bandada de una escuela de monjas, la fugitiva hopalanda de un judío, el arqueológico landó de un cardenal, con lacayos de peluca blanca, medias de seda y protocolario paraguas rojo"[31]. Se abren fugaces perspectivas populares: "El viento, los marullos del río; los pasos de una ronda, la puerta iluminada de una taberna, la disputa de unos malcasados, escalonábanse como motivos de la ciudad dormida". La Roma antigua y noble parece desaparecer ("Arcos, obeliscos, estatuas, cúpulas y ruinas tenían una insurreción ceñuda, en perspectivas llenas de sombra. Ciega, geométrica, la ciudad cargada de siglos abolíase en la gran taciturnidad de un sueño de piedra") para dejar espacio al interior ordinario y soez donde se concluirá la historia y donde vive Cósimo Balsena, "vicioso y corrompido", 'tahur y monedero falso" pero "fiel a la gran idea del reino de Italia".

Este patriotismo parece ser la única nota positiva en un paisaje, humano y ambiental, oscuro: casi rememorando una observación de Rubén Darío: "no hay duda de que, a pesar de todo, Italia no perderá nunca su lado novelesco"[32], de nuevo Valle desdevana en el escenario italiano una historia curiosa y turbia de ficciones, trampas y traiciones.

---

[30] De una versión a otra sufren algunas variaciones: en *Un bastardo* leemos "camino de Viterbo, Bristol Hotel", se citan más monumentos, como la iglesia de Santa Maria di Monte; persiste en cambio la errónea atribución de la Porta del Popolo a Miguel Angel. Con evidente carga simbólica, domina sobre todo la cúpula del Vaticano, que en *Correo* asume un dramatismo sombrío: "Remota, en la tarde agonizante, erigía su curva mole la cúpula del Vaticano: negra, apologética y dogmática sobre el ocaso de sangre". Para las variantes, véase Leda Schiavo, cit. pp. 237-242.

[31] *Un bastardo de Narizotas* y *Correo diplomático*, en J. A. Hormigón, *Valle Inclán. Cronología* cit. pp. 205-230.

[32] Rubén Darío, *Diario de Italia*, cit. p. 582.

Cuando por fin Valle-Inclán llega a Italia, como Director de la Academia Española de Bellas Artes, está debilitado por la enfermedad y por un largo periodo de apuros económicos. Pero tiene ganas de cubrir activamente su cargo, de disfrutar de las bellezas y del arte de Italia, de completar su ciclo de novelas. Seguramente encontró en la Academia más problemas de lo previsto, comenzando con los concretos y cotidianos -mobiliario, vivienda, lencería, servicio- que se reflejan en una serie de cartas publicadas por el embajador Jorge de Esteban en 1985[33], y tuvo otros sinsabores conectados con la gestión que dejan su huella en cartas polémicas a periódicos españoles. Entre estos problemas y los asaltos de la enfermedad que no le concedía sosiego, Valle no logra escribir su novela, ni deja otro testimonio de su estancia que no sean cartas -muchas probablemente perdidas o no publicadas- o entrevistas. Así poco, poquísimo, sabemos de estos meses: Valle estuvo en Roma desde abril hasta agosto de 1933 y de finales de 1933 al otoño de 1934.

Bastante desilusionado por el difícil momento de la política española, ve con inicial simpatía a Mussolini sobre todo porque le parece que ha animado en el pueblo "la renovación de la fe en su destino histórico", ha comunicado "un ideal, un concepto de sacrificio"[34]. Le asombra su "furia dinámica, colmada de porvenir, el sentimiento sagrado de la tradición romana"[35] y le ilusiona la posibilidad de una dictadura personal, "de un hombre solo", ya que no acepta la dictadura de una clase sobre las demás "que es el caso de España"[36]. Estas tan discutidas opiniones, además de acusar la huella de un utópico deseo de dictadura, como solución de muchos problemas, que va serpeando entre los intelectuales españoles ya desde los regeneracionistas y noventaochistas, toman su verdadero sentido si se observa que Valle enjuicia -diría superficialmente- la política italiana según una óptica estrictamente española, reconduciéndolo todo a los punzantes problemas de España.

---

[33] *Homenaje a Don Ramón de Valle-Inclán*, Atti, Roma 1985, pp. 93-174. Véase también Dru Dougherty, *Valle-Inclán y la Segunda República*, Valencia, Pre-textos, 1986.

[34] Entrevista en *Luz*, agosto de 1933, en *Entrevistas, conferencias* cit., p.571

[35] Carta al doctor Salvador Pascual del 27 de abril de 1933. Cita algunos párrafos Fernández Almagro y los reproduce Hormigón, *op.cit.*, p. 596.

[36] Entrevista en *Luz*, cit., p. 572.

Del fascismo mussoliniano también le gusta la "tradición de las fiestas y conmemoraciones", que con su magnificencia oscurecen las del Vaticano, descritas con vehemente y maligno humor esperpéntico: "Una procesión del Vaticano es esto: unos frailes alemanes zancudos y feos; detrás una fila de sacerdotes de no sé qué secta; a continuación unas congregaciones de franceses, con trajes azules del peor gusto, una especie de hijas de María; peregrinos de todas partes del mundo vestidos con trajes burgueses y arrugados por el viaje"[37].

Hay una música que suena en Italia en la época, la de la romanidad clásica, propiciada por la cultura fascista, y a través de ésta el escritor descubre la "enorme impresión"[38] de la Roma antigua e imperial: que ciertamente se le abre como una dimensión nueva respecto a su Italia imaginada que era peculiarmente renacentista y señorial. Valle habla con entusiasmo de la recién abierta Via dell'Impero, y fija su atención sobre las cuatro estatuas de emperadores: "Mi emoción se suscitó al ver la estatua de un emperador español, Trajano, y de otro elegido por las legiones hispánicas, Nerva. Esto habla en favor de la universalidad de Roma...". El lapsus a propósito de Trajano no disminuye sino que subraya la inmediatez de la emoción y el gozo de las nuevas experiencias: que Valle vuelve a expresar hablando de Herculano, de Ostia Antigua y que le llevan a retomar la idea de Aristide Briand de los Estados Unidos de Europa, proponiendo como capital Roma. De sus impresiones romanas queda traza en unas palabras recogidas por los periodistas: "No acabo de ver Roma, tales son sus tesoros. Últimamente me he dedicado al peregrinaje ilusionado por las antiguas 'vilas'. ¡Qué tesoros se encuentran allí! Todo es gracia, ponderación y armonía. Pinturas, jardines, fuentes que elevan al cielo sus surtidores, gigantes como cipreses"[39]. Pero echamos de menos lo que el cronista deja apenas imaginar: "Su boca borbotea fresca y auténtica elocuencia, iluminada por el resplandor de nombres insignes. Evocaciones del Renacimiento y de la Roma imperial", "Otra vez vuelve a su rosario de anécdotas de cancillería. Cardenales diplomáticos, generosos vinos italianos, fuentes y jar-

---

[37] *Ibidem*, p.572.
[38] *Ibidem*, p.575.
[39] Entrevista en *El Sol,* Madrid, 11 de noviembre de 1934, *op.cit.* p.614.

dines, mármoles insignes y estatuas paganas. En el otoño de su vida revive don Ramón el ambiente de su *Sonata de primavera*" [40].

La alusión del periodista no es sólo motivo para un retórico final de artículo: cabe pensar que Valle veía Italia en términos de su antigua historia, rica de sugestiones clásicas y monumentales, pero también captando y apreciando el fascinante ambiente de vida que él mismo ya había evocado de lejos, y en cierta manera volviendo a las fuentes de aquella aproximación: es interesante notar que entre los libros que dejó en Roma a finales de 1934, pensando volver, junto a diversas guías turísticas y artísticas, se encuentran los 22 tomos de la *Storia della mia vita* de Casanova y las *Obras completas* de Rubén Darío.

Muy poco sabemos también de su relación con el mundo cultural italiano: se puede suponer que se trató de encuentros sin duda frecuentes e interesantes, pero de carácter principalmente mundano y social. La cultura italiana no conocía casi a Valle Inclán, aunque en 1927, Edoardo Persico, joven arquitecto y crítico de arte de vivaz relieve en la vida intelectual de esos años, hubiese publicado un "*Ritratto di Valle Inclán*" en la revista *Il Baretti*, muy elogioso e informado.[41] En las historias del teatro (como la de Ruberti) y en las revistas de teatro más importantes (*Comoedia*, *Il Dramma*, *Scenario*) bastante espacio se dedicaba a Benavente, a los hermanos Quintero, tal vez a Pemán, pero poquísimo a Valle (considerado muy semejante a D'Annunzio y poco representativo como autor español). Además los literatos italianos vivían un momento político difícil, no exento de censura y por las mismas razones la vida cultural adolecía de nacionalismo, como subraya el mismo Valle-Inclán[42].

Sin embargo, trabó amistades importantes como con Anton Giulio Bragaglia, hombre de teatro genial y muy discutido, que propuso a Valle poner en escena una pieza suya. Eligieron *Los cuernos de Don Friolera*, todavía no estrenada en España, y Bragaglia se encargó personalmente de la traducción, con la ayuda del mismo Valle, según las declaraciones a un

---

[40] *Ibidem*, p.615.

[41] Véase Franco Meregalli, "Valle-Inclán in Italia" en *Homenaje a don Ramón del Valle-Inclán*, Atti, Roma 1985.

[42] "Ya en otras ocasiones he dicho que la producción literaria e intelectual de Italia en estos tiempos adolece de una preocupación estrictamente nacionalista, que dificulta en gran manera su universalidad", *El Sol*, noviembre de 1934, en *Entrevistas* cit. p.615.

periodista del director de escena, que añade que ha debido utilizar muchos vocablos del dialecto "per rendere nella nostra lingua il sapor locale e l'efficacia retorica di certe locuzioni senza equivalenti nell'italiano scritto"[43].

He podido recuperar muchos datos sobre el espectáculo, aunque necesitaré más tiempo para concluir exhaustivamente mi investigación. Las representaciones tuvieron lugar en el teatro Valle de Roma, los días 9 y 10 (quizás también el 11) de noviembre de 1934, con la compañia del "Teatro degli Indipendenti" que dirigía Bragaglia.

Muy enfermo, Valle había vuelto a España y no presenció la representación: tampoco parece -por lo que sé- que haya dejado indicaciones o comentarios sobre este estreno, lo que tal vez no extraña si recordamos la polémica postura que después de 1926 varias veces tomó respecto a la posibilidad de una representación teatral satisfactoria (después de su muerte la retomó la viuda, intentando prohibir el estreno español de *Los cuernos* en ocasión del homenaje de 1936). Puede ser que algunas dificultades con la censura, que menciona Alberti, le hayan confirmado en su sospecha sobre la posibilidad de representar un texto como lo había pensado el autor.

Sin embargo, la representación tuvo éxito: las numerosas reseñas italianas parecen desmentir el recuerdo de Hidalgo de Cisneros, entonces agregado militar de la embajada, que muchos años después en sus *Memorias*, publicadas en París en 1964 afirmaba: "La representación fue un desastre. No gustó nada. El público no ocultó su descontento y nosotros pasamos un rato francamente desagradable".

El comentario más polémico, no sobre el texto de Valle Inclán, definido "Satira assai viva, con tratti di profonda e dolorosa umanità", sino sobre el trabajo de Bragaglia, se publica en *Il Giornale d'Italia*, 11 de noviembre. Al crítico no le gusta la traducción, afeada, a su parecer, por demasiadas palabrotas "assai care a Bragaglia" e "indicate a muovere il riso grasso del pubblico romano, abituato ai lazzi di Petrolini", tampoco aprecia la escenografía: "con dei cortiletti e un cimiterino deliziosi, ma con quel tanto di provvisorio e di improvvisato che pare caratteristica inconfondibile di Bragaglia: una eterna bozza di stampa piena di refusi che da venti anni si attende di giudicare nei nitidi caratteri della pagina di

---

[43] Reseña teatral, "Le corna di Don Friolera. 13 quadri di Ramón del Valle Inclán", en *Il Tevere*, Roma, 10 de noviembre de 1934.

stampa". Se percibe, en estas últimas palabras, la huella de un largo disenso y divergencia de ideas teatrales, pero el cronista admite -quizás un poco a regañadientes- que "il pubblico ha applaudito molte scene, ha riso o sorriso di molte battute. Possiamo dire successo".

Mucho más extensa y positiva la reseña de *Il Tevere* (10 de noviembre), que publica también un retrato de Valle por el pintor argentino Montesinos. El crítico parece haber buscado cierta información sobre el autor, que sitúa con Santiago Rusiñol en el grupo de los escritores españoles poco conocidos en Italia y, tomando como punto de referencia a Lamberti Sorrentino, especialista de cultura argentina e hispánica, afirma que Valle es "más importante que Unamuno en la literatura española". Define *Don Friolera* una "spettacolosa farsa, concepita nel gusto delle storie popolari, dialogata e scritta in una lingua colorita e violenta che si ispira ai più classici modelli dello stile *cocasse*" (donde el juicio naturalmente recae sobre la traducción, según cuanto ya se ha dicho). Elogia el trabajo de los actores (sobre todo de Umberto Sacripante, un Pachequín "con un tono di fanfaronata") y así describe la escenografía, que, gracias a un escenario giratorio, permitía trece mutaciones sin bajar el telón: "Gli scenari erano quelli classici di Bragaglia: castelli di carta ritagliata, pareti di tela, cancelli che si aprono facendo 'trac-trac' con la voce, lumi che scivolano nell'aria come degli ectoplasmi evocati al tavolo con tre gambe, cieli che rotolano dentro le stanze, al di sopra delle pareti scoperchiate ecc. ecc. Ma la stanza in cui discutono gli ufficiali, al nono quadro, e la piazzetta con la casa di Friolera a destra, la bottega del barbiere a sinistra, il palazzetto della pinzocchera in fondo, sono delle scene che possono stare su qualsiasi palcoscenico". Concluye el crítico deprecando que la coincidencia con el estreno del *Amleto* de Moissi en el teatro Argentina haya creado en críticos y espectadores un desagradable "caso de conciencia".

La reseña del *Messaggero*, 10 de noviembre, habla enseguida de trama escabrosa, pero no fastidiosa, resolviéndose en lo grotesco: como en los otros casos, el resumen de la intriga se configura como representación de la vida española, con una búsqueda de la peculiaridad nacional propia de estos años (¿solamente?) y se empobrece la interrelación de los tres planos de la estructura (los muñecos de Compadre Fidel, la representación de la historia, el romance de ciego) que no se capta completamente. Se elogian "i toni di una cruda esasperazione, sprazzi di pittoresca rappresentazione della vita, lampi di verace umanità". "Alla fine di ogni atto applausi che risuonarono anche dopo alcuni quadri."

Al crítico de *Il popolo di Roma* (10 de noviembre) parece que la intención de Valle-Inclán, al escribir la pieza, haya sido demostrar que el teatro tiene que volver a sus formas sencillas y primitivas; lo que, en su opinión, le otorga cierta frialdad e intelectualismo, que el juego escénico y la tensión melodramática contribuyen a disipar en un espectáculo que merece ser visto.

El día 17 de noviembre en *L'Italia letteraria*, semanal de cultura, sale otra reseña ("Moissi all'Argentina, Bragaglia al Valle"). El crítico Arnaldo Beccaria manifiesta gran aprecio por el texto de Valle-Inclán "un vero modello di discrezione, di arguzia e di fantasia" y añade algunas observaciones que atestiguan un atento análisis de la pieza: "C'è nella narrazione il gusto, portato al clima dell'arte, d'una storia popolare, di quelle stampate e illustrate con truculente vignette sui foglietti volanti in vendita a due soldi nei sobborghi; e non per nulla un burattinaio cantastorie apre la vicenda a guisa di prologo e ne canta, all'ultimo quadro, l'epilogo". El protagonista es "una sorta di Otello, dubitoso e irresoluto come Amleto; da questo suo stato d'animo derivano le situazioni, volta a volta, comiche, sentimentali, e drammatiche..."

Nótese que nadie habla de "esperpento" y la ignorancia de la teoría esperpéntica explica la incomprensión del prólogo con su defensa de la distanciación demiúrgica y de consecuencia también la del epílogo, con su carga sarcástica. Quizás Bragaglia no subrayó bien este mensaje en la representación: en la traducción[44] podemos ver que había introducido en el cuadro catorce unos cortes que, quitando la referencia a los muñecos del bululú, dificultan bastante la comprensión del texto.

De su dirección Beccaria alaba la levedad, el no haber excedido en colores fuertes, buscando la delicadeza de una pintura al pastel. Además se reproduce un boceto de un cuadro, que nos proporciona un interesante testimonio visivo. El cronista subraya también la buena acogida del espectáculo: "Il pubblico dette una davvero bella prova di sé: seguì con crescente interesse e divertimento la vicenda, applaudendo calorosamente a scena aperta e ad ogni fine d'atto."

---

[44] Publicada en *Il Dramma*, 347, 1 de febrero de 1941, pp.7-24.

Antongiulio Bragaglia, "Le corne di don Friolera", (*L'Italia Letteraria*, 1934).

Aunque salía del tema "Italia en Valle-Inclán", he creído interesante proporcionar unos datos desconocidos acerca de lo que Italia ha podido ofrecer a Valle casi como agradecimiento de su duradera admiración y atención: un estreno con buen éxito y reconocimiento crítico.

Bragaglia se encariñó con el espectáculo, que repuso en 1937 en el Teatro delle Arti de Roma. En 1941 la revista *Il Dramma* publicó su traducción, que aunque con algunos descuidos, faltas y cortes discutibles, es, en mi opinión, una buena muestra de cómo hay que traducir al Valle-Inclán esperpéntico. Y *Le corna di Don Friolera* volvió a la escena otra vez en 1950, en Nápoles, Teatro della Floridiana. De esta última representación queda un recuerdo y una intensa interpretación en el grabado de agua fuerte y agua tinta de una conocida pintora, Valeria Vecchia[45]. Con sus marionetas, a la vez caricaturescas y desoladas, que atestiguan una persistencia del personaje en el imaginario artístico italiano, concluiré este breve apartado de Don Friolera en Italia.

---

[45] Valeria Vecchia, *Incisioni e litografie dal 1934 al 1978*, a cura di Gualtiero da Viá y Carlo Giacomozzi, Bertoncello Artigrafiche, Cittadella, 1980.

Valeria Vecchia, *Don Friolera*, 1952.

Valle-Inclán (1898-1998): Escenarios
Universidade de Santiago de Compostela, 2000: 197-219

EN TORNO AL VIAJE EN
EL RUEDO IBERICO

MERCEDES TASENDE ANTELO
Western Michigan University

I

En la trilogía titulada *El ruedo ibérico*, compuesta por *La corte de los milagros* (1927), *Viva mi dueño* (1928) y *Baza de espadas* (1932), don Ramón del Valle-Inclán examina una de las épocas más inestables y caóticas de la historia de España: el reinado de Isabel II. En principio, *El ruedo ibérico* iba a constar de nueve novelas distribuidas en tres series y en ellas el autor se proponía estudiar el período transcurrido entre los meses de la Revolución de 1868 y la muerte de Alfonso XII en 1885, recogiendo sobre todo "la sensibilidad española, tal y como se muestra en su reacción ante los hechos que tienen importancia" (Madrid 115). Sin embargo, por diversas razones, no logró llevar a cabo su plan y sólo *La corte de los milagros* y *Viva mi dueño* fueron publicadas en su totalidad.[1] Pero si bien no pudo terminar la serie, las tres novelas que nos han llegado de *El ruedo ibérico* bastan para darnos una visión de la complejidad de los problemas de la España isabelina.

---

[1] Juan Antonio Hormigón señala que "un sinnúmero de dificultades económicas, personales y quizás también de capacidad de trabajo, impidieron su conclusión" (197). Por su parte, Leda Schiavo añade a los factores ya mencionados el hecho de que Valle "no pudo encontrar una perspectiva histórica 'a la altura de las circunstancias'" (*Historia y novela* 27).

I Seminario: Viajes

Para entender la función de los viajes en *El ruedo ibérico* es preciso destacar antes la estructura circular de la trilogía. Las tres novelas, y también los 24 libros que las forman, se podrían leer por separado. Incluso las 440 escenas de que consta la trilogía gozan de cierta independencia semántica, dado que son una especie de instantáneas que recogen diversos aspectos de la totalidad del Ruedo. Sin embargo, este tipo de lectura sería incompleta puesto que dichas escenas están dispuestas conforme a un plan circular bastante rígido, de manera que se convierten en piezas indispensables de este sofisticado entramado que es *El ruedo ibérico*.[2] Como ya han demostrado Jean Franco y Harold Boudreau, el carácter circular de la trilogía es apreciable sobre todo en las dos primeras novelas, donde se comprueba que, efectivamente, tanto los libros como los capítulos están dispuestos de manera circular. Así, los libros I y IX, II y VIII, III y VII, IV y VI de *Corte* y de *Viva* forman círculos independientes que giran en torno al libro central de cada novela: el libro V. Este carácter circular es apreciable asimismo entre *Corte* y *Viva*, de modo que los libros ya citados de ambas novelas se encuentran vinculados por numerosos paralelismos. La circularidad se manifiesta en todos los niveles estructurales de la trilogía y obedece a las ideas estéticas expuestas por el autor en *La lámpara maravillosa* en lo relativo al tiempo y la eternidad. Claramente, tal estructura está orientada a la consecución de una visión cíclica y atemporal que sirva de metáfora de la historia de España y que resalte el movimiento estéril que la caracteriza,[3] confirmando así que, efectivamente, "en la obra de Valle-Inclán la forma no es sino el mismo contenido o fondo hecho visible" (Bermejo Marcos 326).

---

[2] Algunos estudiosos afirman que hay una falta de unidad en la trilogía. Así, Melchor Fernández Almagro comenta que tanto *La corte de los milagros* como *Viva mi dueño* "se pueden leer sin orden o a caprichosos saltos, puesto que no existe un asunto que gradúe sucesivamente sus efectos" (233). De igual forma, Eugenio de Nora y Juan J. Gilabert, al referirse a *Baza de espadas*, señalan que la novela carece de argumento y de unidad. Por último, Rafael Conte asegura que "apenas existe trama argumental" y, por ello, los episodios "se acumulan en descabelladas peripecias inconexas" (58), coincidiendo así con Antonio Risco, para quien la trilogía tiene un carácter "fragmentario y discontinuo" y, como consecuencia, "el argumento —si existe— se pierde, se olvida, pasa a un plano secundario" (129).

[3] Se utilizan muchos otros recursos para crear la ilusión de que no existe progreso temporal. Destacan los estudios de Peggy Lynne Tucker y Linda Glaze, quienes exploran algunas de las técnicas inmovilizadoras utilizadas por Valle-Inclán en *El ruedo ibérico*, como repeticiones, alusiones a hechos históricos recurrentes, las imágenes relacionadas con el círculo y la rueda, etc.

Tras la incorporación en 1931 del libro titulado "Aires nacionales" a *Corte* es posible visualizar un esquema en el que este nuevo libro constituiría el círculo mayor y *Viva* V el más pequeño.[4] En total habría diez círculos que, de mayor a menor, serían los siguientes:

1. "Aires Nacionales"
2. *Viva* I
3. *Viva* IX
4. *Corte* I y *Corte* IX (Madrid)
5. *Corte* II y *Corte* VIII, *Viva* II y *Viva* VIII (Madrid)
6. *Corte* III y *Corte* VII (Los Carvajales),
7. *Viva* III y *Viva* VII (Córdoba)
8. *Corte* IV y *Corte* VI (Los Carvajales), *Viva* IV y *Viva* VI (Madrid)
9. *Corte* V (Los Carvajales)
10. *Viva* V (Solana)

Los tres círculos mayores tienen carácter panorámico y nos ponen al corriente del estado caótico en que se encuentra el Ruedo ante la llegada inminente de la revolución. El trono isabelino se encuentra amenazado dentro y fuera del país, dado que hay conspiradores en Londres, Francia y Portugal. Los dos círculos siguientes tienen lugar en Madrid y se concentran en las intrigas palaciegas en las que parecen participar tanto los nobles como la propia servidumbre. Por último, los círculos restantes presentan escenas que, por lo general, tienen que ver con la situación crítica en que se encuentran diversas zonas del interior de España, principalmente el Coto de Los Carvajales y Solana. Bajo este nuevo esquema, las dos plazas de toros visualizadas por Bermejo Marcos en *Corte* y *Viva*[5] se combinarían para crear una

---

[4] En las ediciones modernas, "Aires nacionales" aparece como el primer libro de *La corte de los milagros*. En el presente estudio, sin embargo, aunque las páginas referidas a *La corte* que se indican entre paréntesis provienen de la edición de Austral de 1990, se respeta el contenido de las primeras ediciones de la novela y se considera "Aires nacionales" como un libro aparte.

[5] Bermejo Marcos señala que el esquema estructural resultante de cada novela sería semejante a "una gigantesca plaza de toros" contemplada a vista de pájaro. Esto es especialmente visible en *La corte de los milagros*, donde los Libros 1 y 9 se corresponderían con los palcos reales, los libros 2 y 8 con los tendidos para la masa burguesa, los libros 3 y 7 con la barrera que separa el ruedo propiamente dicho de los tendidos y, finalmente, los libros 3, 4 y 5 serían los lugares ocupados por el "honrado pueblo" (324-25).

gran plaza monumental que daría cabida a los diferentes círculos sociales y que sobrepasaría las fronteras físicas del Ruedo para ponernos al corriente de las conspiraciones revolucionarias llevadas a cabo en el vapor Omega, que se dirige a Inglaterra, y en diversos puntos del extranjero[6]. No es casualidad, entonces, que el centro estructural de *El ruedo*, formado por el libro V de *Viva*, transcurra simbólicamente en la plaza de toros de Solana, representando así la visión microscópica de España y la unidad potencial propia del centro. Con ocasión de la corrida se ponen a un lado los remilgos de clase y tanto el Marqués de Torre Mellada como Adolfo Bonifaz se juntan con el populacho formado por chalanes, cortijeros y gitanos. Adolfo llegará incluso a participar en una reyerta de gitanos que se revuelven "con furia de voces, picas, tijerones y navajas" (190) para ayudar al bando de Juan Caballero. La discordia entre los dos grupos, el comportamiento tan castizo de los nobles durante la reyerta y el apoyo prestado por el Barón de Bonifaz al bando de Juan Caballero constituyen tan sólo una pequeña muestra de la degradación predominante a todos los niveles de la sociedad isabelina.

Estos diferentes círculos, desvinculados social y geográficamente, se hallan estrechamente relacionados por un denominador común: todos tienen que ver con el efecto negativo que ejerce la corte de Isabel II dentro y fuera de España. Si lo que pretende el autor es darnos una visión panorámica de la España isabelina y, si como se dice en *La lámpara maravillosa*, "El centro es la razón de la esfera, y la esfera la forma fecunda que desenvuelve las infinitas posibilidades del centro" (583), entonces los círculos periféricos formados por "Aires nacionales", *Viva* I y *Viva* IX, así como dos capítulos de *Baza* cuya acción transcurre fuera de España ("Alta mar" y "Tratos púnicos"), vendrían a ser "la forma fecunda que desenvuelve las infinitas posibilidades del centro", una ampliación, en fin, de la esencia que encontramos en *Viva* V. Según esto, para llegar a la visión suma que nos

---

6 No sabemos qué planes concretos tenía Valle para *Baza de espadas* pero, a juzgar por la idea inicial de dividir *El ruedo ibérico* en tres series de tres novelas cada una, lo más probable es que tuviera pensado organizar las diferentes partes de la novela conforme a ese mismo plan circular que rigió la construcción de las dos primeras obras de la trilogía. Los cinco capítulos que se han publicado, además de concentrarse en las conspiraciones para derrocar a Isabel II y los preparativos que se llevan a cabo en diversos puntos de España y del extranjero para iniciar la Revolución—mostrando así temas afines con los de los tres círculos periféricos—, continúan presentando de una forma u otra los efectos nefastos de la política isabelina.

permita apreciar la totalidad del Ruedo, tenemos que examinar el centro, por una parte, y los diferentes círculos que el centro genera, por otra. Surge entonces la necesidad de establecer relación entre los diferentes escenarios de la comedia isabelina: entre la corte madrileña y las zonas rurales, así como entre la corte y el extranjero. Por ello, en la trilogía se presentan varios viajes que, como veremos a continuación, no sólo cumplirán la función primaria de vincular espacios geográficamente distantes sino que serán extremadamente reveladores a la hora de descifrar el sentido de la trilogía. Los coches, los vagones del tren y el barco permiten la agrupación dentro de un mismo espacio físico de personajes que por lo general se mantienen en sus respectivos ambientes a lo largo de la trilogía, creando así un foro propicio para ventilar ciertas cuestiones relacionadas con la corte isabelina y con el futuro de España. Por ello, vamos a examinar aquí algunos de los viajes que se presentan en la trilogía: dos de ellos son viajes en tren de Madrid a Los Carvajales, uno de ida y otro de vuelta, y el tercero se hace a bordo del vapor Omega, que se dirige a Gran Bretaña.

II

El primero de los viajes a Los Carvajales tiene lugar en el libro III de *Corte* y está motivado por el asesinato de un guardia civil cometido por el Barón Adolfo Bonifaz y por el hijo de los marqueses de Torre Mellada, Gonzalón, en una noche de juerga. Gonzalón va al Coto de los Carvajales huyendo de la justicia y, posteriormente, sus padres se trasladarán allí también, junto con algunos amigos, a instancias del Ministro Luis González Bravo. Éste, aunque considera que los dos jóvenes aristócratas merecen unos años de sombra, se ve obligado a impedir que los detengan porque necesita ganarse el apoyo de Adolfo, "el nuevo capricho de la Señora", y porque la Reina, le ha exigido "que se eche en tierra" el asunto y "que se amordace a la Prensa" (132-33). Irónicamente, los Marqueses de Torre Mellada, que viajan a los Carvajales para olvidarse de la muerte del guardia y del escándalo provocado por ella, siguen encontrando más muerte y violencia por dondequiera que pasan. Así, en el viaje de ida, la Benemérita hiere a un joven que, según el revisor, "viaja de guagua" (142) y, nada más llegar a la estación, se enteran de que la mujer de Tío Juanes, el capataz de los Carvajales, está a punto de morir.

La descripción poética de los alrededores de Los Carvajales, no obstante, resulta esperanzadora ya que todo da la sensación de paz y armonía campestre. El colorido y la luminosidad del cuadro, hecho a base de "oros celestes", un cielo "rasgado de azules intactos", los "verdes y juveniles brotes de la viña" y "el suave rosa" del camino, contrasta con las escenas de la corte madrileña, que transcurren de noche y en espacios cerrados. A este colorido y luminosidad hay que añadir "los olores de la tierra" y los diferentes sonidos que forman una "música agreste" en medio del "beato silencio" del campo. Por eso puede resultar sorprendente la reacción de la Marquesa Carolina y su amiga Feliche Bonifaz, que van dentro del coche cogidas de la mano como presas de algún temor oculto, y que, al contemplar toda esta cualidad mística y sublime del paisaje, experimentan, no el regocijo y la paz que sería de esperar, sino una "sensación de una pena mitigada, como después de haber llorado y rezado mucho" (151). Se nos dice que a Feliche "le dolía el corazón", que se sentía "como arañada por una torva acidez espiritual" y que "un negro resplandor le atorbellinaba la conciencia". Esta sensación de malestar creada al contrastar la belleza del escenario natural con el vacío espiritual que padecen ambas damas, se agudiza cuando se apean del coche y son recibidas por la imagen misma de la muerte personificada en Dalmaciana, la mujer de Tío Juanes, es descrita como una "sombra trenqueleante, apretando la boca sin dientes" y apoyando "en la estaquilla el pergamino de la mano" (152). La visión de esta vieja goyesca no despierta ni tristeza ni compasión en Feliche y Carolina sino la misma repugnancia e indignación sentidas por ambas damas durante la visita que hacen a la familia del guardia muerto:[7]

> —¡Qué horror! ¡Feliche, podemos decir que hemos visto la estampa de la muerte! ¡Yo estoy descompuesta para todo el día! ¡Es incomprensible como viven esas gentes!
> —Como les permite su miseria.

---

[7] En efecto, en el capítulo XIX del Libro "Ecos de Asmodeo", la marquesa Carolina, tremendamente compungida por la muerte del guardia, visita con Feliche a la viuda del guardia. Viendo la pobreza entre la que viven estas gentes, Feliche siente "una delicada sospecha de albores remotos, en la negra oquedad de sus pensamientos" (121), mientras que la Marquesa exclama lo siguiente: "Yo voy enferma. ¡Es horrible como vive esa gente!" (122).

—¡No, hija, esa infeliz, para estarse en su cama y ahorrarnos el espectáculo, no necesitaba más que querer! Sin duda no sienten como nosotros los refinados por la civilización, que llevamos en los nervios la biblioteca de Alejandría. (154)

Cuando llegamos al libro central de *Corte* la muerte se convertirá en una presencia constante. Dalmaciana ha muerto y no pueden sepultar el cadáver en el cementerio debido a que una riada ha destruido el puente. El cadáver se va descomponiendo y tienen que sacar a la difunta de la casa, con lo cual la pestilencia que desprende va extendiéndose por los alrededores, como un continuo recordatorio de la fragilidad de la vida, hasta que, después de varios días de aguantar el olor y el constante aullido de los perros, deciden atar una soga a las canillas de la difunta para pasarla a la otra orilla del río y darle sepultura. Aunque la presencia de la muerte es constante en Los Carvajales, ni Feliche ni Carolina se atreven a mirarla cara a cara. El gesto de la Marquesa al ver a la moribunda lo dice todo: "La Marquesa cerraba los ojos con espeluzno de miedo y repugnancia" (152). Ni Feliche ni Carolina parecen sentirse responsables de la miseria existente a su alrededor, ni se paran a considerar por un segundo el marcado contraste existente entre la frivolidad de sus vidas y las penurias que padecen estas pobres gentes. La "sensación de una pena mitigada" sentida por las dos indica que quizás exista algún resquicio de conciencia en ambas y que quizás sean conscientes a algún nivel de todo el vacío de su existencia. Sin embargo, acostumbradas a hacer sus papeles en las comedias de la corte madrileña, a los refinamientos y las luces artificiales de los salones palaciegos y los teatros, son incapaces de quitarse la máscara y enfrentarse a la realidad bajo esta luz natural.

El vacío espiritual de ambas damas es comparable al del Marqués de Torre Mellada y su amigo Adolfo Bonifaz. Ya durante la estancia en Los Carvajales comprobamos que el Marqués está más preocupado por la tos de su yegua Fanny que por la muerte de Dalmaciana y las condiciones miserables en que viven las gentes de la región; vemos asimismo que la muerte reciente del guardia no le impide a Adolfo continuar cosechando conquistas amorosas en Los Carvajales y sus alrededores. Durante el inesperado viaje de vuelta a Madrid de ambos aristócratas, que se corresponde con el libro VII de *Corte*, tendremos ocasión de comprobar de nuevo la superficialidad de su carácter. Cuando se dirigen en coche a la estación de tren, viaje descrito en las dos últimas escenas del Libro VI, se ven obligados a contemplar aún otra escena terrible: dos perros que lamen en una "charca negra y viscosa de sangre" junto al cadáver de un hombre tullido que tiene los ojos cubiertos de moscas. Se trata del cadáver de Tito el Baldado, quien, después de resultar herido en una emboscada tendida por sus compañeros y su propia mujer, es rematado por los guardias que lo llevan preso para así poder viajar más ligeros. Esta escena, como aquella en que se presentaba a la moribunda Dalmaciana a la llegada de la Marquesa y Feliche a los Carvajales, tiene lugar, significativamente, a pleno sol. La reacción de los dos nobles pasajeros, como era de esperar, es de total indiferencia. Adolfo Bonifaz incluso comenta cínicamente que "son las delicias del campo", mientras que el Marqués se muestra indignado ante tal panorama y se queja de que esta tierra es "un presidio suelto" (259).

Una vez acomodados en el vagón de primera, el Barón y el Marqués serán presa de nuevos temores, especialmente cuando entra un mayoral en el vagón y les comunica que toda la partida del bandolero Quinto Barajas viaja en el mismo tren. Ante esta situación, Torre Mellada se quejará de la falta de orden y de justicia existentes en España, quejas sin duda muy irónicas si pensamos no sólo que él es el protector de los caballistas de Los Carvajales sino que su propio hijo y su amigo Adolfo son, en realidad, un par de forajidos. Por si esto fuera poco, el marqués tiene que soportar los insultos del mayoral, quien, desconociendo la identidad de los presentes, manifiesta su apoyo a la causa carlista y aprovecha para hacer unos comentarios acerca de los problemas de la España rural, la corrupción política generada por la corte isabelina, la necesidad de una reforma política, administrativa y social y de "un cambiazo que todo lo meta del revés" (265).

Si la presencia del mayoral está motivada por la necesidad de ofrecer algún testimonio directo de la situación penosa en que se encuentra el campo español, la entrada del coronel Sagastizábal en la estación de Alcázar servirá de pretexto para presentar otros dos asuntos muy controversiales en la España isabelina: la cuestión cubana y la cuestión romana. El coronel, que acaba de regresar de Cuba, saca un juguete llamado "La Cuestión Romana", hecho con "dos alambres con torceduras gemelas, que representan dos báculos enlazados" (269). El objetivo del juego es separar los dos báculos. El Coronel explica el simbolismo del juguete diciendo que los dos báculos representan la alianza entre Roma y la corte isabelina, alianza que, según él, caracteriza también la historia del siglo XIX y, en general, toda la historia de España: "¡La Cuestión Romana es la historia de España! ¡La estamos viviendo con la Monja y el Fraile! El absolutismo tiene sus raíces en el Vaticano" (272). El coronel nos pone al corriente también de la versión cubana de dicha "cuestión", que se traduce en las desavenencias del Obispo de la Habana y el Capitán General de la Gran Antilla.[8]

Podemos ver, entonces, que este viaje en tren a Los Carvajales, a pesar de tratarse de trayecto relativamente corto, se va transformando en un recorrido por los diferentes aspectos del problema español, incluyendo la situación en el campo y de las colonias, que nos revela el alcance y la magnitud de la corrupción existente en todos aquellos lugares a donde llega la influencia de la corte isabelina. Claramente, lo que ocurre en el campo y las colonias es un reflejo de la corte madrileña, idea que es puesta de relieve por los representantes de las zonas rurales y por el coronel. Así, el mayoral, al referirse a las actividades de los bandoleros en la España rural y la degeneración existente a lo largo y ancho del Ruedo señala que los males de la España rural son consecuencia de los de la corte madrileña ("es a tenor del resto de España: Negros y blancos que se guían de sus principios, y los cucos que comen y roban al amparo de todos los Gobiernos" [266]), que "la Reina es un mal ejemplo para el mujerío" y que "si en las alturas hay un mal ejemplo, nuestras propias mujeres inducíránse a seguirlo" (265). De ahí que no deba extrañarnos la crueldad de la esposa de Tito el Baldado, que anima a los caballistas a que maten al joven secuestrado, y que incluso colabora en la muerte de su propio marido.

Lo único que encuentran los personajes en el trayecto de Madrid a Los Carvajales es injusticia y muerte. En este contexto, el incidente del joven que viaja de gorra en el viaje de ida, al que se le dedican sólo unas

---

[8] Curiosamente, la cuestión romana, en la que tanto se insiste a lo largo de la trilogía, sale a relucir de nuevo tan pronto como el Marqués de Torre Mellada y Adolfo se suben al landó al llegar a la estación de Atocha. Ante la muerte inminente de Narváez y la posibilidad de que vuelva Prim a tomar las riendas de la nación, Torre Mellada afirma que "a Roma no puede disgustársele en las actuales circunstancias. Sería corresponder con la más negra ingratitud. España, en medio de la general impiedad, es un ejemplo de respeto a la Santa Sede" (278).

líneas en la novela, adquiere una importancia extraordinaria ya que se nos presenta inmediatamente después del asesinato del guardia a manos de los dos grandes de España. La suerte del joven pícaro que casi paga con la vida su atrevimiento a viajar en el tren sin billete contrasta asimismo con la presencia en el viaje de vuelta de toda la partida del bandolero Quinto Barajas; en este caso, la Benemérita Pareja decide no intervenir, pues, como señala el revisor, "Mejor hará con no ver nada. Si quisiese prenderle tendríamos un zafarrancho" (263). Nos enteramos, además, de que los hombres de Quinto Barajas "tienen la sobrecapa en el coto de Don Juan Prim" (265). Estos incidentes nos muestran que la justicia no se aplica por igual a todos los habitantes del Ruedo y que, como afirma el criado de los Torre Mellada, "todo es cuestión de guita" (*Corte* 114), o quizás de tener buen padrino. Sólo así se explica que un pobre diablo resulte herido por ir en el tren sin billete, que Gonzalón Torre Mellada reciba como castigo una estancia en el Coto de los Carvajales y que una pandilla de bandoleros apadrinados por Prim puedan viajar cómodamente en el tren sin temor a ser arrestados por la guardia civil.

Las injusticias existentes a lo largo y ancho del Ruedo son percibidas especialmente por los caballistas, quienes, conscientes de que los ricos roban aun más que ellos, ya han tomado medidas para remediar la situación mediante la rebaja de caudales. Así, Tito el Baldado señala que en España "se puede robar un monte, y no se puede robar un pan". Otro de los caballistas justifica la rebaja de caudales diciendo que, esencialmente, sus actividades delictivas no difieren de las de los ricos: "los ricos . . . todo lo amañan mirando su provecho, y hacen de la ley un cuchillo contra nosotros y una ciudadela para su defensa. ¡Si a los ricos no les alcanza nunca el escarmiento, por fuerza tienen que ser más delincuentes que nosotros! ¡Con la salvaguardia de su riqueza se arriesgan a donde nosotros no podemos!" (177).

Es evidente, entonces, que los tópicos tradicionalmente asociados con las excelencias del campo resultan inoperantes en *El ruedo*. Vemos que el campo no surte el efecto balsámico que tan desesperadamente necesitan estas damas que, dada su condición social, están deshechas de los nervios. Tampoco se produce la comunión esperada de los personajes con la naturaleza, ni el campo resulta ser una especie de Arcadia remota donde unas gentes sencillas y humildes que viven alejadas de la corrupción de la ciudad conservan todavía intactas su pureza y su inocencia. Lo que encontramos en Los Carvajales es lo mismo que existe en Madrid: discordia, degeneración y muerte, tanto física como espiritual. Los libros IV y VI de *Corte*, muestran claramente las condiciones de las zonas rurales de España, presentando el ejemplo concreto de los caballistas, quienes, respaldados por el administrador de las tierras del Marqués de Torre Mellada, Don Segismundo Olilla, y por el propio Marqués, tienen secuestrado a un joven cuyo único pecado es ser hijo de un rico. Los caballistas exigen grandes sumas de dinero al padre del secuestrado y, como éste no puede pagar, deciden seguir torturando al joven. Los caballistas justifican sus acciones delictivas diciendo que la desigualdad social existente les obliga a llevar a cabo lo que ellos denominan una "rebaja de caudales", de manera que lo que hacen es ni más ni menos que una especie de justicia social; además, lo que les salva, según el marqués de Torre Mellada, es que son "muy buenos cristianos" y muy devotos (148).

Por último, el viaje en tren nos pone en contacto con otra realidad trascendental: la de la existencia humana. El tren, símbolo de la luz del progreso y "heraldo de la civilización moderna" (Litvak 184), se asocia en *El ruedo* con la soledad, la noche y la muerte, perceptibles especialmente en los túneles donde "el tiempo se alarga, se desdobla, multiplica las locuras acrobáticas del pensamiento" (*Corte* 265).

Si en el viaje de ida resultaba herido el joven que viajaba de gorra, en el segundo viaje al centro de España se nos relata el suicidio de Pascual Cárdenas, que salta a la vía del tren y deja una nota diciendo que es "una víctima del despótico Gobierno de Isabel" (*Viva* 164). En ambas escenas el tren se presenta como una fuerza fatal e indiferente al sufrimiento humano. En el segundo ejemplo el tren parece incluso mostrar cierto regocijo al ver el cuerpo de Pascual Cárdenas en la vía: "La locomotora negra, sudosa, abierta la válvula del vapor, le pasa por encima lanzando silbatadas" (*Viva* 164). El tren de *El ruedo* deja de ser una simple máquina para convertirse en una fuerza destructora, un monstruo, una "sierpe", una divinidad implacable con sus víctimas, que se encuentran confinadas en los vagones, sin poder apelar a los privilegios de su clase social. Su constante actividad y movimiento les recuerda a sus ocupantes el paso inexorable del tiempo y la presencia constante de la muerte: "Bajo la luna muerta, el convoy perfilaba una línea de ataúdes negros: Con su pupila roja y su fragor de chatarra, corría en la soledad de la noche, en la desolación de los campos, hacia las yertas lejanías de mentidos mares..." (*Corte* 140). Estas imágenes no hacen más que no hacen más que anticipar lo que encontraremos en el lugar de destino: muerte y decadencia.

III

Si los viajes en tren de *Corte* y *Viva* están justificados desde el punto de vista estructural por la necesidad de establecer una relación entre la corte madrileña con el campo, el viaje a bordo del Omega, que se nos presenta en el Capítulo 3 de *Baza de espadas* nos pone en contacto con los círculos periféricos, permitiéndonos ver el alcance de la corrupción de la España isabelina. El viaje en el Omega sirve, además, de pretexto para exponer y someter a juicio la validez de las ideas anarquistas en el contexto español que Valle presenta en *El ruedo ibérico*.

Los pasajeros del Omega son de diversa procedencia pero las escenas se concentran en tres grupos de individuos que acabarán entablando relación a lo largo del viaje. El primer grupo está formado por revolucionarios y conspiradores españoles: Paúl y Angulo y la Rosa; el capitán Meana, el capitán Estévanez y Alcalá Zamora. Hay un segundo grupo de personajes que parecen salidos de un folletín y que van a Londres para asesinar a Prim: La Sofi, una rubiales pálida y marchita muy dada al melodrama, e Indalecio, su chulo; con Indalecio y Sofi viajan Don Teo y El Pollo de los Brillantes, amigo de Adolfo Bonifaz y cerebro de la operación. El tercer grupo está formado por los anarquistas Bakunin, el apóstol de la Revolución, y dos de sus discípulos, Fermín Salvochea y "El Boy".

La mayor parte de las escenas de "Alta mar" están dedicadas a presentar las ideas anarquistas de Bakunin. A primera vista, Bakunin emana un aire de santidad y no parece haber una intención claramente degradante por parte del creador. Se hacen numerosas alusiones a "las flores azules de sus pupilas", su inocencia, su dulzura y la sonrisa "campesina y jovial de los santos románicos"; se dice que predica el "Evangelio de la Revolución Social" y que es un Mesías dispuesto a sacrificarse y a salvar el mundo, mientras que Fermín y Boy son los "evangelistas". También, como en el caso de Jesucristo, la expresión y la simple presencia del líder anarquista parecen irradiar luz y amor por dondequiera que pasa: "El Maestro iluminaba el nuevo alojamiento con su ancha sonrisa barbuda de apóstol eslavo. Los ojos claros, de una jovialidad campesina, no mostraban asombro, y su expresión podía ser de amorosa confianza en la caridad de los hombres". Sus seguidores mismos notan el efecto de su presencia: Salvochea, ante la visión del Maestro, experimenta una gran "emoción religiosa" (109-10); los revolucionarios españoles, por su parte, se sienten "ungidos por la apóstolica y barbuda sonrisa" que les anima a reanudar en "el extremo del comedor las letanías revolucionarias" (113). Para completar la asociación entre Jesucristo y Bakunin, el autor introduce incluso una escena que recuerda a la última cena: Bakunin, en el comedor y "rodeado de los conspiradores españoles", ocupa una posición estratégica al sentarse "en la cabecera de la mesa", que se halla "bajo la luz marina del ojo de buey", de manera que el líder anarquista aparece iluminado por una especie de luz divina. Es precisamente en esta ocasión cuando explica la esencia de sus doctrinas y expone su credo revolucionario.

Se comprueba asimismo que muchas de las ideas expresadas por Bakunin tienen gran afinidad con las de *La lámpara maravillosa*. En primer lugar, la asociación de Bakunin y sus doctrinas con la luz y su objetivo de lograr la unidad de todos los seres humanos por medio de "nuevos lazos de amor" nos recordarán a *La lámpara*, donde la luz aparece asociada con el éxtasis, el amor y la suma belleza. Además, Bakunin, al igual que el poeta peregrino de *La lámpara*, manifiesta su creencia en la existencia de otros niveles de vida que sobrepasan la comprensión racional del ser humano, infundiendo así una cierta cualidad mística a sus doctrinas. El poeta de *La lámpara* considera que la contemplación y la meditación como "caminos de luz" para llegar a la suprema visión y a la comprensión del mundo; de igual forma, Bakunin rechaza los caminos de la razón como forma de conocimiento. El anhelo del poeta de *La lámpara* es deshacerse de las ataduras para apreciar esa otra dimensión demiúrgica desde la cual se puede llegar a la verdadera esencia del mundo. Bakunin explica que la vida es superhumana y su significado último está fuera de nuestro alcance porque únicamente adquiere sentido en esa cuarta dimensión. Al igual que el poeta peregrino, Bakunin tiene una concepción cíclica de la existencia. El primero afirma que las horas y las vidas no son "yuxtaposición de instantes" ni "eslabones de una cadena" sino "círculos concéntricos al modo que los engendra la piedra en la laguna". Bakunin, por su parte, dice que "cualesquiera que sean nuestras acciones, siempre son una y la misma. No mudan en su íntima raíz, como el dedo que hago rodar en torno del círculo permanece en el mismo lugar con referencia al centro, sin que el movimiento engendre mudanza" (148).

El aura de santidad que se crea en torno a los anarquistas del Omega y todas las asociaciones establecidas entre Jesucristo y sus apóstoles y Bakunin y sus seguidores, así como entre las doctrinas de Bakunin y las ideas de *La lámpara*, han llevado a algunos críticos a considerar a Bakunin y a Salvochea como una especie de portavoces de las ideas políticas de Valle-Inclán.[9] Sin embargo, una lectura cuidadosa de *El ruedo* revela que la imagen positiva que se proyecta de la ideología anarquista es puramente superficial.

Por una parte, Boy es hombre "capaz de soportar las mayores privaciones, de mantenerse con un mendrugo y de dormir sobre una piedra, de una sequedad calvinista, de un renunciamiento absoluto", pero por otra el narrador siempre lo describe escondido tras una "máscara calmuca", como si estuviera ocultando algo. Efectivamente, descubrimos que el Boy no sólo "tenía el alma envenenada y heroica" (91) sino que también es un "maníaco de la destrucción universal", y que es "cruel para sí mismo y para los demás". Su malicia es tal que incluso Bakunin le considera un fanático abnegado y peligroso, un traidor y un espía; cree que tiene malas intencio-

---

[9] Bermejo Marcos considera que Valle, al incluir a Bakunin en la trilogía, pretendía "ganar adeptos para la causa anárquica, revolución que a él le parecía ser la única realizable en la España de los años treinta, capaz de servir a la causa de la renovación de una sociedad que llevaba siglos agonizando". Por eso, para este investigador, Bakunin es un portavoz de las ideas anarquistas de Valle (336). Iris Zavala comparte estas opiniones de Bermejo Marcos y cree asimismo que "la honradez de Bakunin y Fermín Salvochea, maestro y discípulo, resaltan frente a los diversos tipos de republicanos. Sólo ellos escapan la sátira del artista; son los nuevos apóstoles del fanatismo revolucionario que se ha extendido por el ruedo ibérico" (102). Gómez Marín parece ser uno de los pocos estudiosos de Valle que cree que la intención del autor es "explicar el fracaso táctico y real de los planteamientos anarquistas como una consecuencia del misticismo ideológico que es fácil descubrir en la médula. Bakunin, visto como un alucinado tonante y pueril, compone una demostración irrefutable" (131).

nes, que "su primer móvil es siempre sembrar el odio y la discordia" y que es, en fin, un Judas que le traicionaría ante la primera oportunidad. Por eso previene a Fermín contra las manipulaciones del Boy, e incluso le aconseja que, si se le presenta la ocasión, le engañe sin escrúpulos (95-96).

Irónicamente descubrimos que Fermín, con su disfraz de marinero y su actitud de mártir, no es mucho mejor que el Boy. Vemos por una parte que asiste a la Sofi, una especie de Magdalena de folletín, y la anima a dejar al chulo y cambiar de vida; sufre pacientemente las impertinencias de Indalecio y defiende asimismo las decisiones del Maestro de repartir el dinero entre los necesitados. Sin embargo, sigue siendo presa de los prejuicios sociales propios de un burgués; de ahí que no vea con buenos ojos la relación que su Maestro quiere establecer con Indalecio y sus compinches. Descubrimos también que no soporta al Boy y que, al igual que éste, sueña con acabar con la injusticia del mundo y "unir a los hombres con nuevos lazos de amor, abolidas todas las diferencias de razas, de pueblos y de jerarquías". Una meta muy noble, sin duda, si no fuera por la violencia de los métodos que desearía utilizar para hacer real su "visión apóstolica": "Anhelaba una vasta revolución justiciera, las furias encendidas de un terrorismo redentor. Sobre las hogueras humeantes se alzaría el templo de fe comunista. —Destruir para crear—. Intuía la visión apocalíptica del mundo purificado por un gran bautismo de fuego" (97). Desafortunadamente, este fuego arrasador que tanto anhela Salvochea lo encontramos ya en varias escenas de "Aires nacionales", libro que, como recordaremos, fue añadido a la trilogía en 1931 y que recoge el estado de anarquía existente a lo largo y ancho del Ruedo.

Por último, Bakunin tampoco es lo que parece. Si bien reparte "sus bienes entre unas pobres gentes necesitadas de amor, de pan y de justicia", tampoco se puede negar que vive a expensas de los demás y se aprovecha de la generosidad de otros, como señala uno de sus discípulos: "El Maestro distribuye su dinero entre los menesterosos, pero a condición de que los amigos no le cierren la bolsa" (90). El autor parece sugerir que el anarquismo no es tan sólo una ideología para Bakunin sino también una forma de ganarse la vida y señala además una serie de contradicciones en el carácter del ruso. Así, Bakunin arremete contra los que viajan en la cámara de primera diciendo que "Sobre la cubierta de un barco, la injusticia de las diferencias sociales se hace más cruel y depresiva para la dignidad humana" y que le gustaría arrojarle una bomba" (105) pero cuando se le presenta la ocasión de mudarse a una cámara de primera, no la desaprovecha. Su odio a la burguesía no le impide disfrutar de las comodidades que ésta ofrece. Por otra parte, Bakunin es un manipulador más de los muchos que encontramos a lo largo de las páginas de la trilogía. Aunque considera que Boy es un traidor y un "fanático peligroso", le interesa tenerlo cerca precisamente por su fanatismo, porque "cuando hay que servir a la causa no vacila ni se detiene ante nada" (95-96). Averiguamos asimismo que la razón por la que quiere entablar amistad con Indalecio y sus colegas es porque cree que puede utilizarlos para ponerse en relación con los brigantes de la Andalucía (100).

A diferencia de las doctrinas de Jesucristo, basadas en el amor, las doctrinas anarquistas de Bakunin se basan en la violencia. Su lenguaje está lleno de imágenes apocalípticas: "Es preciso desencadenar todas las malas pasiones", "es siempre oportuno despertar los malos instintos", la revolución debe llevar en su seno "el rayo destructor de todos los prejuicios sociales", "una revolución debe ser... una máquina infernal" (179). Si antes veíamos que los caballistas justificaban la tortura y muerte del joven amparándose en la desigualdad social existente, ahora vemos que Bakunin justifica los procedimientos violentos del anarquismo diciendo que "La furia destructora no es la última razón del credo anarquista", que "el terrorismo sólo significa un accidente en la lucha revolucionaria" y que es, en fin, un "terrorismo constructivo" porque su objetivo es transformar la sociedad y acabar con los privilegios de clase[10]. Evidentemente, tanto los caballistas como los anarquistas fomentan la violencia, situándose así en el mismo plano del general Prim y la Reina, quienes, a pesar del gran amor que dicen sentir por los españoles, creen que "el mundo se arregla pegando fuerte" y no dudan en usar los métodos más efectivos para aplastar rápida y eficazmente las protestas de los rebeldes.

El narrador mismo, que por lo general se mantiene distanciado a lo largo de la trilogía, decide sabotear la credibilidad de Bakunin calificando

---

[10] Zavala sugiere que éste "es el medio del que se vale el autor para defender los elementos constructivos del movimiento" (107).

las ideas expuestas por él en el cenáculo de "místicas y pueriles divagaciones" (147) y sus discusiones de "interminables y paradojales" (177). Todas sus teorías sobre la cuarta dimensión y la esencia mística de sus divagaciones quedan desprestigiadas cuando, inmediatamente después de exponer su credo anarquista, se nos dice que "apuró la copa que tenía delante, miró el plato colmado y se puso a comer vorazmente" el guisado de carnero (148). Por otra parte, esta escena resulta ser muy semejante a otra que aparece en *Corte*, donde Pinto Viroque, "desertor de presidio, contrabandista y cuatrero", expone el ideario de los caballistas mientras éstos comen: "La ley de Dios es la igualdad entre los hombres. Va diferencia del robo que supone la riqueza, sustentándose sobre el trabajo del pobre, y la justicia que nosotros hacermos rebajando caudales" (*Corte* 176). Todo esto, unido al hecho de que este Cristo moderno expone su evangelio en la cantina del barco "envuelto en el humo de la pipa" y que conforme va apurando el ponche se va sintiendo más inspirado, anulan por completo el valor transcendental que ambas escenas pudieran adquirir. La última cena se vuelve una comilona, el comedor un "cenáculo de café" y, en fin, toda la experiencia espiritual acaba sellada por la tremenda borrachera de coñac que agarra el Apóstol de la Revolución Universal. A la luz de estas contradicciones, los ademanes grandiosos que en principio tendemos a asociar con la figura de Jesucristo predicando el Evangelio quedan desprovistos de nobleza. Por otra parte, el autor parece sugerir que la luz que proyecta Bakunin es una luz negativa y falsa, puesto que no surge del amor, como la de *La lámpara*, sino del egoísmo.

Bakunin busca la eternidad y la purificación, pero no a través del amor, como el poeta peregrino de *La lámpara*, sino de la destrucción y la violencia. Estos métodos no encuentran justificación de ningún tipo en *La lámpara* ni en la última lección que se desprende de *El ruedo ibérico*. Decididamente Bakunin no posee el amor, la unidad y la eternidad representados por el Nazareno que el peregrino de *La lámpara* considera indispensables; más bien, el autor parece sugerir que Bakunin es un falso Mesías y que su "buena nueva", al estar impregnada de odio, egoísmo y soberbia, sólo puede contribuir al círculo de esterilidad y discordia que se cierne sobre España. La visión cíclica y estática de la vida que tiene este ángel exterminador, difiere mucho de "la eterna quietud" que es producto del amor y que se describe en *La lámpara*; se aproxima más en cambio a otro tipo de inmovilidad a la que se alude en *La lámpara*: la de Satanás, el cual, al igual que Dios, busca "la suprema quietud del movimiento" y anhela la desaparición de lo pasado y lo venidero para de esta forma "ser presente en el Todo". Pero Satanás, al generar solamente rencor, envidia, aridez y odio, sólo logra crear círculos infernales y estériles que se extienden hasta el infinito (530-31). Al fin y al cabo, Bakunin, aunque, según el narrador, "ni siquiera se daba cuenta de la comedia que representaba" (96), no deja de ser un actor más en esta gran farsa en la que todos, desde la Reina hasta los caballistas, hacen el papel asignado en el reparto. Por esa misma razón, las doctrinas de Bakunin, como las de los conspiradores españoles, no pasan de ser otro ejemplo de la farsa política de la que encontramos repetidas muestras a lo largo de la trilogía.

Parece claro que el viaje en barco que se describe en "Alta mar" sobrepasa la mera exposición y evaluación de las ideas anarquistas para barajar también varias opciones para el futuro de España e invitar al lector a considerar las diferentes perspectivas presentadas no sólo en "Alta mar" sino también a lo largo de la trilogía. Vemos en varias ocasiones que los cinco revolucionarios españoles, entregados a lo que el narrador califica de "perenne disputa", no se ponen de acuerdo sobre el futuro de España: unos son partidarios de la República y otros están en contra de ella; unos quieren una revolución hecha por el pueblo soberano, otros creen que la revolución la debe hacer un espadón como Prim. Simbólicamente, muchas de estas discusiones sobre el futuro de España transcurren mientras los revolucionarios españoles juegan a los naipes (106-107), actividad muy apropiada para tratar las cuestiones políticas nacionales. Recordemos que también la Reina hace muchas decisiones políticas después de consultar las cartas y que Prim, en su exilio londinense baraja, como lo hacen los revolucionarios del Omega, sus diferentes opciones: busca alianzas con el Pretendiente al mismo tiempo que considera un pacto con Don Carlos; hace falsas promesas a "las sesudas calvas moderantistas" y a "las desmelenadas democracias", y todo ello sin dejar de mantener correspondencia con la Reina Madre. Resulta igualmente simbólico el hecho de que el juego de naipes y la discusión política transcurren en medio de un temporal que, como señala el narrador, hace variar constantemente "la perspectiva en el campo óptico del ojo de buey" (147). Al igual que la Reina Isabel, el general Prim, Bakunin y otros muchos personajes que encontramos con anterioridad, todos los que intervienen en la discusión política de "Alta mar" manifiestan una gran preocupación por la situación en que se encuentra el país, todos pretenden saber lo que más les conviene a los españoles y todos desean erigirse en salvadores de la patria. Incluso el Pollo de los Brillantes está convencido de que él y sus cómplices, que van a Londres para ejecutar "una sentencia que baja de muy alto", tienen que "dar el golpe pronto y sobre seguro, para salvar a España" y termina su diatriba diciéndole a sus compañeros que están "investidos de una misión sagrada" y que "la hidra demagógica amenaza como nunca los cimientos de la sociedad española" (146). El Pollo de los Brillantes se suma así a toda una serie de personajes, entre ellos Prim y la Reina, que se creen enviados del cielo para salvar a la nación y por eso disfrutan de protección divina.

Las variaciones creadas por el movimiento del barco nos dan la clave de la lectura de *El ruedo ibérico* ya que invitan al lector a considerar las diferentes aproximaciones en torno al presente y al futuro de España ofrecidas tanto en "Alta mar" como en el resto de la trilogía. Sólo evaluando los problemas del Ruedo desde diferentes ángulos, con la visión alejada y múltiple que se propone en *La lámpara*, es decir, contemplando emotivamente "la misma imagen desde parajes diversos" (571-72), podrá alumbrar en nuestra memoria "la ideal mirada" que nos permitirá captar la esencia de la trilogía. Examinemos, por ejemplo, las diferencias entre "la rebaja de caudales" de los caballistas, "la abolición de la propiedad" de los anarquistas y el simple robo, diferencias que para los revolucionarios que viajan en el Omega parecen estar muy claras. Bakunin vive a expensas de los demás y, haga lo que haga para conseguir dinero, no es juzgado por sus discípulos y simpatizantes porque todas sus acciones están justificadas por la causa revolucionaria. Sin embargo, para Indalecio, que no entiende de anarquismo, Bakunin no es más que "un tío frescales", un "papón" con barbas que anda siempre sin tabaco y que "saca la pantalla de arreglador de mundos" para "fumar de gorra" y que, por encima, aun tiene la jeta de quedársele con la petaca. Indalecio, por otra parte, que es simplemente un chulo sin afiliación anarquista, es juzgado severamente por los revolucionarios cuando le roba la bolsa del dinero a Fermín Salvochea. En este caso la idea anarquista de que "Todo es de todos" resulta inoperante. Así, Paúl y Angulo dice que Indalecio es "un amigo de lo ajeno" y otro de los revolucionarios señala que si "fuese un enemigo doctrinal de la propiedad privada, no hubiera intentado hacer suya la bolsa que guardaba el compañero Salvochea" y que por eso es "un brigante doblado de asesino". Solamente el Boy justificará las acciones de Indalecio diciendo que "la desigualdad social es tan irritante, que los atentados contra la propiedad, cualquiera que sea su forma, son avances en el camino de la revolución comunista. Nuestro deber es defenderlos, ampararlos y provocarlos" (*Baza* 146). Según esto, también las actividades de los caballistas se hallarían plenamente justificadas.

Es innegable que la injusticia está presente dondequiera que llega la influencia de la *Corte* isabelina, como nos muestran las escenas que transcurren fuera de España. Sin embargo, ni "la rebaja de caudales" de los caballistas, ni "la abolición de la propiedad" de los anarquistas, ni tampoco el atraco perpetrado por Indalecio, parecen ser las soluciones apropiadas para resolver el problema español. Evidentemente, el anarquismo de Bakunin no es buena alternativa para acabar con los males endémicos de España pues sólo añadiría más caos al ya existente; sus tácticas, además, no difieren mucho de las de los espadones como Prim, para quien la revolución es "un juego de pólvora". Por otra parte, los revolucionarios como Paúl y Angulo[11] no sólo son antiguos burgueses sino que, como apunta Gilabert, son también "una masa de ilusos utópicos que viven en las nubes" (110) y que ni siquiera logran ponerse de acuerdo; es obvio que su ingenuidad y confusión ideológica sólo pueden conducir al pueblo al fracaso. El futuro de España, entonces, no parece ser muy prometedor. Como bien señala el Pollo de los Brillantes, "caerán unos y vendrán otros, para seguir como antes", idea que encuentra eco en otras partes de la trilogía.

---

[11] Aunque, según Schiavo, Paúl y Angulo es "uno de los pocos personajes que actúa con firmes convicciones, con ilusa esperanza en la futura revolución y con una fe ciega en su jefe, el general Prim" ("Valle-Inclán" 1), este personaje parece pecar de ingenuidad ya que es consciente de que el ejército siempre ha traicionado la revolución y, aun así, sigue empeñado en prestar apoyo al general Prim. No hay que olvidar tampoco que "Paúl, en todo caso, ni por talante ni por extracción social fue un hombre del pueblo, sino un burgués" (Gómez Marín 131).

IV

Podemos concluir este recorrido que hemos hecho por el Ruedo diciendo que los viajes en tren y en barco que se presentan en la trilogía obedecen, en primer lugar, a razones estructurales. Los viajes surgen de la necesidad de poner en contacto círculos sociales y geográficos que, por lo general, se mantienen separados. Estos viajes ponen al lector en contacto con realidades diferentes a las de la corte madrileña, revelando el alcance de la degenaración existe en todos aquellos lugares donde llegan los efectos de la política isabelina. Mientras que para los personajes que intervienen en la acción los viajes suponen poco más que un desplazamiento físico, para el lector revelan la extensión de los males que afectan al Ruedo. Por dondequiera que pasamos sólo encontramos intrigas, muerte y decadencia a todos los niveles. La nota predominante en toda la redondez del Ruedo es la discordia entre los españoles, ya sea entre liberales y conservadores, entre las diferentes facciones republicanas, entre los miembros de la familia real, entre la servidumbre, entre familias, entre los aristócratas, entre los caballistas, entre los pretendientes carlistas o entre los espadones. Todos los personajes, desde el más poderoso hasta el más humilde, salen mal parados; todos son sometidos a los mismos procesos de degradación y estilización esperpéntica, todos comparten los mismos gestos afectados y las mismas actitudes melodramáticas; todos carecen de inquietudes espirituales y de fines nobles y todos, sin excepción, actúan movidos por su propio interés y egoísmo. Los carlistas, que en la primera época de Valle-Inclán se veían con simpatía, son ahora víctimas de la misma degradación que afecta a otros personajes: Don Carlos aparecerá disimulando "recelos y despechos jugando la alta comedia de los regios estrados". (*Baza* 203) y disfrutando en Londres de una vida tan frívola como la que llevan los aristócratas madrileños. Ni siquiera el pueblo bajo disfruta ahora de la simpatía del autor; como observa Gómez de la Serna, "es una chusma de bandoleros y tahúres, de rameras, chulos y jayanes que, cuando no delinque, aparece vegetalmente sometida o mostrando burlescamente su desilusión radical" (30).

El ruedo ibérico es, sin duda alguna, la visión pesimista de un autor desilusionado con la monarquía borbónica, la república, el carlismo, el anarquismo y cualquier otra solución política generada por el oportunismo y la ambición personal. Valle-Inclán somete a juicio no sólo un período histórico concreto de la historia de España, el reinado isabelino, sino también la historia de España desde los Reyes Católicos, examinando tanto los factores desencadenantes de la situación que vive España durante el reinado de Isabel II como las consecuencias posteriores que afectarán directamente al autor y a sus contemporáneos. El resultado de esta evaluación no podría ser más negativo y, lo que es peor, el futuro tampoco es muy alentador. España se halla paralizada y no hay quien pueda rescatarla de tal estado. Paradójicamente, el movimiento que supone el viaje no hace más que mostrar el estancamiento en que se encuentra esta gran plaza de toros en la que nobles, gitanos, chulos, revolucionarios y bandoleros giran atrapados en unos círculos dantescos que sólo generan esterilidad, violencia y muerte.

Obras citadas

Bermejo Marcos, Manuel. *Valle-Inclán: introducción a su obra*. Salamanca: Anaya, 1971.

Boudreau, Harold. "The Circular Structure of Valle-Inclán's *Ruedo ibérico*." *PMLA* 82.1 (marzo 1967): 128-35.

Conte, Rafael. "Valle-Inclán y la realidad." *Cuadernos Hispanoamericanos* 199-200 (julio-agosto 1966): 53-64.

Fernández Almagro, Melchor. *Vida y literatura de Valle-Inclán*. Madrid: Taurus, 1966

Franco, Jean. "The Concept of Time in *El ruedo ibérico*." *Bulletin of Hispanic Studies* 39.1 (1962): 177-87.

Gilabert, Juan J. "*Baza de espadas* o Valle-Inclán y el problema de España." *Papeles de Son Armadans* 173 (1970): 101-16.

Glaze, Linda S. *Critical Analysis of Valle-Inclán's Ruedo Ibérico*. Miami, Florida: Ediciones Universal, 1984.

Gómez de la Serna, Gaspar. "Las dos Españas de Don Ramón María del Valle-Inclán." *Clavileño* 17 (septiembre-octubre 1952): 17-32.

Gómez Marín, J.A. *La idea de la sociedad en Valle-Inclán*. Madrid: Taurus, 1967.

Hormigón, Juan Antonio. *Valle-Inclán*. Madrid: Fundación Banco Exterior, 1987.

Litvak, Lily. *El tiempo de los trenes. El paisaje español en el arte y la literatura del realismo (1849-1918)*. Barcelona: Ediciones del Serbal, 1981.

Madrid, Francisco. *La vida altiva de Valle-Inclán*. Buenos Aires: Poseidón, 1943.

Nora, Eugenio de. *La novela española contemporánea I*. Madrid: Gredos, 1958.

Risco, Antonio. *La estética de Valle-Inclán en los esperpentos y El ruedo ibérico*. Madrid: Gredos, 1966.

Schiavo, Leda. *Historia y novela en Valle-Inclán. Para leer El ruedo ibérico*. Madrid: Castalia, 1980.

——, "Valle-Inclán, Paúl y Angulo y la Revolución del 68." *Insula* 339 (febrero 1975): 1.

Tucker, Peggy Lynne. *Time and History in Valle-Inclán's Historical Novels and Tirano Banderas*. Valencia: Albatros, 1980.

Valle-Inclán, Ramón del. *Baza de espadas. Fin de un revolucionario*. Ed. José Manuel García de la Torre. Madrid: Austral, 1990.

——, *La corte de los milagros*. Ed. José Manuel García de la Torre. Madrid: Austral, 1990.

——, *La lámpara maravillosa. Obras escogidas*. Tomo I. Madrid: Aguilar, 1976. 519-96.

——, *Viva mi dueño*. Ed. José Manuel García de la Torre. Madrid: Austral, 1990.

Zavala, Iris. "Sobre Valle-Inclán (*El ruedo ibérico*)". *El texto en la historia*. Madrid: Nuetra Cultura, 1981. 69-109.

Valle-Inclán (1898-1998): Escenarios
Universidade de Santiago de Compostela, 2000: 221-238

VIAJE Y GÉNEROS LITERARIOS

Leonardo Romero Tobar
Universidad de Zaragoza

> *¿A dónde vas, romero,*
> *por la calzada?*
> *Que yo no soy romero,*
> *soy santiaguero.*
> Gerardo Diego.

Hablar de viajes en Santiago de Compostela es una irreverente tauto-logía, porque este fascinante lugar existe como cuna y destino de una de las rutas más frecuentadas en la historia de la caminería occidental. Los pasa-jeros de esta derrota han hecho camino, desde lo numinoso de sus motiva-ciones y a través de las asperezas de un duro recorrido, hasta acceder al abrazo lustral con la efigie del Apóstol; viajeros remotos y caminantes de hoy mismo han dado vida a una ruta plagada de significados que calan muy hondo en el imaginario colectivo y que se recogen en un copioso *corpus* lite-rario. Compostela como cifra del peregrinaje aparece en múltiples textos que encontramos en todos los puntos de la rosa de los vientos. Un poeta de esta tierra lo decía con estas palabras: "Y vi que un peregrino,/ bello como Santiago,/iba por mi camino./ Me detuve en la senda,/ y respiré el ingenuo/ aire de la leyenda./ Y dije mi plegaria,/ y mi alma tembló toda/ oscura y milenaria". Son los versos con los que Valle-Inclán concluye *Aromas de leyenda*, antes de colocar en la bóveda la siguiente *clave lírica* de su obra literaria.

Valle-Inclán, precisamente, fue uno de los pocos escritores de la moderna literatura española que hicieron del viaje y de camino la clave

secreta de su brega, pues, contra los hábitos sedentarios de los artistas españoles de su tiempo, fue hombre que no dio reposo a su cuerpo - viajes de
aprendizaje en 1893 a Cuba y Méjico, visita al frente de Verdun en 1916,
periplo americano de 1921, episodio romano de 1963-1964, cambios de
domicilio en la Península, desplazamientos provinciales con las compañías
de teatro...-, y fue escritor que inundó sus páginas con personajes transe-
úntes - peregrinos huidizos, nobles en el exilio, soldados desplazados, gue-
rreros en búsca de la victoria...-, unos personajes que transmiten el efecto
arrebatador de la fuerza de la vida, nunca inmóvil y siempre en perpetuo
movimiento más allá de las *historias* y las *máscaras* que las encarnaran.
Valle podría haber sostenido lo que J. J. Barthélemy afirmaba en la "advertencia" preliminar a su *Voyage du jeune Anacharsis*:

> *J'ai composé un voyage plutôt qu'une histoire*, parce que tout est en
> action dans un voyage, et qu'on y permet des détails interdits à l'histo-
> rien. Ces détails, quand ils ont rapport à des usages, ne sont souvent
> qu'indiqués dans les auteurs anciens; souvent ils ont partagé les criti-
> ques modernes. Je les ai tous discutés avant que d'en faire usage[1].

Ajeno a los requilorios que la preceptiva clasicista imponía al autor
francés, los viajes reales de Valle-Inclán y las huellas que el viaje deja en sus
páginas nos sitúan ante uno de los componentes más dinámicos de su obra
y su personalidad e, incluso, más ampliamente aún, nos enfrentan ante una
percepción absolutamente moderna de lo que han sido los géneros literarios
tradicionales en el bullicioso taller de una escritura en perpetua transformación.

¿Hay un género específico de literatura de viajes?

Las literaturas occidentales, desde la remota clasicidad del periplo
odeiseico o la indagación sobre el pasado auscultado por Heródoto en su
inquieto deambular hasta la más arrolladora producción del consumo
actual -masivas suscripciones internacionales al *National Geographic*, con-

---

[1] "Avertisement" de J. J. Barthélemy, *Voyage du jeune Anacharsis en Grèce vers le milieu
du quatrième siècle avant l'ére vulgaire* (cito por la ed. de Paris, Didot, MDCCCLIX), p. XXIX.

tinuada devoción de los lectores hispanos a los relatos viajeros de Vázquez-Figueroa, imaginación contagiosa en los acicates narrativos servidos por Bruce Chatwin...- ofrecen y han ofrecido el *viaje* como uno de los modos de organización textual más frecuentados y productivos. La Historia de la Cultura, propiciada en el momento en el que el hombre abandona su sedentarismo para practicar el pastoreo, opera sobre la práctica viajera como un fermento capital de cambio y de progreso; el moverse de un lugar a otro genera la dinámica histórica, cuya conciencia convierte al viaje en imagen de la existencia -"homo viator", "nuestras vidas son los ríos", "quo me cumque rapit tempestas, deferor hospes"-, una metáfora de los procesos de crecimiento físico y moral, del acto profundo de conocer a lo otro y del conocerse a sí mismo, de comunicarse por la palabra o por la escritura, del leer y el escribir, en último término. Viaje y literatura son, pues, dos nociones recíprocas sintetizadas en tópicos venerables como el de la "peregrinatio vitae" y todo su cortejo de variantes, desde la "peregrinatio animae" que glosó San Agustín hasta el más secular y cercano "peregrino de amor" que desplegarían los escritores barrocos.

Pero, además de esa analogía, el viaje implica una relación del viandante con el espacio físico en el que se desenvuelve su experiencia. Una relación de signo opuesto por el vértice según que pretenda la apropiación egotista o la comunicación expansiva. Relación ensimismada, cuando el viajero se limita a pasear el filtro de su refracción subjetiva; correspondencia solidaria, cuando busca su integración en los nuevos espacios por los que transita. Gómez Arboleya recordó muy oportunamente que el trato con el espacio recorrido puede ser también una relación topológica pues no en vano la comunicación habida entre el visitante y los grupos que él observa produce en ambos alguna clase de transformación[2].

La experiencia humana radical a la que remite cualquier viaje que se precie de serlo explica el polimorfismo que adoptan sus manifestaciones escritas -verso o prosa, relato épico o exposición asertiva, catálogo de informaciones o evocación intimista, expresión en tercera persona o enunciación del yo...-, y también da fe de las confusas indicaciones que suelen darse

---

[2] Enrique Gómez Arboleya, "Breve meditación sobre el viaje", *Cuadernos Hispanoamericanos*, 35, 1952, 41-54.

sobre su naturaleza textual cuando se las considera troquelaciones artísticas, dotadas, por tanto, de esos rasgos de *gratuidad autorreferencial* y *singular entretejido discursivo* que se adjudica a la escritura literaria. "Viaje" es el rótulo que orienta la práctica lectora en muchas bibliotecas o librerías y, desde luego, es la palabra que ritualiza los preliminares de muchas propuestas terapéuticas. Cuando se presenta la oportunidad de definirlo en términos de teoría literaria, para muchos estudiosos "viaje" es un *tema* o *motivo* que podría alfabetizarse en los repertorios de tópicos establecidos. Y no resulta desdeñable su explicación a la luz de la estructura narrativa del cuento maravilloso, con sus componentes inexcusables -al igual que en la disposición de cualquier viaje- de un punto de partida, un desplazamiento transformador y un regreso conclusivo al punto inicial.

Ahora bien, la cuestión capital que ha inquietado a escritores, a críticos y a teóricos desde que los relatos de viajes se han convertido en una práctica de escritura dominante en las literaturas modernas es la siguiente: ¿puede hablarse de un *género* específico de "literatura de viajes"? De seguir la opinión de quienes escriben insertos en el paradigma de la poética postaristotélica, a lo sumo, cabría hablar de un "género mixto" como propuso Chateaubriand en el prefacio de su *Itinéraire de Paris à Jérusalem* (1811)[3]. O, en términos más restringidos, cabría insertar los escritos de viajeros en el marco de alguna disciplina humanística tal como planteaba el erudito ilustrado Juan Andrés al considerarlos fuente imprescindible de la Geografía, uno de "los dos ojos de la Historia", o como, con cierta dosis de ironía, proponían Swift o Fielding al considerar los libros de viaje como una categoría de la Historia[4]. Y, desde luego, escasísimos teóricos actuales sostienen la entidad de los "libros de viaje" como género autónomo, ya que la variedad de sus formas compositivas, las diversas finalidades que se proponen y el diverso grado de implicación del escritor y sus lectores gradúan

---

[3] "Tous les lecteurs ne s'attacheront donc pas aux mêmes endroits; les uns ne chercheront que mes sentiments; les autres n'aimeront que mes aventures; ceux-ci me sauront gré des détails positifs que j'ai donnés sur beaucoup d'objets; ceux-là s'ennuiront de la critique des arts, de l'étude des monuments, des digressions historiques. Au reste c'est l'homme, beaucoup plus que l'auteur que l'on verra partout" (cito por la ed. de *Œuvres romanesques et voyages*, Paris, Gallimard, col. La Pléiade, 1969, 702).

[4] En tono más confesional Volney admitía en el prefacio de su *Voyage en Sirie et en Egypte* (1787): "Je pense que le genre des voyages appartient à l'Histoire et non au roman".

posibilidades textuales tan matizadas que resulta altamente problemático definir en términos unívocos esta clase de literatura.

Pero, a partir del momento en el que los viajes dejan de ser meros expedientes informativos, es decir, productores de noticias y conocimientos, y pasan a ser experiencias personales -o dicho de otro modo, manifestaciones del *yo* del viajero-, la naturaleza genérica del libro de viajes termina por volatilizarse. Esta imposibilidad está en relación directa con el incremento de viajes escritos de los siglos XVIII y XIX, la coyuntura histórico-literaria en que se planteó el orto de la *modernidad*. Es en estos momentos cuando, como ha recordado Jean-Claude Berchet, los propios escritores dudaron de la naturaleza propia de los libros de viajes ("ceci n'est ni un livre, ni un voyage" escribe Lamartine en la *advertencia* del suyo) o cuando formalmente niegan la condición de género literario específico a estos textos: "Le genre voyage est par soi-même une chose presque impossible" (Flaubert en carta a Taine de noviembre, 1866). Y podríamos seguir encontrando abundantísimas aseveraciones análogas desde los viajeros románticos hasta los textos más percutientes de nuestros contemporáneos.

Aproximarse a la acotación genérica de los libros de viaje requiere atender con rigor a la actitud básica sobre la que reposa una práctica tan habitual de la existencia humana, una práctica que responde a exigencias profundas del individuo y de la especie y no a leyes físicas o de la naturaleza. Lejos de los tropismos naturales, el viaje implica voluntad actora y propósito felicitario -"¡Este placer de alejarse!/ Londres, Madrid, Ponferrada,/ tan lindos...para marcharse" cantaba Antonio Machado-, porque el desplazamiento del viajero es a la vez visión móvil y fruidora de lo *otro* y del propio *yo*. Tan complejo haz de funciones no se adapta domésticamente a unas marcas formales determinadas sino que muy al contrario requiere de formalizaciones transversales que potencien elementos diversos presentes en géneros literarios establecidos por la tradición y en formas creativas de nuevo cuño.

El polimorfismo de los textos de viajes depende, claro está, de estos rasgos sustanciales de su naturaleza, de texto narrativo, pero también depende de sus modalidades y de las finalidades que con él se persigan. No es el mismo tipo de viaje el que se ha hecho con todas las de la ley o, al menos, con una verosimilitud de práctica real, que el viaje irreal, bien porque es un viaje imaginado en el sueño[5], bien porque su estricta construcción fantástica le lleva a la la utilización de instrumentos inexistentes -viajes aéreos o submarinos de la antigüedad- o la visita de lugares inaccesibles -viaje a la luna, viaje a los infiernos...-. Y tampoco genera el mismo tipo de texto el viaje que persigue finalidades prácticas inmediatas -recorridos militares, estancias de diplomáticos, observaciones de comerciantes o científicos...- que el viaje cuyo objetivo central es la búsqueda de lo admirable -"busco maravillas, no el ver" dice el Marco Polo de Italo Calvino en *La cività invisibile*-, o aquellos en que se insta a la formación de la persona y a su transformación interior cuando no se trata de un simple *Viaje sin objeto*, como tituló Baroja una de las novelas de la serie histórica protagonizada por Aviraneta.

Las palabras que titulan

Las denominaciones genéricas que acompañan a los textos literarios constituyen útiles indicativos de los propósitos que han tenido los autores y de las series literarias en las que estos han pretendido insertar sus trabajos. Por ello no es inútil prestar alguna atención a las palabras que titulan las descripciones de los desplazamientos humanos ya que resulta posible observar unas preferencias diacrónicas en la elección de la palabra que las denomina.

Siempre caben, claro está, las derivaciones metafóricas que amplían la aplicación del nombre a otro tipo de significados, como, encontramos en el *Itinerarium mentis ad Deum*, donde San Buenaventura ha trasladado a un plano místico el valor habitual de *itinerarium*, palabra latina que señala el

---

[5] El viaje soñado, desde el *Somnium Scipionis*, es uno de los modelos más imitados en las literaturas occidentales. Para los románticos el sueño transforma en experiencia maravillosa la experiencia cotidiana; recuérdese cómo concluye Théophile Gautier su *Voyage* a España: "Le lendemain, à dix heures du matin, nous entrions dans la petite anse au fond de laquelle s'épanouit Port-Vendres. Nous étions en France. Vous le dirai-je? En mettant le pied sur le sol de la patrie, je me sentis des larmes aux yeux, non de joie mais de regret. Les tours vermeilles, les sommets d'argent de la Sierra-Nevada, les lauriers-roses du Généralife, les longs regards de velours humide, les lèvres d'œillet en fleur, les petits pieds et les petits mains, tout cela me revint si vivement à l'esprit, qu'il me sembla que cette France, où pourtant j'allais retrouver ma mère, était pour moi une terre de'exil. Le rêve était fini".

camino real que se ha de recorrer y el conjunto de accidentes que lo caracterizan; sus derivaciones modernas - *itinerario, itinéraire, itinerary*...- sirven para titular los escritos que acumulan referencias topográficas o de otro orden práctico. Desde una perspectiva simbólica, *peregrinatio* -y sus equivalentes modernos *romería, peregrinación*-, con su marca de extrañeza del viajero en un lugar inusitado para él, sirven para señalar el objetivo religioso que persigue el viaje concluido en un lugar sagrado; títulos más genéricos del tipo *Codex Calixtinum* o *Libro de las fundaciones* sirven análogas funciones semánticas[6].

Los viajes antiguos o medievales que procuraban la descripción de los caminos frecuentados para el acceso a lugares de singular interés abundan en el empleo titulador de estas palabras; recuérdese la sátira horaciana conocida como *Iter Brundisium*, la *Peregrinatio* (en algunos manuscritos, *Itinerarium*) de la monja hispana Egeria, el *Pélerinage de Charlemagne* en la versión épica francesa del siglo XII... La palabra *via*, en fin, reitera la idea central de *camino* - ¡*Camino de perfección*!-, tanto en su sentido directo -que aparece en el título de las coplas de Juan del Enzina publicadas en 1606 con el título de *Tribagia o via sacra de Hierusalem*- como en el uso traslaticio de carácter religioso -las "vías" de Santo Tomás- o meramente simbólico y moral tal como evidencia un título clásico de la literatura china:*Tao Te King* (*Camino de la virtud*).

Las palabras empleadas en la descripción de viajes posteriores a la antigüedad suelen incorporar un componente narrativo, en muchas ocasiones de base autobiográfica, que puede llegar a sugerir el propósito novelesco de esta clase de relaciones. Percy G. Adams, en sintonía con sugerencias de los formalistas rusos, se ha esforzado en mostrar el paralelismo evolutivo que, desde el siglo XVIII, han vivido los libros de viajes y la novela moderna puesto que unos y otra han mantenido y siguen manteniendo estrechísimas relaciones tanto de técnica como de contenido; unas relaciones que en las literaturas modernas culmina con la generación de

---

[6] A propósito de los libros de peregrinación ha escrito Pierre Brunel: "Les petits livres composés pour les pélerins à Rome voulaient dire tout ce qu´il fallait avoir vu, énumérer tous les sites santifiants, les indulgences attachées à chaque sanctuaire: *Mirabilia Romae, Templa Deo et sanctis ejus Romae dicata*, ou encore, en 1521, *Itinerarium ab Hispania usque ad Urbem Romanam* du théologien espagnol Jacopus Lopes Stunica. Erasme eut beau railler l'illusion de la *peregrinatio religionis ergo*, la tradition en fut longtemps vivace" ("Préface", AA. VV., *Métamorphoses du récit de voyage*, Paris-Genève, Slatkine, 1986, 8).

textos reversibles: novelas como el *Voyage au bout de la nuit* de Céline o *Herzog* de Saul Bellow legibles como libros de viaje, relatos de esta naturaleza -valga *The Loss of El Dorado*- capaces de ser integrados en el ancho universo de la novela actual[7].

Los viajes medievales y renacentistas suelen emplear en sus títulos palabras que indican la energía y el esfuerzo exigibles a sus ejecutores. *Journey, journé* o *jornada*, con su matiz de actividad reanudada cada día, se asocia con la tensión de continuidad que despliegan los relatos viajeros; *travel*, al subrayar el trabajo que implica el desplazamiento físico; las formas románicas *voyage, viatge, viaje,* con su alusión a las provisiones que es necesario atesorar para la realización del proyecto; los términos que implican el movimiento a través de la superficie del mar y que se especifican esplendorosamente en los textos que los antiguos denominaban *periplo* y *ora* (los *Periplos* de Escílace o de Ctesias, la *Ora maritima* de Avieno), son palabras que los lectores asociamos con el ímpetu moral y físico que todo viaje requiere; *tour*, en fin, convertido en la fórmula pedagógica del *Grand Tour* en los proyectos educativos del XVIII, completa el repertorio de denominaciones en las que el componente narrativo implicado en la experiencia personal del viajero ocupa un plano relevante. El relato de un movimiento y de los accidentes que pueden surcarlo moldea los relieves del texto como las circunstancias de una existencia configuran el perfil del *yo*, y en ese despliegue autorreferencial se va construyendo el modelo de los relatos modernos. Autobiografismo y narratividad, señales que podían aparecer en los escritos de viajes antiguos o medievales, se acentúan en los textos renacentistas y barrocos y se convierten en rasgos imprescindibles para los posteriores al siglo XVIII.

Charles Batteux afirmaba que la forma narrativa era la que convenía a lo que en el siglo XVIII se denominaban *Viajes literarios*, un tipo de escritura informativa que aún se prolonga hoy día en libros como el de Francesco Varanini, *Viaggio letterario in America Latina*[8]. Información, narra-

---

[7] Percy G. Adams, *Travel Literature and the Evolution of the Novel*, The University Press of Kentucky, Lexington, 1983.

[8] Francesco Varanini, *Viaggio letterario in America Latina* (Venezia, Marsilio Editore, 1998) es un estimulante ensayo que des-construye el "canon europeo" de la actual literatura hispanoamericana para proponer a otros autores que no se ajustan con la fidelidad esperable a la idea preconcebida que tenemos los lectores europeos de la "realidad hispanoamericana".

ción, percepción personal son dimensiones del viaje moderno que intensifican la transversalidad de su textura literaria y justifican la variedad denominativa que genera y a la que en muchas ocasiones se refieren los propios escritores: "Ahí te envío, lector hermano, esta última página del tomo primero de mi viaje (... al que) no sé cómo llamar, si relación, reseña o apuntes, o memorias u observaciones o recuerdos, no sé en verdad qué nombre merezcan" escribía el español Modesto Lafuente en los preliminares de su *Viaje de Fray Gerundio por Francia, Bélgica, Holanda y orillas del Rin* (1842).

Esta variedad denominativa, sentida por muchos autores como inseguridad genérica o como mixtura de discursos diferentes, es síntoma del polimorfismo que caracteriza a la clase de escritos que aquí estoy considerando. Un polimorfismo que dificulta la posibilidad de aislar las marcas formales que podrían delimitarlos como un género literario perfilado. La extensa discusión que ha buscado precisar los que sean rasgos formales propios de los "libros de viaje" ha subrayado algunas de las características de expresión y estructura que pueden ser advertidas en ellos: relato en tercera persona o relato en primera persona, linealidad narrativa, crecimiento inter-textual..., rasgos todos ellos que pueden estar presentes en cualquiera de los géneros tradicionales o de las formas literarias modernas.

En cualquier caso, si queremos señalar un rasgo formal imprescindible en los libros de viaje, el más pertinente, el que se reitera implacablemente, excepto en los textos fundacionales, reside en la inevitable re-escritura que cada viaje realiza de los viajes anteriores y de los textos que los han contado, pues no en balde el viaje es una experiencia humana que suele expresarse en moldes preexistentes y su fruición satisfactoria estriba en el desvío de lo andado con anterioridad. Valgan los testimonios irrecusables de los viajeros ingleses del XVIII que estudió Charles L. Batten jr., quien ofrece una elocuente reconstrucción de cómo los *Remarks on Italy* (1705) de Addison se convirtieron en el *vademecum* viajero de todo un siglo[9], o las huellas textuales que dejaron en el Baroja de *El mundo es ansí* o de *Ciudades de Italia* las experiencias italianas del Stendhal de *Rome. Naples et Flo-*

---

[9] Charles l. Batten Jr., *Pleasurable Instruction. Form and Convention in Eighteenth- Century Travel Literature*, University of California Press, London, 1978.

rence, quien a su vez hacía eco en sus *Promenades dans Rome* del *Itinéra-rire de Rome* de Nibby.

Las distintas modalidades de los viajes que he recordado más arriba -real/ ficticio, de objetivo predeterminado/ sin finalidad práctica, con regreso al punto de origen/ sin regreso al punto de origen- tienen unos modelos de escritura fundacional que fijan la trayectoria de los textos que han de escribirse con posterioridad. Los lugares visitados en las rutas que ya han sido surcadas por los viajeros primigenios y las reacciones de estos generan el espejo de complicidad para todos los experimentos que los siguen. El principio de la economía del esfuerzo y la aplicación de la *mimesis* literaria se superponen al inevitable modelo establecido en los relatos de los autores originarios, de donde resulta que las experiencias de Ulises o Escipión, de Luciano o Simbad, de Dante o los caballeros a la búsqueda del Grial conformaron los modelos narrativos y simbólicos sobre los que habrían de reescribirse viajes innumerables de todos los tiempos.

De todas las formas, puede establecerse una *tipología* de los escritos de viajes a tenor de la participación personal que el escritor y el lector del texto tienen en el proceso que se relata. Una tipología que recorre todas las posibilidades de la experiencia viajera. Desde luego, la que se nutre de la vida que alentó en los viajes *reales* que en algún momento se realizaron y que desde sus textos fundacionales reiteran ese principio de recursividad textual en que se funda la literariedad de los libros de viajes - *Robinson* de Daniel Defoe, por ejemplo, remitiendo a las crónicas hispanas de la conquista de América que envían, a su vez, a las rutas aventureras de los caballeros andantes, ecos por su parte de las rutas épicas de la antigüedad o de los cantares medievales. Y, por supuesto, la experiencia inventada que late en los relatos de viajes fantásticos o imaginarios, desde los *sueños* y ascensos lunares de la sátira menipea y lucianesca hasta los modernos recorridos fantásticos de hechura moral -léase la penetrante alegoría de Swift- o de proyección de la angustia moderna sobre la legendaria condena del judío errante -recuérdese la novela de Muturin *Melmoth the Wanderer* (1820).

Según la tipología esquemática que propongo, tanto el escritor como el lector se implican de muy diversa manera en los meandros del texto, para fabricar, por consiguiente, distintas modalidades del tipo literario *libros de viaje* y cuyo despliegue puede señalarse en una sucesión histórica que abarca desde los textos de la más remota antigüedad hasta los de hechura más reciente. Esta tipología ostenta una notable configuración diacrónica que no niega la coincidencia temporal entre tipos distintos de viajes y, por supuesto, la posibilidad de establecer modelos estructurales básicos en los textos clásicos como la *Odisea*, la *Divina Commedia* o *A Sentimental Journey*... Los tres tipos que señalo en sucesión cronológica sólo apuntan una tendencia visible en la historia literaria y una singular peculiaridad de los viajes de la modernidad, algo que nos ayuda a entender el proceso evolutivo de géneros literarios y, sin duda el genial universo estético del escritor que aquí nos congrega.

El viaje informativo

Bajo esta denominación deben ser considerados aquellos escritos que persiguen, por modo fundamental, la acumulación noticiera de datos geográficos y manifestaciones culturales característicos de una ruta determinada. Ingratos accidentes de la naturaleza o placenteras muestras de la vida social reclaman la atención del pasajero en los recorridos verificables y en las rutas fantaseadas, si bien en los primeros cumplen una función de utilidad referencial que acredita su fijación por escrito. Ríos, montañas, poblaciones, puertos, paisajes y riquezas naturales, rasgos de comportamiento de los habitantes de los lugares visitados, monumentos arquitectónicos, huellas históricas del pasado... son algunas de las noticias que todo viajero avisado precisa llevar bien abastecidas en su guía del camino. Precisamente, las *Guías* y *Avisos de forasteros* -por recordar un título que hizo fortuna en la tradición literaria española desde el libro atribuido a Liñán y Verdugo- sirven el modelo del viaje informativo en el que las marcas de *literariedad* suelen atenuarse en proporción inversa a la acumulación de noticias practicables.

Muchos *itinerarios* de la antigüedad cumplían esta mera función informativa. En ellos sólo importa la descripción del camino -para mayor impersonalidad, formulada en tercera persona- y, si es caso, el añadido de datos históricos, técnicos o numéricos que enriquecen la aplicación práctica para los lectores que iban a ser repetidores de esa misma ruta. El viejo menester didáctico que desempeñaron *lunarios*, *calendarios* o *almanaques* trasvasó su ejercicio y los materiales de su contenido a las *guías* que, desde finales del

231

XV, fueron cada vez más abundantes en las diferentes industrias editoriales europeas y, posteriormente, mundiales. En España, como ha recordado Francisco Aguilar Piñal, nace en 1722 el primer ejemplar de una serie de *Guías de forasteros en la Corte de Madrid* que se publicarían durante más de doscientos años. Guías de ciudades, de comarcas y de países han fatigado las prensas en un continuado éxito de librería y lectura por parte de los usuarios. Nombres de colecciones -*Baedeker, Globetrotter*...- o de editoriales -*Michelin, Larousse, Agostini*...- se han especializado como término identificador de utilísimos manuales para viajeros del siglo pasado o del presente.

En la frontera de esta escritura meramente informativa y la que registra las reacciones personales del viajero se inscriben algunos repertorios fabricados con la voluntad polémica de levantar una contradicción a las percepciones subjetivas de pasajeros fantasiosos. Esta es la intención que afirmaron algunos escritores *costumbristas* españoles -Mesonero en su *Manual de Madrid*, a vía de ejemplo- y que uno de sus cultivadores marginales más conspicuos explicaba en estos términos en sus *Letters from Spain*:

> Tendrá que perdonarme usted por haberme abstenido de trazar un cuadro del carácter nacional de los españoles. Siempre he considerado tales descripciones carentes de sentido, mero conjunto de antítesis en donde para producir efecto se contraponen las buenas y las malas cualidades, con muy poca base en la naturaleza humana. El poder de observación del hombre no puede ser al mismo tiempo tan preciso y tan extenso, tan minucioso y tan general, como para permitirle incorporar los rasgos particulares de millones de seres en un solo ser abstracto que contenga los de todos ellos. Sin embargo, esto es lo que intentan la mayoría de los viajeros tras unas pocas semanas de estancia, y lo que estamos acostumbrados a esperar desde la primera vez que pusieron en nuestras manos un manual de geografía[10].

El viaje formativo

La irrupción de la perspectiva del *yo* en el relato informativo -y esta era posibilidad que ya se anunciaba en la latina peregrinación de la monja

---

[10] José María Blanco White, *Cartas de España*, trad. de Antonio Garnica, Madrid, Alianza, 1972, 52-53.

Egeria- modifica sustancialmente la naturaleza y el sentido del viaje. Con todas las excepciones que se quieran destacar, la invasión de la sentimentalidad y de la proyección del paisaje natural en el ánimo del viajero son fenómenos que se intensifican a lo largo del siglo XVIII con una fuerza que no se había dado hasta entonces en la literatura de viajes. En ese tiempo asistimos a los preliminares de la *modernidad* y, en esos trances históricos, como han mostrado muchos críticos, se consolida también la novela como género dominante y se popularizan las formas literarias del *yo* en los diarios, memorias, epistolarios y en la multiforme literatura periodística que se expande por todo el mundo occidental. El periodismo, precisamente, fue una de las vías de la popularización de los relatos de viaje en cualquiera de sus formas de enunciación, aspecto este que está reclamando la atención de los estudiosos con mayor pormenor del que se le ha prestado hasta el momento. A este propósito, he recordado en otro lugar cómo algunas publicaciones periódicas españolas de la primera mitad del XIX -en lo que siguen modelos foráneos- se presentan ante el lector como si fuesen la transcripción de la correspondencia cruzada entre un grupo de gentes amigas que se habían visto precisadas a separarse a causa de los viajes emprendidos por algunas[11], eficaz recurso constructivo que pone en evidencia la estrecha relación que se dio entre periodismo y literatura de viajes.

Desde la *Telemaquia* con que se inicia el relato de Ulises ha sido evidente el papel que representan los viajes en la sedimentación educativa de los jóvenes; el estímulo del texto homérico lo aprovecharían los narradores franceses -Fénelon, Barthélemy, Lentier- que reescribieron viajes educativos de muchachos griegos inventados - Telémaco, Anacarsis, Antenor- y Goethe subrayaría este recurso cuando hablaba de los *Wanderjhare* como la etapa más fructífera en la constitución de la personalidad. El *Grand Tour* que coronaba la etapa de los estudios librescos, como es bien sabido, pasó a ser la prueba de grado para los herederos de la aristocracia inglesa, de los que, según escribía Horace Walpole, sólo entre 1763 y 1765 habrían pasado al continente unos cuarenta mil. Con todo, no es necesario visitar las fuentes europeas más frecuentadas para documentar el interés que se concedió en la centuria ilustrada al viaje de formación personal; un *nova-*

---

[11] Leonardo Romero Tobar, *Panorama crítico del romanticismo español*, Madrid, Castalia, 1994, 43-46.

233

tor hispano, el conde de Fernán Núñez, proponía a finales del siglo XVII -en *El hombre práctico*- que "lo más conveniente parece sería que luego que en la edad juvenil se hubiesen adquirido los conocimientos necesarios a un hombre práctico (...), pasase a los viajes que pareciesen más convenientes, con persona de mayor edad y de entero conocimiento del mundo, que en cada parte pudiese hacerle observar la constitución del gobierno, la creencia, el genio de la Nación".

Estos viajes educativos, tan próximos por otra parte al *bildungsroman*, producen esa transformación profunda del partícipe en la que el componente subjetivo tiene un papel destacado, puesto que el viajero comienza el recorrido siendo de una manera y lo concluye transfomado en su ser y en su comportamiento. Este papel transformador es evidente en los relatos de los "viajeros enfermos o melancólicos", en el de los "viajeros ingenuos" o los "buenos salvajes" que, como el Candide de Voltaire, contrastan su mundo de inocencia original con las enredadas sofisticaciones de las sociedades que visitan, y también lo es en la perspectiva de "ingenuidad a la inversa" que experimentaron los descubridores dieciochescos de las delicias naturales existentes en las islas del Pacífico.

Viaje, pues, como transformación del viajero. Un viajero que aprende a ver con ojos nuevos como el personaje de Proust: "Le seul véritable voyage, le seul bain de Jouvence, ce ne serait pas d´aller vers de nouveaux paysages, mais d'avoir d'autres yeux, de voir l'univers avec les yeux d'un autre, de cent autres, de voir les cent univers que chacun d'eux voit, que chacun d´eux est"[12]. Un viajero que puede llegar hasta las fuentes ocultas de una sabiduría profunda que lo regenera y hace nacer de nuevo en los abundantes viajes de carácter iniciático que han producido las diversas tradiciones religiosas y, en el contexto de la secularización moderna, el entendimiento de la literatura como un viaje al centro del escritor o del acto mismo de escribir. Lo ha compendiado Michel Butor en una fórmula sintética: "el viaje es escritura, la literatura es viaje".

Dentro de los viajes de índole formativa, una modalidad absolutamente revolucionaria es que le difundió Sterne en su memorable *A Sentimental Journey Through France and Italy* (1768), el relato que atenúa al máximo los grandes conocimientos que perseguían los viajeros de la Ilus-

---

[12] Marcel Proust, *La Prisonière*, Paris, Flammarion, 360-361.

tración para demorarse intensamente en las cuestiones más menudas que escapaban a la percepción de los ávidos coleccionistas de grandes datos de la Historia y la Civilización, de modo y manera que el lector termina sabiendo muy poco de los accidentes del recorrido y muchísimo sobre Yorick, el narrador de un viaje que no tiene nada de novelesco. El estímulo de este personaje activó, a finales del XVIII y principios del XIX, un incremento de los viajeros egotistas que se perdían entre las anfractuosidades de sus impresiones subjetivas y las menudencias más triviales que podían espolearlas. Paterson y Gardenstone en la literatura inglesa, De Maistre en la francesa, Jean Paul en la alemana o el hispano-británico Blanco White son frutos notables de una modalidad de escritos que terminaron acuñando la denominación "impresiones de viaje", marbete que llegaría hasta los texto de nuestro don Ramón del Valle-Inclán.

Sobre el auge de esta expresión, solamente el habla española del siglo XIX quiero recordar que el capítulo II de la obra de Antonio Flores *Ayer, hoy y mañana* se titula "Impresiones de viaje", que Pérez Galdós denominó su recorrido desde Canarias hasta la Península "Un viaje de impresiones", que Domingo F. Sarmiento en sus *Viajes* atribuía a Dumas el éxito de la fórmula (" El creador de las *Impresiones de viaje* que han hecho imposible escribir verdaderos viajes que interesen al lector") y que don Juan Valera con su sagaz ironía de costumbre contraponía, en una de sus cartas escritas en San Petersburgo, el relato de viaje *informativo* a esta nueva modalidad viajera de acento tan personal: "¿Cómo saber (sobre Rusia), repito, a no emplear en estos años de estudio las leyes, la organización política y la manera de ser de 65 millones de hombres? Usted me dirá que no voy a escribir una obra seria sobre la Rusia, sino cartas a un amigo refiriéndole lo que ahora se llama *impresiones de viaje*?"[13]. Doblado el siglo, la expresión se terminó convirtiendo en una tópica denominación para la literatura de asunto viajero.

El predominio destacado de la percepción individual explica que fuera la primera persona el rasgo gramatical que mejor caracteriza estos escritos; *diarios, memorias, anotaciones* personales, *cartas*, incluso *autobiografías* son las formas expositivas que adoptan muchísimos textos de viajes del

---

[13] Juan Valera, carta a Leopoldo Augusto de Cueto fechada en uno de enero de 1857.

XIX y el XX, plebiscitando con este recurso enunciativo la vinculación que tiene esta literatura con la cultura de la *modernidad*. De todas formas, en estas *actas* alaraquientas de la *literatura del yo* prima el sentido moral constructivo que conduce a la educación del viajero, a su metamórfosis incluso, con su equivalente estructural del acceso al punto de destino o de regreso conclusivo al lugar de partida.

El viaje performativo

Queda pendiente de tipificar un tercer tipo de relatos viajeros en el que ni se cumple la finalidad formativa ni se accede felizmente a la meta de llegada. Una clase de escritos en los que el viajero no sabe el término de su recorrido o lo ha olvidado si alguna vez lo supo. Y si tiene un objetivo final, se le manifiesta huidizo, inaccesible, imposible de conseguir. El viajero está perdido en su ruta y bracea desesperadamente como un náufrago que necesita de un salvavidas para evitar su perdición. Es el relato que corresponde a un etapa cultural -es decir, a un momento de la historia literaria- en el que se ha troceado la autonomía del sujeto y en el que, como ha escrito Claudio Magris a propósitode Jean Paul Richter, el viajero "advierte la no identidad del sujeto consigo mismo y se aventura en los meandros del sueño y del inconsciente, en aquellos oscuros pasillos en los que sus personajes encuentran con terror su propio sosias. Sólo el humor puede curar esta angustia de la escisión, porque da una nueva dimensión y resquebraja lo finito pero con bondadosa y cómplice simpatía, abriéndola a ese infinito que lo trasciende pero que le confiere un significado universal"[14]. Ciertamente una experiencia vivida en los albores del romanticismo -reelaboración del tema del *doble*, desvelamiento de las secretas galerías del yo, aplicación de la *ironía* como método de terapia intelectual- no puede servir como modelo explicativo de lo que han sido las trayectorias de los textos viajeros en las literaturas del siglo que ahora fenece, pero sí nos sitúa en el marco histórico de la *modernidad* en el que se ha generado toda creación artística contemporánea digna de este calificación.

---

[14] Claudio Magris, *El Danubio*, trad. española de Joaquín Jordá, Barcelona, Anagrama, 1988, 78.

La pérdida del camino, su inexistencia incluso; la perplejidad del transeúnte, la fragmentación de su identidad, son llamativos lineamentos visibles en la novela experimental más representativa de las inquietudes profundas del hombre de nuestro tiempo. Durante el primer cuarto del siglo XX se publicaron un conjunto de ficciones que, además de ofrecer una estructura moldeada sobre el venerable plano del viaje, traducían las desasosegantes indicaciones sobre la pérdida de los valores absolutos. *Heart of Darkness* (1906) de Joseph Conrad, *Das Schloss* (1926) de Franz Kafka, *Der Mann ohne Eigenschaften* (primer volumen, 1930) de Robert Musil, para recordar ficciones que pueden ser leídas como viajes informativos y formativos, resultan una contundente invitación al lector para que tome conciencia de la complejidad de su empeño vital, de su desfallecido caminar a través de un universo absurdo y sin sentido, para que tome conciencia de que, en definitiva, están proponiendo *performativamente*, como diría un lingüista pragmático, otro tipo de viaje.

Sin duda, estas y otras novelas memorables de nuestros contemporáneos son algo más que "l'invitation au voyage" baudeleriana o el síntoma de la crisis de nuestro tiempo que nos acecha a la vuelta de cualquier *ensayo* contemporáneo. Leer es leerse y seguir el trayecto a ninguna parte de tantos héroes de la ficción es ponerse también al borde del viaje sin objeto. Los textos viajeros publicados en los últimos años pueden reiterar, claro está, la función informativa y formativa de la caminería clásica; pero, más allá de Ítaca, hay libros de viaje en que el merodeo histórico y literario termina perdiéndose en una matriz inmensa y anónima. Es la conclusión de *El Danubio,* libro admirable a pesar de olvidar los bellísimos versos de Garcilaso en la *canción tercera,* y en que después de tres mil quilómetros de recorrido plagado de cultura, el río se pierde "en el mar grande". Allí "hay poca gente, que tiene prisa por irse, porque ya es bastante tarde, y el puerto se vacía. Pero el canal corre leve, tranquilo y seguro hacia el mar, ya no es canal, límite, *Regulation*, sino flujo que se abre y se abandona a las aguas y a los océanos de todo el globo y a las criaturas de sus profundidades"[15].

---

[15] Claudio Magris, ob. cit., 370.

✳ ✳ ✳

Y al final de mi viaje, regreso al punto de partida: no puedo presentaros conclusiones definitivas. He de confesar también que es una aporía la delimitación del género "literatura de viajes". Ahora bien, el polimorfismo de los textos que la constituyen y su peculiar apropiación de los géneros antiguos y modernos nos sitúan adecuadamente ante la obra creativa de Valle-Inclán. Por supuesto, en los tributos que él pagó a las expresiones características de esta clase de escritos -"impresiones de viaje"- y en el trazado de los viajes de iniciación -*Flor de Santidad*, *Sonatas*- o de descenso simbólico a los nueve círculos de los infiernos dantescos -*Luces de Bohemia*-; pero, de modo especial, en la perspectiva del demiurgo que emblematiza su teoría estética en esa escritura ilimitada a la búsqueda de un género poliédrico y fragmentado como el de los viajes sin objeto de los héroes y los textos problemáticos de la literatura contemporánea.

II SEMINARIO

Géneros dramáticos y recepción del teatro de Valle-Inclán

(14-17 de diciembre)

Valle-Inclán (1898-1998): Escenarios
Universidade de Santiago de Compostela, 2000: 241-269

VALLE-INCLÁN Y LA COMEDIA

Jean-Marie LAVAUD
Université de Bourgogne

A la crítica siempre le gustó colocar a un autor y sus obras en cajones cuidadosamente etiquetados. Nada extraño pues que la crítica de nuestro siglo XX haya intentado encajar las obras de Valle-Inclán en determinados géneros, planteando al mismo tiempo el problema de la teatralidad. Si esta última querella parece hoy inoportuna y sin sentido, no carece de interés el debate formal, de tipo académico al que nos invita este congreso.

Hablar de "Valle-Inclán y la comedia", título de esta ponencia, es problemático ya que don Ramón habló de "comedias" en el sentido más amplio de la palabra y escribió a Rivas Cherif: "en mi concepto caben comedias buenas y malas —casi es lo mismo—, lo inflexible es el concepto escénico"[1]. El temario de la sesión "Los géneros dramáticos de Valle-Inclán" nos encamina a tomar en cuenta la denominación que Valle-Inclán pone después del título de sus obras teatrales —comedia, tragedia, farsa, esperpento...—, e invita a una reflexión a partir de la denominación que, a manera de subtítulo, pone el propio autor al escribir y editar su obra. Así que propongo interrogarme primero sobre la intención de don Ramón al usar el término "comedia", matizándolo —corrigiéndolo— al mismo tiempo con el epíteto "bárbara". Luego, guiado por el propio Valle-Inclán

---

[1] Carta de Valle-Inclán a Rivas Cherif in Leda Schiavo, "Cartas inéditas de Valle-Inclán", *Insula*, Madrid, enero de 1980, n° 398, p. 1 y 10; Begoña Riesgo Demange, "Du concept scénique au concept esthétique", *Le spectacle au XXème siècle, Culture hispanique*, (Actes du Colloque international, Dijon, nov. 1997), Dijon, *Hispanistica XX*, 1998, p. 79-100.

quien habla en 1918 de "las tragedias que llamo comedias bárbaras", buscaré en qué medida y hasta qué punto puden llamarse tragedias, haciendo resaltar también lo que de épico hay en ellas. Por fin, y porque considero que las didascalias son el máximo revelador de la evolución tanto ideológica como estética de Valle-Inclán, intentaré precisar, a partir de su estudio, cómo se sitúa la trilogía dentro de la obra teatral de don Ramón[2].

Cuando parece que las cosas están claras y el objetivo de la ponencia definido, aparecen las primeras dificultades. ¿Iba don Ramón a encajarse en un género, o dejarse encajar? Hay que volver a leer sus títulos y "subtítulos" para darse cuenta de que nunca lo entendió así. Limitándome a las comedias de Valle-Inclán, y siendo "comedia" palabra suya, no encuentro más que tres editadas y son, por orden cronológico de aparición, *Águila de blasón* (1907), *Romance de lobos* (1908) y *Cara de plata* (1923)[3]: son las *comedias bárbaras*, la trilogía que Valle-Inclán llega a designar en una carta a Rivas Cherif con el título genérico de *La comedia bárbara*[4]. Si miro ahora

---

2 Utilizo aquí conclusiones de trabajos publicados o de próxima publicación: "Las comedias bárbaras: una problemática histórica y estética", *Galicia nos tempos do 98. Actas do congreso*. La Coruña, abril de 1998. Santiago de Compostela, Xunta de Galicia, 1998, pp. 77-99; "Les conditions de l'émergence d'un langage poétique dans l'oeuvre dramatique en prose de Valle-Inclán", *Le Spectacle. Culture hispanique*, Dijon, Hispanistica XX, 1998, p. 101-121; "Les *dramatis personae* de *Cara de plata*", in *Les comedias bárbaras de Valle-Inclán, Cotextes*, Université Paul Valéry, Montpellier, 1997, nos. 31-32, p. 93-106; "La evolución de la acotación escénica en el teatro en prosa de Valle-Inclán", *Congreso de literatura española contemporánea*, Málaga, 9-13 noviembre de 1998 (de próxima publicación); "Quelques clés pour la lecture des *comedias bárbaras*", *Les Langues néo-latines*, Paris, 1998, nos. 303-304, p. 79-100.

3 — *Águila de blasón. Comedia bárbara dividida en cinco jornadas*, (Prólogo del autor), Barcelona, F. Granada y Cía, 1907; Madrid, Soc. general española de librería, Tip. La Itálica, 1915 (18 de abril), *Opera omnia*, Vol. XIV; *Águila de blasón. Comedia bárbara*, Madrid, Imp. de Sáez Hermanos, 1922 (22 de junio), *Opera omnia*, vol. XIV. — *Romance de lobos. Comedia bárbara dividida en cinco jornadas [sic]*, Madrid, Gregorio Pueyo, 1908 (25 de enero); *Romance de lobos. Comedia bárbara dividida en tres jornadas*, [Ilustraciones de Joseph Moja], Madrid, Perlado, Páez y Cía, Imp. de José Izquierdo, 1914 (12 de abril), *Opera omnia*, Vol. XV; *Romance de lobos. Comedia bárbara dividida en tres jornadas*, [Ilustraciones de Angelus Vivanco], Madrid, Imp. de Sáez Hermanos, 1922 (12 de abril), *Opera omnia*, vol. XV. — *Cara de plata, Comedia bárbara*, Madrid, Renacimiento, Imp. Cervantina, 1923 (10 de diciembre), *Opera omnia*, vol. XIII. Se puede leer: "Acabóse de imprimir este libro en la Imprenta Cervantina en Madrid a X días del mes de diciembre de MCMXXIII años"; *Cara de plata*, Madrid, Artes gráficas, 1934 (8 de abril), 23 págs. (Colección Novelas y cuentos, n° 275).

4 Valle-Inclán, "Autocrítica", *España. Semanario de la vida nacional*, Madrid, n° 412, 08. 03. 1924, p. 150.

hacia la producción periodística de don Ramón el panorama cambia poco. En 1905 aparece *Comedia de ensueño*: es un cuento, una *"historia de santos, de almas en pena, de duendes y ladrones"*[5]. En 1912, *El Mundo* de los días 6, 10 y 24 de noviembre anuncia la próxima publicación de *El embrujado, novela inédita de Valle-Inclán*[6]; pero, el día 25, con la primera entrega, los lectores descubren una *comedia bárbara, El embrujado*[7]. Sin embargo, cuando sale la edición de 1913, *El embrujado* ya no es una *comedia bárbara* sino la *tragedia de tierras de Salnés*[8]. La fluctuación de don Ramón en el momento de definir su obra impone mucha prudencia e incita a ir más allá de una terminología genérica. Por cierto don Ramón vio la relación que *El embrujado* tiene con la tragedia, lo que subrayó Luis González del Valle[9]; por otra parte, si le quitó a *El embrujado* la denominación de *comedia bárbara* es que la obra no era de la misma índole ni tenía la misma intriga que *Águila de blasón* y *Romance de lobos* y porque, si me refiero a Rivas Cherif, intuía ya don Ramón lo que iba a ser *Cara de plata*[10]. Vacilar entre novela, comedia bárbara y tragedia puede expresar cierta perplejidad en el momento de dirigirse a los lectores, y allí pudiera

---

[5] *Comedia de ensueño* forma parte del libro de cuentos titulado *Jardín novelesco, historia de santos, de almas en pena, de duendes y ladrones*, Madrid, Rev. de Arch. Bibl. y Mus., 1905.

[6] Los días 6, 10 y 24 de noviembre se anuncia la obra de Valle-Inclán de esta forma: Nuestro folletín/ Novela inédita de Valle-Inclán/ *El embrujado*. Dentro de pocos días comenzará *El Mundo* a publicar en forma de folletín la nueva comedia bárbara de D. Ramón del Valle-Inclán titulada *El embrujado*. Todos conocen la insuperable belleza del estilo de Valle-Inclán y a donde llega la extraordinaria originalidad de los asuntos sobre que trabaja. *El embrujado* al igual que las obras anteriores del gran artista se desarrolla en un ambiente de misterio, de maleficio y de superstición. Valle-Inclán ha alcanzado en esta nueva novela las cimas de lo perfecto, en cuanto al arte de escribir, y las alturas de la tragedia a lo que respecta a la emoción inspiradora fecunda de las obras del admirable escritor.

[7] Son diez entregas, del 25. XI. 1912 al 19. I. 1913, alternando con *El escudero Dauberon* de Mme. Melonia Waldor: 25. XI, 3, 7, 12, 15, 17, 23 y 26. XII 7 y 19. I.

[8] *El embrujado, tragedia de tierras de Salnés*, [Ilustraciones de Joseph Moja], Madrid, Perlado, Páez y Cía, Imp. de José Izquierdo, 1913, *Opera omnia*, IV.

[9] Luis Gónzalez del Valle, "*El embrujado* ante la modernidad: tradición e innovación en un texto dramático de Valle-Inclán", ALEC, 1994, 19, 3, p. 273-303.

[10] "La editorial *Renacimiento* acaba de poner a la venta, por vez primera en su orden correlativo, los tres volúmenes de comedias bárbaras de Valle-Inclán, el primero de los cuales, *Cara de plata*, inédito hasta ahora, si no era en nuestra revista *La Pluma*, y que empezar a escribir con posterioridad a los otros dos, e interrumpida después durante varios años su redacción, no ha terminado hasta pasados doce el autor de *Romance de lobos*". Cipriano Rivas Cherif, "Apuntes de crítica literaria. *La Comedia bárbara* de Valle-Inclán", *España*, Madrid, año X, n°. 409, 16. II. 1924, p. 8-9.

entrar lo que hoy llamamos "marketing". Pero, ¿por qué no darle la vuelta a la problemática y considerar que Valle-Inclán no *puede* utilizar las categorías tradicionales porque sus obras no encajan en ellas? Esta perspectiva supone por parte de don Ramón una clara conciencia de lo que está haciendo, algo que se puede relacionar con lo que hace Unamuno al escribir una "nívola". Dentro de esta perspectiva, propongo buscar por qué Valle-Inclán utiliza tres veces la denominación "comedia", corrigiéndola, con el epíteto "bárbara", llegando a crear en su propia obra una determinación genérica.

En la producción teatral de Valle-Inclán apunto que al título de la obra le suele seguir una indicación de tipo genérico, una forma de hacer que no es propia de Valle-Inclán[11]: por ejemplo, *Cenizas, drama*[12]. Puede acompañar al título una denominación explicativa, anunciadora de un contenido y/o de una forma como *El marqués de Bradomín, coloquios románticos*[13], o *El yermo de las almas, episodios de la vida íntima,* de estirpe benaventiana[14]. Con *Águila de blasón* la denominación/subtítulo *comedia bárbara* parece tener la función de declarar que pertenece a la comedia mientras que "bárbara" abre otro paradigma. A partir de *Romance de lobos comedia bárbara* tiene otra función: declarar que la obra pertenece a una misma serie[15]. Por fin, siempre llama la atención la importancia tipográfica que da el autor a la indicación.

¿En qué medida, cómo y con qué sentido Valle-Inclán relaciona sus tres obras a un género literario, la comedia? Por cierto, Valle-Inclán no remite a Aristóteles sino a Lope de Vega quien, con su *Arte nuevo de hacer comedias en este tiempo* reacciona, y, aprovechando la experiencia, propone la nueva comedia española abierta a elementos tanto cómicos como trágicos:

---

[11] Luciano García Lorenzo, "La denominación de los géneros teatrales en España durante el siglo XIX y el primer tercio del XX", *Segismundo*, Madrid, 1967, nos 5-6, p. 191-199.

[12] *Cenizas*, drama, Madrid, 1899.

[13] *El marqués de Bradomín, coloquios románticos*, [Dedicatoria a Matilde Moreno y Francisco García Ortega], Madrid, Pueyo, Tip. de la Rev. de Arch. Bibl. y Mús., 1907.

[14] *El yermo de las almas, episodios de la vida íntima*, [Dedicatoria a Jacinto Benavente], Madrid, Imp. Balgañón y Moreno, 1908.

[15] Una misma intriga, unos personajes comunes dan unidad a la trilogía. Sin embargo, en un primer tiempo, *Águila de blasón* y *Romance de lobos* forman un conjunto autónomo distinto de lo que es, en pluma de Valle-Inclán, "La comedia bárbara". Véase J-M Lavaud, "Las comedias bárbaras ¿una misma serie?", *Valle-Inclán y su obra, op. cit.*, p. 441-456).

> Lo trágico y lo cómico mezclado,
> Y Terencio con Seneca, aunque sea
> Como otro Minotauro de Pasífae,
> Harán grave una parte, otra ridícula,
> Que aquesta variedad deleita mucho;
> Buen ejemplo nos da naturaleza,
> Que por tal variedad tiene belleza[16].

No hay dudas de que don Ramón, en 1922, al hablar de "comedias" en la frase ya citada daba a la palabra el sentido abierto que tenía en la época de Lope de Vega. Como lo apunta excelentemente Pilar Cabañas Vacas don Ramón se inscribe en la misma tradición que Lope de Vega, y su postura es equiparable a la del Fénix[17]. Primero, tiene una experiencia escénica y dramática; segundo, tiene la clara conciencia de querer y de hacer algo distinto[18].

El paradigma abierto por la palabra "bárbara" marca precisamente esta conciencia de Valle-Inclán de hacer algo distinto, nuevo, original como lo señaló Leda Schiavo[19]. Así, emplear "bárbara" en 1907 marca la voluntad de inscribirse en una corriente literaria que sale de *Poèmes barbares* de Leconte de Lisle y pasa por *Odas bárbaras* de Carducci y *Prosas bárbaras* de Eça de Queiroz. Como el poeta francés, Rubén Darío considera la Edad Media como unos años de barbarie y relaciona lo "bárbaro" a lo imaginario medieval y feudal[20]. Cansinos Assens señala las asociaciones suscitadas

---

[16] Lope de Vega, *Arte nuevo de hacer comedias en este tiempo*, Madrid, Austral, p. 14.

[17] Pilar Cabañas Vacas, *Teoría y práctica de los géneros dramáticos en Valle-Inclán (1899-1920)*, Sada (A Coruña), Edicios do Castro, 1995, p. 34-39.

[18] "Dentro de mi concepto caben comedias buenas y malas -casi es lo mismo-, lo inflexible es el concepto escénico. Advenir las tres unidades de los preceptistas, en furia dinámica; sucesión de lugares para sugerir una superior unidad de ambiente y volumen en el tiempo; y tono lírico del motivo total, sobre el tono del héroe. Todo esto acentuado por la representación, cuyas posibilidades emotivas de forma, luz y color —unidas a la prosodia— deben estar en la mente del buen autor de comedias". Véase Leda Schiavo, "Cartas inéditas de Valle-Inclán", *Insula*, Madrid, enero de 1980, n° 398, p. 1 y 10. Por cierto, estas líneas son tardías, de donde el problema ya señalado de la unidad dramática de las comedias bárbaras.

[19] Leda Schiavo, "La barbarie de las *Comedias bárbaras*", en Ángel G. Loureiro coord., *Estelas, laberintos, nuevas sendas, Unamuno, Valle-Inclán, La guerra civil*, Barcelona, Antropos, 1988, p. 191-203.

[20] "Bárbaro en esta extensión de la palabra es lo que en expresión, simbolismo o manera de ser, representa una mentalidad medieval, ásperamente expresiva, invasora y gótica; popular en

por la palabra a principios de siglo y muestra su relación con los poemas de Wagner "en que se canta la bárbara fiereza de los combates"; con los libros de Nietzsche, *Los orígenes de la tragedia* y *Zaratustra* en los que se revelan "el verdadero alcance del arte y el pensamiento bárbaro"; con las obras de Darío, Villaespesa, Valle-Inclán, Manuel Machado y E. Marquina. "Este amor a la fuerza resucitó en el novecientos bajo las formas del arte llamado bárbaro, que simpatiza [...] con todas las fuertes energías no academizadas", escribe Cansinos Assens[21]. Se sabe que don Ramón reconoce la influencia del wagnerismo en sus *comedias bárbaras*, y señala la de Durer, especialmente *La coronación de Maximiliano*[22]. Pues, cómo no considerar a la luz de estas líneas la evocación de las *villas* gallegas, el retrato del Mayorazgo y el comportamiento de don Pedrito con la molinera en *Águila de blasón,* la evocación de Viana del Prior en *Cara de plata.*

Hay que contar también con la evolución semántica de "bárbaro". Si el concepto bárbaro/barbarie se opone al de civilizado/civilización, surge con el decadentismo la idea de que la barbarie puede regenerar el mundo. Cunde la idea, la expresan los Goncourt, y la encontramos bajo la pluma de *Azorín*:

> ... "El salvajismo es necesario cada cuatrocientos o quinientos años para revivificar el mundo" dicen los Goncourt en su *Journal.*
>
> El mundo muere de civilización.
>
> Antes, en Europa, cuando los viejos habitantes de una hermosa comarca sentíanse debilitados, caían sobre ellos, desde el Norte, bárbaros gigantescos, que vigorizaban la raza...[23]

---

lo del fondo del corazón del pueblo: feudal, caballeresca, burgrave, mística, llena de conocimientos o suposiciones milenarios, y al mismo tiempo ingenua, pagana en lo mucho que de paganismo tenía la Edad Media; con el sentido de fatalidad que había en tiempos de pestes extrañas y fulminantes que supiera comprender un Edgar Poe...". Citado por Leda Schiavo, *art. cit.*, p. 197.

[21] Rafael Cansinos Assens, *Poetas y prosistas del 900*, Madrid, Editorial América, 1919, comentado por Leda Schiavo, *op. cit.,* p. 194-195.

[22] "Hace días pensaba escribirle y agradecerle su artículo. El vagnerianismo *(sic)* que usted señala es indudable. *Voces de gesta* es un libro wagneriano. Pero en la *Comedia Bárbara* todavía hay la influencia de otro antipático tudesco: El Durero. Las estampas de la coronación de Maximiliano". Valle-Inclán, "Autocrítica", *España, semanario de la vida nacional*, n° 412, 08. 03. 1924, p. 150. Sobre la influencia de Durero véase Jesús Rubio, "Las *Comedias bárbaras* y la estética simbolista", *Lire Valle-Inclán, op. cit.*, p. 59-87.

[23] *Azorín*, citado por Leda Schiavo, *op. cit.*, p. 198.

A finales del pasado siglo la barbarie aparece como un nuevo valor cuando, en un cuento de 1902, el marqués de de Bradomín dice de Alonso Bendaña que "tiene una leyenda *bárbara*": "bárbara" se relaciona tanto con la violencia, el despotismo y la crueldad de don Miguel Bendaña, como con sus prendas de caballero[24]. Esta asociación de valores antitéticos se encuentra en Nietzsche asociada a "un amoralismo estetizante, la comprensión del fenómeno trágico, la voluntad apolínea" en palabras de Gonzalo Sobejano[25]: nobleza y barbarie están asociadas también en *La genealogía de la moral*[26]. ¿Cómo no evocar entonces la exaltación de la barbarie en la cuarta escena de *Águila de blasón* cuando don Pedro fuerza a Liberata, una escena que remite también a Sade, por ejemplo a Teresa entregada por el conde de Bressac à sus alanos[27]? La violación de Liberata, y las *comedias bárbaras,* se inscriben pues dentro de una tradición estética y literaria en la que se unen horror, violencia y sexo.

El empleo de la palabra "bárbaro" tiene en Valle-Inclán otro sentido que él mismo apunta como lo hace notar Pilar Cabañas[28]. En *Modernismo*, el artículo publicado en 1901, don Ramón asocia "bárbaro" con la originalidad, la idea de novedad y de violencia[29]. Así que, cuando en 1906 Valle-Inclán publica *Comedia bárbara*[30], un fragmento de la prehistoria de *Águila de blasón*, tiene la clara conciencia de crear algo nuevo, y quiere señalárnoslo. Por otra parte, cuando, en 1908, Valle-Inclán aplica la pala-

---

[24] "El palacio de Brandeso. (Memorias del marqués de Bradomín)", *El Imparcial,* Madrid, 13. 02. 1902. La cursiva es mía.

[25] Gonzalo Sobejano, *Nietzsche en España*, Madrid, Ed. Gredos, 1967, p. 214.

[26] "Son las razas nobles las que han dejado tras de sí el concepto "bárbaro" por todos los lugares por donde han pasado [...] Esta "audacia" de las razas nobles, que se manifiesta de manera loca, absurda, repentina, este elemento imprevisible e incluso inverosímil de sus empresas [...], su indiferencia y su desprecio de la seguridad, del cuerpo, de la vida, del bienestar, su horrible jovialidad y el profundo placer que sienten en destruir, en todas las voluptuosidades del triunfo y de la crueldad....." Nietzsche, *La genealogía de la moral*, Madrid, Alianza editorial, 1972, p. 46.

[27] Sade, *Justine ou les malheurs de la vertu, in Oeuvres*, [Introduction de Jean-Jacques Pauvert, Illustrations de Giani Esposito], Paris, Le Club français du livre, 1961, p. 198.

[28] Pilar Cabañas Vacas, *op. cit.*, p. 34-39. La cursiva es mía.

[29] "Ocurre casi siempre cuando un nuevo torrente de ideas o sentimientos transforma las almas, las obras literarias a que da origen son *bárbaras* y personales en el primer período, serenas y armónicas en el segundo, retóricas y artificiosas en el tercero". ("Modernismo", *La Ilustración española y americana*, Madrid, 30. 03. 1901). La cursiva es mía.

[30] "Comedia bárbara", *El Imparcial,* Madrid, 18. VI. 1906.

bra a unas obras literarias de apariencia totalmente nueva, insiste en que esta obra se relaciona siempre con la tradición[31]: es decir que la innovación, la originalidad, lo bárbaro, se integra en un proceso evolutivo, entre un antes y un después.

Por otra parte, añadiré que la elección de *comedia bárbara*, el título emblemático de la publicación periodística como subtítulo de *Águila de blasón* adquiere significación al considerar la génesis de las dos primeras *comedias bárbaras*: está claro que *Romance de lobos* se concibe al mismo tiempo que *Águila de blasón* y que la denominación abarca desde el principio tanto la primera como la segunda comedia, cronológicamente hablando[32]. Así, la conciencia de Valle-Inclán de hacer algo nuevo, original, de renovar un género se entiende mejor. *Comedia bárbara*, título emblemático de la publicación periodística, expresa la relación con el género teatral, y, dentro de esta estructura de referencia, avisa que se nos propone algo original, "bárbaro".

Cuando en 1918 declara Valle-Inclán: "Ahora reanudaré mi obra, dedicándome *a escribir las tragedias que llamo yo comedias bárbaras,* nos invita a ver en ellas o *la* tragedia o *una* tragedia[33]. ¿Hasta qué punto se puede hablar de tragedia?

Creo necesario distinguir, con Patrice Pavis, la tragedia como género literario que tiene sus reglas propias, y lo trágico, como principio antropológico y filosófico[34]. Una cosa es la tragedia según Aristóteles, y otra la

---

[31] "En la literatura tampoco cambia la esencia, pero evoluciona constantemente el medio de expresión, que son los idiomas, y esta inestabilidad de la forma es tan honda que parece en algunos momentos tener la fuerza destructora y al par creadora de los cataclismos. Ella, por sí sola engendra obra de una tan nueva apariencia -ya ingenua, ya *bárbara*, ya decadente- que nos parece asistir al nacimiento de algo sin tradición en las obras anteriores y esencial en la nueva. Pero este engaño, alucinante y fuerte como la verdad misma, no puede darse en la pintura, donde ni el objeto del arte, ni los medios de expresión han sufrido mudanza en el tiempo" (Valle-Inclán, "Divagaciones", *El Mundo,* Madrid, 11. 05. 1908). Véase Eliane Lavaud, "Valle-Inclán y la Exposición de Bellas Artes de 1908", *Papeles de Son Armadans,* Palma de Mallorca, mayo 1976, n° CCXLII, p. 115-128. La cursiva es mía.

[32] Jean-Marie Lavaud, *El teatro en prosa de Valle-Inclán (1899-1914), op. cit.*

[33] Véase Francisco Ruiz Ramón, "Las tragedias que llamo yo comedias bárbaras", *Lire Valle-Inclán. Les comédies barbares, op. cit.*, p. 169-184. La cursiva es mía.

[34] Hace notar que en el estudio de las diferentes filosofías del trágico siempre existe una dicotomía: "1. Une conception littéraire et artistique du tragique rapporté essentiellement à la tragédie (ARISTOTE); 2. Une conception métaphysique et existentielle du tragique qui fait décou-

organización de elementos trágicos identificables. El personaje de El Caballero está fuera de las normas y reúne atributos de los héroes de las tragedias griegas: orgullo, violencia, excesos de toda clase que lo llevan a la muerte. Pero, en mi opinión, el argumento de las *comedias bárbaras* no es un argumento de tragedia según Aristóteles —capítulo XIII de su *Poética*— en la medida en que la adversidad hace que El Caballero pasa de la dicha a la desdicha a causa de unas circunstancias exteriores, históricas y no a causa de un error de juicio. Dejaré de lado los análisis encontrados de la crítica, desde Gómez de la Serna hasta Sender[35] y, considerando que las *comedias bárbaras* no respetan las normas de la tragedia aristotélica, propongo que se busque la presencia de los elementos trágicos según la lista establecida por Pavis: el conflicto trágico, los protagonistas, la reconciliación, el destino, la libertad trágica, el error trágico, el efecto producido, es decir la *catarsis*[36].

Acerca del conflicto trágico, nos dice Patrice Pavis que hay acción trágica cuando el héroe se sacrifica voluntariamente considerando intereses superiores[37]. La decisión de El Caballero de arrepentirse y hacer penitencia apartándose del mundo no es ningún sacrificio sino preocupación egoísta de la propia salvación. Sin embargo, al final de *Romance de lobos*, volver al *pazo*, pedir cuentas a los nuevos amos, tomar partido por los pobres hasta morir constituye una acción trágica. Y más cuando se afrentan dos ideologías, tradicionalismo y liberalismo, un conflicto que termina con el parricidio y el anuncio de terribles convulsiones. Lo trágico resulta de un conflicto inevitable e insoluble como lo escribe Patrice Pavis.

Si el conflicto trágico clásico opone siempre el hombre a un principio moral o religioso superior[38] —siempre según Pavis— ¿a qué ideales está confrontado El Caballero? En *Águila de blasón* el Caballero sólo reconoce la propia ley y sigue sus instintos: "El rey soy yo" déclara al escribano. Por

---

ler l'art tragique de la situation tragique de l'existence humaine (HEGEL, SHOPENHAUER, NIETZSCHE, UNAMUNO)" (Patrice Pavis, *Dictionnaire du théâtre, Termes et concepts de l'analyse théâtrale*, Paris, Editions sociales, 1981, p. 426-428).

[35] Ramón J. Sender, *Valle-Inclán y la dificultad de la tragedia*, Madrid, Gredos, 1965; Ramón Gómez de la Serna, "Prólogo" a Ramón del Valle-Inclán, *Obras escogidas*, Madrid, Aguilar, 1965.

[36] Patrice Pavis, *Dictionnaire du théâtre, op.cit.*, p. 427.

[37] Patrice Pavis, *op. cit.*, p. 427.

[38] Patrice Pavis, *op. cit.*, p. 427.

otra parte no hay mujer que le resista. Es un hombre fuera de lo común y La Roja dice de él al principio de esta *comedia bárbara*: "Don Juan Manuel lleva un rey dentro". No hay ningún conflicto trágico sino que aparece una toma de conciencia en la última réplica: "Yo soy un lobo salido, salido". El conflicto trágico surge en *Romance de lobos* cuando El Caballero se siente investido de una misión, se convierte en el portavoz de la pequeña nobleza rural gallega y acepta la lucha con todas las consecuencias, entre las cuales la muerte. En 1923, *Cara de plata* hace de El Caballero un personaje trágico al instaurarle héroe de un mito de don Juan profundamente renovado. Don Juan Manuel, nuevo Don Juan, personaje nietzcheano, rehusa para él las leyes divinas y humanas[39]. Como individuo, se opone ahora a un principio moral y religioso superior, lo que hace de él un personaje trágico. Dentro de esta perspectiva la *comedia bárbara* más floja es *Águila de blasón*.

En cuanto a la reconciliación, tercer punto mencionado, Patrice Pavis escribe que el orden moral siempre tiene la última palabra y que, a pesar de la muerte y el castigo, el héroe trágico se reconcilia siempre con la ley moral y la justicia eterna, lo que hace de él un personaje digno de admiración, aún cuando haya cometido los crímenes más horrorosos[40]. ¿Tiene el orden moral la última palabra en las *comedias bárbaras*? Según se mira cada una de las obras de la trilogía o la trilogía entera es necesario matizar. En el díptico *Águila de blasón/Romance de lobos* —las dos obras se concibieron juntas[41]—, veo que *Águila de blasón* empieza por la prédica de Fray Jerónimo y que, a partir de ahí, los personajes salen en busca de su salvación; pero, Sabelita, doña María, don Pedro son unos pecadores comunes. El único que recorre toda la *vía crucis* a lo largo de la trilogía para encontrar, al final, el camino del orden moral y de Dios es El Caballero: *Cara de plata* lo opone a Dios, *Águila de blasón* lo muestra en sus obras siendo *Romance de lobos* el lugar de la reconciliación. La muerte de Don Juan Manuel señala la reconciliación consigo mismo, y con la justicia; muere para que se haga la justicia y es el personaje a quien se admira, como lo escribe Patrice Pavis.

---

[39] Eliane Lavaud-Fage, "Une explication du monde ou le mythe dans les *comedias bárbaras*", *Lire Valle-Inclán. Les Comédies barbares, op. cit.*, p. 89-102.

[40] Patrice Pavis, *op. cit.*, p. 427.

[41] Jean-Marie Lavaud, *El primer teatro en prosa de Valle-Inclán (1899-1914), op. cit.*, p. 229-268.

En cuanto al destino, otro elemento trágico, el autor del *Dictionnaire du théâtre* escribe que "lo divino toma a veces la forma de la fatalidad o de un destino que aplasta al hombre y aniquila su acción. El héroe conoce esta instancia superior y acepta la confrontación a sabiendas de que va a perder si acepta el combate. Es que la acción trágica se compone de una serie de episodios cuyo necesario encadenamiento sólo puede llevar a la catástrofe"[42]. No hay huella del *fatum* de la tragedia antigua en las *comedias bárbaras*. El arrepentimiento de El Caballero no se puede apreciar como elemento trágico porque acarrea una serie de catástrofes, la muerte de los marineros, la de Abelardo especialmente recordada por la viudez de la mujer y la orfandad de sus niños. Sin embargo, hay que considerar que en *Águila de blasón* y *Romance de lobos* El Caballero es el arquetipo representativo de una pequeña nobleza gallega en vías de desaparición, lo que permite relacionar estas *comedias bárbaras* con *Edipo rey* o con *El rey Lear*. Por cierto, la Galicia de fines del XIX no es el Atenas de Sófocles ni la Inglaterra de Shakespeare, pero, en el afrentamiento entre don Juan Manuel y sus hijos encontramos la oposición que existe entre el rey Lear y sus hijas, y, en ambos casos, el conflicto familiar traduce las convulsiones de una situación histórica. La muerte de El Caballero marca el final de una época y él lo tiene muy claro en *Águila de blasón* al decir a la vieja criada: "Roja, sólo me rodean ingratos y traidores...[...] ¡Conmigo se va el último caballero de mi sangre, y contigo la lealtad de los viejos criados". Con la industrialización, el final del siglo XIX ve el ascenso de la burguesía, la decadencia de la aristocracia y el nacimiento del proletariado: pertenece a estos períodos propicios a la tragedia de que habla Lukacs, porque ven las transformaciones de la sociedad[43]. Este "trágico" es muy moderno, cuanto más que Valle-Inclán tiene plena conciencia de haber vivido un momento histórico:

> ... He asistido al cambio de una sociedad de castas (los hidalgos que conocí de rapaz), y lo que yo vi no lo verá nadie. Soy el historiador de

---

[42] Patrice Pavis, *op. cit.*, p. 428.

[43] Georges Lukacs, *Le roman historique*, Paris, Payot, 1955. De forma sistemática Clara Luisa Barbeito ve "tres niveles geográfico-históricos: el gallego, el español y el europeo, como en círculos concéntricos". (*Épica y tragedia en la obra de Valle-Inclán*, Caracas/Madrid, Espiral Hispano-Americana/Ed. Fundamentos, 1985).

un mundo que acabó conmigo. Ya nadie volverá a ver vinculeros y mayorazgos...[44].

Por otra parte, en fecha un poco posterior a *Cara de plata*, subraya Valle-Inclán la presencia de la fatalidad en las *comedias bárbaras*:

> Cada día creo con mayor fuerza que el hombre no se gobierna por sus ideas ni por su cultura. Imagino un fatalismo del medio, de la herencia y de las taras fisiológicas, siendo la conducta totalmente desprendida de los pensamientos. Y, en cambio, siendo los oscuros pensamientos motrices consecuencia de las fatalidades del medio, herencia y salud. Sólo el orgullo del hombre le hace suponer que es un animal pensante. En esta Comedia bárbara (dividida en tres tomos: *Cara de plata*, *Águila de blasón* y *Romance de lobos),* estos conceptos que vengo expresando motivan desde la forma hasta el más ligero episodio[45].

La perspectiva trágica da pues, según Valle-Inclán, su estructura a la trilogía y este trágico tiene una forma naturalista, el determinismo y la herencia, una evolución moderna señalada por Patrice Pavis[46].

Pasando a la libertad trágica el mismo hace notar que lo trágico está en que el hombre llegue a aceptar un castigo, hasta para un crimen inevitable, para manifestar así su libertad con la pérdida de la libertad. Lo trágico reside tanto en la señal de la fatalidad como en la fatalidad libremente aceptada por el héroe que acepta el desafío trágico[47]. Mirándolo bien, veo mucha ambigüedad en Valle-Inclán. Las últimas réplicas de *Cara de plata* y de *Águila de blasón* —"Tengo miedo de ser el diablo", "Yo soy un lobo salido"— me aparecen como una toma de conciencia. Al relacionar fatalidad y libertad trágica Patrice Pavis permite relacionar en las *comedias bárbaras* la fatalidad con el determinismo, con la Historia que aprisiona al Caballero en un proceso ineludible, presente sobre todo en *Romance de lobos*. El nombre genérico del protagonista —El Caballero— pregona la

---

[44] Cipriano Rivas Cherif, "La Comedia bárbara de Valle-Inclán", *España*, Madrid, 16. 02. 1924, p. 8-9.

[45] Cipriano Rivas Cherif, "La Comedia bárbara de Valle-Inclán", *España,* Madrid, 16. 02. 1924, n° 409, p. 8-9.

[46] Patrice Pavis, *op. cit.*, p. 428.

[47] Patrice Pavis, *op. cit.*, p. 428.

voluntad del narrador de dar la palabra a un arquetipo[48]. El desafío trágico consiste para él en invertirse en una lucha que está a contracorriente para restablecer una imposible sociedad evangélica fundada sobre la caridad cuando la burguesía está ya en el poder, incluso en Galicia.

El error trágico es a la vez el origen y la razón de ser de lo trágico; es la *hamartia,* el error de juicio que en la tragedia griega provoca la catástrofe[49]. Para El Caballero el error consistiría en el reparto anticipado de sus bienes siguiendo la sugestión de don Galán en la escena segunda de *Águila de blasón*:

> EL CABALLERO.- ¿Don Galán, qué hacemos con unos hijos que conspiran para robarnos?
> DON GALÁN.- Repartirles la facienda, para que nos dejen morir en santa paz.

El reparto anticipado de la herencia tiene su referente en la Historia, en la abolición del mayorazgo en 1820 y se convierte en el error de Don Juan Manuel que El Caballero quiere —debe— asumir. Patrice Pavis insiste en la necesidad de la paradoja trágica, alianza de la *culpa* moral y del *error* de juicio, porque es inherente a la acción. Añade: "las diferentes formas del trágico se explican por la evaluación siempre cuestionada de este error"[50]. Aquí no se trata de una culpa moral sino de una culpa histórica de la que El Caballero no es culpable sino víctima. La toma de conciencia, la decisión de actuar y de oponerse a un proceso histórico son los elementos trágicos presentes en *Romance de lobos*.

En cuanto a la *catarsis* dejo otra vez la palabra a Patrice Pavis para quien la tragedia y lo trágico se definen esencialmente por el efecto producido en el espectador. Escribe: "Además de la célebre purgación de las pasiones (de la que no se sabe exactamente si es eliminación de las pasiones o purificación por las pasiones), el efecto trágico debe levantar el alma del espectador, dejarle la impresión de un enriquecimiento psíquico o

---

[48] Jean-Marie Lavaud, "Don Juan Manuel Montenegro. La construction du personnage", *Lire Valle-Inclán. Les Comédies barbares*, Dijon, Hispanistica XX, 1996, p. 121-142.

[49] Aristote, *Poétique,* Paris, Les Belles Lettres, 1969, 1453a.

[50] Patrice Pavis, *op. cit.,* p. 428.

moral...[51]. Ahora bien, infundir terror o provocar la piedad —objetivo que Aristóteles asigna a la tragedia— es buscar la identificación del público al espectáculo presentado. En las *comedias bárbaras* se mantiene muchas veces al público a distancia: la desmesura de Don Juan Manuel, el discurso evangélico de El Pobre de San Lázaro, por ejemplo, no le permiten identificarse con ellos en *Romance de lobos*. De tal forma que la catarsis tal como la entiende Aristóteles sólo aparecería, en mi opinión, en *Águila de blasón*.

Analizar los siete elementos que instauran lo trágico según Pavis permite afirmar que las *comedias bárbaras* presentan muchos aspectos trágicos, más o menos numerosos, más o menos acusados, esencialmente ubicados en *Cara de plata* y *Romance de lobos*. Lo que llama la atención es que lo trágico nace de una visión historicisante del mundo y que, ya con *Romance de lobos,* en 1908, aparece un héroe colectivo sometido a las circunstancias exteriores, a la Historia. Además, el personaje de El Caballero concebido como el representante de una clase expresa aspiraciones comunes a su clase. Entonces, comenta Patrice Pavis, "lo trágico está en la contradicción entre el individuo y la sociedad, una contradicción que no pudo ser eliminada o que sólo se puede eliminar con luchas y sacrificios previos"[52]. En esta perspectiva, en 1918, Valle-Inclán podía considerar sus dos primeras *comedias bárbaras* escritas como tragedias.

Puede ser también que Valle-Inclán intentara expresar algo más, es decir el problema de la distanciación que se plantea de forma distinta en las tres *comedias* porque el personaje de El Caballero no está construido de la misma forma en las tres. En *Águila de blasón* Don Juan Manuel asoma tras El Caballero, lo que deja paso a unos momentos de emoción, de identificación: la *mimesis* puede funcionar. En cambio, en *Romance de lobos* y *Cara de plata* encuentro muchos de los elementos épicos señalados por Patrice Pavis: la introducción de relatos, la supresión de la tensión, la ruptura de la ilusión, la intervención del narrador, la aparición de escenas de masas, la presencia del coro, la introducción de documentos históricos[53].

Por cierto no todos están presentes en las *comedias bárbaras*. En la trilogía se buscaría en vano la inclusión de documentos históricos aunque, en *Romance de lobos,* la Epístola de San Pedro y el Evangelio de las Beatitu-

---

[51] Patrice Pavis, *op. cit.*, p. 428.
[52] Patrice Pavis, *op. cit.*, p. 429.
[53] Patrice Pavis, *op. cit.*, p. 150.

des funcionan en una perspectiva de distanciación[54]. La distribución de las escenas que no miran hacia un punto final como en una estructura dramática clásica releva de un montaje, produce la supresión de la tensión, y la ruptura de la ilusión: por ejemplo, la agresión de Liberata por don Pedro se verifica mientras Pedro Rey está en el pazo, y doña María llega a Viana del Prior. Hay concomitancia entre las tres primeras escenas y la escena IV de la jornada I de *Romance de lobos*, y, entre las escenas V y VI; en la jornada I, la riña entre los hijos Montenegro y los chalanes se sitúa mientras El Caballero levanta la losa del sepulcro y confiesa públicamente sus culpas. La organización de esta discontinuidad es un elemento del teatro épico.

Si diversos comentarios no interrumpen la acción, como pasa muchas veces en el teatro épico, cada "cuadro" está enmarcado por acotaciones escénicas en las que interviene un narrador: no es todavía el comentario brechtiano pero sí un texto narrativo que tiene la misma función para el lector. El discurso didascálico, con sus repeticiones "negro", zancudo", nos da a conocer El Abad al mismo tiempo que lo denuncia.

Hay escenas de masa con los tres hijos Montenegro, los cinco chalanes, los mendigos: pensemos especialmente en la escena final de *Romance de lobos* cuando mendigos y servidores asaltan el pazo defendido por los nuevos amos. Valle-Inclán abandona la forma dramática clásica ya que ahora el individuo no se opone a otro sino que lucha contra un sistema político y económico: así crea la forma épica que Brecht hará teoría más tarde[55]. Para mí la importancia de la muchedumbre que sugieren los *dramatis personae* de *Cara de plata* evoca su fuerza, cuando llegue a organizarse[56].

Bajo la pluma de Valle-Inclán sólo aparece el coro con "el coro de crianzas" en los *dramatis personae* de *Cara de plata*: lo que no significa que no existan coros[57]. En la segunda escena de *Cara de plata* interviene "Clamor de mujerucas":

---

[54] Jean-Marie Lavaud, *El primer teatro en prosa de Valle-Inclán (1899-1914)*, *op. cit.*, p. 472-476.

[55] "Rien que pour saisir les nouveaux thèmes, il faut une forme dramatique et théâtrale moderne..." (Berthold Brecht, *Gessammelte Werke in 20 Bänden*, Frankfurt, 1967.

[56] "Otras viejas, gritos y denuestos, pregones, clamor de mujerucas, salmodia de beatas, reniegos y espantos".

[57] No es la primera vez que Valle-Inclán introduce coros en su obra, por ejemplo el coro de los mendigos en *Flor de santidad*, *Sonata de otoño*, *El marqués de Bradomín. Coloquios románticos.*

CLAMOR DE MUJERUCAS. - ¿Es verdad que se quitó el paso? ¡Miren que es mucho arrodeo! ¡Madre de Dios! ¡Madre de Dios! ¡Con el camino tan largo que traemos! ¡Madre bendita! ¡Que venimos de muy distante! ¡Más arriba de San Quinto de Cures!

Son gritos que funcionan como el coro de la tragedia antigua al comentar la supresión del derecho de paso. El ejemplo más significativo se da con "la hueste de mendigos" que se expresa bajo la denominación de "La voz de todos" y por boca de su corifeo, El Pobre de San Lázaro. El coro final de *Romance de lobos* corresponde a lo que quiere Schiller para quien el coro debe favorecer la catarsis...[...] y no producir la ilusión[58]. Además de su papel trágico, de su función desrealizante, este último coro "asume el discurso 'profundo' del autor, permite pasar de lo particular a lo general" en palabras de Patrice Pavis[59].

Por otra parte, si el coro es "la expresión de una comunidad"[60] —cito a Pavis—, para identificarse con él el público tiene que compartir los mismos valores y formar un grupo con una misma creencia, una misma ideología[61]. *Romance de lobos,* está escrito en 1908, en un momento en que Valle-Inclán ostenta su militancia tradicionalista declarando a Gregorio Campos en 1911:

> ... Barcelona: allá *somos* el constante contrapeso de la revolución, y en todo momento, una necesidad para los amantes del orden; si no hubieran existido las masas jaimistas en Cataluña, las osadías del partido sindicalista habrían sido el motivo de su creación[62].

Entonces, el final de *Romance de lobos* invitaría a un público tradicionalista a contemplar el derrumbamiento de una sociedad en la que, con El Caballero, tenía un *estatus*. Al mismo tiempo, este final de un proceso histórico está presentado con la suficiente distanciación para que haya ambi-

---

[58] F. Schiller, Sämtliche Werke, München, Winckler Verlag, 1968, cité par P. Pavis, *op. cit.,* p. 59.

[59] Patrice Pavis, *op. cit.,* p. 59.

[60] Patrice Pavis, *op. cit.,* p. 59.

[61] Patrice Pavis, *op. cit.,* p. 59.

[62] Gregorio Campos, "Nuestros literatos, Hablando con Valle-Inclán", *El Correo español,* Madrid, 4. XI. 1911. La cursiva es mía.

güedad, una plurilectura que la publicación de *Cara de plata* en 1923, con las correcciones y, sobre todo, el añadido final de la reedición de *Romance de lobos* en 1922 viene a reforzar[63]: como lo mostré en otra parte ya, la evolución ideológica de Valle-Inclán explica el acento moderno de la reivindicación social a principios de *Cara de plata*[64]. El lector actual, como el de 1923, es más sensible al desconcierto y a la violencia de los desheredados, a su fuerza inorganizada que a la decadencia de una pequeña nobleza venida a menos. El coro desempeña entonces otra función señalada por Patrice Pavis, es "una fuerza de oposición" cuyo poder, en *Romance de lobos,* depende de la presencia de un jefe. Así que varias lecturas —que suponen públicos distintos— lejos de excluirse se completan.

El coro por fin, elemento esencial de la tragedia griega puede tener otras formas. Patrice Pavis señala que Shakespeare lo encarna en un actor encargado del prólogo y del epílogo, y añade que el payaso y el loco son una forma paródica del coro[65]. Tal consideración permite precisar la función de Don Galán y de Fuso Negro. El primero, el "Don Galán del romance viejo" como lo escribirá Valle-Inclán, es el contrapunto de Don Juan Manuel: instalado como bufón en *Águila de blasón,* es al mismo tiempo el confidente de El Caballero. Más complejo es Fuso negro que sólo aparece en *Romance de lobos* y *Cara de plata*[66]. Personage shaespeariano en la segunda *comedia bárbara,* Fuso negro, que se auto-designa "loco", interviene para explicar la verdadera naturaleza de los hijos del Mayorazgo: son "Hijos del Demonio Mayor que cinco veces estuvo en la cama con aquella que ya dejó el mundo" (III, 4). Lógicamente, le corresponde al loco hacer que la *comedia* integre el contexto histórico en que Satanás designa el liberalismo[67]. Muy relacionado con Satanás en *Cara de plata* Fuso negro asume otras funciones como en la siguiente réplica:

---

[63] Las ediciones de *Romance de lobos* terminaban en 1908 y 1915 con la penúltima réplica de LA VOZ DE TODOS: ¡Era nuestro padre!¡Era nuestro padre!

[64] Jean-Marie Lavaud, "Las *comedias bárbaras,* ¿una misma serie?", *Valle-Inclán y su obra. Actas del Primer congreso internacional sobre Valle-Inclán, op. cit.,* p. 441-456.

[65] Patrice Pavis, *op. cit.,* p. 58.

[66] Es un apodo que hay que relacionar con "huso", "le fuseau de la fileuse, du fait des commentaires que dévide le personnage, de ses noirs présages, noir, la couleur de Satan" (Jean-Marie Lavaud, "Les *dramatis personae* de *Cara de plata*", in *Les* Comedias bárbaras *de Valle-Inclán, Cotextes,* Université Paul Valéry, Montpellier, 1997, nos. 31-32, p. 93-106.

[67] Jean-Marie Lavaud, *El primer teatro en prosa de Valle-Inclán..., op. cit.,* p. 472-476.

> FUSO NEGRO.- ¡Touporroutóu! ¡Se juntó una tropa de irmandi-
> ños! ¡Touporroutóu! ¡Para acá viene! ¡La torre entre todos nos van a
> quemar! ¡Touporroutóu! (I, 2, p. 62).

Fuso negro anuncia aquí la llegada de la manifestación, anuncia el futuro
—el incendio del pazo— y comenta: la comparación de la manifestación
con "una tropa de ermandiños" establece una relación con las "guerras
irmandiñas" del siglo XV en las que los campesinos tuvieron una parte
activa[68]. Es decir que Fuso negro asume las funciones que están tradicionalmente a cargo del coro.

La aparición y el manejo de los elementos de distanciación típicos del
futuro teatro épico de Brecht, su creciente importancia desde *Águila de blasón* hasta *Cara de plata* muestran que quince años después de la primera
comedia bárbara Valle-Inclán seguía haciendo *a sabiendas* una obra nueva,
original, *bárbara*. Bien puede ser que Valle-Inclán haya intuído cuanto apor-
taba lo que llamamos hoy el teatro épico: lo importante es constatar que la
sumisión de la familia Montenegro al determinismo histórico lo llevó a buscar nuevas formas y proponer lo que, impropiamente, llama "tragedia".

Como lo decía al empezar, el máximo revelador de la evolución del
teatro de Valle-Inclán son las acotaciones escénicas. Con ellas considero
que pasar de *Águila de blasón* a *Cara de plata* es cambiar de mundo poético, pasar del impresionismo al expresionismo.

Las *comedias bárbaras* son ejemplares por publicarse en un espacio de
quince años, entre 1907 y 1923, y estar *La lámpara maravillosa, ejercicios
espirituales,* a equidistancia de las dos primeras y de la última. La aparición
en 1916 de este tratado cuyos fragmentos iban publicándose desde 1908
autoriza el análisis de las *comedias bárbaras* a su luz místico-estética[69]. *La
lámpara maravillosa* construye una cosmogonía, "una cosmogonía poética"

---

[68] Ramón Villares, *Historia de Galicia*, Madrid, Alianza editorial, 1985, p. 80-88.

[69] *La lámpara maravillosa, ejercicios espirituales*, Madrid, SGEL, Imprenta Helénica,
1916. *Opera omnia, I.* Sobre la génesis de este tratado, véase Eliane Lavaud, "Valle-Inclán y la
exposición de Bellas Artes de 1908", *Papeles de Son Armadans*, CCXLII, mayo de 1976, p. 115-
128; Jean-Marie Lavaud, "Une collaboration de Valle-Inclán au journal *Nuevo Mundo* et l'exposition de 1912", *Bulletin hispanique*, Bordeaux, LXXI, 1969, p. 286-309. El subtítulo remite
a la obra capital de San Ignacio de Loyola, *Ejercicios espirituales*, publicada en Roma en 1548.

escribe Guillermo Díaz Plaja, en la que se oponen, término a término, Dios y Satanás, Infinito y Finito, Eternidad y Tiempo, Quietud y Movimientos. Para alcanzar Dios, Infinito, Eternidad, Quietud, el Amor y *la Poesía* tienen que librarse de Satanás, Finito, Tiempo, Movimientos: así que Tiempo y Movimientos, que impiden el acceso a la Quietud, son satánicos[70]. En *La lámpara* Valle-Inclán relaciona estética y espiritualidad, imponiendo —a la vez que se impone— la poesía como instrumento, una poesía que Rivas Cherif encuentra a lo largo de las páginas de *La comedia bárbara*:

> *La Comedia bárbara* está, diríamos, más que escrita, pintada al fresco. Y si hay en sus páginas ecos del romancero y trazos románticos de evocación medieval, y picardía a la antigua española, y sensibilidad de la que se llamó hace veinte años decadente, y olor de campo, *y poesía de la más pura*, todo ello está en función visual, y su ritmo interior y su gracia más evidente coadyuvan al logro cabal del cuadro... [71]

Si la poesía es un instrumento, un medio para extraerse del desorden, de lo circunstancial para llegar a la Belleza —y a Dios— ¿cómo nace?, ¿dónde está la poesía en la trilogía?

Se podría pensar que conforme pasamos de *Cara de plata* a *Romance de lobos* el lenguage poético se hace más denso porque vamos de Satanás hacia Dios, hacia la Belleza, y no es así, aunque se puede apuntar una serie de elementos poemáticos en la prosa didascálica de la trilogía: asociaciones paronímicas y rimas internas (cetrino/ endrino, "saltante al trote titiritero"), aliteraciones y juegos sonoros ("ríe con su ruda rudeza" o "ríe con ruidosas risas"), juegos etimológicos o seudo etimológicos ("claro clarín", Lantaño/ antaño), anagramas como "peina el naipe", bárbaras/Barrabás), derivaciones analógicas como la constante asociación ladrar/ladrón y canes/Caínes, estructuras métricas insertadas en el discurso de los personajes, por ejemplo los hexasílabos cuidadosamente rimados y ritmados en la réplica de doña Rosita (Micaela la Roja/ha visto nacer/a todos los hijos/de

---

[70] Guillermo Díaz-Plaja, *Las estéticas de Valle-Inclán,* Madrid, Gredos, 1965, p. 95-121; Begoña Riesgo Demange, "Forme et figures du temps dans *Romance de lobos*", *Les Comedias bárbaras de Valle-Inclán, Cotextes,* Montpellier, 1997, núm. 31-32, p. 125-145.

[71] Cipriano Rivas Cherif, "Apuntes de crítica literaria. *La Comedia bárbara* de Valle-Inclán", *España,* Madrid, año X, n°. 409, 16. II. 1924, p. 8-9.

don Juan Manuel)[72]. Dentro de las indicaciones escénicas, todos son indicadores de la existencia de una prosa poética en las *comedias bárbaras.*

El tratamiento informático de las acotaciones escénicas hace aparecer apreciables diferencias entre las tres obras. Primero: las didascalias son más largas y más numerosas en *Águila de blasón* y *Romance de lobos* que en *Cara de plata,* respectivamente 92, 83 et 53 palabras por página, lo que expresa una desnarrativización progresiva en relación con la desaparición de los conectores y operadores argumentativos. Segundo: si, quitando los diálogos, se puede apreciar la coherencia del discurso en *Águila de blasón* no es así con las otras dos *comedias bárbaras*: en las mismas condiciones, la fábula pierde sentido. *Águila de blasón* aparece entonces como una novela teatralizada, *Romance de lobos* como un teatro novelizado y *Cara de plata* como un teatro poético[73]. En otros términos, en 1923 sobre todo, una voz poemática está presente en las didascalias.

El discurso se hace más poético en *Cara de plata* con las repeticiones de mini-secuencias, la aparición de epitetos homéricos. Al final de la primera didascalia de *Cara de plata* leo: "en el lindero del atrio clamorea una *ringla de mujerucas* con frutos y tenderetes"; en la tercera, esta *"ringla de mujerucas* penetra en el atrio...", una repetición que vuelve a darse en tono menor con la designación de El Coro por "Clamor de *mujerucas*" y, luego, con la introducción de las "mujerucas" en las didascalias. Cara de plata es ya en la escena I "el hermoso segundón" —designación homérica desde este momento—, y al Abad le calificarán unos epitetos, siempre repetidos y reunidos en la primera acotación escénica de la escena IV de la jornada I:

> El tonsurado esquivo y sin hablar palabra, se mete por la puerta de la sacristía. Negro, zancudo, angosto, desaparece en la tiniebla de arcones y santos viejos.

La negrura que le caracteriza lo relaciona con una larga serie de actantes: el sacristán, Fuso negro, El Caballero en el momento del rapto, la bolsa. Al

---

[72] Frédéric Bravo, "Leer el tiempo. Sobre la coherencia estructural de la trilogía bárbara de Valle-Inclán", *Les Langues Néo-latines,* Paris, 1996

[73] Christian Boix, "*Didascalias bárbaras* et comédies du même nom chez Valle-Inclán", *Lire Valle-Inclán. Les Comédies barbares, op. cit.,* p. 143-168.

contrario, Cara de plata vive en plena luz mientras Isabel se mueve entre colores ambiguos[74]. Así se van creando en *Cara de plata* unas redes lexicales de alto significado, sobre todo cuando los actantes pasan de un espacio a otro. Hasta se pudo llegar a presentar las *comedias bárbaras* como un conjunto estructurado de variaciones textuales elaboradas alrededor de unos temas dramáticos idénticos. Por ejemplo, el tema del puente, tan importante en *Aguila de blasón* con el bautizo anticipado, se vuelve a encontrar en *Romance de lobos* con el puente del diablo y en *Cara de plata* cuando el segundón prohibe el paso: hace que destaquen las relaciones que se establecen entre las diferentes escenas, creando así la impresión de ya visto[75]. Las acotaciones escénicas son pues el espacio donde una voz poemática se levanta dentro de una pluralidad de voces hasta imponerse por momentos.

Lo nuevo también, en *Cara de plata,* es la aparición de esta voz poemática en los diálogos: los coros contribuyen a su emergencia:

> CLAMOR DE MUJERUCAS.- ¿Es verdad que se quitó el paso? ¡Miren que es mucho el arrodeo! ¡Madre de Dios! ¡Madre de Dios! ¡Con el camino tan largo que traemos! !¡Madre bendita! ¡Que venimos de muy distante! ¡Más arriba de San Quinto de Cures!

Son gritos cuyo ritmo subrayan las exclamaciones; desempeñan la función de comentario del coro antiguo a la vez que crean la distanciación de tipo brechtiano antes de la letra. Por cierto, esta voz poemática brota ya en *Romance de lobos,* en los soliloquios de El Caballero que son, en mi opinión, Meditación y Contemplación, los *ejercicios espirituales* que permiten acceder a la Belleza y a Dios a través de la poesía: en la playa, después del naufragio, el segundo soliloquio tiene un tono épico, apocalíptico, un lirismo subrayado por las numerosas exclamaciones. El ejemplo más acabado está en *Romance de lobos,* con la hueste de mendigos que se expresa bajo la designación de "La voz de todos", y también por boca de su corifeo. Así que, en cierto sentido, se puede estar de acuerdo con Begoña

---

[74] *Ibid.*

[75] Frédéric Bravo, "Leer el tiempo. Sobre la coherencia estructural de la trilogía bárbara de Valle-Inclán", *op. cit.*

Riesgo-Demange cuando propone leer *Romance de lobos* como un largo poema[76].

La creciente importancia de la voz poemática, hay que situarla dentro de la trayectoria europea que va del impresionismo al expresionismo y se nota mucho más cuando se da el recorrido completo, desde *Cenizas y El yermo de las almas* hasta *El retablo de la avaricia, la lujuria y la muerte* y *Martes de carnaval*[77]. Sólo recordaré aquí la relación entre el primer teatro de Valle-Inclán y el teatro simbolista, la primacía de la sensación buscada por Valle-Inclán que permite relacionarlo con el impresionismo[78]. La acotación escénica tiende a suscitar una emoción y corresponde a lo que propone don Ramón en *La lámpara maravillosa* escrita bajo el signo del simbolismo. Cuando evoca la iglesia barroca en la que predica Fray Jerónimo de Argensola a principios de *Águila de blasón* Valle-Inclán sugiere un templo "sin emoción"; recalca la soledad y el silencio, el frío y el vacío de la colegiata por la tos de la vieja y el choclear de las madreñas:

> ... La iglesia es barroca, con tres naves: Una iglesia de colegiata ampulosa y sin emoción, como el gesto, y el habla del siglo XVII. Tiene capillas de gremios y linajes, retablos y sepulcros con blasones. Es tiempo de invierno, se oye la tos de las viejas y el choclear de las madreñas... (*Águila de blasón*, I, 1).

En 1923, sabe sugerir don Ramón la mítica Viana del Prior a través de sus piedras insignes haciendo que cada lector la construya a través de viejos romances, pergaminos viejos y góticas fábulas de la Armería galaica:

> Viana del Prior: Fue villa de señorío, como lo declaran sus piedras insignes: Está llena de prestigio la ruda sonoridad de sus atrios y quintanas: Tiene su crónica en piedras sonoras, candoroso romance de rapi-

---

[76] Begoña Demange, "Forme et figures du temps dans *Romance de lobos*", art. cit.

[77] *Cenizas, drama*, Madrid, 1899; *El yermo de las almas, episodios de la vida íntima*, Madrid, Lib. de Perlado, Páez y Cía., 1908; *El retablo de la avaricia, la lujuria y la muerte*, Madrid, Rivadeneyra, 1927. *Opera omnia*, vol. IV; *Martes de carnaval, Esperpentos*, Madrid, Imp. Rivadeneyra, 1930. *Opera omnia*, Vol. XVII.

[78] Jean-Marie Lavaud, *El primer teatro en prosa de Valle-Inclán, op. cit.*; "Les conditions de l'émergence d'un langage poétique dans le théâtre en prose de Valle-Inclán", *Le spectacle, Culture hispanique, op. cit.*, p. 101-121.

ñas feudales y banderas de gremios rebeldes, frente a condes y mitrados. Viejas casonas, viejos linajes, pergaminos viejos, escudos en arcos pregonan las góticas fábulas de la Armería galaica. ¡Viana del Prior! (*Cara de plata*, II, 1).

Perdura indudablemente la manera impresionista en la forma de escribir las didascalias, aunque, por varios aspectos, no dudo en situar *Cara de plata* dentro del expresionismo, más especialmente dentro del expresionismo en pintura para tomar en cuenta las declaraciones y las abundantes referencias picturales de Valle-Inclán. ¿Por qué?

Porque, si el expresionismo supone una filosofía, una *Weltanschaung*, una concepción del mundo, la tiene Valle-Inclán con *La lámpara maravillosa*. Porque sexo, religión, muerte, los temas predilectos de Edvard Munch, el pintor de *El grito* (1893) conocido como la más perfecta encarnación del expresionismo son temas recurrentes en las *comedias bárbaras;* y la técnica gráfica de ciertas acotaciones de *Cara de plata* se aproxima a la técnica del pintor alemán. Sólo apuntaré, a título de ejemplo, como aparece Isabel —tiene un vestido de Nazareno— cuando abandona el pazo: "en la penumbra verde de los limoneros, la nota morada es un grito dramático".

Con la Brücke (1905), el expresionismo germánico, arte de escándalo, renueva el arte gráfico mirando hacia la Edad media y los Primitivos y, por su parte, don Ramón reconoce en *Cara de plata* la influencia del wagnerismo y añade la del Durero con *La coronación de Maximiliano*[79]. La creación de los espacios medievales y feudales en las acotaciones escénicas de *Águila de blasón* con "el candoroso romance de rapiñas feudales", "el encanto de las epopeyas primitivas que cantan la sangre, la violación y la fuerza", "los pasos marciales" de El Caballero que suenan como "las cadencias de un romance caballeresco" participan del mismo proceso así como, en *Cara de plata*, la referencia a los señoríos, a las crónicas, a los viejos linajes, a los escudos y a los nobiliarios gallegos. Es decir que difícilmente se puede atribuir de forma tajante al impresionismo o al expresionismo ciertos rasgos: la vuelta a la Edad Media, a los Primitivos, temas recurrentes como horror, violencia, sexo son ambivalentes y se encuentran

---

[79] Jesús Rubio, "Las *Comedias bárbaras* y la estética simbolista", *Lire Valle-Inclán. Les Comédies barbares, op. cit.*, p. 59-87.

en las tres *comedias bárbaras*. No existe ninguna evolución lineal, y, a quince años de distancia, la violación de Liberata se integra en una tradición estética y literaria a la vez que tiene una dimensión expresionista. En *Cara de plata* apunto signos que remiten sea a recursos más bien impresionistas sea a recursos más bien expresionistas. Por ejemplo, en la jornada I, escena IV, cuando cae el crepúsculo:

> Huerto de luceros la tarde, y entre cuatro cipreses negros, las piedras románicas de San Martiño de Freyres. Son remotas lumbres las cimas de los montes, y las faldas sinfónicas violetas. Pasa el rezo del viento por los maizales ya nocturnos, y se están transportando a la clave del morado los caminos que aún son en el crepúsculo almagres y cadmios. San Martiño de Freyres, por la virtud crepuscular, acendra su karma de suplicaciones, milagros y cirios de muerte.

Por las correspondencias que establece Valle-Inclán, por la manera de sugerir, el paisaje recibe un tratamiento simbolista; pero, varias veces, la frase se hace nominal, y, tratamiento expresionista, el paisaje consiste en unos pocos fragmentos que adquieren un hiper realismo e invitan al lector a construirlo, a reconstruirlo. Entre impresionismo y expresionismo, aquí, Valle-Inclán sugiere a la vez que impone una visión.

Sobre todo, en las *comedias bárbaras,* incluso en *Cara de plata,* parece que Valle-Inclán queda un poco atrás si comparamos con *Luces de bohemia* cuya deformación sistemática tiene que ver con el código de rigurosas exigencias matemáticas de Shönberg quien, haciendo polvo el universo tonal tradicional, crea la música expresionista; con la expresividad violenta de Schiele o de Kokoschka; con la destrucción de la imagen por Kandisky, para dar cuenta de la desorganisación de la sociedad. Por supuesto, *Cara de plata,* por su temática, por estar desarrollada la fábula y tener ya conclusión, no participa tanto de este proceso de escritura y no se puede comparar con *El terno del difunto* o *Los cuernos de don Friolera,* sus contemporáneos[80].

---

[80] *Luces de bohemia, Esperpento,* Madrid: Imp. Cervantina, 1924 (30 de junio). *Opera omnia,* vol. XIX; *El terno del difunto, novela,* [Il. de Masberger], Madrid, Rivadeneyra, Artes gráficas, 1926 (Col. La novela mundial, I, n°24); *Los cuernos de don Friolera, Esperpento,* Madrid: Renacimiento, Imp. Cervantina, 1925. *Opera omnia,* vol. XVII.

Como no está presente la actualidad, la Historia —lo que caracteriza el esperpento—, no aparece la denuncia política como en *La hija del capitán* aunque la reivindicación de los chalanes a principios de *Cara de plata* tiene que ver con la exigencia de justicia que expresan los expresionistas alemanes cuando abandonan a Nietzsche por el ideal de solidaridad y de fraternidad que manifiesta Valle-Inclán en su contestación a las preguntas de Tolstoï[81]. Valle-Inclán está en la perspectiva de Kurt Hiller y de los expresionistas alemanes que se comprometen en la lucha política y apuntan al orden burgués, pero la lucha política actual no es el tema de *Cara de plata*. Sin embargo están presentes en la última *comedia bárbara* los procedimientos del arte nuevo, expresionista: la caricatura, la marioneta, lo grotesco.

Quisiera volver, antes de terminar, sobre la acotación que evoca la iglesia de la colegiata a principios de *Aguila de blasón*. La cita es un añadido de 1915, cuando Valle-Inclán está a punto de publicar *La lámpara maravillosa*. Es de gran interés que la evoque "ampulosa y sin emoción, como el gesto, y el habla del siglo XVII", es decir en consonancia con lo que había escrito en sus *ejercicios espirituales*:

> Desde hace muchos años, día a día, yo trabajo cavando la cueva donde enterrar esta *hueca y pomposa prosa castiza, que ya no puede ser la nuestra cuando escribamos, si sentimos el imperio de la hora.*
>
> ....
>
> Tristes vosotros, hijos de la Loba latina en la ribera de tantos mares, si vuestras liras no quebrantan todas las cadenas con que os aprisiona la tradición del Habla. *¡Y más triste el destino de vuestros nietos, si en lo por venir no engendran dialectos suyos, ciclos de una nueva conciencia en la lengua de los conquistadores*[82].

Así, forjar el nuevo idioma —el que podemos apreciar especialmente en *Cara de plata*— tiene que responder a las exigencias del momento —"el

---

[81] El arte "es el supremo juego. Ahora bien, ¿qué debemos hacer? Arte, no. No debemos hacer arte ahora, porque jugar en los tiempos que corren es inmoral, es una canallada. Hay que lograr primero una justicia social" (Cipriano Rivas Cherif, "¿Qué es el arte? ¿Qué debemos hacer? Respuestas de Valle-Inclán a las preguntas de Tolstoï", *La Internacional*, Madrid, 3. IX. 1920).

[82] Valle-Inclán, *La lámpara maravillosa*, "El milagro musical", *op. cit*. La cursiva es mía.

imperio de la hora", escribe—. La voluntad de crear un idioma nuevo es un acto militante que expresa Valle-Inclán con estas líneas:

> ... Toda mudanza sustancial en los idiomas es una mudanza en las conciencias, y el alma colectiva de los pueblos, una creación del verbo más que de la raza. Las palabras imponen normas al pensamiento, lo encadenan, lo guían y le muestran caminos imprevistos... [83].

Esta postura se relaciona también con el expresionismo: el idioma sirve a una causa política cuando lo estudiamos en los esperpentos. Como *Cara de plata,* la más expresionista de las tres, trata el mito de don Juan y no la sumisión de la familia Montenegro a la Historia, porque estaba Valle-Inclán preso de una estructura, de una intriga que ya tenía conclusión, el idioma no aparece en él como un instrumento ideológico[84].

Unas palabras para concluir. En 1907, con *comedia bárbara,* Valle-Inclán llama la atención sobre la novedad de la obra que acaba de terminar: la denominación abarca ya el futuro y tan próximo *Romance de lobos* que se escribe en la trayectoria de *Aguila de blasón*[85]y se hace a la vez mayor y más comprensible para nosotros la conciencia de Valle-Inclán de hacer algo nuevo, original, en cierto modo de renovar un género. *Comedia bárbara* remite a la clara conciencia que tiene don Ramón de escribir la tragedia histórica de la pequeña nobleza gallega, —una *tragedia* dirá más tarde— que exige una forma, una estructura nueva donde encuentro la presencia de elementos trágicos y épicos. La evolución ideológica de Valle-Inclán, *La lámpara maravillosa* evidencian y explican su recorrido estético, del impresionismo al expresionismo, especialmente visible a través de las acotaciones escénicas, imprescindibles para apreciar su teatro y su poesía en el lugar preeminente que ocupa en las vanguardias europeas.

---

[83] *Ibid.*

[84] Jean-Marie Lavaud, "Les conditions de l'émergence d'un langage poétique dans l'oeuvre dramatique en prose de Valle-Inclán", *Le Spectacle, Culture hispanique, op. cit.,* p. 101-121; "La evolución de la acotación escénica en el teatro en prosa de Valle-Inclán", *Congreso de literatura española contemporánea,* Málaga, 9-13 noviembre de 1998, (de próxima publicación).

[85] Jean-Marie Lavaud, *El teatro en prosa de Valle-Inclán (1899-1914), op. cit.*

Bibliografía

Obras citadas de Ramón del Valle-Inclán

Águila de blasón, comedia bárbara dividida en cinco jornadas, Barcelona: F. Granada y Cía, 1907.

Águila de blasón, comedia bárbara dividida en cinco jornadas, Madrid: Soc. general española de librería, Tip. La Itálica, 1915 (18 de abril). *Opera omnia,* vol. XIV.

Águila de blasón, comedia bárbara, Madrid: Imp. de Sáez hermanos, 1922 (22 de junio). *Opera omnia,* vol. XIV.

Cara de plata, comedia bárbara, Madrid: Renacimiento, Imp. Cervantina, 1923 (10 de diciembre). *Opera omnia,* vol. XIII.

Farsa y licencia de la reina castiza, Madrid: Artes de la Ilustración, 1922 (abril).

El pasajero. Claves líricas, Madrid: Sociedad general española de librería, Imp. Yagües, 1920 (15 de febrero).

La guerra carlista, vol. I, *Los cruzados de la Causa,* Madrid: Imp. Balgañón y Moreno, 1908.

La guerra carlista, vol. II, *El resplandor de la hoguera,* Madrid: Imp. de Primitivo Fernández, 1909.

La guerra carlista, vol. III, *Gerifaltes de antaño,* Madrid: Imp. de Primitivo Fernández, 1910.

La lámpara maravillosa, ejercicios espirituales, Madrid, SGEL, Imprenta Helénica, 1916. *Opera omnia,* I.

La marquesa Rosalinda, Farsa sentimental y grotesca, [Il. de Joseph Moja], Madrid: Imp. Alemana, 1913 (10 de julio). *Opera omnia,* vol. III.

La pipa de kif, Versos, Madrid: Sociedad general española de librería, Imp. Clásica española, 1919.

Los cuernos de don Friolera, Esperpento, Madrid: Renacimiento, Imp. Cervantina, 1925 (20 de abril). *Opera omnia,* vol. XVII.

Luces de bohemia, Esperpento, Madrid: Imp. Cervantina, 1924 (30 de junio). *Opera omnia,* vol. XIX.

"Nos vemos", *Mexico moderno,* Méjico, 1. IX. 1922.

Romance de lobos, comedia bárbara dividida en cinco jornadas, Madrid: Gregorio Pueyo, 1908 (25 de enero)

Romance de lobos, comedia bárbara dividida en tres jornadas, Madrid: Perlado, Páez y Cía, Imp. de José Izquierdo, 1914 (12 de abril). *Opera omnia,* vol. XV.

Romance de lobos, comedia bárbara dividida en tres jornadas, Madrid: Imp. de Sáez Hermanos, 1922 (12 de abril). *Opera omnia,* vol. XV.

Obras de crítica citadas

Araquistain, Luis, "Soneto", *La Pluma,* Madrid, n° 5, Octubre de 1920.

Boix, Christian, *"Didascalias bárbaras* et comédies du même nom chez Valle-Inclán", *Lire Valle-Inclán. Les Comédies barbares,* Dijon: Hispanistica XX, 1996.

Bravo, Frédéric, "Leer el tiempo. Sobre la coherencia estructural de la trilogía bárbara de Valle-Inclán", *Les Langues Néo-latines,* Paris, 1997.

Camín, Alfonso, *Hombres de España,* Madrid: Renacimiento, 1922.

Campos, Gregorio, "Nuestros literatos. Hablando con Valle-Inclán", *El Correo español,* Madrid, 4. XI. 1911.

Díaz Plaja, Guillermo, *Las estéticas de Valle-Inclán,* Madrid: Gredos, 1965.

Dougherty, Dru, *Un Valle-Inclán olvidado. Entrevistas y conferencias,* Madrid: Ed. Fundamentos, 1983.

Durán, José Antonio, *Agrarismo y movilización campesina en el país gallego (1875-1912),* Madrid: Siglo XXI, 1977.

—— *Crónicas I, agitadores, poetas, caciques, bandoleros y reformadores en Galicia,* Madrid: Akal, 1974.

Extramiana, José, "Historia de las guerras carlistas", vols. VIII-IX de la *Historia general del País Vasco,* San Sebastián, Luis Haranburu Editor, 1984.

Garmendia, Vicente, *La ideología carlista: (1868-1876),* Zarautz, Diputación Foral de Guipúzcoa, 1984.

Lavaud, Eliane, "Mito, historia y utopía en Valle-Inclán", *Hommage à Claude Dumas. Histoire et création,* Lille: Presses Universitaires de Lille, p. 75-82.

—— "Valle-Inclán y la exposición de Bellas Artes de 1908", *Papeles de Son Armadans,* CCXLII, mayo de 1976.

Lavaud, Jean-Marie, *El teatro en prosa de Valle-Inclán (1899-1914),* Thèse d'Etat en 2 volúmenes pasados por máquina, Besançon, 1979.

—— *El teatro en prosa de Valle-Inclán (1899-1914),* Barcelona, PPU, 1990.

—— "El Caballero. La construction du personnage", *Lire Valle-Inclán. Les Comédies barbares,* Dijon: Hispanistica XX, 1996.

—— "Las comedias bárbaras ¿una misma serie?", *Valle-Inclán y su obra,* Actas del primer congreso internacional sobre Valle-Inclán, Bellaterra, 16-20. XI. 1992, Barcelona: Associació d'Idees-T.I.V., 1995, p. 441-456.

—— "Les conditions de l'émergence d'un langage poétique dans le théâtre en prose de Valle-Inclán", *Le spectacle,* Coloquio organizado por el Centre d'Etudes et de Recherches sur le XXème siècle, Dijon, 21-22 de noviembre de 1997.

—— "Une collaboration de Valle-Inclán au journal *Nuevo Mundo* et l'exposition de 1912", *Bulletin hispanique*, Bordeaux, LXXI, 1969.

—— *Lire Valle-Inclán. Les Comédies barbares,* Dijon: Hispanistica XX, 1995. Actas del coloquio del 23 de noviembre de 1995 en Dijon.

López Bacelo, Mario, "Se va don Ramón del Valle-Inclán. Fatídica profecía. Dice que los demás países del globo tienen que pasar por el sacudimiento de Rusia", *Excélsior,* México, 6. XI. 1921.

Murguía, Manuel, "Política literaria y literatura política", *Heraldo de Madrid*, 2. VIII. 1924.

Riesgo Demange, Begoña, "Forme et figures du temps dans *Romance de lobos",* *Les Comedias bárbaras de Valle-Inclán, Cotextes*, Montpellier, 1997, núm. 31-32.

Rivas Cherif, Cipriano, "Apuntes de crítica literaria. *La Comedia bárbara* de Valle-Inclán", *España*, Madrid, año X, n.° 409, 16. II. 1924.

—— "¿Qué es el arte? ¿Qué debemos hacer? Respuestas de Valle-Inclán a las preguntas de Tolstoï", *La Internacional*, Madrid, 3. IX. 1920.

Rubio, Jesús, "Las *Comedias bárbaras* y la estética simbolista", *Lire Valle-Inclán. Les Comédies barbares,* Dijon, Hispanistica XX, 1996.

Santos Zas, Margarita, *El tradicionalismo y literatura en Valle-Inclán (1889-1910)*, Boulder, Society of Spanish and Spanish-American Studies, 1993.

Valle-Inclán (1898-1998): Escenarios
Universidade de Santiago de Compostela, 2000: 271-316

VALLE-INCLÁN Y LA TRAGEDIA: EL CASO DE *VOCES DE GESTA**

Luis T. González del Valle
University of Colorado at Boulder

Voces de gesta junto con *El embrujado* y "Tragedia de ensueño" son los únicos textos denominados "tragedias" por Ramón del Valle-Inclán. Los dos últimos ya fueron estudiados por mí en la década de los noventa y, por lo tanto, resultaría bastante repetitivo volver a hacerlo en esta ocasión.[1] Desde mi punto de vista, *Voces* también posee características especiales que justifican un nuevo análisis que tenga en consideración ciertos motivos literarios. Entre otros, me refiero a la obsesión estética de la modernidad y a su aparente naturaleza conservadora/reaccionaria (Harpham, p. 125, y Travis, p. 19).[2] Estos atributos los considero esenciales a este estudio ya que,

---

*Mi agradecimiento al Graduate Committee on the Arts and Humanities y al Council on Research and Creative Work de la University of Colorado at Boulder por otorgarme becas que facilitaron la redacción de este estudio, anticipo del libro que escribo sobre la presencia intertextual de Baudelaire en las letras españolas finiseculares.

[1] Consultar: "*El embrujado* ante la modernidad: tradición e innovación en un texto dramático de Valle-Inclán" y *La ficción breve de Valle-Inclán*.

[2] Si bien acertada, esta exégesis del modernismo podría prestarse a la conceptualización de la época moderna como retrógrada. Sin embargo, esta interpretación totalizante no es la adecuada porque existieron varios modernismos, cada uno de ellos a veces con características diferentes. Y es que "Los modernistas difirieron de ámbito cultural a ámbito cultural" (Travis, p. 20). Sobre la modernidad —su variedad, uso del tiempo, lo estático y otros motivos presentes en ella— se han expresado, entre otros, Nicholls, Karl, Friedrich, A. Berman, M. Berman, Bradbury y McFarlane, Cardwell y McGuirk, Chefdor, Eysteinsson, Lash y Friedman, Frisby, Grass y Risley, Harvey, Howe, Kellner, Paz, Picó, Vattimo, Balakian, Williams (*The Politics...*), Giles, Freixa.

coincidiendo con otros colegas, opino que don Ramón es un moderno, entendiéndose dicho concepto muy ampliamente y en términos de la literatura de occidente. Es precisamente en este lugar donde la literatura española encaja indudablemente a finales del siglo XIX y durante las primeras décadas del XX.[3]

Aparte de las creencias que acabo de plantear brevemente, también son provechosos otros conceptos/datos que facilitan nuestra comprensión de *Voces*. Específicamente, la relevancia de los géneros literarios, clasificaciones que tanto dependen de abstracciones potencialmente esclarecedoras (Garrido Gallardo, p. 25) y cómo "lo trágico" depende, en gran medida, de las normas imperantes en las comunidades culturales que optan por apreciar este tipo de obras, comunidades que, hasta cierto punto, afectan el sentido de la tragedia (Markham, p. 153, y Kuhns, p. 165). Asimismo, me parece oportuno recordar ciertas palabras de Miguel de Unamuno donde se plantea, sucintamente, la presencia de lo "eterno" en lo "momentáneo," asunto igualmente importante en *Voces* (p. 134).[4] Por último, juzgo imprescindible mencionar que para Valle esta obra era importante, a pesar de que, hasta hace poco, hubiera "sido consignada al ático por la posteridad" (Lyon, p. 62).

Si bien el enlace entre el corpus literario de Valle y el llamado modernismo/simbolismo ha sido discutido por varios especialistas más que nada durante los últimos veinte años,[5] ello no implica, sin embargo, que se haya

---

[3] Sobre la modernidad y Valle-Inclán me he expresado en tres estudios previos. Inevitablemente, dependo de los fundamentos desarrollados en ellos. Además de mi artículo sobre *El embrujado* incluido en la nota 1, son imprescindibles para mi discusión "Aspectos de la modernidad en la ficción breve de Valle-Inclán" y "Le temps 'intemporel' moderne de Valle-Inclán et d'Unamuno face a la cojonture postmoderne."

[4] Leer: "De la pseudo-poesía," *El cojo ilustrado*, año 10, núm. 239 (1-XII-1901), pp. 744-46 (reproducido por Rafael Osuna).

[5] Entre ellos, directa o indirectamente, por sólo dar unos pocos ejemplos, Emilio González López (*La poesía...*), José-Carlos Mainer, William R. Risley, Giovanni Allegra, Rafael Gutiérrez Girardot, Ricardo Gullón, Gwynne Edwards, Jesús Rubio Jiménez, ("Introducción" al *Retablo de la avaricia, la lujuria y la muerte*, *El teatro poético en España: del modernismo a las vanguardias*, "Ecos en *Voces de gesta*: sugerencias de un retablo primitivo" [pp. 467-87] y "Las *Comedias bárbaras* y la estética simbolista" [pp. 59-87]), Luis Iglesias Feijoo, Darío Villanueva, José Manuel Cabrales Arteaga (pp. 437-56) y Manuel Aznar Soler (pp. 78-79). Este último, al expresarse sobre las raíces modernistas del tradicionalismo en Valle, nos habla de la etapa modernista de don Ramón. Al hacerlo, no conecta el concepto "modernismo" con el de " modernidad"

alcanzado el nivel de comprensión requerido por asunto tan controvertido y complejo. Es por ello que, sin pretender dar una visión muy detallada de muchos aspectos de la primera modernidad, me detengo ahora en algunas de sus características para poder acoplarlas mejor a los conceptos de "tragedia" y "tradicionalismo" que tanta importancia poseen en el texto de don Ramón que aquí nos concierne.

Como he indicado previamente, creo que la "modernidad" alude, como bien pensó Federico de Onís, a cierta forma de concebir las características culturales de una época, perspectiva que a su vez depende mucho de tendencias ideológicas y literarias previas, todas con identidad propia. A fin de cuentas, al referirme a la "modernidad" lo que hago es ubicar las letras hispánicas en el amplio mosaico cultural al cual pertenecen plenamente. Queriendo ser algo más preciso, ofrezco a continuación algunas de la características de la modernidad[6] que considero útiles en el estudio de las tragedias de Valle-Inclán, a sabiendas de que estas propiedades no le pertenecen a lo moderno en exclusiva a pesar de que su presencia sea "dominante"[7] en muchos de estos textos:

1.– Una preocupación esteticista que depende, en algunas obras, de la idea de que en la "Belleza" —la que refleja la profunda, recóndita, elusiva y enigmática armonía universal— se encuentra la verdad que libera al ser humano de aquellas fuerzas que dominan el mundo burgués —mercantilista y utilitario— en el cual viven muchos de los autores modernos.

2.– Un interés por la perfección y la experimentación formal que, en algunos casos, reafirma el poder expresivo de las palabras como objetos que contienen lo sagrado.

---

a pesar de ser ambos esencialmente lo mismo. En el caso de Villanueva, por su parte, tenemos lo opuesto al haberse expresado sobre la necesidad de relacionar la literatura de Valle con la modernidad de donde proviene y al discutir, con marcada precisión, la intertextualidad que guía sus obras con respecto al modernismo internacional. Ver: "*La media noche* de Valle-Inclán, análisis y suerte de su técnica narrativa" (pp. 306-39) y "Valle-Inclán y James Joyce" (pp. 340-64), ambos incluidos en *El polen de ideas*, y "Valle-Inclán renovador de la novela," en *Quimera, cántico*...(tomo 2, pp. 35-50).

   [6] El lector es referido a las afirmaciones de Matei Calinescu sobre ese asunto. Son de consulta imprescindible también los textos críticos incluidos en la nota 1.

   [7] Este concepto proviene de Roman Jakobson.

3.– Una tendencia a sintetizar o reformular un gran número de concepciones artísticas y filosóficas que datan, principalmente, del siglo XIX. Sintetizar en términos modernistas es, hasta cierto punto, el "pastiche" al cual aludió Amado Alonso en su seminal análisis de *La gloria de don Ramiro*. La síntesis moderna refleja el cuestionamiento de muchas de las bases usualmente atribuidas a las obras literarias con vista a crear un nuevo tipo de texto que contenga la realidad más profunda de las cosas de forma tal que lo efímero, lo etéreo, lo impresionista, lo subjetivo cobren vida sintéticamente. O sea, estos escritores modernos naturalizan/asimilan sus obras y las pautas que se intuyen en ellas dentro de modelos de coherencia con identidad propia.[8] Es así que los modernos mezclan o inventan diversos momentos históricos en la creación de ambientes que nos llevan de lo concreto a lo universal a través de la técnica del "pastiche" que acabo de mencionar.

4.– Un intento de ampliar la temática literaria al mismo tiempo que se le asigna un papel protagonista y, por ende, superior a las letras —al arte— en el mundo esencialmente burgués en el que se desenvuelve el autor moderno.

5.– Un énfasis en lo que sugieren las cosas para, de esta manera, captar lo más profundo en ellas (teniendo esta característica moderna clara semejanza con el Impresionismo pictórico).

6.– Una exploración de las esencias auténticas de un país según son derivables de su historia.

7.– Una identificación de ciertas fuerzas primordiales existentes en el ser humano del presente momento histórico, atributos que le conectan con sus antepasados y, potencialmente, con sus descendientes. En este sentido, lo transcendente en el individuo es siempre constante al ser la realidad de mayor envergadura —la poética con bases subjetivas— la misma en el ayer, en el hoy y, probablemente, en el mañana.[9]

---

[8] Sobre la naturalización dentro de los modelos de coherencia, leer los comentarios de Jonathan Culler (pp. 188-228) y Shlomith Rimmon-Kenan (pp. 123-25).

[9] Al respecto, son muy significativas las teorías evocativas de Valle-Inclán sobre "el quietismo estético" en *La lámpara maravillosa*, esa gran poética moderna del mundo hispánico. Sobre aspectos de mi visión del concepto "modernidad," el lector también es referido a *La generación de 1898 ante España*, obra escrita por Sumner M. Greenfield (en 1981) y cuya segunda edición revisé, amplié y actualicé no hace mucho.

Añádase a lo discutido hasta aquí que las normas del arte moderno que acabo de enumerar[10] las he vinculado, con cierta arbitrariedad, con algunos artículos críticos sobre pintura escritos por Charles Baudelaire a mediados del siglo pasado. Este proceder ha respondido, por encima de todo, al reconocimiento del extraordinario peso que le ha sido asignado al autor de *Las flores del mal* en la definición de ciertas preocupaciones básicas de la modernidad. Escojo a Baudelaire como punto de referencia no porque lo haya sido conscientemente, sino porque en él se sintetizaron muchas de la facetas de las preocupaciones con las que se asocia la modernidad. En efecto, el autor francés se ha convertido en un emblema de la época moderna, encarnación intertextual de las convenciones culturales de un período ideológico[11] que requiere conocimientos interdisciplinarios cuya inaccesibilidad tiende a dificultar la labor del crítico especializado de nuestros días (es decir, se necesitan lecturas/interpretaciones donde se mezclen las ciencias sociales, las humanidades y las artes; esos barrios colindantes en todo panorama cultural). De hecho, sabemos que a Valle le interesó Baudelaire: le leyó en sus años formativos (alrededor de 1885),[12] utilizó sus ideas sobre las "correspondencias" al mismo tiempo que las vinculó con el modernismo,[13] y continuó la tradición baudelaireana de relacionar las dro-

---

[10] Siguiendo las ideas de René Wellek, el arte moderno incluye al Simbolismo parisiense, al ser éste una temprana manifestación de la modernidad. Es necesario consultar: *Discriminations* (pp. 90-121) y "What is Symbolism?" (pp. 17-28). La creencia de Wellek y de otros especialistas no es compartida por algunos estudiosos que consideran que el modernismo fue, más o menos, una tendencia literaria a partir de la Primera Guerra Mundial. Estos últimos no parecen darse cuenta que el modernismo, según es definido principalmente por algunos críticos anglosajones —la vanguardia en términos hispánicos—, es una de las facetas de la modernidad porque comparten ambas ciertas características, aunque no todas. Por ejemplo, al discutir los elementos fundamentales del modernismo, no perciben que varios de ellos tienen sus antecedentes en la modernidad previa (entre ellos, la interioridad que guía la expresión de la realidad, la oposición al realismo tradicional, la fascinación con la gran ciudad, el desvanecimiento del tiempo y la actitud autorreflexiva). Ver: Fokkema, Boone y Soufas (pp. 465-77).

[11] La importancia de Baudelaire fue afirmada por, entre otros, José Martí, *Obras Completas* (tomo 23, p. 131), Henry James (p. 152), T. S. Eliot (pp. 419 y 426-27), Ramón Gómez de la Serna (tomo 2, p. 495, 503 y 545), Leopoldo Alás (Clarín; pp. 75-105), Walter Benjamin (p. 152) y Leonardo Romero Tobar (p. 30).

[12] Javier Serrano Alonso, "Introducción," *Artículos completos y otras páginas olvidadas de Ramón del Valle-Inclán* (p. 12).

[13] Así el autor gallego aseveró que "Esta analogía y equivalencia de las sensaciones es lo que constituye *el modernismo* en la literatura. Su origen debe buscarse en el desenvolvimiento

275

gas con la creación literaria.[14] En fin, como bien afirmaba hace poco Francisco Umbral, "En todo el simbolismo [modernismo diría yo] fin de siglo hubo una contaminación de orientalismos, magias, droga, gnosticismo, misticismos..., etc. Valle también participa en eso. Es la herencia de Baudelaire..." (p. 153).[15]

Entre los conceptos discutidos por Baudelaire que ejercen cierto impacto sobre la modernidad y, por ende, en Valle, tenemos el de la pretensión de inmortalidad a través de su deseo de ser leído como un escritor antiguo y clásico, su deseo de captar lo imperecedero. Esta idea es explicada sobre todo en "El pintor de la vida moderna," extenso artículo publicado en 1863. En dicho texto, el autor de *Spleen e Ideal* sustenta que "La modernidad es lo transitorio, lo fugitivo, lo contingente, la mitad del arte, cuya otra mitad es lo eterno y lo inmutable..." (tomo 2, p. 695). Y añade el escritor en su papel de crítico de arte que

> ...no deja de ser un error el descuidar la belleza particular, la belleza de circunstancia y el rasgo costumbrista. (Tomo 2, p. 683)
> El placer que obtenemos de la representación del presente reside no sólo en la belleza de la que pueda estar revestido, sino también en su cualidad esencial de presente. (Tomo 2, p. 684)

---

progresivo de los sentidos, que tienden a multiplicar sus diferentes percepciones y corresponderlas entre sí formando un solo sentido, como uno solo formaban ya para Baudelaire." "Modernismo," en *Artículos completos y otras páginas...*, p. 208 (data el texto del 22 de febrero de 1902, fecha en que fue publicado en *La Ilustración Española y Americana*). Sobre este punto concreto, no se olvide el lector del soneto "Correspondances" incluido por Baudelaire en *Las flores del mal* (tomo 1, p. 11).

[14] Recuérdense tanto "La tienda del herbolario," de Valle-Inclán (en *La pipa de kif* [1919], *Claves líricas*) como "Los paraísos artificiales," de Baudelaire (tomo 1; data de 1860). Véanse también las páginas de Víctor Fuentes (pp. 173-82), Leda Schiavo (pp. 13-24) y Alejandro Pérez Vidal (pp. 429-39). Además, consúltense los artículos de Walter Benjamin sobre el haschisch.

[15] Ya antes Umbral había indicado que "Modernismo se llamó a la modernidad que traía Rubén Darío. Modernidad que corría por Europa" (p. 21). Es necesario aclarar en esta oportunidad que las conexiones entre Baudelaire y Valle a las que he aludido no implican que a principios del siglo XX se estuviese haciendo en el mundo hispánico una crítica profunda del gran francés. Para mí estos enlaces son los típicos que ambientan una época concreta; además, demuestran cierta familiaridad con algunas de las ideas más importantes de Baudelaire. Sobre el estado de la crítica hecha a Baudelaire en el mundo hispánico alrededor de 1900, léase el artículo de Glyn Hambrook (pp. 45-61).

> Lo bello está constituido por un elemento eterno, invariable, cuya cantidad es excesivamente difícil de determinar; y por un elemento relativo circunstancial, que será, si se quiere, alternativamente o en conjunto, la época, la moda, la moral, la pasión. (Tomo 2, pp. 685-86)

En los fragmentos que acabo de citar, Baudelaire indica que el mejor pintor es el de costumbres, el del momento que pasa, el que nos da la eternidad que en sí contiene el momento fugitivo y transitorio. En el contexto de la modernidad, sus palabras aluden a la búsqueda de la belleza eterna al mismo tiempo que se explora el instante contemporáneo, esas manifestaciones de lo bello que contienen la realidad del presente y que, de forma paradójica, desean extraer lo eterno de lo transitorio. Por supuesto, estas ideas del autor de *El poema de Haschisch* conectan con el concepto del "eterno retorno" según otros teóricos —Nietzsche y Eliade— lo han enunciado a la vez que reflejan su deseo de abandonar la linealidad que caracteriza la historia en favor de una visión más compleja y, lo que es aun más significativo, más universal de la condición humana que dependa de la presencia de lo eterno —lo inmutable— en todas las cosas. Esta perspectiva encaja plenamente con aquella que le ha sido tradicionalmente atribuida a la tragedia y a lo trágico. A través de la búsqueda de la intemporalidad, la preocupación modernista por el tiempo lleva a fusionar el presente con el pasado y, probablemente, con el futuro en un tiempo fuera del tiempo, instante intemporal del cual surge una realidad transcendente, a veces mítica, que compagina muy bien con el mundo representado en *Voces de gesta*. Es por lo ya dicho que estoy plenamente de acuerdo con Rafael Argullol cuando, al hablar del "tiempo extático" de Baudelaire, sustenta que este concepto "... llevado a sus límites comporta una disolución de la idea del tiempo. No, ya no hay minutos, ya no hay segundos. El tiempo ha desaparecido. Reina la eternidad" (pp. 36-37). Por lo tanto, es precisamente en el contexto de la modernidad donde adquieren pleno sentido unas palabras aparentemente desorientadoras de Unamuno, otro extraordinario y disímil moderno: "Se ha desvanecido el presente: todo se ha hecho pasado. Es decir, todo se ha hecho porvenir. No hay hoy, todo es ayer. Es que todo se ha hecho mañana" ("La hora de la resignación," tomo 7, p. 660).

No quiero continuar sin detenerme, aunque sólo sea por un instante, a questionar si Valle creía verdaderamente en el concepto del tiempo que acabo de considerar. No lo sé ni me importa mucho. En última instancia lo esencial es que, al expresarse sobre el tiempo intemporal, el gran gallego exploraba una vía interpretativa que dependía de la capacidad imaginativa implícita en, por ejemplo, los mitos y los recuerdos. Es decir, en su uso del tiempo don Ramón reaccionaba contra la concepción histórica de la realidad que prevalecía por entonces, visión que para los modernos respondía a una fabricación humana (Bell 12-14), tipo de máscara moderna.

Sospecho que algunos —quizá todos— los que leen este texto se deben estar preguntando ¿adónde se dirigen estas líneas?, ¿qué es lo que se proponen?, ¿por qué no ha sido tratada todavía la tragedia en Valle? A estas preguntas tengo dos respuestas básicas: primero, creo que el antecedente moderno es esencial para comprender con mayor profundidad las tragedias de don Ramón; y, segundo, en términos más bien personales, cuando la profesora Santos Zas me invitó a colaborar en este libro con un artículo sobre la tragedia valleinclaniana, me obligó a dar marcha atrás y a reconsiderar mis ideas previas sobre este asunto. (Creencias que sirvieron de cimientos a mi tesis doctoral sobre la tragedia en Valle-Inclán, Unamuno y García Lorca [1972; publicada en forma de libro en 1975].) Pasemos, pues, sin más demora, a discutir el concepto "tragedia".

Antes de nada, comienzo aclarando que mi concepción de este término no me complace plenamente y que, por consiguiente, mis planteamientos carecen de normatividad; es decir, no estoy discutiendo reglas diáfanas ante cualquier lector/crítico. Además, cuanto discutiré a continuación tampoco pretende dar una visión exhaustiva del tema. La revisión de cientos de libros y artículos sobre la tragedia documenta cómo dicho vocablo se ha prestado a diferentes interpretaciones, situación que todavía continua hoy en día, a pesar del gran avance crítico de los últimos veinte años. Lo ya dicho es corroborado en un reciente libro (fechado en 1992) de Richard A. Palmer sobre esta materia. Allí él identifica y agrupa el aparente sinfín de definiciones de la tragedia que, en ocasiones, se contradicen las unas con las otras. Esta situación singularmente caótica es también perceptible en dos libros muy recientes de Christopher Pelling (1997) y William Storm

(1998).[16] Y es que la tragedia es de difícil definición si se pretende usar este concepto en la determinación de ciertos textos como trágicos. A pesar de ello, sin embargo, dicha elusividad no parece haber sido un verdadero obstáculo para la crítica de obras y autores concretos cuando en los muchos textos interpretativos impresos hasta la fecha cada estudioso, a su manera, ha buscado cómo encajar sus ideas sobre la tragedia dentro de textos primarios específicos. De hecho, creo que acabo de equivocarme al sustentar que la elusividad de la tragedia no ha sido un verdadero inconveniente para nosotros los críticos, ya que es probable que el extraordinario número de estudios sobre la tragedia puede que sea un indicio de nuestra falta de efectividad al enfrentarnos a dicho concepto. (Yo mismo, hace veinte y seis años, en mi tesis doctoral, documento la evasividad del concepto y su tan difícil como problemática utilización al estudiar algunas obras concretas.)

El concepto tragedia, ha sido discutido por, entre otros, Platón, Aristóteles, Kant, Schiller, Hegel, Nietzsche, Yeats, Bodkin, Camus, Fergusson, Frye, Sewall, Steiner, Brereton y muchos más que no puedo ni debo recordar pues a este paso nunca llegaré a Valle. Entre ellos escogí, en 1972, la definición de la tragedia que hiciera Oscar Mandel en 1961.[17] Lo hice pensando que su definición era, por una parte, lo suficientemente precisa y clara en su exposición del denominador común de todas las obras trágicas y, por la otra, lo bastante abierta como para aceptar que lo trágico subyacente en toda tragedia fuera más bien un tema y, por consiguiente, que su presencia fuese documentable en diversos géneros literarios con características propias. Significativamente, la única restricción que le asigna Mandel

---

[16] La diversidad que caracteriza la tragedia es discutida por, entre otros, David Lenson (p. 67), George Kurman (p. 283), Harvey Birenbaum (pp. 76-77 y 85-86). Por su parte, Raymond Williams si bien acepta la presencia de diferentes sentidos asociables a lo trágico como reflejo de las mentalidades que predominan en diversas culturas *(Modern Tragedy*, pp. 45-46), concluye que la tragedia es "la dramatización de un desorden concreto y grave y su resolución" (p. 53). Y añade el crítico británico que "La acción trágica, en su sentido más profundo, no es la confirmación del desorden, sino el haberlo experimentado, su comprensión y resolución" (p. 83). Por último, hay especialistas que consideran indefinible la tragedia como, por ejemplo, Maurice Valency (p. 1).

[17] Demuestran la evasividad del concepto otras definiciones de lo trágico. Por ejemplo, las de Antonio Buero Vallejo (pp. 63-87), Richard B. Sewall (pp. 3-7), Williams (pp. 13-16 y 46-48), T. R. Henn (p. 285), Walter Kaufmann (pp. 371-77), Leon Golden (pp. 31-31), John Orr (pp. xv-xvii), Barbara Joan Hunt (p. 58), Bradley Berke (p. 3), Kuhns (pp. 125-26 y 149-50), John Snyder (pp. 87-90).

al cultivo de la tragedia dentro del marco que impone cualquier género literario es que en las obras trágicas no puede haber ningún patrón o esquema que contradiga lo trágico. Con todas sus imperfecciones, y a la luz de definiciones más recientes, concluyo que para mí todavía hoy en día son útiles los razonamientos de Mandel sobre la tragedia —a pesar de su limitación y tendencia reduccionista—, siempre y cuando nuestros estudios de obras concretas no pretendan dar respuestas absolutas ni se conviertan en meras clasificaciones de los textos que son contrastados con una definición preconcebida —por provechosa que ella sea.

Para Mandel una obra de arte es trágica si en ella se observa la siguiente situación: "Un protagonista por quien sentimos buena voluntad es impulsado, en un mundo determinado, por un propósito o toma una acción de cierta seriedad y magnitud, y como resultado de este propósito o acción, sujeto a las leyes de este mismo mundo, necesaria e inevitablemente encuentra grave sufrimiento espiritual o físico" (p. 20). Detrás de mi uso de la definición de Mandel creo que existen varios asuntos que merecen ser explicados antes de continuar. En primer lugar, esta definición nos permite explorar ciertos elementos tradicionales en la modalidad trágica. Además, nos deja en libertad de considerar aquellos aspectos de las obras trágicas que reflejen creencias de la época moderna en que fueron escritas, convicciones que explican en mucho por qué estas obras son como son. Por último, el concepto de tragedia favorecido por Mandel es una clasificación dramática/teatral/literaria que resulta de la agrupación de obras en una misma categoría al compartir ellas ciertos atributos primarios. No olvidemos que, con cierta flexibilidad, se ha hablado de los géneros en términos de clases, categorías, familias, y especies literarias.[18] Es decir, con las casillas que los géneros representan se define —aunque sólo sea con marcada imperfección— ciertos atributos que comparten algunos tipos de obras. Los géneros —y la tragedia

---

[18] Lo que acabo de sustentar no invalida las palabras de Romero Tobar: "…el modelo aristotélico para los géneros miméticos —*tragedia* y *comedia*— no había llegado a conseguir arraigo sólido en una tradición teatral como la española…" (p. xlvi). Estoy de acuerdo con él, ya que la crítica del siglo XIX no se caracterizó por ser muy precisa a diferencia de lo que sucede con la mejor crítica académica del siglo XX. En todo caso, si bien España confrontó circunstancias especiales durante la época que nos ocupa, no se debe olvidar que en esta nación también entraban diversas ideas de otros países.

no es una excepción— son categorías arbitrarias de las cuales se vale la crítica en su deseo de alcanzar un conocimiento más profundo de textos que desea comprender mejor. Hasta cierto punto, los géneros y las clasificaciones que ellos representan funcionan como marcas de referencia hermenéutica para el lector. Y es que el papel que le ha sido asignado a los géneros en, por ejemplo, la modificación de cualquier horizonte de expectativa es fundamental si se desea comprender con más profundidad las características de diversos períodos históricos y literarios.[19] En última instancia el género tragedia está basado en un ideal universalista —en un concepto pseudo platónico— que busca o capta, dependiendo del punto de vista que predomine, varios elementos supuestamente perdurables en las obras literarias con el objetivo de comprenderlas con más hondura.[20] Dicho universalismo implica cierta intemporabilidad, ya que a través del uso de géneros concretos se conectan las obras de hoy con las de ayer y las que podemos asumir serán escritas mañana. He aquí, en la ya mencionada perennidad inherente en los géneros, que queda justificado, en un nivel, el cultivo de la tragedia por parte de Valle-Inclán, autor esencialmente moderno, escritor que sigue pautas imperantes durante la modernidad, asunto que discutiré más detalladamente cuando me acerque a *Voces de gesta*.

---

[19] Por ejemplo, la influencia que ejerció en España la crítica teatral reformista de Edward Gordon Craig y Adolphe Appia, asunto discutido por Urszula Aszyk (tomo 2, pp. 133-42).

[20] Ya Palmer expresó su preocupación ante el universalismo implícito en el uso de definiciones previas de la tragedia. Para él, resulta muy difícil que un sólo concepto pueda identificar creaciones/artefactos que resultan, frecuentemente, muy diferentes (p. 4). A pesar de ello, este mismo especialista procede a darnos la siguiente definición del género: "La tragedia es una forma dramática que estimula una reacción intensa, interdependiente e inseparablemente balanceada de atracción y repulsión" (p. 102; ver también pp. 105-31). Además de los numerosos significados que le han sido asignados a la tragedia, los críticos han discutido otros asuntos relacionados con este tipo de obras. Entre ellos, la verificación de la catarsis en las tragedias y cuáles son las características de este fenómeno (Clifford Leech, p. 54, D. D. Raphael, p. 15, Juan Carlos Ghiano, p. 58, F. L. Lucas, pp. 38-39, John Gassner, p. 52), la necesidad de que exista un error trágico (Mitchell A. Leaska, pp. 9-14, Arthur Miller, p. 149, Lucas, p. 122, Raphael, pp. 22-23, J. M. Bremer, pp. 4-64, 71-91 y 192, Cintra Whitehead, pp. 119-27), la presencia de tales emociones como terror y piedad (Susan Taubes, p. 199, R. Meager, p. 178, Gassner, p. 55, Herbert J. Muller, pp. 12-13), el uso de peripecia y anagnorisis (Lucas, pp. 113-114, Leech, pp. 63-64, Gassner, pp. 52-53), la presencia de ciertos atributos en el héroe trágico (Leaska, pp. 12-16, Leech, pp. 35-46, Taubes, p. 198), la participación del coro o su equivalente (Philip Whaley Harsh, p. 18, Lucas, pp. 82-87, Leech, pp. 63-64), la fuerza del destino (Lewis Campbell, pp. 30 y 41, Robert Hogan y Sven Eric Molin, p. 5).

Existe otro aspecto de la tragedia al que quiero referirme: el que cuestiona su posible existencia durante el siglo XX. Al efecto, hay estudiosos que, consciente o inconscientemente, pretenden responder a las afirmaciones de Joseph Wood Krutch sobre cómo en el siglo XX el conocimiento ha erradicado la fe trágica y cómo la desaparición de la fe trágica es indicio de que no se puede creer que el destino ejerza influencia en nuestra época.[21] Evidentemente, estos asuntos pueden afectar las tragedias de Valle. A ellos, entre otros, se opone Richard Palmer cuando enfatiza que la tragedia es posible durante el siglo XX, ya que estas obras contienen sistemas de valores que hoy en día estructuran la acción y que permiten la existencia de la tragedia. De esta forma, se puede afirmar que un personaje funciona simultáneamente en el contexto de estructuras cósmicas y sociales presentadas, incluidas y desarrolladas en cada obra dramática/teatral y en la red de valores favorecida por el lector/público que lee/presencia cada tragedia (pp. 149-50). Es decir, para Palmer la tragedia ya no depende, exclusivamente, como era el caso antes, de fuerzas cósmicas; ahora existe también en función de las normas sociales imperantes y de los valores o creencias del lector/espectador, valores que afectan la forma en que se interpreta cualquier experiencia. A este respecto, son significativas las palabras que Harris Markham pronunciara en 1932, mucho antes que las de Palmer: "Lo que atrae o repele a un público y, por lo tanto, a la tragedia misma, depende de los valores del público. Cada definición de la tragedia presupone un sistema de valores de un público y diferentes sistemas de valores a menudo justifican las diferencias en las teorías sobre la tragedia…" (p. 153).[22]

---

[21] "The Tragic Fallacy" (pp. 115-43). Por su parte, Renato Poggioli (p. 279) sustenta algo parecido.

[22] Para este crítico (p. 202), cada obra crea una experiencia individual aunque no dejé de ser fundamental su parecido con otras obras. Los lectores/espectadores llevan consigo, a menudo, lo que años más tarde denominaría Hans Robert Jauss un "horizonte de expectativa," algo que les permite interpretar los textos tal y como lo hacen. No olvidemos que el horizonte de expectativa constituye un componente esencial en el acto interpretativo al representar el punto de partida utilizado por el intérprete de cualquier obra, punto que limita bastante las posibilidades de su interpretación. Lo ya dicho es expresado más directamente por un crítico anglosajón contemporáneo a Valle. En 1910, Brander Matthews aseveraba que "…el poeta dramático no es independiente de su público… los efectos de su obra dependen de quienes la escuchan. Él les tiene que dar lo que quieren aun si les da lo que él también quiere. El autor de un drama no puede trabajar por sí mismo, solo…Hay un… acuerdo tácito, un pseudo contrato, entre el dramaturgo y el público"

Implícito en lo discutido hasta aquí es que las interpretaciones dependen de factores externos a la obra literaria que es analizada. Es decir, el texto literario —incluyendo la tragedia— no contiene dentro de sí sentidos cuya existencia es siempre plenamente innegable. Lo que expresan, sin embargo, son ciertas cosas que se prestan a interpretaciones que responden a diversos puntos de vista anclados en horizontes de expectativas concretos. Recordemos que la obra literaria es, según Michael Riffaterre y otros, un artefacto y que sus lectores van a ella con ciertas expectativas en mente que, hasta cierto punto, reflejan, en palabras de Matthews, los "acuerdos tácitos entre el artista y el público" (pp. 133-34), convenios que, a veces, son violados —como ocurre con Valle de vez en cuando— cuando el dramaturgo desea crear efectos especiales, cuando pretende ampliar el horizonte de expectativa de sus lectores/espectadores. Y es que "...el espacio trágico no existe sino como una ilusión, irradiada hacia fuera por el protagonista." Esta afirmación de Antonio Espina, de 1925 (pp. 321-23), sin embargo, evoca una visión más balanceada y completa del proceso interpretativo de la obra literaria/teatral: en él participan, el contenido del texto mismo, el horizonte de expectativa del autor real que redacta dicha obra a la vez que ejerce de ciudadano en un mundo concreto en términos históricos y culturales y, finalmente, los lectores con el suyo.

(pp. 68-69). Y añade que "cierto tipo de conocimiento de la gente a quien pertenecía el dramaturgo y para quien escribió, es una condición previa a cualquier comprensión real de sus dramas. Y, por otro lado, un estudio del drama de cualquier período o lugar no puede dejar de dar información interesante sobre...las costumbres, los modos de pensar, y... los sentimientos de la gente de ese país por entonces" (pp. 71-72). Y, por último, asegura que "El teatro es una función del grupo; y la obra del dramaturgo está condicionada por el público. Estamos comenzando a apreciar el hecho de que un grupo de hombres y mujeres juntos posean una unidad psíquica propia, una conciencia de sí mismos como entidad, un alma que no es solamente la suma de las almas de los hombre y las mujeres presentes" (pp. 85-86). Lo fundamental en lo sustentado por Matthews en su estudio es la extraordinaria importancia que él le asigna al público, grupo constituido por individuos que llevan consigo bagajes culturales, a veces, diferentes y cuyas nociones determinan las posibilidades interpretativas de cualquier texto si se acepta el concepto de "horizonte de expectativa" desarrollado por Jauss. De hecho, ya uno de los dramaturgos españoles más importantes durante las primeras décadas del siglo XX, Jacinto Benavente, se expresó repetidamente sobre el poder que ejercía el público de su época. Consúltese a este respecto *El teatro del pueblo*. Sobre la influencia del público en don Jacinto, véase mi artículo "Ideología política en varias obras de Jacinto Benavente," pp. 193-94.

II Seminario: Géneros dramáticos y recepción del teatro de Valle-Inclán

En este sentido, el estudio de una trayectoria trágica hoy en día no capta solamente las creencias de los diversos autores según dichas opiniones son reconstruidas por los intérpretes de textos concretos. Además, cada tragedia nos ilumina sobre la mentalidad de quien la leyó/presenció, ya que cada obra refleja aspectos de la forma de pensar de un momento histórico[23] y, al unísono, "en el contexto de una tradición literaria" (Palmer, p. 4) que los autores saben será reconocida por sus lectores.[24] Sea como fuere, hay al menos dos cosas más que no podemos ignorar cuando hablamos del sentido de la tragedia. Primero, que la tragedia se ha convertido en un término honorífico, un concepto prestigioso debido a la seriedad con la cual es asociada, atributo que a su vez nos recuerda que, para muchos, en ellas se capta lo esencial en la existencia humana.[25] Segundo, que en el estudio de la tragedia la *Poética* de Aristóteles constituye un depósito de principios que tradicionalmente han sido muy importantes en el estudio de las obras trágicas; importante tanto para los lectores/espectadores, como para los escritores, quienes, a veces, reaccionan contra aspectos de la definición aristotélica o proceden a canonizarla.[26] Quizá sea debido a la envergadura que

---

[23] Sobre este asunto son reveladoras las ideas de Pelling (p. v). Hace más de cuarenta años, por su parte, Elmer Rice sustentó, en términos generales, que el público "es algo más que un mero receptor pasivo;" y es que "en un teatro vital, vivo, el papel del público es un papel funcional y creador" (p. 256; obra que data de 1950). Esta posición ha sido compartida con mayor precisión crítica por varios estudiosos del drama/teatro. Por ejemplo, Keir Elam, A. Patricia Trapero, Anne Ubersfeld, André Helbo, Fernando de Toro (pp. 91-114), Marco De Marinis (pp. 11-24), Luis T. González del Valle, *El canon*, y Fabián Gutiérrez Florez.

[24] En el contexto de los géneros literarios, Adena Rosmarin (p. 7), cuestiona los elementos que determinan las características que rigen el contenido de una obra (o sea, se pregunta si los géneros se encuentran en los textos o si existen en las mentes de sus autores o lectores, si se puede percibir algo con ellos o si sirven únicamente para describir aspectos de las obras). Más adelante concluye que "El género es la más poderosa herramienta de que dispone el crítico en sus explicaciones. Es nuestra forma más razonable de hablar y de valorar un texto literario…" (p. 39). Por su parte, John Snyder, a la vez que le niega a los géneros todo universalismo, los interpreta a la luz de ciertas teorías del poder en términos históricos, ideológicos, textuales y estructurales (p. 208). Por último, también consultar el libro de Antonio García Berrio y Javier Huerta Calvo. En él se nos da información sobre los diversos géneros usados hoy en día y se discute la historia de la teoría de los géneros desde Aristóteles.

[25] Sobre todo esto es útil consultar a Golden (p. 21), Lenson (p. 163) y Storm (pp. 178-79). En el ámbito español , Vance R. Holloway concluye que "La crítica teatral en *ABC* manifestaba una jerarquía de valores aristotélicos. El drama —y la tragedia— … eran las formas privilegiadas" (p. 42).

[26] Entre quienes se expresan sobre la fuerza de Aristóteles en la definición de la tragedia se encuentran Storm (p. 30), Lenson (p. 61), K. S. Misra (pp. 228 y 231) y Michelle Gellrich (pp. 5-6).

se le asigna a la tragedia que Valle optase por asignarle esta etiqueta a tres de sus obras, textos donde expresa preocupaciones muy importantes para él; además, tal vez a causa del deseo de prestigiar sus percepciones sobre la realidad, utiliza selectivamente ciertos aspectos de la tragedia en obediencia, aparentemente, a la definición que de dicho género hiciera el Estagirita en su momento.

Por último, relacionado con lo considerado hasta aquí, no podemos olvidar tampoco, aunque sea muy brevemente, la referencia de Valle a la tragedia en *Luces de bohemia*, obra que, en consonancia aparente con lo aseverado por Max Estrella, no es normalmente interpretada como una tragedia a pesar de constituir, con toda probabilidad, una nueva formulación de este género dramatico que no será discutida en esta ocasión. En *Luces*, en la Escena Duodécima, Max indica que "La tragedia nuestra no es tragedia," sino "El esperpento" (p. 167), ese otro tipo de literatura con el cual se alude, con cierta flexibilidad, a varias obras de don Ramón entre las que incluyo *Luces*. Dicho de otra forma, si bien lo discutido en *Luces* es muy serio y significativo, Valle decidió no crear con esta obra una tragedia que respondiese a ciertas expectativas previas vinculables con dicho género.[27] Lo que consigue el dramaturgo a través de Max es aludir al género trágico al mismo tiempo que le asigna nuevos sentidos en el contexto de la realidad española finisecular. Al hacerlo, deriva autoridad de un concepto muy utilizado por sus lectores/espectadores/críticos, a la vez que provoca interés en ellos debido a su ruptura y redefinición de lo trágico. Lo afirmado hasta aquí me lleva a citar un reciente estudio de Anthony Zahareas con el cual estoy casi totalmente de acuerdo: "En *Luces* se opone al género clásico de tragedia tradicional el género moderno de la mojiganga moderna. La modernidad aquí implica que la adaptación esperpéntica de la tragedia tradicional plantea una totalidad de cambios innovadores" ("Modernidad y

---

[27] Ya Alonso Zamora Vicente en su introducción a *Luces de bohemia* (en la edición de la Colección Austral) se ha referido a la dimensión paródica y satírica de la obra (pp. 14-28; consúltese también su libro sobre esta obra). Por su parte, Sumner Greenfield, en su antología de la generación de 1898, nos dice que "El esperpento es un acto de agresión literaria: un ataque furioso contra España a través de una estilización deformante" (p. 244). Consúltese también el ya clásico libro de Rodolfo Cardona y Anthony N. Zahareas, especialmente las pp. 72-88, donde se discute la ruptura de esta obra con el sentido trágico tradicional.

experimentalismo," p. 128). Mi única posible discrepancia con las ideas de Zahareas concierne algo que probablemente no haya quedado lo claro que debiera en cuanto al uso de la palabra "moderna." Me explico, pienso que las tragedias "tradicionales" de Valle (*Voces de gesta* y *El embrujado*) responden también a normas estéticas vinculables a la primera modernidad que muchos críticos han asociado con el Simbolismo. Al mismo tiempo, comparto con el colega Zahareas su creencia de que *Luces* es una obra moderna. Es decir, las tragedias tradicionales de Valle y *Luces* son obras modernas a pesar de ser muy diferentes: las tres son también tragedias. Ello puede ser así debido, en parte, a que, como bien ha dicho Zahareas en su citado artículo, "se ha rechazado la creencia de que la llamada modernidad ha de formar una totalidad unificada" (p. 125), asunto sobre el cual también se han expresado muchos otros especialistas.

Y ahora pasemos a discutir concisamente *Voces de gesta*. Antes, sin embargo, pido disculpas por este preámbulo tan dilatado.

✳ ✳ ✳

Nacida en controversias políticas e ideológicas que involucran el Carlismo y la compañía teatral de Fernando Díaz de Mendoza y María Guerrero, una versión de *Voces* comenzó a ser publicada en 1911 en la revista *Mundial Magazine* que dirigía Rubén Darío.[28]

Mucho queda todavía por decir sobre *Voces*. A pesar de ello, tengo que comprimir mis ideas en esta ocasión. De allí que me concentre en dos asuntos muy relacionados y, para mí, muy significativos: su designación trágica y sus nexos con la modernidad en lo tocante al tradicionalismo.[29] A

---

[28] La Ofrenda y la Jornada Primera en el vol. 1, núm. 3 (septiembre de 1911), pp. 239-48, la Jornada Segunda en el vol. 2, núm. 7 (noviembre de 1911), pp. 7-17, y la Jornada Tercera en el vol. 3, núm. 16 (agosto de 1912), pp. 303-12. Si bien estrenada en 1912 en varias ciudades, su representación no fue repetida por entonces. Sobre la historia de este texto, el lector es referido a los comentarios de Robert Lima (pp. 191-92), José Rubia Barcia (pp. 33-36), *Ramón María del Valle-Inclán, Entrevistas, conferencias y cartas*, Eds. Joaquín y Javier del Valle-Inclán (pp. 127-29), Melchor Fernández Almagro (pp. 148-50), Sánchez-Colomer (pp. 523-29), Arturo Ramoneda Salas (pp. 495-515).

[29] Otros asuntos incluyen lo épico, lo arcaico y lo grotesco. Sobre la conexión entre esta obra y la épica se ha expresado Charles Olstad (pp. 155-67), quien llega a vincular lo trágico con lo épico, nexo apropiado en términos de la modernidad si se aceptan ciertas palabras de Tzvetan Todorov: "Se considera un signo auténtico de la modernidad en un escritor si él deja de respetar

través de ambos expresa Valle lo que para él fueron múltiples verdades transcendentales y universales encarnadas en la ambientación de la obra y en esos discursos esencialmente impresionistas de los cuales se vale el dramaturgo en obediencia a pautas modernas que se acoplan a la primera manifestación de la modernidad, verdades sobre lo trágico y lo tradicional que el autor de *Voces* quiere comunicar a sus lectores/espectadores. Ello ocurre también en la utilización de personajes simbólicos que, por lo tanto, dejan de ser individuos con dimensión real en el contexto cotidiano que, podemos asumir, les resulta familiar a los lectores/espectadores de *Voces*.

---

la separación de los géneros" (p. 13). También han discutido este asunto Manuel L. Gil (pp. 255-73), Dru Dougherty (tomo 1, pp. 162-63), María del Cobre Covarrubias Doménech (pp. 501-10), J. M. Cabrales Arteaga (p. 449), Daniel Hübner (pp. 11-22), J. Rubio Jiménez ("Ecos en *Voces...* , pp. 468-74). Este último comprende que la variedad de elementos convergentes que caracterizan *Voces* está relacionada con las diversas formas con que Valle se refirió al texto (p. 468). Son muchos los estudiosos que consideran la épica un tipo de tragedia (por ejemplo, Snyder, p. 90, y Harpham, p. 25). Por su parte, lo arcaico —incluyendo su función legendaria— ha sido considerado, aunque sólo sea brevemente, por Olstad (p. 157), Juan Antonio Hormigón, *Ramón del Valle-Inclán. La política, la cultura, el realismo y el pueblo* (pp. 43-44), José Servera Baño, "Introducción," *Cuento de abril. Voces de gesta* (pp. 18-19). Lo grotesco en sus nexos con lo arcaico y como anticipo del estilo que, según muchos, domina el arte de don Ramón a partir de la Primera Guerra Mundial recibe, sin embargo, poca atención en el contexto de *Voces* (una excepción aparece en la breve referencia hecha por Olstad al discutir el efecto creado por la cabeza del capitán muerto que lleva Ginebra, p. 165). Sobre lo grotesco en Valle se expresó Manuel Durán, en términos generales, de la siguiente forma: "En la obra de Valle-Inclán se produce en cierto momento... un cambio de dirección, una reorganización en los valores estéticos del autor: aparece el esperpento, y con él se coloca en primer plano lo grotesco... Ello no significa que Valle-Inclán haya renunciado a inspirarse en ciertos modelos; sí que los modelos 'nobles' han sido sustituidos por otros, sombríos o grotescos..." (pp. 254-55). Y agrega el crítico: "Y es que en el primer Valle-Inclán predomina el elemento grotesco primitivo: implícito en la magia, lo maravilloso, lo arcaico..." (p. 266). Si bien no comparto plenamente la idea de Durán de ciertas fronteras cronológicas en el arte de don Ramón, sí lo hago en lo que atañe a sus observaciones sobre lo grotesco y el gran gallego. De hecho, creo que ya en *Voces* se detectan aspectos de lo grotesco que Durán, sin aparentemente darse cuenta de ello, asocia con el arte más tardío de Valle. Nótese que la distorsión de lo épico a través de lo arcaizante y grotesco tiene ya antecedentes modernos en la obra de Baudelaire (por ejemplo, en su artículo "De la esencia de la risa y, en general, de lo cómico en las artes plásticas," tomo 2, pp. 525-43), escritor cuyas ideas al respecto han sido muy bien estudiadas por Ainslie Armstrong McLees. En la caricatura, el autor de *El spleen de París* observaba "un elemento misterioso, durable, eterno" (p. 526) que conecta muy bien con la importancia que, más adelante, Valle le asignó a la concepción moderna del tiempo que favorece en *Voces de gesta* y *El embrujado*. Recordemos como don Ramón mismo, en 1908, nos habla sobre lo arcaico en términos de "la condición de eternidad" (en "Un pintor," Notas de la Exposición de Bellas Artes de 1908," texto incluido por Serrano Alonso en *Artículos completos...*; p. 232). En este estudio, ni lo arcaico ni lo grotesco en *Voces* será discutido por falta de espacio a pesar de relacionarse con la concepción moderna valleinclaniana del tiempo.

Valle-Inclán le asignó a *Voces* el subtítulo de "Tragedia Pastoril" y lo ubicó, por consiguiente, estratégicamente después del título de la obra. Es decir, la palabra "pastoril" opera analógicamente como el modificador del vocablo "tragedia:" sirve, así pues, para designar una cualidad y para determinar las fronteras del concepto "tragedia" según fue utilizado por don Ramón en *Voces*.[30] La tragedia "pastoril" aludida en este elemento paratextual se desdobla a través de Ginebra y Carlino a pesar de que lo trágico posee en *Voces* una dimensión esencialmente colectiva: la de un pueblo pacífico que, aparentemente, al aferrarse al ideal de la "tradición" sufre debido a su poca preparación para defender el susodicho ideal cuando este pueblo se ve atacado por fuerzas invasoras de un país bárbaro, hordas que subvierten la armonía que favorecen los ciudadanos de esa Castilla tan antigua en la que se nos da a entender todo ocurre.[31] La falta de preparación que caracteriza a los pastores que apoyan a Carlino resulta directamente de ciertos elementos intertextualmente definitorios de su mundo pastoril, ámbito que en las letras, tradicionalmente, es vinculado con una concepción armónica de la vida. En un lugar con estas características, el ejercicio

---

[30] Emilio González López (*El arte dramático...*, p. 106), considera que en *Voces* el subtítulo pastoril es muy importante porque los pastores son los verdaderos protagonistas de la obra. Varios críticos coetáneos a la obra aceptan que sea una tragedia (ver la reseña publicada en *ABC* [27 de junio de 1912] y los comentarios de Ramón Pérez de Ayala [tomo 1, pp. 211-12]). Sin embargo, Manuel Bermejo Marcos (p. 175), Juan Carlos Esturo Velarde (p. 53), José Servera Baño (p. 28) también mencionan el subtítulo de *Voces* sin asignarle la importancia que merece. Valle, por su parte, al discutir en 1911 con Gregorio Campos la recepción de *Voces* afirma que "La obra gustó; es trágica, y la acción sacude fuertemente lo que hay de temperamento emocional en el público... Tal vez, por sustentar estas ideas, porque soy tradicionalista y hago fe de mis creencias, no fuese simpática *Voces* en ciertas esferas" ("Hablando con Valle-Inclán," texto incluido en *Entrevistas, conferencias...*, pp. 83- 90). Previamente, en 1910, había declarado que "Será un libro de leyendas, de tradiciones, a la manera de *Cuento de abril*, pero más fuerte, más importante. Recogeré la voz de todo un pueblo. Sólo son grandes los libros que recogen voces amplias plebeyas. *La Ilíada*, los dramas de Shakespeare," obvia vinculación hecha aquí por don Ramón entre la épica y la tragedia en el contexto de su propósito en *Voces* ("El magnífico señor Don Ramón del Valle-Inclán," por A, en *Entrevistas, conferencias...*, p. 61).

[31] Citas y referencias a *Voces de gesta* provienen de la 3a. ed. publicada en la Colección Austral. Sobre donde ocurre la acción de la obra ya se han expresado J. L. Brooks (p. 194), Guillermo de Torre (p. 121), Manuel García-Pelayo (p. 262) y César Barja (p. 407). Hace más de cinco lustros estudié *Voces* por primera vez. Algunas de las ideas que allí desarrollé, todavía las comparto. Entre ellas, que "*Voces de gesta* ocurre en una Castilla medieval tan mitificada que por poco pierde toda su identidad de lugar y tiempo determinados" (*La tragedia...*, p. 66, nota 6).

de la fuerza física es en sí un tipo de violación de esa armonía cósmica tan apreciada en la tradición literaria pastoril.[32] Es decir, la utilización y naturalización de lo pastoril en *Voces* es un indicio parcial de la técnica del pastiche, recurso bastante frecuente durante la modernidad, como ya indiqué al comienzo de este estudio. De hecho, las alusiones y los tonos bíblicos, medievales y carlistas de la obra son, en sí, otro ejemplo de la tendencia a sintetizar o reformular que caracterizó el arte moderno de Valle,[33] arte que en el caso de *Voces* concentra su interés en ambientes distantes en términos culturales, sitios donde ni don Ramón ni sus lectores/espectadores potenciales en 1911-1912 se desenvolvían diariamente. Y es que muchos de los modernos —y aquí encaja Valle muy a menudo aunque no siempre si se recuerda *Luces de bohemia*— más que tratar de captar la realidad específica de ciertos lugares, lo que pretenden es darnos atmósferas que a veces carecen de verdaderos antecedentes históricos y que, a pesar de ello, no dejan de ofrecer una perspectiva de cómo algunas realidades han sido concebidas por muchos (fenómeno ya aludido por Manuel Alvar, en su reseña de *El joven Colombo*, por Ramón Hernández, cuando dice que "El novelista —dramaturgo/novelista/cuentista en el caso de Valle— ha escrito... cuadros, y nos hace creer que así debían ser los tugurios genoveses de finales del siglo XV [o la Castilla milenaria de don Ramón]. Y es posible que lo fueran," p. 10). Además de ocurrir en *Voces*, lo dicho es identificable en el ambiente italiano que predomina en la *Sonata de primavera* y en la evasi-

---

[32] Sobre la literatura pastoril, léanse los estudios de Juan Bautista Avalle-Arce (*La novela pastoril...*), Judith M. Kennedy, Marcial José Bayo, Francisco López Estrada. Observar como la armonía que deben valorar los habitantes de *Voces* no es igual, por ejemplo, a la contemplada por Abraham Lincoln cuando inaugura el Cementerio Nacional de Gettysburg el 19 de noviembre de 1863 (p. 827). En el caso del presidente de los Estados Unidos, la fuerza desplegada durante la Guerra Civil estadounidense era necesaria para la restauración de la libertad e igualdad de los seres humanos en su país. Es decir, en el caso de Lincoln, no se trata de una realidad pastoril mientras que en el mundo de *Voces* lo pastoril es de capital importancia.

[33] Estoy totalmente de acuerdo con Sumer M. Greenfield, *Valle-Inclán: anatomía de un teatro problemático*, cuando concluye que " En *Voces de gesta*... don Ramón busca una interpretación estética del pasado remoto basada en su mayor parte en lugares comunes literarios, en este caso una sentimental impresión bucólica, con insinuaciones carlistas, del espíritu indomable de Castilla la Vieja en la alborada de la Reconquista" (p. 112). Sobre la ambientación de la obra, consultar también lo aseverado por J. Rubio Jiménez ("Ecos en *Voces*...," pp.468-70), quien llega a considerar el medievalismo en la obra "*sui generis.*" Leer también a Ana Isabel Ballesteros Dorado (pp. 489-500), M. del C. Covarrubias Doménech (pp. 501-10).

vidad lingüística e histórica de la América de *Tirano Banderas*, por sólo mencionar dos novelas modernas muy diferentes y efectivas. Esta efectividad contrasta, sin embargo, con el cuestionable resultado del experimento que es en sí *Voces*.

En última instancia, en aparente obediencia a las normas estéticas modernas, los modernistas, al alejarse de lo particular —de realidades concretas— desdeñan el realismo tradicional y buscan acercarse más a lo universal, a aquello que parece no estar limitado y que puede sernos útil al definir mejor nuestro entorno mediante la focalización de lo transcendente que existe en lo supuestamente momentáneo. Es decir, los modernos prefieren asignarle poca importancia a los aspectos más superficiales —materialistas, si se quiere— de la realidad que tanto preocupan a los burgueses. Lo ya dicho se manifiesta en *Voces de gesta* en símbolos que para Ballesteros Dorado permiten "atisbar un contenido universal subyacente" (p. 490; aquí se hace eco de unas afirmaciones de Antonio García Berrio). En cualquier caso, la imposibilidad de establecer relaciones precisas entre dónde y cuándo ocurren los hechos históricos específicos en *Voces* no debe preocuparnos ya que para algunos autores modernos lo esencial es lograr expresar, a través de esta elusiva correlación de circunstancias, lo que tiene de genérico y, por ende, de eterna la realidad cotidiana. Esto es algo que nos recuerdan varias creencias que sobre el arte moderno desarrolló Baudelaire en "El pintor de la vida moderna." En el contexto de lo aquí sustentado, la obra moderna capta la naturaleza dual del mundo y del arte al convivir en ella, indiviso, lo eterno y lo transitorio.

Volviendo a *Voces*, si se le aplica a esta obra la definición mandeliana de la tragedia, creo que se puede concluir que esta obra es trágica. Me explico: al combatir contra los bárbaros invasores, los pastores creyentes en la paz cósmica asociada con el mundo pastoril ideal se ven obligados a bregar en contra de sus principios y a la vez se derrotan a sí mismos. En consecuencia, el rey Carlino y sus seguidores, cuando luchan contra los invasores que han violado la armonía pastoril, no consiguen más que romper ellos mismos con dicha armonía al defenderla en el campo de batalla.[34]

---

[34] No comparto plenamente la interpretación hecha por Ballesteros Dorado cuando se limita a concebir la acción de la obra como "... la oposición entre dos contendientes colectivos...," Carlino y los pastores, en contra de los invasores (p. 490).

Además, como ya he indicado, Carlino y su gente aparecen en *Voces* como ineptos en los lances bélicos. Esta incapacidad junto a su propia violación de la armonía que debiera prevalecer en su mundo es lo que justifica que Carlino y sus seguidores sufran de un modo inevitable, tanto física como espiritualmente. Por Carlino y los pastores (estos últimos encarnados en Ginebra[35]) podemos asumir que los lectores implícitos de la obra sienten buena voluntad, la emoción prescrita por Mandel: estos lectores se pueden identificar, en abstracto, con sus ideales, sus firmes convicciones por el retorno de la perfección asociada con una "Edad de Oro", al mismo tiempo que se les ve sufrir a consecuencia de la situación imposible que confrontan.[36] En el contexto del mundo en que esta obra ocurre, los pastores sufrirán inevitablemente en términos físicos y espirituales al seguir a Carlino, siendo dicho padecer una característica fundamental en la concepción trágica de Mandel.

La tragedia colectiva en la cual está basada *Voces de gesta* se individualiza, con mayor o menor efectividad expresiva, a través de las vicisitudes del rey Carlino[37] y, lo que es igualmente importante, a través de la terrible situación final de Ginebra, el personaje que representa a un pueblo de

---

[35] Ramón J. Sender consideró que si bien Ginebra "se acerca al héroe trágico... , le falta la motivación y el punto de partida" para serlo (p. 93). También Lyon estudia a Ginebra en su papel de representante del pueblo y en su importancia a la vista de los dilemas confrontados por el rey Carlino (pp. 65-66). Sobre este asunto, resulta revelador lo aseverado Rubio Jiménez ("Ecos en *Voces* ...", pp. 470 y 474) y Covarrubias Doménech (pp. 501-10).

[36] En última instancia, hagan lo que hagan, los personajes de *Voces* sufrirán. Esta inevitabilidad afecta la adecuación perfecta de la definición de Mandel aunque hay que reconocer que de no haberse resistido, su padecer sería, en general, más bien físico. Gran parte de su penar responde a su violación de la armonía cósmica pastoril y a cómo reaccionan cuando se ven incapacitados para triunfar sobre el enemigo. Aspectos de lo ya dicho aparecen representados en el sufrimiento interior de Carlino cuando duda si debe o no seguir con su cruzada en contra de los invasores. De haberse mantenido pacífico, podemos especular, no hubiera sentido esta emoción.

[37] Lyon ha sustentado que Carlino resulta ser un personaje bastante incompleto, quizá para enfatizar que su poder proviene de su pueblo (p. 65). Como es obvio, no comparto la interpretación hecha por Hormigón cuando considera que *Voces* es una tragedia. No lo hago ya que este crítico olvida, hasta cierto punto, los conflictos internos de Carlino, Ginebra y el pueblo de pastores para realzar el conflicto entre ellos y los invasores como la conflagración que, muy probablemente, sea trágica en la pieza (*La política, la cultura...*, p. 44). Además, Hormigón no le presta atención a los antecedentes de la estética moderna en la obra. Tampoco estoy de acuerdo con el sentido secular que Reyna Suárez Wilson le asigna a la palabra "tragedia" en el contexto de *Voces* (pp. 212-13).

pastores que creen en algo que ellos mismos han aniquilado. Ella fue violada y cegada. Ella vió a su hijo Garín morir a manos del mismo invasor que la violentó sexualmente años antes. Fue ella también quien decapitó a su violador. Al hacerlo, rompió con las normas armónicas pastoriles que debían orientar su existencia. Su ceguera es bien amplia para mí: en su lucha con los invasores, ella y sus compatriotas no pueden ver lo que debería ser fundamental para un pueblo de pastores como el suyo.[38]

Carlino, por su parte, es un símbolo vivo —una encarnación, si se quiere— de la tradición ideal. Sobre él se pronuncian hiperbólicamente los pastores. Esta situación realza uno de los problemas más importantes del personaje: su identidad de hombre no está en plena consonancia con aquella que posee por ser rey.[39] El rey es para Ginebra —para los pastores— una "sombra" de la tradición ideal que tanta envergadura posee en el mundo armónico-pastoril que prevalece o debiera prevalecer en *Voces de gesta*. Al final, Carlino es tan trágico como Ginebra y como su pueblo. Todos ellos favorecen ciertas convicciones en comunión con el concepto de la tradición ideal e intemporal, creencias que les impulsan a actuar a pesar de que de esta contienda sólo sacarán sufrimientos. Ni Carlino, ni Ginebra, ni el pueblo de pastores que apoya los valores eternos en *Voces*, ninguno de ellos, conseguirá sus objetivos: ellos no comprenden plenamente el desgarre del orden bucólico implícito en sus combates con el enemigo invasor, algo que es manifestado en la última acotación de la pieza. Allí se nos dice que en "El aire pasó una flecha, flecha de filos mortales, /en el hombro de Oliveros, el Rey la mira temblar,/ y el pastor con ella hincada, aún relincha en los finales del cantar" (p. 93). Si bien comprensible para el rey Carlino y para los lectores implícitos de *Voces*, la rebeldía final del pastor Oliveros demuestra lo incapacitados que están los pastores para vencer auténticamente en su contienda: ellos se derrotan a sí mismos al cultivar la violencia mientras que los invasores les vencen también en el campo de batalla. Asimismo, la rebeldía de Oliveros es degradadora en consonancia con la visión del mundo favorecida en esta tragedia (el pastor "relincha" como una bes-

---

[38] Lo opuesto es dicho por Esturo Velarde. Para él, ella veía con profundidad (p. 53).

[39] Kantorowicz (pp. 47 y 50-56) y Deleito y Piñuela (pp. 25-28) han discutido las dos identidades contenidas en los reyes: representante de Dios en la tierra y ser humano. Ver también mi análisis de *El duque de Viseo* de Lope de Vega (*El teatro de Federico...*, pp. 109-24).

tia, como un caballo).[40] De esta forma se perturba y, al unísono, se reafirma la presencia de lo perdurable en *Voces*, noción que depende de algunas creencias sobre lo imperecedero en la realidad, visión que conecta muy bien con la modernidad baudelaireana imperante cuando la tragedia fue escrita por Valle. Es debido a esto que en *Voces* todo resulta ser incompleto e imperfecto; todo excepto los conceptos estéticos modernos favorecidos en la obra a pesar de lo que en la pieza ocurre.

Dentro del ámbito trágico, por último, *en Voces* se utilizan varios elementos de la tragedia clásica griega según fue discutida por Aristóteles en su *Poética*. Me refiero a que la obra presenta un argumento complejo, a que despierta en el lector implícito piedad y miedo, y a la presencia del coro. Es decir, algunos de los elementos que el filósofo griego consideraba esenciales en toda buena tragedia —argumento o fábula y coro o canto— aparecen en *Voces*.[41]

Para Aristóteles, el próposito de la tragedia es crear en el espectador ciertos efectos entre los que figuran la piedad o compasión y el miedo o temor. El papel del argumento consiste en tratar de plasmar estas emociones en las mejores tragedias. En caso concreto de *Voces*, lo trágico reside en la imposibilidad de triunfar que tiene Carlino y su pueblo de pastores y en cómo ellos mismos contribuyen, sin ser verdaderamente conscientes, a la violación de la armonía cósmica que tanto valoraban en el contexto de la tradición. El conflicto al cual he aludido es individualizado en la obra de Valle a través de Carlino y Ginebra, personajes por quienes el lector implícito de la obra siente piedad y miedo. Piedad ya que sufren y al hacerlo provocan compasión en dicho lector implícito cuando su imposible situación es finalmente comprendida por ellos mismos; miedo debido a que las circunstancias confrontadas por estos personajes son, igualmente, de imposible resolución a la luz de las leyes armónicas prevalecientes en el mundo de *Voces*. Ambos mundos, el de la obra y el de los lectores, parece que convergen porque, al

---

[40] Esta escena se ha prestado tambien a una interpretación muy diferente por parte de Rubio Jiménez ("Ecos de *Voces* ...," p. 472). Él cree que Carlino es quien muere y ello le lleva a concluir que en su fenecer Carlino redime "de una culpa a su comunidad." No comparto con Rubio Jiménez lo que él piensa que sucedió al final de la tragedia. Tampoco estoy de acuerdo que este final violento sea "El triunfo en la derrota" pues, para mí, es una reafirmación más del fracaso de los pastores de *Voces*.

[41] Al discutir aspectos de la *Poética* de Aristóteles me valgo de la edición de Valentín García Yebra.

igual que los ciudadanos de *Voces*, sus lectores existen en mundos regidos por normas más fuertes que ellos, pautas que, a veces, les traen sufrimientos extremos. O sea, el temor aquí aludido depende de un proceso de identificación entre los lectores y la situación confrontada por Ginebra y Carlino.

Según Aristóteles, los argumentos más hermosos, los complejos, son aquellos que dejan ver "peripecia" o "inversión de intención" y "anagnórisis" ("agnición") o "reconocimiento." En *Voces* tenemos presente tanto inversión de intención como reconocimiento a través de las figuras de Carlino y Ginebra. Los dos se proponen algo —triunfar sobre el invasor— y en su lucha quebrantan la concepción de la vida —la armonía— que supuestamente debe dirigir su sociedad pastoril. Ambos, si bien continúan su gesta contra el enemigo extranjero, saben, a finales de la tragedia, que han fracasado, siendo ello evidente por la precaria y desalentadora situación en la cual quedan. Sin embargo, a pesar de lo ya dicho, los dos no parecen comprender plenamente su papel protagonista en la disrupción del orden cósmico cuando se valen de la fuerza para intentar derrotar a sus enemigos.

Para Aristóteles el coro debe ser considerado como uno de los actores, debe formar parte del conjunto y de contribuir a la acción. En realidad, carece la obra de un ente propiamente llamado coro. Lo que aquí considero como coro son las descripciones de fondo que nos ofrecen algunos personajes secundarios (los pastores) y las acotaciones mismas que aportan al efecto trágico. Este uso del coro no sólo conecta la obra con la tradición trágica —para algunos especialistas eterna y universalista—, sino que también le concede autoridad para expresar lo trágico al valerse de aspectos de la crítica definitoria de Aristóteles sobre la tragedia.

※ ※ ※

El segundo aspecto de *Voces* que deseo explorar concierne su conexión con la modernidad en su uso del tradicionalismo, materias, para mí, inseparables. Cuando, en 1972, discutí *Voces*, repudié toda identificación entre esta obra y la causa carlista.[42] Hoy con más canas y más lecturas,

---

[42] En aquella ocasión desvirtuaba aspectos del estudio de Juan Bautista Avalle-Arce (pp. 361 y 372). También criticaba las creencias que sobre el Carlismo en *Voces* sostenían Brooks (p. 193), Florencio Segura (p. 319) y Antonio Risco (p. 75). Sobre el Carlismo dentro del marco específico de *Voces* también se han expresado Olstad (p. 166, n. 2), José Monleón (p. 97), Luis Seoane (pp. 227-43), R. Suárez Wilson (pp. 204- 26), Aznar (pp. 78-79) y otros colegas.

después de haber leído el exhaustivo y magistral estudio de Margarita Santos Zas sobre el Carlismo en Valle,[43] sé que me equivoqué y, por consiguiente, rechazo lo que aseveré entonces. Y es que, en mi opinión —y en la de otros colegas—, el Carlismo está muy presente en *Voces de gesta*. Estarlo, sin embargo, no implica que haya que asignarle a esta ideología el papel protagonista en la concepción de la tradición que emana de la obra. No lo creo pues pienso que la modernidad fue mucho más poderosa en don Ramón que su atracción por el Carlismo.[44]

En general, la preocupación por la tradición atribuida a Valle en obras como *Voces* ha sido considerada por la crítica como una expresión de su Carlismo.[45] Al efecto, si bien comparto con J. A. Maravall el deseo de no entrar en polémica sobre la vinculación de don Ramón con el Carlismo —en parte porque pienso existió en la obra y en la trayectoria humana de Valle—no estoy plenamente de acuerdo con quienes, como Hormigón, consideran que el objetivo más significativo de Valle es "demostrar que el Carlismo es lo justo, lo legítimo, lo auténtico. Su pieza [*Voces*] corresponde al punto álgido de su mitificación, es su aportación a la lucha" (pp. 154-55). Y añade Hormigón que "Lo más importante de esta pieza en el proceso teatral de Valle es la aparición de elementos claramente políticos..." (pp. 40-41). Para bien o para mal, desconfío de la preeminencia que se le ha asig-

---

[43] *El tradicionalismo de Valle-Inclán: la trilogía carlista*, tesis doctoral; consultar asimismo la versión abreviada y alterada de dicha tesis: *Tradicionalismo y literatura en Valle-Inclán*.

[44] Sé que la ideología es algo que, inevitablemente, opera en todos los tiempos y en las obras literarias. Entre los muchos sentidos asociados con el concepto de ideología figuran las ideas políticas, creencias que si bien presentes en *Voces* en lo tocante al Carlismo, no encarnan, plenamente, el punto de partida moderno valleinclaniano. Sobre la ideología en la literatura y el teatro, consúltense: Juan Villegas, *Ideología y discurso crítico...* y *Para un modelo...*, y mis estudios titulados *El canon* e "Ideología política... (pp. 187-212).

[45] Tengo en mente la presentación que le hizo a Valle el Sr. Vives en el Círculo Tradicionalista de Barcelona, en 1911. Después de expresarse sobre los nexos entre don Ramón y el Carlismo, añadió: "... Habéis triunfado en *Voces de gesta*. Vos los habéis llevado al teatro con arte soberano. Nosotros estamos dispuestos a llevarlos a la práctica cuando Dios lo quiera, la Patria lo necesite y el Rey lo mande" ("Conferencia dada por don Ramón del Valle-Inclán en el Círculo Tradicionalista de Barcelona," en *Entrevistas, conferencias...*, pp. 75-76). En este mismo acto Valle se expresó sobre lo eterno en la monarquía (pp. 78-81). Sobre la vinculación de Valle-Inclán con los carlistas, lugar común en la crítica salvo contadas excepciones, es útil lo dicho por Santos Zas, Rubia Barcia (pp. 33-36), Hormigón (pp. 39-40 y 135-57) y Vicente Sánchez Ocaña (p. 4).

nado a lo político, a lo carlista, concretamente, en el fragmento que acabo de citar en lo concerniente a *Voces* y a otras obras de don Ramón, ya que, en palabras de Rubio Jiménez, el Carlismo "no es sino una limitada concreción histórica" del tradicionalismo ("Ecos en *Voces*...," p. 467). Creo que el Carlismo fue para don Ramón, por encima de todo, un ejemplo preciso para poder expresarse sobre la tradición como concepto de capital importancia en la modernidad que ha sido asociada con Baudelaire.[46] La tradición según fue concebida por el autor de *Las flores del mal* encaja muy bien con una frase que Ramón Gómez de la Serna le atribuyo a Valle: "Soy tradicionalista" (*Don Ramón María del Valle- Inclán*, p. 108). Y es que estoy plenamente de acuerdo con algunos aspectos de lo que en 1917 nos dijera Rafael Cansinos Assens sobre el arte de Valle-Inclán: "... [É]l representa en el renacimiento literario el sentido del retorno a los orígenes... [T]odo renacimiento es una vuelta a nacer, y necesita de alguién que represente y despierte la memoria de la natividad primera..." (p. 115); "Él pone en boga la dicción arcaica... y recoge y afirma la nostalgia de los primitivos" (p. 116); "Es Valle un arcaizante; pero sus admiradores reconocen que escribe como Flaubert... Además, son visibles en él afinidades con ...D'Annunzio" (p.117) y con otros escritores modernos. De este modo el tradicionalismo fue para el autor de las *Sonatas* el equivalente a la transmisión de lo ancestral —doctrinas, costumbres, ritos, etc.—, de generación en generación, esa base a la realidad del presente momento histórico y del futuro conservada por los seres humanos en el traspaso de valores y hechos de padres a hijos. Es decir, el tradicionalismo moderno de Valle responde al deseo de mantener o restablecer la vigencia de las verdades antiguas. Es en este sentido en el que pienso que don Ramón es, al unísono, un gran esteta y creador, siendo su amplio credo estético la base fundamental de sus obras creativas, entre las cuales figura *Voces de gesta*.[47]

---

[46] Esta aproximación mía al tradicionalismo y al Carlismo es diferente a la de Rubio Jiménez; a mí me preocupan los antecedentes modernos a los que se subordinan los dos conceptos en *Voces*. Sospecho también que mis reparos al Carlismo de Valle no son tan extremos como los de Severa Baño. Para él, "... la visión legendaria y el tono épico distancian a *Voces de gesta* de toda realidad política concreta" (p. 29).

[47] No comparto, por supuesto, la idea de Cansinos Assens que "Valle, más que creador es un maestro de estética, un poseedor de normas" (p. 122). Su obra creativa prueba lo contrario.

La persona que más sabe del pensamiento carlista de don Ramón, la profesora Santos Zas, lo ha discutido y ha entablado enlaces entre dicho pensamiento y el tradicionalismo, considerando que el primero es muy importante para poder comprender muchas de sus obras. Desde su punto de vista, Valle se suma al partido carlista tardíamente y en dicho partido encuentra la respuesta lógica y coherente al tradicionalismo que informa su "cosmovisión," "desde sus inicios como escritor."[48] En todo caso, si bien es probable que don Ramón encontrase una respuesta al tradicionalismo en el Carlismo, lo que está claro es que dicho interés por el tradicionalismo es anterior a su vinculación con el partido carlista. Es decir, el Carlismo en *Voces* responde, en parte, a su deseo de ejemplificar, quizá a veces inconscientemente, su visión del tradicionalismo en el contexto de la realidad española de su época , con la cual debe acoplar de alguna manera sus ideas modernas sobre lo artístico y sus propias creaciones literarias. Por lo tanto, la profesión de fe tradicionalista favorecida por Valle no creo que pueda ser igualada al Carlismo político, práctico y teórico. El tradicionalismo en don Ramón fue el Carlismo y mucho más[49] como bien lo demuestra, por sólo

---

Por su parte, Guillermo de Torre, en "La evolución de Valle-Inclán, un modernista arcaizante," afirma que "Difícil sería [precisar en que consistía lo arcaico en Valle-Inclán], como también fijar una localización temporal y geográfica precisa a algunas de sus obras... ¿[D]ónde situar a *Voces de gesta*, sino en un país y un tiempo ilusorios...? ... El Valle-Inclán de entonces sucumbía enteramente al hechizo fácil de lo pretérito... y hacia atrás o inventando el futuro en el tiempo, resucitando formas prestigiosas, infundiendo nueva vida y prestación a temas y estilos tradicionales..." (p. 1). Por último, la preocupación de Valle por la vigencia de las verdades antiguas conecta con ciertas creencias religiosas suyas y de Rubén Darío.

[48] Cito del "Resumen" que Santos Zas hiciera de su tesis doctoral, ya que nadie mejor que ella puede definir su propia posición crítica (p. 7).

[49] Jesús Rubio Jiménez, en "Las *Comedias bárbaras* y la estética simbolista" asegura que "El paralelismo de Valle-Inclán con los simbolistas europeos [—con esa primera manifestación de la modernidad—] no es mera casualidad, sino que a poco que se revisen escritos y declaraciones del escritor, denota familiaridad con las teorías simbolistas y el hecho es que, en concreto para las *Comedias bárbaras* y *Voces de gesta* reconocía... su inspiración wagneriana" (p. 60). Y agrega que "... la base de la teoría estética expuesta en *La lámpara maravillosa* y en otros escritos de Valle-Inclán es fundamentalmente simbolista y, en ella, se defiende una percepción intuitiva de formas y ritmos capaces de sugerir la armonía estética... La experiencia estética como intuición de unidad, percibiendo vínculos entre lo individual y lo genérico, lo antiguo y lo contemporáneo" (p. 61). Tengamos en cuenta también como para Ángel Lazáro en *Voces de gesta* "...resuena el verso de Rubén Darío, el modernista por excelencia en el mundo hispánico, y que la evolución de Valle-Inclán fue una evolución hacia sí mismo." Es decir, el Carlismo le facilita a don Ramón cultivar el tradicionalismo ya presente en algunas de sus obras más tempranas.

dar un ejemplo, su artículo "Las Verbenas," texto fechado en 1892, escrito donde la tradición es concebida más ampliamente al mismo tiempo que se le atribuye intemporabilidad.[50]

En suma, tiene mucha razón la profesora Santos Zas cuando concluye que Valle-Inclán "[H]a mantenido coherentemente una línea de pensamiento tradicionalista perceptible desde sus primeros escritos y que se va afirmando de manera progresiva; desde esta posición tradicionalista Valle enfoca la sociedad y la vida política de su tiempo..." (tesis doctoral, pp. 491-92; libro, p. 204). Si bien lo dicho por ella enfatiza la importancia de factores políticos más bien inmediatos en la obra de Valle, yo, por mi parte, opto por explorar, en esta oportunidad, el por qué del tradicionalismo de don Ramón en términos estéticos a la vez que declaro lo estético como la base ineludible de su visión del arte, de la sociedad, de la política, del Carlismo y, por último, de *Voces de gesta*.[51]

Según John Lyon, para Valle la tradición "fue una esencia viva y permanente de una raza..." (pp. 59-60). Al expresarse de esta forma, el crítico anglosajón le asigna, implícitamente, al tradicionalismo valleinclanesco una dimensión cultural hispánica, manifestación con posibles antecedentes en la modernidad si se lee lo que T. S. Eliot, otro moderno, ha dicho de los textos clásicos, de esas obras en las cuales, para Eliot, está latente "todo el genio de un pueblo" (*What Is a Classic?*, p. 23), y que, por lo tanto, son muy apreciadas por la gente de donde han emanado. Este enfoque de la tradición en Valle no será, sin embargo, el que consideraré en esta oportunidad. Según ya expliqué en mi preámbulo, pienso concentrarme en la

---

[50] Artículo publicado en *El Universal* de México, el 5 de mayo de 1892. Allí habla de cómo "[Los labradores de la Alcarria] conservan incólume con el traje y los usos del espíritu español de ha cuatro siglos, la tradición netamente castellana de lealtad y franqueza... [S]in oír la voz del siglo, son hoy, lo mismo que eran cuando lidiaban contra moros y franceses, y serán quizá mañana lo mismo que son hoy" (texto incluido en *Publicaciones periodísticas de Don Ramón del Valle-Inclán...*, editado por William L. Fichter, p. 149).

[51] En los primeros tres capítulos de su tesis y libro (pp. 1-67; 1-24), Santos Zas menciona, junto al Carlismo político, una manifestación estética que depende del tradicionalismo. La referencia hecha aquí a lo estético se parece bastante, por coincidencia, a mis ideas al respecto en mi libro sobre la tragedia en el teatro de Unamuno, Valle-Inclán y García Lorca (p. 69): en ambos casos, se utiliza el concepto "estético" sin profundizar en él, como algo más bien atmosférico que conecta el Carlismo con la estética. Este acercamiento es documentable también en otros críticos que no es necesario identificar en esta ocasión.

obseción moderna por lo imperecedero, por el momento que pasa y que es perenne, por ese instante que nos da la eternidad que contiene el momento fugitivo.[52] En consonancia con "El pintor de la vida moderna" de Baudelaire, me preocupa la representación de lo eterno en la realidad del presente; es decir, cómo en el presente son perceptibles circunstancias semejantes a otras pretéritas y a otras futuras, ya que, en última instancia, dichos incidentes son eternos cuando se identifica en ellos sus sentidos más profundos. La preocupación de Valle por expresar y/o rescatar lo inmortal por medio de su arte queda corroborada en su único libro teórico, *La lámpara maravillosa*.[53] Allí el autor de la *La hija del capitán* elabora sobre cómo cada instante perdura y, por ende, carece de las limitaciones cronológicas que usualmente tanto obsesionan al ser humano. En este sentido, el cosmos siempre es igual pues el ser puede remontarse al acto eterno de su origen (p.17). En los hechos que ocurren diariamente, don Ramón percibe la semilla de su origen, ese punto de partida retenido también en otros actos semejantes que ocurrieron y que podemos asumir ocurrirán. Todavía añade:

> Para el extático no existe mudanza en las imágenes del mundo, porque en cualquiera de sus aspectos sabe amarlas con el mismo amor, remontando al acto eterno por el cual son creadas. (p. 17)
> Para romper su cárcel de barro, colócate fuera de los sentidos, y haz por comprender el misterio de las horas, por persuadirte de que no fluyen y que siempre perdura el mismo momento. (p. 35)
> Este momento efímero de nuestra vida contiene todo el pasado y todo el porvenir. Somos la eternidad, pero los sentidos nos dan una falsa ilusión de nosotros mismos y de las cosas del mundo. (p.36)

Y amplía don Ramón que el arte facilita la percepción de lo eterno: "...suma en las formas actuales evocaciones antiguas, y sacude las cadenas

---

[52] El tiempo intemporal moderno es discutido por Eysteinsson (p. 10). Otro acercamiento al tiempo cíclico-mítico de don Ramón lo ofrece Ara Torralba cuando discute varios antecedentes al tradicionalismo en Valle (pp. 23-28).

[53] Citas y referencias a esta obra provienen de su 2a. ed. en la Colección Austral. Sobre *La lámpara*, es conveniente consultar los estudios mencionados en la nota 6, pp. 91-94, de mi libro sobre la ficción breve de Valle-Inclán (se destacan los textos de Virginia Garlitz y Carol S. Maier) y la reciente introducción a la obra hecha por Francisco Javier Blasco Pascual.

de siglos haciendo palpitar ritmos eternos de amor y de armonía" (p. 57). En *La lámpara* es esencial, tanto en términos filosóficos como estéticos, esa necesidad de escapar del tiempo cronológico y llegar a comprender un tiempo de mayor envergadura: el circular. De esta forma, a través de la obra literaria, cada hecho en el tiempo es, al mismo tiempo, algo del acontecimiento momentáneo y algo siempre presente, eterno. Es decir, la idea valleinclaniana del tiempo coincide bastante con la de Baudelaire cuando el gran francés explica la modernidad en términos estáticos de "lo transitorio, lo fugitivo, lo contingente, la mitad del arte cuya otra mitad es lo eterno y lo inmutable" (tomo 2, p. 695).[54] Esta teoría del tiempo que comparten ambos escritores con otros españoles —entre quienes figuran Azorín, Miguel de Unamuno, Antonio Machado, Juan Ramón Jiménez—, repito, esta teoría es observable, en términos prácticos, en la valía que le es asignada a lo tradicional en *Voces de gesta*. Y es que para don Ramón, en *Voces*, las esencias superiores quedan encarnadas en la tradición viviente que los invasores violentan con sus actos, tradición que ni siquiera los pastores y su rey Carlino respetan plenamente al valerse de la fuerza física para tratar de vencer a sus enemigos. En el caso de *Voces*, principalmente en lo concerniente a la monarquía —no en un rey concreto—, se alude a lo eterno: "No hay nadie que fije términos a un reinado,/ el buen Rey, gobierna aun siendo enterrado..." (p. 22), ya que los reyes existen en obediencia de la ley, "con arreglo a fuero" (p. 22). Es por ello que en los veinte años que transcurren en *Voces* si bien acontecen cosas diariamente, lo esencial —la lealtad y la monarquía— se mantiene siempre igual, aun cuando los pastores individuales y el propio rey Carlino flaqueen ante la adversidad que confrontan: en un sentido más profundo, ellos comparten, en aparente obediencia de las creencias de Mircea Eliade sobre el mito del eterno retorno, un tiempo sagrado que se relaciona con el inicio de todas las cosas verdaderamente importantes. De allí que El Versolari exprese su deseo por el triunfo de la realeza legítima en la Jornada Tercera de la tragedia, añoranza que es dada en términos de las

---

[54] Este efecto queda también captado en el poema "Rosa gnóstica" de Valle (en *El pasajero*, pp. 130-31): "¡Todo es Eternidad! ¡Todo fue antes!/¡Y todo lo que es hoy será después,/en el Instante que abre los instantes...!"

doctrinas de Jesucristo y del fuero ancestral que autoriza esta institución: "¡Quién de estos lides viera el final,/y al Rey dirimiendo la ley de Castilla,/con su Evangelio sobre la rodilla,/sentado a la sombra del roble foral!" (p. 77). Aún más, según Ginebra, ante las necesidades de Carlino y sus seguidores, la naturaleza dará lo que ellos requieran para poder continuar su gesta heroica en favor de valores primodiales que existieron, se desea que existan y se espera que también existirán: "Rey, para arnés de nuevas andanzas, / te dará metal el monte herrerizo, / te dará su fuego el tronco roblizo, / y a vosotros el árbol sagrado, las lanzas" (p. 91). Añádase que al concluir la tragedia, muy significativamente, Carlino exalta y añora la tradición y esa historia que la contiene en términos religiosos, como si fuera algo que implica una nueva vida, una "alborada" sintomática del recurrente ciclo solar que depende de su existencia previa —de su constante renacer— para poseer autoridad y vigencia en el hoy y, potencialmente, en el mañana:

> La ofrenda del odio quede sepultada
> junto al viejo roble de la tradición.
> ¡Y pudiera el ánima, al ser libertada,
> vagar en su sombra y oír su canción!
> Resuena el rumor de la Historia
> bajo esta bóveda sagrada,
> y es la gloria del sol su gloria,
> plena de cantos de alborada!...
> ¡Ara de nuestras oraciones!
> ¡Llama sagrada en el hogar!...
> Dosel de leyes y costumbres
> de un milenario, son tus ramas
> un palmar a las muchedumbres
> y la corona de las famas.
> ¡Tú das el timón al arado
> y das la lanza a la guerra;
> tú eres el tronco renovado
> cientos de años sobre la tierra!
> ¡La gloria del sol es tu gloria,
> renaciente en cada alborada

con el rumor que hace la Historia
bajo tu bóveda sagrada! (p. 92)[55]

La tradición como encarnación de valores superiores y recurrentes
—posiblemente siempre presentes a través del tiempo— es de capital importancia en *Voces de gesta* incluso fuera de la figura de Carlino y de lo que él
representa. Basten dos ejemplos para confirmar lo que acabo de asegurar.
A comienzos de la obra, se describe al abuelo Tibaldo, el que favorece la
monarquía tradicional, con "barba de armiño," tipo de "pastor patriarcal
que en Belén hubiera adorado al Niño" Jesús (p. 19). He aquí como el
anciano Tibaldo comparte la majestad inherente en la tradición, en lo
eterno: su barba es de armiño, animal que simboliza la pureza debido a la
blancura de su piel y que en *Voces* Ginebra asocia con Carlino cuando dice
"¡Tu armiño, nieve en la serranía..."! (p. 93). Además, su figura es patriarcal, como la de uno de esos pastores bíblicos que tuvieron la fortuna de
adorar al niño Jesús. El segundo ejemplo, por su parte, lo tenemos cuando
Ginebra explica las razones que motivaron que llevase buscando al rey Carlino durante muchos años para entregarle la cabeza del capitán enemigo.
En esta escena, su voz no sólo se esparce por el espacio, sino que también
lo hace en el tiempo al contener un "eco milenario" ("Sus voces por el
monte difundía, / de un eco milenario..."[p. 75]).

Así mismo, la tradición como manifestación de una realidad superior
y repetitiva responde a un deseo de participar en una concepción filosófica
que enfatiza la existencia de absolutos como el único medio verdadero de

---

[55] Lo cíclico en *Voces* es identificado por Plinio cuando discute esta obra en términos de
"...lo que es eficazmente educador y esencialmente tradicionalista... Y pensar que es gesto salvador para un pueblo, el de una raza que sepa volver la vista a su ayer glorioso, empaparse en su
rico espíritu, y reaprender su historia..." (p. 73). Otro acercamiento a lo imperecedero lo ofrece
Rubio Jiménez cuando se expresa sobre el estatismo en *Voces*: "La escacez de acción en la obra y
la irrelevancia de la sucesión temporal la confirman el estudio de paralelismos y repeticiones en
otros niveles del drama, contribuyendo a conseguir la intemporabilidad y el estatismo deseados"
("Ecos en *Voces*...", p. 478). Ver además sus ideas sobre la presencia del retablo en *Voces* (p. 476)
y las de José Manuel Cabrales Arteaga sobre este asunto y otros relacionados (pp. 437-56; más
que nada la p. 443). Angel G. Loureiro, por su parte, nos da otro acercamiento a lo inmemorial
en lo que atañe Valle y a otros autores españoles a partir del siglo XVIII. Si bien él se expresa
sobre la modernidad, no la conecta directamente con el concepto intemporal estético favorecido
por don Ramón (pp. 15-20).

comprender, de mejorar y de ir más allá de la realidad. Esta noción posee antecedentes incontestables en la modernidad baudelaireana que justifican el uso de elementos épicos en *Voces* (o sea, la mezcla de géneros que responde a la falta de fijación de estas clasificaciones durante la modernidad, según Todorov). También queda justificado por semejantes razones el uso del verso —de versos que, en ocasiones, resultan un poco extensos— y que, por consiguiente, le restan dinamismo a la tragedia (Lyon, p. 66), el lenguaje arcaizante y, a veces, grotesco, lo estático en la aparente falta de acción y en el dibujo de figuras.[56] A lo ya dicho hay que añadir la clasificación definidora de la obra como "Tragedia Pastoril." Todos estos atributos de *Voces*, quede ya dicho, más claramente, aspiran a captar lo primordial y transcendente en el cosmos. Que Valle haya considerado esta pieza una tragedia es también muy significativo a la luz de la conexión que muchos críticos han hecho entre este género y ciertos aspectos fundamentales de la esencia universal e intemporal del espíritu humano. Es decir, al ubicar *Voces* dentro de la categoría trágica, don Ramón pretende vincularla a una modalidad literaria/teatral muy prestigiosa que expresa, por medio del arte, dilemas que van más allá de lugares y tiempos concretos, en obediencia al credo moderno de Baudelaire, doctrina sobre la cual se expresó don Ramón, de una forma u otra, en textos que fueron utilizados intratextualmente por el gran gallego en *La lámpara maravillosa*:

> [Julio Romero de Torres]... sabe que la verdad esencial no es la baja verdad que descubrimos con los ojos, sino aquella otra que sólo descubre el espíritu unida a un oculto ritmo de emoción y de armonía que es el goce estético. Este gran pintor, emotivo y consciente, sabe que para ser perpetuada por el arte no es la verdad aquello que un momento está ante la vista, sino lo que perdura en el recuerdo. Yo suelo expresar en una frase este concepto estético, que conviene por igual a la pintura y a la literatura: *Nada es como es, sino como se recuerda....*[57]

---

[56] Para Greenfield el estatismo en Valle responde al desarrollo de teorías estéticas. Ver: "Valle-Inclán's Theatre: A Retrospective" (pp. 17-18).

[57] "Un pintor", en "Notas de la Exposición de Bellas Artes de 1908," *Artículos completos...*, pp. 231-32. La forma de concebir —de asignarle importancia a la obra de Romero de Torres— es semejante a la que Baudelaire utilizó al expresarse sobre Constantin Guys, ese tipo de artista excepcional cuya obra captaba la eternidad para Baudelaire ("El pintor de la vida moderna," p. 687).

II Seminario: Géneros dramáticos y recepción del teatro de Valle-Inclán

...Todo cambia y de unas formas salen las otras, como del hoy sale el mañana; pero nuestros sentidos guardan la ilusión fundamental de que las formas permanecen inmutables, cuando no es advertida su inmediata mudanza. Hallamos que las cosas son lo que son, por lo que tienen en sí de más durable, y amamos aquello donde se atesora una fuerza que oponer al tiempo... Concebir la vida y su expresión estética dentro del movimiento, dentro de todo aquello que cambia sin tregua, que se desmorona, que pasa en una fuga de instantes, es concebirla dentro del absurdo satánico... La aspiración a borrar el tiempo y el espacio es la aspiración a ser divino, porque la cifra de lo inmutable tiene el rostro de Dios.[58]

Sabe [Romero de Torres] que este momento efímero de nuestra vida contiene todo lo pasado y todo lo porvenir. Somos la eternidad....[59]

...El artista ha de descubrir en todas las cosas una condición esotérica, para la cual los ojos del vulgo serán como ojos de ciego. Habrá de ser como el profeta de esa verdad más honda que duerme en todas las cosas y revelarla al que no puede verla por sí. Entonces nacen esas obras de arte más fuertes en emoción que la vida misma.[60]

...[H]e de desenvolver en esta hora el concepto de la vida y del arte... La vida es algo como un fruto del tiempo, como una derivación de las horas y de los días...; y el tiempo no es para nosotros sino una corriente de eternidad, un antes y un después, unidos por algo que no se cuenta... [a lo cual...llamamos] presente... Porque el presente sólo puede existir con relación a las cosas infinitas, aquellas que no pueden tener ni antes ni después porque la eternidad es una sustancia... Pero cualquiera que sea el concepto que un artista pueda tener de la vida..., su aspiración será siempre la de hacer inmóviles todas las cosas que le rodean.[61]

* * *

---

[58] "Santiago Rusiñol," en "Notas de la Exposición de Bellas Artes de 1912," *Artículos completos...* , p. 258.

[59] "Romero de Torres," en "Notas de la Exposición de Bellas Artes de 1912," *Artículos completos...* , pp. 257-58.

[60] "Notas de la Exposición. Divagaciones," en "Notas de la Exposición de Bellas Artes de 1908," p. 237. La afirmación de la primacía del arte sobre la vida recuerda palabras semejantes pronunciadas por Oscar Wilde (p. 86).

[61] "Valle-Inclán en Valencia. Conferencia en el Círculo de Bellas Artes," en "Concepto de la vida y del arte," *Entrevistas, conferencias...*, pp. 63-64 (data de 1911).

En resumen, en palabras de Ricardo Gullón, "El modernista es el que busca dar a su arte la emoción interior y el efecto misterioso que hacen todas las cosas al que sabe mirar y comprender ... [E]s el que siguiendo la eterna pauta interpreta la vida por un modo suyo...."[62] Y es que Valle "no es tampoco un historiador... Es un tradicionalista a lo vivo..." (Maravall, p. 232).[63] Es por ello que no podemos decir que *Voces de gesta* sea una "homilía" en favor del tradicionalismo carlista piense lo que piense John Lyon (pp. 58-59). Es mucho más.[64] En *Voces de gesta* coexisten una tragedia, lo pastoril y emociones primarias. Estos fundamentos son asociables con los momentos esenciales de la humanidad debido a las cualidades que don Ramón le atribuyó al mundo en su obra, propiedades que captan la preocupación por lo intemporal tan prevaleciente en *La lámpara maravillosa* y en otros artículos sueltos suyos, preocupación cuyas raíces entran de lleno en la modernidad y que permiten, según Valle, que lo tradicional en su obra pase a ser innovador en la identificación de lo perdurable en *Voces de gesta* y en la vida misma. Valle-Inclán, como es el caso de otros modernos, nos confirma unas palabras de Jürgen Habermas: "La modernidad vive en la experiencia de rebelión contra todo lo que es normativo" (p. 5). Es decir, en esas pautas heredadas y rechazadas por el autor moderno es donde el escritor resuelve asignarle mayor envergadura a conceptos más antiguos que le interesan y obsesionan.

Obras citadas

Alas, Leopoldo (Clarín). *Mezclilla*. Ed. Antonio Vilanova. Barcelona: Lumén, 1987.

Allegra, Giovanni. *El reino interior. Premisas y semblanzas del modernismo en España*. Madrid: Encuentro, 1985.

---

[62] *El modernismo visto por los modernistas* (pp. 115-16).

[63] En la p. 233, este crítico rechaza los posibles nexos entre las ideas de Valle y la "intrahistoria" de Unamuno por razones que se me escapan. En ningún momento se plantea la estética moderna cultivada por los dos, estética donde coinciden , hasta cierto punto, las creencias de ellos. Sobre este asunto, véase mi artículo en *Les lettres romanes*.

[64] Consúltense las ideas de Gwynne Edwards sobre este asunto (pp. 37-39). Una interpretación diferente a la mía es dada por Santos Zas, *Valle-Inclán* (p. 53).

Alonso, Amado. *Ensayos sobre la novela histórica. El modernismo en La gloria de Don Ramiro*. Buenos Aires: Facultad de Filosofía y Letras de la Universidad de Buenos Aires, 1942.

Alvar, Manuel. "¿Confesión o condenación?, *Blanco y Negro* (26 de noviembre de 1995).

Ara Torralba, Juan Carlos. "Dolor y sacrificio en la épica trágica del Valle-Inclán 'tradicionalista'." *Mundaiz*, 43 (1992).

Argullol, Rafael. "La pérdida del centro: Piranesi y Baudelaire." *Revista de Occidente*, 155 (1990).

Aristóteles. *Poética*. Ed. Valentín García Yebra. Madrid: Gredos, 1974.

Aszyk, Urszula. "Los modelos del teatro en la teoría dramática de Unamuno, Valle-Inclán y García Lorca." *Actas del IX Congreso de la Asociación Internacional de Hipánistas*. Ed. Sebastian Neumeister. Tomo 2. Francfort del Main: Vervuert Verlag, 1989.

Avalle-Arce, Juan Bautista. *La novela pastoril española* 2a. ed. Madrid: Istmo, 1974.

———, "*Voces de gesta*: tragedia pastoril." *Ramón del Valle-Inclán. An Appraisal of His Life and Works*. Eds. Anthony N. Zahareas, Rodolfo Cardona y Sumner Greenfield. Nueva York: Las Americas, 1968.

Aznar Soler, Manuel. "El modernismo del Valle-Inclán joven (1888-1905)." *En el 98 (Los nuevos escritores)*. Eds. José-Carlos Mainer y Jordi Gracia. Madrid: Visor, 1997.

Balakian, Anna. *El movimiento simbolista*. Trad. José-Miguel Velloso. Madrid: Guadarrama, 1969.

Ballesteros Dorado, Ana Isabel. "Claves de la simbología espacial en *Voces de gesta*." *Valle-Inclán y su obra*. Eds. Manuel Aznar Soler y Juan Rodríguez. Barcelona: Association d'Idees, 1995.

Barja, César. *Libros y autores contemporáneos*. Nueva York: Las Américas, 1964.

Baudelaire, Charles. *Oeuvres complètes*. Ed. Claude Pichois. 2 tomos. París: Gallimard, 1975 y 1976.

Bayo, Marcial José. *Virgilio y la pastoral española del Renacimiento (1480-1530)*. 2a. ed. Madrid: Gredos, 1970.

Bell, Michael. "The Metaphysics of Modernism." *The Cambridge Companion to Modernism*. Ed. Michael Levenson. Cambridge: Cambridge University Press, 1999.

Benavente, Jacinto. *El teatro del pueblo. Obras Completas*. Tomo 6. 5a. ed. Madrid: Aguilar, 1963.

Benjamin, Walter. *Charles Baudelaire: A Lyric Poet in the Era of High Capitalism*. Trad. Harry Zohn. Londres: NLB, 1973.

————, *Haschisch*. Trad. Jesús Aguirre. Madrid: Taurus, 1974.

Berke, Bradley. *Tragic Thought and the Grammar of Tragic Myth*. Bloomington: Indiana University Press, 1982.

Berman, Art. *Preface to Modernism*. Urbana: University of Illinois Press, 1994.

Berman, Marshall. *All that Is Solid Melts into Air. The Experience of Modernity*. Nueva York: Penguin, 1988.

Bermejo Marcos, Manuel. *Valle-Inclán: introducción a su obra*. Madrid: Anaya. 1971.

Birenbaum, Harvey. *Tragedy and Innocence*. Washington, D.C.: University Press of America, 1983.

Blasco Pascual, Francisco Javier. "Introducción." *La lámpara maravillosa*. Ramón del Valle-Inclán. Madrid: Espasa Calpe/Colección Austral, 1995.

Boone, Joseph Allen. *Libidinal Currents. Sexuality and the Shaping of Modernism*. Chicago: University of Chicago Press, 1998.

Bradbury, Malcolm. *The Modern World*. Nueva York: Penguin, 1988.

Bradbury, Malcolm y James McFarlane, Eds. *Modernism 1890-1930*. Atlantic Highlands: Humanities Press, 1978.

Bremer, J. M. *Harmatia. Tragic Error in the Poetics of Aristotle and in Greek Tragedy*. Amsterdam: Adolf M. Hakkert, 1969.

Brooks, J. L. "Los dramas de Valle-Inclán." *Estudios dedicados a D. Ramón Menéndez Pidal*. Madrid: Consejo Superior de Invetigaciones Científicas, 1957.

Buero Vallejo, Antonio. "La tragedia." *El teatro. Enciclopedia del arte escénico*. Ed. Guillermo Díaz Plaja. Barcelona: Noguer, 1958.

Cabrales Arteaga, José Manuel. "La originalidad de Valle-Inclán dentro del teatro poético." *Revista de literatura*, 104 (1990).

Calinescu, Matei. *Five Faces of Modernity*. Durham: Duke University Press, 1987.

Campbell, Lewis. *Tragic Drama in Aeschylus, Sophocles and Shakespeare*. Londres: Smith, Elder, 1904.

Cansinos Assens, Rafael. *La nueva literatura*. Tomo 1. Madrid: V. H. de Sanz Calleja, 1917.

Cardona, Rodolfo y Anthony N. Zahareas. *Visión del esperpento*. 2a. ed. Madrid: Castalia, 1987.

Cardwell, Richard A. y Bernard McGuirk, Eds. *¿Qué es el modernismo? Nueva encuesta. Nuevas Lecturas*. Boulder: Society of Spanish and Spanish-American Studies, 1993.

Chefdor, Monique, Ricardo Quinones, y Albert Wachtel, Eds. *Modernism. Challenges and Perspective*. Urbana: University of Illinois Press, 1986.

Covarrubias Doménech, María del Cobre. "Dos personajes arquetípicos: Carlino y Ginebra." *Valle-Inclán y su obra*. Eds. Manuel Aznar Soler y Juan Rodríguez. Barcelona: Association d'Idees, 1995.

Culler, Jonathan. *La poética estructuralista*. Trad. Carlos Manzano. Barcelona: Anagrama, 1978.

De Marinis, Marco. "Problemas de la semiótica teatral: la relación espectáculo-espectador." *Gestos*, 1 (1986).

Deleito y Piñuela, José. *El declinar de la monarquía española*. 2a. ed. Madrid: Espasa-Calpe, 1947.

Dougherty, Dru. "De la tragedia al esperpento: el movimiento escénico en el teatro." *Quimera, cántico. Busca y rebusca de Valle-Inclán*. Ed. Juan Antonio Hormigón. Tomo 1. Madrid: Ministerio de Cultura, 1989.

Durán, Manuel. "Valle-Inclán y el sentido grotesco." *Ramón del Valle-Inclán*. Ed. Ricardo Doménech. Madrid: Taurus, 1988.

Edwards, Gwynne. *Dramatists in Perspective: Spanish Theatre in the Twentieth Century*. Nueva York: St. Martin's Press, 1985.

Elam, Keir. *The Semiotics of Theatre and Drama*. Nueva York: Methuen, 1980.

Eliade, Mircea. *The Myth of the Eternal Return or, Cosmos and History*. Trad. Willard R. Trask. Princeton: Princeton University Press, 1974.

Eliot, T. S. *What is a Classic?* Londres: Faber and Faber, 1945.

———, "Baudelaire." *Selected Essays*. 3a. ed. Londres: Faber and Faber, 1951.

Espina, Antonio. "Las dramáticas del momento." *Revista de Occidente*, 30 (1925).

Esturo Velarde, Juan Carlos. *La crueldad y el horror en el teatro de Valle-Inclán*. La Coruña: Ediciós de Castro, 1986.

Eysteinsson, Astradur. *The Concept of Modernism*. Ithaca: Cornell University Press, 1990.

Fernández Almagro, Melchor. *Vida y literatura de Valle-Inclán*. Madrid: Taurus, 1966.

Fichter, William L., Ed. *Publicaciones periodísticas de Don Ramón del Valle-Inclán anteriores a 1895*. México: El Colegio de México, 1952.

Fokkema, Douwe W. *Literary History, Modernism and Post Modernism*. Amsterdam: John Benjamins, 1984.

Freixa, Mireia. *El modernismo en España*. Madrid: Cátedra, 1986.

Friedrich, Hugo. *La estructura lírica moderna. De Baudelaire hasta nuestros días*. Trad. Joan Petit. Barcelona: Seix Barral, 1961.

Frisby, David. *Theories of Modernity in the Work of Simmel, Kracauer and Benjamin*. Cambridge: MIT Press, 1986.

Fuentes, Víctor. "Vanguardia, cannabis y pueblo en la *Pipa de Kif*." *Genio y virtuosismo de Valle-Inclán*. Ed. John Gabriele. Madrid: Orígenes, 1987.

García Berrio, Antonio. *La construcción imaginaria en Cántico de Jorge Guillén.* Limoges: Université des Limoges, 1985.

García Berrio, Antonio y Javier Huerta Calvo. *Los géneros literarios: sistema e historia (Una introducción).* Madrid: Cátedra, 1992.

García-Pelayo, Manuel. "Sobre el mundo social en la literatura de Valle-Inclán." *Revista de Occidente,* 44-45 (1966).

Garrido Gallardo, Miguel A. "Una vasta parafrásis de Aristóteles." *Teoría de los géneros literarios.* Madrid: Arco, 1988.

Gassner, John. *The Theatre of Our Times.* Nueva York: Crown Publishers, 1954.

Gellrich, Michelle. *Tragedy and Theory.* Princeton: Princeton University Press, 1988.

Ghiano, Juan Carlos. *Los géneros literarios.* Buenos Aires: Nova, 1961.

Gil, Manuel L. "*Voces de gesta*: una mitificación compensadora." *Cuadernos Hispanoamericanos*, 386 (1982).

Giles, Steve, Ed. *Theorizing Modernism.* Londres: Routledge, 1993.

Golden, Leon. "Toward a Definition of Tragedy." *The Classical Journal*, 72 (1976).

Gómez de la Serna, Ramón. "El desgarrado Baudelaire." *Efigies. Obras Completas.* Tomo 2. Barcelona: AHR, 1957.

————, *Don Ramón María del Valle-Inclán.* 4a. ed. Madrid: Espasa-Calpe/Colección Austral, 1969.

González-del-Valle, Luis T. *La tragedia en el teatro de Unamuno, Valle-Inclán y García Lorca.* Nueva York: Eliseo Torres & Sons, 1975.

————, "Estudio interpretativo de *El duque de Viseo*." *El teatro de Federico García Lorca y otros ensayos sobre literatura española e hispanoamericana.* Lincoln: Society of Spanish and Spanish-American Studies, 1980.

————, *La ficción breve de Valle-Inclán. Hermenéutica y estrategias narrativas.* Barcelona: Anthropos, 1990.

————, *El canon. Reflexiones sobre la recepción teatral.* Madrid: Huerga & Fierro, 1993.

————, "*El embrujado* ante la modernidad: tradición e innovación en un texto dramático de Valle-Inclán." *Anales de la literatura española contemporánea*, 19 (1994).

————, "Ideología política en varias obras de Jacinto Benavente." *Boletín de la Fundación Federico García Lorca*, 19-20 (1996).

————, "Aspectos de la modernidad en la ficción breve de Valle-Inclán." *Valle-Inclán y el fin de siglo.* Eds. Luis Iglesias Feijoo, Margarita Santos Zas, Javier Serrano Alonso y Amparo de Juan Bolufer. Santiago de Compostela: Universidade de Santiago de Compostela, 1997.

————, "Le temps 'intemporel' moderne de Valle-Inclán et d'Unamuno face à la conjoncture postmoderne". *Les écrivains espagnols face à la crise de 1898.* Ed. Geneviève Fabry. Louvain-la-Neuve: *Les lettres romanes*, 1998.

González López, Emilio. *El arte dramático de Valle-Inclán.* Nueva York: Las Americas, 1967.

————, *La poesía de Valle-Inclán: del simbolismo al expresionismo.* Río Piedras: Editorial Universitaria/Universidad de Puerto Rico, 1973.

Grass, Roland y William R. Risley, Eds. *Waiting for Pegasus.* Macomb: Essays in Literature, 1979.

Greenfield, Sumner M. *Valle-Inclán: anatomía de un teatro problemático.* 2a. ed. Madrid: Taurus, 1990.

————, "Valle-Inclán's Theatre: A Retrospective." *Lorca, Valle-Inclán y las estéticas de la disidencia.* Boulder: Society of Spanish and Spanish-American Studies, 1996.

Greenfield, Sumner M. y Luis T. González-del-Valle, Eds. *La generación de 1898 ante España. Antología de literatura moderna de temas nacionales y universales.* 2a. ed. Boulder: Society of Spanish and Spanish-American Studies, 1997.

Gullón, Ricardo. *Direcciones del modernismo.* Madrid: Alianza, 1990.

Gullón, Ricardo, Ed. *El modernismo visto por los modernistas.* Madrid: Guadarrama, 1980.

Gutiérrez Florez, Fabián. *Teoría y praxis de semiótica teatral.* Valladolid: Universidad de Valladolid, 1993.

Gutiérrez Girardot, Rafael. *Modernismo. Supuestos históricos y culturales.* 2a. ed. México: Fondo de Cultura Económica, 1988.

Habermas, Jürgen. "Modernity versus Postmodernity." *New German Critique*, 22 (1981).

Hambrook, Glyn. "Revered and Reviled. The Critical Reception of Charles Baudelaire in *Fin de Siglo* Spain." *New Comparison*, 15 (1993).

Harpham, Geoffrey Galt. "Aesthetics and the Fundamentals of Modernity." *Aesthetics and Ideology.* Ed. George Levine. New Brunswick: Rutgers University Press, 1994.

Harsh, Philip Whaley. *A Handbook of Classical Tragedy.* Stanford: Stanford University Press, 1944.

Harvey, David. *The Condition of Postmodernity.* Cambridge: Blackwell, 1989.

Helbo, André. *Teoría del espectáculo. El paradigma espectacular.* Trad. Antonio Bonnano. Buenos Aires: Galerna, 1989.

Henn, T. R. *The Harvest of Tragedy.* 2a. ed. Londres: Methuen, 1966.

Hernández, Ramón. *El joven Colombo*. Boulder: Society of Spanish and Spanish-American Studies, 1995.

Hogan, Robert y Sven Eric Molin, Eds. *Drama: The Major Genres*. Nueva York: Dodd, Mead & Company, 1962.

Holloway, Vance R. *La crítica teatral en ABC: 1918-1936*. Nueva York: Peter Lang, 1991.

Hormigón, Juan Antonio. *Ramón del Valle-Inclán. La política, la cultura, el realismo y el pueblo*. Madrid: Alberto Corazón, 1972.

Howe, Irving. *Literary Modernism*. Greenwich: Fawcett, 1967.

Hübner, Daniel. "El 'drama lírico' de Valle-Inclán: un modelo heterogénico." *Valle-Inclán y su obra*. Eds. Manuel Aznar Soler y Juan Rodríguez. Barcelona: Association d'Idees, 1995.

Hunt, Barbara Joan. *The Paradox of Christian Tragedy*. Troy: Whitston, 1985.

Iglesias Feijoo, Luis. "Valle-Inclán, el modernismo y la modernidad." *Valle-Inclán y su obra*. Eds. Manuel Aznar Soler y Juan Rodríguez. Barcelona: Association d'Idees, 1995.

Jakobson, Roman. "The Dominant." *Language in Literature*. Ed. Krystyna Pomorska y Stephen Rudy. Trad. Herbert Eagle. Cambridge: Harvard University Press, 1987.

James, Henry. "Charles Baudelaire." *Literary Criticism*. Nueva York: The Library of America, 1984.

Jauss, Hans Robert. *Aesthetic Experience and Literary Hermeneutics*. Trad. Michael Shaw. Minneapolis: University of Minnesota Press, 1982.

Jiménez, José Olivio, Ed. *El simbolismo*. Madrid: Taurus, 1979.

Kantorowicz, Ernst H. *The King's Two Bodies*. Princeton: Princeton University Press, 1957.

Karl, Frederick R. *Modern and Modernism. The Sovereighty of the Artist 1885-1925*. Nueva York: Atheneum, 1985.

Kaufmann, Walter. *Tragedy and Philosophy*. Garden City: Anchor Books, 1969.

Kellner, Douglas. *Critical Theory, Marxism and Modernity*. Baltimore: Johns Hopkins University Press, 1989.

Kennedy, Judith M. "Introduction." *A Critical Edition of Young's Translations of George of Montemayor's Diana and Gil Polo's Enamoured Diana*. Oxford: Oxford University Press, 1968.

Krutch, Joseph Wood. "The Tragic Fallacy." *The Modern Temper*. Nueva York: Harcourt, Brace, 1929.

Kuhns, Richard. *Tragedy: Contradiction and Repression*. Chicago: University of Chicago Press, 1991.

Kurman, George. "Entropy and the Death of Tragedy: Notes for a Theory of Drama." *Comparative Drama*, 9 (1975-76).

Lash, Scott y Jonathan Friedman, Eds. *Modernity & Identity*. Oxford: Blackwell, 1992.

Lázaro, Ángel. "Evolución de Valle-Inclán." *ABC*. 18 de junio de 1970.

Leaska, Mitchell. *The Voice of Tragedy*. Nueva York: Robert Speller & Sons, 1963.

Leech, Clifford. *Tragedy*. Londres: Methuen, 1969.

Lenson, David. *Achilles' Choice. Examples of Modern Tragedy*. Princeton: Princeton University Press, 1975.

Lima, Robert. *Valle-Inclán. El teatro de su vida*. Trad. María Luz Valencia. Vigo: NIGRA, 1995.

Lincoln, Abraham. "The Gettysburg Address." *The Heritage of the American People*. Thomas H. O'Connor. Boston: Allyn and Bacon, 1965.

López Estrada, Francisco. *Los libros de pastores en la literatura española*. Madrid: Gredos, 1974.

Loureiro, Angel G. "España maníaca." *Quimera*, 167 (1998).

Lucas, F. L. *Tragedy*. Nueva York: MacMillan, 1958.

Lyon, John. *The Theatre of Valle-Inclán*. Cambridge: Cambridge University Press, 1983.

Mainer, José-Carlos. *La Edad de Plata (1902-1939)*. Madrid: Cátedra, 1981.

Mandel, Oscar. *A Definition of Tragedy*. Nueva York: New York University Press, 1961.

Maravall, J. A. "La imagen de la sociedad arcaica en Valle-Inclán." *Revista de Occidente*, 44-45 (1966).

Markham, Harris. *The Case for Tragedy*. Nueva York: G. P. Putnam & Sons, 1932.

Martí, José. *Obras Completas*. Tomo 23. La Habana: Editorial Nacional de Cuba, 1965.

Matthews, Brander. *A Study of the Drama*. Boston: Houghton, Mifflin, 1910.

McLees, Ainslie Armstrong. *Baudelaire's "Argot Plastique." Poetic Caricature and Modernism*. Athens: University of Georgia Press, 1989.

Meager, R. "Tragedy." *The Aristotelian Society*, supplementary volume, 34 (1960).

Miller, Arthur. "Tragedy and the Common Man." *Tragedy: Vision and Form*. Ed. Robert W. Corrigan. San Francisco: Chandler, 1965.

Misra, K. S. *Modern Tragedies and Aristotle's Theory*. Atlantic Highlands: Humanities Press, 1981.

Monleón, José. *El teatro del 98 frente a la sociedad española*. Madrid: Cátedra, 1975.

Muller, Herbert J. *The Spirit of Tragedy*. Nueva York: Washington Square Press, 1956.

Nicholls, Peter. *Modernisms. A Literary Guide.* Berkeley: University of California Press, 1995.

Nietzsche, Federico. *Así hablaba Zaratustra.* Trad. Pedro González-Blanco. Valencia: Prometeo, S. F.

Olstad, Charles. "History and Myth in *Voces de gesta.*" *Journal of Spanish Studies: Twentieth Century,* 2 (1974).

Onis, Federico de. "Sobre el concepto de modernismo." *Estudios críticos sobre el modernismo.* Ed. Homero Castillo. Madrid: Gredos, 1968.

Orr, John. *Tragic Drama and Modern Society.* Totowa: Barnes & Noble, 1981.

Palmer, Richard A. *Tragedy and Tragic Theory.* Westport: Greenwood Press, 1992.

Paz, Octavio. *Los hijos del limo. Del romanticismo a la vanguardia.* Barcelona: Seix Barral, 1974.

———, *La otra voz. Poesía y fin de siglo.* Barcelona: Seix Barral, 1990.

Pelling, Christopher, Ed. *Greek Tragedy and the Historian.* Oxford: Claredon Press, 1997.

Pérez de Ayala, Ramón. *Los máscaras.* Tomo 1. Madrid: Renacimiento, 1924.

Pérez Vidal, Alejandro. "Ética y estética del kif: Valle-Inclán, Baudelaire y Benjamin." *Valle-Inclán y su obra.* Eds. Manuel Aznar Soler y Juan Rodríguez. Barcelona: Association d'Idees, 1995.

Picó, Josep, Ed. *Modernidad y postmodernidad.* Madrid: Alianza, 1988.

Plinio. "De jueves a jueves." *El Correo Catalán* (Barcelona). 22 de junio de 1911.

Poggioli, Renato. "The Death of the Sense of Tragedy." *The Spirit of the Letter.* Cambridge: Harvard University Press, 1965.

Ramoneda Salas, Arturo. "Una estancia de Valle-Inclán en Barcelona." *Revista de literatura,* 102 (1989).

Raphael, D. D. *The Paradox of Tragedy.* Londres: George Allen, 1960.

Reseña de *Voces de gesta.* ABC. 27 de junio de 1912.

Rice, Elmer. *El teatro vivo.* Trad. Miguel de Amilibia. Buenos Aires: Losada, 1962.

Riffaterre, Michael. *Fictional Truth.* Baltimore: Johns Hopkins University Press, 1990.

Rimmon-Kenan, Shlomith. *Narrative Fiction: Contemporary Poetics.* Nueva York: Methuen, 1983.

Risco, Antonio. *La estética de Valle-Inclán.* Madrid: Gredos, 1966.

Risley, William R. "Hacia el simbolismo en la prosa de Valle-Inclán." *Anales de la literatura española contemporánea* 4 (1979). [Incluido en la colección editada por José Olivio Jiménez.]

Romero Tobar, Leonardo. "Introducción a la segunda mitad del siglo XIX en España." *Historia de la literatura española. Siglo XIX (II).* Madrid: Espasa Calpe, 1998.

Rosmarin, Adena. *The Power of Genre*. Minneapolis: University of Minnesota Press, 1985.

Rubia Barcia, José. *Mascarón de proa. Aportaciones al estudio de la vida y de la obra de Don Ramón María del Valle-Inclán y Montenegro*. La Coruña: Ediciós do Castro, 1983.

Rubio Jiménez, Jesús. "Introducción." *Retablo de la avaricia, la lujuria y la muerte*. Barcelona: Círculo de Lectores, 1992.

———, *El teatro poético en España: del modernismo a las vanguardias*. Murcia: Cuadernos de Teatro de la Universidad de Murcia, 1993.

———, "Ecos en *Voces de gesta*: sugerencias de un retablo primitivo." *Valle-Inclán y su obra*. Eds. Manuel Aznar Soler y Juan Rodríguez. Barcelona: Association d'Idees, 1995.

———, "Las *Comedias bárbaras* y la estética simbolista." *Lire Valle-Inclán. Les Comédies barbares*. Ed. Jean-Marie Lavaud. Dijon: Université de Bourgogne, 1996.

Sánchez-Colomer, María Fernanda. "El estreno de *Voces de gesta* en Barcelona." *Valle-Inclán y su obra*. Eds. Manuel Aznar Soler y Juan Rodríguez. Barcelona: Association d'Idees, 1995.

Sánchez Ocaña, Vicente. "Valle-Inclán, político." *La Nación* (Buenos Aires). 8 de mayo de 1949.

Santos Zas, Margarita. *El tradicionalismo de Valle-Inclán: la trilogía carlista*. Tesis doctoral. Universidad de Santiago de Compostela, 1989.

———, *Tradicionalismo y literatura en Valle-Inclán (1889-1910)*. Boulder: Society of Spanish and Spanish-American Studies, 1993.

———, *Valle-Inclán*. Madrid: Publicaciones Unión/Instituto Sindical de Estudios, 1997.

Schiavo, Leda. "Los paraísos artificiales de Valle-Inclán." *Boletín de la Fundación Federico García Lorca*, 7-8 (1990).

Segura, Florencio. "Los 'esperpentos' de Valle-Inclán." *Razón y fe*, 174 (1966).

Sender, Ramón J. *Valle-Inclán y la dificultad de la tragedia*. Madrid: Gredos, 1965.

Seoane, Luis. "Valle-Inclán y su conducta política." *Ramón M. del Valle-Inclán. 1866-1966. (Estudios reunidos en conmemoración del centenario)*. La Plata: Universidad Nacional de La Plata/Facultad de Humanidades y Ciencias de la Educación, 1967.

Serrano Alonso, Javier. *Artículos completos y otras páginas olvidadas de Ramón del Valle-Inclán*. Madrid: Istmo, 1987.

Servera Baño, José. "Introducción." *Cuento de abril. Voces de gesta*. Barcelona: Círculo de Lectores, 1991.

Sewall, Richard B. *The Vision of Tragedy*. 3a. ed. Nueva York: Paragon House, 1990. [Data de 1959.]

Snyder, John. *Prospects of Power: Tragedy, Satire, the Essay and the Theory of Genre*. Lexington: University Press of Kentucky, 1991.

Soufas, C. Christopher. "Tradition as an Ideological Weapon: the Critical Redefinition of Modernity and Modernism in Early 20th Century Spanish Literature." *Anales de la literatura española contemporánea*, 23 (1998).

Storm, William. *After Dionysus. A Theory of the Tragic*. Ithaca: Cornell University Press, 1998.

Suárez Wilson, Reyna. "El carlismo en la obra de Valle-Inclán." *Ramón M. del Valle-Inclán. 1866-1966 (Estudios reunidos en conmemoración del centenario)*. La Plata: Universidad Nacional de la Plata/Facultad de Humanidades y Ciencias de la Educación, 1967.

Taubes, Susan. "The Nature of Tragedy." *Review of Metaphysics*, 7 (1953).

Todorov, Tzvetan. *Genres in Discourse*. Trad. Catherine Porter. Cambridge: Cambridge University Press, 1990.

Toro, Fernando de. "Semiótica y recepción: teoría y práctica de la recepción teatral." *Dispositio*, 33-35 (1988).

Torre, Guillermo de. "La evolución de Valle-Inclán, un modernista arcaizante." *La Nación* (Buenos Aires). 20 de agosto de 1961.

———, *La difícil universalidad española*. Madrid: Gredos, 1965.

Trapero, A. Patricia. *Introducción a la semiótica teatral*. Palma de Mallorca: Prensa Universitaria, 1989.

Travis, Molly Abel. *Reading Cultures. The Construction of Readers in the Twentieth Century*. Carbondale: Southern Illinois University Press, 1998.

Ubersfeld, Anne. *Semiótica teatral*. Trad. Francisco Torres Monreal. Madrid: Cátedra/Universidad de Murcia, 1989.

Umbral, Francisco. *Los botines blancos de piqué*. Barcelona: Planeta, 1997.

Unamuno, Miguel de. "De la pseudo poesía." Rafael Osuna, " Un texto desconocido de Unamuno sobre el modernismo." *Cuadernos para la investigación de la literatura hispánica*, 8 (1987).

———, "La hora de la resignación." *Inquietudes y meditaciones. Obras Completas*. Tomo 7. Madrid: Escelicer, 1967.

Valency, Maurice. *Tragedy*. Nueva York: New Amsterdam Books, 1991.

Valle-Inclán, Ramón del. *Entrevistas, conferencias y cartas*. Eds. Joaquín y Javier del Valle-Inclán. Valencia: Pre-Textos, 1994.

———, *La lámpara maravillosa*. 2a. ed. Madrid: Espasa-Calpe/Colección Austral, 1960.

——, *Luces de bohemia*. 20a. ed. "Introducción" de Alonso Zamora Vicente. Madrid: Espasa-Calpe/Colección Austral, 1987.

——, *El pasajero. La pipa de kif. Claves líricas*. Ed. José-Carlos Mainer. Barcelona: Círculo de Lectores, 1991.

——, *Voces de gesta*. 3a. ed. Madrid: Espasa-Calpe/Colección Austral, 1960.

Vattimo, Gianni. *The End of Modernity*. Trad. Jon R. Snyder. Baltimore: Johns Hopkins University Press, 1988.

Villanueva, Darío. "Valle-Inclán renovador de la novela." *Quimera, cántico. Busca y rebusca de Valle-Inclán*. Ed. Juan Antonio Hormigón. Tomo 2. Madrid: Ministerio de Cultura, 1989.

——, *El polen de ideas*. Barcelona: PPU, 1991.

Villegas, Juan. *Ideología y discurso crítico sobre el teatro de España y América Latina*. Minneapolis: The Prisma Institute, 1988.

——, *Para un modelo de historia del teatro*. Irvine: Ediciones de *Gestos*, 1997.

Wellek, René. *Discriminations: Further Concepts of Criticism*. New Haven: Yale University Press, 1970.

——, "What is Symbolism?" *The Symbolist Movement in the Literature of European Languages*. Ed. Anna Balakian. Budapest: Akadémiai Kiado, 1982.

Whitehead, Cintra. "Toward a Construct View of Tragedy and Comedy." *Constructive Criticism*, 1 (1991).

Wilde, Oscar. "Autocrítica." *Sus mejores páginas*. Ed. Ramón Gómez de la Serna. Trad. Julio Gómez de la Serna. Buenos Aires: Poseidón, 1944.

Williams, Raymond. *Modern Tragedy*. Stanford: Stanford University Press, 1966.

——, *The Politics of Modernism*. Londres: Verso, 1989.

Zahareas, Anthony N. "Modernidad y experimentalismo (El caso de Ramón del Valle-Inclán)." *Revista de Filología de la Universidad de Costa Rica*, 1 (1995).

Zamora Vicente, Alonso. *La realidad esperpéntica (Aproximación a "Luces de bohemia")*. Madrid: Gredos, 1969.

Valle-Inclán (1898-1998): Escenarios
Universidade de Santiago de Compostela, 2000: 317-338

LAS FARSAS DE VALLE-INCLÁN

LEDA SCHIAVO
University of Illinois, Chicago

Entre 1910 y 1920, en unos años considerados de transición en la vida del autor y, ciertamente, en la mitad de su vida literaria, Valle-Inclán escribe las cuatro farsas que son la materia de este estudio[1]. Mi intención es pasar revista a las cuatro obras, apoyándome en la bibliografía precendente sin repetirla o repetirme, haciendo los comentarios que me parecen pertinentes, y agregando algunas ideas nuevas que me surgieron a lo largo del trabajo.

La cabeza del dragón fue la primera farsa publicada parcialmente por Valle-Inclán; apareció en la revista *Europa* el 13 de marzo de 1910. Se trata sólo de fragmentos de las escenas segunda y cuarta de la obra que se había representado días antes, el 5 de marzo de 1910, en el Teatro de la Comedia de Madrid.

---

[1] Sobre la poética de la farsa valleinclaniana y un resumen de la crítica, v. esp. Pilar Cabañas Vacas, *Teoría y práctica de los géneros dramáticos en Valle-Inclán (1899-1920)*, Sada, Ediciós do Castro, 1995, esp. págs, 239-332; Dru Dougherty, "Valle-Inclán y la farsa", *Insula*, n. 531, marzo de 1991, págs. 17-18 y "Poética y práctica de la farsa: *La Marquesa Rosalinda de Valle-Inclán*", *Boletín de la Fundación Federico García Lorca*, n. 19-20, diciembre de 1996, págs. 125-144; Montserrat Iglesias Santos, *Canonización y público. El teatro de Valle-Inclán*, Universidade de Santiago de Compostela, 1998 y "Valle-Inclán, la farsa y el teatro de vanguardia europeo", en *Valle-Inclán y su obra. Actas del Primer Congreso Internacional sobre Valle-Inclán*, M. Aznar Soler y J. Rodríguez, eds. Barcelona, Taller d'Investigacions Valleinclanianes, 1995, págs. 539-551.

Pero la palabra 'farsa' no figura en esta edición parcial de la obra y no consta que se la haya usado para anunciar la representación, por lo menos no se la menciona en las reseñas de los periódicos que citan Jean-Marie Lavaud[2] y Jorge Urrutia[3]. El subtítulo 'farsa' sí se incluye en la primera edición completa de la obra, es decir, en el tomo X de *Opera omnia* publicado con el título de *La cabeza del dragón. Farsa*, editado en Madrid y en la Imprenta de José Izquierdo, en 1914. La segunda edición integra el tomo de *Tablado de marionetas para educación de príncipes* publicado en 1926 por Rivadeneyra; desde entonces la obra se titula *Farsa infantil de la cabeza del dragón*.

Por lo dicho anteriormente, creo que podría defenderse que la primera obra a la que Valle-Inclán pensó desde el principio como 'farsa' fue *La Marquesa Rosalinda*, ya que apareció con el subtítulo *Farsa sentimental y grotesca* desde la primera edición de 1913. Es el tomo tercero de la *Opera omnia,* publicado por la Imprenta Alemana de Madrid. Por otra parte, el sustantivo 'farsa' no aparece nunca en *La cabeza del dragón*, y sí aparece varias veces, según veremos, en *La Marquesa Rosalinda*, donde lo encontramos desde el primer verso del *Preludio* y desde la primera versión publicada del mismo, es decir, la que apareció en *Mundial Magazine* en noviembre de 1911.

La primera edición de la *Farsa de la enamorada del rey* es de 1920; la segunda edición es la de *Tablado de marionetas*; en esta última, la identificación genérica aparece en primer término y adjetivada: el nuevo título es *Farsa italiana de la enamorada del rey*. Creo que en 1920 esta farsa está fuera de época. Es posible que, como veremos más adelante, Valle-Inclán la pensara y comenzara a escribir muy poco después de *La Marquesa Rosalinda*, pero que por alguna razón no la terminara antes de su justa furia con el teatro profesional contemporáneo.

La cuarta farsa de Valle-Inclán es *Farsa y licencia de la reina castiza*, que conserva este título desde la primera edición de *La Pluma* (agosto, setiembre y octubre de 1920). La edición en libro, con el mismo título, es

---

2 V. Jean-Marie Lavaud, *El teatro en prosa de Valle-Inclán (1899-1914)*, Barcelona, PPU, 1992, pág. 564.

3 V. "Introducción" a Ramón del Valle-Inclán, *Tablado de marionetas para educación de príncipes,* Jorge Urrutia, ed., Clásicos Castellanos, 36, Madrid, Espasa-Calpe, 1995. Cito por esta edición, que incorpora las variantes entre la ed. parcial de 1910 y la definitiva.

de 1922; en 1926 se integra en *Tablado de marionetas*, donde ocupa el tercer lugar, siguiendo a la *Farsa infantil de la cabeza del dragón*.

Como hemos visto, Valle-Inclán acabó adjetivando a todas sus farsas: 'sentimental y grotesca', 'infantil', 'italiana', son los adjetivos aplicados a las tres primeras. En cuanto a la cuarta, la *Farsa y licencia de la reina castiza*, tiene en el título una construcción semánticamente anómala, al coordinar los sustantivos 'farsa' y 'licencia'. Una interpretación del título podría ser "La reina castiza es farsesca y licenciosa", ya que 'licenciosa' no podría referirse a la farsa misma, pero el uso del sustantivo 'licencia' es, sin duda, un hallazgo.

La costumbre de adjetivar la farsa era normal en la época, como puede constatarse en los títulos que cita Dru Dougherty en su artículo de *Insula*[4]: *La tragedia del pelele. Farsa cómica*, de Arniches; *El señor de Pigmalión. Farsa tragicómica*, de Jacinto Grau; *Los medios seres. Farsa fácil*, de Gómez de la Serna; *La zapatera prodigiosa. Farsa violenta*, de García Lorca, y *El clamor. Farsa original*, de Muñoz Seca y Azorín[5]. Una de las farsas más famosas de esta época, que ha sobrevivido dignamente, es *Los intereses creados* de Jacinto Benavente, estrenada en 1907. La obra es adjetivada como 'farsa guiñolesca' en el prólogo que recita Crispín: "Es una farsa *guiñolesca*. Son las mismas máscaras de aquella comedia del arte italiano, no tan regocijadas como solían porque han meditado mucho en tanto tiempo".

Podemos encontrar rasgos comunes a las cuatro farsas. En las cuatro, Valle-Inclán usa los recursos del grotesco, aunque una lectura atenta revela una evolución en la concepción de esta categoría estética. En un estudio anterior, que titulé "El camino del grotesco en Valle-Inclán"[6] intenté demostrar que los rasgos preesperpénticos que muchos críticos han visto en la obra temprana del autor son muestra de su fascinación por el grotesco y

---

[4] *Art. cit.* en nota 1.

[5] V. también el amplio repertorio publicado por Luciano García Lorenzo, "La denominación de los géneros teatrales en España durante el siglo XIX y primer tercio del XX", *Segismundo*, 5-6, págs. 191- 199.

[6] Ponencia leída en el XII Congreso de Literatura Española Contemporánea, organizado por la Universidad de Málaga, 9-13 de noviembre de 1998. Aparecerá publicada en las *Actas*. En este trabajo omití citar dos artículos de Luis Iglesias Feijoo, relativos al tema. El primero, "Grotescos: Valle-Inclán y Arniches", en Juan A. Ríos Carratalá, ed., *Estudios sobre Carlos Arniches*, Alicante, 1994, págs. 49-59; y el otro, con muy interesantes reflexiones sobre la influencia de Banville, "Valle-Inclán, el Modernismo y la Modernidad", incluido en *Valle-Inclán y su obra*, Manuel Aznar Soler y Juan Rodríguez, eds., Barcelona, 1995, págs. 37-50.

señalé tres etapas en su evolución. La primera llegaría hasta 1910, es una etapa en la que el grotesco se introduce en un mundo idealizado; la segunda etapa, en la que se busca el equilibrio entre los elementos de lo sublime y lo grotesco, se desarrollaría entre 1910 y 1919-1920; por fin, en la tercera, entre 1920 y 1936, el grotesco gana la partida. Es decir, creo que en la obra de Valle-Inclán se puede advertir una evolución en el uso de los recursos del grotesco, que arranca de un concepto romántico y llega, con los esperpentos, a los recursos del grotesco moderno. El grotesco romántico busca, siguiendo a Víctor Hugo, mezclar lo sublime y lo grotesco en la obra, tratando de lograr una armonía, a la que este autor llamó "armonía de contrarios". Valle-Inclán siguió estas pautas, pero entre 1919 y 1920 evolucionó hacia una concepción deshumanizadora del grotesco, hacia una visión "sistemáticamente deformada" de la realidad. Lo que intento llamar grotesco moderno es, naturalmente, el esperpento. Las farsas podrían ser el laboratorio donde se fragua la evolución del grotesco valleinclaniano.

En las cuatro farsas se acumulan personajes que pertenecen a diferentes regiones de la imaginación, aunque en diferente proporción según los casos. En las tres primeras hay como una ansiedad de mostrar, junto al quintaesenciado mundo del modernismo rubendariano, personajes de la más pura raigambre hispánica. Toda la tradición literaria española junto al bazar modernista.

En las cuatro está presente el padre Darío, pero a lo largo de los diez años en que fueron publicadas también se produce una transformación. Es como si Valle-Inclán tuviera que matar freudianamente al padre para llegar al esperpento. Volveré sobre estos puntos en el análisis de cada una de las obras.

También la comicidad, que configura el género en sus orígenes, da a las cuatro obras una particularidad especial dentro de la producción valleinclaniana. Desaparece por completo la solemnidad de obras como *Voces de gesta* o *El embrujado,* tan cercanas cronológicamente a las primeras farsas. En parte, la comicidad resulta de la acumulación de elementos incongruentes, es decir, de los recursos del grotesco. Pero no hay que confundir las farsas con el esperpento[7]. Baudelaire hace una distinción

---

[7] Luis Iglesias Feijoo lo dice de esta manera: "Pensemos por un momento en que el sector de la obra de Valle que más interesaba desde hace varios lustros era la llamada etapa esperpén-

entre las formas de comicidad en su ensayo "Lo cómico y la caricatura", distinción que me parece pertinente al tema que nos ocupa:

> En lo sucesivo denominaré a lo grotesco, cómico absoluto, como antítesis de lo cómico ordinario, que llamaré cómico significativo. Lo cómico significativo es un lenguaje más claro, más fácil de comprender por el vulgo, y en particular, más fácil de analizar, al ser su elemento visiblemente dual: el arte y la idea moral; pero lo cómico absoluto, al aproximarse mucho más a la naturaleza, se presenta como una clase *una*, y que quiere ser captada por intuición. /.../Lo cómico sólo puede ser absoluto en relación con la humanidad caída, y así es como yo lo entiendo[8].

Si seguimos esta clasificación de Baudelaire, las farsas de Valle-Inclán se agruparían bajo el rótulo de 'cómico ordinario o significativo', y los esperpentos, bajo el de 'cómico absoluto'[9].

En cuanto a la relación de las farsas con el esperpento, los críticos han expresado diferentes opiniones, las que resume Dru Dougherty es su artículo "Valle-Inclán y la farsa", citado más arriba. Quisiera agregar la afirmación de Rivas Cherif, considerando al esperpento como un subgénero de la farsa, porque podría derivarse de sus conversaciones con el autor y, por lo tanto, reflejar la opinión del mismo. Rivas Cherif escribe: "*Luces de bohemia* se titula el *esperpento* que D. Ramón está publicando en la revista *España*. *Esperpento* llama a un *subgénero* de la farsa en que las acciones

---

tica, hasta el punto de ser un lugar común el intento de detectar rasgos esperpénticos en la obra anterior, propósito de frecuentes trabajos que a menudo parecen suponer que el valor de esta no es otro que el de mero anuncio de lo posterior. Pero no hay esperpento antes de 1920; lo que sí existe es una acogida, que el tiempo fue haciendo cada vez más franca, de lo grotesco, que ya aparece en sus cuentos de la última década del XIX." "Valle-Inclán, el Modernismo y la Modernidad", en *Valle-Inclán y su obra. Actas del Primer Congreso Internacional sobre Valle-Inclán*, Manuel Aznar Soler y Juan Rodríguez, eds., Barcelona, 1995, pág. 38.

    [8] Charles Baudelaire, *Lo cómico y la caricatura*, Madrid, Visor, 1988, pág. 35.

    [9] Entre los caricaturistas, Baudelaire estudia a Goya, estudio del que rescato esta cita, porque, en parte, podría describir la obra de Valle-Inclán: "Goya es siempre un gran artista, a menudo tremendo. Aúna a la alegría, a la jovialidad, a la sátira española de los buenos tiempos de Cervantes, un espíritu mucho más moderno, o al menos que ha sido mucho más buscado en los tiempos modernos, el amor a lo inasible, el sentimiento de los contrastes violentos, los espantos de la naturaleza y de las fisonomías humanas extrañamente animalizadas por las circunstancias", *op. cit.*, pág. 119.

trágicas aparecen tal y como se muestran en la vida actual española, sin grandeza ni dignidad alguna"[10]. Pocos días después, Rivas Cherif afirma lo mismo, también refiriéndose a *Luces de bohemia*: "Y está publicando otra farsa de las que llama *esperpentos* (...)"[11]. Es con *Farsa y licencia de la reina castiza* que la farsa se acerca al esperpento hasta identificarse con él. Así lo hace el mismo Rivas Cherif en otro artículo que está presentado como una entrevista con Valle-Inclán. Allí afirma: "La forma teatral de sus últimas obras, culminante en el género de *esperpentos* -como le place titular a *La reina castiza, Luces de bohemia, Los cuernos de don Friolera* (...)"[12]. Estas opiniones son interesantes, por venir de alguien tan cercano a Valle-Inclán, pero no podemos saber con certeza si esta era, verdaderamente, la opinión del autor [13].

Farsa infantil de *La cabeza del dragón*

En cuanto al uso de la palabra 'farsa' y sus derivados, y para comenzar con *La cabeza del dragón*, llama la atención el gerundio 'farsando', al final de la escena segunda:

> [El bufón] Salta sobre el hogar y se sienta en la boca del pote embullando y farsando para desarrugar el ceño del matante (pág. 182)[14].

En el *DRAE* y en el *Diccionario de uso del español* (2a. ed., 1998) el verbo 'farsar' aparece como voz anticuada. El *Diccionario de uso del español* da la significación de 'representar en el teatro' y el *DRAE*, 'hacer o represen-

---

[10] Cipriano de Rivas Cherif, "Hombres, letras, arte, ideas. ¿Qué es el arte? ¿Qué debemos hacer? Respuesta de Valle-Inclán a las preguntas de Tolstoi", *La Internacional*, 46, 3 de setiembre de 1920, p. 4, ahora en Juan Aguilera Sastre, *Cipriano de Rivas Cherif: una interpretación contemporánea de Valle-Inclán,* Barcelona, Cop d'Idees, 1997, pág. 99.

[11] "El mentidero de las musas", *Los Lunes del Imparcial*, 12 de setiembre de 1920; en *op. cit.*, pág. 100.

[12] "Más cosas de don Ramón", *La Pluma*, 32, enero de 1923, págs. 90-96; en *op. cit.*, pág. 109.

[13] Manuel Aznar Soler opina que la caracterización del esperpento como "subgénero" de la farsa es errónea. V. *Valle-Inclán, Rivas Cherif y la renovación teatral española (1907-1936),* Barcelona, Cop d'Idees, 1992, pág. 29.

[14] Cito por *Tablado de marionetas para educación de príncipes,* Jorge Urrutia, ed., Clásicos Castellanos, 36, Madrid, Espasa-Calpe, 1995.

tar papel de cómico'. Pero el *Diccionario de Autoridades* no trae el verbo. Hay que llegar a *Corominas* para que nos hable del verbo francés 'farser' en el sentido de 'bromear, escarnecer' ya en el siglo XIII, y como derivado de 'farsa', en castellano, el verbo 'farsear'. De modo que falta investigar de dónde viene la información del *DRAE* y del *María Moliner* sobre el antiguo verbo 'farsar'. Por eso digo que llama la atención la palabra, no así el uso del gerundio, una de las tantas gracias con que Valle-Inclán solía castigar a los académicos.

Es importante recordar que *La cabeza del dragón* fue escrita para el Teatro de los niños, un proyecto llevado a cabo por Jacinto Benavente. No es arriesgado pensar que Benavente pidiera una obra a Valle-Inclán para esta empresa que comenzó llena de optimismo y fracasó, cuatro meses después, por falta de público. El 31 de agosto de 1909 apareció en el *Heraldo de Madrid* una carta de Benavente con una manifestación de propósitos:

> No se harán obras que atemoricen o depriman el espíritu de los niños; alegría sana y tristeza sana también, la que educa y afina el espí-ritu[15].

Tanto *La cabeza del dragón* como *La Marquesa Rosalinda* tuvieron un destino prefijado, el teatro comercial, un dato importante para tener en cuenta, ya que pensar en un determinado auditorio no puede dejar de influir en las elecciones de un autor.

A continuación señalaré los elementos que me parecen más importantes cuando se trata de *La cabeza del dragón*:

1.– El hecho de que, pese a ser escrita para el Teatro de los niños, presumiblemente entre 1909 y 1910, la obra haga tan pocas concesiones a un público medio y en cambio se dirija tanto a niños supervalorados como a críticos exigentes.

2.– La presencia en la obra de personajes literarios de diferentes regiones de la imaginación, entre los que la crítica ha destacado siempre a los cervantinos, ya que estos la vinculan con las dos farsas siguientes.

3.– La crítica de la realidad política, lo que la enlaza mínimamente con *La reina castiza*.

---

[15] V. Jean-Marie Lavaud, *op. cit.*, pág. 498.

4.– La presencia positiva del mundo rubendariano, que evoluciona hacia el sarcasmo en *La reina castiza*.

5.– El comienzo de una indagación profunda en los recursos del grotesco, lo que, de hecho, caracteriza a las farsas. La importancia de las farsas estriba en esa indagación de la que Valle-Inclán no podrá ya desprenderse y que lo conduce a sus obras más originales. Hay una acotación en la escena primera de *La cabeza del dragón* que metaforiza esta afirmación. El Príncipe Ajonjolí hace botar la pelota que vuelve, por tercera vez, y como por arte de magia, al torreón donde está encerrado el Duende. La acotación dice

> El Duende guiña un ojo inflando las mejillas y la pelota salta a pegar en ellas reventándolas en una gran risa. ¡Es el imán de las conjunciones grotescas! (pág. 155)

Las conjunciones grotescas se quedan como imantadas en la obra de Valle-Inclán, produciendo la gran risa jovial que se convierte, con el esperpento, en la risa petrificada o en la mueca del humor negro.

El castillo de fantasía de la Escena primera alterna con una venta "clásica" y personajes escapados del *Quijote* en la Escena segunda; mientras que la tercera, quinta y última ofrecen la imaginería modernista: rosas, pavos reales, escalinata de mármol, lago con dos "cisnes unánimes". También los tiempos se superponen: la corte dieciochesca alterna con personajes del siglo XVII y con escenarios intemporales, como el "bosque de mil años" de la Escena cuarta.

En *La cabeza del dragón* el buen humor del autor se nota tanto en los diálogos como en las acotaciones, y los chistes sobre los admiradores de Wagner, las mujeres anarquistas, los bufones que van a dar conferencias a las Indias, etc., demuestran una gran originalidad, junto a los recursos tradicionales del teatro infantil.

En un trabajo pionero, Emma Speratti Piñero señaló, junto a un estudio de las fuentes, los rasgos preesperpénticos de *La cabeza del dragón*[16].

---

[16] V. Emma Susana Speratti Piñero, "La farsa de *La cabeza del dragón*, pre-esperpento", en *De "Sonata de otoño" al esperpento*, London, Tamesis Books, 1968, págs. 33-45. Tb. en Anthony N. Zahareas, ed., *Ramón del Valle-Inclán. An Appraisal of his Life and Works*, New York, Las Américas, 1968, págs. 374-385.

Es una crítica retrospectiva, en una época en la que el modernismo de Valle-Inclán era juzgado en sus aspectos más superficiales, en la línea que impuso Pedro Salinas en su estudio "Significación del esperpento o Valle-Inclán, hijo pródigo del 98"[17]. Jean-Marie Lavaud, en su extenso estudio dedicado a *La cabeza del dragón"*, y en artículos anteriores, amplió y profundizó los pasos iniciados por Speratti Piñero, destacando los rasgos esperpénticos y la vinculación de la obra con la realidad española.

En este momento la crítica tiende a valorar todas las etapas de la obra de Valle-Inclán, principalmente porque nuestra concepción del modernismo es más profunda que hace treinta años[18]. Por eso no creo que ahora sea necesario poner el énfasis en la relación de *La cabeza del dragón* con el esperpento ya que, si bien es cierto que Valle- Inclán, en años de plena efervescencia carlista, critica a la monarquía constitucional y al poder, las críticas están llenas de la comicidad que Baudelaire llamaría "ordinaria o significativa". El tratamiento grotesco de los reyes los asimila más a las figuras de baraja de *Alice in Wonderland* (para citar una obra considerada en el repertorio de la literatura infantil) que al esperpento.

También la deshumanización de los personajes de la corte, puesta en relación con el esperpento, puede relativizarse. Me refiero a las citas comentadas por Speratti Piñero y Lavaud[19]: "En los momentos de silencio, meninas y pajes, damas y chambelanes accionan con el aire pueril de los muñecos que tienen el movimiento regido por un cimbel. Saben hacer cortesías con los ojos quietos, redondos y brillantes como las cuentas de un collar (pág. 189)" y "Con sus ojos de porcelana y sus bocas pueriles, tienen un aire galante y hueco de maniquíes" (pág. 195).

Aunque parezcan movidos "por un cimbel", estos personajes tienen más de figuras de vitrina que de marionetas. El gusto por las figuras de vitrina, figuras que representan seres en el margen de la no vida, pertenece al mundo imaginario del decadentismo. Así lo ve el propio Valle-Inclán cuando en la entrevista publicada en *El Heraldo de Madrid* (4 de marzo de 1912) responde a una pregunta sobre *La Marquesa Rosalinda*:

---

[17] Publicado en 1947 en *Cuadernos Americanos*, VI, n. 2, págs 218-244. Ahora puede leerse en *Ramón del Valle-Inclán*, Ricardo Doménech, ed., Madrid, Taurus, 1988, págs. 221-246.

[18] V. nota 6.

[19] V. Speratti Piñero, De *"Sonata...*, pág. 43 y Lavaud, *El teatro en prosa...*, pág. 588.

-Yo he querido dar la sensación de vitrina que contiene objetos del siglo XVIII... lo ficticio; lo de los objetos... no la vida... sino las figulinas... [20]

Las figulinas como simples figulinas ya habían aparecido en *Sonata de Primavera*:

El salón [de la Princesa Gaetani] era dorado y de un gusto francés, femenino y lujoso. Amorcillos con guirnaldas, ninfas vestidas de encajes, galantes cazadores y venados de enramada cornamenta poblaban la tapicería del muro, y sobre las consolas, en graciosos grupos de porcelana, duques pastores ceñían el florido talle de marquesas aldeanas[21].

La descripción se refiere a simples figulinas de porcelana pero estas están semánticamente recargadas, ya que el grupo representa un tema de amplia raigambre en las artes, como es el de las fiestas galantes. El tema de las fiestas galantes a su vez se inserta en la literatura pastoril; Valle-Inclán incursiona en ambos tanto en *Cuento de abril* como en *La Marquesa Rosalinda* y *La enamorada del rey*; por otra parte "duques pastores" es una cita de "Era un aire suave..." de Darío.

En *La cabeza del dragón* el grotesco aparece en un mundo donde pueden triunfar los buenos, aunque estén rodeados de imbéciles. El mensaje a los niños es, como corresponde, más jocoso que sombrío. Del gusto por lo macabro y los cadáveres semivivientes sólo queda en esta obra el desliz o chiste de la gallina que cacarea mientras Maritornes la está pelando, según dice la acotación con que se inicia la Escena segunda: "la Maritornes pela una gallina que cacarea"[22].

---

[20] La rescató Jean-Marie Lavaud y la publicó en *El País* el 31 de enero de 1988. Ahora en *Ramón María del Valle-Inclán. Entrevistas, conferencias y cartas*, Joaquín y Javier del Valle-Inclán, eds. Valencia, Pre-textos, 1994, págs. 91-98. La cita, en pág. 98.

[21] Cito por la ed. de Mercedes Etreros, Barcelona, Plaza y Janés, 1986, pág. 241.

[22] V., sobre este tema, Leda Schiavo, "Fastidiosos cadáveres. Un tema de Valle-Inclán", *Revista de Estudios Hispánicos*, XVI, 1989, (1991), pp. 91-100 y "'Este mundo y el otro bailan en pareja': la muerte en Valle-Inclán", II, en *Actas do Segundo Congreso de Estudios Galegos*, Antonio Carreño, ed., Vigo, Galaxia, 1991, págs. 251-257.

La Marquesa Rosalinda. Farsa sentimental y grotesca.

Valle-Inclán desarrolla una teoría de la farsa en *La Marquesa Rosalinda*, obra que está construida con referencias metateatrales[23].

La Marquesa Rosalinda es, según el subtítulo, una farsa "sentimental y grotesca". La palabra 'farsa' aparece en el primer verso del Preludio en todas las versiones, mientras que los tres versos siguientes de esta primera estrofa tienen variantes significativas en las diferentes versiones:

> Ya espera el carro de la farsa
> Vuestro permiso en la cancela
> Del jardín[24].

Y vuelve por boca de Arlequín, en los vv. 193-195:

> Este pobre comparsa
> Es quien tiene el honor
> De gobernar el Carro de la Farsa.

Es decir, la farsa se asocia en primer lugar con los personajes y trucos de la Comedia del Arte y por eso, en el v. 997 se habla de una "farsa italiana" que se representará en el jardín. Farsa italiana porque los comediantes los son (Se ha detenido al pie de la cancela/ un carro de farsantes italianos: / Colombina, Pierrot, Polichinela / entran bailando asidos de las manos.) Sin embargo, en la *Farsa italiana de la enamorada del rey* el adjetivo no se relaciona con la comedia del arte sino con el origen de algunos personajes y probablemente con la fuente de inspiración de la obra.

Arlequín cuenta su biografía y su origen: "Vi la luz en italia" (v. 213), y luego: "Soy de Bérgamo, viví en Venecia" (v. 598); poco antes una acotación nos había dicho que "en un castillo del Adrático / estuvo preso con Casanova" (vv. 540-541; Maese Lotario, de *La enamorada del rey*, también tiene un pasado delictivo que conoce Casanova, como personaje de la obra).

---

[23] Un excelente análisis en Dougherty, "Poética y práctica de la farsa..., cit. en n. 1.

[24] Cito por mi ed. de Clásicos Castellanos, 25, Madrid, Espasa-Calpe, 1992. En la bibliografía cito los artículos que dediqué a *La Marquesa Rosalinda*.

Las características de la farsa de *La Marquesa Rosalinda* las enuncia Arlequín en el Preludio: la farsa quiere hace reír, busca la comicidad: "cascabeles / Pondré en el cuello de Pegaso". Más adelante, Arlequín ratifica ante el marqués:

> Tengo una farsa de la vida mía
> Y es tan regocijada
> Que al componerla, yo también reía
> Y contad que sentía,
> De un desengaño, el alma traspasada (vv. 204-208)

Siempre dentro del Preludio, la farsa se vincula con lo popular, con el vaudeville, la falda de medio paso y el entremés. Polichinela, en la Jonada II, nombra a los personajes de las comedias, entremeses y sainetes que están ocultos en el carro de la Farsa: galán, criado, rufián, cornudo, capitán español, tabernera, militares, coimas, celestinas, estudiante, tapada, dueña, ventera, petimetre, encomendero perulero (antecedente del gachupín), escudero, etcétera; es decir, los personajes prototípicos de la tradición teatral española[25].

Otra ocurrencia de la palabra 'farsa' se da en los vv. 1353-1354. En ellos, Reparado contesta a Colombina y se refiere a uno de los temas preferidos por la farsa, el del engaño, el tema del cornudo:

> COLOMBINA
> Que su dama le engañe es cosa cierta,
> Pues latiniza en sabio y es caduco.

> REPARADO
> La pezuña del diablo no concierta,
> Para una farsa, más villano truco.

---

[25] El interés de Valle-Inclán por los tipos tradicionales del teatro coincide con la publicación, en 1911, de la *Colección de entremeses, loas, bailes, jácaras y mojigangas* por Emilio Cotarelo y Mori, libro con un erudito "Estudio preliminar" que sigue siendo hasta hoy, según Javier Huerta Calvo, "el inexcusable punto de partida para cualquier investigador que quiera adentrarse en esta zona de nuestra dramaturgia áurea". V. *El nuevo mundo de la risa. Estudios sobre el teatro breve y la comicidad en los siglos de oro*, José J. de Olañeta, Palma de Mallorca, 1995, pág. 13.

El verdadero tema de *La Marquesa Rosalinda* podría ser cómo encontrar la libertad dentro de la cárcel de los códigos. El tópico del *theatrum mundi* afecta la estructura de la obra, que comienza con la llegada de los farsantes al jardín del palacio de Aranjuez y termina con su partida. "La cita es en la fuente de Talía", explica Reparado, metaforizando el tópico, ya que el nombre de la musa se usa generalmente como sinónimo de teatro.

En algún momento que no se puede determinar, se superpone al marco llegada / partida de los farsantes, la farsa que escribió Arlequín sobre un episodio de su vida. La vida parece imponerse entonces sobre el rol codificado, y tanto Arlequín como Rosalinda desempeñan dos papeles, el impuesto por el rol y el del actor / persona. Dentro de su rol, impuesto por las convenciones de la comedia del arte, Arlequín no puede emocionarse, no puede escaparse con la Marquesa Rosalinda, no puede batirse de verdad; no puede olvidar que está haciendo teatro, actuando frente a un público. Pero se engaña y nos engaña con la posibilidad de escaparse del rol, se engaña y nos engaña con la posibilidad de opciones que no tiene.

Rosalinda, en su rol de marquesa dieciochesca, con un marido complaciente, está condenada a ser frívola, buscar los placeres paganos, disfrutar de una alegre sensualidad, y soñar con huir con su enamorado. Pero descubrirá que está determinada por el clima, la comida y los principios religiosos de España y que la imitación no tiene nada que ver con la 'realidad'. La disyuntiva de los personajes, de la que hablaba más arriba, podría ser la misma del autor: ¿Cómo lograr la libertad dentro de los códigos modernistas? En *La enamorada del rey* la pregunta sigue abierta, aunque quizás se esboce una respuesta[26].

En las cuatro farsas el juego de simulacros se pone en evidencia, se tematiza dentro de la obra. En *La Marquesa Rosalinda* la imitación también se tematiza, porque el jardín de Aranjuez, escenario de toda la obra, imita al de Versalles; la corte española imita a la francesa, bajo el reinado de los Borbones, y los personajes prototípicos se imitan a sí mismos. Y uno de los conceptos más importantes relacionados con el grotesco es el de la *imitatio*[27].

---

[26] Tengo en preparación un artículo que propone "Una lectura intertextual de la *Farsa italiana de La enamorada del rey*".

[27] Sobre el concepto de imitación y su relación con el grotesco, v., por ej., Luisa López Grigera, *Anotaciones de Quevedo a la "Retórica" de Aristóteles*, Salamanca, 1998.

El texto de *La Marquesa Rosalinda* se configura como un jardín métrico, en el que Valle-Inclán, más que imitar, se apropia de textos y personajes ajenos.

La Marquesa Rosalinda, con su discurso contradictorio, su "contrapunto", su "armonía de contrarios", su búsqueda de los recursos del grotesco es, en el fondo, una invitación a salir del nivel de la anécdota. La "moral de la vida" (vv.1573-1574) que expone Arlequín es la moral del arte: presentar la contradicción sin caer en la didáctica.

Lo singular es que Valle-Inclán escriba esta obra tan plurivalente en una época en que otros discursos suyos parecen no tener fisuras. Me refiero tanto a las declaraciones periodísticas que conocemos de este período, en las que se muestra carlista convencido, dueño de la verdad, como a *Voces de gesta* o *El embrujado,* obras mucho más unívocas que esta farsa 'modelo'. Es probablemente por la pluralidad de códigos superpuestos que en *La Marquesa Rosalinda* se logra la dispersión del significado.

Farsa italiana de *La enamorada del rey*

La enamorada del rey es una de las obras más interesantes de Valle-Inclán, porque encierra todavía muchas incógnitas, entre ellas la fecha de composición. Aunque publicada en 1920, me parece evidente que el autor comenzó a escribirla mucho antes, quizás al terminar *La Marquesa Rosalinda*. Por otra parte, Jesús Rubio Jiménez, en el prólogo a su edición de *Retablo de la avaricia, la lujuria y la muerte* informa que *La enamorada del rey* aparece como título en el "Plan de trabajo" que confeccionó Gregorio Martínez Sierra para su *Teatro de Arte* (1916)[28]. Este anuncio no significa necesariamente que la obra estuviera terminada: sabemos que Valle-Inclán en diversas ocasiones se refiere a títulos que nunca llegó a publicar y que la crítica desconoce. Sin embargo, una afirmación tardía de Rivas Cherif, de 1962, nos lleva a confirmar que la obra existía y que fue escrita para el

---

[28] V. Ramón del Valle-Inclán, *Retablo de la avaricia, la lujuria y la muerte*, Jesús Rubio Jiménez, ed., Clásicos Castellanos, 37, Madrid, Espasa-Calpe, 1996, pág. 28. Jiménez remite a Begoña Riesgo-Demange, *Le théâtre espagnol en quête d' une modernité: le scéne madrilene entre 1915 et 1930*, (tesis doctoral), Université Paris IV, La Sorbonne, donde se recoge el "Plan de trabajo" de Martínez Sierra.

teatro de Martínez Sierra, aunque se da a entender que la conexión fracasa por un conflicto con la primera actriz[29]. Tampoco se ha encontrado hasta el momento ninguna publicación previa a la edición del libro en 1920.

La acción de *La enamorada del rey* transcurre, como la de *La Marquesa Rosalinda*, en el siglo XVIII. Un siglo XVIII que podemos calificar de rubendariano, como cuando Rubén Darío escribe

> muy siglo XVIII y muy antiguo
> y muy moderno, audaz, cosmopolita

Un siglo XVIII tan cosmopolita que acoge tanto a españoles e italianos como a personajes del siglo XVII, y mezcla a personajes populares con cortesanos e incluso con el rey.

Valle-Inclán recrea en las dos obras las fiestas galantes de Watteau, Fragonard, Verlaine y Darío, un tema que ya había anticipado en *Cuento de abril* y en *La cabeza del dragón*, y ahondado en *La Marquesa Rosalinda*. Maese Lotario le habla a Mari-Justina con versos muy parecidos a los de *La Marquesa Rosalinda,* cuando describe el escenario de las fiestas galantes:

> ¿Fue en la fontana donde las niñas
> cambian su beso con el galán?
> ¿Fue en roja tarde, bajo las viñas,
> cuando merienda las uvas Pan?
> ¿Qué ballestero, tras los ramajes,
> te asestó el dardo que lleva amor? (pág. 67[30])

Maese Lotario es invitado por el Duque a ir a la Corte, para enseñarles a los nobles "el paso de pastores", es decir, para poner una obra pastoril, porque estamos en ese escenario que describe Darío en "Era un aire suave...":

> ¿Fue en ese buen tiempo de duques pastores,
> de amantes princesas y tiernos galanes,

---

[29] V. Juan Aguilera Sastre, *op. cit.*, pág. 140: "Nunca se ha representado (...) *La enamorada del rey*, que escribió a petición de Martínez Sierra; pero para que no le sirviera a Catalina Bárcena, su primera actriz".

[30] Cito por número de página porque en esta edición no se numeran los versos sino las líneas.

cuando entre sonrisas y perlas y flores
iban las casacas de los chambelanes?

Más adelante hay otra cita de Darío, en la que se usa el nombre de Tirsis, para nombrar a las pastoras. En "Era un aire suave..." se lee:

¿O cuando pastoras de floridos valles
ornaban con cintas sus albos corderos,
y oían, divinas Tirsis de Versalles,
las declaraciones de los caballeros?

En su parlamento, Maese Lotario dice

las damas de la Corte: /...../
Cintas en los cayados y rosas en los talles
son otras marionetas que nunca vio Versalles. (pág. 93)

y el Caballero de Seingalt contesta:

¡Las Tirsis de Versalles son pastoras de estrellas!

Lotario llama "marionetas" a las damas, cosa que nunca hubiera hecho Darío en el contexto de las fiestas galantes, pero Lotario es titiritero y la obra está en *Tablado de marionetas*; comprobamos que Valle-Inclán está pasando del mundo de las marquesas verlenianas a ver a las damas de la corte no ya como figulinas, sino directamente como muñecas mecánicas.

Además del mundo rubendariano, *La enamorada de rey* comparte con *La Marquesa Rosalinda* el vocabulario y la técnica del punto y contra-punto, o sea la mezcla de lo sublime y lo grotesco, como en el primer diá-logo de Mari-Justina con su abuela:

MARI-JUSTINA
En estas escuras un consuelo encuentro
para mis tristezas.
LA VENTERA
¡Jesús, qué belenes!
MARI-JUSTINA
¡Abuela, yo muero de amores del Rey!
LA VENTERA
¡Sí que eres nacida para ese galán! (pág. 57)

El contrapunto entre los elementos líricos y los grotescos se mantiene en toda la obra.

La *Farsa italiana de la enamorada del rey*, aunque publicada en 1920, se sigue moviendo en el mundo imaginario del decadentismo/modernismo. Lo vemos bien cuando introduce en la temática de la farsa lo que César Oliva denomina "crítica literaria desde la escena"[31]. Valle-Inclán reproduce lo que Manuel Machado llamó *La guerra literaria*, la gran batalla que los modernistas tuvieron que volver a librar a fin de siglo; digo volver a librar porque era una batalla que volvía, como en el mito del eterno retorno, ya que la habían peleado los románticos. Claro que, como en el mito del eterno retorno, la historia se repite, pero con modificaciones.

Ya en la representación del *Hernani* a los clasicistas les habían parecido mal los alejandrinos de Víctor Hugo. También a don Facundo le suenan mal los versos:

> ¡Estos alejandrinos de acentos paticojos
> sólo en befa se escriben! (pág. 102)

y en los dos versos anteriores llama a Maese Lotario "maese galiparlista" (la palabreja, ya de por sí grotesca, recuerda a otro maestro del grotesco, a Quevedo, en *La culta latiniparla*). Los modernistas fueron reprobados por romper con los acentos tónicos tradicionales, como repite Darío en los prólogos a *Cantos de vida y esperanza* y a *El canto errante*.

La enamorada del rey nos recuerda que los modernistas fueron acusados de galicismo mental. A las "¡novedades francesas!" de Don Facundo responde don Bartolo, en mal latín, *"contaminatio verba"*. Esta idea de la contaminación de las lenguas, que parece haber obsesionado a Valle-Inclán, ayuda a identificar al aspirante a la Academia de la Lengua, don Facundo. En el prólogo que escribió en 1926 para *El pedigree* de Ricardo Baroja, Valle-Inclán, al recordar las "grotescas horas" de las "postrimerías del siglo XIX", dice:

> La Infanta Isabel estaba en todos los teatros vestida de verde, y se
> dormía en todos los conciertos. Estrenaba Echegaray. Era flor de la lite-

---

[31] V. "Introducción" a *Tablado de marionetas para educación de príncipes*, Madrid, Espasa-Calpe (colec. Austral n. 129), 1990.

ratura castiza Mariano de Cavia [...] Rubén Darío, meditabundo enfrente de su ajenjo, alcanzaba las bayas de los mejores ingenios, y la juventud modernista, con sus azufres galicanos, provocaba el estornudo patriota. La contaminación literaria era el tema que, de madrugada, discutían por las tascas García y don Mariano[32].

En *don Bartolo y don Facundo* ridiculiza Valle-Inclán a todos los académicos, pero bien podría incluirse en la lista de los presuntos destinatarios a Mariano de Cavia, quien había muerto poco antes de la publicación de *La enamorada...*, sin haber podido leer su discurso de ingreso en la Academia. Por otra parte, don Mariano tenía una faceta muy humana que podía interesar a Valle-Inclán, ya que, según cuenta Cansinos-Asséns, no era difícil encontrarlo en las tabernas de Madrid bebiendo junto a Rubén Darío[33].

La *Farsa italiana de la enamorada del rey* está inspirada, según dice Rivas Cherif en su crónica de *El Heraldo de Madrid* del 8 de mayo de 1926[34], en un cuento de Boccaccio. Se trata del cuento sexto de la Jornada décima, en el que Boccaccio se inspira tanto en fuentes históricas como literarias al referirse al amor de Carlos de Anjou por una jovencita; el rey resuelve la situación casando honorablemente a la joven y a su hermana.

Por otra parte, la *Farsa* tiene como *dramatis personae* un verdadero bricolage de personajes literarios. A los identificados por Jorge Urrutia hay que agregar a Mari-Justina, la niña de la venta "que está sobre el camino de Montiel" (pág. 113) contrafigura de la enigmática hija de la ventera que en el *Quijote*, I, 35, "callaba y se sonreía" (v. tb. I, 16 y 17). Y, naturalmente, a la "Dama del manto", que nos trae a la memoria a la famosa Violante del soneto de Lope de Vega incluido en *La niña de plata*[35]. La dama dice:

---

[32] V. Juan Antonio Hormigón, *Valle-Inclán. Cronología. Escritos dispersos. Epistolario*, Madrid, Fundación Banco Exterior, 1987; y ahora tb. Ramón del Valle-Inclán, *Varia. Artículos, cuentos, poesía y teatro*, Joaquín del Valle-Inclán, ed. (colec. Austral n. 379) Madrid, Espasa-Calpe, 1998, pág. 451.

[33] V. Rafael Cansinos-Asséns, *La novela de un literato (Hombres-Ideas-Efemérides-Anécdotas...), 2, 1914-1923*, Madrid, Alianza, 1995, págs. 361-362.

[34] En Juan Aguilera Sastre, *op. cit.*, pág. 118.

[35] No sé si por ser tan conocido este soneto, ningún crítico lo cita. Quizás sea oportuno transcribirlo: "Un soneto me manda hacer Violante, /Que en mi vida me he visto en tanto aprieto; /Catorce versos dicen que es soneto; /Burla burlando van los tres delante. //Yo pensé que no hallara consonante, /Y estoy a la mitad de otro cuarteto; /Mas si me veo en el primer terceto, /No hay cosa en los cuartetos que me espante. //Por el primer terceto voy entrando, /Y parece que entré

> Un día sin respeto,
> requirióme de amores este hombre;
> no le quise, y vengóse en un soneto
> jugando a la villana con mi nombre.
> ¡Yo me llamo Violante! (págs. 106-107)

Con lo cual Maese Lotario, titiritero a quien se relaciona con Maese Pedro[36], viene también a ser Lope de Vega. Las resonancias son múltiples, como en *La Marquesa Rosalinda*. Por otra parte, esta es la farsa de Valle-Inclán que más se acerca al teatro tradicional español, tanto por la inclusión de un baile en la representación como por el desenlace, en el que el rey resuelve los problemas arreglando matrimonios.

Farsa y licencia de la reina castiza

Con esta farsa Valle-Inclán abandona a los personajes inspirados en la literatura, abandona el siglo XVIII y los siglos de oro, para sumergirse otra vez en libros y personajes históricos y en el siglo XIX. Persisten, sin embargo, como en las farsas anteriores, algunos personajes prototípicos del teatro español, como el estudiante sopista, el soldado fanfarrón, Mari-Morena y Lucero, "manolo del Avapiés", y algún otro.

Con la *Farsa y licencia de la reina castiza* entramos en otro universo, en el universo deshumanizado de las marionetas. Lo dice el *Apostillón*: "Farsa de muñecos" (pág. 229), y la acotación final: "apaga de repente sus luces el guiñol" (pág. 330). Valle-Inclán es consciente de que su musa ya no va tras la armonía de contrarios, sino tras la distorsión más perfecta posible: es la musa moderna del *Apostillón*:

> Mi musa moderna
> enarca la pierna,
> se cimbra, se ondula,
> se comba, se achula

---

con pie derecho, /Pues fin con este verso le estoy dando. //Ya estoy en el segundo, y aun sospecho /Que voy a los trece versos acabando; /Contad si son catorce y está hecho." *BAE*, Madrid, 1946, pág. 290.

[36] Sobre "La influencia de Cervantes en *Farsa italiana de la enamorada del rey* de Valle-Inclán", v. José Servera Baño, en *Actas del II Congreso Internacional de la Asociación de Cervantistas*, Guiseppe Grilli, ed., Napoli, 1995, págs. 773-782.

> con el ringorrango
> rítmico del tango
> y recoge la falda detrás.

Está claro que el *Apostillón* se refiere al presente de la escritura de la obra y no al tiempo en que esta transcurre. El *Apostillón* es una apostilla, grande como un cartelón, en el que se anuncia la obra[37]. Se anuncia que la obra transcurre en la "corte isabelina" y que está inspirada en revistas satíricas populares, a las que también apunta Valle-Inclán en la trilogía de *El ruedo ibérico*. No se relaciona con el tiempo en el que transcurre la obra, un tiempo histórico que, como siempre en Valle-Inclán, está distorsionado por voluntarios anacronismos. El cartelón también anuncia una nueva estética, una musa a la que llama "moderna", tal como lo había hecho en la "Clave II, ¡Aleluya!" de *La pipa de kif*[38].

Las citas de Rubén Darío, tan abundantes en las farsas anteriores, han evolucionado, se ponen ahora en un contexto que nada tiene que ver con el mundo rubendariano. Una de las poesías más citadas por Valle-Inclán, tanto en contextos fieles al maestro como en contextos subversivos, es "Era un aire suave..." de *Prosas profanas*. La poesía recrea una "fiesta galante", en la línea de "La fiesta en casa de Teresa", de Víctor Hugo. La protagonista del poema de Darío es la marquesa Eulalia, la "divina Eulalia" "ríe, ríe, ríe", se ríe eternamente de quienes la desean porque "es cruel y eterna su risa de oro". Eulalia usa su abanico para seducir, ocultando su rostro a medias; en la poesía Darío usa una metáfora complicada, por la cual el abanico se transforma en el ala de un pájaro, y la boca de la mujer, en el pico que el ave oculta bajo el ala; todo lo cual se resuelve en el extraordinario verso con el que se cierra el cuarteto:

> ¡Amoroso pájaro que trinos exhala
> bajo el ala a veces ocultando el pico;
> que desdenes rudos lanza bajo el ala,
> bajo el ala aleve del leve abanico!

---

[37] Lo vio claramente Dru Dougherty en "Theatre and Eroticism: Valle-Inclán's *Farsa y licencia de la reina castiza*", *Hispanic Review*, 55, n. 1, 1987, pág. 13: "Like a playbill plastered on a wall, these lines are meant to stop us in midstride so that we will notice what they announce: a theatrical spectacle set in the court of Isabel II...."

[38] La primera ed. de *La pipa de kif* es de 1919.

En *La Marquesa Rosalinda* se cita varias veces esta poesía. Una de estas citas aparece en los vv. 246-249 cuando Doña Estrella se refiere al convento donde la encierran para educarla y lo llama 'jaula'; la imagen de la jaula y su resistencia a ser encerrada la llevan a los versos

> ¡Y voy a morir de pesar
> con la cabeza bajo el ala!

Valle-Inclán vuelve a usar la metáfora en *La reina castiza*, pero ya no aplicada a una hermosa y enamorada mujer, sino al desvalorizado Rey consorte:

> El rey vuelve la pupila,
> mete, como el avestruz,
> el pico bajo la axila
> y se le apaga la luz. (pág. 308)

El "amoroso pájaro" se transforma en avestruz y en vez de ocultar el pico bajo el ala, lo hace bajo la prosaica axila, con el hallazgo de la rima con 'pupila', que sugiere también un uso vulgar del lenguaje. Por otra parte, la imagen de una mujer hermosa coqueteando con su abanico se desvaloriza ahora con la imagen del avestruz que oculta su cabeza, por cobardía, en los momentos de peligro, tal como lo hace el afeminado Rey consorte.

En otra acotación el rey aparece "correteando" y con la boca pintada:

> Con un corte de mangas, el lego se escabulle,
> y sale correteando el Rey, del camarín.
> La vágula libélula de la sonrisa bulle
> sobre su boca belfa, pintada de carmín. (pág. 283).

Valle-Inclán se burla, como había hecho con "el ala aleve del leve abanico", de otra lograda aliteración de Darío, esta vez del poema "Sonatina", poema en el que también ha entrado a saco don Ramón en otras ocasiones. Los versos de Darío dicen:

> La princesa persigue por el cielo de Oriente
> la libélula vaga de una vaga ilusión.

La princesa ideal de los ojos azules y la "boca de fresa", que está presa "en la jaula de mármol del palacio real" se transforma en el texto valleinclaniano en un rey que se pinta de carmín la boca belfa y corretea por su palacio no ya de sueño sino de pesadilla. Pero además, la libélula no es 'vaga' como en Darío, sino 'vágula', como en el verso atribuido a Adriano[39], con lo que Valle-Inclán logra el hallazgo formal de unir con rima dos palabras esdrújulas y a la vez produce un choque incongruentemente grotesco y desvalorizador, tanto en el nivel fónico como en el semántico.

Además de la descontextualización de las citas de Darío, pueden considerarse como distorsiones del paisaje modernista las acotaciones descriptivas referidas al jardín y al palacio, como ya señalaron Sumner M. Greenfield y John Lyon[40], al referirse, por ejemplo, a la "Decoración" de la Jornada Primera:

> Cala la luna los follajes,
> y albea el palacio real,
> que, acrobático en los mirajes
> del lago, da un salto mortal. (pág. 233)

Casi toda la crítica está de acuerdo en que *Farsa y licencia de la reina castiza* significa un cambio cualitativo en la estética de Valle-Inclán. Entre la "pastorela de damas y galanes" y el aire de opereta de *La enamorada del rey*, y la "ronda de majos calamocanos" de *La reina castiza,* Valle-Inclán ha llegado a ser el Valle-Inclán indiscutiblemente moderno, como él sabe cuando escribe "Mi musa moderna"; ha dejado el grotesco romántico para llegar al grotesco duro, al grotesco moderno de los esperpentos.

---

[39] V. Allen W. Phillips, "Rubén Darío y Valle-Inclán: Historia de una amistad literaria", *Revista Hispánica Moderna*, XXXIII, 1-2, 1967, págs. 3-20, quien también cita el verso de "¡Aleluya!", de *La pipa de kif:* "Llevo mi verso a la Farándula: / Anímula, Vágula, Blándula". Por mi parte agrego que, en *La corte de los milagros*, VIII, 6, Valle-Inclán usa "anímula" con la misma intención desvalorizadora: "el palaciego proyectaba su anímula con falsas sonrisas de monja curiosa". V. la ed. de José Servera Baño de *Claves líricas*, colec. Austral, 362, Madrid, Espasa-Calpe, 1995, pág. 156.

[40] V. Sumner M. Greenfield, *Ramón del Valle-Inclán. Anatomía de un teatro problemático*, Madrid, Fundamentos, 1972, pág. 210 y John Lyon, *The Theatre of Valle-Inclán*, Cambridge University Press, 1983, págs. 88-89.

Valle-Inclán (1898-1998): Escenarios
Universidade de Santiago de Compostela, 2000: 339-360

LUCES DE BOHEMIA:
TEORÍA Y PRÁCTICA DEL ESPERPENTO

MANUEL AZNAR SOLER
Universitat Autònoma de Barcelona

Para Mariña

El esperpicentrismo es la enfermedad infantil de la crítica valleincla-niana. En efecto, seguir defendiendo a estas alturas del siglo XX la "evolución" de Valle-Inclán del modernismo al esperpento, mar en la que desembocan todos los ríos estéticos del escritor, es empecinarse en negar la evidencia: que *Cara de plata*, la obra que completa la trilogía de esas "tragedias que llamo yo "comedias bárbaras"[1], no es un esperpento -y sin embargo está escrita y publicada en 1922, dos años después de la primera edición del esperpento *Luces de bohemia*-, o que el *Retablo de la avaricia, la lujuria y la muerte*, publicado en 1927, está compuesto, junto a la tragedia *El embrujado*, por dos "autos para siluetas" y dos "melodramas para marionetas", escritos también en los años veinte.

Parece obvio que la trayectoria estética de Valle-Inclán no fue ni lineal ni unívoca sino recurrente y, en ocasiones, aparentemente contradictoria pero, a mi modo de ver, coherente con la lógica estética del autor. Conceptos como la "visión de altura" o la "armonía de contrarios", expuestos ya

---

[1] José López Pinillos, "Pármeno", "Vidas truncadas. La vocación de Valle-Inclán". *Heraldo de Madrid* (15 de marzo de 1918); apud Dru Dougherty, *Un Valle-Inclán olvidado: entrevistas y conferencias*. Madrid, Fundamentos, 1982, p. 97.

en sus conferencias bonaerenses de 1910[2], son constantes en su creación y aparecen también en *La lámpara maravillosa* (1916), aunque la voluntad de permanente innovación estética del autor posibilita que, a lo largo de su proceso creador, se ensayen "visiones" y "armonías" distintas en obras diferentes: por ejemplo, el intento de armonizar "lo lírico y lo grotesco"[3] en *La Marquesa Rosalinda* (1912) -a la que el propio autor caracteriza como "farsa sentimental y grotesca"-, o la "visión estelar de un momento de guerra" en *La media noche* (1917).

Definir estéticamente el esperpento literario parece una tarea crítica condenada al fracaso. Durante siete décadas han intentado hacerlo investigadores y estudiosos valleinclanianos muy cualificados y, sin embargo, seguimos hoy en el secreto de su inexistente fórmula mágica, carecemos aún de un concepto claro, preciso y definitivo del mismo porque no estamos hablando de exactitudes matemáticas. Hay, naturalmente, algunas características formales y temáticas sobre las que existe un amplio consenso crítico, pero la discusión sigue abierta a una polémica interminable que parece el cuento de nunca acabar. Sin tratar de descubrir ningún Mediterráneo, voy a intentar algunas reflexiones personales sobre la especificidad estética del esperpento a partir de *Luces de bohemia*, con la esperanza de que resulten útiles para pensar y repensar críticamente este concepto estético valleinclaniano.

1. Contra el esperpicentrismo

En rigor, no existe ningún pre-esperpento en la obra literaria de Valle-Inclán a no ser que consideremos toda su obra literaria anterior a *Luces de bohemia* como tal. Porque pre-esperpento no es categoría estética sino his-

---

2 Aurelia C. Garat, "Valle-Inclán en la Argentina", en AAVV, *Ramón M. del Valle-Inclán, 1866-1966 (Estudios reunidos en conmemoración del centenario)*. La Plata, Universidad Nacional de La Plata, 1967, pp. 89-111. Por mi parte, he analizado estos conceptos estéticos en mi artículo "Estética, ideología y política en Valle-Inclán". *Anthropos*, 158-159 (julio-agosto de 1994), pp. 9-40, número monográfico dedicado al escritor.

3 "Yo tenía mucho deseo de escribir esta obra -me cuenta Valle-, porque implicaba una innovación. Era yo el primer literato castellano que armonizaba lo lírico y lo grotesco en una obra de arte", en Vicente A. Salaverri, *Los hombres de España*, junio de 1913; apud D. Dougherty, *ob. cit.*, p. 47.

tórico-literaria, un concepto cronológico utilizado por la crítica esperpicentrista para defender la "evolución" del autor. Por ello, se descalifica por sí sola esa obstinación empecinada de esta crítica esperpicentrista, para quien, por ejemplo, la pura mención de Goya en la *Sonata de invierno*[4] o los elementos grotescos de la *Farsa y licencia de la reina castiza* constituyen pruebas contundentes de que, desde 1905 hasta ese mismo "annus mirabilis" de 1920, el autor quiso que toda su obra fluyese linealmente hasta desembocar en el esperpento. Hay que recordar, sin embargo, lo obvio: que la *Sonata de invierno* es un monumento de la narrativa modernista y que la *Farsa y licencia de la reina castiza* no es sino -como su título indica- una "farsa" en donde, justo será reconocerlo, los elementos grotescos se han exacerbado como instrumento estético al servicio de una visión extremadamente crítica del autor respecto a nuestra historia y a nuestra monarquía borbónica.

Por otra parte, sabemos que no se deben interpretar literalmente las indicaciones genéricas de Valle-Inclán. Si las leyéramos al pie de la letra, podríamos creer que *Romance de lobos* es una "comedia". Y, sin embargo, casi todos nos hemos tomado muy en serio -a partir de la escena duodécima de *Luces de bohemia* y del prólogo y del epílogo de *Los cuernos de don Friolera*- la categoría estética del esperpento, al que Valle- Inclán consideraba "un nuevo género literario"[5]. Pues bien, me apresuro a manifestar con toda rotundidad que el esperpento constituye una nueva categoría estética

---

[4] "¡Oh insolencia de las barraganas! Al oír mi nombre aquella mujeruca, no mostró ni arrepentimiento ni zozobra: Me clavó los ojos negros y brujos, como los tienen algunas viejas pintadas por Goya...". Valle-Inclán, *Sonata de invierno*, edición de Leda Schiavo. Madrid, Espasa-Calpe, nueva colección Austral-61, 1990, p. 116. Sin embargo, mucho más interesante para la estética del esperpento resulta esta alusión a Goya realizada por Valle-Inclán en 1913 y que puede leerse en la entrevista de Salaverri citada en la nota anterior: "Goya rimó lo grotesco y lo trágico en sus lienzos estupendos. Mas, cabe reconocer, que fue una excepción ese artista sordo, brutal y glorioso" (apud D. Dougherty, *ob. cit.*, p. 47).

[5] "Estoy iniciando un género nuevo, al que llamo "género estrafalario". Ustedes saben que en las tragedias antiguas, los personajes marchaban al destino trágico, valiéndose del gesto trágico. Yo en mi nuevo género también conduzco a los personajes al destino trágico, pero me valgo para ello del gesto ridículo. En la vida existen muchos seres que llevan la tragedia dentro de sí y que son incapaces de una actitud levantada, resultando, por el contrario, grotescos en todos sus actos. Llevo escritas algunas obras de este nuevo género mío, y la verdad, con éxito muy lisonjero". *Diario de la Marina*, La Habana (12 de septiembre de 1921); apud D. Dougherty, *ob. cit.*, pp. 107-108.

pero, a mi modo de ver, en absoluto un nuevo género literario: una nueva manera artística de ver el mundo, una nueva categoría estética en donde la "visión de altura" de Valle-Inclán ensaya una muy singular "armonía de contrarios". Así, si en *La Marquesa Rosalinda* el autor confesaba que había pretendido armonizar lo lírico y lo grotesco, en el esperpento titulado *Luces de bohemia*, en la trilogía de *Martes de carnaval (Las galas del difunto, Los cuernos de don Friolera y La hija del capitán)* o en *¿Para cuándo son las reclamaciones diplomáticas?*, Valle- Inclán intenta armonizar lo trágico y lo farsesco para conseguir el grotesco. En el esperpento se mantiene pues "lo grotesco", pero desaparece "lo lírico" para incorporar "lo trágico", que constituye, por tanto, su sustantividad, su especificidad estética. Ahora bien, ¿puede hablarse con rigor en la historia de nuestra literatura dramática del esperpento como un "género teatral" cuando sólo contamos con cinco obras de Valle-Inclán en su nómina -no olvidemos que *¿Para cuándo son las reclamaciones diplomáticas?* es un esperpento breve pero "ejemplar" para resaltar su dimensión europea y universal[6]- y cuando compartimos colectivamente la convicción de que nadie va a poder escribir ninguno más? De hecho, hasta la fecha nadie lo ha escrito y, sin embargo, parece obvio que sucesos históricos como el protagonizado el 23 de febrero de 1981 por el teniente coronel Antonio Tejero parecían exigir clamorosamente a ese Valle-Inclán de nuestro tiempo que nunca acaba de aparecer. ¿No será acaso porque Valle-Inclán es un escritor estéticamente irrepetible y el esperpento no es un "género" sino una categoría estética, personal e intransferible, que se inventó Valle-Inclán, un maestro con muchos herederos pero sin posibles discípulos?

Valle-Inclán declaraba en 1921, como hemos visto, que el esperpento era un género "estrafalario" y no por casualidad el dramaturgo denomina Don Estrafalario al personaje que conversa con el pintor Don Manolito en el prólogo y en el epílogo de *Los cuernos de don Friolera*. Pero esas "comedias" que él adjetivó como "bárbaras" también eran estrafalarias, tan raras

---

[6] Manuel Aznar Soler, "Esperpento e Historia en *¿Para cuándo son las reclamaciones diplomáticas?*", en AAVV, *Valle- Inclán y su obra. Actas del Primer Congreso Internacional sobre Valle-Inclán (Bellaterra, 1992)*, edición de M. Aznar Soler y Juan Rodríguez. Sant Cugat del Vallès, Cop d'Idees-Taller d'Investigacions Valleinclanianes, colección El Gato Negro-1, 1995, pp. 565-578.

y estrafalarias que su clave de lectura nos la proporciona la tragedia. Desde este punto de vista, Valle-Inclán constituye, a mi modo de ver, un ejemplo perfecto en nuestra literatura de un genio creador cuyo impulso está determinado por una permanente voluntad de investigación estética. Taller de investigaciones estéticas, pero sobre todo taller genial de investigaciones estéticas estrafalarias: de ahí su grandeza literaria, de ahí que Valle-Inclán en 1920 se considerase a sí mismo, con 54 años, infinitamente más joven y más vanguardista que los "ultraístas" veinteañeros que tenían por entonces treinta años menos que él[7].

2. El esperpento y el horizonte de expectativas en 1920

Al inventar el concepto estético de "esperpento", que el lector de la revista *España* hallaba tras el título de *Luces de bohemia* en su primera edición de 1920, Valle-Inclán quería romper su horizonte de expectativas. El autor pretendía proporcionarle con ello una clave de lectura, quería advertirle que su obra era estéticamente "estrafalaria" y, en cualquier caso, que no era ni una farsa como la "farsa sentimental y grotesca" de *La Marquesa Rosalinda*, ni una tragedia como *El embrujado*, ni una tragicomedia como *Divinas palabras*. Aún más: el esperpento no es tampoco una farsa como esa "trigedia" que interpreta el Compadre Fidel con sus muñecos en el prólogo de *Los cuernos de don Friolera*. Porque el Compadre Ramón en 1921 no quiso escribir ni una mera farsa "grotesca" ni una "trigedia" más, sino el esperpento de *Los cuernos de don Friolera*. Pero además, y en el horizonte de expectativas de la literatura dramática de la época[8], *Luces de bohemia* no quería ser tampoco una "tragedia grotesca" como *La señorita de Trevélez*, de Carlos Arniches[9].

---

[7] "Los ultraístas son unos farsantes. El esperpentismo lo ha inventado Goya. Los héroes clásicos han ido a pasearse en el callejón del Gato", afirmará Max Estrella en la escena duodécima de *Luces de bohemia*, edición crítica de Alonso Zamora Vicente. Madrid, Espasa-Calpe, nueva colección de Clásicos Castellanos-33, 1993, p. 140.

[8] Sobre el teatro de Valle-Inclán y el horizonte de expectativas de su época puede consultarse el libro de Montserrat Iglesias Santos, *Canonización y público. El teatro de Valle-Inclán*. Santiago de Compostela, Universidade de Santiago de Compostela, 1998.

[9] Para situar el esperpento en su contexto escénico debe consultarse el libro de Dru Dougherty y María Francisca Vilches de Frutos, *La escena madrileña entre 1918 y 1926. Análisis y documentación*. Madrid, Fundamentos, 1990.

Ni farsa ni tragedia: esperpento. Y, sin embargo, aparentemente la caracterización, gestualidad y movimiento escénico de los personajes confieren a los esperpentos teatrales de Valle-Inclán un aire de farsa. El propio Cipriano de Rivas Cherif afirmó entonces que *"esperpento* llama a un *subgénero* de la farsa en que las acciones trágicas aparecen tal y como se muestran en la vida actual española, sin grandeza ni dignidad alguna"[10]. Pero es sólo apariencia superficial, porque la farsa -como voy a intentar exponerno es en el esperpento sino un instrumento estético al servicio de expresar la conciencia trágica del autor. Ahora bien, aquí -en la sociedad española coetánea- y ahora -en 1920-, Valle-Inclán está convencido de que la tragedia no tiene posibilidad de existencia: de que la tragedia, entendida al menos en su concepto clásico, no tiene sentido ni lugar. Existe una realidad trágica, Valle-Inclán tiene ahora una conciencia trágica de la realidad histórica, pero en el mundo moderno no cabe la tragedia sino el esperpento, que resulta ser la inversión grotesca de la tragedia clásica[11]. Porque aquella manera artística de ver el mundo del Valle-Inclán de las *Sonatas*, de aquel que -como el personaje del Marqués de Bradomín- anteponía la Leyenda a la Historia[12], queda muy lejos ya en 1920, al inicio de aquellos mal llamados "felices años veinte". Y es que sucesos históricos como el estallido de la primera guerra mundial, las revoluciones mexicana y soviética o las huelgas revolucionarias del proletariado español durante el verano de 1917 habían agitado la sensibilidad del escritor e invertido aquella antigua ecuación modernista. Ahora, a partir de 1920, Valle-Inclán ante-

---

[10] "Inicia con éste (*Luces de bohemia*) una serie de *estudios dramáticos*, que pudiéramos decir de los fenómenos sociales precursores de la futura revolución española", añade Rivas Cherif en "El arte y la justicia social". *La Internacional* (3 de septiembre de 1920); apud D. Dougherty, *ob. cit.*, pp. 102-103. Sobre la relación entre ambos pueden consultarse los libros de Juan Aguilera Sastre, *Cipriano de Rivas Cherif: una interpretación contemporánea de Valle-Inclán*, y mi estudio sobre *Valle-Inclán, Rivas Cherif y la renovación teatral española (1907-1936)*, ambos publicados en Sant Cugat del Vallès por Cop d'Idees-Taller d'Investigacions Valleinclanianes en 1997 y 1992, respectivamente.

[11] El célebre fragmento de la entrevista con Gregorio Martínez Sierra, publicada en el diario madrileño *ABC* el 7 de diciembre de 1928, en que Valle-Inclán explica las tres maneras artísticas de ver el mundo, puede leerse en D. Dougherty, *ob. cit.*, pp. 174-177.

[12] "Yo callé compadecido de aquel pobre exclaustrado que prefería la Historia a la Leyenda, y se mostraba curioso de un relato menos interesante, menos ejemplar y menos bello que mi invención". Valle-Inclán, *Sonata de invierno*, *ob. cit.*, p. 113.

pone en sus esperpentos la Historia a la Leyenda y nos los plantea como la única manera estética de reflejar la realidad trágica, el único modo estético de expresar artísticamente su conciencia trágica de la realidad histórica. En este sentido, Valle-Inclán hace afirmar a Max Estrella que "el sentido trágico de la vida española sólo puede darse con una estética sistemáticamente deformada"[13]. *Sólo* la estética del esperpento puede expresar la tragedia del mundo moderno porque *sólo* a través de la farsa puede reflejarse la tragedia de la realidad histórica coetánea en su auténtica dimensión grotesca: no ya sublime sino ridícula, no ya protagonizada por héroes sino por fantoches. Para Valle-Inclán el esperpento es, por tanto, su nueva manera de escribir tragedia -la única posible en 1920, muy lejos ya del modo de *Voces de gesta* o de *El embrujado*-, su manera moderna de escribir la tragedia clásica. Valle-Inclán quiere armonizar tragedia y farsa en una síntesis dialéctica[14], en una síntesis personal e intransferible que él bautizó con el nombre de "esperpento", concepto estético que constituía su aportación singular al grotesco vanguardista. No olvidemos aquellos versos del poema "¡Aleluya!" de *La pipa de kif*:

> Por la divina primavera
> Me ha venido la ventolera
> De hacer versos funambulescos
> -Un purista diría grotescos-.
> (...)
> ¿Acaso esta musa grotesca
> -Ya no digo funambulesca-,
> Que con sus gritos espasmódicos
> Irrita a los viejos retóricos,
> Y salta luciendo la pierna,
> No será la musa moderna?[15].

---

[13] Valle-Inclán, *Luces de bohemia*, ob. cit., p. 140. A partir de este momento y por razones de espacio, las citas de este esperpento no las anotaré a pie de página sino en el propio texto, con indicación entre corchetes de la abreviatura LB, dos puntos y la página o páginas correspondientes. Así, en este caso: [LB: 140].

[14] Francisco Ruiz Ramón analiza la condición oximorónica del esperpento en su ensayo "El esperpento, ¿teatro para el futuro?", recogido en *Celebración y catarsis (leer el teatro español)*. Murcia, Cuadernos de la Cátedra de la Universidad de Murcia, 1988, pp. 155-164.

[15] Valle-Inclán, *Claves líricas*, edición de José Servera Baño. Madrid, Espasa-Calpe, colección Austral-362, 1995, pp. 153-156.

En este sentido, el esperpento es la nueva ventolera estrafalaria de la musa grotesca valleinclaniana, su musa moderna.

3. Luces de bohemia como esperpento

El esperpento, síntesis dialéctica de tragedia y farsa como hemos visto, es la única tragedia moderna posible o, dicho de otra manera, la forma moderna de la tragedia clásica. Luis Iglesias Feijoo, al analizar algunas afirmaciones de Max Estrella en la escena duodécima de *Luces de bohemia* ("La tragedia nuestra, no es tragedia"), escribe:

> Pero no nos quedemos en la superficie de las palabras. Lo que ahí se niega, en realidad se afirma; Max está rechazando el carácter de la tragedia ¿de qué? De la "tragedia nuestra". *Nuestra tragedia*, dice, no es tragedia. ¿Qué es entonces *nuestra tragedia*? El esperpento, ya sabemos: pero esto significa que el esperpento es el nombre apropiado para el género literario o teatral que habla de *nuestra tragedia* y, por tanto, a la fuerza tiene que ser trágico.
>
> Bien lo demuestra el propio Max un poco después, al afirmar: "El sentido trágico de la vida española sólo puede darse con una estética sistemáticamente deformada". *Nuestra tragedia*, la tragedia española, se basa en la deformación, pues los héroes clásicos están degradados y España "es una deformación grotesca de la civilización europea". Pero lo único que esto significa es que la tragedia moderna no puede ser igual a la antigua, se la llame esperpento o como se quiera.
>
> La tragedia del siglo XX presentará un mundo degradado, innoble, sin grandeza, sin dioses, sin héroes y sin destino, pero con ello no hace otra cosa que responder a su papel de reflejar la índole cambiante de los tiempos. Pues la tragedia vive en la historia, es Historia, y por tanto evoluciona y se transforma con ella. Puede aceptarse entonces que el esperpento es la tragedia moderna, siempre que a la vez asumamos que éste es la forma moderna de la tragedia clásica[16].

Pero aunque esta escena duodécima haya originado ríos de tinta en su glosa y exégesis, lo cierto es que las palabras de Max Estrella en 1920 no

---

[16] Luis Iglesias Feijoo, "Grotescos: Valle-Inclán y Arniches", en AAVV, *Estudios sobre Carlos Arniches*, edición de Juan Antonio Ríos Carratalá, Alicante, Instituto de Cultura Juan Gil-Albert, 1994, p. 57.

deben ocultar lo que, a mi modo de ver, constituye una evidencia clara: que la primera versión de *Luces de bohemia* demuestra que, de la teoría a la práctica, el concepto que Valle-Inclán tenía del esperpento estaba aún muy verde. No olvidemos -como resaltaron ya Cardona y Zahareas en su excelente estudio sobre los esperpentos valleinclanianos[17]- que *Luces de bohemia* carecía en su primera edición de nada menos que tres escenas que nos parecen hoy claves para justificar estéticamente su carácter de esperpento: la segunda, la sexta y la undécima. Así, porque observamos menos contradicciones entre teoría y práctica, *Los cuernos de don Friolera* se nos presenta en 1921 como un esperpento más maduro y más coherente que *Luces de bohemia*. Pero si *Los cuernos de don Friolera* parece un esperpento casi modélico[18], *Luces de bohemia*, sin embargo, ni siquiera en su segunda edición de 1924 se nos presenta como un esperpento construido con absoluto rigor, porque -como vamos a intentar exponer- del dicho al hecho hay mucho trecho estético. *Luces de bohemia* es, a mi modo de ver, una obra maestra pero, también y a la vez, un esperpento imperfecto[19].

4. La complejidad de Max Estrella

John Lyon, al analizar "las metamorfosis del esperpento", ya advirtió que "la visión de Valle-Inclán" sobre el esperpento "no se queda petrificada en el año 1920" y que "el esperpentismo es, sin lugar a dudas, un concepto perfectamente coherente y unificado, aunque quizá no tan homogéneo como se ha pensado hasta ahora"[20]. La comparación entre *Los cuernos de don Friolera* y *Luces de bohemia* resulta ejemplar en este sentido. Basta comparar las técnicas de caracterización del teniente Friolera y de

---

[17] El libro de Rodolfo Cardona y Anthony Zahareas titulado *Visión del esperpento. Teoría y práctica en los esperpentos de Valle-Inclán* (Madrid, Castalia, 1982, segunda edición, corregida y aumentada) sigue siendo la mejor introducción a la lectura de los esperpentos valleinclanianos. Sobre *Luces de bohemia,* especialmente pp. 163-269.

[18] He estudiado el tema en mi *Guía de lectura de Martes de carnaval*. Barcelona, Anthropos-Taller d´Investigacions Valleinclanianes, colección Maese Lotario-1, 1992, pp. 79-148.

[19] "Los esperpentos de don Ramón son buenos -repitámoslo- porque no son absolutos", afirma Antonio Buero Vallejo en "De rodillas, en pie, en el aire", recogido en *Tres maestros ante el público (Valle-Inclán, Velázquez, Lorca)*. Madrid, Alianza, 1973, p. 44.

[20] John Lyon, "Las metamorfosis del esperpento". *Revista de Occidente*, 59 (abril de 1986), p. 48.

Max Estrella para comprobar hasta qué punto es cierta esa falta de homogeneidad en los esperpentos. Por otra parte, tanto el soldado repatriado Juanito Ventolera en *Las galas del difunto* como el teniente de carabineros en *Los cuernos de don Friolera* o el General en *La hija del capitán* son *Martes de carnaval*, militares grotescos a través de los cuales Valle-Inclán consigue desvalorizar presuntos heroísmos y supuestas virtudes castrenses. También en *¿Para cuándo son las reclamaciones diplomáticas?* se produce una esperpentización del asesinato del político alemán Walter Rathenau, semejante a la deformación grotesca que experimenta el propio golpe de estado de Primo de Rivera en *La hija del capitán*. Pero, ¿es el personaje de Max Estrella en *Luces de bohemia* un genio u otra deformación grotesca de un héroe clásico? Porque Max Estrella es un poeta ciego al que muchos personajes -don Latino de Hispalis, el coro de poetas modernistas- saludan en *Luces de bohemia* como un genio y él mismo se proclama en la escena quinta ante Serafín el Bonito como "el primer poeta de España" [LB: 91]. Pero, ¿es verdaderamente Max Estrella un genio?[21].

Sabemos que la voz de Valle-Inclán se halla únicamente en las acotaciones dramáticas. Pues bien, la caracterización del personaje en la didascalia inicial de la escena primera de *Luces de bohemia* es ésta: *"El hombre ciego es un hiperbólico andaluz, poeta de odas y madrigales"* [LB: 53]. Ese carácter "hiperbólico" del poeta ciego alerta sobre la posibilidad de exageraciones, pero ese poeta ciego está claro que es un poeta de "odas y madrigales", géneros propios de un lirismo ya bastante trasnochado en 1920. ¿Se agota su talento en esos géneros clásicos? ¿No será en realidad Max Estrella un poetastro de la poetambre, un poeta de talento mediocre que malvive como bohemio pobre de sus colaboraciones periodísticas a cambio de unos ingresos miserables?[22]. Recordemos que, al margen de que estuviese inspi-

---

[21] Para esta problematización del personaje y de sus interpretaciones posibles resulta interesante el artículo de Fernando Villamía Ugarte, "Max Estrella, de la redención a la culpa". *Anthropos*, 158-159 (julio-agosto de 1994), pp. 89-94.

[22] He estudiado la realidad social de aquel proletariado intelectual que hemos convenido en llamar bohemia literaria en "Modernismo y bohemia", en AAVV, *Bohemia y literatura (De Bécquer al Modernismo)*, edición de Pedro M. Piñero y Rogelio Reyes. Sevilla, Secretariado de Publicaciones de la Universidad de Sevilla, 1993, pp. 51-88. En este mismo volumen se recoge también un trabajo de Alonso Zamora Vicente titulado "Nuevas precisiones sobre *Luces de bohemia*", *ob. cit.*, pp. 11-26.

rado realmente o no en la figura de Alejandro Sawa[23], la noticia de que ha perdido esa colaboración periodística, única fuente de ingresos literarios, impulsa al personaje, en su desesperación, a arrojarse a las calles de Madrid. Así, Max Estrella es un poeta ciego pero lúcido que, en la noche madrileña, simboliza al ciego visionario[24], un poeta ciego pero noble -"*su cabeza rizada y ciega, de un gran carácter clásico-arcaico, recuerda los Hermes*" [LB: 55]- que encarna la destrucción del mito romántico del Poeta prometeico, aquel que era luz, faro y guía de la Humanidad. ¿No será Max Estrella, desde este punto de vista, la deformación grotesca de Víctor Hugo, al que se alude con frecuencia en varias escenas de *Luces de bohemia*?[25]. Porque París es siempre la alucinación del personaje, un París esplendoroso que el poeta ciego cree ver en su desesperación, una Ciudad-Luz que viene a iluminar un pasado irremisiblemente perdido cuyo fulgor es imposible que brille en la noche de ese Madrid "absurdo, brillante y hambriento" en donde este poeta ciego malvive y muere. Y, sin embargo, Madrid, símbolo de toda la sociedad española coetánea, funciona dramáticamente como contexto degradado y degradador de todas y cada una de las acciones y palabras, tanto de Max Estrella como de todos los personajes.

5. La realidad española como una "trágica mojiganga"

La conciencia trágica de la realidad histórica española[26] late a lo largo de *Luces de bohemia*, pero no por casualidad es en la escena undécima, la

---

[23] Alonso Zamora Vicente ha estudiado el trasfondo histórico-literario de este esperpento en *La realidad esperpéntica (Aproximación a Luces de bohemia)*. Madrid, Gredos, 1974, segunda edición ampliada.

[24] "El ciego se entera mejor de las cosas del mundo, los ojos son unos ilusionados embusteros", afirmará Max Estrella ante el Ministro en la escena octava (*ob. cit.*, p. 114).

[25] Aunque se alude también al París simbolista de Paul Verlaine -por ejemplo, al final de la escena novena-, Don Latino de Hispalis afirma en la escena quinta ante el inspector de policía Serafín el Bonito respecto a Max Estrella que "¡se trata de una gloria nacional! ¡El Víctor Hugo de España! (*ob. cit.*, p. 92). En la escena decimatercia, ante el cadáver del poeta ciego, el mismo personaje le dice a Claudinita: "¡Que te sirva de consuelo saber que eres la hija de Víctor Hugo! (*ob. cit.*, p. 147). Finalmente, en la escena última es de nuevo don Latino el que afirma: "Nos lega una novela social que está a la altura de *Los Miserables*" (*ob. cit.*, p. 162).

[26] En 1925 Valle-Inclán se reafirma en que el esperpento "creo que es la manera de representar la España de nuestras horas". Y ello porque "España es un vasto escenario elegido por la tragedia" (en J. Lyon, *ob. cit.*, pp. 42-43).

inmediatamente anterior a la agonía y muerte de Max Estrella, en la que Valle-Inclán ha querido acentuar su presencia. En efecto, la situación es trágica porque *"una mujer, despechugada y ronca, tiene en los brazos a su niño muerto, la sien traspasada por el agujero de una bala"* [LB: 136]. Ese niño, víctima inocente de la lucha de clases, ha sido asesinado por la policía y la madre grita su dolor desesperado ante *"un grupo consternado de vecinas, en la acera"* [LB: 136]. Max Estrella demuestra durante toda esta escena su sensibilidad trágica y, ya desde sus palabras iniciales, denuncia la miseria moral de la sociedad española: "¡Canallas!... ¡Todos!... ¡Y los primeros nosotros, los poetas! [LB: 136]. Max escucha los gritos de la verdulera Romualda e inmediatamente se apresura a expresar su solidaridad con el dolor y la rabia de la madre: "¡Me ha estremecido esa voz trágica!" [LB: 136]. A continuación, Max Estrella va a escuchar la voz coral del pueblo español, que se expresa a través de personajes como El Tabernero ("Son desgracias inevitables para el restablecimiento del orden"), El Empeñista ("Las turbas anárquicas me han destrozado el escaparate") o El Retirado ("El principio de Autoridad es inexorable"), quienes justifican la violencia represora del Estado en defensa del orden establecido, mientras que otros personajes como El Albañil ("El pueblo tiene hambre") se quedan solos en su denuncia de las causas por las que se producen las huelgas, cuyas víctimas trágicas son los propios obreros revolucionarios: "La vida del proletario no representa nada para el Gobierno" [LB: 138]. Tras escuchar los comentarios de esta "vox populi", que vienen a justificar mayoritariamente los asesinatos policiales como un mal menor, Max expresa abiertamente su indignación moral: "Latino, sácame de este círculo infernal" [LB: 138]. Madrid se ha convertido, en efecto, en un escenario trágico, en un infierno moral para un personaje que se siente morir. Porque esa referencia abstracta de El Albañil con conciencia revolucionaria al proletariado militante va a adquirir concreción trágica inmediatamente después:

> *Llega un tableteo de fusilada. El grupo se mueve en confusa y medrosa alerta. Descuella el grito ronco de la mujer, que al ruido de las descargas aprieta a su niño muerto en los brazos.*
>
> LA MADRE DEL NIÑO.- ¡Negros fusiles, matadme también con vuestros plomos!

MAX.- Esa voz me traspasa.
LA MADRE DEL NIÑO.- ¡Que tan fría, boca de nardo!
MAX.- ¡Jamás oí voz con esa cólera trágica!
DON LATINO.- Hay mucho de teatro.
MAX.- ¡Imbécil!

El farol, el chuzo, la caperuza del sereno, bajan con un trote de madreñas por la acera.

EL EMPEÑISTA.- ¿Qué ha sido, sereno?
EL SERENO.- Un preso que ha intentado fugarse [LB: 138].

Este comentario de El Sereno viene a colmar la repulsión moral y el asco de Max Estrella ante la evidencia del encanallamiento nacional: ¿Has oído los comentarios de esa gente, viejo canalla? Tú eres como ellos" [LB: 138]. El Sereno asume la mentira gubernamental, es cómplice de la degradación moral de la vida pública, es tan "imbécil" como Don Latino, es decir, tan insensible ante la tragedia. Una tragedia que al asesinato del niño suma ahora el del preso anarquista catalán, anunciado por el propio personaje, desde la serenidad de su lucidez desesperada, en la escena sexta: "Conozco la suerte que me espera: Cuatro tiros por intento de fuga" [LB: 97]. Esa práctica criminal de la "ley de fugas" ha vuelto a cumplirse una vez más y El Sereno divulga la versión gubernamental, la políticamente correcta: "Un preso que ha intentado fugarse" [LB: 138]. Y es precisamente ahora cuando al poeta ciego Max Estrella se le ilumina la condición oximorónica de la realidad, concebida como una "trágica mojiganga". Porque una situación trágica, la violencia represora de un poder que asesina impunemente con premeditación y alevosía, queda justificada moralmente por la mayoría de una sociedad envilecida e insensibilizada. Así, para don Latino "hay mucho de teatro" en lo que Max Estrella está sintiendo, conmovido e impotente, como la "cólera trágica" de una madre desesperada. La mayoría social, embrutecida y alienada, es insensible ante la tragedia de la realidad histórica y es entonces, precisamente entonces, cuando Max Estrella expresa con absoluta claridad la profundidad de su dolor y la desesperación de su impotencia:

Latino, ya no puedo gritar... ¡Me muero de rabia!... Estoy mascando ortigas. Ese muerto sabía su fin... No le asustaba, pero temía el tormento... La Leyenda Negra, en estos días menguados, es la Historia de España. Nuestra vida es un círculo dantesco. Me muero de hambre, satisfecho de no haber llevado una triste velilla en la trágica mojiganga [LB: 138].

6. *Luces de bohemia* y sus contradicciones estéticas

Ahora bien, esta lucidez podría conferirle a la muerte de Max Estrella una dimensión heroica en tanto víctima social que el Valle-Inclán del esperpento va a dinamitar por dos procedimientos: la auto-consciencia irónica del propio personaje sobre su condición grotesca[27] y la voluntad "estrafalaria" del dramaturgo de no concluir la obra, como hubiera sido lo normal, tras su muerte en la escena duodécima. En efecto, Max Estrella agoniza entre *"remotos albores de amanecida"* [LB: 139] y, como testamento, anuncia el esperpento a partir de la negación explícita de la tragedia, de su imposibilidad en el contexto de esa "trágica mojiganga" que Valle-Inclán ha querido iluminar en *Luces de bohemia*: "La tragedia nuestra no es tragedia" [LB: 140]. Parece obvio que el esperpento quiere reflejar una visión demoledora de la realidad, que -según el dramaturgo- no puede ni debe quedar en él títere con cabeza. Y, en efecto, de los palacios (El Ministro en la escena octava) a las cabañas (la taberna de Pica Lagartos en las escenas tercera y décimatercia) y de los ancianos (La Vieja Pintada en la escena décima, El Retirado en la escena undécima) a los jóvenes (La Lunares en la escena décima), todos los personajes y todos los valores deben estar prostituidos por ese contexto degradado y degradador. Y, sin embargo, el preso anarquista catalán no parece en absoluto un fantoche[28].

---

[27] Max Estrella "reconoce que resulta absurdo hacer un papel heroico en tales circunstancias. Intenta salvar, en cierta medida, su propia autenticidad mediante un humorismo corrosivo y un rechazo consciente de las actitudes trágicas. (...) En *Luces de bohemia* no se niega el espíritu de la tragedia (...), pero no se puede negar que lo cómico en *Luces* pretende minar el concepto del héroe trágico para dar paso a una emoción trágica más humana. (...) Lo que Max Estrella pierde en sublimidad, gana en autenticidad. (...) En ningún "esperpento" se observa con mayor fuerza esa persistencia del espíritu de la tragedia al mismo tiempo que la negación del héroe trágico. Hay una tensión dinámica constante entre lo patético y lo grotesco que confiere el tono característico de la obra", sostiene John Lyon en *ob. cit.*, pp. 41-44.

[28] "El anarquista preso de *Luces de bohemia* posee verdadera grandeza; la mujer con el niño muerto en los brazos no sólo infunde piedad, sino horror trágico: es otra Niobe. Pero el alba-

¿No será ésta una contradicción clara de *Luces de bohemia* con la teoría del esperpento? Porque, en efecto, tras la confirmación de su asesinato en la escena undécima, se produce la agonía y muerte de Max Estrella en la escena duodécima. Pero, ¿tiene la muerte de Max Estrella grandeza trágica o es la propia de un fantoche? Está claro que para el "imbécil" de Don Latino la agonía de Max Estrella es teatral ("Deja esa farsa" [LB: 140]), una "farsa", una "broma macabra" [LB: 143]: "Quieres conmoverme, para luego tomarme la coleta" [LB: 142]. Y, de nuevo, la respuesta de Max Estrella no puede ser más lúcida: "Idiota, llévame a la puerta y déjame morir en paz" [LB: 142]. El contraste entre Max Estrella y ese "imbécil", ese verdadero "idiota" que resulta ser Latino de Hispalis, no puede resultar más grotesco. Y el "¡Buenas noches!" [LB: 144] con que Max Estrella se despide de Latino de Hispalis, "grotesco personaje" [LB: 140], viene a iluminar, desde el fulgor de su lucidez, la profunda y trágica oscuridad moral en que, ante los ojos del poeta ciego, habita el mundo. La muerte de Max Estrella constituye así un acta de acusación moral contra toda la sociedad española de su época, contra la ética burguesa dominante. Max Estrella muere a las cinco de la mañana tras habernos legado el esperpento como su testamento estético y moral, pero para concluir *Luces de bohemia* aún faltan tres escenas más. ¿Cuál es función dramática?

7. La muerte de Max Estrella y la desvalorización de la tragedia

Contra la convención escénica, las tres escenas últimas no constituyen, a mi modo de ver, ningún error dramatúrgico de Valle-Inclán sino que son absolutamente necesarias para conseguir el esperpento. Las tres tienen como función dramática fundamental dinamitar la presunta grandeza trágica de la muerte de Max Estrella, desvalorizar su posible sublimidad, degradarla hasta el ámbito de lo grotesco. Ya hemos visto que Max Estrella es un personaje complejo cuya caracterización hasta cierto punto es

---

ñil es, a su lado y en la misma escena, un personaje coral perfectamente humano contemplado asimismo "en pie". Y "en pie" se muestra, en este y otros momentos de la obra, el propio Max Estrella. O su hija y su mujer, cuyo suicidio, del cual nos enteramos por una breve alusión hecha con arte de consumado autor teatral, nos estremece hasta el tuétano y nada tiene de esperpéntico", afirma Antonio Buero Vallejo en *ob. cit.*, p. 39.

ambigua y oximorónica. Este "poeta de odas y madrigales", sin embargo, condena inequívocamente el aristocratismo artístico que defiende Dorio de Gádex en la escena cuarta ("Los poetas somos aristocracia" [LB: 82]) y le replica con convicción y desprecio cuando éste ironiza despectivamente sobre "el rebuzno libertario del honrado pueblo": "¡El épico rugido del mar! ¡Yo me siento pueblo! (...) Yo había nacido para ser tribuno de la plebe, y me acanallé perpetrando traducciones y haciendo versos" [LB: 82]. El propio personaje admite haberse "acanallado", pero inmediatamente después se autoproclama "el primer poeta de España" [LB: 82]. Que lo sea realmente o no es hasta cierto punto irrelevante, porque lo estructuralmente clave es que Valle-Inclán ha querido que se encanallara en la escena octava al aceptar un dinero nada menos que de los fondos reservados del Ministerio de la Gobernación, del mismo fondo de reptiles con que se pagará a los asesinos del preso anarquista catalán. Valle-Inclán ha querido, por tanto, que también Max Estrella tenga las manos sucias. Eso sí, el personaje asume con toda lucidez su envilecimiento y, por tanto, debe aceptar el abrazo del Ministro:

> EL MINISTRO.- (...) Max, yo no quiero herir tu delicadeza, pero en tanto dure aquí, puedo darte un sueldo.
> MAX.- ¡Gracias!
> EL MINISTRO.- ¿Aceptas?
> MAX.- ¡Qué remedio!
> (...)
> EL MINISTRO.- ¡Cómo te envidio el humor!
> MAX.- El mundo es mío, todo me sonríe, soy un hombre sin penas.
> EL MINISTRO.- ¡Te envidio!
> MAX.- ¡Paco, no seas majadero!
> EL MINISTRO.- Max, todos los meses te llevarán el haber a tu casa. ¡Ahora, adiós! ¡Dame un abrazo!
> MAX.- Toma un dedo, y no te enternezcas.
> EL MINISTRO.- ¡Adiós, Genio y Desorden!
> MAX.- Conste que he venido a pedir un desagravio para mi dignidad, y un castigo para unos canallas. Conste que no alcanzo ninguna de las dos cosas, y que me das dinero, y que lo acepto porque soy un canalla. No me estaba permitido irme del mundo sin haber tocado alguna vez el fondo de los Reptiles. ¡Me he ganado los brazos de Su Excelencia!

> *MÁXIMO ESTRELLA, con los brazos abiertos en cruz, la cabeza*
> *erguida, los ojos parados, trágicos en su ciega quietud, avanza como un*
> *fantasma. Su Excelencia, tripudo, repintado, mantecoso, responde con*
> *un arranque de cómico viejo, en el buen melodrama francés. Se abrazan*
> *los dos. Su Excelencia, al separarse, tiene una lágrima detenida en los*
> *párpados. Estrecha la mano del bohemio, y deja en ella algunos billetes*
> [LB: 115-116].

El esperpento se construye en la conciencia de cada espectador por contraste estructural y, por ello, este abrazo entre un poeta "canalla" pero lúcido y un Ministro "majadero" -tan imbécil e idiota como el "burgués" de don Latino- "significa" por oposición con el abrazo que se han dado poco antes Max Estrella y el preso anarquista catalán al final de la escena sexta. Así, la impasibilidad sentimental de Max Estrella proviene de la lucidez con que asume su encanallamiento, de su conciencia de que se deja abrazar por el verdugo, por el asesino del preso anarquista catalán, por un Ministro que es responsable directo de una política criminal. Un Ministro que, sin embargo, deja escapar una lágrima de grotesca sensiblería melodramática. Max Estrella se deja abrazar así por el verdugo pero ha querido abrazar antes, por propia iniciativa, a la víctima y está claro que por sentimientos y razones bien distintos. El propio personaje se ha suicidado moralmente con ese abrazo al Ministro porque Valle-Inclán nos presenta un mundo en donde todos los valores han sido degradados, donde los intereses económicos y políticos son los que dominan: donde no es posible, por tanto, la pureza. Max Estrella, en el contexto de aquel Madrid "absurdo, brillante y hambriento", no puede ser un héroe y Valle-Inclán quiere mostrarle al lector o al espectador que tiene que acabar como un canalla más, aunque no como un canalla cualquiera. Porque su lucidez y sensibilidad se evidencian en la escena sexta con ese abrazo final entre Max Estrella y el preso anarquista catalán, tan diferente al del Ministro:

> MAX.- Yo soy un poeta ciego.
> EL PRESO.- ¡No es pequeña desgracia!... En España el trabajo y la inteligencia siempre se han visto menospreciados. Aquí todo lo manda el dinero.
> (...)
> MAX.- ¿De qué te acusan?

EL PRESO.- Es cuento largo. Soy tachado de rebelde... No quise dejar el telar por ir a la guerra y levanté un motín en la fábrica. Me denunció el patrón, cumplí condena, recorrí el mundo buscando trabajo, y ahora voy por tránsitos, reclamado de no sé qué jueces. Conozco la suerte que me espera: Cuatro tiros por intento de fuga. Si no es más que eso...

MAX.- ¿Pues qué temes?

EL PRESO.- Que se diviertan dándome tormento.

MAX.- ¡Bárbaros!

EL PRESO.- Hay que conocerlos.

MAX.- Canallas. ¡Y éstos son los que protestan de la leyenda negra!

EL PRESO.- Por siete pesetas, al cruzar un lugar solitario, me sacarán la vida los que tienen a su cargo la defensa del pueblo. ¡Y a esto llaman justicia los ricos canallas!

MAX.- Los ricos y los pobres, la barbarie ibérica es unánime.

EL PRESO.- ¡Todos! [LB: 95-97].

Esta conversación en la escena sexta con el preso anarquista catalán abre los ojos al poeta ciego e ilumina su conciencia trágica de la realidad, aunque a partir de ese momento inicia, paradójicamente, su proceso de degradación. En efecto, sabemos que una de las convicciones dramatúrgicas de Valle-Inclán consiste en afirmar que es el espacio escénico el que crea la situación dramática y no al revés. Pues bien, en *Luces de bohemia* podríamos decir que Max Estrella realiza un progresivo descenso a los infiernos morales. Pero resulta que esos infiernos están no abajo sino arriba, en las alturas de la sociedad, que son los verdaderos bajos fondos morales. Por el contrario, el calabozo de ese sótano oscuro en el que se sitúa la acción dramática en la escena sexta es el espacio de la *iluminación* de Max Estrella, el escenario luminoso en el que resplandece la dignidad y la coherencia del preso anarquista catalán, un personaje ante el que tanto el poeta ciego como el lector o espectador sienten una emoción fraternal y solidaria en tanto encarnación moral del héroe positivo. Por tanto, el espacio socialmente inferior resulta ser moralmente el más noble, el escenario de las víctimas de una sociedad injusta, el escenario de la fraternidad humana y de clase entre el preso anarquista catalán y el poeta ciego. Por el contrario, el espacio escénico más elevado socialmente, el despacho del Ministro de la Gobernación en la escena octava, resulta ser el escenario moralmente más

bajo, un escenario degradado y degradador en donde se consuma el encanallamiento final del poeta ciego, su verdadero descenso a los infiernos y su
auténtico suicidio moral. Así, contra el imaginario colectivo cristiano,
podríamos decir que el infierno está arriba, en las alturas sociales, en el despacho del ministro, aunque ese infierno moral no excluya tampoco a la
taberna de Pica Lagartos. Y, sin embargo, el calabozo es el escenario del
heroísmo moral y es allí, en ese "paraíso", donde la sensibilidad de Max
Estrella se conmueve profundamente ante la *"resignada entereza"* [LB: 98]
con que el preso anarquista catalán afronta su muerte:

> EL PRESO.- Van a matarme... ¿Qué dirá mañana esa prensa cana-
> lla?
> MAX.- Lo que le manden.
> EL PRESO.- ¿Está usted llorando?
> MAX.- De impotencia y de rabia. Abracémonos, hermano.

> *Se abrazan. EL CARCELERO y el esposado salen. Vuelve a*
> *cerrarse la puerta. MAX ESTRELLA tantea buscando la pared, y se*
> *sienta con las piernas cruzadas, en una actitud religiosa, de meditación*
> *asiática. Exprime un gran dolor taciturno el bulto del poeta ciego. Llega*
> *de fuera tumulto de voces y galopar de caballos* [LB: 98].

La entereza y la lucidez del preso conmueven a Max Estrella, que confiesa llorar "de impotencia y de rabia". Ahora no es Max Estrella el que,
desde su impasibilidad sentimental de cínico lúcido, se deja abrazar por el
Ministro como premio a su encanallamiento moral, sino que es el propio
personaje el que, emocionado e impotente, quiere abrazar al preso. Un
abrazo que, según Víctor Fuentes, constituye "nuestro más precioso icono
de la alianza entre las fuerzas del trabajo y de la cultura, que ya en aquellos
años sugiere Valle como opción alternativa al bloque histórico del poder
oligárquico en desintegración"[29]. Un abrazo, claro está, que resulta contradictorio con la impasibilidad sentimental que teóricamente defiende el
esperpento[30].

---

[29] Víctor Fuentes, *La marcha al pueblo en las letras españolas, 1917-1936*. Madrid, Ediciones de La Torre, 1980, p. 126.
[30] "El humor anti-trágico de *Luces* refuerza la emoción trágica precisamente porque se
nos permite participar en la angustia del personaje, por cierto, muy en contra de la estética de la
deformación sistemática recomendada por él mismo", señala John Lyon en *ob. cit.*, p. 44.

Pero, ¿por qué no acaba *Luces de bohemia* con la escena duodécima? La desvalorización grotesca de la muerte de Max Estrella se produce a lo largo de las tres escenas finales y se inicia, por tanto, en la escena decimatercia con el planto melodramático y teatralero, ante el cadáver de Max Estrella, de un don Latino ebrio: "¡Ha muerto el Genio! ¡No llores, hija mía! ¡Ha muerto y no ha muerto!... ¡El Genio es inmortal!... ¡Consuélate, Claudinita, porque eres la hija del primer poeta español! ¡Que te sirva de consuelo saber que eres la hija de Víctor Hugo!" [LB: 147]. La reivindicación de su dignidad resulta, en verdad, grotesca porque don Latino no es sino, tal y como le llama la propia Claudinita, un "cínico", un auténtico "golfo": "¡Te has muerto de hambre, como yo voy a morir, como moriremos todos los españoles dignos!" [LB: 148]. Pero ante el cadáver del poeta ciego desfila no sólo el coro de poetas modernistas -visto por Valle-Inclán como una *"fila de fantoches"* [LB: 149]- sino también Basilio Soulinake, para quien Max Estrella no está muerto sino que "presenta todos los caracteres de un interesante caso de catalepsia" [LB: 151]. Un personaje que, para mayor inri grotesco, consigue sembrar la confusión en la viuda acerca de si su marido está verdaderamente muerto. Pero el sentido de la realidad se restituye con el vulgarismo "fiambre" en labios de El Cochero y La Portera quien, contra la opinión "científica" de Soulinake, propone que se sitúe un espejo ante el cadáver para ver si lo empaña con su aliento:

> LA PORTERA.- Madama Collet, ¿dónde tiene usted un espejo?
> BASILIO SOULINAKE.- ¡Es una prueba anticientífica!
> EL COCHERO.- Póngale usted un mixto encendido en el dedo pulgar de la mano. Si se consume hasta el final, está tan fiambre como mi abuelo. ¡Y perdonen ustedes si he faltado!
>
> *EL COCHERO fúnebre arrima la fusta a la pared y rasca una cerilla* [LB: 153].

En la escena decimacuarta, parodia del *Hamlet* shakespeariano, asistimos a sendas conversaciones: por una parte, la prosaica entre dos sepultureros y, por otra, la "poética" sobre la muerte entre Rubén Darío y el Marqués de Bradomín, héroes del imaginario modernista valleinclaniano. La función de esta escena consiste en desvalorizar el entierro de Max Estrella, un "pobre entierro" [LB: 158] al que han acudido tan sólo cuatro personas: don Latino, Rubén, Bradomín y, muy significativamente, el Ministro, el personaje que consiguió su suicidio moral. La muerte de Max Estrella -quien en la escena segunda había afirmado que "la miseria del pueblo español, la gran miseria moral, está en su chabacana sensibilidad ante los enigmas de la vida y de la muerte" [LB: 63]- será pronto una muerte más. Así lo atestiguan, desde esa visión de "filósofos estoicos" [LB: 159] que El Marqués les atribuye irónicamente, ambos sepultureros, para quienes la muerte es su "faena", una realidad cotidiana con la que conviven y de la que malviven:

> EL MARQUÉS.- ¿Y se muere mucha gente esta temporada?
> UN SEPULTURERO.- No falta faena. Niños y viejos.
> OTRO SEPULTURERO.- La caída de la hoja siempre trae lo suyo.
> EL MARQUÉS.- ¿A vosotros os pagan por entierro?
> UN SEPULTURERO.- Nos pagan un jornal de tres pesetas, caiga lo que caiga. Hoy, a como está la vida, ni para mal comer. Alguna otra cosa se saca. Total, miseria. [LB: 158].

Ambos sepultureros han aprendido por su oficio que la vida sigue y que el dolor de las familias es siempre relativo: "¡Dura poco la pena!" [LB: 159]. Pero además, aunque ignoren quiénes fueron Artemisa y Mausoleo, poseen sentido común y conciencia crítica ante los valores dominantes. Por ello uno de los sepultureros piensa, como el preso anarquista catalán, que "en España el mérito no se premia. Se premia el robar y el ser sinvergüenza. En España se premia todo lo malo" [LB: 154].

Finalmente, la escena última viene a completar el retablo grotesco con el que Valle-Inclán ha querido desvalorizar la muerte de Max Estrella y profundizar, por el contrario, en la pintura negra del encanallamiento nacional. Para mayor ironía, Max Estrella, el poeta ciego Mala Estrella, ha tenido una suerte póstuma en la lotería que se dispone a gozar el ladrón de don Latino, quien no ha entregado esas "diez mil del ala" [LB: 164] a la viuda e hija del difunto y que apura en esta escena su abyección moral. Así, el *"manojo de billetes"* [LB: 164] que éste arroja sobre el mostrador de la taberna de Pica Lagartos despierta la avaricia de todos los personajes populares, un pulso de pasiones sórdidas que queda interrumpido por la presencia escénica de Pacona. Esta vendedora de periódicos, para completar el recuento de cadáveres, vocea la noticia del suicidio de Madama Collet y de su hija Claudinita, muertes degradadas por el *Heraldo de Madrid* a la categoría de vulgares episodios de una novela de folletín:

> EL CHICO DE LA TABERNA.- ¡Aventuro que esas dos sujetas son la esposa y la hija de Don Máximo!
> DON LATINO.- ¡Absurdo! ¿Por qué habían de matarse?
> PICA LAGARTOS.- ¡Pasaban muchas fatigas!
> DON LATINO.- Estaban acostumbradas. Solamente tendría una explicación. ¡El dolor por la pérdida de aquel astro!
> PICA LAGARTOS.- Ahora usted hubiera podido socorrerlas!
> DON LATINO.- ¡Naturalmente! ¡Y con el corazón que yo tengo, Venancio!
> PICA LAGARTOS.- ¡El mundo es una controversia!
> DON LATINO.- ¡Un esperpento!
> EL BORRACHO.- ¡Cráneo previlegiado! [LB: 169].

Y si hasta para don Latino la vida y este mundo acaban por ser, definitivamente, "un esperpento", la única estética capaz de reflejar en su exacta dimensión grotesca esta conjugación de tragedia y farsa que constituye la realidad histórica actual, la "trágica mojiganga" nacional, será precisamente para Valle-Inclán la estética del esperpento.

Valle-Inclán (1898-1998): Escenarios
Universidade de Santiago de Compostela, 2000: 361-384

LOS AUTOS Y MELODRAMAS DE VALLE-INCLÁN: TEXTOS DRAMÁTICOS Y REPRESENTACIÓN

Antonio N. Zahareas
University of Minnesota

I

Teatrillos para siluetas y marionetas

Los puntos comunes a los dos "autos para siluetas" y a los dos "melodramas para marionetas" se cifran en el título de la colección, *Retablo de la avaricia, la lujuria y la muerte* (1927): los graves pecados y las muertes violentas que resultan de ellos han de ser representados en escenarios teatrales, *no* por actores que tradicionalmente se presentan bajo la máscara de los personajes *ni* por marionetas o siluetas *en sí*, sino por actores que ante el auditorio han de moverse, hablar y gesticular *como si fueran muñecos*. Así, los acontecimientos e intrigas de los cuatro teatrillos de muñecos se ven sometidos al capricho del titiritero que (se) sabe mover los hilos de la farsa. Tanto las acciones proyectadas por siluetas como por marionetas se han ordenado según el cruce continuo de dos géneros distintos: los casos pecaminosos, y por tanto graves, de la avaricia y lujuria, y otros trágicos de muerte y necrofilia compuestos enteramente de chistes e ingeniosidades propios de los "géneros chicos".

Los acontecimientos dramatizados en los autos y melodramas se han proyectado a la luz de este proceso híbrido: el asesinato a tijera del bulto por la mozuela en su alcoba se debe al pacto de sangre (el *ligazón* del título) que ella hizo con el afilador contra los consejos de su madre y la raposa. La ejecución violenta del presunto traidor, entre bandoleros, por el capitán sellándole la boca en el momento de su confesión se debe a que, aunque un *sacrilegio*, la confesión entre patética y tremendista les ganaba la simpatía a sus ejecutores. Le requiere amor carnal a su mujer difunta el marido borracho cuando, ya preparada para su entierro con una *rosa de papel*, explica que, mientras está en su casa está en su derecho. El asesinato a navaja del jinete valentón en el bar del indiano, según el plan de la coima, se lleva a cabo en el momento de suspirar rendida la Pepona, quien, excitada sexualmente por fin, persiste en los besos fríos de la necrofilia.

Hay que distinguir entre dos clases de representación teatral y esta distinción es aplicable a cualquier lectura de los cuatro textos dramáticos. Una es la realidad escenificada —un ventorrillo, una fragua, un café o una cueva. Dentro de estos espacios limitados, unos actores representan a personajes socialmente "típicos" como, por ejemplo, la experta alcahueta, la mozuela, el albañil, la encamada, la coima, el indiano gachupín, y el bandolero, entre otros. Constituyen éstos el reparto de varios papeles indicados como *Dramatis Personae*: funcionan dentro de las realidades concretas de escenarios teatrales en los que, al menos para el público, las cosas son verificables. Dentro de la actuación de cada actor, sin embargo, yace todo un retablo de siluetas y marionetas manifestado por una serie de sombras, bultos, gemidos, gestos cadavéricos, figuras grises, zapatetas, aires melodramáticos, patetismos espásticos, pelos de punta, muecas, dedos de fantoche, obscuro ruedo, figuras atónitas, etc. Para el lector, un retablo para títeres no es real en el sentido en que lo es el de la actuación de los actores. Pero, desde el punto de vista de la función de los títeres, el mundo del retablo representa una realidad en la que las marionetas no son marionetas, sino personajes típicos: un indiano, un barbero, una esposa, un marido, un extranjero, un condenado, un capitán, los cuales, al menos simbólicamente, sufren violencia, asesinatos, muertes, amores, chantajes o traiciones, al igual que la gente en el mundo real. Sin embargo, una representación de siluetas o marionetas difiere de la de actores en cuanto que ésta proyecta la ilusión de una realidad, mientras que aquélla no puede sino confirmar su estado de ilusión concreta.

Valle-Inclán integró el montaje teatral en los textos de autos y melodramas partiendo de las técnicas y estilos asociados con los retablos, no por una decisión arbitraria, sino porque desde hacía años el proceso de hacer teatro de muñecos constituía la base sobre la cual se había de convertir la metáfora del gran teatro del mundo, en el pequeño teatro de muñecos. Es decir, hacer de la teología que yace tras los autos sacramentales o las tendencias trágicas de los melodramas una marionetología. Si la teología es la ciencia que trata del "dios" considerado en tanto que "demiurgo" del cosmos y del hombre, una "marionetología" será la ciencia del "muñeco" en tanto que creación artificial realizada y proyectada por el dramaturgo en su papel de demiurgo. En los dos casos, el dios es demiurgo: *el que hace ser.* Valle-Inclán adaptó dos géneros tradicionales (autos y melodramas) y, al elaborarlos, los sometió sistemáticamente al proceso estético de hacer retablos de muñecos. Se produjo en 1927 — dentro de la artificialidad de toda pieza teatral— y en palabras del dramaturgo "acaso una inaccesible categoría estética" (Rosa, p. 242). Sobre esto no existe apenas discusión. Lo problemático es plantear si la llamada "marionetología" es posible, cómo lo es y cuáles son sus consecuencias.

Las figuras híbridas representadas entre actores vivos y muñecos inánimes tocan nada menos que el estado de la cuestión: *la función histórica de todo artefacto artístico.* La problemática de los fundamentos de cómo se ha "de ver el mundo …estéticamente" —problema que nunca dejó de preocupar a Valle-Inclán— llega a su punto más determinante en las fronteras precarias entre los cuatro textos dramáticos agrupados en el *Retablo* y el montaje teatral de los mismos. "Porque", en palabras del dramaturgo, "nos asiste la indignación de lo que vemos ocurrir *fatalmente* a nuestros pies". Es decir, se obliga al público a observar sólo "por estética" lo que está pasando con diversos problemas de la vida social o de la existencia humana que, venidos a menos, son representados por marionetas y siluetas. Se trata de "escenarios elegidos por la tragedia" (por ejemplo, los pecados tradicionales que llevan a la muerte) pero vistos aquí "en cartón". Las cuatro obrillas del *Retablo* tocan el inmenso problema de si realmente una teología o tragedia puede llegar a serlo "por estética". Porque, conste que sólo "por estética" (y, en particular, la artesanía de producir textos dramáticos para teatros de muñecos) existe la marionetología.

Los teatrillos de muñecos del *Retablo* plantean el complejo problema de la "degeneración" (tanto en la vida social de los hombres como en el espectáculo teatral de actores), desde el ángulo escueto de cuatro obrillas para siluetas y marionetas. Valle-Inclán logró revolucionar los medios estéticos del género teatral. Esta revolución se debe a la reciprocidad entre actores y muñecos. No se han cuestionado los continuos esfuerzos de Valle-Inclán por cambiar los géneros dramáticos tradicionales. No obstante, lo problemático sigue siendo saber si es posible hacer realizar de manera seria un teatro trivial de muñecos. Una oposición se crea necesariamente entre las "trivialidades" asociadas con los teatros de marionetas o sombras, y los referentes históricos de esas trivialidades. El desafío para este congreso, entonces, es si es posible forjar un análisis inclusivo para los cuatro textos dramáticos que represente una genuina síntesis de perspectivas tanto históricas como literarias. Un intento de tal síntesis debe confrontar serios problemas teóricos y empíricos pero, por lo menos, en torno a los autos y melodramas del *Retablo* ya no deben transcender o escamotearse las contradicciones que yacen en cualquier problemática histórico-moral realizada estrictamente por y para la estética*.

II

La función del teatro de muñecos

Más que meras obras literarias sobre cuyas lecturas se han de construir espectáculos teatrales, los dos autos, *Ligazón* y *Sacrilegio* y los dos melodramas, *Rosa de papel* y *La cabeza del Bautista*, son textos dramáticos sumamente mediatizados en sus relaciones con el montaje teatral de los mismos. El montaje teatral se ha inscrito ya en los mismos diálogos y acotaciones de cada uno de los textos dramáticos. Dado que cada texto está ya

---

* Este estudio debe mucho (1) a todos los aforismos al respecto del propio Valle-Inclán, sobre todo a los estudios sobre la cuestión del esperpento; (2) a la edición crítica de Jesús Rubio Jiménez, que resume con eficacia todas las problemáticas respecto a cuestiones de origen, publicaciones, fechas, adaptaciones, fuentes, textos, montajes, significados etc; y (3) a la obra reciente de Elena Cueto Asín ["Autos para siluetas: simbolismo y caos sobre el espejo cóncavo"], que examina los autos a la luz de toda la obra de Valle-Inclán. *El Embrujado* no entra en los parámetros de este estudio. En lugar de interrumpir esta presentación con citas y notas a pie [y a fin de mantenerla dentro de los límites de una extensión manejable] destaco las problemáticas fundamentales con pocas referencias a los estudios de otros comentaristas, todos valiosos (vid. bibliografía).

hecho y que los diversos contenidos de cada obrilla se han fijado en actos de pecado y muerte, en situaciones absurdas de dilemas monetarios, y en personajes de los de abajo, es decir, no renovables por definición, no siempre se compagina con el espectáculo de marionetas que transmite el montaje teatral. Puesto que las maneras por medio de las cuales los actores interpretan motivos de avaricia, o reaccionan a las causas y efectos de la lujuria, estas maneras son medios de integrar del todo las acotaciones y diálogos de cada auto y melodrama. De esta integración surgen a través de cada texto dramático, ciertas ideas sobre el amor sexual, los valores de dinero y los sentimientos de superstición y violencia que, al servir como explicaciones de *qué* sucede en el escenario del retablo y *cómo*, interconectan todos los contenidos y motivos con algún tipo de visión. Una visión algo fatalista de que hubo algo que no pudo evitarse en la ligazón sangrienta entre el afilador y la hija de la ventera, en las dos necrofilias por dos frustrados (una por el alcohólico Simeón Julepe y la otra por Pepona, la mujer "de los rizos"), y en el sacrilegio de la sin fin confesión del bandolero traidor.

Se trata ésta de una visión con ribetes de superstición imaginaria que no obstante proporciona cierta coherencia aparente a toda la estructura del texto dramático. *Ligazón, Rosa, Cabeza* o *Sacrilegio* son sólo inteligbles a través de su *estructura híbrida*: se confunden mutuamente el texto leído y el montaje visto. La estructura presupone dos planos de realidad sobre lo que ocurre en las cuatro obras del *Retablo*: Existe primero el plano de lectura manifestado por una serie de actos, situaciones y personajes ficticios, pero se tiene paralelamente el plano de las imágenes forjadas por la representación teatral sobre los contenidos del texto dramático. En el escenario, unos actores se presentan bajo la máscara de unos personajes, ante otros personajes proyectados por otros actores. En ambos casos, el lector o el espectador constituye el tercer partícipe de esta interacción teatral. Tan distanciados parecen a veces el uno del otro estos dos planos de actores y marionetas, que la desproporción entre texto y montaje ofrece la sensación simultánea de dos versiones distintas y a la vez mutuas de la misma realidad dramática. Ahora bien, es precisamente en esta desproporción donde Valle-Inclán, entre 1924-1927 ha intervenido de modo muy revolucionario.

Por ejemplo, ya se trate de las marionetas de los dos melodramas (títeres movidos por medio de hilos) o de las siluetas de los dos autos (dibujos de los contornos de sombra), al aparecer en el escenario envuelven contradicciones cuando no imposibilidades: a diferencia de lo que hacen los actores, las marionetas, sin vida, no llegan a hablar ni moverse. Así, no pueden participar en lo que más les atañe —ejecutar en público por medio de diálogos una obra dramática. Al parecer, mueven, hablan, gesticulan, besan, afilan, matan, gritan, mueren, pero sólo en conexión con los actores que, a modo de interpretar papeles en el teatro, los hacen hacer. Las marionetas y siluetas, por inánimes, se confunden con las ilusiones de la realidad transmitidas, *como si fueran humanas, de carne y hueso*, en la función teatral. Estas están controladas, en todo caso, por el plan del dramaturgo, la estrategia del director y la actuación de los actores. El papel que se asigna a las marionetas o a las siluetas (estereotipos todos como la "raposa", el "afilador", la "encamada", Julepe, Pepona, don Igi, el Capitán, etc), es a raíz de personajes que han de parecer manejados. Esto es lo que determina de qué manera los actores, en las diversas situaciones montadas sobre el escenario teatral, se presentan y presentan su actividad fantochesca ante otros.

Como ejemplo, imaginemos un espectáculo pequeño donde una actriz hace el papel de una *encamada* ante el público. El papel refiere a la situación "trágica" en que se hallan varias figuras de los melodramas: Floriana, mujer de Julepe, madre de dos hijos, al morirse en medio de gritos, paranoias e histerias ("Renegado", "Espantaime el gato"), es figura poco romántica en su grotesco melodramatismo. No es nada atractiva como lo es la *femme fatale* de la tradición. La actriz por tanto ha de pretender sufrir el notorio patrón romántico de hacer bien en medio de su agonía pero bajo condiciones degeneradas. Durante las breves horas que preceden a la muerte se preocupa por los hijos. Poco después, pasmado su cadáver a través del resto de la representación, la actriz ha de parecer muñeca atractiva, sin moverse. Con su rosa de papel por encima es tan atractiva que parece más seductora como cadáver estático, de lo que era cuando vivía: ahora abrazada y seducida por su marido, quien por fin se tiene por el romántico amante de su mujer legítima y, además, "está en su derecho". Es la representación grotesca por marionetas de las escenas altamente civilizadas y delicadas del amor romántico "más allá de la muerte". (¿Podría L. Olivier en *Cumbres Borrascosas* hacer el amor al cadáver de M. Oberon o en *Camille* R. Taylor a Greta Garbo?) En torno a la técnica teatral del melodrama, la actriz ha de moverse espasmódicamente y a la vista del público quedarse inmóvil como si fuera marioneta. Nuestra estimación de la Encamada sufre cambios porque la actriz refiere a los casos melodramáticos de las moribundas de la tradición romántica u operática.

Las marionetas y siluetas tienen dos vidas: la primera cuando están construidas como "figuras" reconocibles: indiano / madre / mozuela / bandolero / traidor; y la segunda cuando se les hace funcionar por el medio de actores. La función melodramática de marionetas o del auto sacramental de siluetas consta de dos elementos básicos: la figura central de marionetas o siluetas que por sí mismas no pueden hacer nada, y una serie de dilemas que refieren a distintas situaciones sociales y dilemas ético-morales: amor vs. dinero; muerte vs. amor; coima vs. enamorada; avaricia / lujuria vs. confesión / blasfemia. Así, en marionetas y siluetas queda cifrado todo un proceso estético: de qué modo lo puramente artificial del teatro es copartícipe de lo que ocurre en la vida del público. Su función metafórica (según las observaciones de Valle-Inclán sobre fantoches humanos) consiste en trasladar, primero, el sentido literal que tienen "mundo" y "hombre" a otro figurativo de "teatro" y "actor", y, segundo, transferir el contenido de la idea del *theatrum mundi* hasta los retablos de muñecos.

Recordemos que no es fácil, ni posible, hablar de marionetas sin emplear el lenguaje "funcional" de actores, escenarios y montajes, rutinas y papeles, indicaciones, acotaciones y manejos, medios escénicos y telón de fondo. Los cuatro textos están repletos de acotaciones, las cuales, aunque se omiten en un montaje, orientan a los lectores con detalles sobre el escenario ("Café y Billares del Indiano"); la iluminación ("la luna se espeja en las aguas del dornil"); los personajes ("achivado, zancudo, ermitaño"); los movimientos ("se retira para juzgar del efecto"); las acciones ("se advierte el facón oculto en la manga"); los gestos ("en señal de menosprecio"); los trajes ("La pañoleta floreada"); los ruidos ("Rechina el cerrajo" vs. "tenso silencio" vs. "ladran los perrros"); y más detalles. Las funciones representadas son siluetas que construyen ilusiones ideales y que, gracias a la artificialidad de los muñecos, pueden ser reconocidas en tanto que ilusiones. Pero, a diferencia de los espectadores, nada "real" o "verdadero" puede sucederles a las marionetas. El demiurgo, según Valle-Inclán, no permite nunca que sus espectadores crean ser del mismo barro que sus criaturas, a menos que, como las figuras del retablo, resulten ser marionetas de los mitos dominantes, metafóricamente hablando.

Si Valle-Inclán indagó en la teoría y en la praxis que muestran los muñecos es porque percibió en ellos el modo eficaz, para los tiempos modernos, de comprender el mundo artística o estéticamente. Al proyectar su robotismo espasmódico por medio de actores, las marionetas sirven de metáforas visuales de las deformaciones de nuestro mundo. Este es el papel de muñecos, sombras y siluetas en un mundo de signos culturales. En él, Valle-Inclán atribuye a las siluetas de marionetas acartonadas las condiciones que exhiben los humanos, mas sin dejar nunca que los actores transciendan su condición de siluetas. Resulta una innovación radical en el proceso de hacer teatro: gracias al distanciamento provocado por el intercambio entre muñecos inánimes y actores vivos, el público se ve obligado a percibir tanto la "ilusión" artificial de las "realidades" históricas como los procesos de la representación de ellas.

El arte teatral de marionetas puede ser un producto artificial y a la vez mediatizado en sus relaciones con las bases históricas. Durante toda la duración del *Retablo* Valle-Inclán en su papel de demiurgo se ve distanciado, pero sólo por estética. No pretende nunca ser un desinteresado. Respecto a las realidades históricas que yacen tras las ilusiones concretas del *Retablo* se revela toda una indignación. El famoso comentario de Valle-Inclán sobre esta indignación ante "el vasto escenario de España" conviene del todo a los autos y melodramas:

> Siempre hay una hora dramática en España; un drama superior a las facultades de los intérpretes. Éstos, monigotes de cartón, sin idealidad y sin coraje, nos parecen ridículos en sus arreos de héroes. Gesticulan con torpeza de cómicos de la legua las situaciones más sublimemente trágicas. (*Visión*, p. 238)

Estas palabras abarcan el compromiso de Valle-Inclán como español pero en su papel de demiurgo, de esteticista. El marionetólogo es capaz de ver a los españoles, siempre colocándose por encima del drama, desde una distancia para mejor apreciar los paralelos que provee la metáfora *theatrum mundi*: por analogía, se da por sentada la semejanza entre el actor de teatro y el español de España en función del papel social de los dos: la vida española es como un *retablo* sólo porque tanto los actores de autos y melodramas como los españoles de la historia interpretan mal su papel reiterativo, a nivel de marionetas o siluetas. El *Retablo* puede considerarse como la tranformación de la siempre repetida metáfora, "gran teatro del mundo" en *concepto* estético sobre el individuo: es a la vez actor y marioneta. Las consecuencias son tremendas, al menos respecto a las relaciones dialécticas entre *medios* teatrales y *mensajes* históricos.

III

Autos y melodramas en cartón

Los dos autos y los dos melodramas contienen las características del género dramático y, además, las marcas de los modos por medio de los cuales se han de montar los textos sobre el escenario. Se ven estas marcas en los argumentos de las cuatro piezas cortas, todos muy simples y folletinescos. Mediante una serie de precarias situaciones (todas a base de adaptaciones de tradiciones literarias morales y religiosas) se proyecta en la acción dramática representada por marionetas o siluetas una frontera entre lo fatal así como lo absurdo, y un sentido de impotencia a nivel de lo ridículo. ¿Qué pasa si los aspectos sentimentales de los melodramas se encarnan en marionetas movidas por hilos? Los resultados teatrales son también simbólicos: si en la "sociedad" el "individuo" se deja manejar dócilmente, acabará siendo prisionero de clichés ideológicamente potentes, víctima al final, de representaciones imaginarias de lo que realmente es y de lo que determinan sus ideas, valores o sentimientos.

Todos los actos de avaricia o lujuria acaban, de modo más inexorable que ejemplar, en la muerte. En el primer auto del *Retablo*, por ejemplo, la intriga amorosa de la *Ligazón* como pacto de sangre entre la mozuela virgen y el afilador casado se realiza en medio del celestinazgo no deseado, lo cual causa la muerte del intruso indiano, apuñalado con las tijeras de la mozuela una vez afiladas por su amante. En el otro auto que cierra la rueda del *Retablo*, un bandolero condenado por traidor a muerte por sus compañeros, acelera el momento de su ejecución —a base del fogonazo repentino del capitán— por ser, irónicamente, demasiado sincera su confesión sacrílega de crímenes, entre ellos, incestos y asesinatos. En el primer melodrama, la avaricia del marido borrachón se convierte en el deseo lujurioso, lleno de escándalo, de querer fornicar a su difunta mujer, irresistiblemente atractiva una vez cadavéricamente inerte, con su rosa de papel por encima. Y, finalmente, en el segundo, el asesinato vulgar del joven inmigrante ("flor de mozo") coincide con el momento de excitación erótica de la coima del asesino quien, aunque copartícipe en el crimen, quiere, y por sensualismo necrofílico prolongar en brazos del cadáver su placer, "los besos de piedra".

La composición de cada obra consta de un dilema representado por los protagonistas, y en torno a estos, una serie de situaciones que, encadenadas una tras otra, llevan al final, a la solución del dilema. Se trata de unas intrigas bien hilvanadas que se han elaborado dentro de géneros conocidos. La representación escénica de los tradicionales *autos sacramentales,* por ejemplo, es de contenidos ejemplares, más bien religiosos, sobre los peligros de los pecados que llevan a la muerte. Entre los subgéneros dramáticos, los *melodramas* exageran los rasgos sentimentales por medio de personajes que son estereotipos de la bondad o de la maldad. Así, los dos géneros elaborados por Valle-Inclán han llegado a él cargados de una acumulación modélica de rasgos comunes, rasgos que al canonizarse han creado ciertas expectativas. Tanto el auto como el melodrama tradicional presuponen que, como géneros tradicionales han de formar, incluso dentro de una adaptación y elaboración secundarias, una totalidad unificada. En esto nos acercamos a una posición convencional sobre la adaptación de géneros dramáticos. Pero, una de las varias proposiciones escandalosas que Valle-Inclán realiza es rechazar esta creencia, para integrar el auto y el melodrama en el proceso burlón de hacer venir a menos y por tanto denigrar, el proceso de los géneros chicos muy típico de los retablos. Ahora bien, este proceso dramático de montar géneros distintos para provocar al público se convierte en el principio fundamental de componer autos para siluetas y melodramas para marionetas.

Tomemos primero el caso de los dos autos. El trasfondo teológico del auto presupone que al alejarse de Dios, el hombre comete graves pecados, pero antes de morirse se le da a éste la oportunidad de volver a Dios, de convertirse. En consecuencia, hace falta un cambio de mente que posibilite la penitencia. Se trata de una confesión auténtica en la cual, el pecador debe manifestar sus pecados ocultos ante un confesor, un sacerdote experto. El pecador se hace penitente para expiar sus pecados declarando al confesor sacerdote sus crímenes. La base de la confesión reside en el credo religioso sobre el equilibrio entre condena y salvación, mientras que la burla grotesca de ello es el sacrilegio de fingir religiosidad, ya que en esto se está profanando todo lo que se considera sagrado. Entonces, ¿cuál será aquí el fin del *Sacrilegio*?

Según Valle-Inclán, el género popular de Retablos es un medio para las condiciones específicas del público español al cual le mueve más la plástica que el concepto. Se puede seguir con emoción la confesión sacrílega del Sordo de Triana, traidor, ante un falso confesor y ante las sombras plásticas de bandoleros mejor que el concepto o doctrina de la penitencia. Es decir, que por estética prepondera la liturgia y el rito del acto y *no su significado moral*. Así, se mantiene el género dramático del *auto* pero, dentro de él, se han deformado y secularizado la alegoría, los personajes bíblicos y el misterio de la misa. Se han silueteado los efectos dramáticos de los géneros tradicionales, es decir, las figuras se han denigrado. Por analogía, los personajes, en vez de aparecer humanos como en melodramas, o alegóricos como en autos, y por tanto, representados en las tablas por actores, aparecen a través de la escena como dibujos. Se han reducido los contornos de tres dimensiones a una, la de las siluetas (además, Cueto ha demostrado que la irreverencia hacia los fundamentos sacramentales de la confesión del Sordo de Triana reside "en el uso de estas palabras [taurinas] como metáfora de la administración del sacramento", p. 70).

De este modo también el espectáculo visual del todo asilueteado del bulto con tijeras en la *Ligazón*, según el concepto teológico de que "tal hace tal pague" sería propia de los autos sacramentales. Esto es porque los fundamentos de las causas y efectos del asesinato en la tradición genérica son ejemplos religiosos o morales de lo que *no se debe hacer*. Se trata de ejemplos negativos, contrarios al "obrar bien". Este patrón genérico, primero, se ha llenado de un "lenguaje visual" sacado de los géneros chicos o de localismos metafóricos de la literatura popular y, luego, como bien ha documentado Elena Cueto en el estudio más reciente sobre los autos, ha puesto en paralelo el dilema de la mozuela con los de las conocidas protagonistas del *cuplé*:

En cuanto al primer caso, La Mozuela, negándose a ceder a la tentación del dinero, cumple con el papel de mujer justa y decente, que seguramente no merecerá un final trágico, sino la recompensa que en mucha de la ficción, trae consigo una actitud virtuosa. "No me camela ese punto, porque se venga saltando el oro en la palma de la mano!" ... y "¡Mi flor no la doy por dinero!" ...son frases rotundas que la perfilan positivamente. Tampoco cae en la segunda de las opciones, la debilidad de la pasión, ya que su elección de ceder sus favores al Afilador es plenamente consciente y, hasta cierto punto, calculada. Es ella quien controla la situación, y en última instancia, la que sugiere la relación sexual, siendo suya la última palabra en el diálogo de la obra, "Pues entra a deshacerme la cama." ...

De esta manera vemos cómo se llega al melodrama que intenta reproducir Valle-Inclán a modo de parodia. (Cueto, p. 66)

De esta manera se ha melodramatizado el "auto" tradicional y se han desmantelado, por medio del *collage* paródico, los fundamentos religiosos y ejemplares.

Ahora bien, si abrimos cualquier página de los dos melodramas (o leemos los comentarios de Valle-Inclán respecto al montaje de ellos) advertimos, ante todo, dos circunstancias: una apunta que, por muy artificial o irreal que sean las marionetas, en uno u otro grado, apelan al sentido estético de la realidad histórica del público. La otra indica que, a diferencia de tantos dramaturgos que tratan de la sociedad en general, Valle-Inclán enfoca sus dos melodramas solamente en *una* sociedad: la sociedad española moderna y, en particular, la rural. En los dos melodramas, en otras palabras, no se trata de marionetas en general, sino de unas marionetas del todo artificiales pero al mismo tiempo históricamente determinadas o reales. Es importante ver los comentarios sobre estética de Valle-Inclán como un conjunto de sus creencias sobre la capacidad de distanciarse para mejor divertirse ante un espectáculo de muñecos que, debido a sus pretensiones tespianas, parecen ridículos —incluso grotescos— en posturas dramáticas. Pero no por ello carece un espectáculo "por estética" grotesco de una función histórica.

El violento expresionismo, por ejemplo, de los tres personajes, en *La Cabeza del Bautista* (simbolizando quizás el pasaje bíblico de Salomé, Herodes y Juan Bautista) sucede (como con la mayoría de las piezas de

Valle-Inclán), en un ambiente algo histórico: en este caso la emigración. Recordemos que la emigración es el destino de los pueblos gallegos. Aquí encontramos la semilla de un drama que Valle-Inclán solamente sugiere. De ordinario, los dramas sugieren poco y procuran dar realidad a la acción. Aquí, aparece la capacidad de fabulación del autor en la densa peripecia: cuando Jándalo, el hijo de la mujer de don Igi, el indiano, para saldar "antiguas cuentas" de asesinatos, nos enfrenta en cuatro frases con el pasado y con la tragedia. Cuando don Igi se libera del pasado y asesina por medio de Pepona al hijo de su mujer, ha perdido la razón de ser de su vida, su tardío amor por la Pepona. Cuando antes de caer el telón nos dice don Igi: "Mejor fuera haberlo transigido con plata", se nos descubre mediante el gesto amarionetado de la avaricia nada menos que el alma grotescamente mísera del emigrante avaro por un dinero duramente ganado.

Es indispensable tanto la plasticidad de escenarios como el tono dramático de una representación amarionetada del texto de melodramas. Es el escenario expresivo el que crea la situación metafórica (siempre implícita en el texto) de una tragedia más ahora grotescamente deformada. El Jándalo llegó pidiendo cifras que cancelasen viejas cuentas de *codicia* y *asesinato*, pero el *avaro* don Igi, por no rendirlas, planea su *muerte*. Y he aquí, cómo el pecado de la avaricia ya desvalorizado se desliza en el pecado de lujuria del todo tremendista: en tanto que el inmigrante besa a la coima de su padrastro, éste se la da con traidora faca; los labios del hombre joven, sin embargo, se le enfrían en la boca de La Pepona y ésta, del todo erotizada, se pasma sexualmente en el "beso de piedra." Al querer prolongarlo, ésta lo hace con una lujuria no se sabe si de *vida* o de *muerte*, arrepentida de haberse conjurado con su viejo mantenedor: "¡Flor de mozo!" ...¡Yo *te mato cuando la vida me dabas!*" (*Retablo*, p. 441) Es el espasmo espantoso que irónicamente un cadáver le otorga. El efecto grotescamente sensacional de la necrofilia activa ("¿Eres engaño? ¡Te muerdo la boca!") borra la ejemplaridad tanto mítica como religiosa de los autos; predomina la plasticidad del rito o la ceremonia sobre el concepto del culto religioso.

En cuanto a la *Rosa de papel*, el mismo Valle-Inclán explicó el proceso de hacer el melodrama. Una esposa se le muere al albañil. Hay que preparar su cadáver para el entierro. ¿Cómo? Según las costumbres de la aldea. En vez de contar detalles de la muerte y del entierro, lo que se destaca es la reacción del marido borracho ante el cadáver de su mujer quien, como la rosa de papel artificial, es más atractiva muerta que viva. Y de ahí, dentro de las posibilidades del teatro chico, surge, debido al escenario arquitecturado, la grotesca y macabra situación de la necrofilia, melodramáticamente espectacular. Valle-Inclán elabora la última escena de *La dama de las camelias*, cuya dolorosa agonía moral y física reinvindica su existencia a través de la fe en Dios (*vid*. Rubio, notas) Destaca melodramáticamente el patetismo de la enferma al hacer que la encamada sufra la misma agonía melodramática. Pero, en las acotaciones y el diálogo de *Rosa*, todos los altos pensamientos románticos se han reducido a espasmos, gritos, insultos. Todo se ha distorsionado, a nivel de marionetas: el gran amor de Julepe ha deformado, no la realidad sino el medio, el aparato, el arte melodramático de poner sentimientos absurdamente por encima de la realidad dura. Esto resulta importante como técnica. *Rosa de Papel* dramatiza simultáneamente la muerte de una esposa y la marioneta dentro de ella. Dado que el melodrama pertenece al pasado, es decir, no es renovable excepto por la elaboración secundaria de Valle-Inclán, se confunde éste para el público con las marionetas que nos trasmite *Rosa de papel*. El melodramatismo de "La Traviata" se confunde, de esta manera, con la necrofilia de marionetas. Valle-Inclán desmantela así el melodrama tradicional al transformar las figuras humanas de los personajes en peleles.

IV

Estética y marionetología

En cada situación ficticia de los autos y melodramas se repiten, por una estética sistemáticamente deformadora, actos grotescos cuyos personajes son representados por actores. Estos, al hacer sus papeles, hacen una metamorfosis de individuos humanos a marionetas artificiales. Así, en los autos y melodramas tradicionales se logra plásticamente la moralidad del pecado o la tragedia de la muerte a la luz de una representación fársica. Por lo tanto, las causas y efectos de cada dilema en *Ligazón, Rosa, Cabeza* y *Sacrilegio*, se han montado dos veces, pero simultáneamente: la primera como tragedia ejemplar de avaricias, lujurias y muertes hecha para actores, la segunda, como farsa grotesca de estas mismas tragedias para marionetas. Es en esta encrucijada de lo *lo trágico ad absurdum* donde se proyectan varias ideologías, es decir, las ideas, valores y sentimientos, por medio de los cuales las marionetas o siluetas se enfrentan, y por tanto representan sus dilemas sociomorales. De ahí la cuestión (y para algunos, incluso la duda) del valor de una "totalidad" escénica, sin nada de fundamentos ideológicos, la cual se convierte, visualmente, en una representación grotesca del problema moderno de las relaciones morales entre sociedad e individuos.

Estas visiones perturbadoras del pecado adquieren máxima intensidad dramática durante el desenlace tajante de cada una de las cuatro obrillas. Debido a una consciente estética de marionetología, el montaje sobre el destino de los personajes es espectacular. Al caerse el telón suceden, *conjuntamente*, el final del argumento trágico-fársico, como la conclusión por "muñecoactores". El lector-espectador ve: el golpe en tierra de un bulto de pelele tirado desde un ventano como silueta con tijeras clavadas en el pecho, el ataúd en fuego al exaltarse el marido de "necrófilo erotismo" abrazado al cadáver lavado y bien vestido de su mujer, el cadáver del joven indiano apenas apuñalado que sigue otorgándole espasmos a la coima necrofiliamente erotizada con su cuerpo, y un fogonazo repentino que retumba en la cueva de figuras atónitas que dobla la cabeza sobre el hombro al traidor en el acto mismo de confesarse ante un confesor fraudulento. Como todos los elementos del argumento se encuentran distribuidos en los dos autos y melodramas según una organización de conjunto escénico, el desenlace rápido y repentino determina la función que desempeña cada elemento dentro de la estructura retablil.

Así se da fin, a la manera de algunos cierres fílmicos: la acción y efecto de cortar (*cut*!) el desenlace de los sucesos, de repente, y al mismo tiempo, acabar con todo el espectáculo, sin comentario, ni explicación, ni ejemplaridad. El efecto dramático es causar un misterio y a la vez provocar un *shock*: ver en el notorio amor romántico más allá de la muerte el macabro factor necrofilíaco, o en la Ligazón de amor erótico, o en la trágica confesión de pecados una fría ejecución, equivale a desnudar a los elementos melodramáticos o sacramentales de su aura romántica o religiosa. El final repentino lo deja todo en entredicho: el medio estético de irresolución final en cada una de las obrillas se convierte en el mensaje mismo de las obras. No se plantea ni la mínima sugerencia sobre las consecuencias legales, morales o religiosas de los crímenes o pecados. Resulta como si por lo menos, a la luz del final espectacular, no importasen los problemas ético-sociales de la vida. El medio del espectáculo aquí se sitúa por encima del mensaje.

Las cuatro obras prescinden de todo tipo de ejemplaridad exigida por la literatura tradicional. Lo cual vuelve a plantear la cuestión de si, quizás, Valle-Inclán se preocupe más por las técnicas de forjar plasticidad, crear símbolos sobre misterios, magias o supersticiones, construir arquitecturas de escenario, decorados sintéticos, y, en general, por preferir fabricar montajes brillantes que por desarrollar temas transcendentes o problemas ideológicos. Se ha debatido, incluso, si las escenografías brillantes de las acotaciones y el intenso lenguaje simbólico de los diálogos a las que pertenecen ambos autos y melodramas son gran literatura dramática o dignas producciones teatrales.

Valle-Inclán opinó mucho al respecto. Dijo que, en realidad, los hombres ya no son lo que eran, que hoy día sólo el orgullo les hace suponer que son animales pensantes, que, si el destino entre fatalidad y grandeza sigue siendo el mismo, los hombres que lo sostienen han cambiado por haber venido a menos. Por otra parte, también sostuvo que, lo ridículo, metafóricamente, se debe a que los actores del teatro del mundo son minúsculos respecto al talento y por tanto incapaces de sostener el peso que exigen los papeles importantes de la vida. La estética teatral de muñecos para Valle-Inclán es inseparable de su visión de la transformación de "lo sublime a lo absurdo" en España. Todo se encoge, se empequeñece y, en general, se deforma para reivindicar uno de los objetivos que se destaca en la marionetología: al degenerarse algo importante en los casos tradicionales de tragedia, heroismo, moralidad o religión, ese algo se trivializa. Lo que carece de importancia moral o interés filosófico se confunde, así, con la importancia artística e interés experimental del teatro para marionetas y siluetas.

Para el Valle-Inclán del *Retablo,* las técnicas de englobar en uno teatros y retablos corren paralelamente con sus creencias sobre la sociedad española. Primero, empieza con unas situaciones ficticias: un pacto erótico de sangre es el medio de aceptar relaciones sexuales y de evitar la prostitución; la preparación del cadáver de una esposa para el entierro es la causa de la atracción sexual del cadáver, lo cual, por fin, provoca sexualmente al marido; el plan de transigir un chantaje mediante el asesinato es el medio de provocar el erotismo latente de la coima así privándole a su mantenedor de lo que esperaba de ella; y, el acto de fingir ser un religioso para escuchar la confesión del condenado es el medio de revelaciones a la vez escandalosas y patéticas, y lo suficientemente contagiosas como para tener que sellarle la boca. Segundo, la dramatización escénica de estas situaciones se realiza por el proceso de sobreponer, a través de una representación de gama brillante, teatro con actores y retablo con marionetas. Queda, no obstante, la cuestión de que si, en el caso de una eficaz estética aparte, se plantean o no los fundamentos que determinan la estructura dramática de los cuatro teatrillos en su conjunto, así como la psicología de los personajes dentro de ella. Por ejemplo, cuál es la ejemplaridad o el objetivo de la rebelión erótica de la mozuela, la motivación del anarquismo de Julepe y el Orfeón los Amigos, la causa de la devoción de Pepona a su viejo mantenedor, tan extrema ésta que la convierte en *femme fatale* y asesina y, finalmente, las causas o motivaciones verdaderas de la larga confesión íntima del bandolero.

Al final, no está claro de qué sean modelos o puedan ser ejemplos de algo importante varios de los casos siguientes: el acto de beber sangre que para la moza equivale a perder su virginidad y acabar en asesinato; una borrachera común que lleva a la necrofilia; un chantaje que acaba simultáneamente en un asesinato traicionero y una necrofilia prolongada; y una confesión fingida que lleva a la ejecución sin que haya absolución. La lista de dudas respecto a los objetivos es válida porque las cuatro muertes que cierran cada uno de los autos y melodramas se han conectado con los pecados capitales de avaricia y lujuria, o bien el uno contra el otro. ¿Habrá algo en todo esto por medio de lo cual nos enfrentamos con algún caso paradigmático que debemos seguir o evitar? En los melodramas tradicionales se destacan los actos que favorecen las buenas consecuencias, mientras que en los autos se condenan con claridad los pecados que hacen daño. Ambos géneros adaptados pueden comprenderse como el conjunto de normas de conducta y de valores que se proponen como modelos ora positivos ora negativos.

Ahora bien, hay que ver qué pasa si los personajes, siendo orgullosos o presuntuosos, en el mismo acto de jactarse, tienen una falsa conciencia de lo que realmente son: siluetas o marionetas de sus ilusiones. Las posturas dentro de las cuatro obras tienen raíces en la ética tradicional según la cual existen valores y normas de conducta. "Tal y como vive y hace la gente", se suele decir, "puede distar tanto de *cómo se debe* vivir o hacer ...que". Aquí debemos hacer pausa: esta perspectiva ejemplar o docente es precisamente lo que falta en los dos autos y melodramas. No se indica en ninguna parte de los textos lo que se debería hacer a la luz de todo lo que hacen los personajes. Se ha eliminado de raíz el camino didáctico.

No se ha dramatizado en ninguna parte ningún aspecto que, de modo ejemplar o por lo menos dialéctico, sirva de alguna alternativa o de sugerencia contraria a la representación grotesca de las vidas de las marionetas. No se hace frente ni oposición a la visión grotesca del *Retablo*. Sólo se puede hacer teatrillo brillante proyectando con eficacia del arte escenográfico espacios de impresiones simbólicas de determinadas situaciones para los diálogos de los personajes: "lenta se oscurecía la luna con errantes lutos" (*Ligazón*, p. 173); "La ristra de tunos ...se metía por la boca lunera del silo" (*Sacrilegio*, p. 481); "Las luces de cera, con versátiles fulgores, acentúan el perfil inmóvil, depurado, casi traslúcido" (*Rosa*, p. 237); "Babel de burlas" (*Cabeza*, p. 408). La conducta no apta que hace que los personajes se porten como marionetas no es contrarrestada por una contraconducta. Tampoco por alusión se le ofrece al lector una opción entre dos alternativas. Recuérdese que en casi todos los casos modélicos de sátira, parodia o caricatura, al burlar, rechazar, atacar (o incluso condenar y prohibir) algo, sea por malo, feo, desviado, pecaminoso, etc., se hace a la luz de otras conductas alternativas, las cuales, según las reglas, se propagan como ejemplos del "sí" y del "no", es decir, optar forzosamente o por esto o por aquello. La razón de este tipo de representación es "por estética".

No es arbitrario, pues, replantear la problemática de los fundamentos de la estética de una marionetología cultivada por Valle-Inclán en sus autos y melodramas. Los fundamentos estéticos de su literatura dramática han sido desarrollados con gran calor por el mismo autor. Le han inducido a reflexionar sobre su propio arte dramático con mayor intensidad de lo que lo había hecho hasta 1927 y, en general, las funciones de la estética han llegado a ser uno de los campos de estudio más importantes del teatro. Cuando se plantean tantas polémicas y contradicciones flagrantes sobre

Valle-Inclán y sus teatrillos de muñecos es lícito intentar averiguar qué es lo que sucede. De una forma clara, tanto en teoría como en práctica, para Valle-Inclán, la cuestión no era sólo lanzar mensajes ejemplares sobre el hombre moderno a través de los géneros existentes, como por ejemplo el auto y el melodrama; se trataba más bien de revolucionar los mismos medios de los géneros dramáticos.

Si bien se plantean casos diversos del individuo y la sociedad a través de las cuatro obrillas, no son el instrumento mejor calibrado para definir —y apreciar— el mundo presentado por marionetas o siluetas. El caso era demasiado obvio desde muchas perspectivas para ser explicado extensamente. Era demasiado importante como para no declararlo repetidamente: según Valle-Inclán, la "manera de demiurgo" le ha "llevado a dar un cambio a [su] literatura" en donde "por capricho y por fuerza" "mete" o "encaja" en sus nuevos "géneros" dramáticos diversos "comiquillos empecinados en representar el drama genial de la vida española" (*Visión*; Lyon, etc). En conclusión, hay que considerar los materiales de *Ligazón*, *Rosa*, *Cabeza* y *Sacrilegio* según las normas estéticas de marionetología que se han articulado dentro de cada uno de los cuatro textos dramáticos. Los autos y melodramas no son documentales ético-sociales sino puro teatro de muñecos.

V

Conclusiones: la función histórica de la marionetología

No se ha hecho sino abordar unos puntos, o a lo más, interpretar la marionetolgía de diferentes maneras. Lo importante es hacer frente a las consecuencias de ésta. Ello es lo que tocan aquí brevemente las conclusiones a la luz del análisis de las cuatro obras. Lo que predomina en cada auto o melodrama es una estética coherente, total y flexible en la cual se destacan inversiones irónicas que, a su vez, dan en algo imprevisible. El esfuerzo celestinesco de vender a la mozuela provoca en ella dar su virginidad gratis de modo que el afilador como el seductor tradicional, acaba siendo el seducido: "¡Vaya un arte de enamorar el tuyo¡" ..."Pues entra a deshacerme la cama" (*Retablo*, p. 188). Al preparar la difunta para el llamado "pasaporte", la convierten en cupletista que para el marido resulta más seductora una vez muerta que viva: "¡Angel embalsamado, qué vale a tu comparación el cupletismo de la Perla!" (p. 246). Al asumir el papel tentador de seductora, la joven coima acaba siéndolo, viviendo literalmente el cliché notorio "hasta más allá de la muerte": "¡Bésame otra vez, boca de piedra!" ..."No le platiques al cadáver" (p. 440). Al dejarle confesar al traidor en falsa confesión, resulta tan emocionante ésta, que se plantea la necesidad de callarla ejecutándole frialmente "Gríteme a la oreja su reverencia!" vs. "¡Si no le sello la boca, nos gana la entraña ese tunante!" (p. 486).

En todas las situaciones dramáticas hay teatro dentro del teatro: unos hacen papeles ante otros, pierden la capacidad de distanciarse y acaban siendo y viviendo lo que fingen o pretenden ser. Todo ello está rodeado de una fuerte dosis de impresión de que algo hay en la atmósfera más allá de la razón: aspectos vagos, llenos de impresiones de magia / brujería / misterios / sirenas / naturaleza / ritos / satanismo / superstición / negras estrellas, frenetismo erótico / oscuridad / luneras visiones / rebelión de instintos / movimientos de bultos / sombras...etc. Se trata de un saco donde caben todas las impresiones metateatrales. Se trata de una continua explosión de imágenes, y la consecuencia de estos medios estéticos de marionetología es intensificar el proceso acelerado de desvalorizar las corrientes ideológicas y los valores ético-morales de la burguesía. No hay camino para trascender las ideologías burladas. Se hace camino "metiendo la pata", un camino lleno de traspiés. Los actores elegidos para desempeñar los grandes papeles de la condición humana o de la historia nacional no son sino marionetas y siluetas, manejadas por hilos.

Lo que se plantea en los cuatro teatrillos a través del prisma grotesco y deformante del *Retablo* es que en los dos autos y melodramas, dados los hilos de su destino, nada de lo que sucede a las siluetas y marionetas tuvo que ser de la forma en que sucedió pero, en cambio, sólo ciertas cosas podían ocurrirles, y de hecho así ocurrieron. El objeto de la marionetología no puede concebirse independientemente de cierto determinismo. Al fin y al cabo, las intrigas que se representan en teatrillos de muñecos están sometidas al capricho del titiritero quien, como demiurgo auténtico, sabe mover los hilos de la farsa. Si en la llamada "modernidad", como tiene sentido en la frase, se da el repetido aforismo de que el dios de la teología "ha muerto", en el teatro de muñecos se ha sustituido ese dios por el demiurgo de la marionetología. Así, una técnica dramática que, por el medio lingüístico de amontonar espectáculos de impresiones grotescas, da primacía al teatro de muñecos en detrimento de la hegemonía de las ideologías (religiosas, políticas, sociales y económicas), es superada o transcendida sólo por una estética. De suerte que la finalidad de la estética de los autos y melodramas en este *Retablo* es la estética misma.

Una estética por estética tiene sus consecuencias. Por una parte, las cuatro obras están ceñidas al proceso de transformar las ideologías sobre pecados en representaciones ilusorias y por tanto ridículas de sus apuros (se refieren, por ejemplo, a las ideas, valores y sentimientos por medio de los cuales las marionetas o siluetas se enfrentan a sus dilemas humanos). Por otra parte, se destaca —divertida y brillantemente— el proceso marionetológico de cómo se ha hecho la degeneración. Este proceso estético impide la reflexión tradicional sobre alternativas ya que parecida opción no hace sino sustituir una ideología por otra. De hecho, las situaciones fictivas de los autos y melodramas tradicionales se desarrollan tal y como se proyecta la moralidad (casi siempre de fundamentos ideológicos) en la que hunden sus raíces. Purificar la estructura retablil de los autos y melodramas de las lecciones ético-morales o conductas ejemplares, equivale a vaciar los textos dramáticos de dogmatismos. Cuando los dogmas y doctrinas son representados por muñecos, se reducen a *clichés*. Es decir, que éstos, real y simbólicamente, han venido a menos. A la luz de lo inauténtico se destaca, por lo menos, la autenticidad de la estética. Se trata del proceso estético de problemas históricos.

En relación a todo lo dicho, las cuatro obrillas corresponden a la praxis estética de Valle-Inclán: predominan los efectos estéticos, y por tanto, *Ligazón, Rosa, Cabeza* y *Sacrilegio* están vinculados a las ideologías corrientes, eso sí, *no* por lo que dicen, sino *por lo que no dicen*. De ahí el valor histórico de la marionetología de la estética de hacer teatrillos de marionetas o siluetas. No se oculta el hecho de que, dentro de sí, los dos autos y los dos melodramas para marionetas han sido artificialmente construidos. Por un lado, la realidad de los muñecos es, automáticamente, símbolo de todo artefacto, de la ficción pura, pero, por otro lado, el muñeco funciona sólo en la historia y, por tanto, ayuda a que los lectores o espectadores reflexionen históricamente. A través de la representación no se permite olvidar al lector que las intrigas para marionetas no son sino esto, intrigas imaginarias, estéticamente realizadas. El efecto de la estética por estética es el de una doble experiencia: poder distinguir la realidad de las ilusiones y, a la vez, gozar, en el nivel estético de la marionetología, del proceso demiúrgo que posibilita esa distinción histórica.

No se han discutido todavía estas cuestiones respecto a la función histórica de la estética tardía de Valle-Inclán. Los vacíos ético-morales y las ausencias ideológicas han sido creados deliberadamente. En vista de la falta de alternativas modélicas, el sentido de las cuatro obras hay que buscarlo en estos vacíos y ausencias. No se puede idealizar una intriga o sentimentalizar un dilema por medio de marionetas —excepto al nivel de burlas deformadas y deformantes. A diferencia de las teologías y filosofías tradicionales, la marionetología moderna de Valle-Inclán evita la presuntuosa y trillada unidad entre diversos significados. El conflicto continuo entre texto y montaje, y entre actor y marioneta, desmantela las ideologías, sustituyendo los sentidos dispersos y disgregados por una estética coherente y flexible.

Como conclusión, vale recordar que Valle-Inclán compuso sus autos y melodramas como "demiurgo". Esto significa la manera en cómo alguien, por medio del espectáculo del entretenimiento, busca para el auditorio una orientación histórica dentro de la estética del teatro de muñecos. Por consiguiente, debido a la perspectiva "desde el aire", propia del dramaturgo en los autos y melodramas, sólo se destacan representaciones estéticas de problemas históricamente verificables: la violencia, la moralidad, el pecado, el engaño, la hipocresía, el erotismo, el asesinato, etc. Contra todo lo que es inauténtico en las ideologías, se plantea una autenticidad estética respecto a las ilusiones de la realidad del gran teatro del mundo. Es decir, a las ilusiones fabricadas en la sociedad como en los teatros, se opone la realidad de cómo se fabrican estas ilusiones. Simbólicamente, al tomar por realidad lo que es ilusión el actor termina siendo marioneta, una sombra de la realidad. Por implicación, las marionetas son lo que no deberían ser, se encuentran atrapadas en la cárcel de su lenguaje, prisioneras de las ideologías.

Las cuatro obras tratan de ideologías con el fin de subvertirlas. Son obras del todo anti-ideológicas. Y, a diferencia del proceso exclusivista de la ejemplaridad tradicional (*o* esto *o* aquello, una elección contra otra, etc.)

la estética de muñecos tiene la capacidad de incluir contrarios, *sic et non*, sin excluir alternativas. Los individuos que se entregan a sus instintos (la avaricia y la lujuria a las que se someten las marionetas y siluetas del *Retablo*) no tienen una clara conciencia de las cosas. Se trata así de la clara conciencia que han de tener los lectores de los autos y melodramas. Según las teorías y prácticas de Valle-Inclán, las siluetas y las marionetas, al ser copartícipes con personajes y actores, nos estimulan a pensar estéticamente sobre cómo y por qué se nos está presentando el teatro de la vida a través de muñecos, y de sobre cómo los hilos no han podido ser diferentes. El no encubrir el hecho de que la marionetología se hace sólo por estética, ayuda al público a reflexionar sobre la representación dramática, tanto como realidad teatral, como metáfora histórica de la sociedad.

Bibliografía selecta

Arnot, Peter, *Plays Without People*, Indiana University Press, 1964.

Benjamin, W., *Illuminations (iluminaciones)*, Nueva York: Schocken Books, 1973.

———, *Understanding Brecht (Comprendiendo a Brecht)*, Londres, 1973.

Borel, Jean-Paul, *Théatre*, Paris: l'Arche, 1963.

Boudreau, Harold L., "The Creation of Valle-Inclán's *Sacrilegio*", *Symposium*, 22 (1968), 16-24.

Cardona, Rodolfo y Anthony Zahareas, *Visión del esperpento: teoría y práctica en los esperpentos de Valle-Inclán*, Madrid: Editorial Castalia, 2da ed., 1982.

———, "Peleles y sombras: Autos y melodramas", *Leer a Valle-Inclán en 1986, Hispanística XX*, 4, Dijon: Université de Dijon (1987), 173-191.

Craig, Gordon, *On the Art of the Theater*, Londres: Mercury, 1962.

Cueto Asín, Elena, "Autos para siluetas: simbolismo y caos sobre el espejo cóncavo" (manuscrito/libro, Univ. de Purdue, 1999).

El títere y las otras artes, Bilbao, Num. 12, 1993.

Goffman, E. *La presentación del individuo en la vida cotidiana*, Buenos Aires: Amorrortu, 1985.

Gómez de la Serna, Ramón, *Don Ramón del Valle-Inclán*, Madrid: Espasa Calpe, 1944.

Guerrero Zamora, Juan, *Historia del teatro contemporáneo,* Vols., I-IV. Barcelona: Juan Flors, 1961.

———, "Lógica *Fuzzy* en los autos para siluetas de Valle-Inclán", *Romance Languages Annual*, VIII (1997), 428-433.

Lyon, John, *The Theatre of Valle-Inclán*, Londres: Cambridge University Press, 1983.

Magnin, Ch., *Histoire des marionettes en Europe depuis l'antiquité jusqu'à nos jours*, Paris, 1862.

Readings in Spanish Literature, Ed. A. N. Zahareas y B. Mujica, Londres: Oxford University Press, 1975.

Valle-Inclán, Ramón, "Comentario sobre *La rosa de papel: Melodrama para marionetas*, por Juan Goytisolo, en *Readings in Spanish Literature,* op. cit., 278-301.

——, *Retablo de la avaricia, la lujuria y la muerte*, Ed. crítica de Jesús Rubio Jiménez, Madrid: Espasa Calpe, 1996.

Varey, J. E., *Títeres, marionetas y otras diversiones populares de 1758 a 1859,* Madrid, 1959.

Zahareas, Anthony N., "El esperpento como proyecto estético", *Ínsula*, 531 (marzo 1991), 31-32.

——, "La ilusión concreta", *Sileno*, Vol. 2 (mayo 1997), 63-77.

——, "Espectáculo de muñecos: realidad y metáfora", *Hispanística XX*, 15 (1997), 23-42.

Valle-Inclán (1898-1998): Escenarios
Universidade de Santiago de Compostela, 2000: 385-411

LUCES DE BOHEMIA: LA REVISTA TEATRAL POLÍTICA EN EL CALLEJÓN DEL GATO

Jesús Rubio Jiménez
Universidad de Zaragoza

> *Yo estoy arrepentido de haber cultivado tanto tiempo la literatura*
> *por la literatura, el arte por el arte. Por eso dedico ahora mis esfuerzos*
> *a una literatura especial que llamo de los Esperpentos. Y creo que estoy*
> *en lo cierto al obrar así.*
> *Actualmente, en la vida no se observa más que eso: esperpentos.*
> (Valle-Inclán, "Algunos caracteres de la literatura española", sep-
> tiembre de 1926, en *Sama*, Asturias)

Desde que *Luces de bohemia. Esperpento* fue publicada en 1920 en la revista *España* y después, ampliada, en libro en 1924, la fortuna crítica la ha acompañado hasta convertirla en una de las obras maestras de la literatura española de nuestro siglo y como ocurre en estos casos, en mucho más que una obra literaria, en un verdadero símbolo cultural y en campo de batalla donde se han dirimido contiendas estéticas y aun políticas. Y lo que es más importante: siguen dirimiéndose. Pocas obras literarias tienen este privilegio, que supone a la vez una multiplicación de lecturas, que en ocasiones las convierten en pretextos para las más extrañas opiniones, distorsionando su sentido textual original. Pero privilegio de estas obras es también sobrevivir a estas lecturas, sugiriendo otras, volviendo a brillar genuinas una y otra vez, resistiendo el paso del tiempo y situándose en un nivel superior, en esa eternidad que Valle-Inclán defendió siempre como horizonte al que debía aspirar cualquier artista que se preciara para su obra.

En sus setenta y cinco años de existencia, *Luces de bohemia* va dejando tras de sí una indeleble estela luminosa en la cultura española y en la cultura universal, que obliga a seguir preguntándose en qué radica esta grandeza. Si obedeciera solamente a una significación política momentánea -como fue la situación española durante el franquismo- una vez pasada, se apagaría su interés. Pero esto no ha ocurrido. Si fuera fruto discreto de una estética limitada, fácilmente se agotaría en sí misma. Pero no es tampoco el caso, ya que, pasado el tiempo de las lecturas de urgencia que la situación política demandaba, se vuelve a plantear la necesidad de recuperar el horizonte estético simbolista en que surgió. El hecho es que no pasa un solo día en nuestro entorno sin que alguien use la palabra *esperpento*, la mayor parte de las veces con sentidos ajenos a los que don Ramón pensaba en el momento de escribir sus *esperpentos*, pero resonando siempre en estos usos el recuerdo inevitable del sentido que él le imprimió al término, haciendo que pasara de ser un vocablo poco frecuente en el habla de comienzos de siglo a ser una palabra que se aplica como una muletilla. Y ya no es sólo el *esperpento*. Es la propia imagen de don Ramón lo que resulta familiar a cualquier ciudadano español de cultura media, asociado a *Luces de bohemia*, su *esperpento* más conocido.

Mi intención en este ensayo es mirar hacia los primeros horizontes valleinclanianos, sumándome a quienes vienen insistiendo en que es necesario situar a Valle-Inclán en sus justos términos, sin perder de vista los usos posteriores -ya históricos- del *esperpento*[1]. Valle escribió su *esperpento* desde una actitud crítica radical respecto a la España oficial de su tiempo, consciente de que el sistema político restauracionista estaba agotado y de que por un lado iban los políticos y por otro la realidad social. Denunció

---

[1] Ensayos como los de Juan Rodríguez o Manuel Aznar evalúan usos interesados concretos de la obra de don Ramón. J. Rodríguez en "El tirano ante el espejo: la imagen de Valle-Inclán en los primeros años del franquismo", *CIEL*, 6.1, pp. 25-49, disecciona con cuidado los intentos franquistas de *rehabilitar* al escritor en los primeros años de la posguerra con la colaboración de su viuda, Josefina Blanco y su hijo Carlos del Valle-Inclán. El camino elegido era destacar la parte de su obra más tradicionalista, minimizar su compromiso de izquierdas, recalcar su carácter de ciudadano estrafalario aunque sin mostrar el verdadero sentido de sus actitudes excéntricas. Manuel Aznar en "El miedo al esperpento feroz (Valle-Inclán, la censura y la sociedad española del siglo XX)", *Ojáncano*, 3, octubre 1990, pp. 3-20, se centra en una fase posterior. Puesto que no se podía silenciar el *esperpento*, ¿por qué no domesticarlo? ¿por qué no presentarlo suavizado como un elemento más de normalidad cultural? Es lo que ocurre desde ciertas instancias oficiales por los años del centenario de su nacimiento (1966).

los excesos del sistema, eligiendo el camino de la sátira, *pasando revista* a ese periodo de la vida española en los dos primeros decenios del siglo. De aquí que se encuentren numerosas referencias a personajes y hechos concretos. Pero a la vez, la obra va más allá de ser un análisis de un momento concreto, para serlo de una manera de entender la cultura española y aun de una visión trágica de la existencia. En Max Estrella se presenta encarnado el artista bohemio del cambio de siglo, *pasando revista* a su vida para mostrar con tono elegiaco el fracaso de sus ideales y sus contradicciones.

Las referencias a la época de la Restauración han sido muy analizadas. En obras como *La realidad esperpéntica*, de Alonso Zamora Vicente, y otros ensayos se ha documentado de manera admirable, la identificación de los personajes principales y circunstancias aludidas en el texto[2]. Su repaso y los que le han seguido muestran con contundencia que *Luces de bohemia* contiene una galería caricaturesca de personajes que llenaron toda una época, por lo que fueron y como símbolos de maneras de ser. También de algunos de los procedimientos de Valle se ha escrito bastante: los espejos cóncavos, la "literatización", ese *culto* a la literatura que se da en los textos de Valle y que no es solo la cita concreta, sino todo lo que conlleva la idea de *resonancia*, uno de los conceptos básicos de la estética valleinclaniana de raigambre simbolista según expuso Pérez de Ayala y que sostiene que en una obra de arte resuena toda una tradición, a la que se abre integrando también en el juego a su receptor, que se identifica con ella, conoce sus claves y puede apreciar el sentido con que son usadas estas referencias[3]. Como dice Zamora, "se vive desde la literatura, pendientes del gesto, de la voz, de una erudición a veces superficial y limitada, pero siem-

---

[2] A. Zamora Vicente, *La realidad esperpéntica*, Madrid, Gredos, 1974 (reimpresión de 1988). La crítica ha seguido después afinando estas identificaciones hasta alcanzar en algunos casos verdadera sutileza y en otros dudosas analogías. Al amparo de *Luces de bohemia* se ha producido en ocasiones la recuperación de autores como Alejandro Sawa, punto de partida de Max Estrella -ya con una bibliografía ingente que incluye visiones de conjunto como la de Amelina Correa Ramón, *Alejandro Sawa y el naturalismo social*, Granada, Universidad de Granada, 1993- a la recuperación de su epistolario: Pura Fernández, "El epistolario inédito de Alejandro Sawa a su esposa Jeanne Poirier (1892-1898)", (I y II), *Revista de Literatura*, LX, nº 119, enero-junio de 1998, pp. 243-262; y nº 120, julio-diciembre de 1998, pp. 559-588. Aun otros más desdibujados como Ernesto Bark se han beneficiado de su presencia en *Luces de bohemia*. Sobre éste, María Dolores Soriano Mollá, *Ernesto Bark. Un propagandista de la modernidad (1858-1924)*, Alicante, Instituto de Cultura «Juan Gil Albert», 1998.

[3] A. Zamora Vicente, *ob. cit.*, en especial, pp. 16-23, 65-81.

pre evocadora, irresistible el torbellino que aleja a elegidas zonas de ensueño la próxima realidad marchita y claudicante"[4].

Valle-Inclán tiene una extraña habilidad para sincretizar los elementos más diversos, que permiten hacer lecturas muy concretas (pero insuficientes) y a la vez plantearse grandes preguntas. Y es así como *Luces de bohemia* es un repaso de la actualidad política y social española como los que pueden encontrarse en los escritos más cotidianos de la época y una profunda reflexión sobre la cultura española y sobre el sentido de la existencia. Las implicaciones de estos niveles tan diversos en *Luces de bohemia* hacen de ella una obra especialmente densa y de aquí que se haya podido aportar tantos testimonios y tan diversos para tratar de perfilar lo que sugieren sus quince escuetas escenas. Y no sólo esto, sino que siempre queda un estado de insatisfacción y ambigüedades que obligan a volver sobre su texto. De esta insatisfacción y ambigüedades arranca este ensayo, que pretende contribuir a restituir *Luces de bohemia* a su horizonte teatral inmediato, como contrapeso de lecturas tan legítimas y necesarias como arriesgadas que han llevado a compararla con la *Divina comedia,* de Dante[5], *Edipo en Colona,* de Sófocles[6] o el *Ulises,* de Joyce[7] por no citar sino algunas. A ver en Max Estrella una simbología cristológica y nietzscheana desmedida, que trascienden al viejo poeta ciego[8].

Zamora Vicente llamó la atención certeramente sobre la importancia de considerar "la atmósfera teatral, en la que Valle estaba siempre metido, ya actor, ya autor" para comprender *Luces de bohemia*[9]. Para demostrarlo, centró su atención en el *género chico* y la *parodia* con resultados excelentes para entender el uso de procedimientos como la muñequización de los personajes, el lenguaje que usan, que es una difícil síntesis de elaborada len-

---

[4] *Ibid.*, p. 67.

[5] Leda Schiavo, "La parodia de Dante en *Luces de bohemia*", *Filología*, XIV, 1970, pp. 181-184.

[6] Nelson R. Orringer, "*Luces de bohemia*: inversion of Sophocles *Oedipus at Colonus*", *Hispanic Review*, 62, 1994, pp. 185-204.

[7] Darío Villanueva, "Valle-Inclán y James Joyce. Nuevo acercamiento a *Luces de bohemia*", en *Symbolae Pisanae. Studi in onore di Guido Mancini*, B. Periñán y F. Guazzelli eds., Pisa, Giardini Editori, 1989, T. II, pp. 639-659.

[8] Alan E. Smith, "*Luces de bohemia* y la figura de Cristo: Valle-Inclán, Nietzsche y los románticos alemanes", *Hispanic Review*, 57, 1989, pp. 57-71.

[9] A. Zamora Vicente, *ob. cit.*, p. 57.

gua literaria salpicada de citas con expresiones de jerga y género chico o *lo grotesco* utilizado en el periodismo para realizar crueles sátiras políticas en revistas como *Gedeón* o, ya en los aledaños de *Luces de bohemia*, en *España*[10]. Son apreciaciones estas últimas de interés extraordinario porque nos conducen a la prensa satírica y a la revista misma -*España*- donde se dio a conocer por primera vez este *esperpento*, rodeado de textos afines - incluido el "esperpentillo" de Valle, *¿Para cuándo son las reclamaciones diplomáticas?*[11]- a los que no se ha prestado toda la atención que merecen por sus numerosas analogías formales y de intención satírica política con *Luces de bohemia*. Zamora Vicente y siguiendo sus pasos Rodolfo Cardona y Anthony Zahareas señalaron la visión de la política en clave grotesca que se detecta en sus páginas en la sección "Panorama grotesco" o en artículos concretos. Pudieron abundar más, analizando cómo grotesco y *esperpento* conviven en el artículo político, "Resumen de un esperpento" (núm. 378)[12]. Manuel Aznar ha llamado la atención sobre las analogías de *Las columnas de Hércules*, "farsa novelesca" de Luis Araquistain, aparecida en la revista y *¿Para cuándo son las reclamaciones diplomáticas?*, de Valle-Inclán[13]. Pero son varios textos más los que sin salir de *España* cabe aducir por sus procedimientos formales en la misma dirección: Gregorio Martínez Sierra, "Conversaciones edificantes: Son la langosta". Y de Antonio Espina, "El fascismo de Kaki..." y "Su excelencia don Capirote"[14].

---

[10] *Ibid.*, respectivamente, pp. 58-64, 138 y ss., 149-160.

[11] M. Aznar, "Esperpento e Historia en *¿Para cuándo son las reclamaciones diplomáticas?*", en *Valle-Inclán y su obra. Actas del Primer Congreso Internacional sobre Valle-Inclán (Bellaterra, del 16 al 20 de noviembre de 1992)*, M. Aznar Soler y J. Rodríguez eds., Bellaterra, Cop d'idees- Taller d'investigacions valleinclanianes, 1995, pp. 565-578.

[12] A. Zamora Vicente, *ob. cit.*, pp. 98, 109 y ss. Rodolfo Cardona y Anthony Zahareas, *Visión del esperpento*, Madrid, Castalia, 1987, p. 39. Ya en el siglo XIX, la utilización del término "esperpento" en títulos de artículos políticos puede documentarse en la prensa satírica en los aledaños de la revolución de 1868. Por no poner sino un ejemplo, en la revista *Rigoleto*: "!Otro esperpento!" (núm. 47, 19-V-1870); "Otro esperpento" (núm. 74, 5-X-1870). Constato simplemente el uso sin entrar en valoraciones sobre su sentido.

[13] M. Aznar, *art. cit.*

[14] Gregorio Martínez Sierra, "Conversaciones edificantes: son la langosta", *España*, 14 (30-IV-1915). Antonio Espina, "El fascismo de Kaki o junteros y disciplinantes, farsa cómico-lírica, luso-mexi-italiana" y "Su excelencia don Capirote, boxiganga ximbólica en tres pedazos y un pico", *España*, 344 (18-XI-1922).

Este ir-venir de la prensa al teatro y del teatro a la prensa para un análisis de *Luces de bohemia* no es un simple capricho sino la base de mi argumentación orientada a demostrar la importancia en la configuración del *esperpento* de un género híbrido, fruto de los entrecruzamientos entre teatro y prensa y que, además, compartió para su difusión escenarios y publicaciones periódicas, además del libro: la *revista teatral política*. Y que, como se ve en los ejemplos citados, florecía vigorosa en el momento en que Valle dio a conocer su *esperpento*. Cuando nos acercamos sin prevenciones al teatro de entonces, si algo llama la atención de entrada es su carácter proteico, rotas ya totalmente las clasificaciones genéricas tradicionales; pero sobre todo apreciamos no sin estupor nuestra ignorancia de aquel acervo inmenso de textos periodísticos y espectáculos teatrales que hace que tengan cierto aire exótico productos que entonces eran habituales y que un lector o espectador medio podía descodificar con facilidad. La *revista teatral política* es uno de ellos. La *revista teatral política* fue una modalidad de espectáculo que ignoran prácticamente nuestras historias del teatro. Han jugado en contra suya variaciones posteriores del género que la han conducido sobre todo a los espectáculos frívolos que hoy se presentan bajo el genérico rótulo de "revista". Eran habituales en los repertorios y fueron desde su consolidación en los años inmediatos a la revolución de 1868 un instrumento idóneo para la sátira política y estética, a la que no es ajena *Luces de bohemia* y utilizando, en mi opinión, recursos similares. De aquí mi intención de centrarme en ella en primer lugar para proponer después un modelo de análisis de la organización de *Luces de bohemia* que clarifique su estructura que suele ser comentada como una sucesión de escenas sueltas en las que "Se estructura la acción de un modo más o menos episódico"[15] sin mayores precisiones y al amparo de la fluidez entre escritura novelesca y dramática que caracteriza a Valle.

Con relación al *esperpento* Zamora Vicente ha mencionado algunas *revistas* al hablar de la parodia, aunque sólo para ejemplificar aspectos del estilo esperpéntico. De otra parte, al analizar la peculiar disposición en escenas sueltas -al menos en apariencia- de los *esperpentos* se han evocado otros modelos constructivos, comparando a Valle con Brecht y las fórmu-

---

[15] R. Cardona y A. Zahareas, *ob. cit.*, p. 70.

las del teatro épico, con Piscator y su teatro político o el *Stationendrama*[16]. La comparación es oportuna pero sólo si se tienen en cuenta de donde proceden en gran parte: de formas teatrales populares que utilizan sabiamente. El papel que en Brecht o Piscator tuvieron los espectáculos de *cabaret* o las revistas, lo juegan en Valle los géneros populares citados y -si no me equivoco- de modo particular la *revista teatral política*. El asunto, sin embargo, se ha planteado con frecuencia desde una perspectiva diferente. Más desde el ámbito de la recepción del *esperpento* que desde el de su génesis. Como es sabido, la recepción del dramaturgo alemán en nuestro país tuvo su momento más brillante en los años sesenta y setenta, coincidiendo con la revalorización de Valle-Inclán y el *esperpento*, y objetos ambos de *lecturas de urgencia* que demandaba la situación política española. Brecht y su *teatro épico* se habían revelado en los países europeos occidentales durante los años cincuenta como la más atractiva fórmula de teatro socialmente comprometido. Al producirse también en España cierta apertura a comienzos de los años sesenta, primero en teatros universitarios y después también en otros se fueron poniendo en escena sus dramas y sobre todo comenzaron a debatirse sus ideas teatrales[17]. Eran años de revalorización del *esperpento* en el que se descubría un instrumento útil en la lucha contra la dictadura franquista. El hallazgo de analogías entre ciertos aspectos del *teatro épico* y el *esperpento* -o la creencia al menos de que así era- produjo una abundante y alborozada crítica sobre el *esperpento* leído en clave brechtiana. Leído y representado, ya que comenzaron a producirse espectáculos valleinclanianos inspirados en la poética brechtiana. No es este el momento de discutir estos montajes y estas lecturas -legítimas y hasta necesarias en aquellas circunstancias- pero pasado el tiempo hay que indicar que desviaron en muchos casos la atención de los estudiosos y prácticos del teatro de otras líneas de indagación como es la de los modelos en que se fundaban en el

---

[16] A. Zamora Vicente, *ob. cit.*, respectivamente: *El juicio del año* (p. 25); *El año pasado por agua* (p. 63); *Cuadros disolventes* (p. 69); *La Gran Vía* (p. 95); *El gorro frigio* (p. 101). Volker Roloff, "*Luces de Bohemia* als Stationendrama", en *Ramón del Valle-Inclán (1866-1936), Akten des Bramberger Kolloquiums vom 6-8 November 1986*, H. Wentzlaff-Eggebert ed., Tübingen, Niemeyer, 1988, pp. 125-138.

[17] Véanse los estudios aducidos en la nota 1; y J. Rubio Jiménez, "Valle-Inclán en los teatros universitarios (1955-1975)", *El teatro universitario en España (1939-1975)*, Luciano García Lorenzo ed., en prensa.

caso del *esperpento* sus características formales: la tradición teatral española inmediata en sus formas populares y con muchas más limitaciones -entre otras razones porque no eran de fácil acceso- las novedades teatrales europeas. Las urgencias del momento llegaron a ver en Valle-Inclán un dramaturgo brechtiano y en algún caso hasta un precursor del teatro épico. Nada más lejos de la realidad, sin embargo. Los datos son contundentes. Quienes se han esforzado en documentar el conocimiento de Brecht en España han constatado la ausencia casi absoluta de referencias a su obra en los años veinte. Antonio Fernández Insuela apenas encuentra unas mínimas menciones y fundamentalmente indirectas en *La Gaceta Literaria*[18]. Y en los decenios siguientes sólo muy despacio fue cambiando la situación hasta los años sesenta. Por otro camino, sin embargo, hubiera sido más fácil entender algunas de las analogías descubiertas con alborozo entre el *esperpento* y el *teatro épico*: por el del estudio de sus modelos entre los que se cuenta la *revista teatral*, surgida como escenificación de la prensa satírica, aunque después sus modalidades se hayan diversificado hasta hacer olvidar sus orígenes[19].

Un breve rodeo para situar este género ayuda a desentrañar la organización de *Luces* y su sentido. Sin perder nunca de vista, claro, que el arte de Valle, somete a "matemática perfecta" cualquier ingrediente que utilice. No son contradictorios la espontaneidad y el refinamiento más exquisito en su arte, a la búsqueda siempre de la densísima angostura espacial y temporal. Mattew Hodgart se refiere en estos términos a la *revista* originaria:

> significaba una representación teatral sin argumento en que se pasaba revista a los asuntos del día. Tradicionalmente se hacía esto en las ferias callejeras anuales, en las cuales los histriones hacían comentarios sobre los acontecimientos del año en canciones cómicas e improvisadas esce-

---

[18] Antonio Fernández Insuela, "Para la historia de la recepción de Bertolt Brecht en revistas culturales españolas de preguerra", *Revista de Filología Alemana*, 3, 1995, pp. 43-58. "Sobre la recepción de Brecht en revistas culturales españolas de postguerra", *Anuario de Estudios Filológicos*, XVI, 1993, pp. 126-138. Javier Orduña, *El teatre alemany contemporani à l'estat espanyol fins el 1975*, Barcelona, Institut del Teatre, 1988. Juan Antonio Hormigón, "Brecht en España: una aventura de Indiana Jones", *ADE Teatro*, 70-71, octubre 1998, pp. 208-221. Juan Manuel Joya, "Las huellas de la escritura dramática de Bertolt Brecht", *Ibid.*, pp. 222-235.

[19] César Oliva ha trabajado en esta dirección, pero sin incidir en el género que aquí interesa: *Antecedentes estéticos del esperpento*, Murcia, Cuadernos de la Cátedra de Teatro, 1978.

nas. Esta costumbre fue importada a París desde provincias y allí se adaptó a un público más evolucionado a comienzos del siglo XIX, en un tiempo de circunstancias políticas inestables. Las *revues* originales estaban plagadas de observaciones satíricas sobre la política contemporánea, en forma de canciones y escenas improvisadas por los comediantes. (...) No cruzó con éxito el Canal ni tampoco lo tuvo en ninguna otra parte de Europa, probablemente porque el grado necesario de desarrollo político en el gran público no existía allí.[20]

Tiene razón Hodgart al decir que la *revista* no pasó a otros países europeos, pero sólo si nos referimos a comienzos de siglo; después, ya evolucionado el género, sí que fue cultivada en otros países y, además, se nutre y se mezcla con otras expresiones culturales en las que el repaso de la actualidad se hizo habitual. En el ámbito teatral español, Eduardo Huertas ha podido así recordar las tonadillas compuestas por Pablo Esteve tituladas *El juicio del año* (1779) y *La humorada de Garrido* (1786) o tiempo después una "Revista nueva del año 1848" titulada *Todos a la mesa* en que se pasaba revista a los principales acontecimientos ocurridos en el año que iba a terminar[21]. Existía, pues, al menos de forma latente el género como pieza teatral también en España y desde luego las revisiones de acontecimientos eran comunes en almanaques -que incluían balances del año que acababa junto con sus prospecciones del naciente- y en otras publicaciones periódicas donde el desarrollo del periodismo de opinión y la literatura costumbrista hicieron en pocos años habitual el término *revista* en las cabeceras y dentro de ellas en secciones como la "revista de la semana", aludiendo al carácter de su repaso de acontecimientos de actualidad o de otras materias que se especifican. La literatura costumbrista en su afán de inventariar las costumbres a la par que las juzgaba creó pronto artículos en los que se pretendía "pasar revista" a la cada vez más azacanada vida urbana y con frecuencia introduciendo valoraciones morales y en un sentido general, satíricas. Los costumbristas europeos en que se miraron los españoles ofrecen modelos de este tipo de artículo al que dará su personal sello Larra en "Revista de

---

[20] M. Hodgart, *La sátira*, Madrid, Guadarrama, 1969, pp. 206-207.
[21] Eduardo Huertas Vázquez, "Las primeras revistas musicales en España", en Ramón Barce (coord.), *Actualidad y futuro de la zarzuela. Actas de las Jornadas celebradas en Madrid del 7 al 9 de noviembre de 1991*, Madrid, Editorial Alpuerto, 1994, pp. 169-181. En especial, pp. 170-174.

1834", que reune los ingredientes básicos[22]. Los escritores costumbristas se afanaron en "pintar" las costumbres particulares del día, dándole al término un alcance tanto plástico como moral dentro de su peculiar sentido de la mímesis costumbrista con sus anclajes en la poética clasicista. La imaginería pictórica se hizo habitual de modo que como señala Leonardo Romero "El venerable *topos* que identifica la *pluma* con el *pincel* se multiplica en elocuentes variaciones -*pintura, bocetos, cuadros, copia, original, bosquejos, Linterna mágica, daguerrotipos, fotografías,-* todas ellas tendentes a la visualización del ejercicio imitativo que se efectúa en las páginas costumbristas"[23]. Sólo una visión alicorta del costumbrismo y que no atienda a su evolución como camino hacia la novela realista puede ver como extraña la incardinación de *Luces de bohemia* en la gran tradición de la literatura de costumbres, que fue adquiriendo variedad de modulaciones con el correr de los años. Los textos costumbristas por otro lado dosifican descripción y narración, dando lugar a verdaderos cuadros de costumbres donde en un entorno descrito unos personajes hablan y se mueven. Las nociones de escena teatral y cuadro de costumbres se dan así la mano. Las escenas "sueltas" de los *esperpentos*, su relativa autonomía en la economía total de la obra a la que pertenecen tienen que ver con este carácter de cuadro.

Si importante es la composición de los cuadros, no lo son menos sus temas y su tono, que son cada vez más los que Baudelaire caracterizó como propios de la vida moderna en ensayos como "Le peintre de la vie moderne" donde reflexiona sobre el pintor Constantin Guys afanado en captar la variedad de la vida contemporánea en sus croquis: "il est le peintre de la circunstance et de tout ce qu'elle suggère d'éternel"; dibuja como "un barbare, comme un enfant, se flâchant contre la maldresse de ses doigts et la desobéissance de son outil". Se trata "de tirer l'éternel du transitoire"; en ello consiste la modernidad. Su método consiste en observar durante horas la variedad, que después dibuja según recuerda. De modo que

---

[22] M. José de Larra, "Revista de 1834", en *Obras*, Madrid, BAE, vols. CXXVII-CCXXX, 1960. Ed. de Carlos Seco Serrano.

[23] Leonardo Romero Tobar, *Panorama crítico del romanticismo español*, Madrid, Castalia, 1994, pp. 416-417. Sobre las peculiaridades de la mímesis costumbrista, al menos, José Escobar, "Mímesis costumbrista", *Romance Quarterly*, 35, 1988, pp. 261-270. Joaquín Alvarez Barrientos, "Del pasado al presente. Sobre el cambio de concepto de imitación en el siglo XVIII", *NRFH*, 38, 1990, pp. 219-245.

Il s´etablit alors un duel entre la volonté de tout voir, de ne rien oublier, et la faculté de la mémoire qui a pris l´habitude d´absorber vivement la couleur générale et la silhouette, l´arabesque du contour.[24]

En las obras de este artista encontraba Baudelaire la vida moderna mucho mejor que en las grandes pinturas pretenciosas al igual que en las de los dibujantes satíricos y en los nuevos aguafortistas, arte al que vaticinó un renacer importante, como así sucedió; basta ver "Peintres et aquafortistes" donde se refiere al auge de la vieja técnica, pero aplicados sus cultivadores no a la copia de grandes obras del pasado sino a fijar la movediza vida contemporánea en sus escenarios urbanos[25]. Gracias a los avances tecnológicos se fue haciendo habitual en las revistas y en los libros ilustrados la convivencia de textos e imágenes que se iluminaban mutuamente, alcanzando singular desarrollo la prensa ilustrada, de la que para nuestros fines nos interesan en particular las revistas satíricas ilustradas, que pusieron en circulación millones de imágenes acompañadas o no de textos y en todo caso, éstos reducidos a pies -con frecuencia dialogados o breves descripciones-, a "bocadillos" interiores en un imparable camino hacia el cómic o a letreros identificadores de personajes, conceptos y situaciones. La caricatura con su variedad de procedimientos deformadores alcanzó un desarrollo inmenso, apropiándose de referentes teatrales populares como los números circenses y los títeres para mostrar la degradación humana o el melodrama con su desmesurada retórica al servicio del patetismo. De la caricatura como una de la manifestaciones de la "pintura" de costumbres modernas ofreció sugestivas reflexiones el mismo Baudelaire, destacando entre los grandes *caricaturistas* modernos a Goya[26]. Y a su vez, las imágenes de la prensa

---

[24] Charles Baudelaire, "Le peintre de la vie moderne», en *Oeuvres complètes*, preface, présentation et notes de Marcel A. Ruff, Paris, Éditions du Seuil, 1968, respectivamente pp. 550, 551, 553, 555.

[25] *Ibid.*, pp. 542-546.

[26] "De l´essence du rire", *ed. cit.*, pp. 370-378; "Quelques caricaturistes français", pp. 378-386; "Quelques caricaturistes étrangers", pp. 387-391. Puede verse la traducción de estos ensayos en Charles Baudelaire, *Lo cómico y la caricatura*, Madrid, Visor, 1989. Razonablemente pudo por ello Valeriano Bozal organizar su libro sobre *La ilustración gráfica del siglo XIX en España*, Madrid, Alberto Corazón editor, 1979, otorgando un protagonismo notable al *esperpento* al titular su tercera parte como "Hacia el esperpento". Sobre el alcance de Goya como *caricaturista moderno* en el teatro español, véase mi ensayo, "Goya y el teatro español contemporáneo. De Valle-Inclán a Rafael Alberti y Antonio Buero Vallejo", *ALEC*, 24, 1999, pp. 593-619.

satírica se pusieron en pie dando lugar en los escenarios a espectáculos como los que aquí englobo bajo la etiqueta de la *revista teatral política*. Las escenas de estas revistas son como las viñetas de la prensa satírica.

Por estos derroteros iban las cosas cuando José María Gutiérrez de Alba comenzó a escribir y estrenar sus *revistas teatrales políticas*. Había estado emigrado en París por razones políticas y tuvo ocasión de familiarizarse allí con el género en pleno auge[27]. Contaba ya con larga trayectoria de escritor comprometido, incluidos estrenos teatrales alguno de gran éxito como *Diego Corrientes o El bandido generoso* (1848), que cabe integrar en la tradición del melodrama social[28]; había tanteado la comedia de costumbres políticas en *Fuera pasteleros* (1849) o *El iris conyugal. Seguros de incendios* (1860). Pero sobre todo, su veta satírica la había demostrado con sus *Fábulas políticas* (1845), que se convirtió en obra modélica de este género, reeditándose hasta 1868 como *La política en imágenes*[29]. Entre 1866 y 1869 escribió y -cuando pudo- estrenó *revistas* que asentaron el género en España y crearon toda una caterva de imitadores. Estas obras permiten caracterizar la primera andadura del género en España. Era el momento también en que Francisco Arderíus con su compañía de los "Bufos madrileños" estaba introduciendo en España el *teatro de los bufos*, que puede de algún modo confundirse con la *revista*. De 1866 es *El joven Telémaco*, letra de Eusebio Blasco, que puede ser tomado como primer hito y que tendría gran relevancia en la creación de la revista teatral musical. Pero su horizonte es distinto en principio -asunto distinto es que el desarrollo posterior origine mezclas y que ambos surjan dentro del proteico mundo teatral postromántico- ya que mientras el horizonte de la *revista*

---

[27] E. Huertas, *art. cit.*, p. 176.

[28] J. Rubio Jiménez, "Melodrama y teatro político en el siglo XIX. El escenario como tribuna política", *Castilla*, 14, 1989, pp. 129-149.

[29] Antecedentes en Salvador García Castañeda, "La fábula política española del siglo XIX", *Actas de VIII Congreso de la Asociación Internacional de Hispanistas*, pp. 567-576. "José Joaquín Mora y la sátira política en las *Leyendas españolas* (1840)", en *La sonrisa romántica (Sobre lo lúdico en el Romanticismo hispánico)*, Roma, Bulzoni, E. Caldera ed., 1995, pp. 117-124. Detalles de las ediciones en José Manuel Campos Díaz, "Aproximación a la vida y obra de José María Gutiérrez de Alba", en *V Jornadas de Historia de Alcalá de Guadaíra (23-25 de noviembre de 1994)*, Ayuntamiento de Alcalá de Guadaíra, 1998, pp. 125-150.

política es la crítica de la política del día, el teatro de los bufos abarca más aspectos y sin una intencionalidad política tan directa[30].

Se apreció muy pronto el interés político del nuevo género y la habilidad de Gutiérrez de Alba en su cultivo en un tiempo especialmente arduo[31]. Díaz Benjumea explicaba los procedimientos alegórico-simbólicos de las *revistas* de Gutiérrez de Alba como fruto natural de una situación en que no se podía realizar una crítica directa y proponía de paso una lectura del teatro de Cervantes de gran modernidad. Con la personificación de ideas morales o de otro tipo y con la presentación de cuadros alegóricos Cervantes creó un modelo para un posible teatro político particularmente con sus entremeses y con *El retablo de las maravillas*. La *revista política* continuó vigorosa en los años posteriores a la revolución de 1868, sufriendo altibajos por la censura durante la Restauración, en que se velaba sobre todo para prohibir "las caretas o caricaturas destinadas a presentar o ridiculizar a determinadas personas"[32]. Fue dando lugar a una larga serie de obras, que apenas ha comenzado a ser analizada aunque críticos como José Yxart les dedicaron páginas de interés[33]. Señalaba éste que la forma más común de la revista hasta finales del siglo XIX era la "revista del año",

---

[30] Jesús Rubio Jiménez, "José María Gutiérrez de Alba y los inicios de la revista política en el teatro", *Crítica Hispánica*, XVI-1, 1994, pp. 119-140. "Teatro y política: *Las aleluyas vivientes*, de José María Gutiérrez de Alba", *Crítica Hispánica*, XVII-1, 1995, pp. 127-141. "El teatro político durante el reinado de Isabel II y el sexenio revolucionario", en *Historia de la Literatura española. Siglo XIX (I)*, coordinador del vol. Guillermo Carnero, Madrid, Espasa Calpe, 1997, pp. 409-414. Sobre el teatro de los bufos, al menos: Emilio Casares Rodicio, «El teatro de los bufos o una crisis en el teatro lírico del XIX español», *Anuario Musical*, 48, 1993, pp. 217-228. «Historia del teatro de los bufos, 1866-1881. Crónica y dramaturgia», *Cuadernos de Música Iberoamericana*, 2 y 3, 1996-1997, pp. 73-118.

[31] Nicolás Díaz Benjumea, "Teatro político-social de D. José María Gutiérrez de Alba", *El Museo Universal*, núms. 8 (21-II-1869), p. 59; 9 (28-II), pp. 67-69; 12 (21-III), p. 91; 16 (17-IV), p. 123; y 18 (2-V), pp. 138-139. Publicado también como libro aparte.

[32] M. Cañete, "Los teatros. Las piezas alusivas de carácter político y personal", *La Ilustración Española y Americana* (30-IX-1885).

[33] Además de los estudios citados en las notas anteriores, véanse: Nancy J. Membrez, *The teatro por horas: History, Dynamics and Comprehensive Bibliography of a Madrid Industry, 1867-1922. Género chico, género ínfimo and early Cinema*, Diss. University of California, Santa Bárbara, Ann Arbor: UMI, 1987, 3 vols. Y "Eduardo Navarro Gonzalvo and the revista política", *Letras peninsulares*, V, 1-3, 1988, pp. 321-330. María Pilar Espín Templado, *El teatro por horas en Madrid (1870-1910)*, Madrid, Instituto de Estudios Madrileños-Fundación Jacinto e Inocencio Guerrero, 1995.

importada de Francia, pero aquí mucho más vulgar y con menos espacio para el repaso de lo ocurrido de notable durante el año en lo filosófico, literario y artístico. No era un género que apreciara y lo vio ante todo como sucesión de escenas sueltas, como "un exhibidor de linterna mágica, más en grande"[34]. Años más tarde, Augusto Martínez Olmedilla la definiría como "un periódico escenificado"[35]. Denigrada por unos y alabada por otros, el hecho es que el género perduró y fue adquiriendo variaciones. Cuando Navarro Gonzalvo -uno de sus más constantes cultivadores- murió en 1902 decayó en cierto modo la revista política, mientras el género derivaba hacia lo sicalíptico o el espectáculo meramente musical. Ello no obsta para que algunos críticos de tarde en tarde salieran en su defensa, aunque fuera adaptada a nuevos formatos como los espectáculos de *cabaret*. Alejandro *Miquis* la encontraba así en los *cabarets* parisienses, lamentando que no existiera algo parecido en España, para que su arte satírico continuara:

> Lo malo es que la sátira es prenda de lujo, y los teatros españoles han perdido el hábito de llevarla: toda la gracia de nuestro teatro actual está en los chistes de dicción, y esa forma de ingenio es, está demostrado psicológicamente, muy inferior a la que hace gracias de intención. Sería necesario, pues, que nos reeducásemos, y, aún más, que se reeducasen nuestros autores, para que en España fuera posible siquiera ese arte de la *revuette*.[36]

Después de haber leído un buen número de estas revistas, creo que aquellas funciones ofrecen aspectos que ayudan a comprender mejor el *esperpento*, como si Valle-Inclán hubiera decidido aprovechar algunas de sus posibilidades, como es una de las matrices que permanecen en el transcurso de los años: *la revista teatral como una sucesión de escenas repasando acontecimientos, en ocasiones con la inclusión de caricaturas de personajes reales*. El autor crea un espacio alegórico-simbólico con suficiente funcionalidad teatral o sencillamente representa sobre la escena espacios conoci-

---

34 José Yxart, *El arte escénico en España*, Barcelona, La Vanguardia, 1896, II, p. 156.

35 Augusto Martínez Olmedilla, *Los teatros de Madrid*, Madrid, Editorial José Ruiz Alonso, 1948, p. 68.

36 *Alejandro Miquis*, "El arte de hacer una *revuette*", *Diario Universal* (10-V-1909); también, "La revista en los cabarets", *Diario Universal* (25-IV-1909).

dos por los espectadores en los que hace moverse a sus personajes[37]. En ese espacio desfilan personajes simbólicos: así el año viejo y el año nuevo en las revistas anuales; el primero hace de cicerone en el repaso del año anterior, instruyendo al recién llegado y al final muere; las revistas del año hacen un recorrido de cuna (de la que sale el nuevo año) a sepultura (en la que termina por perderse el año viejo). O el modelo puede desarrollarse de otras maneras: los personajes se mueven por distintos espacios o comentan una serie de escenas que van viendo como ocurre, por ejemplo, en *Las aleluyas vivientes*, "revista diorámica". Como se sabe, los dioramas mostraban grandes cuadros dispuestos de tal manera que determinadas partes de los mismos cambiaban al modificar su iluminación. En este caso, Periquillo y el tío Zumbón iran comentando lo que ven[38]. En ambos casos, lo decisivo es la introducción de parejas de personajes que dialogan sobre lo que ven y que participan más o menos directamente en las escenas[39]. En *La Gran Vía* (1886) -la más conocida de aquellas revistas- se realiza un recorrido por las calles madrileñas, combinando los procedimientos alegóricos personificadores que "por recurso mágico" permiten que desfilen por la escena determinadas calles con el recorrido por otras que llevan a cabo El Caballero de Gracia y El Paseante en Corte[40]. El resultado es que Madrid queda revisado y mostrados los conflictos entre el viejo Madrid y el moderno representado por la Gran Vía. No es un contraste inocente, sino que irán aflorando los conflictos. Los límites de las conversaciones entre estos dos personajes son los de la modernidad madrileña. El Caballero de Gracia arrastra la débil modernidad del Madrid romántico. El Paseante en Corte se acerca al *fla-*

---

[37] En mis ensayos citados en nota 30 ofrezco ejemplos de la configuración de estos espacios.

[38] J. Rubio, "Teatro y política: *Las aleluyas vivientes*, de José María Gutiérrez de Alba", *Crítica Hispánica*, XVII-1, 1995, pp. 127-141. Interesante información sobre artilugios precinematográficos en Francisco Javier Frutos Esteban, *La fascinación de la mirada. Los aparatos precinematográficos y sus posibilidades expresivas*, Valladolid, Junta de Castilla y León-Semana Internacional de Cine de Valladolid, 1996.

[39] Apenas unos ejemplos: *Una jaula de locos* (1876), ofrece como nexo de las escenas los comentarios de El tío Gilena con un Lord inglés al que guía; en *Panorama nacional* (1889) dos reporteros comentan un cuadro que representa el viejo y el nuevo Madrid...

[40] Felipe Pérez y González (libreto) y Federico Chueca (música), *La Gran Vía. Revista madrileña cómico-lírico-fantástico-callejera en un acto y cinco cuadros*, Barcelona, Daimon, 1986. Estudio, análisis musical y comentarios de Roger Alier.

neur baudelairiano, que añora perderse por los pasajes y por una avenida realmente moderna: la Gran Vía. Y lo cierto es que visitan también "las afueras" donde "se encuentran los barrios bajos en un estado cruel"[41]; desfilan ante ellos tipos populares: la criada Meneglida, los Ratas y el falso Paleto a un paso ya de los *golfos* y los *apaches* del cambio de siglo[42]. Se realiza una sátira de los Diputados preocupados solamente por su "turrón"[43] o se equipara a unos Caballeros con los Ratas en la escena sexta del cuadro tercero mediante un hábil recurso teatral: haciéndolos desfilar -sin palabras- mientras la orquesta repite la música de la escena de los Ratas. *La Gran Vía* ofrece, en definitiva, un refinado ejemplo de teatro político, aderezado con excelentes recursos de teatralidad.

La introducción de parejas de personajes es importante como elemento estructurador y será uno de los modelos más seguidos; su diálogo es básico para dar unidad a las escenas en apariencia sueltas, lo cual invalida para muchas revistas la falta de ilación de las escenas que les achacaba Yxart. Otro procedimiento para construir la revista, dándole cierta unidad, pueden ser el viejísimo motivo del viaje de un personaje de provincias a Madrid u otra capital que permite repasos como los de los costumbristas: la ciudad pasa delante de los ojos del inocente aldeano[44]. El sueño de un personaje: lo que sueña es la revista como ocurría ya en algunos artículos costumbristas[45]. O formas metateatrales, que conducen a crear piezas dentro de otras[46].

---

[41] *Ibid.*, p. 54.

[42] No debe olvidarse que la obra fue censurada, atenuando aspectos críticos. Véase, Alberto Castilla, "Significación estética y social de *La Gran Vía*", *Actas del Sexto Congreso de la Asociación Internacional de Hispanistas*, Toronto, 1980, pp. 172-175.

[43] La expresión para referirse a los beneficios sacados de los presupuestos de la nación venía siendo habitual desde los años cercanos a la revolución de 1868.

[44] *Instantáneas* (1899) presenta a Teresiano que ha viajado a Madrid tratando de recuperar a su novia y va fotografiando distintos lugares, que constituyen las escenas de la revista. El viaje puede ser a otra ciudad como en *De Madrid a París* (1889) donde unos españoles marchan a visitar la Exposición Universal de París. El procedimiento sigue hoy vivo en obras como *La ciudad no es para mí* en sus versiones teatral y cinematográfica.

[45] *El sueño de una noche de verano* (1898); *Su majestad El Botijo* (1908).

[46] Caso de *Las aleluyas vivientes* o Espín Templado cita, *ob. cit.*, p. 149: *El pobre Diablo* (1897), *La Puerta del Sol* (1907), *¡A ver si va a poder ser!* (1910).

Lo permanente es al idea de "pasar revista" y lo revisado puede ser un acontecimiento[47] o lo ocurrido durante un año, con lo que la variedad de acontecimientos revisados es más amplia comprendiendo desde los sucesos políticos relevantes a las diversiones como las corridas de toros o lo sucedido en el mundo de la cultura. En este aspecto, en muchas revistas hay un verdadero despliegue de procedimientos metateatrales haciendo balance de la temporada teatral mediante comentarios, comparecencia de los teatros o de los géneros personificados[48]. Lo cual introduce un nuevo aspecto interesante: la posibilidad de la discusión estética desde la escena: la valoración de la temporada conlleva un posicionamiento y unas preferencias. La mayor parte de las veces es meramente pintoresco el desfile de teatros, pero como procedimiento al menos está abierto a otras posibilidades. Y también podían ser revisados periodos superiores, por ejemplo, un siglo como sucede en *El siglo XIX*, de Carlos Arniches, Sinesio Delgado y J. López Silva. Las pretensiones de los autores de revistas eran muy variadas, desde el mero entretenimiento a la crítica política. No solían conceder mayor importancia literaria a sus libretos y en ocasiones ni a su ilación con lo que la revista quedaba reducida a una mera sucesión de escenas. Es curioso al respecto, el uso del término *esperpento* en *La clase baja* (Sinesio Delgado y J. López Silva, 1890), donde un personaje dirigiéndose al público, dice:

> Señores: Me encomiendan los autores
> una misión difícil y escabrosa;
> la de explicar la idea de la cosa
> para evitar errores.
> Lo que vamos a hacer es...
> ....
> más que revista es esperpento,
> sin interés, ni asunto, ni argumento.[49]

---

[47] *La Gran Vía* (1886) trata de la modernización urbanística de Madrid con la construcción de esta (años más tarde, en 1910, la revista fantástica de actualidad *A ver si va a poder ser*, se inspiraría en los primeros derribos de esta avenida; o siguiendo su modelo se hacen revistas como *Las calles de Madrid*, en 1888); *Certamen Nacional* es una exposición de productos nacionales organizada por un loco.

[48] Pilar Espín, *ob. cit.*, pp. 155 y ss.

[49] Pilar Espín, *ob. cit.*, p. 148.

Es un testimonio más del uso del término con ese sentido peyorativo del que Valle-Inclán lo redimió, pero procedía del teatro popular de mediados del siglo XIX y del que saltó a la novela como han rastreado Iris Zavala, Julio Rodríguez Puértolas o V. A. Smith y J. E. Varey[50]. Y no es difícil añadir usos en la crítica teatral cercana a Valle-Inclán: Yxart y Benavente[51]. Todo lo cual vuelve a situarnos en las cercanías de la prensa satírica ilustrada y de los pintores de la vida moderna madrileña con sus procedimientos caricaturescos a alguno de los cuales se refirió Zavala, partiendo de *España contemporánea* (1899), de Rubén Darío, donde en el capítulo "La cuestión de la revista. La caricatura", ofreció agudas reflexiones sobre su alcance satírico y moral, destacando el papel fundamental jugado por Ortego en el desarrollo de la caricatura española[52]. Una notable serie de caricaturistas -con su inevitable trasfondo moralista- continuaron la tradición. Rubén Darío destaca a varios, pero entre estos cabe recordar lo que dice de Sancha por su cercanía a la teoría del esperpento:

> Sancha se ha hecho un puesto especial, apoyado en el *Fligene Blatter*, y deformando, hace cosas, que se imponen. Sus deformaciones recuerdan las imágenes de los espejos cóncavos y convexos; es un dibujo de abotagamientos y elefantiasis; monicacos macrocéfalos e hidrópicas marionetas.[53]

Con lo que, de nuevo, prensa satírica ilustrada y revistas teatrales nos dejan a las puertas del esperpento[54]. Lo que tienen en común es su afán por "pintar" las costumbres contemporáneas parodiándolas según expuso Aris-

---

[50] Iris Zavala, "Notas sobre la caricatura política y el esperpento", *Asomante*, I, 1970, pp. 28-34 (recogido en *El texto en la historia*, Madrid, Nuestra Cultura, 1981, pp. 119-129); "Del esperpento", *Homenaje a Joaquín Casalduero. Crítica y poesía*, Madrid, Gredos, 1972, pp. 493-496 (y en *El texto en la historia*, ob. cit., pp. 111-117). V. A. Smith y J. Varey, "Esperpento: Some Early Usages in the Novels of Galdós", *Galdós Studies*, London, Tamesis Books, 1970, pp. 195-204; Julio Rodríguez Puértolas, *Galdós: burguesía y revolución*, Madrid, Turner, 1975, pp. 205-208.

[51] Lo hicieron ambos de manera muy esporádica y sin añadir matices nuevos al uso decimonónico anterior.

[52] Rubén Darío, *España contemporánea*, en *Obras completas*, vol. XXI, Madrid, Biblioteca Rubén Darío, s. a., pp. 186-187.

[53] *Ibid.*, p. 189.

[54] Véanse en especial los ensayos de I. Zavala citados en nota 50.

tóteles y ha recordado Francisco Rico en un pasaje de su *Poética* del que destaca la similitud con los tres modos de ver el mundo artísticamente, pero sin hacer hincapié en la referencia a los pintores que también se encuentra en el texto de Aristóteles[55]. En la prensa satírica ilustrada, en la *revista teatral política* y en el *esperpento* pintura y literatura se dan la mano para representar la vida contemporánea.

Volvamos a *Luces de bohemia*. Es curioso que habiéndosele otorgado al *esperpento* una dimensión de teatro político, sin embargo, se ignore su inserción en la tradición del teatro político coetáneo. En todo caso se evoca el teatro político europeo de Piscator o Brecht cuando los modelos estaban más cercanos. No creo que sea inoportuno carear los *esperpentos* con estas piezas de teatro político español, cuestión distinta es que Valle lo lleve a una categoría superior, no utilizando mecánicamente los recursos de la *revista teatral política* sino para construir una moderna tragedia.

La versión definitiva de *Luces de bohemia* es una sucesión de XV escenas en las que se pasa revista a un periodo de la historia española, concretándolo en el recorrido que realizan por distintos lugares de Madrid -ese "Madrid absurdo, brillante y hambriento" que se cita en el *Dramatis personae*- el poeta ciego Max Estrella y Don Latino hasta la muerte y el enterramiento del primero en las últimas escenas. Lugares y personajes se van sucediendo y el resultado es una descarnada sátira de la vida política y social española de la Restauración. La larga serie de revistas teatrales que habían tomado como punto de partida la "pintura" de las costumbres madrileñas mientras la ciudad se iba incorporando a la modernidad alcanza en *Luces de bohemia* su culminación. Para Dru Dougherty sería una de las primeras manifestaciones literarias de Madrid como ciudad moderna y cosmopolita. En mi opinión, no obstante, hay que adelantar la aparición del "Madrid moderno" en el tiempo hasta mediados del siglo XIX. El tipo

[55] F. Rico, "Aristóteles y la teoría del esperpento", en *Primera cuarentena y Tratado general de literatura*, Barcelona, El Festín de Esopo, MCMLXXXII, pp. 47-48: "Pero vale la pena apuntar aún que la doctrina valleinclanesca atiende a un pasaje de la *Poética*, II (1445 a), donde Aristóteles proclama que los artistas han de fingir a los personajes «mejores [*beltíonas*] que nosotros, inferiores o semejantes, según hacen los pintores; y así, Polignoto los representaba superiores [*kreíttous*]; Pausonte, inferiores; Dionisio, iguales», en tanto, «Homero los representaba mejores; Cleofonte, iguales; Hegemonte el Tasio -el primer autor de parodias- y Nicócares -el de la *Deilíada*- inferiores»".

social del artista bohemio miserable y su tratamiento artístico en la literatura costumbrista aquí evocada surgió paralelamente como un elemento más de las nuevas condiciones de la producción artística[56].

Madrid vivió tras la desamortización un profundo proceso de modernización arquitectónica y urbanística a partir de los años cuarenta del siglo pasado, que fueron configurando una ciudad en la que no faltan los espacios que hicieron posibles los característicos modos de la sociabilidad burguesa, aunque dotados de una singularidad que hay que recalcar a veces y que no hace extraño que todavía en *Luces de bohemia* se piense con cierta delectación en las ciudades cosmopolitas por excelencia: París, que evocan Rubén, Max y don Latino en su conversación (escena IX); durante sus alucinaciones Max creerá estar en el entierro parisiense de Hugo; o en la librería de Zaratustra don Gay mencionará su viaje reciente a "la Babilonia londinense"(esc. II)[57]. Por más que apenas "¡El único rincón francés en este páramo madrileño!" sean los jardines de la Moncloa con su trazado amplio y moderno, no faltan en Madrid otros rasgos de la ciudad moderna, sobre todo los más negativos con lo que no es extraño que en boca de Max se vea España -en *Luces* concretada en Madrid e indirectamente en la escena VI Barcelona, durante la conversación de Max y el anarquista- como una "deformación grotesca de la civilización europea" (esc. VI). Con lo que una vez más se nos sitúa en el terreno de la visión satírica grotesca y la tradición plástica y literaria que se citan en otros momentos: Quevedo, Goya y en su estela -añadimos nosotros- Larra, Galdós y naturalmente sus herederos en la prensa satírica -escrita e ilustrada- o en la revista teatral política. Max ha venido de París y tiene que vivir en Madrid, donde la modernidad plena no acaba de llegar. Una ciudad hostil para los artistas, obligados a convertir su trabajo artístico en dinero en unas condiciones absolutamente desventajosas. El tema atraviesa completamente el texto de *Luces de bohemia*, desde

---

[56] Dru Dougherty, "La ciudad moderna y los esperpentos de Valle-Inclán", *ALEC*, 22, 1997, 131-147. Véase al respecto, Leonardo Romero Tobar, "En los orígenes de la bohemia: Bécquer, «Pedro Sánchez» y la revolución de 1854", en *Literatura y bohemia. De Bécquer al Modernismo*, Universidad de Sevilla, 1993, pp. 27-50. Y Manuel Aznar, «Modernismo y bohemia», *ibid.*, pp. 51-88.

[57] Se citan los textos -aunque de manera simplificada- por la edición de A. Zamora Vicente, Ramón del Valle-Inclán, *Luces de bohemia. Esperpento*, Madrid, Espasa Calpe, col. Clásicos Castellanos, 1974.

su amarga enunciación en la primera escena: Max ha perdido sus colaboraciones y se encuentra desesperado. De nada valen las buenas palabras. Tan poco como las "bellas letras".

Max Estrella es el personaje cuya presencia en la mayor parte de las escenas les da unidad. Tan solo falta directamente en la escena VII, que transcurre en la redacción de *El popular*, mientras está en prisión; y en la escena XV, en que don Latino dilapida el premio de la lotería en la taberna. En todo caso, en ambas gravita su sombra de manera decisiva. Diferente es su presencia de cuerpo presente en las escenas XIII y XIV, pero presencia en definitiva. Max Estrella es el "paseante en Corte", que irá realizando reflexiones a lo largo de su paseo nocturno y hasta "infernal" por la ciudad, que ha dado lugar a comparaciones con Dante que quizás han velado demasiado otras posibles comparaciones con el mundo de la *baja cultura* como es la de los "infiernos" madrileños que habían tratado las novelas de folletín, los melodramas sociales desde mediados del siglo XIX y revistas como *La Gran Vía*. O si se prefieren infiernos urbanos modernos nada mejor que volver los ojos de nuevo a París visto por Víctor Hugo y Baudelaire como ha recordado Dougherty[58]. Es por este camino por el que la comparación con el Dublín del *Ulises*, de Joyce, o con *La tierra baldía*, de T. S. Eliot, cobra todo su sentido. Por el camino de la *alta cultura* -la mitología grecolatina y los grandes textos canónicos occidentales- pero también la *baja cultura*: la sátira y la parodia.

Le acompañan casi siempre su perro y Don Latino. Tan sólo falta éste en tres escenas: en el calabozo (VI), en el despacho del ministro (VIII) y en el entierro (XIV). Zamora Vicente ha sugerido que más que un personaje es un desdoblamiento de Max; en términos de poética aristotélica resulta inviable esta afirmación y también desde otras perspectivas: sobrevive a Max en ese descorazonador epílogo en que dilapida la lotería mientras se conoce la muerte trágica de la esposa e hija de Max[59]. Lo que interesa es el procedimiento en sí mismo, que facilita el funcionamiento teatral, el ir de un lado a otro y lo decisivo, de cualquier forma, es que hace posible el diá-

---

[58] D. Dougherty, *art. cit.*

[59] No resulta convincente tampoco el análisis de don Latino propuesto por Sofía Irene Cardona, "El enemigo necesario: don Latino de Hispalis, el gracioso de *Luces de bohemia*, de Ramón María del Valle-Inclán", *ALEC*, 21-3, 1996, pp. 423-430.

logo, con varios niveles en el devenir del *esperpento*, perfectamente avalados por la tradición de la *revista teatral política*: pasando revista y reflexionando filosófica y estéticamente. Paradójica *revista* pues es un ciego quien la lleva a cabo (los ciegos en Valle-Inclán -con todo- tienen la "otra mirada": la que permite ver más allá de las apariencias, que es lo único que ven los ojos físicos; mirada moral). Don Latino le presta sus ojos, pero sólo aparentemente; basta recordar la escena de la librería y su guiño cómplice con el librero (esc. II). Y le robará la cartera abandonándole en el trance último (esc. XII). La visión fatalista de Valle se impone una vez más en el final de Max Estrella: su repetida idea de que los hombres se rigen más por la fuerza de las pasiones -avaricia, lujuria- que por la razón.

La hamletiana escena del cementerio es todo un síntoma con su irvenir de lo concreto a lo general, dando lugar a una reflexión simbolista sobre la existencia. El diálogo tiene lugar entre Rubén y Bradomín, entre los sepultureros o cruzándose todos ellos. ¿Literaturización solamente? El discurso se apoya en Rubén y en Shakespeare a la hora de afrontar el momento cumbre, el de la muerte que tanto fascinó a don Ramón, porque era el momento del gesto último y definitivo. No estoy nada seguro de que sea una parodia de *Hamlet* como dice Zamora Vicente, más bien es una escena de grandeza shakespereana con su mezcla de niveles. Ante "Ella", ante la "Dama de Luto" -¡qué de viejos ecos de las primerizas piezas simbolistas concebidas al amparo del *personaje ausente* maeterlinckiano, esto es, La Muerte!- no valen disfraces. El diálogo de los sepultureros tiene toda la crueldad shakespereana de la visión de la vida desde lo más inmediato y elemental: lujuria y avaricia (un gatera se lleva una buena viuda de carnes tensas y acomodada) es lo que manda; el genio no tiene mérito. A renglón seguido, dialogan Rubén y Bradomín; apenas unas frases: "la única verdad es la muerte" (Bradomín); "Todos tenemos algo de Hamletos" (Rubén).

Cruzadas sus palabras y las de los sepultureros, el resultado no puede ser más patético y corrosivo. No queda nada en pie. Max tiene algo de la iconografía del año viejo-vida vieja que se va a su tumba. Su muerte es más que su muerte, es la de toda una época e ideales. A diferencia de las revistas teatrales anuales donde se daba entrada al año nuevo (vida nueva), aquí no hay mensaje de futuro posible.

No se pasa revista a grandes realizaciones urbanísticas o logros sociales sino justamente lo contrario: la librería -verdadera personificación de la cultura y sus miserias- es un antro; en ella, más que comerciar, roba Zaratustra, que encarna la antítesis del mundo de elevación y superhombría que evoca su nombre (esc. II). Tabernas míseras donde pasan su tiempo seres míseros sin más horizonte que un golpe de suerte en la lotería o un sablazo (III, XV). Un calabozo, que es la sala de espera de una muerte por la espalda para el anarquista (VI). Un café por el que desfilan personajes de vida gris e infrahumana (IX).

Se ha explicado con frecuencia la yuxtaposición de espacios en el melodrama o en el drama social como eficaz procedimiento para denunciar desigualdades sociales. Se puede trasladar al análisis de los *esperpentos*. En el centro de *Luces de bohemia*, la escena VIII, la acción tiene lugar en el despacho del Ministro. Es la cumbre social y metafórica, pero cumbre de inmoralidad y cinismo. A sus lados, descendemos a otros espacios donde se prolonga esta falsedad: la redacción de *El Popular*, que representa toda la prensa que sostiene al poder en lugar de minarlo; la comisaría y los tipos representativos de la opresión popular: el capitán Pitito, el inspector Serafín el Bonito, los guardias. El peregrinaje continúa hasta los antros más míseros donde malviven tipos representativos de la miseria social: prostitutas y sus chulos (Pica-Lagartos, El coime de taberna, La Pisa-Bien, Una vieja pintada, La Lunares...); las víctimas de un sistema político injusto (El preso, La madre del niño muerto); la miseria cultural (la caterva de modernistas y el propio Max Estrella).

En medio de esta desolación clama Max Estrella y expone, dialogando con Don Latino de Hispalis, cómo representar el sentido trágico de esa España. Ya he señalado antes lo habitual de estos diálogos en las revistas teatrales que se articulan sobre el recorrido de unos personajes por la ciudad[60]. La reflexión metaliteraria y filosófica penetra hasta los últimos resquicios de *Luces de bohemia*. Verosímil y en ocasiones hasta con apariencia imperceptible gracias a la introducción de la pareja de personajes a través de los cuales se lleva a cabo en su mayor parte. La célebre escena XII con la exposición metaliteraria y metateatral del sentido con que utilizaba

---

[60] No debiera olvidarse tampoco una tradición estética vigente entonces en los tratados de retórica: las obras dialogadas; y vigente igualmente en las páginas de la prensa. Sin salir de España se pueden encontrar ejemplos excelentes de reflexión estética mediante diálogos en la revista *España* donde apareció el esperpento, pero no voy a detenerme en ellas. Carecemos todavía de un análisis convincente sobre los sutiles procedimientos dialogales de *Luces de bohemia*.

el término *esperpento*, dándole el alcance de término categórico con el que definía una de sus maneras de escribir es el pasaje más citado por ser el más evidente, pero el tono reflexivo domina en casi toda la obra. *Luces de bohemia*, en general, conlleva una reflexión elegiaca sobre la vida artística y la miserable condición del artista en la sociedad española de aquellos años. Pero Valle habló ahí de "transformar con matemática de espejo cóncavo las normas clásicas", también de que "el sentido trágico de la vida española sólo puede darse con una estética sistemáticamente deformada"; o de que "la deformación deja de serlo cuando está sujeta a una matemática perfecta". En sus declaraciones a Martínez Sierra, en 1928, hablaría de que el espejo o lente cóncava produce un "transporte grotesco, pero rigurosamente geométrico".

Se trata en el *esperpento*, pues, de representar la vida española, que a Valle se le ofrece grotesca, pero de representarla con un rigor que le otorga una dimensión estética excepcional. Esto diferencia la escritura de Valle, sus *esperpentos*, de los usos que se venían haciendo del término *esperpento* para calificar obras teatrales malas y caóticas, sin aspiraciones de perduración, mero chafarrinón, frente a una obra compleja como *Luces de bohemia*, también en su aspecto compositivo.

El trabajo de Valle no es azaroso, asistemático, es "el supremo juego", que es como Valle definió el arte. Críticos como Gregorio Torres Nebrera han destacado el valor casi mágico con que Valle ha utilizado ciertos números en la composición de *Luces de bohemia* y cómo en la versión definitiva redondeó su diseño añadiendo tres escenas (II, VI, XI) con el elemento conector temático de la represión policial contra el obrerismo y el anarquismo (es decir, afrontaba la crítica de la ley de fugas de Rodríguez Anido). Son un refuerzo de la tendencia a la circularidad que viene destacando la crítica[61]. La unidad se logra con la permanencia del personaje de Max Estrella, pero reforzada con otros elementos. Varios momentos de las escenas iniciales son retomados en las escenas últimas: el tiempo transcurrido desde el anochecer en la buhardilla de Max (esc. I) y el atardecer-noche del día siguiente con el entierro (esc. XIV); la taberna de Pica Lagartos (escs. II-XV); la invitación al suicidio al principio, que se culmina en la

---

[61] Gregorio Torres Nebrera, "«La matemática perfecta del espejo cóncavo»: acerca de la composición de *Luces de bohemia*", *Anthropos*, 158-159, julio-agosto 1994, pp. 79-88.

escena última (escs. I y XV). Como señala Torres Nebrera "tal circularidad [...] genera -y en ella misma se potencia- una red de correspondencias, de simetrías, que es el otro principio modelador en el que se sustenta la estructura formal de *Luces de bohemia*[62]. Para él, la organización compositiva de *Luces* respondería a una fórmula matemática en la que se combinan varios números mágicos: tres por cinco = quince; "es decir, las quince escenas que articulan el esperpento en su versión definitiva, se distribuyen en cinco bloques de tres escenas cada uno, funcionando como bloque central, eje divisorio de esa composición el bloque tercero, y precediéndose a una correspondencia simétrica de los cuatro bloques de tres secuencias que se distribuyen a un lado y otro de ese bloque central"[63].

El centro absoluto de la obra sería la esc. VIII, con siete escenas a cada lado. Torres Nebrera describe multitud de simetrías, que prueban la cuidada taracea compositiva y cómo la escena VIII, el despacho del Ministro, sería no solo la escena eje sino el lugar que mejor ejemplifica que España es "una deformación grotesca de la civilización europea"; el despacho del ministro es "Un espacio que empieza a metamorfosearse a los ojos del dramaturgo, pasando de oficina a garito de juego, y el ministro y su colaborador se perfilan como los rufos de la timba, los muñecos de un desbaratado guiñol en el que Max también se ve forzado a asumir su ración de ignominia, traducida en la aceptación de una miserable pensión financiada con el fondo de reptiles"[64]. El mensaje moral de la obra se evidencia aquí con una contundencia absoluta: Max es un verdadero epitafio de su profesión, la profesión de escritor: "Paco, las letras no dan para comer. ¡Las letras son colorín, pingajo y hambre!" (esc. VIII). Producen miseria y no ayudan a redimir al país de esa situación grotesca que lo caracteriza. El mensaje positivo, una posible vía de redención surge de su conversación y de su actitud solidaria con el anarquista en la cárcel que será aniquilado después.

Hace años, Gonzalo Sobejano, escribió sobre *Luces de bohemia* algunas de las páginas más luminosas que se han dedicado a este *esperpento*[65]. Destacó Sobejano el carácter elegiaco de la obra, en el sentido de que Max

---

[62] G. Torres Nebrera, *art. cit.*, p. 82.
[63] *Ibid.*, p. 82.
[64] *Ibid.*, p. 86.
[65] Gonzalo Sobejano, "*Luces de bohemia*: elegía y sátira", *PSA*, 127, 1966, pp. 89-106.

se despide dolorido del mundo del individualismo de progenie romántica en el que durante mucho tiempo ha creido. La emoción elegiaca gira alrededor de la bohemia heroica de Max Estrella, comparable solo a la anarquía heroica de Mateo el proletario. La indignación satírica recae sobre policías (el capitán Pitito; el sereno que se envanece de su autoridad; el inspector Serafín el Bonito que le toma declaración), políticos (el ministro o su ayudante) y capitalistas (la durísima la escena del niño muerto con el terrible contraste entre los alaridos de la madre y los comentarios justificativos de los bien pensantes). *Luces*, en su redacción definitiva conlleva una fuerte crítica de la estéril política represiva de aquellos años contra el proletario insurrecto: espían los maricas de la Acción Ciudadana; viejos principios son manipulados por los políticos; se combate en Africa; entretanto, el pueblo hambriento se encenaga en la prostitución, la lotería y la taberna.

Max es el bohemio heroico; hay mucho en él no solo de Alejandro Sawa sino del propio Valle. Comparten excentricidad. Máximo por su grandeza; Estrella por su fulgor nocturno. Atraviesa la noche para morir al alba, tras describir la vida española como una visión infernal o de pesadilla. No estamos lejos de "los infiernos de Madrid" de los melodramas y revistas teatrales que ofrecieron verdaderos cuadros de miseria urbana. Y pienso tanto en los textos como en las imágenes con que se editaron. Pero Max Estrella realiza su paseo con una intensa desazón de lo insuficiente de su vida, que solo logra acercarse -acercarse solo- al heroísmo del anarquista.

Las últimas escenas intentan situar en un nivel más general y filosófico todo el recorrido anterior de Max Estrella. El velatorio de la escena XIII resulta muy grotesco, mezclando lamentos de la viuda con chistes de los visitantes y el extravagante debate científico de Basilio Soulinake. De la escena XIV en el cementerio algo he señalado más arriba. Con Max Estrella se entierra todo un mundo. Con su figura vieja y caduca, su ceguera y sus barbas blancas Max reproduce la iconografía del año viejo en las revistas anuales. Se le entierra como a él, pero sin esperanza de regeneración. El pesimismo es de un radicalismo difícilmente superable.

Decía al principio que este ensayo arrancaba de ciertas insatisfacciones y ambigüedades sucitadas por la lectura de la crítica sobre *Luces de bohemia*. Acaso no habré logrado sino intensificarlas. Pero si mi comparación con la *revista teatral política* que podría extenderse a otros aspectos (pintura caricaturesca, comentario de pasajes concretos)- es correcta, acaso haya logrado sugerir algunas otras claves para la comprensión de *Luces de bohemia*[66]. El primer *esperpento* de Valle es una pieza de teatro costumbrista, pero donde Valle-Inclán "pinta" las costumbres con gran modernidad -tal como la definió Baudelaire- con lo que la escritura de Valle sitúa el teatro político en un nivel superior. Max Estrella flanea enloquecido por Madrid, solitario en medio de la multitud que no entiende su mensaje. Max Estrella denuncia las injusticias con acre sátira, pero nada cómodamente: campo de batalla él mismo, que debe asumir la insuficiencia de sus ensueños de artista, el fracaso de su contribución en hacer un país más justo. Cómplice en cierto modo (Max acepta dinero del fondo de reptiles), pero que quisiera redimirse y encontrar un horizonte distinto que el de vagar por ese "Madrid absurdo, brillante y hambriento", que sintetiza toda la historia y la cultura de una época. Después de todo, de *Luces de bohemia* es tanto lo que se ha escrito que ya respecto a ella "Todos tenemos algo de Hamletos" (esc. XIV) si vale la apreciación rubeniana en *Luces*.

---

[66] En un ensayo en curso de redacción me ocupo de las caricaturas de los personajes históricos y de la utilización de términos relacionados con la caricatura para calificar genéricamente las piezas en obras como: Antonio Fernández Cuevas, *El tejemaneje. Caricatura en un acto*. Música del Maestro Pascual Marquina, Madrid, Sociedad de Autores Españoles, 1904.

Valle-Inclán (1898-1998): Escenarios
Universidade de Santiago de Compostela, 2000: 413-447

GENOLOGÍA / GÉNERO: CLAVES CODIFICADORAS / TIPOS Y ARQUETIPOS FEMENINOS EN EL TEATRO DE VALLE-INCLÁN

Pilar Cabañas
Instituto Cervantes. Viena

> *El arte no existe sino cuando ha superado sus modelos vivos mediante una elaboración ideal. Las cosas no son como las vemos, sino como las recordamos. [...] Por eso hay que pintar las figuras añadiéndoles aquello que no hayan sido.* Ramón del Valle-Inclán[1]

Este trabajo tiene por objeto plantear el examen de la relación que en el teatro de Valle-Inclán presentan dos categorías encuadradas entre las diversas variantes epistemológicas que reviste el concepto de *género*, articulando una reflexión en torno a lo genérico textual con otra dedicada a lo genérico asociado a la dualidad masculino/femenino. Atendiendo al corpus objeto de análisis, la primera de dichas categorías se concretará en la observación de los géneros dramáticos recreados por Valle, identificados en cada caso mediante claves codificadoras de diferentes grados de fidelidad respecto a los parámetros de la genología teatral; la segunda categoría será contemplada en relación con la nómina de personajes y vendrá a centrarse en el estudio de las figuras femeninas en su dimensión tipológica y arquetípica. He de aclarar que en las páginas siguientes habré de limitarme a un

---

[1] Testimonio recogido por Ramón Gómez de la Serna, *Ramón María del Valle-Inclán*, Madrid, Austral, 1944, pp. 107-110. Citado también por Eva Lloréns, *Valle-Inclán y la plástica*, Madrid, Ínsula, 1975, p. 255.

planteamiento sucinto de tan sólo algunas de las múltiples cuestiones abiertas por el examen de las categorías de referencia, cuyo entramado de relaciones diseña una interesante perspectiva desde la que contemplar el territorio del teatro de Valle-Inclán; una imagen escorzada a partir de la que formular algunas ideas y conclusiones propuestas como hipótesis de trabajo o líneas especulativas susceptibles de desarrollo en un estudio de más amplias proporciones.

Según he dejado expuesto en un libro dedicado al tema[2], los géneros dramáticos recreados por Valle son variados y se presentan bajo la diversidad de catorce denominaciones de mayor o menor ortodoxia taxonómica, según los casos. Aquí habré de dar cuenta tan sólo de algunas de ellas, dedicando especial atención al ámbito de la tragicomedia -por las razones que en su momento expondré- y respetando los que fueron los límites cronológicos de aquel estudio: 1899, como año inaugural de la carrera de Valle como dramaturgo y 1920, como fecha de aparición del esperpento -al que, sin embargo, habré de referirme en varias ocasiones-. No se me oculta que en obras posteriores a esta fecha se encuentran algunas de las parcelas más interesantes para la línea de investigación que me propongo, pero el imperativo de brevedad que preside la escritura de este trabajo no permitirá adentrarse en ellas.

La categoría de género[3] apenas ha sido aplicada al estudio de la obra de Valle-Inclán. Una excepción notable la constituye un libro editado en

---

[2] Pilar Cabañas Vacas, *Teoría y práctica de los géneros dramáticos en Valle-Inclán (1899-1920)*, A Coruña, Ediciós do Castro, 1995.

[3] Como es sabido, el concepto de género es uno de los pilares epistemológicos de la teoría y la crítica literaria feministas, en cuyo ámbito ha conocido formulaciones de diverso signo. Superadas las simplificaciones propias de una fase inicial en la que el compromiso tendió a difuminar las fronteras entre política y estética, el concepto ha ido adquiriendo progresiva complejidad en paralelo con la sofisticación que los estudios feministas vienen experimentando desde los años 80, década en la que la teoría del género comienza a producir interesantes frutos en campos tales como los de la antropología, la historia, la filosofía y la psicología. Incorporando aportaciones de todos ellos, en los años 90 el concepto de género se adensa y alcanza formulaciones de alto grado de complejidad teórica en el marco de los denominados *Gender Studies*. Centrando la reflexión en el terreno que aquí importa, y simplificando al máximo, podría afirmarse que la categoría de género reviste hoy las dimensiones de fenómeno cultural intrínsecamente relacionado con las coordenadas de lo histórico y lo político y asociado a la producción de estereotipos que operan tanto en el nivel de las bases materiales e ideológicas de una cultura como en el de los productos artísticos -la ficción literaria, entre ellos- en que adquieren proyección simbólica. En este

1994 por Carol Maier y Roberta L. Salper bajo el título *Ramón María del Valle-Inclán: Questions of Gender*. Estas autoras, recordando que Valle llegó a afirmar en torno a 1916 que "toda obra de arte es un andrógeno", postulan en la introducción que, si bien el escritor gallego no plantea de forma explícita reflexiones directamente relacionadas con la categoría de referencia tal como hoy la concebimos -pretender lo contrario sería abocar en el anacronismo-, en sus obras sí se aprecian múltiples referencias a una constante tensión entre los sexos y a la dialéctica existente entre los roles biológicamente determinados y los asignados por convenciones culturales[4].

ámbito, la dialéctica genérica se manifiesta explícita o implícitamente a través de una multiplicidad de recursos que revelan la especificidad de lo vinculado con las categorías de lo masculino y lo femenino. En el terreno de la literatura, uno de los más explícitos de entre esos recursos consiste en la encarnación de ambas esferas en una serie de figuras-tipo o en arquetipos en los que cristalizan uno o varios de los atributos a ellas asociados. Algunos de los de más frecuente aplicación a la esfera de lo femenino quedaron inventariados hace ya treinta años por Mary Ellmann en un estudio que se ha convertido en uno de los clásicos de la crítica feminista - *Thinking about Women*, New York, Harcourt, 1968- y, en la década de los setenta, por autoras como Silvia Bovenschen en su análisis de las formas de presentación de este principio en la historia de la cultura - *Die imaginierte Weiblichkeit. Exemplarische Untersuchungen zu kulturgeschichtlichen und literarischen Präsentationsformen des Weiblichen*, Frankfurt am Main, Suhrkamp Verlag, 1979-. La bibliografía surgida en este campo ha llegado a adquirir proporciones considerables y continúa aumentando a un ritmo muy acelerado, lo que demuestra la vigencia y la progresiva consolidación de los *Gender Studies* en diferentes ámbitos científicos y teóricos. Por citar tan sólo algunos trabajos paradigmáticos, *vid.* Joan Wallach Scott, *Gender and the Politics of History*, New York, Columbia University Press, 1988; Elaine Showalter, *Speaking of Gender*, New York, Routledge, 1989; Laura Claridge / Elizabeth Langland (eds.), *Out of Bounds: Male Writers and Gender(ed) Criticism*, Amherst, University of Massachusets Press, 1990; Judith Butler, *Gender Trouble: Feminism and the Subversion of Identity*, New York, Routledge, 1990; Thomas Laqueur, *Making Sex: Body and Gender from the Greeks to Freud*, Cambridge, University Press, 1990; Jane Gallop, *Around 1981: Academic Feminist Criticism*, New York, Routledge, 1992; Hadumod Bussmann / Renate Hof, (Hg.), *Genus. Zur Geschlechterdifferenz in den Kulturwissenschaften*, Stuttgart, Alfred Kroener Verlag, 1995; Friederike Hassauer, "Schatten des Geschlechts über der Vernunft - Von Frauenforschung zu Gender Studies: ein Relevanzprofil", *Quo vadis, Romania?*, 5, 1995, pp. 6-12. Como interesante revisión del tema en los años noventa, *vid.* Griselda Pollock, "Mujeres ausentes (Un replanteamiento de antiguas reflexiones sobre imágenes de la mujer)", *Revista de Occidente*, 127, 1991, pp. 77-107.

⁴ Carol Maier / Roberta L. Salper (eds.), *Ramón María del Valle-Inclán: Questions of Gender*, Lewisburg, Bucknell University Press, London and Toronto, Associated University Presses, 1994. Vid. p. 14. Según indican estas autoras (nota 14, p. 25), el comentario citado de Valle fue recogido por Alfonso Reyes en 1917, "Apuntes sobre Valle-Inclán", y reimpreso por José Esteban en *Valle-Inclán visto por...*, Madrid, Colección Espejo, 1973, p. 84. Maier y Salper hacen referencia a los trabajos más destacados que, al margen de los incluidos en su volumen, han aplicado los presupuestos de la teoría y la crítica literaria feministas al estudio de la obra de Valle-Inclán, citando los siguientes (p. 23, nota 7): Lily Litvak, *Erotismo fin de siglo*, Barcelona, Antoni Bosch, 1979; Carol Maier, "Toward a Definition of Woman as Reader in Valle-Inclán´s Aesthe-

De este modo, la aplicación de parámetros relacionados con la categoría de género escapa al peligro de lo anacrónico al revelarse como productiva vía de acceso a la lectura e interpretación de los textos valleinclanianos.

Aunando esta perspectiva con la asumida en 1995 en mi estudio sobre el teatro del autor -la perspectiva de la genología dramática-, me propongo analizar la relación distributiva en que sus figuras femeninas aparecen respecto al repertorio de géneros recreados, centrándome en la práctica de elaboración arquetípica y ciñéndome a los límites cronológicos que ya he explicitado. Dicho de forma más simple: lo que me interesa es ver *qué* tipos de mujer recrea Valle -qué estereotipos maneja-, *dónde* -en qué marco genérico- y *cómo* -cuáles son los procedimientos de que se vale para su conversión en personajes y/o arquetipos-. Se hace preciso pues, en este punto de la exposición, abordar el concepto de arquetipo teatral deslindando lo que del mismo resulte pertinente para los propósitos de este estudio. A tal efecto, será operativo servirnos de los postulados de la semiología, que ha definido al personaje como entidad sémica en la que confluyen los tres componentes de la tipología sígnica formulada por Charles Sanders Peirce:

> El personaje es a la vez icono (tiene rasgos de modelos reales humanos) e índice (es testimonio de clase social, de tipo psicológico), es significante en su forma y significado en su sentido, es símbolo y metáfora;

---

tics", *Boletín del Museo de Pontevedra*, 40, 1986, pp. 121-130; Marta LaFollette Miller, "The Feminization and Emasculation of Galicia in Valle-Inclán´s *Jardín umbrío*", *Romance Quarterly*, 30, n° 1, 1992, pp. 87-92; Catherine Nickel, "Recasting the Image of the Fallen Woman in Valle-Inclán´s `Eulalia´", *Studies in Short Fiction*, 24, 1987, pp. 289-294; "The Relationship of Gender to Discourse in Valle-Inclán´s `Augusta´", *Romance Notes*, 30, n° 2, 1990, pp. 141-148; y "Representations and Gender in Valle-Inclán´s `Rosita´", *Revista de Estudios Hispánicos*, 25, n° 3, 1991; Claire J. Paolini, "Valle-Inclán´s Modernistic Women: The Devout Virgin and the Devout Adulteress", *Hispanófila*, n° 88, 1986, pp. 27-40; Roberta L. Salper, "The Two Micaelas: The Archetypal Woman in Valle-Inclán", en José Romera Castillo (coord.), *Valle-Inclán. Homenaje; Revista de Estudios Hispánicos*, Puerto Rico, XVI, 1989, pp. 75-89. Traducción al español: "Las dos Micaelas de Valle-Inclán: Un arquetipo de mujer", en John P. Gabriele (ed.), *Divergencias y unidad: perspectivas sobre la Generación del 98 y Antonio Machado*, Madrid, Orígenes, 1990, pp. 141-159; Jean Andrews, "Saints and Strumpets: Female Stereotypes in Valle-Inclán", en L.P. Conde y S.M. Hart (eds.), *Conference on Feminist Readings on Spanish and Latin-American Literature*, Lewiston, N.Y., Edwin Mellen Press, 1991, pp. 27-36.

es decir, es todo lo que puede ser una unidad semiótica y realiza todo lo que puede hacer un proceso semiótico.[5]

La profundización en esta tipología sígnica permite formular algunos criterios desde los que distinguir la especificidad del arquetipo frente a la del tipo o el personaje. En el caso de éste último, los tres componentes revisten igual importancia; el tipo da primacía a lo icónico (el tipo cómico) o a lo indicial (el tipo psicológico del teatro de Ibsen o Chéjov); el arquetipo nace de la primacía de lo simbólico sobre el resto de componentes. Como afirma Eric Bentley: "Si los caracteres fijos tradicionales tipifican cosas minúsculas -grupos con sus debilidades y excentricidades-, los personajes arquetípicos tipifican aspectos y características más amplias que exceden una idiosincrasia."[6] Renunciando a más prolijas consideraciones, baste con dejar apuntado por el momento que los arquetipos operan por intensificación atributiva, bien mediante la hipertrofia de uno de los rasgos, bien mediante la acumulación o yuxtaposición de diversos estereotipos y que, frente a las figuras-tipo, revisten una dimensión mítica que los singulariza y les confiere una densidad simbólica de la que aquéllas carecen. Puede afirmarse, en conclusión, que el personaje nace con la obra dramática y el tipo la sobrepasa;

---

[5] María del Carmen Bobes Naves, *Semiología de la obra dramática*, Madrid, Taurus, 1987, p. 214. Para un análisis de la tipología sígnica de Charles Sanders Peirce aplicable a la teoría del teatro, *vid.* Antonio Tordera, *Hacia una semiótica pragmática. El signo en Ch. S. Peirce*, Valencia, Fernando Torres Editor, 1978. *Vid.* además María del Carmen Bobes Naves, *Estudios de semiología del teatro*, Aceña / La avispa, Valladolid / Madrid, 1988, p. 219 y "Lengua y literatura en el texto dramático y en el texto narrativo", *Bulletin Hispanique*, LXXXVII, 3-4, 1985, pp. 305-335; *vid.* p. 310. Para otras cuestiones relacionadas con el concepto de personaje teatral, *vid.* F. Rastier, "Systématique des isotopies", en A.J. Greimas (ed.), *Essais de sémiotique poétique*, Paris, Larousse, 1972, y *Essais de sémiotique discursive*, Paris, Mame, 1974; Anne Ubersfeld, *Lire le théâtre*, Paris, Editions Sociales, 1977; *L´objet théâtral*, Paris, C.N.D.P., 1978; y *L´école du spectateur*, Paris, Editions Sociales, 1980; A. Green, *Un oeil en trop. Le complexe d´Oedipe dans la tragédie*, Paris, Minuit, 1969, y *Hamlet and Hamlet*, Mayenne, Balland, 1982.

[6] Eric Bentley, *La vida del drama*, Barcelona, Paidós, 1982, p. 56. Como estudios clásicos sobre el concepto de arquetipo, *vid.* Carl Gustav Jung, *Die Archetypen und das kollektive Unbewusste*, en *Gesammelte Werke* VIII/1, Düsseldorf, Walter Verlag, 1975; y Northrop Frye, *Anatomy of Criticism*, Princeton, University Press, 1950. *Vid.* también Robert Abirached, *La crise du personnage dans le théâtre moderne*, Paris, Grasset, 1978, y Luciano García Lorenzo (coord.), *El personaje dramático. Ponencias y debates de las VII Jornadas de Teatro Clásico Español (Almagro, 20-23.9.1983)*, Madrid, Taurus, 1985. De especial interés para la línea de reflexión que planteo resultan los artículos de Domingo Ynduráin, "Personaje y abstracción" (pp. 27-36) y Francisco Ruiz Ramón, "Personaje y mito en el teatro clásico español" (pp. 281-293).

el arquetipo, enraizado en los dominios del mito, además, la preexiste. De estas constataciones se deriva una pregunta: ¿cómo llega a adquirir entidad escénica un arquetipo?

Si bien mi análisis no habrá de ceñirse a los parámetros de la semántica estructural, el modelo actancial desarrollado por Greimas[7] puede servir como apoyo para esquematizar el proceso mediante el cual una entidad abstracta cual la del arquetipo llega a convertirse en eje del texto dramático -y con ello de un virtual texto espectacular actualizable en la representación-, sin que dicho proceso deba implicar menoscabo de su potencialidad simbólica. La historia del teatro está llena de ejemplos, desde los griegos a los románticos pasando por Shakespeare. Para cobrar naturaleza dramática, el arquetipo ha de someterse a un primer proceso de concreción que, mediante la atribución de una serie de rasgos particulares, le conferirá características de personaje. Para constituirse en auténtico sujeto del drama, aquél en torno a cuyo deseo se organiza la acción, el arquetipo debe experimentar un segundo proceso de concreción que haga de él un ser animado, vivo y actuante en escena, tal como apunta Ubersfeld[8]. Una vez que su rol y su discurso hayan llegado a adquirir preponderancia en relación a los del resto de figuras, el arquetipo se habrá convertido en protagonista. La originalidad de cada dramaturgo radicará en su peculiar forma de llevar a cabo dichos procesos y en el grado de adecuación o transgresión que ello implique respecto a la poética del marco genérico elegido a tal efecto. Estos postulados quedarán ejemplificados más adelante a través del análisis de la conversión de un arquetipo femenino en protagonista dramático en la tragicomedia de Valle-Inclán *Divinas palabras*.

A despecho de la organicidad de su concepción del personaje, y a pesar de haber creado algunos de los tipos mejor delineados y de mayor fuerza dramática de la escena española, don Ramón no ha recibido en este aspecto toda la atención que su teatro merece. Sobre sus figuras existen abundantes referencias dispersas por la vastedad de la bibliografía valleinclaniana y diversos artículos monográficos, que en gran parte se centran en personajes

---

[7] A.J. Greimas, *Sémantique structurale*, Paris, Larousse, 1966, y *Sémiotique narrative et textuelle*, Paris, Larousse, 1974.

[8] Anne Ubersfeld, *Lire le théâtre*, *op. cit. Vid.* la edición española, titulada *Semiótica teatral*, Madrid, Cátedra/Universidad de Murcia, 1989, p. 57.

no específicamente dramáticos y reinciden en unas pocas presencias, entre las que destaca la del Marqués de Bradomín, inspirador de gran cantidad de trabajos. Con todo, se echa en falta un estudio en profundidad de su teatro basado específicamente en este aspecto[9]. Lejos de asumir tal pretensión, estas páginas intentan aportar -limitándose a los parámetros que he explicitado al comienzo- algunas reflexiones de interés para la profundización en uno de los pilares fundantes del quehacer dramatúrgico de Valle. A tal

---

[9] Una recopilación de los trabajos dedicados a los personajes valleinclanianos puede hallarse en la *Bibliografía general de Ramón del Valle-Inclán*, de Javier Serrano Alonso y Amparo de Juan Bolufer, Universidade de Santiago de Compostela, 1995, en las pp. 493-496. Especial mención merecen los estudios de Manuel Alberca Serrano, "Los atributos del personaje: Para una poética del retrato en Valle-Inclán", *Analecta Malacitana*, vol. XI, 1, 1988, pp. 125-145; Manuel Díaz Castillo, "Frágil, fatal, turbulenta (Algunas notas a los tipos de mujer en Valle-Inclán)", *Actas del IX Simposio de la Sociedad Española de Literatura General y Comparada, t. I., La mujer: elogio y vituperio*, Zaragoza, Universidad de Zaragoza, 1994, pp. 129-135; David Bary, "Sobre la `pobreza imaginativa´ de Valle-Inclán", *Lo que va de siglo. Estudios sobre cien años de literatura escénica*, Valencia, Pre-Textos, 1987, pp. 67-73; Alberto Álvarez Sanagustín, "La construcción de los personajes", en Mª del Carmen Bobes Naves et al., *Teatro: Textos comentados. La rosa de papel, de D. Ramón del Valle-Inclán*, Oviedo, Servicio de Publicaciones de la Universidad de Oviedo, 1982, pp. 33-41; y Estrella Montolío Durán, *Gramática de la caracterización en Valle-Inclán. Análisis sintáctico, pragmático y textual de algunos mecanismos de caracterización*, Barcelona, PPU, 1992. El estudio de Jean-Marie Lavaud, *El teatro en prosa de Valle-Inclán (1899-1914)*, Barcelona, PPU, 1992, suministra también muchos datos sobre los personajes de los primeros años de labor dramatúrgica del autor. Otros trabajos de provechosa consulta para el tema que aquí importa son los siguientes: José Carlos Mainer, "Valle-Inclán: La creación verbal de un espacio escénico", en VV.AA., *Aspectos didácticos de Lengua y Literatura (Literatura)*, 2, Zaragoza, I.C.E., 1986, pp. 107-127; Luis Iglesias Feijoo, "Valle-Inclán, entre teatro y novela", en José Manuel García de la Torre (ed.), *Valle-Inclán (1866-1936). Creación y lenguaje*, Amsterdam, Rodopi, 1988, pp. 65-79; José Manuel García de la Torre, "El Valle-Inclán autor teatral. La transición hacia los nuevos cánones", en *España, teatro y mujeres. Estudios dedicados a Henk Oostendorp*, Amsterdam, Rodopi, 1989, pp. 57-73; Rodolfo Cardona, "Valle-Inclán y su teatro: documentos", en Clara Luisa Barbeito (ed.), *Valle-Inclán. Nueva valoración de su obra*, Barcelona, PPU, 1988, pp. 171-184; y Margarita Santos Zas, "Estéticas de Valle-Inclán: balance crítico", *Ínsula*, 531, 1991, pp. 9-10. El propio Valle-Inclán hizo declaraciones muy interesantes sobre su concepción de los personajes, entre las que cabría destacar las recogidas por los siguientes testimonios: Entrevista con José Montero Alonso, prólogo a *Vísperas de la Gloriosa*, Madrid, "La Novela de Hoy", núm. 418, 16.5.1930, pp. 4-5; recogida por Dru Dougherty, *Un Valle-Inclán olvidado: entrevistas y conferencias*, Madrid, Fundamentos, 1983, pp. 189-192. También la recoge Luis Iglesias Feijoo en su "Introducción" a la edición de *Divinas palabras. Tragicomedia de aldea*, Madrid, Espasa-Calpe, Col. Clásicos castellanos, 1991, pp. 36-37. Entrevista con Mariano Tornar, Madrid, "La Novela de Hoy", núm. 225, 3.9.1926; recogida por Dru Dougherty, *op. cit.*, pp. 159-164. Luis Calvo, "El día de... Don Ramón María del Valle-Inclán", *ABC*, 3.8.1930; recogido por Dru Dougherty, *op.cit.*, pp. 193-197. También en Luis Iglesias Feijoo, *ed. cit*, p. 38, que consigna como fecha de publicación el 2.8.1930.

efecto, es tiempo ya de comentar una serie de aspectos de alcance general sobre sus personajes, orientados en la línea del tipo de acercamiento que a ellos me propongo: el análisis de figuras femeninas.

Cualquier asiduo lector de la obra dramática de Don Ramón habrá de formarse la impresión -la haga o no consciente- de hallarse ante un *teatro de personajes masculinos*. Aunque esta afirmación pueda parecer ingenua, lo cierto es que podría quedar refrendada desde acercamientos analíticos diversos. Por mi parte, voy a limitarme a apoyarla desde el estudio de los principales caracteres, valiéndome en principio de la cuantificación y la estadística, siempre enojosas pero a la vez contundentes. Salvo error u omisión, en el conjunto de las 23 obras dramáticas escritas por nuestro autor aparecen un total de unas 400 figuras individualizadas, de las que unas 150 son femeninas. En datos porcentuales, estamos hablando de aproximadamente un 37,5%, proporción más cercana a la del tercio que a la de la mitad, dicho sea a título meramente orientativo. Como es sabido, junto a los personajes individualizados el teatro de Valle da cabida a muchos otros cuya cantidad exacta resulta imposible de determinar, ya que o bien aparecen designados colectivamente y sin especificación numérica, o bien son presencias indefinidas que habitan el espacio acústico y se presentan bajo denominaciones tales como "voces", "gritos", "clamores", "reniegos", "salmodias", etc. Entre estas figuras de imprecisa cuantificación, la presencia femenina es muy significativa y contribuye a consolidar el clima de las piezas mediante la intensificación ambiental a través de elementos visuales o acústicos.

En la década de los 20, Valle escribió dos piezas breves en las que todos los personajes son masculinos: *Sacrilegio* y *¿Para cuándo son las reclamaciones diplomáticas?*. Por el contrario, nunca llegó a componer una obra exclusivamente de personajes femeninos, y sólo en 7 de las 23 piezas -menos de la tercera parte- la mayoría recae del lado de éstos, sin que en ningún caso la proporción de las presencias masculinas llegue a resultar exageradamente inferior. Las obras que ostentan superioridad numérica de figuras femeninas -circunstancia que no supone necesariamente que el protagonismo haya de recaer en ellas- son las que enumero a continuación, asociadas a la siguiente tipología: *Cenizas. Drama; El yermo de las almas. Episodios de la vida íntima; El Marqués de Bradomín. Coloquios románticos; La Marquesa Rosalinda. Farsa sentimental y grotesca; Ligazón. Auto* *para siluetas; La rosa de papel. Melodrama para marionetas; El embrujado. Tragedia de tierras de Salnés.* Se observa que los personajes femeninos adquieren superioridad numérica fundamentalmente o bien en el marco de obras genéricamente marginales en el contexto de la producción dramática de Valle, o bien en obras de carácter menor[10].

La superioridad numérica de los personajes femeninos se acredita en tan sólo dos de los grandes géneros cultivados por Valle -la farsa y la tragedia-, y en una única obra en cada caso del total de las seis producidas en su marco -cuatro y dos, respectivamente-. Computadas en conjunto todas las piezas que Valle adscribiera a cada una de las dos categorías, se aprecia que en el ámbito de lo farsesco siguen predominando los personajes masculinos (43 de un total de 68, siendo por tanto la proporción de los femeninos de un 36,76 %). Considerando sólo las tres piezas agrupadas bajo el título de *Tablado de marionetas para educación de príncipes*, el porcentaje resulta aún más bajo (31,37 %). En el campo de la tragedia, de los 40 personajes contabilizados 22 son femeninos, lo que supone un caso especial de ligera predominancia de los mismos en un ámbito genérico tradicional. Con todo, el dato queda relativizado al tener en cuenta el predominio absoluto de figuras masculinas en *Voces de gesta* y el hecho de que si en *El embrujado* éstas apenas superan un tercio de la nómina ello se debe a la mayor proporción de personajes secundarios femeninos.

La tragicomedia representa un caso especial, ya que si bien del total de los 31 personajes sólo 15 son femeninos, podría hablarse de una mayoría relativa al tener en cuenta que la obra incluye muchos personajes masculinos de aparición episódica, frente a otros femeninos de mayor relevancia en el desarrollo de la acción dramática. Por otro lado, hay que considerar que el protagonismo de la tragicomedia recae en una figura femenina, Mari-Gaila, de la que más tarde habré de ocuparme por extenso.

---

[10] En el primero de los casos, a la marginalidad de las piezas se suma la imprecisa ubicación de sus denominaciones en el sistema de la genología teatral -"Coloquios" y "Episodios", etiqueta bajo la que queda refundida la de "Drama", al ser *El yermo de las almas* una readaptación de *Cenizas*-. En el caso de las obras menores, las respectivas claves codificadoras incluyen términos que explicitan la concepción de las figuras como "siluetas" -en el caso del auto- o como "marionetas" -en el caso del melodrama. *Vid.* Jean Marie y Eliane Lavaud, "Valle-Inclán y las marionetas entre la tradición y la vanguardia", en Dru Dougherty y Mª Francisca Vilches de Frutos (eds.), *El teatro en España entre la tradición y la vanguardia (1918-1939)*, Madrid, CSIC-Fundación Federico García Lorca-Tabacalera S.A., 1992, pp. 361-372.

Estos y otros datos estadísticos permiten extraer algunas conclusiones de interés[11]. Por un lado, que los dos únicos ámbitos genéricos en los que podría hablarse de ligera o relativa superioridad numérica de los personajes femeninos frente a los masculinos son los de la tragedia y la tragicomedia; por otro, que en ambos casos las proporciones quedan relativizadas

---

[11] Habría que tener en cuenta, junto a todo lo dicho, que la trilogía bárbara da cabida a unos 115 personajes individualizados, de los que 41 son femeninos, lo cual viene a representar un 35,65%. El entorno de la comedia queda marcado, por tanto, por la primacía absoluta de las figuras masculinas. Otro tanto puede afirmarse en relación al esperpento: en las cinco piezas aglutinadas bajo tal denominación -*Luces de bohemia* y las reunidas bajo el título de *Martes de carnaval*, incluyendo la ya citada *¿Para cuándo son las reclamaciones diplomáticas?*-, de sus 119 personajes tan sólo 27 son femeninos, lo que supone un porcentaje del 22,68%. La cifra resulta todavía menor al computar por separado los títulos que Valle publicó conjuntamente en 1930 como trilogía esperpéntica -*Los cuernos de don Friolera*, *Las galas del difunto* y *La hija del capitán*-, en cuyo contexto queda reducida al 21,87 %. En cuanto a las piezas breves, de los 16 personajes que aparecen en los dos melodramas para marionetas, exactamente la mitad son femeninos; en los dos autos para siluetas, con un total de 12 figuras, la proporción queda en un 25 %. Estos datos hay que unirlos a lo anteriormente comentado en cuanto a la superioridad numérica de figuras femeninas en uno de los melodramas -*La rosa de papel*- y en uno de los autos -*Ligazón*-, en contraste con la ausencia de las mismas en el otro -*Sacrilegio*-. Al observar en conjunto el *Retablo de la avaricia, la lujuria y la muerte*, la colección en que Valle agrupó estas piezas dando cabida a la tragedia *El embrujado*, se aprecia que en tres de las cinco predominan los personajes femeninos. Sin embargo, el cómputo de figuras revela que del total de 56, sólo lo son 20 - un 35,71 %-. Por lo que respecta a los personajes teatrales recurrentes en diversos contextos, se observa que apenas rebasan la veintena, siendo superior la proporción de los masculinos (casi un 60 % del total). Las figuras femeninas recurrentes tienen rango menor y, en la mayoría de los casos -tales los de algunas mendigas y criadas, o el de Benita la Costurera- sólo acreditan su presencia en dos ocasiones. Las únicas excepciones son Ludovina -que aparece tres veces, siempre asociada a un espacio que funciona como lugar de encuentro de otros personajes, la taberna- y Sabelita -que desempeña funciones de mayor o menor trascendencia en las piezas que componen la trilogía bárbara-. Las figuras de importancia que reaparecen en contextos diversificados y despliegan sus atributos y su red de relaciones por encima de los géneros y de las fechas de composición de las obras son todas masculinas: el Marqués de Bradomín, Don Juan Manuel Montenegro y Electus, el Ciego de Gondar, que llega a presentarse en cinco obras diferentes. Estas primeras conclusiones adquieren mayor significado al ser observadas a la luz del análisis concreto de cuáles son las figuras femeninas que Valle reserva específicamente para cada marco genérico. El examen de títulos podría servir, en principio, de orientación en este sentido. Así, vemos que en el total de sus 23 obras dramáticas, Valle incluye el nombre de alguno de los protagonistas en el caso de 8 títulos: 4 aluden a personajes masculinos -*Cara de Plata*, *El Marqués de Bradomín*, *El embrujado* y *Los cuernos de don Friolera*- y 4 a femeninos -*La Marquesa Rosalinda*, *La enamorada del rey*, *La reina castiza* y *La hija del capitán*-. Mientras los nombres masculinos aparecen asociados a cuatro categorías genéricas diferentes -comedia, coloquios románticos, tragedia y esperpento, respectivamente-, los nombres femeninos se concentran en torno a dos -farsa y esperpento-. No deja de resultar curioso, por otro lado, que los *Coloquios románticos* y la *Tragedia de tierras de Salnés*, dos de las escasas piezas en que hemos apreciado superioridad numérica de personajes femeninos, reciban sus títulos de los nombres de las figuras del ilustre Xavier y del atormentado Anxelo, respectivamente.

por el conjunto de razones que han sido expuestas. Teniéndolas en cuenta, resulta más ajustado postular un relativo equilibrio en la distribución en el caso concreto de estas dos claves codificadoras, frente a la evidente desproporción documentada en el resto de los casos, siempre a favor de la predominancia de figuras masculinas.

Pasando ya a la revisión de las principales figuras femeninas que aparecen en cada uno de los géneros, y comenzando por el de comedia, cabría decir que las dos de más relieve en el conjunto de la trilogía bárbara -Doña María, la esposa de Don Juan Manuel Montenegro, y Sabelita, su ahijada y barragana- incorporan roles muy concretos en los ámbitos de las dos grandes esferas de personajes que centran la acción: los del mundo aristocrático de Don Juan Manuel y otros de extracción social inferior, en pugna con los primeros y relacionados con ellos a través de vínculos de diversa índole. Ambos grupos son mayoritariamente masculinos, si bien en el segundo se da cabida a una galería de figuras femeninas entre las que destacan las de Micaela la Roja y Liberata, junto a otras presencias más o menos secundarias tales como Doña Jeromita, La Sacristana, Ludovina, Pichona y las mendigas de La Hueste, presencias que en muchas ocasiones parecen concebidas con el propósito básico de contribuir a perfilar a través de la interacción las características de los personajes masculinos a los que aparecen asociadas. En su conjunto, los personajes de las *Comedias bárbaras* son susceptibles de recibir una interpretación en términos simbólicos asociada a la dimensión alegórica de la trilogía como expresión del proceso de desintegración de ciertos aspectos anacrónicos de la sociedad española y, en concreto, del desplome del mundo feudal gallego, un tema que preocupó intensamente a Valle-Inclán. De este modo, se puede afirmar que Doña María y Sabelita aparecen respectivamente como "símbolo plural del bien, de la fe, de la caridad que integraban el ideal religioso y a la vez de la iglesia cristiana medieval en la cual se apoyaba el feudalismo" y como representación de un personaje colectivo: el pueblo[12]. Si bien esta lectura simbólica de los personajes consolida eficazmente la dimensión alegórica de la trilogía bárbara, hay que señalar que estas dos figuras femeninas -al con-

---

[12] La cita corresponde a Clara Luisa Barbeito, *Épica y tragedia en la obra de Valle-Inclán*, Madrid, Fundamentos, 1985, p. 172. *Vid.* además mi estudio citado en nota 2, pp. 65 y ss.

trario de lo que sucede en los casos de Don Juan Manuel y Cara de Plata no llegan a recibir un tratamiento lo suficientemente elaborado como para atribuirles dimensiones arquetípicas. En las *Comedias*, Valle focaliza el paradigma de las relaciones padre/hijo en el contexto de una familia de la aristocracia rural, y a partir de esa focalización Doña María y Sabelita aparecen como presencias inscritas dentro de las fronteras de un mundo de personajes masculinos, en cuyos contornos quedan definidas en dependencia de sus relaciones con los protagonistas. En este punto cabría hacer dos precisiones: por un lado, que la figura de Micaela la Roja sí resulta susceptible de ser interpretada en términos arquetípicos, según ha demostrado R. L. Salper en un interesante trabajo[13]; por otro lado, habría que considerar que la pieza central de la trilogía, *Águila de blasón*, desarrolla una alegoría moral en la que las figuras de Sabelita, Doña María y Micaela la Roja desempeñan papeles claves, como acertadamente ha analizado M. P. Predmore[14]. Sea como sea, el hecho es que la idea bárbara de la comedia diseñada por Valle se articula sobre la preponderancia numérica y semántica de lo masculino, siendo estos personajes los que centran los principales conflictos dramáticos. Buen ejemplo de ello se halla en la relación triangular establecida entre Don Juan Manuel, Sabelita y Cara de Plata: el papel que la joven desempeña en la rivalidad entre padre e hijo es secundario, de modo que el rol que se le atribuye en la globalidad de la trilogía no le permite finalmente superar los límites de configuración de uno de los tipos femeninos de más amplia tradición literaria: el de la amante, a cuya pintura

---

[13] Roberta L. Salper, "The two Micaelas...", *art. cit.*

[14] Michael P. Predmore, "The Central Role of Sabelita in *Aguila de blasón*: Toward the Emergence of a Radical Vision of Women in the Later Art of the *Esperpento*", en C. Maier y R.L. Salper (eds.), *Ramón María del Valle-Inclán: Questions of Gender, op. cit.*, pp. 177-190. Predmore coincide en su interpretación de las figuras femeninas con algunos de los postulados de Lourdes Ramos-Kuethe en su estudio *Valle-Inclán: Las comedias bárbaras*, Madrid, Pliegos, 1985. Sus tesis reciben apoyo al considerar los materiales de las primeras versiones de *Águila de blasón*, publicados por Javier Serrano Alonso, "La génesis de *Águila de blasón*", *Boletín de la Fundación Federico García Lorca*, 4, núms. 7-8, 1990, pp. 83-125. Interesantes reflexiones sobre los personajes de la trilogía aparecen también en los estudios de Alfredo Matilla Rivas, *Las `Comedias bárbaras´: Historicismo y expresionismo dramático*, Madrid, Anaya, 1972, y Pilar Bellido Navarro, "La funcionalidad del personaje y la motivación de una trilogía (Las *Comedias bárbaras* de Valle-Inclán)", en Miguel Ángel Garrido Gallardo (ed.), *Crítica semiológica de textos literarios hispánicos*, Madrid, CSIC, 1986, pp. 843-850.

Valle añade unas pinceladas de rebeldía y arrojo que contribuyen a la dinamización de ciertas escenas y presagian de algún modo el desgarro de algunas figuras femeninas creadas por el autor en la década de los 20. Por su parte, el rol de Doña María la limita a una tipificación igualmente reductiva: la de esposa y madre, asociada a un ideal de santidad que añade un aura de misticismo al perfil de la figura y relativiza su carácter desafiante y su voluntad de reacción al confinamiento, a la pasividad y al dolor.

Otro de estos tipos femeninos tradicionales adquiere protagonismo en dos obras datadas en la primera década de actividad dramatúrgica de Valle y condensa las particularidades de dos claves codificadoras que nuestro autor no volvería a utilizar con posterioridad: *Drama* y *Episodios de la vida íntima*. Se trata de las obras *Cenizas* (1899) y *El yermo de las almas* (1908), reelaboraciones sucesivas de la materia de la narración "Octavia Santino", fechada en México en 1892 e incluida en el primer libro del autor, *Femeninas* (1895). El tipo recreado en las tres obras es el de la adúltera, tan del gusto de don Ramón y tan asociado a los tópicos operantes en la literatura y el arte fin de siglo[15]. La transformación sufrida por el tipo corre paralela

---

[15] Sobre tópicos y tipos femeninos *fin-de-siècle*, *vid.*, por ejemplo, Lily Litvak, *Erotismo fin de siglo*, *op. cit.* y *El sendero del tigre: Exotismo en la literatura española de finales del siglo XIX (1880-1913)*, Madrid, Taurus, 1986; Giovanni Allegra, *El reino interior. Premisas y semblanzas del modernismo en España*, Madrid, Ediciones Encuentro, 1986; Noël M. Valis, "The Female Figure and Writing in *Fin de siglo* Spain", *Romance Quarterly* 36, nº 3, 1989 ; los trabajos de Hans Hinterhäuser, "Präraffaelitische Frauengestalten in romanischer Prosa", en R. Bauer et al. (ed.), *Fin de siècle. Zur Literatur und Kunst der Jahrhundertwende*, Frankfurt, 1977, pp. 250-282, y *Fin de siècle. Gestalten und Mythen*, München, Fink Verlag, 1977, traducción española *Fin de siglo. Figuras y mitos*, Madrid, Taurus, 1980; L. Kreutzer, *Die "femme fragile"*, Düsseldorf, 1972; Claire J. Paolini, *Valle-Inclán's Modernism. Use and Abuse of Religious and Mystical Symbolism*, Tulane University, 1982; Valencia, Albatros-Hispanófila, 1986; Dianella Gambini, "Tipología femenina `fin de siècle´ en las *Sonatas* de Valle-Inclán", *Cuadernos de Estudios Gallegos*, XXXVI, 101, 1988, pp. 357-366; y en John P. Gabriele (ed.), *Suma valleinclaniana*, Barcelona-Santiago de Compostela, Anthropos y Consorcio de Santiago, 1992, pp. 599-609; también de Dianella Gambini, *Schermi e scherni di una donna fatale: `Tula Varona´di Valle-Inclán*, Perugia, Guerra Edizioni, 1990; Joseph Manuel Rodeiro, *A Comparative Study of English "Preraphaelitism" and Italian "Preraphaelitism´s on the "Modernismo" Art of don Julio Romero de Torres and the Literature of D. Ramón del Valle-Inclán in their Use of the Feminine Mystique*, Ohio University, 1976 (Tesis); Ángela Ena Bordonada, "Evolución estética y erotismo en la obra de Valle-Inclán", *Eros Literario*, 1989, pp. 167-180; Leda Schiavo, "Supervivencia de tópicos decadentistas en Valle-Inclán", en Juan Antonio Hormigón (ed.), *Quimera, cántico, busca y rebusca de Valle-Inclán*, Madrid, Ministerio de Cultura, 1989, t. I, pp. 55-61.

a la distancia cronológica que separa las obras. Así, si la protagonista de "Octavia Santino" resulta ser una heroína moribunda que se autosacrifica por amor, en la tradición de *La Dame aux Camélias* de Dumas, en *Cenizas* la dama es una mujer de clase media alta que, forzada por su familia a un matrimonio de conveniencia, abandona a su marido y a su hija para entregarse a su amante, en abierto desafío a unas normas sociales quintaesenciadas en el personaje de Doña Soledad, la madre, contundente portavoz de los más típicos valores burgueses. Octavia es ahora una adúltera conflictuada cuya conversión en ente escénico se lleva a cabo adoptando las convenciones del drama realista-naturalista predominante por entonces en el teatro comercial español, a las que Valle no se resiste a incorporar ciertos caracteres de drama romántico. Nueve años más tarde, el desarrollo del material de la historia original adquiere en *Yermo* un nuevo tono a través de la intensificación del componente emocional del conflicto, en consonancia con la inscripción de los *Episodios de la vida íntima* en la tradición del teatro antinaturalista y simbolista *à la Maeterlinck*.

M. K. Addis y R. L. Salper han analizado en profundidad el proceso de reescritura de la historia de amor entre Octavia y Pedro desde la narración incluida en *Femeninas* hasta los *Episodios* de 1908, llegando a la conclusión de que la secuencia de reelaboración "Octavia Santino" -*Cenizas*-*Yermo* ilustra un importante cambio ideológico en la representación de la esfera de lo doméstico burgués en la obra de Valle[16]. Estas autoras aprecian una evolución desde un cierto solipsismo modernista en la historia corta a una representación de lo doméstico menos centrada en lo masculino en las dos obras teatrales, representación que comienza a cuestionar los fundamentos de la familia como institución social y los presenta como claramente patriarcales. Siguiendo los postulados de Addis y Salper, se observa que el punto de vista de Valle se desplaza desde un enfoque androcéntrico

---

[16] Mary K. Addis y Roberta L. Salper, "Modernism and Margins: Valle-Inclán and the Politics of Gender, Nation, and Empire", en C. Maier y R.L. Salper, *Ramón María del Valle-Inclán: Questions of Gender, op. cit.*, pp. 104-128. *Vid.* además Roberta Salper y Carol Maier, "Toward an Understanding of History, Gender, and Valle-Inclán´s Spain", *ibid.*, pp. 27-38. Dianella Gambini ofrece también un interesante estudio de "Octavia Santino" en la "Introducción" a su edición italiana de *Femeninas. Sei storie amorose*, Perugia, Università per Stranieri, 1996; *vid.* pp. 22-26. Agradezco a Javier Serrano Alonso el haberme facilitado el acceso a este trabajo.

típico de la literatura europea fin de siglo (en la narración original) hasta un foco más crítico sobre la construcción social del género en conexión con la división burguesa del mundo en esferas públicas y privadas en las piezas teatrales. Inicialmente, en "Octavia Santino" Valle no representa a la mujer como individuo autónomo, sino como ente que adquiere identidad sólo en calidad de objeto del deseo del protagonista[17]. Por el contrario, *Cenizas* y *Yermo* critican la construcción dominante de la feminidad de la época, así como los fundamentos ideológicos de tal constructo, la familia y el hogar burgueses. A través de su análisis, Addis y Salper llegan a la conclusión de que "en *Cenizas* y *Yermo* Valle-Inclán deconstruye el matrimonio canónico de clase media, reelaborando las convenciones naturalistas de fin de siglo en torno al tópico del hogar burgués y con él la esfera privada de la intimidad burguesa. En el proceso, rompe la ilusión de una separación de las esferas de lo público y lo privado mostrando cómo las fuerzas exteriores crean y controlan la existencia de la familia"[18]. La crítica de la sociedad de la Restauración a través del paradigma familiar-doméstico se irá agravando desde los planteamientos de *Cenizas/Yermo* hasta alcanzar implicaciones mucho más radicales al final de la carrera dramatúrgica de Valle con *La hija del capitán*, pieza en la que la crítica se extenderá a todas las dimensiones -públicas y privadas- de la España oficial[19].

En los márgenes de todo lo dicho, y aun desde el acuerdo con los planteamientos de Addis y Salper, a la hora de calibrar el potencial revisionista de estas obras me parece conveniente recordar que lo que las mismas dra-

---

[17] Como señalan Addis y Salper, la figura de la narración se adapta a un constructo decimonónico idealizado de la feminidad española, el "ángel del hogar" descrito por Bridget Aldaraca, una entelequia desde la que la mujer sólo puede ser idealizada "tomando como punto de partida la negación de [su] presencia real [...] como individuo, es decir, como un ser social y moral autónomo." B. Aldaraca, "`El ángel del hogar´: The Cult of Domesticity in Nineteenth Century Spain", en G. Mora y K. S. Van Hooft, *Theory and Practice of Feminist Literary Criticism*, Ypsilanti, Bilingual Press, 1982, pp. 67-90. La traducción es mía.

[18] Mary K. Addis y Roberta L. Salper, *art. cit.*, p. 114. La traducción es mía.

[19] Para la contextualización de esta evolución del teatro de Valle en el marco europeo, vid. Raymond Williams, "Theatre as a Political Forum", en Tony Pinkney (ed.) *The Politicis of Modernism - Against the New Conformists*, London and New York, Verso, 1989, pp. 81-94. Sobre los personajes y el sentido de este esperpento, *vid.* Jean-Marie Lavaud, "Déconstruction du personnage, présence de l'histoire dans *La cabeza del dragón* et *La hija del capitán*", *Hispanística XX*, Centre d'Études et de Recherches Hispaniques du XXe Siècle, 5, 1987, pp. 63-79.

matizan es el proceso de destrucción física y moral de una mujer que, desafiando las normas de la sociedad patriarcal, intenta satisfacer su deseo fuera del matrimonio; en último término, una historia de fidelidad a los sentimientos e infidelidad a las normas en la que la mujer aparece, una vez más, en el papel de la víctima. Por otro lado, si bien el tema del adulterio interesó desde siempre a Valle y formó parte del bagaje que arrastró consigo en el recorrido de la distancia que separa la estética del decadentismo de la del esperpentismo, no será la Octavia del *Drama* y los *Episodios* su figura más lograda dentro de esta tipología -los adúlteros más convincentes en la obra de nuestro autor son personajes masculinos-, ni siquiera una de las mujeres valleinclanianas más sobresalientes, por más que su creador la hiciera aparecer en seis obras distintas extendidas a lo largo de una franja cronológica de dieciséis años[20]. Desde el punto de vista teatral, lo más llamativo en el proceso de conversión de la Octavia de la narración en ente escénico -en figura que habla, y se mueve, y gesticula, y va vestida de una forma determinada sobre un escenario- es, precisamente, la gran carga de teatralidad incorporada a su pintura, sobre todo en la tercera de las obras de la secuencia, *El yermo de las almas*. Dada la temprana fecha de composición de la pieza, se trata de una teatralidad marcada por las convenciones de un estilo muy decimonónico, tendente a la expresión de las emociones mediante acciones melodramáticas y gestos exagerados[21]. En la delineación de la adúltera, Valle desarrolla una retórica dramática que, en combinación con su gusto por la pintura de retratos teatrales en los que los personajes aparecen fijados en gestos o acciones suspendidos y en poses afectadas propias de las estampas, deriva en una suerte de retórica plástica que en este caso aparece teñida de gran sentimentalismo. Octavia es, ante todo, el retrato de la adúltera patética, y como tal queda incorporada a la galería de

---

[20] Entre 1892 y 1908 Valle escribe un total de seis obras que giran alrededor de los personajes de Octavia y Pedro Pondal, tal como recuerdan Mary K. Addis y Roberta L. Salper, "Modernism and Margins...", *art. cit. Vid.* nota 10, p. 124. *Vid.* también Javier Serrano Alonso, *Los cuentos de Valle-Inclán. Estrategia de escritura y genética textual*, Santiago de Compostela, Universidade, Servicio de Publicacións e Intercambio Científico, 1996, p. 31; y Luis T. González del Valle, *La ficción breve de Valle-Inclán. Hermenéutica y estrategias narrativas*, Barcelona, Anthropos, 1990, pp. 291-294 y nota 122, pp. 321-322.

[21] *Vid.* Wadda Cynthia Rios Font, *The Melodramatic paradigm: José Echegaray and the Modern Spanish Theater*, Harvard University, 1991 (Tesis).

personajes femeninos valleinclanianos; un retrato en tonos decadentes y distorsionado en un "dislocamiento trágico"[22] que, si bien sugiere de alguna forma la estética de los espejos deformantes del Callejón del Gato, queda muy lejos de aproximarse a su perfección, confinando a la figura en un lugar secundario de esa galería[23].

En el marco del género trágico inserta Valle una colección de personajes femeninos que destaca en dos aspectos respecto a lo apreciado en los contextos de otras claves codificadoras: en cuanto a superioridad numérica -en los términos comentados más arriba- y en cuanto a delineación y profundización de los caracteres. En su primer acercamiento a la tragedia, el autor concede protagonismo a la pastora Ginebra, a través de cuyos padecimientos se dramatizan los de un pueblo oprimido que lucha en defensa de

---

[22] El concepto de "dislocamiento trágico" aparece en una de las acotaciones del tercer episodio de *El yermo de las almas. Episodios de la vida íntima* (ed. Ramón del Valle-Inclán, *Obras escogidas*, Madrid, Aguilar, 1971; tomo I (5ª ed.), pp. 905-959; *vid.* p. 958). Su relación con la estética esperpéntica fue ya apreciada por Susan Kirkpatrick, "From `Octavia Santino´ to *El yermo de las almas*: Three Phases of Valle-Inclán", *Revista Hispánica Moderna* (New York), XXXVII, núms. 1-2, 1972-1973, pp. 56-72.

[23] La necesaria brevedad de estas páginas no permite detenerse en el estudio de otras figuras de carácter en mayor o menor medida secundario en la galería de personajes femeninos valleinclanianos, tales como Concha -coprotagonista de *El Marqués de Bradomín. Coloquios románticos* y recreación en clave decadentista-aristocrática de la figura de la adúltera- y la Princesa de Imberal de *Cuento de abril. Escenas rimadas en una manera extravagante*, figura reducida a las proporciones de una miniatura preciosista en una pintura de ambiente medievalizante. Para más datos sobre estos personajes, *vid.* la edición de la primera de ellas -con introducción y notas- preparada por Sumner M. Greenfield (Barcelona, Círculo de Lectores, Biblioteca Valle-Inclán, 11, 1991) y, de este mismo autor, *Ramón Mª del Valle-Inclán. Anatomía de un teatro problemático*, Madrid, Fundamentos, 1972 ; "Teatro sobre teatro: actorismo y teatralidad interior en Valle-Inclán", en Clara Luisa Barbeito, *ed. cit.*, pp. 205-216; y "El teatro de Valle-Inclán y la manipulación de la tradición literaria", en John P. Gabriele (ed.), *Genio y virtuosismo de Valle-Inclán*, Madrid, Orígenes, 1987, pp. 17-32. Pueden consultarse además los trabajos de Jean Paul Borel, "El Marqués, ¿revolucionario?", en Clara Luisa Barbeito (ed.), *Valle-Inclán: Nueva valoración de su obra (Estudios críticos en el cincuentenario de su muerte)*, Barcelona, PPU, 1988, pp. 187-201; Jean-Marie Lavaud, "*El Marqués de Bradomín: Coloquios románticos*. Análisis de una modalidad de creación", en *Leer a Valle-Inclán en 1986*, Hispanística XX, 4, Centre d'études et de recherches hispaniques du XXe siècle, Université de Dijon, 1987, pp. 125-147; Margarita Santos Zas, *Tradicionalismo y literatura en Valle-Inclán (1889-1910)*, Boulder, Society of Spanish and Spanish-American Studies, 1993; Roberta L. Salper, "Valle-Inclán and the Marqués de Bradomín", en Anthony N. Zahareas (ed.), *Ramón del Valle-Inclán. An Appraisal of His Life and Works*, New York, Las Americas, 1968, pp. 230-240; José Manuel Cabrales Arteaga, "La originalidad de Valle-Inclán dentro del teatro poético", *Revista de Literatura*, LII, 104, 1990, pp. 437-456.

los valores de su tradición. Se trata de una figura de proporciones trágicas, en cuya caracterización los elementos individualizadores confluyen con los simbólicos. Como ente trágico, Ginebra realiza un sacrificio supremo y aspira a convertirlo en heroico y legendario, reivindicando para sí un lugar en el plano de la fábula y el mito. Valle se lo otorga: construye la pieza en torno a ella y la elabora en dos claves temático-semánticas -la épica y la pastoril- que, por un lado, suponen en sí mismas dos modos de presentación estilizada de mundos pretéritos en la esfera de lo mítico y lo fabuloso y, por otro, se adaptan perfectamente a su propósito de recreación simbólica de unos hechos históricos determinados: los asociados al tema del carlismo. El resultado es la conversión del personaje en una heroína de tragedia sin parangón en el teatro de Valle, pero también sin la profundidad ni la capacidad de provocación de resonancias emocionales propia de las grandes figuras trágicas[24].

En *El embrujado* el papel reservado a la principal presencia femenina corresponde al de la bruja, tipo y rol incorporados en la figura de Rosa Galans. En el diseño de su perfil los atributos individualizadores y los proverbiales operan en una misma dirección, de modo que La Galana reviste el doble carácter de figura dominada por la lujuria y la avaricia y de "signo de una trascendencia, de una transrealidad presente [...] en toda la obra", en palabras de Ruiz Ramón[25], completándose la identificación del personaje con el mundo de lo diabólico y la brujería a través de su directa asociación con la muerte, explícita en la acotación que pone fin a la pieza, una de las más impresionantes de todo el teatro valleinclaniano. El estatuto de personaje triunfante que ostenta La Galana apostilla la constitución de la muerte en foco central del universo trágico de Don Ramón. Ese estatuto en el plano de los conflictos dramáticos externos lo ha logrado Rosa a costa de soportar un doble lastre: por una parte, el estrechamiento de su rol al de mera antagonista de un personaje masculino - Don Pedro Bolaño- que es el

---

24 Sobre los protagonistas de esta tragedia, *vid.* María del Cobre Covarrubias Doménech, "Dos personajes arquetípicos: Carlino y Ginebra", en Manuel Aznar Soler y Juan Rodríguez (eds.), *Valle-Inclán y su obra*, San Cugat del Vallès, Cop d'Idees-Taller d'Investigacions Valleinclanianes, 1995, pp. 501-510. Para todo lo relacionado con el tema del carlismo, remito al estudio de Margarita Santos Zas, *Tradicionalismo..., op. cit.*

25 Francisco Ruiz Ramón, *Historia del teatro español. Siglo XX*, Madrid, Cátedra, 1984 (6ª ed.), p. 105.

que adquiere verdadero protagonismo; por otra parte, la práctica limitación de su perfil a los proverbiales rasgos de la bruja, una de las figuras-tipo más paradigmáticas en la encarnación de la categoría de lo femenino a través de la historia de la cultura, el arte y el pensamiento[26].

Algo más arriba afirmaba que, de entre la variedad de figuras valleinclanianas agrupables en torno a la esfera semántica del adulterio, las más convincentes, las más perfiladas, son las masculinas. Algo similar habrá que concluir ahora, aplicando en esta ocasión un parámetro genológico: Valle no llega a crear un gran personaje trágico femenino, los que adquieren ese carácter son siempre hombres elevados a tal categoría por acumulación de una serie de atributos y por la asunción de una serie de roles en asociación a ciertos conflictos dramáticos en los que las mujeres están llamadas a desempeñar papeles subalternos. Quizá el personaje femenino de mayor carga trágica en la obra de Valle sea la Abuela protagonista de "Tragedia de ensueño", en su desesperado intento de rebelarse contra la inevitable llegada de la muerte. En cualquier caso, se trata de una obra de carácter menor, anclada en la prehistoria del Valle autor trágico, con lo que las anteriores afirmaciones no sufren menoscabo en su valor testimonial.

Al tomar en consideración el caso del género farsa, lo primero que llama la atención es la curiosa circunstancia de que, de las cuatro obras a las que nuestro dramaturgo asignara tal denominación, las tres que están escritas en verso lleven en sus títulos los nombres de las principales figuras femeninas: *Rosalinda*, *La enamorada del rey* y *La reina castiza*. Ello permite presagiar, de entrada, que en este marco genérico habrá de acrecentarse el protagonismo de lo femenino, e incluso que los grandes personajes farsescos de Valle habrán de encuadrarse dentro de esta categoría.

La primera de las obras farsescas publicada como libro es *La Marquesa Rosalinda*, aparecida en 1913. En ella hemos apreciado una ligera

---

[26] Existen abundantes estudios sobre la brujería como mito cultural asociado a lo femenino. *Vid.*, por ejemplo, Marvin Harris, *Vacas, cerdos, guerras y brujas. Los enigmas de la cultura*, Madrid, Alianza, 1980. Para el estudio de estos temas en Valle-Inclán, *vid.* Jesús Rodríguez López, *Supersticiones de Galicia y preocupaciones vulgares*, Lugo, Ediciones Celta, 1971, así como los trabajos de Emma Susana Speratti-Piñero, *El ocultismo de Valle-Inclán*, London, Tamesis Books, 1974, y *Aspectos del arte de Valle-Inclán*, Madrid, Espasa-Calpe, 1978. [Para la palabra "bruja": vid. glosario pp. 205-234]. Para más bibliografía, remito a mi estudio citado en nota 2, capítulo III, en concreto al apartado que dedico al análisis *El embrujado* (pp. 207-237).

superioridad numérica de figuras femeninas (9 del total de 17), dato al que hay que añadir el protagonismo ostentando por la dama cuyo nombre da título a la pieza. Rosalinda incorpora al teatro valleinclaniano el tipo de la mujer semiemancipada, concretado en este caso en un personaje aristocrático cuyas actitudes paganas entran en conflicto con sus propios prejuicios. Se trata, en el fondo, de un "proyecto de adúltera", una mujer que no llega a consumar con éxito sus sueños de amor ilícito y acaba elogiando las virtudes de la vida contemplativa. Como es sabido, gran parte de los personajes de esta obra resultan emparentables con los de la *Commedia dell´Arte*, filiación a la que no escapa la propia Rosalinda, identificable con el personaje de Isabella[27]. De este modo, sus sentimientos aristocráticos aparecen en contrapunto con una serie de episodios farsescos asociados a la esfera de la *Commedia*, quedando cifrada la caracterización final de la figura por condensación de los dos adjetivos integrados en la clave codificadora de la pieza: Rosalinda es básicamente sentimental -y lo es de tal modo que llega incluso a rozar el patetismo de lo melodramático- y, muy a su pesar, es también grotesca.

Las otras tres farsas fueron recopiladas por Valle en 1926 bajo el título *Tablado de marionetas para educación de príncipes*, premonitorio del claro parentesco que las piezas presentan con el teatro de títeres en lo referido a tratamiento de personajes y procedimientos constructivos, hasta el punto de resultar susceptibles de ser interpretadas por muñecos. Ello resulta particularmente evidente en el caso de *La cabeza del dragón*, protagonizada por el Príncipe Verdemar y un grupo de personajes infantilizados, en los que confluyen elementos fantásticos y legendarios, farsescos y de muñequización. La figura femenina más destacada, La Infantina, hija del Rey Micomicón, evoca en sus características el preciosismo del mundo rubendariano, quedando inscrita en la nómina de princesas valleinclanescas.

---

[27] En *La Marquesa Rosalinda* conecta Valle con la práctica de recreación de la *Commedia dell´Arte* y sus máscaras, una práctica típica del simbolismo siguiendo la divulgación del tema llevada a cabo por Verlaine. A ella se entregaron también autores como Benavente, García Lorca y Jacinto Grau. Este aspecto ha sido profusamente estudiado por diversos críticos. *Vid.* M. Parajón, "*La Marquesa Rosalinda* y su protagonista Arlequín", *La Torre*, XXIV, 91-92, 1976, pp. 177-194, y mi estudio citado en nota 2, pp. 272 y ss. y notas 98 y 99. Vale la pena consultar, además, la introducción a la edición crítica de la obra preparada por Leda Schiavo para Espasa-Calpe (Madrid), Col. Clásicos Castellanos, 1992, pp. 5-20.

La *Farsa de la enamorada del rey* vuelve a conceder protagonismo a la figura femenina del título, Mari-Justina, una moza de una venta castellana. Lo primero que destaca en su perfil es la raigambre cervantina: el tipo de locura que manifiesta en su infundado enamoramiento la relaciona con Don Quijote y la hace merecedora de un tratamiento absolutamente benevolente por parte del dramaturgo. Como bien nota Greenfield, Mari-Justina es la última princesa valleinclaniana, y la más pura, así como el último personaje femenino creado por Don Ramón en la fase de postguerra que no refleja en ningún aspecto la estética de deformación característica de tal período[28]. La moza encarna la depuración del amor, incorporándose a la galería de personajes femeninos valleinclanianos en calidad de figura representativa de la enamorada ingenua, inocente y condenada al desengaño.

La última protagonista farsesca, la Reina Castiza que titula la *Farsa y licencia*, reviste la peculiaridad de presentarse como trasunto de un personaje histórico fácilmente identificable -Isabel II-, circunstancia que la singulariza en la colección de tipos femeninos del autor. Se trata de una figura alborotada, bullente y gesticulante. En su diseño, marcadamente dinámico, adquiere gran importancia el componente visual, en el que Valle acredita, como tantas veces, un gran sentido de la plasticidad, desarrollado en este caso en una clave grotesca que potencia la deshumanización de la figura. Si bien la técnica no se circunscribe al retrato de la Reina, sino que se extrapola a la mayoría de los personajes que la rodean, en el caso de la real dama adquiere proporciones de una radicalidad que sólo volveremos a hallar en las obras esperpénticas, preludiadas ya por esta pieza en diferentes aspectos. La figura es sometida a tal grado de estilización deformante que la categoría de marioneta que le atribuye el título de la colección en que la farsa se ubica puede llegar a parecer incluso ennoblecedora al ser puesta en relación con las cargas de animalidad y dislocación injertadas en el cuerpo y en el verbo de este personaje. Como resultado de todo ello, la figura queda incorporada a la galería valleinclaniana no tanto en calidad de tipo -la reina- como en la de caricatura degradada de un original que, en un momento determinado de la historia, desempeñó tal rol[29].

---

[28] *Vid.* Sumner M. Greenfield, *op. cit.*, pp. 197 y 199.

[29] *Vid.* César Oliva, "Teoría y práctica de *Farsa y licencia de la reina castiza*", *Abalorio*, 1987, pp. 70-75, y su edición de la obra, con introducción y notas: *Tablado de marionetas para educación de príncipes*, Madrid, Espasa-Calpe, Austral, 1990. También resulta de interés la edición de *Tablado*... preparada por Jesús Rubio Jiménez -a su vez con introducción y notas- y apa-

Recapitulando, de este repaso a los principales personajes femeninos vinculados a cada uno de los géneros dramáticos experimentados por Valle entre 1899 y 1920 podemos concluir que el protagonismo de los mismos se documenta tan sólo en el caso de las siguientes claves codificadoras y obras: drama / episodios (dos obras); tragedia (una obra); farsa (tres obras). Hasta ahora hemos hallado protagonismo femenino, por tanto, en el caso de cuatro claves codificadoras (de un total de ocho denominaciones) y en el caso de seis obras, del total de las catorce tomadas en consideración en mi estudio de 1995 (tres comedias, cuatro con denominaciones genéricas especiales, dos tragedias, cuatro farsas y una tragicomedia). El estudio de éste último género ha quedado reservado para el final por una razón doble: por un lado, la sucesión cronológica de las obras coloca a *Divinas palabras* en el último lugar de los géneros tradicionales ensayados por Valle antes de adentrarse por los caminos del esperpento, lo cual resulta altamente significativo en la interpretación de su trayectoria de experimentación dramatúrgica; por otro lado, la tragicomedia representa un caso absolutamente especial en la concesión de protagonismo a lo femenino en el teatro escrito por Valle hasta 1920 -y hasta en la globalidad de su producción dramática-, por ser una de las contadas ocasiones en que un personaje de esta naturaleza llega a alcanzar valor arquetípico. A la sustentación de este aserto dedico las páginas siguientes.

Mari-Gaila es, desde mi punto de vista, la figura femenina más completa y mejor delineada de todo el teatro valleinclaniano. El dramaturgo no sólo le concede el protagonismo de su única tragicomedia, sino que además la convierte en encarnación del principio de lo femenino, elevándola a la categoría de arquetipo en el que quedan cifrados un repertorio de atributos asociados a dicho principio -tales como los de naturalidad y primigeneidad, vinculados al de amoralidad- y una serie de características proyectadas en una dimensión mítica que dota al personaje de densidad simbólica. A la hora de clarificar estos asertos, resulta de gran utilidad recurrir a la comparación de la figura valleinclaniana con el personaje que en la historia del

---

recida en Barcelona, Círculo de Lectores, Biblioteca Valle-Inclán, 20, 1992. *Vid.* además Dru Dougherty, "Theater and Eroticism: Valle-Inclán's *Farsa y licencia de la reina castiza*", *Hispanic Review*, LV, 1, 1987, pp. 13-25.

teatro contemporáneo pasa por ser la más genuina corporeización del arquetipo de la mujer amoral -frecuentemente trivializado bajo la designación de "mujer fatal"[30]-: la Lulú protagonista de las piezas tituladas *Espíritu de la tierra* y *La caja de Pandora*, compuestas entre 1892 y 1913 por el dramaturgo alemán Frank Wedekind, en un proceso genético de gran singularidad[31]. Lamentablemente, los límites impuestos a estas páginas no permiten entrar en el análisis detallado de este paralelismo, al que sólo habré de referirme de forma sucinta en el análisis de algunos aspectos relevantes

---

[30] En torno al tema de la "mujer fatal" existe abundante bibliografía. Además de las referencias dispersas en los trabajos consignados en nota 15, *vid.* Rafael Ferreres, "La mujer y la melancolía en los modernistas", en *Los límites del Modernismo*, Madrid, 1981, pp. 54-55; Americo Bugliani, *La presenza di D´Annunzio in Valle-Inclán*, Milano, Istituto Editoriale Cisalpino-Goliardica, 1976; M. Praz, *La carne, la morte e il diavolo nella letteratura romantica*, Firenze, Sansoni, 1976; G. Marmori, *Le vergini funeste*, Milano, Sugar Editore, 1966; Hans Mayer, *Ausenseiter*, Frankfurt am Main, Suhrkamp Verlag, 1975. Traducción al español: *Historia maldita de la literatura. La mujer, el homosexual, el judío*, Madrid, Taurus, 1977, reimp. 1982, pp. 33-156; G. Scaraffia, *La donna fatale*, Palermo, Sellerio, 1987; B. Dijkstra, *Idoli di perversità. La donna nell´immaginario artistico filosofico letterario e scientifico tra Otto e Novecento*, Milano, Garzanti, 1988; E. di Stefano, *Il complesso di Salomè*, Palermo, Sellerio, 1985; Mary Ann Doane, *Femmes Fatales. Feminism, Film Theory, Psychoanalysis*, New York and London, Routledge, 1991; Linda A. Saladin, *Fetishism and Fatal Women. Gender, Power, and reflexive Discourse*, New York, Peter Lang, 1993. Estos dos últimos trabajos incluyen interesantes selecciones bibliográficas sobre el tema.

[31] Frank Wedekind, *Lulu: Erdgeist, Die Büchse der Pandora*, Stuttgart, Reclam, 1989. En español puede consultarse la edición de Juan Andrés Requena, *Frank Wedekind, Lulú (Espíritu de la Tierra y La caja de Pandora)*, Madrid, Cátedra, 1993. La relación entre Mari-Gaila y Lulú ya ha sido sugerida por autores como Carlos Jerez Farrán, *El expresionismo en Valle-Inclán: una reinterpretación de su visión esperpéntica*, A Coruña, Ediciós do Castro, 1989; *vid.* pp. 86 y ss. También Basilio Losada ha comparado el expresionismo de Valle con el de Wedekind, "Valle-Inclán entre Galicia y Brecht", *Estudios escénicos*, 13, 1969, pp. 61-80. La bibliografía en torno a las obras de Wedekind protagonizadas por Lulú es muy abundante, sobre todo en lengua alemana. Entre los trabajos más importantes, cabe citar los de Ruth Florack, (ed.), *Frank Wedekind*, München, Text und Kritik, VII, 1996, y su ensayo *Wedekind´s Lulu: Zerrbild der Sinnlichkeit*, Tübingen, Niemeyer, 1995. La edición citada de las obras en español incluye un esquema de las sucesivas reelaboraciones y reediciones de las obras de Wedekind protagonizadas por Lulú (pp. 28-31), así como una selección bibliográfica (pp. 81-84). También es de gran interés el capítulo que Silvia Bovenschen dedica al estudio de la figura en *Die imaginierte Weiblichkeit...*, *op. cit.*, pp. 43-61. Existen además numerosos trabajos en torno a la ópera compuesta por Alban Berg a partir de este personaje, entre los que cabe destacar, como obra de conjunto, la de Thomas F. Ertelt, *Alban Bergs `Lulu´: Quellenstudien und Beiträge zur Analyse*, Wien, Universal Edition, 1993. Sobre el tema de la mujer fatal, la figura de Lulú y las relaciones teatro/ópera, *vid.* el interesante estudio de Gerhard Scheit, *Dramaturgie der Geschlechter. Über die gemeinsame Geschichte von Drama und Oper*, Frankfurt am Main, Fischer Verlag, 1995.

en relación con la caracterización de Mari-Gaila y con su conversión en protagonista de *Divinas palabras*. En este análisis quedarán ejemplificados los presupuestos formulados en páginas anteriores en cuanto a los procesos de concreción a que un arquetipo debe someterse en su configuración como personaje y como protagonista dramático. El seguimiento de estos procesos dará cuenta simultáneamente del grado de originalidad alcanzado por Valle en su materialización dramatúrgica y del grado de adecuación o transgresión acreditado respecto a la poética del género tragicómico.

La *Tragicomedia de aldea* se presenta dividida en tres jornadas, fragmentadas en un total de veinte escenas -cinco, diez y cinco, respectivamente-, de las que trece se centran en torno a la figura de Mari-Gaila. El nivel de frecuencia de aparición del personaje es, por tanto, muy alto, extendiéndose a un 65% de las escenas, lo cual arroja una primera luz sobre la cuestión de su protagonismo. Por otro lado, al observar las acotaciones, se aprecia que nada menos que 45 de ellas suministran indicaciones sobre su caracterización, sus acciones y sus actitudes. Los abundantes apuntes en torno al aspecto físico, los gestos y movimientos, el traje y el peinado, la voz y los ademanes de Mari-Gaila, además de las precisiones sobre su forma de actuar y su desenvoltura en el modo de relacionarse con el resto de personajes, son testimonio del grado de minuciosidad aplicado por el dramaturgo en el diseño de la figura, así como de su maestría en el manejo de los sistemas sígnicos no verbales[32], regido por el propósito de rentabilizarlos al máximo en la consolidación de una dimensión plástica de gran fuerza.

La primera acotación referida a la mujer es paradigmática, al poner en juego una gama de connotaciones que habrán de irse adensando a lo largo de la tragicomedia. En ella, Mari-Gaila queda perfilada como "blanca, rubia, risueña de ojos, armónica en los ritmos del cuerpo y de la voz."[33] Esa

---

[32] *Divinas palabras* es una prueba evidente del grado de pericia dramatúrgica alcanzado por Valle en torno a 1920, documentándose en la pieza abundantes y originales ejemplos de aprovechamiento sistemático de los trece sistemas sígnicos inventariados por Tadeus Kowzan en su ya clásico estudio "El signo en el teatro", en VV.AA., *El teatro y su crisis actual*, Caracas, Monte Avila Editores, 1969.

[33] Cito por la edición crítica de *Divinas palabras. Tragicomedia de aldea* realizada por Luis Iglesias Feijoo, *ed. cit.*, vid. nota 9; I, 3, p. 157. Este mismo autor aporta datos de gran interés para la contextualización de la obra en su artículo "La recepción crítica de *Divinas palabras*", *Anales de Literatura Española Contemporánea*, 18, 3, 1993, pp. 639-691.

armonía asociada al tono del personaje queda amplificada por la contundencia de su palabra, uno de los principales atributos definidores de la naturaleza del arquetipo tanto en la versión valleinclaniana como en la de Wedekind: al igual que Lulú, Mari-Gaila posee una dialéctica contundente, en la que la elocuencia se une a la sabia dosificación del patetismo, la ingeniosidad, el sarcasmo y el desgarro, siendo varias las ocasiones en ambas obras en las que otros personajes se refieren a la locuacidad y la expresividad de las protagonistas[34]. Esta expresividad dimana no sólo de la brillantez verbal, sino también de la capacidad de sugerencia gestual del lenguaje de las dos mujeres, implementada en el caso de Lulú mediante el recurso al baile como forma a un tiempo de comunicación y de interiorización y en el caso de Mari-Gaila con la propia riqueza de ademanes del personaje. Ello viene a poner de manifiesto que en el marco de la tragicomedia Valle vuelve a apostar por la gestualidad como uno de los códigos teatrales que más poderosamente definen la caracterización de las figuras, circunstancia que también resulta evidente en el diseño de la de Pedro Gailo. Junto a estos procedimientos directos de atribución de rasgos individualizadores, Valle y Wedekind ponen en juego otro mecanismo, indirecto, que va perfilando algunas señas de identidad de Mari-Gaila y de Lulú a través de los comentarios de otros personajes referidos a su conducta licenciosa, su falta de escrúpulos, su materialismo y su carácter amoral.

En páginas anteriores he dejado apuntado que los arquetipos operan por intensificación atributiva y que aparecen dotados de una dimensión mítica que les confiere densidad simbólica. Ha llegado el momento de contrastar estos postulados con la entidad escénica que Wedekind y Valle atribuyen al arquetipo de la mujer amoral. En cuanto al primer postulado, se constata que tanto Mari-Gaila como Lulú acreditan la pervivencia y la extensión de una serie de atributos tradicionalmente asociados a esta categoría femenina, entre los que destacan tres: la lujuria, la relación con el diablo y una capacidad destructora que se concreta en la perdición de los hom-

---

[34] Sobre la importancia que la dimensión verbal adquiere en la configuración del personaje de Mari-Gaila, *vid.* Carol Maier, "From Words to Divinity? Questions of Language and Gender in *Divinas palabras*", en C. Maier y R.L. Salper, *Ramón María del Valle-Inclán: Questions of Gender, op. cit.*, pp. 191-221. Esta autora plantea una original lectura del personaje de Mari-Gaila como figura andrógina que opera como representación de la subjetividad poética de Valle.

bres a ellas vinculados[35]. En el caso de Mari-Gaila, los dos primeros atributos se materializan en su relación con Séptimo Miau; el tercero, en la relación con su marido, que llega incluso a perpetrar un peculiar intento de suicidio en la última escena. En el caso de Lulú, tanto su pasado legendario como su presente escénico la acreditan como figura lasciva y concupiscente, si bien resultaría interesante plantear en qué medida el origen del cliché está ubicado en la propia conducta de la mujer y en qué proporción viene predeterminado por la mirada de esos hombres que, uno tras otro -Goll, Schwarz, Schön...- acabarán siendo sus víctimas. A la naturaleza diabólica del personaje se alude en repetidas ocasiones, de forma muy directa a través del propio Doctor Schön, el hombre que cree conocer a Lulú hasta el punto de no dudar en decirle: "En ti ya sé dónde termina lo angelical y dónde comienza lo demoníaco."[36] La intensificación atributiva del arquetipo queda documentada alrededor de éstos y otros rasgos a través de los que Valle y Wedekind le confieren vida sobre el escenario, cada uno en consonancia con las peculiaridades de su propia versión del mismo. Por lo que se refiere a la dimensión mítica, en las piezas del autor alemán se aprecia una proliferación de alusiones que la van consolidando por encima de la capacidad de metamorfosis del personaje, como ha señalado Juan Andrés Requena:

> A lo largo de la obra Lulú asume diversas identidades y funciones sociales, cambia de dueño y de nombre, de protector y de categoría social. Pero desde un principio el personaje está revestido con unos atributos míticos: por sus orígenes, por su presentación como serpiente, por los nombres con los que se le bautiza y, sobre todo, por la fundamentación mítica del conjunto de la obra, evocada a partir de los títulos *Espíritu de la Tierra* y *La Caja de Pandora*. Lulú es Eva, Lilith, serpiente, Pandora, Espíritu de la Tierra y Gea.[37]

---

[35] *Vid.* Manuel Díaz Castillo, "Frágil, fatal, turbulenta (Algunas notas a los tipos de mujer en Valle-Inclán)", *art. cit.* p. 132 y Silvia Bovenschen, *op. cit.*, pp. 49-52.

[36] Cito por la traducción de Juan Andrés Requena, *ed. cit.*: *Espíritu de la Tierra*, III, 10, p. 159.

[37] *Ibid.*, "Introducción", p. 72. Para un análisis de las figuras femeninas en la Biblia, *vid.* Northrop Frye, *El gran código*, Barcelona, 1988.

También la figura de Mari-Gaila completa su naturaleza en la esfera de la dimensión mítico-simbólica, a la que explícitamente aparece asociada en la escena tercera de la segunda jornada, a través de la profecía de Séptimo Miau:

> LECTURA DEL COMPADRE MIAU: Venus y Ceres. En esta conjunción se descorren los velos de tu Destino. Ceres te ofrece frutos. Venus, licencias. Tu destino es el de la mujer hermosa. Tu trono, el de la Primavera.[38]

Esta escena ha dado lugar a abundantes glosas en la bibliografía dedicada al estudio de la pieza, en las que ha quedado suficientemente explícito el simbolismo de la vinculación de Mari-Gaila a los mitos de referencia[39]. Prescindiendo de redundar en su comentario, voy a centrarme en algunos aspectos que considero de gran trascendencia para el tipo de interpretación del personaje que estoy intentando formular. Para empezar, la profecía aparece enmarcada por una frase que Mari-Gaila repite inmediatamente antes e inmediatamente después de que Séptimo Miau lea el billete que cifra su destino: "Mi suerte es desgracia"[40]. Sustrayéndose a la halagüeña apariencia de las palabras del farandul, la mujer es plenamente consciente de que esa asociación mítica no habrá de permitirle evitar las consecuencias de una conducta cuya legitimación resulta imposible en el plano del universo dramático en que se desarrolla la acción. Esta lucidez de Mari-Gaila

---

[38] *Divinas palabras*, II, 3, *ed. cit.*, p. 232.

[39] *Vid.*, entre otros, los trabajos de Gustavo Umpierre, *Divinas palabras: alusión y alegoría*, Chapel Hill, University of North Carolina, *Estudios de Hispanófila*, 1971; Josette Blanquat, "Symbolisme et `Esperpento´ dans *Divinas palabras*", *Mélanges à la mémoire de Jean Sarrailh*, Paris, 1966; vol. I, pp. 145-165; Noël M. Valis, "The Female Figure and Writing in *Fin de siglo Spain*", *art. cit.*; Arnold M. Penuel, "Archetypal Patterns in Valle-Inclán´s *Divinas palabras*", *Revista de Estudios Hispánicos*, VIII, 1974, pp. 83-94; Mary Lee Bretz, "Title as Clue to Valle-Inlán´s *Divinas palabras*", *Hispanic Journal*, 15, 1, 1994, pp. 203-217; David Ling, "Greed, Lust and Death in Valle-Inclán´s *Divinas palabras*", *Modern Language Review*, 67, 1972, pp. 328-339; Harald Wentzlaff-Eggebert, "Zur Ästhetik Valle-Incláns: Am Beispiel von *Divinas palabras*", *Iberoromania*, 13, 1981, pp. 77-95, y "Ramón del Valle-Inclán: *Divinas palabras*", en V. Roloff y H. Wentzlaff-Eggebert (eds.), *Das spanische Theater vom Mittelalter bis zur Gegenwart*, Düsseldorf, Schann Bagel, 1988, pp. 309-324; John Lyon, *The Theatre of Valle-Inclán*, Cambridge, University Press, 1983, pp. 91-104. Casi todos los trabajos consignados en notas posteriores inciden también en el comentario de esta escena.

[40] *Divinas palabras*, II, 3, *ed. cit.*, pp. 232 y 233.

conecta con lo que considero esencial en el tratamiento a que Valle somete al arquetipo de la mujer amoral en el ámbito de su tragicomedia, porque está apuntando a la discordancia entre las dimensiones que convergen en su configuración como personaje dramático: la mítica, la simbólica y la pragmática. Sobre esa misma discordancia intuida y al mismo tiempo asumida por la mujer, Valle construye una figura cuya dimensión simbólica queda desvirtuada tanto por su inscripción en una dinámica de fuerzas marcada por un prosaísmo de signo contrario a la esfera de lo mítico como por su propia actuación como agente y paciente sometida a esas mismas fuerzas. Si bien en la elaboración de la dimensión mítica de la figura de Mari-Gaila -en asociación con un componente de sensualidad pagana evocadora de la antigüedad- Valle se vale de una serie de técnicas de estilización diametralmente opuestas a la óptica deformante aplicada al retrato de otros personajes, la dimensión simbólica de la figura femenina es sometida a una trivialización evidente[41]. Para perpetrarla, Valle se vale de dos recursos, el primero de los cuales consiste en la parodización de ciertos momentos de la trama: recordemos que la tan citada escena octava de la jornada segunda -la del Trasgo Cabrío- pierde gran parte de su pátina simbólica como encuentro entre Venus y Pan al ser leída como correlato de la quinta de esa misma jornada, en la que la mujer y el farandul se entregan en la playa a una urgencia erótica, en una escena distorsionada en todos sus componentes, desde el espacial hasta el lingüístico. El segundo recurso a que aludía es más directo y contundente, al consistir en la mostración de ciertas dimensiones del personaje de Mari-Gaila ajenas por completo a la esfera ennoblecedora de lo mítico; unas dimensiones que evidencian la condición prosaica, primaria y cruel que la Sacristana en cierta medida comparte con el resto de aldeanos. Esta condición relativiza también el componente de sensualidad y vitalismo integrado en la caracterización mítica de la figura, al añadir un factor de materialismo y de especulación que de alguna forma está desvirtuando la exaltación de la libertad de lo instintivo que completa el perfil de la mujer. Por tanto, lo que se aprecia en la construcción del personaje es la superpo-

---

[41] Esta línea de argumentación quedó expuesta en el capítulo V de mi libro *Teoría y práctica...*, dedicado al estudio de *Divinas palabras*. *Vid.* nota 2, cap. V, pp. 333-388, y concretamente las pp. 351-353.

sición de una serie de planos que se desenfocan mutuamente, al menos en parte. Y es que, como antes he apuntado, en *Divinas palabras* el arquetipo femenino opera mediante la contraposición de sus dimensiones, en tanto que la pragmática subvierte la simbólica y trivializa la mítica. Otro es el caso de las piezas de Wedekind, en las que Lulú encarna un arquetipo sin escisiones en el que los tres planos operan al unísono.

Esta diferencia apreciada en el tratamiento a que el dramaturgo gallego y el dramaturgo alemán someten un modelo abstracto de feminidad ha de ser puesta en relación con la diferente naturaleza genérica de las piezas que en torno a él construyen. Considero que la aplicación de esta perspectiva permite enunciar una última lectura de sus respectivas versiones del arquetipo, una lectura en dos direcciones que no postula ni la preeminencia de lo genológico ni la de lo apriorístico, limitándose a dar cuenta de la coherencia de los dos autores en su manejo de ambos polos. Así, pienso que Valle se sirve en la construcción del personaje de Mari-Gaila de este procedimiento de fragmentación que acabo de comentar para relativizar y minimizar el alcance de ese enfrentamiento entre las fuerzas del Bien y del Mal que él convierte en tragicomedia. Y es que *Divinas palabras* no es sino una presentación dramática del contraste entre una serie de elementos yuxtapuestos de forma incongruente con el fin de reducir la contraposición de fuerzas aludida a lo que, parafraseando el título de un excelente artículo de John Crispin, podríamos calificar de mera batalla maniquea irónica[42]. El manejo del modelo femenino es coherente con la poética del género, tal como Valle la entiende y la desarrolla en el resto de componentes dramatúrgicos de la pieza. Dicho de manera sintética: el autor gallego se sirve del arquetipo de la mujer amoral, pervirtiéndolo en parte, para consolidar su versión de lo tragicómico. Por el contrario, la Lulú de Wedekind integra las dimensiones mítica, simbólica y pragmática en un perfil compacto que le ha

---

[42] John Crispin, "The Ironic Manichaean Battle in *Divinas palabras*", *Anales de Literatura Española Contemporánea*, VII, 2, 1982, pp. 189-200. Traducción al español, "La batalla maniquea irónica en *Divinas palabras*", en Ricardo Domenech (ed.), *Ramón del Valle-Inclán*, Madrid, Taurus, "El escritor y la crítica", 1988, pp. 189-201. *Vid.* también Luis Iglesias Feijoo, "El concepto de tragicomedia en Valle-Inclán", en Margarita Santos Zas (ed.), "Estéticas de Valle-Inclán", *Insula*, 531, 1991, pp. 18-20; y mi artículo "Valle-Inclán y la tragicomedia", en F. Carbó et al. (ed.), *Homenatge a Amelia García Valdecasas, Quaderns de Filologia. Estudis Literaris I*, València, Universitat de València, 1995, vol. I, pp. 173-189.

conferido la categoría de máxima representante del arquetipo de referencia en el teatro contemporáneo. Y es que lo que el autor alemán construye a su alrededor es una tragedia, manejando sus resortes en perfecta coherencia con los parámetros del género, mientras que Valle reserva el arquetipo representado por Mari-Gaila para darle vida en el marco de la tragicomedia porque la ignorancia moral o amoralidad del personaje se corresponde con la problematización de la noción de género que se propone llevar a cabo, subrayando el doble maniqueísmo que subyace a la tradición en que el género había quedado fundamentado desde el Siglo de Oro: el de la yuxta-posición de lo cómico y lo trágico como principios dramatúrgicos y el de la polarización del Bien frente al Mal como principios semánticos. Para con-seguir ese propósito se vale de una serie de eficaces procedimientos dramá-ticos y, en lo que aquí importa, de un arquetipo femenino representante de lo instintivo como código de conducta opuesto a las abstracciones de los dictados por la moral, la tradición o la religión. Conceder el protagonismo a Mari-Gaila es la garantía de que la yuxtaposición y la polarización alu-didas habrán de sustraerse al riesgo de maniqueísmo que venía marcando la historia de la tragicomedia española desde Calderón. Si la protagonista, contando con la aquiescencia del autor, comienza por no reconocer la esfera de lo moral, a aquel le resultará mucho más sencillo conseguir que su conflicto con la misma adquiera los caracteres de contraposición incon-gruente que pretende poner en evidencia. De esa incongruencia nace la tra-gicomedia valleinclaniana. Para que pueda producirse, el personaje arque-típico encarna el no-reconocimiento de algunos de los códigos en los que tradicionalmente el género había hundido sus raíces (moral, religión, reglas sociales patriarcales...), códigos perpetuados por las figuras que componen la pintura de esa Galicia rural y arcaica que presenta la pieza. Frente a ellas, como ha señalado Carlos Jerez Farrán, en Mari-Gaila se aprecia el esfuerzo de Valle por presentar "la defensa radical de una nueva moralidad sexual femenina, el desenmascaramiento de la hipocresía moral cristiana y la des-trucción del mito sobre la mujer creado por la mojigatería sexual que tanto la Iglesia como la burguesía habían creado a lo largo de los siglos"[43].

---

[43] Carlos Jerez Farrán, "Mari-Gaila y la espiritualización de la materia: Una revaloración de *Divinas palabras* de Valle-Inclán", *Neophilologus*, 76, nº 3, 1992, pp. 392-408; *cit.*, p. 393. *Vid.* también de este autor "Una posible fuente pictórica de la escena de 'retablo' en *Divinas pala-bras* de Valle-Inclán", *Romanic Review*, 82, 1991, pp. 485-499.

Llevando a término la línea de argumentación genológica, se hace preciso tener en cuenta, para concluir, que la incoherencia de la contraposición no sería en sí misma garantía de la naturaleza genérica de la obra, dado que de la misma materia tratada por Valle podría muy bien surgir una obra de carácter cómico, trágico o absurdo. Bien es sabido que, en principio, cualquier figura, cualquier asunto pueden ser objeto de tratamientos de signo muy diverso y hasta contrario. La historia de la literatura y la del teatro están llenas de ejemplos que corroboran este aserto. Y éste es precisamente el punto en el que Valle y Wedekind difieren: el autor alemán hace de su Lulú una víctima y escribe una tragedia; don Ramón salva a Mari-Gaila y diseña una tragicomedia.

Se puede polemizar sobre si Valle llega o no realmente a tomar partido en favor de la mujer, pero el hecho de que salga triunfante -por lo menos provisionalmente- del enfrentamiento con los representantes de los imperativos de conducta socialmente aceptados, unido a la peculiaridad dramatúrgica de las escenas que presentan ese triunfo, apunta a la posición del autor frente al dilema establecido en torno a su amoralidad, por un lado, y frente a la tradición dramática a la que remite, por otro. En este punto resulta interesante considerar que Valle introduce en el desenlace de su tragicomedia un ejemplo extremo de subversión de valores lingüísticos -precisamente una de sus más originales aportaciones a la literatura española- en asociación con la funcionalidad dramática de una presencia femenina reducida a una corporalidad esencial y privada de la palabra en la escena final, pero responsable última de que la cita del Sacristán adquiera el valor de enigma capaz de obrar el milagro del latín. La subversión lingüística radica en la desemantización del lenguaje de la liturgia y en su adquisición de proporciones de conjuro asociadas con la dominancia de la presencia armoniosa y desnuda de Mari-Gaila. El desenlace queda así encomendado a unos signos verbales transgredidos y a unos signos visuales y cinéticos que asumen la relevancia del significado ausente del latín: el salto de Mari-Gaila al descender del carro para recibir a su marido y las acciones de éste (apagarle la vela sobre las manos cruzadas que ocultan el sexo y batir en ellas con un misal). Todos estos signos no verbales convergen en Mari-Gaila. La mujer no habla, no es necesario: su presencia, esa capacidad suya de percepción del ritmo de la vida a que alude la última acotación de la pieza, son la inspiración y el catalizador de la "blanca sentencia" de Pedro[44]. También en el caso de Wedekind, el violento desenlace de *La caja de Pandora* es indicativo de su posición: el sacrificio final de Lulú reviste implicaciones ideológicas que apuntan a una idea de subversión extrapolable al terreno de lo literario. Y es que todo desenlace implica una necesaria toma de postura por parte de un creador, y la misma denominación genérica que otorga a su obra es índice de esa toma de postura y de la propia valoración de la misma dentro de unos parámetros marcados por lo genológico. Wedekind dramatiza la oposición entre instinto y códigos abstractos como oposición trágica, ubicándose expresamente en la tradición literaria heroico-clasicista, a pesar de sus elementos estilísticos anticlásicos y de su rechazo de las recetas del naturalismo[45]. Valle lleva a la escena esa misma oposición, pero la presenta como dialéctica desajustada y tragicómica, confiriendo nuevo sentido a un término emblemático en la poética dramática española.

Resulta curioso recordar que ya en 1892, veintisiete años antes de que Don Ramón publicara la primera versión de *Divinas palabras* en el folletín de *El Sol* de Madrid (19.6 / 14.7.1919), Wedekind había comenzado la redacción de la versión primitiva de su Lulú, a la que asignaría el título de *La caja de Pandora. Una tragedia monstrua*[46]. Y resulta curioso porque eso es, en buena medida, lo que Valle vino a legarnos también con sus *Divinas palabras*: un monstruo, un híbrido dramatúrgico en el que se pasa revista a la tradición del teatro español en una de sus denominaciones genéricas más quintaesenciadas. Los dos autores fueron eficaces y coherentes respecto a sus puntos de partida; ambos idearon dos figuras femeninas a un tiempo

---

[44] Sobre el especial carácter del latín en el desenlace de *Divinas palabras*, *vid.*, además de los estudios citados en notas anteriores, la "Introducción" a la edición de la obra realizada por Leda Schiavo, Barcelona, Círculo de Lectores, Biblioteca Valle-Inclán, 1, 1990, p. 27; Carol Maier, "From Words to Divinity?...", *art. cit.*, pp. 197-199; e Iris M. Zavala, "Valle-Inclán: Modernity, Heterochrony of Gender Constructs, and Libidinal Economy: A Dialogic Reading", en C. Maier y R.L. Salper, *Ramón María del Valle-Inclán: Questions of Gender, op. cit.*, pp. 88-103. Esta autora profundiza en la interpretación de la escena incidiendo en la consideración del latín como instrumento de una práctica de exclusión de clase y de género llevada a cabo en el seno de las culturas androcéntricas y católicas. *Vid.*, también de Iris M. Zavala, *La musa funambulesca. Poética de la carnavalización en Valle-Inclán*, Madrid, Orígenes, 1990.

[45] *Vid.* Hans Mayer, *Historia maldita...*, *op. cit.*, p. 121.

[46] *Vid.* Juan Andrés Requena, "Introducción", *ed. cit.*, p. 28.

emparentables en su carácter arquetípico y diversificadas en sus caracterizaciones externas, por encima de las que comparten una común reivindicación de su conciencia subjetiva; y los dos dramaturgos lograron que esos personajes les sobrevivieran conservando su modernidad como versiones de uno de los arquetipos femeninos más frecuentes en las artes literarias, la ópera y el cine aún en nuestros días[47].

En el repertorio de figuras femeninas del teatro de Valle, Mari-Gaila aparece como personaje-puente hacia ese nuevo tipo de sujeto femenino que emergerá en *Martes de carnaval*, hacia esos caracteres progresivamente dotados de mayor fuerza que vendrán a adquirir protagonismo en las obras más maduras del autor[48]. Precisamente esas obras constituyen una de las parcelas más interesantes para la línea de investigación aquí planteada: baste recordar la colección de retratos femeninos expuestos en la galería esperpéntica, o esa extraña versión de Salomé que nos presenta *La cabeza del Bautista*. Con todo, habiendo quedado establecidos los límites cronológicos de este acercamiento en 1920, se hace preciso terminar estableciendo algunas conclusiones en torno a las que recapitular lo expuesto.

Las cuestiones relacionadas con las categorizaciones genéricas revisten gran trascendencia en el conjunto de la obra de Valle-Inclán, en la que desde el comienzo aparecen asociadas a una dimensión de crítica social que subvierte los discursos dominantes sobre los roles reservados a lo masculino y lo femenino[49]. A lo largo de toda la producción de Valle, por encima de

---

[47] El interés que sigue despertando el arquetipo femenino protagonista de las obras de Valle y Wedekind queda acreditado en obras de muy diferente factura y adscripción. Sirva como testimonio reciente la película de Paul Auster *Lulu on the Bridge*, estrenada en 1998, y cuyo guión fue publicado en castellano ese mismo año por la editorial Anagrama (Barcelona).

[48] El desarrollo de caracteres femeninos progresivamente más fuertes en las últimas obras de Valle ha sido advertido por diferentes ensayistas y analizado en varios de los artículos incluidos en el volumen editado por Carol Maier y Roberta L. Salper, *Ramón María del Valle-Inclán: Questions of Gender*, *op. cit.*, entre ellos los de Mary Addis y Roberta L. Salper, "Modernism and Margins...", Carol Maier, "From Words to Divinity?..." y Michael P. Predmore, "The Central Role of Sabelita..." -trabajos citados en notas anteriores-, así como en el de Biruté Ciplijauskaité, "The Role of Language in the Creation of Valle-Inclán's Female Characters" (pp. 77-87). Este último artículo había aparecido anteriormente en castellano en el libro de John P. Gabriele (ed.), *Genio y virtuosismo de Valle-Inclán*, Madrid, Orígenes, 1987, con el título de "La función del lenguaje en la configuración del personaje femenino valleinclanesco", pp. 163-172.

[49] En estos asertos coincido con las tesis expuestas por Mary K. Addis y Roberta Salper en "Modernism and Margins...", *art. cit.*, pp. 104-114.

géneros literarios y corrientes estéticas pueden documentarse una serie de transgresiones respecto al modo de plantear estos temas característico de sus contemporáneos. Dicho de forma muy concisa: ya sea desde el decadentismo, desde el esperpentismo o desde cualquier otro de los ismos visitados en su trayectoria literaria, Valle cuestiona permanentemente los códigos de conducta de clase media generalmente aceptados en la España de su época. Por otro lado -y esto es lo más interesante, lo más moderno-, el autor se muestra consciente -al menos parcialmente- de la naturaleza convencional, contingente y arbitraria de la construcción social del género, presentando frecuentemente las identidades genéricas no tanto en calidad de esencias como de roles desempeñados socialmente[50]. El hecho es que, en sus últimas obras, esta visión crítica desemboca en una auténtica subversión de los discursos dominantes sobre la categoría de género. En su teatro, ello queda anticipado en *Divinas palabras* y ya plenamente explícito en *La hija del capitán*. Las obras anteriores, como hemos visto, se mueven en una dialéctica entre la tipificación de lo femenino y la atribución de roles cuyo grado de originalidad o convencionalidad varía en función del género dramático recreado en cada caso, siendo el de la comedia el que ya en la primera década de este siglo permite a Valle presentar una visión "bárbara" de ciertos personajes femeninos, anticipatoria en parte de la radicalidad de las mujeres que habitarán el esperpento[51].

Varios de los trabajos incluidos en el volumen *Cuestiones de género*, al que me refería al comienzo, insisten en la modernidad acreditada por Valle en el tratamiento de las mismas, documentándola en parcelas diversas de su producción. I. M. Zavala aporta una de las formulaciones más certeras a este respecto, al concluir que la obra de Valle frecuentemente deconstruye toda una serie de ficciones y constructos imaginarios relacionados con la categoría de género a través de la ironía, la parodia o la indeterminación[52]. Esta conclusión debe ser observada en paralelo con las

---

[50] Este aspecto ha sido documentado en las primeras narraciones de Valle por Noël Valis, "Two Ramóns: A View from the Margins of Modernist *Cursilería*", *Anales de Literatura Española Contemporánea*, 17, 1992, pp. 325-343.

[51] *Vid.* mi artículo "El concepto de comedia en Valle-Inclán", en Manuel Aznar Soler y Juan Rodríguez (eds.), *Valle-Inclán y su obra, op. cit.*, pp. 457-465.

[52] Iris M. Zavala, *art. cit.*, p. 99.

extraídas en mi estudio del teatro de Valle desde la perspectiva de la teoría de los géneros dramáticos, porque todas ellas inciden en uno de los perfiles que mejor resumen lo que Valle-Inclán representa en la historia de nuestra literatura: el perfil del iconoclasta. No debe sorprendernos que, entre los diversos procedimientos de que se valió para cincelarlo, figure el de un tratamiento comparablemente original de las dos variantes epistemológicas del término *género* que han centrado estas páginas: la primera, la de los géneros dramáticos, contemplados como categorías constituidas por un conjunto de codificaciones y convenciones transgredibles; la segunda, la del género asociado a la dualidad masculino / femenino, una de las categorías claves de la organización social y simbólica, y al mismo tiempo una de las más polémicas. Genología y género quedan así asociados en el teatro de Valle como dos terrenos estratégicos desde los que desafiar las definiciones dominantes de lo real.

Valle-Inclán (1898-1998): Escenarios
Universidade de Santiago de Compostela, 2000: 449-497

DE *LA REINA CASTIZA* A *DIVINAS PALABRAS*: RIVAS CHERIF ANTE EL TEATRO DE VALLE-INCLÁN

Juan Aguilera Sastre

I.E.S. "Inventor Cosme García" (Logroño)

Con motivo del estreno de *Divinas palabras* en 1933, dos críticos de altura, fervientes admiradores de Valle-Inclán, hacían una misma reflexión, que a primera vista pudiera causar cierta perplejidad. Afirmaba Melchor Fernández Almagro que "cuando ha sido llevada a las tablas alguna obra del creador de los 'esperpentos' en los últimos años, ha sido por iniciativa casi excepcional de Rivas Cherif" (*El Sol*, 17-XI-1933, p. 8). Juan Chabás, por su parte, corroboraba: "Aquí, donde se llama teatro poético a una colección de comedias vulgares escritas en versos mezquinos, la verdadera poesía dramática de Valle no ha hallado más ocasiones propicias para ese brinco ágil y plástico del libro al escenario que las muy escasas posibilidades que ha tenido de ofrecerle el inquieto espíritu de realizador audaz que anima la obra de Cipriano [de] Rivas Cherif" (*Luz*, 17-XI-1933, p. 6). Exageración evidente, podría pensarse, sobre todo cuando aún estaban recientes los estrenos de la *Farsa y licencia de la reina castiza* y de *El embrujado* por la compañía de Irene López Heredia y Mariano Asquerino, en 1931, sin intervención directa de Rivas Cherif, que tan sólo cobró cierto protagonismo en la lectura que Valle ofreció a la compañía de la *Reina castiza*. De hecho, Valle no había querido que la interpretase Margarita Xirgu, a quien por entonces dirigía Rivas Cherif en el teatro Español de Madrid. Exageración también si se repasan los reducidos logros escénicos reales y tangibles de Rivas Cherif con los textos valleinclanianos durante esos años, una etapa, recordémoslo, de radical divorcio de Valle-Inclán con los valores dominantes en los escenarios españoles, precisamente cuando está creando su dramaturgia más original y fecunda.

El primero de ellos fue el reestreno de *La cabeza del Bautista*. Rivas Cherif, siempre fiel y lúcido reseñador de las obras teatrales de Valle-Inclán, había recibido la primera edición de esta "novela macabra" en 1924 (*La Novela Semanal*, 141, 22-III-1924) como "un drama perfecto" digno de ser llevado de inmediato a la escena:

> ... los conatos de realización escénica de algunas obras suyas se han verificado siempre en las peores condiciones para su posible adecuación al medio ambiente. (...) Es lo cierto que nadie se ha atrevido a afrontarlas en su integridad. (*La cabeza del Bautista*) Representa, además, en la labor de Valle-Inclán, un intento, espléndidamente logrado, de depuración de los propios materiales inventados en cinco lustros de producción fecundísima y renovada siempre de un estilo inequívoco. En todo caso, ¿ese acto breve ha de considerarse cual compendio y resumen quintaesenciado de todo lo anterior, o más bien como un punto de partida y enlace del espíritu animador de los "esperpentos", con una forma sintética de acabada arquitectura teatral y por ende asequible incluso al público menos leído?
>
> He ahí la experiencia que, a nuestro entender con seguro provecho, debiera intentar algún empresario curioso, si es que queda traza de ellos.[1]

El futuro "melodrama para marionetas" había sido estrenado en el madrileño teatro Centro por la compañía de Enrique López Alarcón el 17 de octubre de 1924, con relativo éxito. La actriz italiana Mimí Aguglia, que acababa de contratar a Rivas Cherif como asesor y propagandista para una temporada española, se entusiasmó con la obra, que se adaptaba a la perfección a sus características de intérprete de obras del repertorio siciliano y granguiñolesco y gracias a la intervención de Rivas Cherif logró incorporarla a su gira. El suceso quedó en la memoria de Rivas Cherif como un recuerdo imborrable: "Y me precio de haber obtenido de la difícil confor-

---

[1] C. Rivas Cherif, "Teatros. Unamuno y Valle-Inclán", *España*, 415, 29-III-1924, p. 12.

midad de Valle-Inclán el beneplácito de mi dirección de *La cabeza del Bautista* a Mimí Aguglia y Alfredo Gómez de la Vega"[2] . Se trataba de su primera experiencia con una compañía profesional y de su primera intervención en una puesta en escena de Valle-Inclán, a la que debió contribuir de un modo decisivo con sugerencias y apuntes, aunque tal vez el título de director resulte excesivo. Las representaciones se iniciaron en Andalucía en febrero de 1925, donde Rivas Cherif dio algunas conferencias sobre "Los esperperntos de Valle-Inclán"[3] y, tras un éxito rotundo en Barcelona (estreno el 20-III-1925), actuaron en Lisboa, Coimbra, Galicia y País Vasco. Ya separada de Rivas Cherif, la Aguglia representó la obra en Madrid, con éxito discreto (14-V-1926, 7 representaciones). Valle-Inclán, tan ajeno desde hacía años a los afanes del teatro comercial, reconcentrado en su fecunda vena creativa libre de servidumbres y concesiones, volvió a recuperar la ilusión del hombre de teatro que siempre fue gracias a este montaje, en el que el temperamento artístico de Mimí Aguglia jugó un papel decisivo: "La soberana intensidad con que usted ha encarnado a la Pepona –le decía a la actriz en una carta en mayo de 1925- ha suscitado en mí una nueva ilusión por el teatro. Me creía curado de esa veleidad, viendo otras veces representar mis obras, y usted por el ensalmo de su arte y de su genio la ha hecho surgir de nuevo"[4]. Mª Fernanda Sánchez-Colomer ha analizado el estreno barcelonés del melodrama para marionetas, un "gran éxito, tanto de crítica como de público", en que gracias al impulso de Rivas Cherif los espectadores pudieron saborear "la representación de un drama

---

[2] Rivas Cherif, "Calendario del aficionado. En torno a unas *Divinas Palabras* de Valle-Inclán", *El Redondel*, México, 5-V-1963, p. 12, en mi libro *Cipriano de Rivas Cherif: una interpretación contemporánea de Valle-Inclán*, Sant Cugat del Vallès (Barcelona), Cop d'Idees/Taller d'investigacions valleinclanianes, Ventolera 3, 1997, p. 157.

[3] Véase el epistolario de Rivas Cherif con Azaña de ese año, que permite reconstruir con bastante precisión la gira, en Cipriano de Rivas Cherif, *Retrato de un desconocido. Vida de Manuel Azaña*, Barcelona, Grijalbo, 1979 (edición de Enrique de Rivas), pp. 585-634. Antonio Gago Rodó ha estudiado el estreno gallego de la obra en "*La cabeza del Bautista*, de Valle-Inclán, rueda por Galicia (1925)", en Jesús G. Maestro (ed.), *Problemata Theatralia I. I Congreso Internacional de Teoría del Teatro. El signo teatral: texto y representación*, Vigo, Servicio de Publicacións de la Universidade de Vigo, 1996, pp. 104-124.

[4] Carta dirigida a Mimí Aguglia desde Puebla del Caramiñal en mayo de 1925, reproducida por *La Voz de Galicia* (6-VI-1925), en Joaquín y Javier del Valle-Inclán (eds.), *Ramón María del Valle-Inclán. Entrevistas, conferencias y cartas*, Valencia, Pre-Textos, 1994, pp. 279-280.

451

no sólo técnicamente impecable, sino capaz de desbordar todas sus expectativas. Una obra moderna, transgresora y accesible que, en el contexto de las relaciones entre Valle-Inclán y el teatro comercial, había sido llevada a la escena con una dignidad y brillantez verdaderamente excepcionales"[5].

El segundo logro importante de Rivas Cherif con la dramaturgia valleinclaniana tuvo lugar muy poco después: el estreno en el marco reducido del teatrito de cámara de los Baroja El Mirlo Blanco, del prólogo y el epílogo de *Los cuernos de don Friolera* (7-II-1926) y de *Ligazón* (8-V-1926), escrito por don Ramón expresamente para el teatro de arte de sus amigos, en el que Rivas Cherif realizaba funciones de animador, actor y, fundamentalmente, de director de escena[6]. El 19 de diciembre de 1927 se completaría el evento con la *reprise* de este "auto para siluetas" en el pro-

---

[5] María Fernanda Sánchez-Colomer, "El estreno de *La cabeza del Bautista (1925)*", en *Valle-Inclán, el teatro y la oratoria: cuatro estrenos baceloneses y una conferencia*, Sant Cugat del Vallès (Barcelona), Cop d'Idees/Taller d'investigacions valleinclanianes, Ventolera 2, 1997, pp. 67-82. Más precisiones sobre los estrenos madrileño y barcelonés pueden verse en Manuel Aznar Soler, *Valle-Inclán, Rivas Cherif y la renovación teatral española (1907-1936)*, Sant Cugat del Vallès (Barcelona), Cop d'Idees/Taller d'investigacions valleinclanianes, Ventolera 1, 1992, pp. 75-84; y en los artículos de Dru Dougherty y Mª Francisca Vilches de Frutos, "Valle-Inclán y el teatro de su época: La recepción en Madrid de *La cabeza del Bautista*" y de Jesús Rubio Jiménez, "Una actriz apasionada para un texto apasionante: Mimí Aguglia y Valle-Inclán. Notas sobre el estreno de *La cabeza del Bautista*", ambos en Leda Schiavo (ed.), *Valle-Inclán, hoy. Estudios críticos y bibliográficos*, Alcalá de Henares (Madrid), Universidad, 1993, pp. 61-70 y 71-85, respectivamente.

[6] "...Valle-Inclán (que no escrivia mai d'encàrrec per a actor ni actriu) escriví a intenció dels seus amics que el representàrem al Mirlo Blanco, teatre particular de la senyora de Baroja, *Ligazón*, repetida després sota la direcció del propi don Ramón al Cercle de Belles Arts" (Rivas Cherif, "Valle-Inclán.- El seu teatre", *La Rambla de Catalunya*, Barcelona, 10-I-1936, p. 8, en mi libro citado, p. 129). De Rivas Cherif partió la idea de crear el pequeño teatro de arte: "Ricardo nos leyó algún ensayo dramático de su minerva y ello fue causa de que a mí se me ocurriera organizar un escenario de cámara en aquel mismo lugar, con el nombre de 'Teatro del Mirlo Blanco', a imitación paródica de los 'Murciélagos', 'Pájaros Azules' y 'Gallos de Oro' de que se titulaban algunas compañías exóticas que por entonces recorrieron Europa procedentes de Rusia y Alemania..." (Rivas Cherif, *Retrato de un desconocido*, ob. cit., p. 546). Y él fue, aparte de animador incansable y actor esporádico, el director de escena del pequeño teatro: "... la circunstancia de haberme honrado doña Carmen Monné de Baroja con el título de director de escena de su teatrito de cámara 'El Mirlo Blanco', tan benévolamente recibido por los amigos que en él actúan..." (Rivas Cherif, "El teatro ¿es arte o industria? Aficionados y profesionales", *Heraldo de Madrid*, 24-VII-1926, p. 5). Magda Donato resumía en un conocido artículo los méritos del pequeño teatro experimental: la altura literaria de sus montajes, la respuesta de un público entendido, la funcionalidad de sus escenografías y las innovaciones interpretativas, confiadas a "la escrupulosa dirección de Cipriano Rivas Cherif, insuperable 'entonador de conjuntos'" (Magda Donato, "Lo decorativo en la escena. 'El Mirlo Blanco'", *Heraldo de Madrid*, 26-VI-1926, p. 5).

yecto de llevar El Mirlo al Círculo de Bellas Artes bajo la dirección del propio Valle-Inclán, con el premonitorio título de El Cántaro Roto, montaje, por cierto, interpretado por los mismos actores que lo habían estrenado en el teatro de los Baroja, en el que Valle, como director de escena, cuidó con mimo la iluminación y la escenografía, obra de Bartolozzi y López Rubio[7]. En el programa del Mirlo Blanco, Francisco Vighi hizo de Compadre Fidel, Rivas Cherif prestó su voz a los muñecos y Fernando García Bilbao recitó el romance de ciego. En cuanto a *Ligazón*, la reseña de Juan G. Olmedilla nos ha dejado un detallado examen del estreno, ejemplar tanto por la extraordinaria plasticidad de la obra como por el escrupuloso trabajo de Rivas Cherif en la dirección escénica, sobre la base de una simplicidad escenográfica y un trabajo interpretativo nada habituales en el teatro comercial:

> "Ligazón" se titula el drama epitalámico que Valle-Inclán califica de "auto para siluetas" y que Cipriano Rivas Cherif, escrupulosamente respetuoso como director de escena –"rara avis" entre los pajarracos de la especie– para con el designio del autor, ha puesto sobre el tablado de la farsa sin dar más que las dos dimensiones de la silueta a los personajes, aunque para ello haya tenido que sacrificar el mayor lucimiento corpóreo –tridimensional– de los actores. Por fortuna éstos –que son nada menos que Carmen Juan de Benito, Josefina Blanco (mañana y ayer espléndidos de nuestras actrices de raza), "Beatriz Galindo", Fernando García Bilbao y el propio "Cipri"- pertenecen a un mundo escénico en el que, con dos dimensiones solamente, se logra dar vitalidad intensa e imborrable a lo que otros miles de actores, aun poseyendo la inaccesible cuarta dimensión del hombre bicuadrado, no lograrían jamás. Y no, a fe, porque el texto sea irrepresentable, según achacan algunas bandas de cómicos a los textos valleinclanescos –¡los más plásticamente teatrales de nuestro actual teatro, por ser, en mi sentir, los que poseen un sentido más italiano de la plasticidad escénica!–, sino porque a la mayoría de esos miles de actores que no actúan en "El Mirlo Blanco" les falta el principal motor entusiasta del actor: la disci-

---

7 "En 'Ligazón' el juego de luces, adecuado al carácter de este 'auto para siluetas', realza la armoniosa estilización del decorado: una fachada de casita encuadrada por altos, monótonos, trágicos álamos. Sobre este fondo de aguafuerte se destacan, iluminados a momentos por la luz lívida de la luna, el traje gracioso de Carmen de Juan; la línea de Tanagra de Isabel O. de Palencia. Este acierto en el juego de luces es una nueva ocasión para rendir homenaje a la magistral labor de Valle-Inclán y los suyos..." (Magda Donato, "Lo decorativo en la escena. Bellas Artes. 'La comedia nueva o el café'; 'Ligazón'", *Heraldo de Madrid*, 25-XII-1926, p. 5).

plina, la servidumbre heroica de la obra tal y como expresamente escribió el autor que se la sirviera.[8]

Los breves experimentos de El Mirlo Blanco y El Cántaro Roto marcaron un hito en la historia de la renovación escénica española de los años 20, a pesar de su escasa incidencia en la actividad teatral dirigida al gran público. Sirvieron, eso sí, para dar muestra de la sintonía estética que unía a don Ramón con Rivas Cherif, en uno de los períodos de más estrecha colaboración entre los dos amigos y hombres de teatro, pero a la vez para demostrar los límites de ese tipo de experimentos, forzosamente efímeros y a la postre testimoniales, por dificultades estructurales insalvables y por sus propias contradicciones internas. Y alumbraron otro aspecto de Valle-Inclán como hombre de teatro, hasta entonces casi desconocido por el público: sus dotes como director de escena, que le llevarían más tarde a asumir el reto de dirigir el montaje de *El embrujado* en 1931.

Hasta el estreno de *Divinas palabras*, Rivas Cherif no pudo dirigir ningún otro montaje de Valle-Inclán. Sin embargo, Fernández Almagro y Chabás no erraban del todo en su apreciación. Más aún, diríamos que dirigían su flecha hacia el blanco correcto. Tan escasos logros concretos no revelaban otra cosa que el raquitismo de la escena española del momento y su distancia casi sideral con la altura de miras del arte teatral de don Ramón. Rivas Cherif era, sin duda, el más persistente valedor, por no decir casi el único entre quienes se atrevían a asumir responsabilidades de gestión teatral, de ese "brinco ágil y plástico del libro al escenario" del teatro valleinclaniano. Sobre todo desde el voluntario retiro del escritor a su gusto por "escribir obras dialogadas, pero, desde luego, sin ánimo de que se representen"[9] que decidiera a partir de 1913, tras su ruptura con la com-

---

[8] Juan G. Olmedilla, "Teatro de cámara 'El Mirlo Blanco'. Un estreno de Valle-Inclán en casa de Baroja", *Heraldo de Madrid*, 11-V-1926, p. 5.

[9] Mariano Román, "A manera de prólogo. Hablando con Valle-Inclán", *La Novela de Hoy*, 3-IX-1926, reproducido por Dru Dougherty, *Un Valle-Inclán olvidado: entrevistas y conferencias*, Madrid, Fundamentos, 1982, pp. 159-163; también en Joaquín y Javier del Valle-Inclán, *ob. cit.*, pp. 309-311. Esa libertad de escritura sin un objetivo inmediato de representación le llevó a crear su mejor teatro, sus más audaces propuestas dramáticas, que siempre concebía pensando en un escenario posible, como reconocía en los momentos de mayor optimismo: "Yo escribo ahora siempre pensando en la posibilidad de una representación en la que la emoción se dé por la visión plástica. El tono no lo da nunca la palabra, lo da el color" (Rivas Cherif, "Más cosas de don Ramón", *La Pluma*, 32, enero de 1923, pp. 90-96).

pañía Guerrero-Mendoza y el escándalo de *El embrujado*, retiro aún más definitivo a partir de la prohibición a Margarita Xirgu, en 1915, de ofrecer *El yermo de las almas* en Madrid tras su presentación barcelonesa. Más aún: se había convertido, merced a una amistad firmemente cimentada en el trato personal[10], a una fina sensibilidad de catador de buen teatro y a un empeño irreductible en favor de la renovación de la escena española, en el discípulo más fiel y el admirador más ferviente de su quehacer teatral y de su ejemplar trayectoria humana y estética. En este sentido, al margen de otros muchos méritos que le aúpan a un lugar de privilegio en la historia de la escena española de nuestro siglo, Rivas Cherif destaca, con otros críticos de la época y tal vez con más firmeza, entre quienes supieron valorar los textos teatrales de Valle-Inclán desde el momento mismo de su producción como los más originales de su tiempo[11].

Esta "complicidad estética" y humana entre Valle-Inclán y Rivas Cherif, con profundas repercusiones en la historia de nuestra escena por cuanto tiene de hálito renovador, ha sido analizada por Manuel Aznar Soler en un estudio imprescindible[12]. Yo trataré de añadir algunas claves más a esa

---

[10] "... una amistad rendida, por mi parte, en admiración juvenil, que los años acrecieron con el trato personal. Creo ser el único, incluso de sus familiares y amigos, a quienes se le dio fácil; a esa admiración primera correspondió don Ramón desde luego con la más benévola simpatía, y de por vida con el afecto, rayano en la ternura, que únicamente otro 'escritor perdido en la política' [se refiere a Manuel Azaña] supo discernir tras de las máscaras encubridoras de su ánimo secreto" (Rivas Cherif, "Apuntes para un retrato de Valle-Inclán", *Libros Selectos*, México, 20, enero de 1964, pp. 25-32, en mi libro citado, p. 152). En su comentario a la lectura de *Divinas palabras*, Juan G. Olmedilla coincidía con esta percepción de amistad fluida y sin altibajos: "Cipriano Rivas Cherif, que acaso sea el único español inteligente que acaso (sic) no haya tenido que reñir con Valle-Inclán alguna vez, rebelde a su humor voltario" ("Valle-Inclán en el Español. Don Ramón ha leído esta tarde a la compañía de Margarita Xirgu y Enrique Borrás su esperpento 'Palabras divinas' (sic)", *Heraldo de Madrid*, 24-III-1933, p. 12).

[11] Véase al respecto el clarificador análisis de Dru Dougherty, "La mitificación de Valle-Inclán", en Joan Ramon Resina (ed.), *Mithopoesis: Literatura, totalidad, ideología*, Barcelona, Anthropos, 1992, pp. 201-212. Dougherty, a la vez que subraya pasadas y actuales mitificaciones de la figura de Valle-Inclán, en especial del esperpento, parte de una afirmación incuestionable: "Lo que sí se puede afirmar sin duda es que la actualidad apenas gana al pasado en la valoración de los textos teatrales de Valle-Inclán. Pocos dramaturgos han sido tan bien valorados en vida como él. Lejos de una absoluta incomprensión, gozó de la admiración de los críticos más exigentes de la época –Enrique de Mesa, Eduardo Gómez de Baquero, Ramón Pérez de Ayala, Enrique Díez-Canedo, etc.–, quienes lo señalaban repetidamente como el dramaturgo más original del nuevo siglo" (p. 207). Evidentemente, Rivas Cherif merece un lugar de honor en esa relación de críticos coetáneos.

[12] Manuel Aznar Soler, *Valle-Inclán, Rivas Cherif y la renovación teatral española (1907-1936)*, ob. cit.

larga complicidad, centrándome en las dos obras que anunciaba al inicio de este trabajo y que suponen para Rivas Cherif los dos polos opuestos de su enriquecedora colaboración con Valle-Inclán: la *Farsa y licencia de la reina castiza*, como inicio y estímulo permanente pero frustrado de toda una vida dedicada al teatro, y *Divinas palabras*, su éxito más resonante en la puesta en escena del teatro valleinclaniano, su "más preciado florón de director", como declaró más tarde[13], que me permitirá un acercamiento exhaustivo a su interpretación del teatro de Valle así como una revisión de sus concepciones teóricas sobre el teatro y la labor del director de escena moderno.

Rivas Cherif había conocido a Valle-Inclán en la tertulia de jóvenes modernistas de Francisco Villaespesa en 1907 y a partir de ese momento su admiración y respeto por el primer dramaturgo de la época no dejó de acrecentarse. En 1913, lejos todavía de sus primeros escarceos escénicos, publicaba la primera reseña sobre su teatro (*La marquesa Rosalinda* y *El embrujado*), en la que declaraba con segura intuición su "confianza de verle continuamente poniendo a prueba la juventud de su ánimo en el descubrimiento de nuevas fórmulas" estéticas[14]; y en 1916 glosaba para la revista *España* el viaje al frente francés de la primera guerra mundial de su "paternal amigo" y definía con singular acierto la estética valleinclaniana de la "visión estelar" en *La media noche* como *la objetivación* que evita la emoción circunstancial y busca la síntesis ideal del momento histórico, "fuera del tiempo y del espacio"[15], subrayando de este modo la dimensión moral

---

[13] Rivas Cherif, "Calendario del aficionado. Las interpretaciones de Valle-Inclán", *El Redondel*, México, 21-IV-1963, p. 11, en mi libro citado, p. 143. En otro artículo posterior se refería a la "interior satisfacción de aquel logro" ("Calendario del aficionado. En torno a unas *Divinas palabras* de Valle-Inclán", *El Redondel*, México, 5-V-1963, p. 12, en mi libro citado, p. 148.

[14] Cipriano de Rivas Cherif, "Teatros. Valle-Inclán (Ramón del). *La marquesa Rosalinda*. Farsa sentimental y grotesca. *El embrujado*. Tragedia de Tierra de Salues (sic). Volúmenes III y IV de su *Opera Omnia*", *Revista de Libros*, 3, agosto de 1913, pp. 19-21, en mi libro citado, pp. 87-89. A pesar de las diferencias entre las dos obras, Rivas Cherif señala con agudeza que "el mismo concepto (estético) engendró la tragedia y la farsa" y que su diferencia "está en el tono". Esta constatación le lleva a hablar de dos tendencias en su arte que confluyen y se confunden en toda su producción, pero sin marcar un antes y un después en la misma: "En la obra total de D. Ramón señálanse claramente dos tendencias en su intención artística. Estas dos tendencias no aparecen casi nunca, claro está, separadas por Rubicón alguno, muchas veces se confunden, pero siempre predomina la una sobre la otra: la heroica y la graciosa".

[15] Rivas Cherif, "Los españoles y la guerra. El viaje de Valle-Inclán", *España*, 68, 11-V-1916, pp. 10-11; y "Nuevos comentarios a la guerra de las Galias. El regreso de Valle-Inclán", *España*, 76, 6-VII-1916, p. 10. Véase al respecto el libro de M. Aznar Soler, *ob. cit.*, pp. 14-19.

y el compromiso ideológico de la estética del maestro. Pero fue, sin duda, a partir de 1920 cuando su relación humana y estética se afianzó de manera definitiva. Valle-Inclán, en esa difícil relación que siempre mantuvo con el teatro español de su tiempo[16], "resurgía", tras un largo silencio, como dramaturgo inigualable y en plena madurez creativa, sin concesiones estéticas al gusto dominante y libre de ataduras a los estrechos imperativos de la vida escénica del momento, con cuatro piezas de muy diferente estilo: la primera edición de la *Farsa de la enamorada del rey*, la versión en libro de *Divinas palabras*, y las primicias de la *Farsa y licencia de la Reina Castiza* y *Luces de bohemia*. Rivas Cherif, por su parte, había culminado su formación teórica y se mostraba decidido a la acción, tras su paso por Italia (1911-1914), donde había conocido las revolucionarias teorías de Gordon Craig, "lo que determinó la definitiva perdición de mi vida por el teatro, y ni siquiera por el teatro comercial, por el teatro artístico", y su aún más decisiva experiencia parisina (1919-1920), donde se había empapado de las novedades teatrales más vanguardistas de los Pitoëf, Isadora Duncan, los ballets rusos de Diaghilef, Lugné Poe, Firmin Gémier y, sobre todo de Jacques Copeau y su Vieux Colombier, "el más peculiar realizador, a la francesa, de las teorías de Gordon Craig"[17]. El reencuentro de los dos amigos, maestro y discípulo aventajado, iba a dar frutos inmediatos. Rivas Cherif se erigió en el más fiel intérprete de la estética valleinclaniana y del giro ideológico que la trascendía. En junio de 1920, sin citar expresamente a Valle-Inclán, exponía las soluciones vanguardistas a la crisis de la escena aprendidas de Gordon Craig sobre la "marioneta ingrávida", coincidentes con el nuevo concepto de teatro que empezaba a dominar en la escena europea y que el dramaturgo gallego había intuido con genial anticipación en sus últimas obras:

> Al decir de empresarios, cómicos y autores, corresponde al espectador habitual la entera culpa de la decadencia artística del teatro (...)

---

[16] Véase al respecto el lúcido análisis de Luis Iglesias Feijoo en su "Introducción" a Ramón del Valle-Inclán, *Divinas Palabras. Tragicomedia de aldea*, Madrid, Espasa Calpe, Clásicos Castellanos, 1991, en especial pp. 23-47.

[17] Rivas Cherif, "Memorias de un apuntador. Último apunte", *El Redondel*, México, 21-I-1968, p. 12.

¿Cómo reaccionar, sin embargo, contra la falsa religión de un arte caduco, pálido remedo de todos los *clasicismos*? En Rusia, en Alemania, en Inglaterra, incluso en la retardataria Francia, se observa un desquiciamiento de las normas hasta aquí imperantes, en pro de un nuevo orden literario, plástico y musical, anárquico en apariencia, pero que en realidad corresponde en cierto modo al hervor revolucionario en que el mundo se afana por ver de hallar un nuevo equilibrio político. Y así vemos poemas, cuadros, estatuas y apuntes sinfónicos, caóticos a primera vista, obedientes con todo a una disciplina, cuando menos de rebeldía contra lo estatuido en cánones, estrechos ya para la vida renaciente. Refléjase también en el teatro esta tendencia disociadora. Pero todavía con timidez, sin romper los moldes tradicionales, conservando el rito exterior de un culto absurdo. El arte dramático, esclavo del cómico analfabeto, del público gazmoño, del empresario taquillero, arrastra vida precaria. ¿Qué hacer por renovar el aire viciado de las salas de espectáculos?

(...)

¿Qué se propone todo arte, cuando más el dramático, sino una creación típica, y no la mera copia del natural? El artista lo es si reduce a común denominador, si expresa en conceptos generales, si plasma en actitudes ejemplares la realidad diaria; si acierta a cifrar en una frase, en un gesto, el sentimiento de la vida unánime. Un arquetipo será, por lo tanto, la mecanización de los seres vivos, imitada del movimiento artificial de los muñecos. Sublime, la parodia del movimiento humano por el fantoche y la marioneta, cuyas contorsiones no disimulan, sino que exaltan, la emoción dramática, fieles a imagen eterna del dolor, del amor, de la alegría.

De otra parte, ¿qué mejor enseñanza para libertar al teatro de la tiranía pseudoartística que padece siglos ha, que el retorno a los antiguos modos de la *commedia dell'arte*, improvisada sobre un argumento inocente por máscaras sujetas a un carácter tradicional?

El Guiñol infantil, la marioneta ingrávida, la improvisación; he aquí, tal vez los elementos más asequibles para la creación de un teatro libre, desmoralizador, antinacional.[18]

Rivas Cherif fue uno de los primeros en captar y explicar la nueva actitud estética e ideológica de Valle-Inclán, tan compleja y "no exenta de contradicciones", como señala Manuel Aznar Soler, en la famosísima entre-

---

[18] Rivas Cherif, "Hombres, letras, arte, ideas. Fantoches y marionetas", *La Internacional*, 11-VI-1920, p. 4.

vista de *La Internacional*, el 3 de septiembre de 1920[19]. Las palabras de Valle son sobradamente conocidas. No tanto algunas de las opiniones de su entrevistador, que denotan su simpatía por el hombre y por el artista, que ha evolucionado hacia posiciones de mayor compromiso social y político, aunque la auténtica personalidad de Valle permanece oculta para la mayoría de la gente, que sigue viendo tan sólo "al hombre *pintoresco* y al escritor *raro*", en todo caso a "un literato arcaizante, enamorado de las formas tradicionales, únicamente en lo que de *forma* tienen, sin la menor trascendencia moral". Para Rivas Cherif es justamente lo contrario:

> De todos los escritores contemporáneos, ninguno como D. Ramón del Valle-Inclán suscita nuestra admiración. La cual ni se reduce a la obra puramente literaria, ni al afecto personal se limita. Pues de tal manera es aquélla autobiográfica, que mal podríamos separar en nuestro ánimo la inclinación amistosa por el hombre de la preferencia por el escritor.
>
> (...)
>
> Ahora bien: hay dos tipos de autobiografía. Consiste la una en creer que el mundo entero gira alrededor del que la escribe, y que con referir cuantas minucias e incidencias le ocurren, amén de cuantos vulgares pensamientos le asaltan o bajos sentimientos le animan, se justifica, salvando consigo la vida burguesa de la sociedad que semejantes sentimientos e

---

[19] Rivas Cherif, "Hombres, letras, arte, ideas. ¿Qué es el arte? ¿Qué debemos hacer? Respuesta de Valle-Inclán a las preguntas de Tolstoi", *La Internacional*, 3-IX-1920, p. 4; véase M. Aznar Soler, *ob. cit.*, pp. 26-30. Por otra parte, el planteamiento de Rivas Cherif al iniciar la encuesta definía claramente sus convicciones ideológicas y estéticas: "La cuestión no es nueva. Pero sí de actualidad (...) Al plantearla nosotros ahora (...) creemos que las circunstancias por que atraviesa España, en crisis fundamental, cuyos latidos, tanto tiempo ocultos, se manifiestan ya a la superficie en violentas conmociones, son las más propicias para suscitar el examen de conciencia propuesto antaño por el conde Tolstoi a los artistas de buena voluntad:
¿Qué es el arte? ¿Qué debemos hacer? (...)
¿Qué debemos hacer los escritores españoles? ¿Permanecer en mentidos olimpos o empuñar las armas –las plumas– en la guerra civil que ya arde en España (...)? En la revolución que empieza, ¿debemos atizar el fuego con el de la propia inspiración, o apagar las mechas de las bombas (...)?
Y, en todo caso, ¿el escritor debe rehuir la responsabilidad que de sus obras le incumba ante los tribunales del Estado? O, por el contrario, ¿alentar con el ejemplo de su persecución por la justicia, el ánimo de los que de ella tienen hambre y sed? (...)
No queremos limitar el caso a mera polémica periodística" (Rivas Cherif, "Hombres, letras, arte, ideas. Dos preguntas de Tolstoi", *La Internacional*, 27-VIII-1920, p. 4).

ideas comparte. (Por burguesa entendemos aquí vida antiheroica, o como si dijéramos de pan llevar). Consiste la segunda manera autobiográfica en realizar literariamente, es decir, infundiéndoles aliento vital, todos aquellos pensamientos y sentimientos que, precisamente por elevados y nobles, chocan con el ambiente. De aquí el arte, la exaltación heroica de la vida, que bien puede ser en forma de lírica protesta, o creando, dramatizando en la novela y el teatro la epopeya que una sociedad burguesa no puede nunca vivir. Esta autobiografía, que pudiéramos llamar trascendente, es la que D. Ramón del Valle-Inclán escribe.

La respuesta de Valle-Inclán a las preguntas de Tolstoi nos descubre la complejidad de la nueva actitud estética e ideológica de Valle-Inclán, que Rivas Cherif interpreta con lucidez:

> El mejoramiento social que Valle-Inclán quiere, ¿hasta qué punto es compatible con su carlismo de antaño? ¿Es D. Ramón un convertido al Socialismo? No. Don Ramón es bolchevique, o si se quiere, bolcheviquista, en cuanto le inspiran una gran simpatía *los procedimientos anti-democráticos dictatoriales* de que los bolcheviques se valen en *pro de un ideal humanitario* que, a su entender, sólo una minoría puede imponer al mundo. El patriarcalismo de un Tolstoi, de un León XIII, junto con el inflamado verbo catequizador de un San Pablo, de un Fray Diego de Cádiz, de un Lenin, y el espíritu militar de un *condottiero* italiano o de un Porfirio Díaz, constituyen el ideal político de este hombre, quizá a su pesar magníficamente quijotesco y anárquico.

Y esta nueva actitud se ejemplifica artísticamente en la dramaturgia que está publicando en esos instantes, que para él confirma una y otra vez la juventud de su espíritu, su permanente evolución hacia nuevas formas cada vez más aquilatadas en su perfección: por un lado, la *Farsa de la enamorada del rey*, donde se revela que "la inquietud espiritual, el perpetuo afán de remozamiento son a nuestros ojos las virtudes cardinales de este a quien no vacilamos en llamar el más joven de los escritores españoles", cuya maestría literaria pasada no le sirve "sino de trampolín divino en que apoyar un salto, más parecido cada vez a un vuelo"[20]; por otro, *Divinas*

---

[20] Rivas Cherif, "Libros y revistas. Ramón del Valle-Inclán, *El pasajero. Claves líricas. Farsa de la Enamorada del Rey*.- Sociedad General de Librería, 1920", *La Pluma*, 1, junio de 1920, p. 42.

palabras, tragicomedia donde "una vez que trascienden su mirada, cobran las cosas un sentido taumatúrgico, se desdoblan, se nos revelan en cambiantes insospechados, se transmutan por arte y gracia del creador que nuevamente las saca de la nada en que la ceguera espiritual de los hombres las tiene sumidas", por lo que Valle-Inclán le "parece de los raros escritores de conciencia, para quienes la literatura se confunde con la moral más alta"[21]; y, por último, la farsa y el esperpento que están publicando las revistas *La Pluma* y *España*: puesto que no se debe hacer arte ahora, hasta que se logre una justicia social, deduce Rivas Cherif que el dramaturgo "no quiere hacer *arte puro*; pretende hacer historia solamente"; por eso la *Farsa y licencia de la reina castiza* tiene un argumento puramente histórico, con el que "resucita D. Ramón en cierto modo el libelo literario, tan en boga en el Renacimiento italiano"; y en *Luces de bohemia* "las acciones trágicas aparecen tal y como se muestran en la vida actual española, sin grandeza ni dignidad ninguna"[22].

Las extensas reseñas que dedica a las dos obras que ahora nos interesan corroboran su cabal comprensión del cambio estético e ideológico de Valle-Inclán en 1920, que supo describir con singular precisión. Así, al glosar *Divinas palabras* resaltaba la "contraposición de perspectivas sentimentales" como una de las claves interpretativas de la obra, que ofrecía una visión moderna y actual del género de la tragicomedia:

> Ha querido D. Ramón del Valle-Inclán en *Divinas palabras* extender el dictado genérico de la tragicomedia, dándole una acepción más en consonancia con el espíritu moderno que la mera sucesión de acontecimientos fatales contrastados con otros livianos, llamados a cortar con la risa la tensión dolorosa que aquéllos suscitan en el ánimo. Ha intentado depurar esa norma, deduciendo la emoción tragicómica, no de la parodia que sigue a la escena grave, sino del monstruoso desacuerdo entre la acción dramática y la contemplación del público. Es decir, que en tanto que los actores se rinden al espanto con que la terrible fatalidad los domina, el espectador ideal se siente movido a risa. Mientras que cuando los personajes del drama se elevan con hiperbólica ironía

---

[21] Rivas Cherif, "Libros y revistas. Ramón del Valle-Inclán, *Divinas palabras*. Tragicomedia de aldea. *Opera Omnia*. Vol. XVII", *La Pluma*, 3, agosto de 1920, pp. 137-138.

[22] Rivas Cherif, "Hombres, letras, arte, ideas. ¿Qué es el arte? ¿Qué debemos hacer? Respuesta de Valle-Inclán a las preguntas de Tolstoi", *art. cit.*

sobre las circunstancias macabras de la intriga, el espectador se siente sobrecogido. Efecto que consigue con una contraposición de perspectivas sentimentales.[23]

La *Farsa y licencia de la reina castiza*, por su parte, es motivo de una honda y lúcida reflexión sobre la trayectoria estética del genial dramaturgo[24], ya que en su opinión "marca la iniciación, con una obra maestra, de un nuevo propósito literario en el autor", aunque en modo alguno "significa rectificación de los anteriores (...); pero sí mayor conciencia, artística y social, más pasión, más *humanidad*". Para Rivas Cherif, la primera etapa de Valle se enmarcaba en "la protesta de los modernistas del 98" y tuvo sobre todo "un carácter estético, esteticista", aunque se adelantó, con una intuición que lo distinguía de todos sus contemporáneos, a la "moda reaccionaria" en que se empantanó el modernismo "domesticado"[25]. Por eso se salvan de la quema las *Memorias del Marqués de Bradomín*, cuyo "afán retrospectivo es muy fin de siglo":

> Por mejor situarse con su héroe fuera del tiempo ominoso en que le ha sido dado nacer, pretende salvarse haciéndose campeón de una causa mítica, el carlismo, espiritualizada, susceptible de defensa política, precisamente en el punto y hora en que pierde, con la dispersión de las últimas partidas, toda sombra de realidad.

Esta vaga imprecisión moral se irá depurando en una segunda época, marcada por una armonía de contrarios que le lleva a una estilización reveladora de la auténtica realidad:

---

[23] Rivas Cherif, "Libros y revistas. Ramón del Valle-Inclán. *Divinas palabras*. Tragicomedia de aldea. *Opera Omnia*. Vol. XVII", *La Pluma*, 3, agosto de 1920, pp. 137-138. Acerca del concepto de tragicomedia en Valle-Inclán, véase Luis Iglesias Feijoo, "El concepto de tragicomedia en Valle-Inclán", *Ínsula*, 531, marzo de 1991, pp. 18-20; y Pilar Cabañas Vacas, *Teoría y práctica de los géneros dramáticos en Valle-Inclán (1899-1920)*, A Coruña, Ediciós do Castro, 1995, en especial, por lo que respecta a *Divinas palabras*, pp. 333-388.

[24] Rivas Cherif, "Libros y revistas. Don Ramón del Valle-Inclán.- *Farsa y licencia de la Reina Castiza*", *La Pluma*, 25, junio de 1922, pp. 371-373.

[25] Véase respecto a este lúcido concepto de "modernismo domesticado" el análisis de José-Carlos Mainer en *La doma de la quimera (ensayos sobre nacionalismo y cultura en España)*, Bellaterra (Barcelona), Universitat Autònoma de Barcelona, 1988, pp. 156-161. Sobre el antirrealismo de Valle-Inclán y la relación de su obra primera con la sociedad del momento véase Luis Iglesias Feijoo, "Valle-Inclán y el mundo en torno", *Monteagudo*, Universidad de Murcia, 3ª época, 2, 1997, pp. 29-44.

> Las *Comedias bárbaras, Voces de gesta, La guerra carlista*, son el intento, plenamente logrado en *Romance de lobos*, de resolver, a la manera de Shakespeare en el juego exterior de luces y sombras, una armonía de contrarios –leyenda, poesía, irrealidad–, trascendentes del natural con sólo rehuir del naturalismo, es decir, *estilizando*, componiendo artísticamente los elementos del modelo real, entonados en una valoración trágica, deformando obstinadamente sus contornos para obtener una tensión del ánimo que pueda suplir a la fuerza cuando falte.

Estilización que Rivas Cherif define como una búsqueda, un compromiso moral del artista que le lleva a no escamotear la realidad, sino a apoderarse de ella. El arte alcanza su sentido de realidad cuando reestructura la materia informe que le ofrece el mundo: "El arte por el arte con que engaña Bradomín sus más nobles deseos vase sustituyendo en la segunda época, perfectamente definida ya, de la obra de Valle-Inclán, por una depuración moral".

Este largo itinerario ético y estético conduce a Valle-Inclán, con la *Reina castiza,* a un compromiso político claro y consecuente. Sin renunciar a su libertad creadora, Valle evita toda veleidad estética y desde una posición artística y moral mucho más explícita, se decide por asociar su arte a la "pasión política". Tal compromiso es, para Rivas Cherif, la única respuesta posible a la crisis artística, espiritual y política que padece España tras la postguerra europea:

> Hétenos en un momento de crisis tan grave, o más, como el que la literatura española salvó hace veinte años. La guerra nos ha contagiado de su hervor, pese a nuestra neutralidad. ¿Se anuncia un mundo nuevo? Las formas literarias se disuelven, se atomizan sin contacto aparente con lo que se llama el espíritu público. ¿Bizantinismo? Los nuevos ingenios, aún no maduros, apuntan en eclosiones líricas prometedoras de un retorno a la poesía pura, cabalística, hermética, suficiente en sí misma. Los ya acreditados en el comercio repiten, en el caso más favorable, los mejores productos de su firma. La generación del 98 tiene cincuenta años. Es tal vez la mejor hora de preguntar a sus hombres invitándoles a un examen de conciencia tolstoiano: "¿Qué es el arte? ¿Qué debemos hacer?"

La farsa valleinclaniana, para Rivas Cherif, es el modelo de un arte que, sin limitaciones creativas y sin renuncia al esteticismo estilizado, se pone al servicio de una moral y de una acción políticas, de modo que abre el camino a una nueva estética que funde en una sola las dos precedentes:

> Y es ahora (...) cuando el temperamento combativo de Valle-Inclán (...) adquiere plena eficacia artística, fundiendo al cabo en una pequeña obra maestra, iniciación de la nueva modalidad satírica proseguida triunfalmente en *Luces de bohemia* y *Los cuernos de don Friolera*, el esteticismo, la estilización a que vocó sus primeros ensayos (...) y la vaga intención moral de después, que viene a concretarse en esta farsa trascendental.

Por eso proclama con orgullo al concluir: "No tuviera nunca ya otros méritos *La Pluma* que el haber publicado por vez primera *La Reina Castiza* y nuestra revista tendría, sólo por eso, una significación de vanguardia en el movimiento literario contemporáneo".

En este contexto ideológico y artístico debe enmarcarse la reflexión teórica y el consiguiente paso a la práctica escénica que Rivas Cherif ensaya con el Teatro de la Escuela Nueva, en el que Valle-Inclán y su famosa farsa van a tener un protagonismo capital. Convencido de la necesidad y de la inminencia de un cambio social y político, Rivas Cherif apuesta por un proyecto radical de reforma de la escena, en el que la dramaturgia valleinclaniana debería ocupar un lugar de privilegio, a la vez que arrastra al dramaturgo a retomar la ilusión por ver representadas sus obras, siquiera en marcos restringidos y con medios precarios, pero al margen de las ataduras del teatro industrial, cuyos valores dominantes tan radicalmente despreciaban los dos. Ambos compartían un diagnóstico sin paliativos sobre la vida escénica española: "En España no hay teatro, con sobra de ellos. Faltan el autor dramático, el cómico y el público". Era necesario, en consecuencia, "luchar sin tregua contra el rebajamiento industrial del teatro", "orear la escena". Rivas Cherif, como Valle-Inclán, apostaba por una regeneración artística en profundidad, que en el caso del teatro debía comenzar por el autor dramático, seguir por la reeducación de los cómicos y concluir con la creación de un nuevo público, no viciado por el mal gusto imperante. Y más todavía, consideraba imprescindible "hallar el espectáculo correspondiente a la sensibilidad del público removida por la guerra y la revolución", puesto que "la época crítica que el mundo atraviesa exige la creación de ese teatro social, que de antaño apunta en diferentes tentativas"[26]. Teatro social que identifica con un "teatro del pueblo" que a veces incluso, dejándose arrastrar como Valle por el ensueño deslumbrante de la revolución soviética, imagina similar a los teatros bolcheviques:

> El Teatro del Pueblo no existe aún. Cuando más, los autores dramáticos consideran desde fuera el espectáculo que el pueblo le ofrece, e incluso llegan sinceramente, por halagar la pasión colectiva, a compadecerle en sus dolores y excitar su venganza. Son muy pocas, sin embargo, las obras escénicas que denotan esa colaboración entre el poeta trágico y el pueblo –inspirador y no sólo sujeto paciente–, indispensable para plasmar en forma dramática los nuevos mitos creadores del porvenir.
>
> La Escuela Nueva ensaya un Teatro Popular, en que, a semejanza del Teatro oficial de los Soviets de Rusia, establecido por el Comisario de instrucción pública, Lumarcharsky, en tanto no surge el dramaturgo capaz de sintetizar en su obra la conciencia unánime del pueblo, se exalten sus virtudes heroicas con la representación de las grandes obras de todos los tiempos.[27]

Las limitaciones del proyecto y la falta de una base social sólida, al final, impidieron toda tentativa de conectar con la esperada revolución ideológica y social que no tuvo lugar y todos los esfuerzos se redujeron, por dificultades económicas y estructurales insalvables, a un mínimo programa de reforma de carácter didáctico basado en la selección de un repertorio de calidad, en la formación de actores y en el cuidado de la puesta en escena.

---

[26] Rivas Cherif, "Divagación a la luz de las candilejas", *La Pluma*, 3, agosto de 1920, pp. 113-119.

[27] Rivas Cherif, "Un ensayo de Teatro del Pueblo", *La Libertad*, 2-VII-1920, p. 4. Antes, en el semanario *La Internacional*, había matizado que sólo tenía vagas referencias del teatro bolchevique y su organización: "Más se aproxima al teatro del pueblo la organización del teatro social en Rusia, de que sólo tenemos aún vagas referencias curiosísimas de algunos periódicos y revistas extranjeros. El teatro bolchevique –llamémosle así para mayor claridad–, se propone crear el drama revolucionario. Por el pronto, se representan las obras de la literatura universal, exaltadoras del heroísmo y la rebeldía: *Los bandidos*, de Schiller; *El alcalde de Zalamea*, *Las Auroras*, de Verhaeren... Paulatinamente, el afán diario inspirará a los nuevos dramaturgos la representación legendaria de la revolución triunfante. Un día se proclamará en el mundo el nuevo pacto social. Y entonces recobrará el arte esa serena armonía que ahora pretenden mentir los falsos sacerdotes de un culto decadente" (Rivas Cherif, "El teatro del pueblo", *La Internacional*, 16-IV-1920, p. 5).

"Un ensayo de teatro docente, es decir, dirigido a intentar una restauración de la buena literatura en la escena", según reconocía el propio Rivas Cherif[28], planteado, eso sí, desde la perspectiva de la renovación que los vanguardistas europeos –Gordon Craig, Jacques Copeau, los Ballets Rusos, el Teatro dei Piccoli– venían proponiendo, con los que sintonizaba plenamente la nueva estética valleinclaniana:

> Gordon Craig propone como remedio la sustitución del actor, que humaniza excesivamente las proporciones y el tono de la obra dramática, por la marioneta ingrávida. Entre nosotros, D. Ramón del Valle-Inclán, cuya juventud interior reverdece a cada primavera, ensaya con mano maestra en su teatro la farsa heroica fuera del tiempo y el espacio de los escenarios actuales. Se habla de la posibilidad de contratar por una temporada el *Teatro dei Piccoli*, de Roma, cuyas representaciones descubrirían, como antaño los bailes rusos, nuevos horizontes a nuestros ojos, cansados de tanta pobretería y desamparo artísticos.[29]

Rivas Cherif buscó estos nuevos horizontes superadores de la pobretería artística de la escena española del momento en la colaboración con Valle-Inclán, a quien ofreció dar continuidad a su ensayo con el Teatro de la Escuela Nueva en el non nato Teatro de los amigos de Valle-Inclán ("el título es por demás significativo", aclaraba), que pretendía un repertorio no sólo para niños, como demandaba *Critilo* (Enrique Díez-Canedo) desde las páginas de *España*, sino también para mayores, en el que iban a figurar "las obras de Valle-Inclán, proporcionadas algunas –como *Divinas palabras* o esa graciosísima *Farsa y licencia de la reina castiza* que ha empezado a

---

28 *Un crítico incipiente* (Rivas Cherif), "Teatros. Inauguración de temporada", *La Pluma*, 5, octubre de 1920, p. 231. El crítico de *La Correspondencia de España* recogía los propósitos anunciados por el grupo tras su primera representación, muy en la línea del Vieux Colombier de Jacques Copeau: "Desindustrializar el teatro, ennoblecer al actor, respetar al público, suprimir de la interpretación dramática cuanto oprime o deforma el espíritu del poeta, armonizar todos los elementos del espectáculo, destacar con la simplicidad del decorado escénico y la disciplina de la interpretación la configuración pura de las obras maestras. Todos esos mandamientos pueden encerrarse en uno: restablecer la preponderancia de la obra dramática sobre los elementos accesorios de la representación" (F. Aznar Navarro, "En el Ateneo. Teatro de la Escuela Nueva", *La Correspondencia de España*, 16-III-1921, p. 3).
29 Rivas Cherif, "Divagación a la luz de las candilejas", *art. cit.*, p. 113.

publicar en *La Pluma*– al marco ideal de un teatro de marionetas"[30]. La concordancia de la visión de Rivas Cherif con las concepciones dramáticas valleinclanianas resultaba manifiesta y se concretaba en la formalización de ese "teatro para marionetas" que suponía una categorización de las innovaciones estéticas que, sustentadas en la estilización grotesca y deshumanizadora de los personajes, caracterizaban su nueva producción dramática, aplicable no sólo a los esperpentos, como declaraba él mismo en 1921, sino a toda su producción teatral posterior a 1920.

> Estoy haciendo algo nuevo, distinto a mis obras anteriores. Ahora escribo para muñecos. Es algo que he creado y que yo titulo "Esperpentos". Este teatro no es representable para actores, sino para muñecos, a la manera del teatro "Di Piccoli" (sic) en Italia.
>
> De este género, he publicado *Luces de bohemia* (...) y *Los cuernos de don Friolera* (...) Esta modalidad consiste en buscar el lado cómico en lo trágico de la vida misma (...) Es algo que no existe en la literatura española. Sólo Cervantes vislumbró un poco de esto (...) En las figuras de Goya también hay rasgos del que observa el lado tragi-cómico.[31]

---

[30] "Nuevo repertorio teatral. En propia mano. A *Critilo*, crítico teatral", *España*, 277, 21-VIII-1920, p. 13. La petición de *Critilo*, conocedor de los propósitos de Rivas Cherif de dar continuidad al ensayo de teatro renovador que había supuesto la presentación del Teatro de la Escuela Nueva con *Un enemigo del pueblo*, de Ibsen, en junio de 1920, apareció al final de una crónica dedicada al Teatro dei Piccoli, en su presentación en Madrid: "Amigo Cipriano Rivas Cherif, ¿por qué no hay entre nosotros un *Teatro dei Piccoli*?" (*Critilo*, "La vida literaria. El teatro de los niños", *España*, 270, 17-VII-1920, pp. 13-15).

[31] Esperanza González Bringas, "Don Ramón María del Valle-Inclán en México", *Repertorio Americano*, vol. III, núm. 13, 1921, p. 171, recogido por Dru Dougherty, *ob. cit.*, p. 122 y por Joaquín y Javier del Valle-Inclán, *ob. cit.*, p. 201. En una entrevista anterior en La Habana ya había adelantado las claves de su nueva estética: "Estoy iniciando un género nuevo, al que llamo "género estrafalario". Ustedes saben que en las tragedias antiguas, los personajes marchaban al destino trágico, valiéndose del gesto trágico. Yo en mi nuevo género también conduzco a los personajes al destino trágico, pero me valgo para ello del gesto ridículo. En la vida existen muchos seres que llevan la tragedia dentro de sí y que son incapaces de una actitud levantada, resultando, por el contrario, grotescos en todos sus actos. Llevo escritas algunas obras de este nuevo género mío, y la verdad, con éxito muy lisonjero" ("Don Ramón del Valle-Inclán en La Habana", *Diario de la Marina*, 12-IX-1921, en Dru Dougherty, *ob. cit.*, pp. 107-108 y Joaquín y Javier del Valle-Inclán, *ob. cit.*, p. 197). Como ha señalado Carme Alerm (*Estudio de* Tablado de Marionetas, *de Ramón del Valle-Inclán. Edición crítica de* Farsa italiana de la enamorada del rey, Tesis Doctoral inédita, Universitat Autònoma de Barcelona, 1996, en especial pp. 63-71), a pesar de ésta y otras manifestaciones sobre la necesidad de un teatro para muñecos o para marionetas, "cabe plantearse el grado de literalidad que encierran estas palabras, es decir, si estaba pensando en un auténtico 'tablado de marionetas' o, más probablemente, sólo trataba de expresar así un tipo de interpretación escénica". De hecho, el Teatro de los Amigos de Valle-Inclán proyectaba

Además, la iniciativa de Rivas Cherif propició que el propio Valle se decidiera a dar vida plástica a su teatro como director de escena, una faceta nueva y estimulante, para la que le consideraba especialmente dotado:

> De antiguo viene peleando don Ramón por el adecentamiento de la escena española. Desengañado de los *saloncillos*, hace mucho tiempo que rehúye toda colaboración con los empresarios al uso. Su concepto del teatro es claro y sencillo. Se reduce a *interpretar* las obras dramáticas. No en vano tiénese a Valle-Inclán por estilista. No todo el mundo sabe, sin embargo, lo que tal dictado significa. Para los más quiere decir que escribe bien, y aun, con notorio error, que se complace preferentemente en bellos giros del lenguaje. No ven los tales que el *estilo* consiste en la adecuación, en la estrecha correspondencia del tono al asunto. El teatro, en fin de cuentas, no viene a ser sino esto, *estilo*, un tono y una manera que *representen* y *caractericen* la realidad. Pero la representación dramática es esencialmente plástica. Don Ramón del Valle-Inclán es tal vez el único escritor español que *encuadra* sus obras literarias en un ambiente pictórico. Ha de ser necesariamente un gran director de escena.[32]

Valle-Inclán se sumó con entusiasmo al proyecto y comenzó a ensayar el repertorio del pequeño teatro experimental, en el que figuraba la *Reina castiza* como obra emblemática, en el Ateneo de Madrid, pero pronto lo abandonó, debido a las dificultades económicas que surgieron y regresó a Galicia[33]. Rivas Cherif, con la ayuda de *Magda Donato* (Carmen Nelken),

---

la escenificación de la *Farsa y licencia de la reina castiza*, dirigida por el propio Valle, con intérpretes de carne y hueso. En un estudio también importante en este sentido, Jean Marie y Eliane Lavaud ("Valle-Inclán y las marionetas. Entre la tradición y la vanguardia", en Dru Dougherty y Mª Francisca Vilches (eds.), *El teatro en España entre la tradición y la vanguardia. 1918-1931*, Madrid, Consejo Superior de Investigaciones Científicas, Fundación Federico García Lorca, Tabacalera, S.A., 1992, pp. 361-372) constatan que "en los teatros de ensayo en los que colaboró Valle-Inclán nunca intentó llevar a la práctica el empleo de la marioneta", sino que la utilizó como medio expresivo por su artificialidad, como "la suprema modalidad distanciadora". Cabe señalar, no obstante, como recuerda Carme Alerm, que en la representación del prólogo y epílogo de *Los cuernos de don Friolera* en El Mirlo Blanco sí parece que se utilizaron muñecos, a los que prestó su voz Rivas Cherif.

[32] Rivas Cherif, "Los 'Amigos de Valle-Inclán'. Segunda carta abierta sobre un teatro nuevo", *España*, 278, 28-VIII-1920, pp. 12-13.

[33] "Antes de las tres ya estaba en el Ateneo, dirigiendo los ensayos del Teatro de la Escuela Nueva, aconsejando a Rivas Cherif más energía y sobriedad, o más gracia y soltura a Magda

retomó las riendas del mismo y en marzo de 1921 se anunciaban las primeras funciones de abono del renovado Teatro de la Escuela Nueva, en cuatro programas, el último de los cuales prometía los estrenos de *Jinetes hacia el mar*, de John B. Synge y la *Farsa y licencia de la reina castiza*, previstos para el 20 de junio. Con algunas alteraciones en el orden previsto, se lograron dar los tres primeros programas, en los que se representaron los *Consejos de Hamlet a los cómicos* (escena 8 del acto III de la obra de Shakespeare), *Jinetes hacia el mar* y *La guarda cuidadosa*, de Cervantes, en el primero (16-III-1921); *El rey y la reina*, de Tagore y el *Manolo*, de Ramón de la Cruz, en el segundo (9-IV-1921); y de nuevo *Jinetes hacia el mar* y *La guarda cuidadosa*, con el estreno de *Compañerito*, de Luis y Agustín Millares, en el tercero (2-V-1921). Inmediatamente se presentaban los últimos estrenos del abono, para los que se buscó un escenario más amplio que los utilizados hasta entonces –el Ateneo y el hotel Ritz–:

> En vista del gran pedido de localidades para los estrenos de *La voz de la vida* y *La reina castiza*, que hace imposible la celebración de las funciones restantes del abono en el exiguo local de hotel Ritz, cuyos defectos escénicos no tienen, por otra parte, fácil arreglo, se suspende la representación anunciada para el próximo día 20, hasta que, terminada su temporada la compañía que allí actúa, pueda verificarse en el teatro Español en los primeros días de junio.[34]

El desenlace es conocido: anunciado el estreno de *La voz de la vida*, de Hjalmar Bergstriom para el día 12 de junio en el Español, fue prohibido por una orden del director general de Seguridad, Millán de Priego, tras recibir una llamada que denunciaba al grupo de la Escuela Nueva como teatro bolchevique. La realidad era que apenas se habían vendido entradas para

---

Donato, representando los papeles de todos: creando de nueva cuenta las obras con sus representaciones personales" (Alfonso Reyes, *Tertulia de Madrid*, *apud* Juan Antonio Hormigón, *Valle-Inclán. Cronología. Escritos dispersos. Epistolario*, Madrid, Fundación Banco Exterior, 1987, p. 547). Rivas Cherif comenta así el abandono de Valle: "Ya en vías de realización el proyecto, bajo la dirección augusta del propio autor de las *Comedias bárbaras*, interrumpiéronlo ciertas dificultades económicas, con que nuestro optimismo no contaba y la obligada ausencia de Valle-Inclán, retenido por la molicie familiar en su casal gallego" (Rivas Cherif, "El Teatro de la Escuela Nueva", *La Pluma*, 11, abril de 1921, p. 242).

[34] "La farándula. Teatro de la Escuela Nueva", *Heraldo de Madrid*, 17-V-1921, p. 4. La misma nota aparece en "Varias notas teatrales. Teatro de la Escuela Nueva", *La Voz*, 19-V-1921, p. 4.

pagar los gastos que generaba el Español y, autodenunciándose, Rivas Cherif halló una salida airosa al problema[35]. El incidente clausuró el Teatro de la Escuela Nueva con un pobre balance y Rivas Cherif reconoce que se hubiera avalorado con la representación de la farsa valleinclaniana, que con tanto interés habían ensayado: "Lástima grande que las dilaciones a que ha obligado la arbitrariedad de las autoridades hayan diferido la representación de *La reina castiza*, de Valle-Inclán, cuyo estreno significa ya algo más concreto de lo realizado hasta la fecha por la improvisada agrupación"[36]. La frustración de este empeño de llevar a la escena la farsa que tan profundamente admiraba le perseguiría durante toda la vida.

El rocambolesco final del Teatro de la Escuela Nueva, sin embargo, iba a abrir nuevas perspectivas a una continuidad del proyecto que al final resultó imposible, en el que el estreno de la *Reina castiza* siguió centrando la atención del joven director de escena. En una carta dirigida a Manuel de Falla, fechada el 24 de julio de 1921, Rivas Cherif planteaba las expectativas que su ensayo de teatro experimental había generado, a la vez que demandaba su ayuda para reorientarlo hacia las nuevas tendencias expresivas que los ballets rusos habían abierto:

> Supóngole enterado del pequeño ensayo de teatro que unos cuantos amigos hemos intentado este invierno, con un resultado halagüeño, tanto más de notar cuanto que los medios con que contábamos no daban derecho a esperar nada concreto (...) Sucede además que atraído por el rebullicio provocado por la suspensión policíaca a que antes aludía, se ha dirigido a mí un empresario, que acaba de perder tontamente unos miles de duros en una absurda temporada de autores noveles en el Español, el cual, admirado, aunque me esté mal el decirlo, del "aire" que he sabido darle a la apariencia de una sombra de teatro (que no otra cosa es el de la ESCUELA NUEVA), sin dos pesetas y sin ayuda económica de ningún empresario, se me ha dirigido con la intención de reanudar la temporada próxima nuestra campaña de una manera más continuada y seria. Y sucede al mismo tiempo que se me han hecho por otra parte determinadas proposiciones para una excursión a Méjico, amén

---

[35] Véase mi artículo "El Teatro de la Escuela Nueva de Cipriano de Rivas Cherif", *Cruz Ansata*, Universidad Central de Bayamón (Puerto Rico), 6, 1983, pp. 111-125.

[36] *Un crítico incipiente* (Rivas Cherif), "Teatros. Fin de temporada", *La Pluma*, 15, agosto de 1921, p. 120.

de otra campaña por provincias, cosas todas compaginables a poco que cuaje una sola.

Ahora bien, yo no quiero comprometer mis buenos propósitos de hacer un teatro en que nos divirtamos honradamente los que lo hacemos (...) sin una base digna, es decir, de la que no tenga que sonrojarme artísticamente. Yo quería formar un pequeño núcleo de cómicos para representar en un "pequeño teatro" que fuera en cierto modo a la literatura dramática lo que los bailes rusos han sido al arte de representar en general, organizar un espectáculo, en fin, a base de entremeses clásicos (tan modernos), bailes, pantomimas, pequeñas óperas (...) todo dentro de una tendencia española con que se pudiera en su día correr el mundo.[37]

El propósito era bien concreto: unir la actividad del Teatro de la Escuela Nueva al proyecto de Manuel de Falla y Antonia Mercé, *La Argentina*, de crear una compañía de ballets españoles al estilo de los rusos triun-

---

[37] Archivo Manuel de Falla (Granada), Correspondencia Falla-Rivas Cherif, carpeta 7497. El interés de Rivas Cherif por cualquier tipo de espectáculo capaz de sugestionar al espectador desde un escenario, en especial los musicales con sus modernas aportaciones escenográficas, fue constante. Véanse al respecto sus artículos "La danza clásica y el baile castizo", *Los Lunes de El Imparcial*, 5-III-1922; "El cante jondo, el baile flamenco y otras variedades", *La Pluma*, 27, agosto de 1922, pp. 147-154; "Teatros. El pájaro azul y otras aves de paso", *La Pluma*, 34, marzo de 1923, pp. 249-253; "La semana teatral. Arte flamenco", *España*, 384, 24-VIII-1923, p. 11; y "Música de cámara", *España*, 405, 15-I-1924, pp. 11-12. Cuando en 1916 los ballets rusos de Serge Diaghilev hicieron su primera gira española, quedó fascinado por sus revolucionarias propuestas escenográficas, ya que en su opinión "desde su éxito en París siete u ocho años antes, el prestigio de su arte había hecho más en sus excursiones por Europa que todas las disquisiciones y polémicas en pro de la renovación escénica" (Rivas Cherif, *Cómo hacer teatro: apuntes de orientación profesional en las artes y oficios del teatro español* (edición de Enrique de Rivas), Valencia, Pre-Textos, 1991, p. 40; véanse también sus crónicas "Teatros. Los bailes rusos", *España*, 71, 1-VI-1916, pp. 10-11 y "Más de los bailes rusos", *España*, 72, 8-VI-1916, pp. 10-11). En su viaje a París en 1919-20, tuvo oportunidad de contemplar el estreno parisino de *El sombrero de tres picos* en el teatro de la Ópera, y subrayó la labor escenográfica de Picasso, la técnica depurada de los bailarines y el talento del músico granadino: "Falla ha inventado la música española en las minas cuyas galerías otros antes que él empezaron a abrir. Al hallarla en el pueblo, ha descubierto su expresión cabal: el baile, música de los ojos" (Rivas Cherif, "El Tricornio. Crónica rimada del baile del *Tricornio*, representada triunfalmente en París, el 23 de enero de 1920", *España*, 252, 28-II-1920, pp. 12-13; véase también Rivas Cherif, "Desde París. Manuel de Falla y la música española", *La Libertad*, 12-II-1920, p. 5). En 1925 publicó otro elogioso artículo con motivo del estreno sevillano de *El retablo de Maese Pedro*, de Falla, en el teatro San Fernando, con figurines, decorados y muñecos de Manuel Ángeles Ortiz, Hernando Viñes y Hermenegildo Lanz ("Un acontecimiento teatral. El 'Retablo de Maese Pedro' en Sevilla", *Heraldo de Madrid*, 7-II-1925, p. 5).

fantes en Europa, con una versión "dramático-coreográfica", de la farsa de Valle-Inclán:

> Con motivo de la representación que teníamos en proyecto de *La reina castiza* de Valle-Inclán, que nos hemos visto obligados a demorar dado lo avanzado de la estación hasta el otoño, fui a ver a La Argentina, cuyo concurso juzgo preciso para un intermedio de baile con que queremos representar la farsa de Valle. Y hablando con La Argentina supe que tienen en proyecto la formación de una pequeña compañía de bailes "de cámara" que pudiéramos decir, proyecto en el que por lo visto interviene V. muy principalmente. Me dijo así mismo (...) que en principio no le parecía mal mi propósito de dar a los espectáculos del *Teatro de la Escuela Nueva* una mayor amplitud y novedad, con el concurso de esa compañía de bailes españoles, cuyo primer ensayo podría intentarse en la representación dramático-coreográfica de *La reina castiza*.[38]

Por una carta posterior (19-XII-1921), sabemos de la deserción del empresario, que "se repecha un tanto. Tendremos, pues que limitarnos por el pronto a ensayos menos complejos", así como de las dudas de la bailarina para poner en marcha "ese proyecto de 'ballet intime'"[39]. Por enton-

---

[38] Carta de Rivas Cherif a Manuel de Falla, 24-VII-1921, Archivo Manuel de Falla (Granada), Correspondencia Falla-Rivas Cherif, carpeta 7497.

[39] Carta de Rivas Cherif a Manuel de Falla, 19-XII-1921, Archivo Manuel de Falla, *loc. cit.* El proyecto, con otra perspectiva, se mantuvo vivo y fraguó con la creación de una empresa de Ballets Españoles de *La Argentina* en 1927, que recorrió Europa y Estados Unidos con un repertorio plagado de éxitos. Durante la primera temporada por Alemania, Italia, Francia, Holanda, Bélgica y Noruega ofreció los siguientes espectáculos: *El amor brujo*, de Falla, con trajes y decorados de Gustavo Bacarisas; *El fandango de candil*, con libreto de Rivas Cherif, música de Gustavo Durán y escenografía del canario Néstor Martín Fernández de la Torre; *El contrabandista*, de Rivas Cherif, con música de Óscar Esplá y escenografía de Salvador Bartolozzi; *Sonatina*, danza basada en el famoso poema de Rubén Darío, con música de Ernesto Halffter y decorados de Beltrán y Masses; *La juerga*, de Tomás Borrás, con música de Julián Bautista y decorados y trajes de Manuel Fontanals; *Kinekombo*, baile cubano de Vallé, con música de M. Ponce y decorados de Tonio Salazar; y *En el corazón de Sevilla*, conjunto de danzas españolas con escenografía de Ricardo Baroja. Más tarde incorporaría la *Iberia*, de Isaac Albéniz, con música de Enrique Fernández Arbós y decorados de Néstor y *La romería de los cornudos*, de Rivas Cherif y García Lorca, con música de Gustavo Pittaluga. En el Institut del Teatre de Barcelona se conservan las cartas de Rivas Cherif a Antonia Mercé y a su representante, Arnold Meckel, que permiten reconstruir la creación de los Ballets Españoles; véanse también los catálogos *Homenaje en su centenario. Antonia Mercé, 'La Argentina' (1890-1990)*, Madrid, Ministerio de Cultura, 1990, pp. 175-181; y *Ritmo para el espacio. Los compositores españoles y el ballet en el siglo XX*, ed. de Antonio Álvarez Cañibano, José Ignacio Cano y M.ª José González Ribot, Madrid, Centro de Documentación de Música y Danza del INAEM, Ministerio de Educación y Cultura, 1998, pp. 25-27 y 75-81.

ces, Rivas Cherif ya trabajaba en la idea de ese ensayo menos complejo, tratando de asociar su proyecto con el Teatre Intim de Adrià Gual, dispuesto a compartir en una sede madrileña la reapertura de su teatro de cámara en Barcelona[40]. La prensa anunció la inauguración de la nueva etapa del Teatro de la Escuela Nueva con un espectáculo de altura, *La Celestina*, en versión completa dirigida por Adrià Gual[41], aunque Rivas Cherif insistía en que debía ser la *Reina Castiza*, "farsa de Valle-Inclán, que tengo verdadero empeño en hacer", la obra que ocupara el primer cartel, tanto por su significación estética y política como porque su montaje estaba ya prácticamente ultimado:

> Creo, salvo su opinión, que no es la *Celestina* lo primero que debe V. acometer con nosotros (...) Nosotros tenemos que hacer, y cuanto antes, *La reina castiza*, de Valle-Inclán, a ser posible coincidiendo con su vuelta de América, donde ha (...) dado lugar a la protesta de los colonos españoles (...) con motivo de unas valientes y sincerísimas declaraciones acerca del rey Alfonso, que no han gustado a los que andan preparándole la vuelta al ruedo por la América española. ¿Es que no habría manera de que nos ensayara ya V. mismo esa representación? Tenemos los proyectos de decoración y trajes dibujados por Zamora con graciosa fantasía, contamos con la pequeña ayuda pecuniaria del Liceo de América, que nos toma el suficiente número de localidades para que no perdamos en esa representación el dinero que no tenemos. ¿No habría modo, repito, de que V. combinase su venida a Madrid con los ensayos de la obra? Es corta, podríamos comprometernos a hacerla, trabajando de firme, en veinte días.[42]

Adrià Gual excusó la dirección de la farsa, a pesar de que declaraba estar "seguro de su bondad", por la premura de tiempo y por deontología profesional, puesto que el montaje, ya ensayado y perfilado, le resultaba ajeno ("un principio mío, muy arraigado en mí, en materia teatral no me

[40] Enric Gallén, "La reanudación del 'Teatre Intim' de Adrià Gual, en los años veinte", en Dru Dougherty y Mª Francisca Vilches de Frutos (eds.), *El teatro en España entre la tradición y la vanguardia. 1918-1939, ob. cit.*, pp. 165-173.

[41] José Castellón, "Vida teatral. En la Escuela Nueva", *Vida Nueva*, 9-XII-1921, p. 3.

[42] Carta de Rivas Cherif a Adrià Gual, fechada el 9-XII-1921, Institut del Teatre de Barcelona, Correspondencia de Cipriano de Rivas Cherif a Adrià Gual, signatura 12252-12264.

permite hacer nada que no sea aceptando la responsabilidad"[43]). Si a ello unimos las escandalosas declaraciones de Valle-Inclán en su segundo viaje a México en contra de los gachupines y del rey[44], y la furibunda reacción que suscitaron en los medios españoles más patrioteros, se entenderá el silencio que a partir de entonces se cernió sobre la controvertida farsa valleinclaniana, de la que no se volverá a hablar en varios años. Rivas Cherif salió en defensa de Valle desde las páginas de *España* y *La Pluma*, pero la dictadura primorriverista exacerbó la rebelde actitud de Valle-Inclán. Por ello, aunque Rivas Cherif prosiguió en su intento de atraer a Adrià Gual a Madrid para involucrarle en sus proyectos de renovación teatral, ya no volvió a insistir en la representación a todas luces imposible de la *Reina castiza*, a pesar de que de nuevo llamó a la puerta de Valle-Inclán para solicitar su colaboración, que él juzgaba imprescindible, como demuestra la famosa carta que le escribió desde La Puebla del Caramiñal el 12 de diciembre de 1922, donde Valle-Inclán exponía con claridad y rigor sus convicciones teatrales:

> Mis deseos acerca de un teatro futuro son cosa algo diversa. Dentro de mi concepto caben comedias malas y buenas –casi es lo mismo–,

---

[43] Carta de Adrià Gual a Rivas Cherif, fechada el 6-I-1922, Archivo familiar de Rivas Cherif (México). Conocemos este epistolario gracias a la generosidad de Enrique de Rivas.

[44] Véanse al respecto las entrevistas que transcribe Dru Dougherty con abundante documentación, *ob. cit.*, pp. 104-145, así como las reacciones a su regreso a Madrid, documentadas por Manuel Aznar Soler, *ob. cit.*, pp. 58-69. Las "valientes y sincerísimas declaraciones acerca del rey Alfonso" a que se refiere Rivas Cherif son éstas:

"Para cerrar las preguntas acerca de España, se me ocurre preguntar –en mala hora para los que en este lado del mar tenemos un buen concepto del Rey Alfonso– cuál es su opinión acerca del actual monarca español:

-¿El Rey? ¡Eze es un cobarde!...
-¿Cómo?...
-¡Un cobarde vergonzoso!
-Pero su fama es la de un valiente...
-¡Quiá! Ezo es lo que creen por aquí...
-Eso es lo que cree todo el mundo...
-Pues no hay tal. Eza fama la paga el Intendente de Palacio, tan sólo con unos cuantos miles de pesetas.
-¿Y qué haría el Rey en caso de una revolución?
-Huir, huir como un cobarde. Ezo es lo único que saben hacer los reyes..." (Ruy de Lugo Viña, "Las últimas palabras de Valle-Inclán en México", en Dru Dougherty, *ob. cit.*, pp. 136-137).

Al poco de su regreso, según anécdota recogida por *España*, verosímil aunque no contrastada, Valle tuvo el coraje de enviar un ejemplar de la *Farsa y licencia de la reina castiza*, que acababa de aparecer en volumen, al mismísimo Alfonso XIII, con esta "inusitada dedicatoria": "A S.M. el Rey D. Alfonso XIII. Señor: Tengo el honor de enviaros este libro, estilización del reinado de vuestra abuela Doña Isabel II, y hago votos porque el vuestro no sugiera la misma estilización de los poetas del porvenir" ("Dedicatoria", *España*, 322, 27-V-1922, p. 11).

lo inflexible es el concepto escénico. Advenir las tres unidades de los preceptistas, en furia dinámica; sucesión de lugares para sugerir una posterior unidad de ambiente y volumen en el tiempo; y tono lírico del motivo total, sobre el tono del héroe. Todo esto acentuado por la representación, cuyas posibilidades emotivas de forma, luz y color –unidas a la prosodia– deben estar en la mente del buen autor de comedias.[45]

La dictadura de Primo de Rivera acentuó la marginación de Valle-Inclán de la escena y sólo el estreno de *La cabeza del Bautista* y los reducidos experimentos de El Mirlo Blanco y El Cántaro Roto, a que nos hemos referido al principio, abrieron un mínimo escaparate público a la dramaturgia del escritor gallego. Rivas Cherif, protagonista esencial en todos ellos, siguió su particular cruzada en pro de la difusión de la estética de Valle, de quien dice que "cree que el escritor ha de ir con su tiempo. Hay que hacer, pues, literatura política. Y, por consiguiente, política literaria"[46].

---

[45] En esta carta, editada por vez primera en España por Leda Schiavo ("Cartas inéditas de Valle-Inclán", *Ínsula*, 398, enero de 1980, pp. 1 y 10), Valle-Inclán ofrecía a Rivas Cherif una ayuda que no llegó a plasmarse en la práctica: "En fin, cuente conmigo, si algo puedo hacer, en pro de ese intento". A su regreso a España, Valle-Inclán mantuvo su actitud de apoyo a las repúblicas americanas y de rebelde oposición a la monarquía española. El 18 de febrero ofrecía en el Ateneo madrileño una conferencia sobre "La obligación cristiana de España en América" (véanse las referencias a la misma en *El Imparcial*, 19-II-1922 y en *La Voz*, 20-II-1922, *apud* Dru Dougherty, *ob. cit.*, pp. 129-130, nota 158). Un notable grupo de intelectuales, entre ellos Rivas Cherif y Azaña, le ofreció un homenaje el 1-IV-1922 en Fornos, en el que se reconocía su "cáustica y señera independencia" y se criticaba su alejamiento de los escenarios españoles, pues "los grandes coliseos, celosos del abono y de las instituciones, le dicen gitanescamente: ¡lagarto! ¡lagarto!" ("Regreso de Valle-Inclán", *España*, 306, 4-II-1922, p. 6; y "Vida literaria. Valle-Inclán", *España*, 315, 8-IV-1922, p. 13). Y *La Pluma*, editada por Azaña y Rivas Cherif, le dedicaba un número monográfico como homenaje: el 32, correspondiente a enero de 1923. Por otra parte, durante esos años aparecieron numerosos artículos sobre los intentos de llevar el Teatre Intim a Madrid, sin referencias ya al montaje de la *Reina castiza*: *Un crítico incipiente* (Rivas Cherif), "Teatros. Hacia un teatro nuevo", *La Pluma*, 35, abril de 1921, pp. 330-331; "Un banquete del P.E.N. Club", *Heraldo de Madrid*, 7-VI-1923, p. 5; Rivas Cherif, "La semana teatral. El Teatro Íntimo", *España*, 374, 16-VI-1923, p. 11; José Francés, "El perfil de los días. 'Teatro Íntimo'", *Nuevo Mundo*, 27-VII-1923, s.p.; y Rivas Cherif, "Propósitos incumplidos del Teatro Íntimo en Madrid, con otros atisbos de esperanza", *Teatron* (Barcelona), 1, 1926, p. 2.

[46] Rivas Cherif, "Divagaciones literarias. Bradomín en la corte. Último retrato de Valle-Inclán. Política literaria y literatura política. Una obra de romanos. La Federación Ibérica. Un magnífico episodio hispanoamericano. Invención o hallazgo del estilo isabelino verdadero", *Heraldo de Madrid*, 2-VIII-1924, p. 1. Véanse también sus artículos: "Más cosas de don Ramón", *La Pluma*, 32, enero de 1923, pp. 90-96; "Apuntes de crítica literaria. La *Comedia Bárbara* de Valle-Inclán", *España*, 409, 16-II-1924, pp. 8-9; "Teatros. Unamuno y Valle-Inclán", *España*, 415, 29-III-1924, p. 12; *Tito Liviano* (Rivas Cherif), "Anales de estos días. El ramonismo y sus fenómenos", *Heraldo de Madrid*, 30-VIII-1924, p. 1.

En 1926, con motivo de la publicación en volumen de *Tablado de mario-netas*, señalaba su oportunidad, "ya que persisten cómicos y empresarios en el horror a toda pauta literaria en las representaciones torpes e infructuo-sas –para sus taquillas en primer término– a que nos tienen condenados". Y resaltaba, una vez más, su especial aprecio por la farsa isabelina:

> ...parodia histórica, inspirada en la literatura libelista de los últimos días del reinado de Isabel II. Caricaturescamente exagerada la crónica en sus trazos exteriores, pocas veces el ingenio poético de Valle-Inclán ha logrado unir con mejor gracia la experiencia fructífera de la tradición cómica española a la interpretación moral –escandalosamente moral– de la historia patria, y al sentido de la renovación poética del teatro por la vuelta al retablo, tan popular y cortesano, de fantoches y marione-tas.[47]

El borrascoso final de El Cántaro Roto, que costó a Rivas Cherif una enfermedad y la decepción por muchas horas de trabajo baldío, unido a la cada vez más firme oposición de Valle a permitir el "ajusticiamiento de sus obras" en los escenarios, determinó, con toda probabilidad, su sonada ausencia del siguiente teatro experimental de Rivas Cherif, El Caracol, en el que abordó montajes de clara orientación vanguardista: *Orfeo*, de Coc-teau, *Un sueño de la razón*, del propio Rivas Cherif, y el frustrado estreno de *Amor de don Perlimplín con Belisa en su jardín*, de Lorca, que propició un cierre gubernamental muy similar al del Teatro de la Escuela Nueva[48]. No cabe hablar, con todo, de ruptura, pues nos consta que el dramaturgo asistió como espectador a algunos espectáculos y se llegó a anunciar, entre el repertorio previsto, el estreno de *El terno del difunto*[49]. Más aún: unos meses más tarde, como director de la compañía de Irene López Heredia, en

---

[47] Rivas Cherif, "Literatura dramática. *Tablado de marionetas*", *Heraldo de Madrid*, 8-V-1926, p. 4, en mi libro citado, pp. 118-119.

[48] Véase mi artículo, en colaboración con Isabel Lizarraga Vizcarra, "Los tres primeros montajes de *Amor de don Perlimplín con Belisa en su jardín*, de Lorca. Breve historia de tres expe-rimentos teatrales", *Boletín de la Fundación Federico García Lorca*, 12, noviembre de 1992, pp. 111-126.

[49] Se alude a Valle-Inclán como uno de los autores del futuro teatro de arte en "Informa-ción teatral. Acerca de unos ensayos de teatro moderno", *La Voz*, 13-XI-1928, p. 2. E. Estévez Ortega cita expresamente *El terno del difunto* entre los estrenos proyectados: "Nuevo teatro de arte: sala Rex. Debut de 'Azorín' como actor", *Nuevo Mundo*, 7-XII-1928, s.p.

gira por Argentina y Uruguay, ofreció en el teatro Maipo de Buenos Aires un recital poético que incluía la lectura dramatizada de la primera jornada de la *Reina castiza,* a la que asistió el propio embajador primorriverista en la ciudad, Ramiro de Maeztu, "que rió y aplaudió regocijado mi desplante". Rivas Cherif había intentado convencer a la López Heredia, sin éxito, "de que añadiera a su nuevo repertorio de cierto prestigio literario (...) *La reina castiza*"[50]. A su vuelta a España, decepcionado con la primera actriz, fundó con Isabel Barrón la Compañía Clásica de Arte Moderno, con la que inició una gira por provincias en la que volvió a ofrecer diversas lecturas de la farsa valleinclanesca. Consciente del contexto histórico de flaqueza de la dictadura y de la propia monarquía, y convencido de que "aquel ambiente de efervescencia política y de abierta oposición constituía un caldo de cultivo excelente para la agitación político-teatral que una obra como la *Farsa* implicaba"[51], trató de lograr la aquiescencia de Valle para estrenarla en el marco de los experimentos que por entonces planeaba en el Español, bajo los auspicios de Margarita Xirgu, de cuya compañía era director, con el recuperado nombre de El Caracol. Esta vez, fue Valle-Inclán quien se retrajo:

> Rivas Cherif había pedido a Valle-Inclán, para las representaciones de teatro experimental que proyecta en el propio Español, su famosa *Farsa y licencia de la Reina castiza.* Pero D. Ramón no cree posible, dadas las circunstancias actuales, que pudiera tener lugar, si se llegaba a dar la primera, una segunda representación de su farsa famosa. Rivas Cherif, que en su excursión del invierno pasado con Isabel Barrón dio aplaudidísimas lecturas de *La reina castiza,* invitado por los estudiantes, en las Universidades de Valladolid y Oviedo, como antaño en la de Paraná en la Argentina y en el teatro Maipo, de Buenos Aires, cree, contra el parecer de D. Ramón, que la representación sería posible, y que,

---

[50] Rivas Cherif, "El teatro en mi tiempo. *La Reina Castiza* en Buenos Aires", *El Redondel,* México, 9-V-1965, en mi libro citado, pp. 155-157. La prensa local rectifica a Rivas Cherif y habla no de una lectura completa de la obra, sino de una conferencia-concierto con el título *Poesía y drama (variaciones sobre un tema eterno),* que incluía poemas de autores españoles y americanos y se completaba con una "dramatización monologada" de *El corazón delator,* de Edgar A. Poe y la lectura de la primera jornada de la farsa isabelina ("Ofreció ayer un recital poético D. C. Rivas Cherif", *La Nación,* Buenos Aires, 2-VII-1929, p. 9).

[51] Manuel Aznar Soler, *Valle-Inclán, Rivas Cherif y la renovación teatral española, ob. cit.,* p. 50.

en todo caso, lo será, precisamente, en atención a las circunstancias. A tal intento, es muy fácil que en plazo breve inaugure, en un importante centro literario y artístico, una serie de lecturas cómicas, como la de *La reina castiza*.[52]

Así, pues, Rivas Cherif tuvo que resignarse a la soledad de sus lecturas públicas, a "solo de bululú", de esta obra que tanta admiración le merecía. El 2 de diciembre de 1930 ofreció una resonante lectura en el Ateneo de Madrid, inicio no de una serie de lecturas "cómicas", sino "políticas", según declaraba el propio *ABC*:

> El culto escritor Cipriano Rivas Cherif dio ayer su anunciada lectura de la conocida farsa de Valle-Inclán *La reina castiza* ante una concurrencia numerosa, que llenaba el salón de actos del Ateneo. A modo de introducción, se refirió al *Teatro político*, de Erwin Piscator, director en Berlín de la escena que lleva su nombre. Piscator propugna, contra la teoría del "arte por el arte", el teatro como propaganda política, que es, en su caso, la comunista, a semejanza de los teatros oficiales de los Soviets de Rusia. Rivas Cherif, que no comparte todas las opiniones de Piscator, cree sin embargo que el arte teatral, como cualquier otro, no implica inhibición política. En toda obra verdaderamente humana trascenderá la emoción política del momento en que se produjo, y cuando más honda sea esta emoción, más comunicable será a los públicos de todos los tiempos. Citó anécdotas pintorescas, en relación con suspensiones de teatros no profesionales, y muy particularmente la del "Caracol", y anunció la continuación de la serie de lecturas de "Teatro político" con *El inspector general*, de Gogol; *El soldado fanfarrón*, de Plauto; *Las nubes*, de Esquilo, y procedió a leer *La reina castiza*, dando a cada personaje el acento y la dicción adecuados y con un sobresaliente sentido del arte dramático.[53]

---

[52] "Don Ramón del Valle-Inclán en el teatro", *ABC*, 13-XI-1930, p. 10. Esta segunda etapa de El Caracol, como teatro experimental adscrito al Español y tutelado por Margarita Xirgu, ofreció dos importantes montajes: el estreno de *La zapatera prodigiosa*, de Federico García Lorca (24-XII-1930) y *Un día de octubre*, de Georg Kaiser (6-V-1931).

[53] "Informaciones y noticias de lecturas y conferencias. Lectura expresiva de 'La Reina Castiza', de Valle-Inclán", *ABC*, 3-XII-1930, p. 27. *La Libertad* también aludía al carácter político de la lectura: "Rivas Cherif dio ayer comienzo en el Ateneo a una serie de lecturas de obras dramáticas, con significación política al mismo tiempo que destacado valor literario" ("Ateneo de Madrid. Lecturas políticas", *La Libertad*, 3-XII-1930, p. 9). En el preámbulo de la lectura, Rivas Cherif leyó "una documentada conferencia sobre el teatro moderno, desde el que se llamaba de ideas (...) hasta la moderna manifestación del arte escénico que culmina en el ruso Meyerhold".

Tales lecturas políticas no tuvieron continuidad, aunque Rivas Cherif asegura que Valle-Inclán "me reiteró su aquiescencia e incluso se avino a

---

La reseña alude con elogio a Rivas Cherif, que lució "sus condiciones de actor", y resalta la calurosa acogida de la lectura por el público asistente, "interrumpida con frecuencia por los aplausos del auditorio, y al final, con los que correspondían al lector", así como "los muy fervientes que el público dedicó a don Ramón del Valle-Inclán al percibir su presencia en la tribuna alta". Félix Paredes, en *¡Tararí!*, apuntaba una pequeña objeción: "Nos ha parecido oír que esta lectura va a realizarse sin su absoluta aquiescencia. Don Ramón ¡lee tan prodigiosamente!..." ("El teatro en el Ateneo. Unos minutos de charla con Don Ramón del Valle-Inclán", *¡Tararí!*, 4-XII-1930, reproducida por Dru Dougherty y Elena Santos Deulofeu, "Valle-Inclán, *Farsa y licencia de la Reina castiza* y *¡Tararí!*: una charla de 1930", *Estreno*, XV, 1, primavera de 1989, pp. 29-32). También el crítico del *Heraldo de Madrid* dejó entrever, al margen del éxito rotundo, que a Valle no le agradaba del todo la utilización de su obra con fines tan inmediatamente políticos: "Posiblemente fue ayer, en el Ateneo, uno del los señalados triunfos del ingenio oportuno de don Ramón y oportunista de su lector intencionado. Siempre sostuve que la actualidad sólo es cuando hace historia, y ahora veo claro cómo la historia sólo tiene de historia lo que se hace actualidad. La farsa política y licenciosa marca, en momentos bizantinos de altas genealogías, los pasados perfiles, el encanto de un pesado cortinón blasonado que se descorre al viento de poéticos y malignos empellones" (César González Ruano, "*La Reina Castiza*. Don Ramón del Valle-Inclán, leído y aplaudido en el Ateneo", *Heraldo de Madrid,* 3-XII-1930, p. 16). El cronista de *El Liberal*, por el contrario, destacaba su oportunidad: "Manjar gustosísimo en todo tiempo y coyuntura 'La reina castiza', lo es hoy más que nunca, por ver en su trama imaginaria la raíz de muchos males y quebrantos que afligen a esta Babia hispánica", a la vez que revelaba la leyenda que, según Valle-Inclán, está en el origen de la farsa isabelina:

"Oportunas y jugosas de todo punto las palabras preliminares de Rivas Cherif.

Creo haberle oído a Valle-Inclán –dijo– que *La Reina Castiza* tiene un origen histórico. Cierto día un enfermo recién llegado al sanatorio de Panticosa encuentra en un cajón unas cartas que se había dejado olvidadas, sin duda, el huésped su antecesor, en aquel cuarto de hotel. El individuo advierte que son cartas de amor, comprometedoras para Isabel II, y se apresura a ponerlas en la disposición del ministro de la Gobernación... claro que a buen precio.

El ministro, que era Arrazola, fuese derecho a la reina y le habló en estos o parecidos términos: 'Señora, hay un granuja, amigo mío, que tiene entre otras raras habilidades la de imitar a maravilla la caligrafía ajena. Y así ha calcado tan bien la letra de vuestra majestad, que puede darnos con el escándalo un disgusto'.

-¿Qué pide? –interrumpió la reina.

-Señora, un imposible. La presidencia de la Audiencia de Santiago de Cuba.

-Mañana me presentas el decreto.

Y firmado que fue, el agraciado se presentó a los reyes, como era uso ir a despedirse los empleados con altos cargos en Ultramar, y la reina tuvo para con él, delante del rey, frases de gracioso desparpajo, agradeciéndole el buen favor que le debían.

Hasta aquí el hecho real, posible origen del *esperpento*. Valle-Inclán, en caso de haberlo utilizado como material histórico, lo tergiversó a su capricho, creó una reina Paquita de perfil más jocundo y vigoroso que el de aquella de los 'tristes destinos' y forjó en torno de la dama repolenda un plantel de cortesanos a cual más castizo y truhán, digno fondo de la gran figura manolesca e incandescente" (P.M., "Una velada llena de sugerencias. Rivas Cherif lee desde la tribuna del Ateneo la 'Farsa y licencia de la reina castiza', de Valle-Inclán. Y el público subraya con clamorosas ovaciones los pasajes más expresivos de la obra", *El Liberal*, 3-XII-1930, p. 3. Leda Schiavo ha situado los referentes históricos de la farsa en su artículo "*Farsa y licencia de la reina castiza*. Grotesco literario y fuentes históricas", *Tiempo de Historia*, 21, agosto de 1976, pp. 116-120).

leérmela él de nuevo, tal y como nos la había ensayado diez años antes"[54]. Aún proyectó en otra ocasión al menos su representación, entre los programas de la TEA (Teatro Escuela de Arte), en 1934, recuperando el espíritu original del texto e insertando las acotaciones escénicas en la representación, "no en la versión que incorporó en Madrid excelentemente Irene López Heredia, sino en la original, que incluye las acotaciones líricas y se ilustra musicalmente con el 'Fandango de candil', de Gustavo Durán"[55]. Sin embargo, no pudo lograr tan perseguido estreno, que finalmente tuvo por protagonista a Irene López Heredia en 1931[56] en circunstancias políticas propicias, aunque para Rivas Cherif "sin el éxito de oportunidad que hubiera tenido cuando la propuse", porque "el teatro español de la naciente República representaba en la calle, en los campos, en las minas, una historia soñada en el gran teatro del mundo real y verdadero. Todo lo que pasaba fuera de la escena era más impresionante que la caricatura valleinclanesca de la soberana chulanga..."[57]. Su pasión por la inolvidable farsa se mantendría de por vida, en las múltiples lecturas "a solo de bululú" que durante su largo exilio mexicano iban a ilustrar su inquebrantable fe en el teatro valleinclaniano[58].

---

[54] Rivas Cherif, "Calendario del aficionado. En torno a unas *Divinas palabras* de Valle-Inclán", *El Redondel*, México, 5-V-1963, p. 12, en mi libro citado, pp. 146-148.

[55] Juan G. Olmedilla, "Al margen de la escena consuetudinaria. Se va a crear un Teatro-Escuela de Arte Experimental. Anverso y reverso del curso dramático 1933-34, en el teatro Español", *Heraldo de Madrid*, 21-XI-1933, p. 13.

[56] Sobre este estreno véase Javier Serrano Alonso, "La recepción del teatro de Valle-Inclán: los estrenos de 1931", en Dru Dougherty y Mª Francisca Vilches de Frutos (eds.), *El teatro en España entre la tradición y la vanguardia, ob. cit.*, pp. 345-360; y también David Vela Cervera, "Salvador Bartolozzi y Valle-Inclán. *Farsa y licencia de la reina castiza*", en Manuel Aznar Soler y Juan Rodríguez (eds.), *Valle-Inclán y su obra, Actas del Primer Congreso Internacional sobre Valle-Inclán (Bellaterra, del 16 al 20 de noviembre de 1992)*, Barcelona, Universitat Autónoma de Barcelona, 1995, pp. 173-178. Dru Dougherty ha analizado las claves políticas del estreno en su libro *Valle-Inclán y la Segunda República*, Valencia, Pre-Textos, 1986, pp. 112-120.

[57] Rivas Cherif, "El teatro en mi tiempo. *La Reina Castiza* en Buenos Aires", *El Redondel*, México, 9-V-1965, p. 12, en mi libro citado, pp. 155-157.

[58] "Treinta y cuatro años llevo recitando a solo de bululú, como piedra cómica de toque en mis 'Conciertos de Poesía y Drama', el texto íntegro de *La Reina Castiza* en sus tres jornadas, con sus dieciséis personajes, y sus inefables acotaciones, en verso satírico también, en que van sugeridos decorados, vestuario y movimiento escénico. El efecto es irresistible para con todos los auditorios, selectísimos o populares, que he tenido en Buenos Aires, en Madrid, en Puerto Rico, en Guatemala, en México" (Rivas Cherif, "Calendario del aficionado. En torno a unas *Divinas palabras* de Valle-Inclán", *El Redondel*, México, 5-V-1963, en mi libro citado, pp. 146-148).

Otros montajes de Valle-Inclán anunciados por Rivas Cherif se frustraron igualmente por razones diversas difíciles de concretar de modo categórico, que se fueron sumando para marginar una vez más al dramaturgo gallego, cuando las circunstancias parecían más favorables, de los escenarios: la diversificación de la labor de Rivas Cherif en múltiples proyectos esporádicos (Teatro Pinocho, El Caracol, Teatro Lírico Nacional, Compañía Dramática de Arte Moderno, Estudio de Arte Dramático del Teatro Español, Festival clásico de Mérida, Teatro Escuela de Arte...), además de su labor como director de Margarita Xirgu en el Español, las reticencias de Valle hacia la actriz catalana como intérprete de su teatro, su desconfianza hacia una industria teatral y un público sometidos a gustos muy alejados de su estética revolucionaria, sus desengaños anteriores... Por eso tal vez no se llegó a concretar su colaboración con el Teatro Pinocho, experimento de teatro de muñecos que Rivas Cherif y Salvador Bartolozzi incorporaron al Español en 1930 y para el que don Ramón había prometido un esperpento nuevo, *Los pitillos de Su Majestad*, que no llegó a escribir[59]; o quedó en simple anuncio, el primero de que tenemos noticia, el posible estreno dentro de la temporada oficial de Margarita Xirgu en el Español de *Luces de bohemia* en la temporada 1931-32[60]. Del mismo modo quedó en el limbo de los propósitos incumplidos otro proyecto de mayor alcance muy poco conocido: la creación, en la temporada veraniega de 1932, de una "Escuela

---

[59] "Salvador Bartolozzi ha asociado a la Empresa artística de su 'Teatro Pinocho' a Rivas Cherif, quien no por ello abandonará, claro es, su asesoría literaria al lado de Margarita Xirgu. El 'Teatro Pinocho' seguirá divirtiendo al pequeño gran público que en la Comedia le dispensó antaño tan favorable acogida. Ahora bien, a ruego de muchas personas mayores, de ánimo infantil, añadirá de cuando en cuando a sus espectáculos alguna sesión de carácter especial. Es decir, reservará a 'los grandes' representaciones guiñolescas de obras antiguas y modernas impropias para niños de verdad. Sabedor Rivas Cherif de que Don Ramón del Valle-Inclán se dispone a escribir un nuevo esperpento para fantoches, ha solicitado sus primicias para el 'Teatro Pinocho' en esa modalidad especial. Valle-Inclán ha dado ya el título de su nueva obra: *Los pitillos de Su Majestad*" (*Un traspunte*, "Sobremesa y alivio de comediantes", *ABC*, 27-XI-1930, p. 11).

[60] G. R., "Teatralerías. Rivas Cherif nos habla de los planes con que regirá el teatro Español en la temporada 1931-1932. De Cervantes a los noveles pasando por Valle-Inclán", *Heraldo de Madrid*, 17-X-1931, p. 5. Previamente, en una de las instancias elevadas al Ayuntamiento para la cesión del Español durante la temporada 1931-32, Rivas Cherif había incluido también en el repertorio *La cabeza del dragón*, destinada a las "representaciones de Pascua" (Instancia elevada por Rivas Cherif al Ayuntamiento de Madrid con fecha de 30-IX-1931, *Dosier del Concurso para la concesión del teatro Español. Temporada 1931-1932*, Archivo de la Villa de Madrid, signatura 16.400*.5).

Experimental de Arte Dramático" en el teatro Español de Madrid, en que Valle-Inclán iba a ser uno de los protagonistas principales. El 21 de marzo de 1932 Rivas Cherif elevaba una instancia al Ayuntamiento con un plan de renovación "tanto desde el punto de vista artístico como en el aspecto económico, sobre que fundar la restauración del arte nacional del teatro". Su pretensión era formar una cooperativa de actores para ensayar un sistema de explotación del teatro municipal de Madrid "que responda al prestigio a un tiempo artístico y popular de esa escena ilustre y a las necesidades materiales de la producción teatral, desvirtuada con finalidad puramente mercantil por los empresarios industriales". Los promotores de la iniciativa eran el propio Rivas Cherif, que asumiría la dirección, Valle-Inclán, a la sazón Conservador del Patrimonio Artístico Nacional, Ricardo Canales, en representación de la Asociación de Actores y Salvador Bartolozzi, en su calidad de pintor escenógrafo[61]. La Comisión de Gobernación del Ayuntamiento madrileño solicitó una mayor precisión del proyecto, a lo que Rivas Cherif respondió con una segunda instancia (1-IV-1932) en la que proponía "un breve curso experimental, de sesenta representaciones como mínimum" durante la temporada veraniega y añadía que Valle-Inclán "se ha prestado a presidir el Patronato consultivo solicitado por la Escuela, para la realización de este primer curso de representaciones excepcionales". Más adelante indicaba: "Por su parte don Ramón del Valle-Inclán, don Federico García Lorca y cuantos autores coinciden con los fundadores de la Escuela en su propósito renovador, contribuyen equitativamente a la empresa cooperativa con la recaudación de sus derechos de autor e igual y proporcionalmente participan del beneficio posible al liquidarse la temporada". El Patronato Consultivo de la empresa estaba encabezado por Valle-Inclán, como "Conservador del Patrimonio Artístico Nacional, de que es el teatro la joya más valiosa", e incorporaba a Tomás Navarro Tomás, Pedro Salinas, Victorina Durán y Enrique Díez-Canedo. La instancia concluía anunciando cuál iba a ser el primer montaje de la Escuela:

> Desde luego el Patronato, a propuesta de la dirección, ha acordado que una de las primeras o la primera obra que se represente sea *Luces de bohemia*, de Valle-Inclán, nunca escenificada hasta ahora, y que por

---

[61] Archivo de la Villa de Madrid, signatura 16.400.9.

su modernidad, por el sentido de protesta contra la sociedad política de los últimos años de la monarquía y por la gracia magnífica de su estilo emparenta esta producción del escritor insigne a los ejemplos más ilustres del gran repertorio antiguo y a las más atrevidas experiencias extranjeras del teatro contemporáneo[62].

El dictamen de la Comisión de Gobernación del Ayuntamiento fue favorable a la propuesta, aunque impuso unas condiciones inaceptables: una fianza de 3000 pts. y el derecho de suspender en cualquier momento la cesión del coliseo "bien por adoptarse algún acuerdo definitivo respecto a la municipalización del teatro Español", bien por cualquier otro motivo[63]. Una nueva instancia, esta vez firmada por el propio Valle-Inclán, Rivas Cherif y Salvador Bartolozzi, pedía flexibilidad y seguridades al consistorio, dado el riesgo de la empresa, y solicitaba amplitud de miras para un proyecto en el que iba a tener cabida también la representación de *El 14 de julio*, de Romain Rolland, que había prometido su asistencia al estreno:

> De lamentar sería que en el momento que las ediciones oficiales de la República de los Soviets publican las obras de Don Ramón del Valle-Inclán, cuyas comedias, rara y malamente representadas en España, se anuncian en los teatros de Rusia y cuando la figura no ya francesa sino mundial del gran pacifista y admirable escritor Romain Rolland preside el intento renovador de unos cuantos esforzados en pro del arte republicano, si, por esencialmente popular, sin menoscabo de la dignidad estética, antes bien, ostentándola genuinamente, fracasara el intento por una dificultad administrativa de fácil solución[64].

La respuesta del Ayuntamiento desestimó la posibilidad de ofrecer alternativas a una posible rescisión de la concesión, lo que motivó la renuncia al proyecto, "imposible de realizar en las condiciones con que ha sido otorgada"[65].

---

[62] Instancia del 1-IV-1932, firmada por Rivas Cherif. Archivo de la Villa de Madrid, signatura 16.400.9.

[63] El dictamen de la Comisión lleva fecha de 4-IV-1932 y fue aprobado en sesión pública ordinaria de 13-IV-1932. Archivo de la Villa de Madrid, *loc. cit.*

[64] Instancia firmada por Valle-Inclán, Rivas Cherif, Salvador Bartolozzi y Ricardo Canales, Archivo de la Villa de Madrid, *loc. cit.*

[65] Carta de Rivas Cherif al alcalde de Madrid, fechada el 2-VII-1932, Archivo de la Villa de Madrid, *loc. cit.*

Tantos esfuerzos estériles, sin resultados tangibles, iban a ser en parte compensados en 1933, cuando Rivas Cherif logró, al fin, dirigir el estreno de una obra de Valle-Inclán con total libertad, contando con los medios materiales necesarios y con una infraestructura aceptable: *Divinas palabras*. Publicada en su versión definitiva en 1920, ya nos hemos referido a la lucidez crítica con que la acogió y a su entusiasmo por esta "tragicomedia de aldea", muy superior, sin duda, al que mostró cuando Valle-Inclán se la ofreció para su representación en 1930, en lugar de la *Reina castiza*, que él prefería a todas luces en aquel momento[66]. Tal vez por ello y por el hecho de ostentar entonces el cargo de director de Margarita Xirgu en el Español, actriz a la que Valle-Inclán demostró escaso aprecio y a la que no consideraba con las facultades precisas para interpretar su teatro, se demoró el estreno en casi tres años sin causa aparente[67]. Hasta marzo de 1933, días después del nombramiento de Valle-Inclán para el cargo de Director de la Academia de Bellas Artes en Roma, nadie parece acordarse de la obra. El día 24, con inusitado eco en casi todos los periódicos, tiene lugar la lectura de la tragicomedia en el Español y se anuncia un inmediato estreno. Un suelto de *Luz* del 8 de abril confirmaba que "en el Español se sigue ensayando con gran actividad y con creciente entusiasmo la obra 'Divinas palabras', de D. Ramón del Valle-Inclán. Se calcula que el estreno no podrá verificarse hasta el día 22 ó 23 de abril", aunque a los pocos días matizaba que a causa del retraso de los decorados encomendados a Castelao "con gran contrariedad del Sr. Rivas Cherif y de la señora Xirgu, el estreno de

---

[66] "Don Ramón del Valle-Inclán en el teatro", *ABC*, 13-XI-1930, p. 10. Un día más tarde, en una conocida carta al mismo periódico, Valle-Inclán desmentía algunas de las afirmaciones del periodista, aunque confirmaba que "Rivas Cherif me habló de poner en escena *Divinas palabras*" (Valle-Inclán en el teatro", *ABC*, 14-XI-1930, pp. 38-39. La misma carta apareció también en *La Libertad*, 18-XI-1930, p. 2).

[67] Recordemos que, según *La Libertad,* el estreno parecía inminente: "Don Ramón ha prometido a Rivas Cherif (...) entregarle para antes de finalizar diciembre su comedia *Divinas palabras*. Para mejor acierto, Valle-Inclán ha ido una tarde al Español de riguroso incógnito (...) y ha tomado nota de las actrices y actores para saber los alcances del reparto" ("La vida escénica. Ecos, noticias y comentarios del día. A propósito de...", *La Libertad*, 14-XI-1930, p. 9). Curiosamente, en el momento de idear la tragicomedia, Valle pensaba en la Xirgu como protagonista: "... y luego tengo que hacer una tragedia para la Xirgu, que se llamará *Pan divino*" (*El Caballero Audaz*, "Nuestras visitas a Don Ramón del Valle-Inclán", *La Esfera*, 6-III-1915, en Dru Dougherty, *Un Valle-Inclán olvidado, ob. cit.*, p. 73). Sobre las difíciles relaciones entre Valle y la Xirgu, véase mi libro citado, pp. 16-23.

'Divinas palabras' se aplaza hasta el próximo otoño"[68]. El 5 de noviembre, *Crónica* adelantaba los planes de la compañía Xirgu-Borrás para la nueva temporada y anunciaba que después de los *Tenorios* se iba a iniciar "el fuego de los estrenos con *Divinas palabras*"[69]. El acontecimiento, como es bien sabido, tuvo lugar la noche del 16 de noviembre[70], en un ambiente de entre expectante y frío, marcado sin duda por la tensa situación política, en pleno período electoral, que estaba viviendo el país. El entusiasmo de algunos críticos, que dieron rienda suelta a su emoción, sorprende:

> Y llegamos a la noche de ayer. La sala del Español, rebosante. Expectación...
> Interés... Pasión... Lo que debe ser un teatro en noche de estreno. Y de estreno sensacional. Como de una obra de Valle-Inclán (Victorino Tamayo, *La Voz*).
> ¡Gran fiesta ayer para el teatro nacional! Grande y extraordinaria, porque D. Ramón María del Valle-Inclán, que con sus 'Comedias bárbaras' y sus 'esperpentos' es uno de nuestros dramaturgos más excelentes y originales, glorioso por su fama de poeta y novelista, es aún, por culpa de nuestra angosta vida teatral, un maldito de nuestros escenarios (Juan Chabás, *Luz*).
> Sólo de raro en raro cruza por los escenarios españoles la figura de Valle-Inclán. Y es entonces justamente cuando el teatro nacional se eleva y magnifica, cuando nuestra literatura dramática, erguida sobre un tablado, adquiere realmente extraordinaria dimensión (Melchor Fernández Almagro, *El Sol*).
> Noche de gala, de los grandes estrenos, con asistencia del 'Todo Madrid' artista, literario, intelectualoide (O. P., *El Socialista*).

Y contrasta con el realismo de quienes se atuvieron más a la verdad evidente. Alfredo Muñiz en el *Heraldo de Madrid* percibía con claridad que

---

[68] "Noticias teatrales. En el teatro Español", *Luz*, 8-IV-1933, p. 7; y "Noticias teatrales. 'Divinas palabras', la obra de Valle-Inclán, se estrenará el otoño próximo", *Luz*, 19-IV-1933, p. 7.

[69] Juan G. Olmedilla, "Lo que será, en el teatro Español, la temporada oficial que ahora comienza", *Crónica*, 5-XI-1933, s/p.

[70] Fueron numerosas las reseñas del estreno, que en adelante, para simplificar el número de notas, citamos sólo por el periódico aludido. La totalidad de las reseñas del estreno, así como las de la lectura previa y las referentes a la recepción crítica del libro en 1920 has sido editadas por Luis Iglesias Feijoo, "La recepción crítica de *Divinas palabras*", *Anales de la Literatura Española Contemporánea*, vol. 18, 3, 1993, pp. 639-691 y "Una nueva reseña del estreno de *Divinas palabras*", *Anales de la literatura española contemporánea*, vol. 19, 3, 1994, pp. 505-506.

"la expectación se apoyaba en pilares de buen deseo de los menos, venciendo extrañamente la indiferencia incomprensiva de los más". Y Alberto Marín Alcalde sentenciaba certeramente:

> Al calor de unas circunstancias políticas singularmente propicias, hubo de lograr arribo a la escena la farsa deliciosa de "La reina castiza". El estreno de la tragicomedia "Divinas palabras" merece consignarse, dado nuestro ambiente teatral, como un rasgo de heroísmo que honra por igual a los ilustres artistas Margarita Xirgu y Enrique Borrás y a ese inquieto explorador de rutas estéticas ya curtido en el oficio que se llama Cipriano Rivas Cherif (*Ahora*).

A la hora de la verdad, acabaría por imponerse la lógica de la sinrazón y el teatro quedó prácticamente vacío desde el día posterior al estreno. Por ello, apenas se dio una función diaria de la obra, que fue alternando con otras de más gancho para el público que permitieran aliviar la economía de la compañía, como *La noche del sábado*, de Benavente, *Don Juan Tenorio* o *Don Álvaro o la fuerza del sino*, hasta el 30 de noviembre, fecha de la última representación. Este ambiente desolado posterior al estreno fue recogido con singular patetismo por Luis Cernuda: "Nunca olvidaré una noche de segunda representación, en el teatro Español de Madrid, de *Divinas palabras*. Apenas si asistían unos pocos espectadores, ocupando algunas butacas de las dos primeras filas"[71].

A pesar de la inhibición del público, la noche del estreno debe catalogarse de éxito. Al concluir la representación primaron los aplausos y el telón se levantó varias veces, aunque una parte del público no dejó de "testimoniar con muestras bien explícitas de disentimiento su adhesión a las normas veneradas de la rutina" (*Ahora*). Esta deformación del gusto del

---

[71] Luis Cernuda, *Poesía y literatura*, Barcelona, Seix Barral, 1971, p. 385. Jesús Izcaray, en su novela *Cuando estallaron los volcanes*, también refleja el patético espectáculo de una sala semivacía: "Oficialmente el telón se levantaba a las once menos cuarto; en la práctica, esto no se cumplía nunca. Por las noches, en Madrid no había prisa. Y en este caso el principio de la función se demoraría más que de costumbre en espera de público..., de un público que sólo llegaba con cuentagotas. La obra era *Divinas palabras*... Más si por fin don Ramón se había asomado a un teatro madrileño, no se podía decir que lo hubiera hecho con éxito. Manifiestamente, no interesaba al gran público. *Divinas palabras* sólo llevaba unos días en cartel y ya se hablaba de retirarla..." (Jesús Izcaray, *Cuando estallaron los volcanes*, Madrid, Akal, 1978, p. 105).

público, mal acostumbrado por la rutina del teatro comercial al uso, fue el argumento más socorrido a la hora de justificar las discrepancias. Es el caso de Melchor Fernández Almagro: "Tan desacostumbrado, en efecto, este espectáculo de 'Divinas palabras', que al público en general no parece que le gustase mucho, aunque no escatimase el tributo de admiración al glorioso autor" (*El Sol*); o, aún más explícito, el de Juan Chabás: "La obra de Valle-Inclán no gustó al público. La aplaudió sin entusiasmo, y no faltaron protestas irreverentes. Nuestro público, mal acostumbrado, no puede ya, de pronto, gustar una obra que tiene raíces líricas hondas en nuestra tradición popular y en nuestra mejor literatura. A esto se ha llegado con la desafortunada gestión de nuestros empresarios al uso" (*Luz*).

Dejando al margen la valoración estética de la tragicomedia, que mereció juicios encontrados[72], la puesta en escena recibió elogios casi unánimes. José de la Cueva hablaba de que la obra "fue presentada con acierto" (*Informaciones*); Buenaventura L. Vidal concluía con un convencional "la obra, muy bien presentada" (*La Nación*); Jorge de la Cueva notaba "la modernidad plástica con que se presenta", a la vez que destacaba "el conjunto, acertadísimo y completo"; el crítico del semanario gráfico *Crónica* alababa también el movimiento de actores, "en que se advertía la dirección inteligente bajo cuya disciplina juegan todos los resortes del éxito interpretativo", y concluía significando el acierto de los decorados y trajes. *Alejandro Miquis* destacaba la perfecta integración del decorado con el movimiento escénico:

> La obra, además, ha sido excelentemente presentada. Los cuadros todos tienen extraordinaria fuerza de realidad, porque están bien buscados en el natural y bien encontrados, con adecuada composición, movimiento de figuras y color en cada momento, y el escenógrafo ha sabido encontrar para sus fondos el espíritu del paisaje gallego. (*Nuevo Mundo*)
>
> La escenificación puede calificarse de completo acierto. Cada uno de los cuadros, por la apropiada composición y el apropiado colorido,

---

[72] En general, la prensa conservadora insistió en la inmoralidad de la obra y, sobre todo, en su discutible teatralidad, mientras que los críticos más progresistas destacaron justamente lo contrario, aunque con matices: la modernidad de sus planteamientos dramatúrgicos. Véase al respecto mi libro *Cipriano de Rivas Cherif: una interpretación contemporánea de Valle-Inclán*, ob. cit., pp. 33-43.

> resulta un trozo de realidad perfectamente reflejada. Los personajes se mueven como seres reales, y se agrupan naturalmente, y todo concurre a dar la impresión que el autor ha buscado. (*Diario Universal*)

Y el crítico de *ABC* insistía en el carácter pictórico de la representación y en el cuidado con que se trabajaron los detalles:

> Ha sido norma de ejecución en la obra escénica conservar el carácter *pictórico* de los diferentes episodios que componen el libro. En cualquier momento, la escena ofrece una visión cromática de personas y lugares gallegos. La visión, sin perder su fondo de veracidad, se presenta sutilizada o estilizada literariamente, con esa fastuosidad de color y léxico que brilla en el estilo del Sr. Valle-Inclán.
>
> (...)
>
> La tragicomedia ofreció al público cierta nota de perfección y acabamiento, que no es frecuente encontrar en la *puesta en escena* de nuestras obras. El decorado, los trajes, todo al servicio del exorno teatral, es inmejorable y bello. Y aún hay una cosa más digna de alabanza: el conjunto interpretativo de la obra. Figuras secundarias compusieron sus tipos con el saber y la pulcritud de las principales. (*ABC*)

No obstante el generalizado parabién, algunos críticos más exigentes no dejaron de señalar detalles que debían corregirse. Para Alberto Marín Alcalde, "la interpretación de la obra adoleció tal vez de timidez. La mayoría de los intérpretes andaban por la escena con su papel a cuestas y sin saber qué hacer con él. El cuadro de la romería, por ejemplo, ofrecía lagunas y baches de conjunto" (*Ahora*). Pablo Pérez se quejaba también de deficiencias interpretativas: "Cierto es también que los artistas del Español, sin excluir a nadie, y sin duda por encontrarse en la interpretación fuera de lo acostumbrado, se movieron torpemente y sin la feliz fortuna de tantísimas otras veces" (*Mundo Gráfico*). Similar advertencia hacía Melchor Fernández Almagro, no muy satisfecho con los decorados, "que por lo menos no perjudicaron el efecto de la plástica dramática", ni con algunos actores, que "acostumbrados a una determinada modalidad teatral, difícilmente se adaptan a otra", aunque destacaba el movimiento escénico de los grupos: "el acierto mayor de la velada lo advertimos en el simple movimiento escénico, en la comparsería: en el coro, bien conducido y estudiado" (*El Sol*). Juan Chabás, por último, aun reconociendo los méritos innegables de la puesta en escena, pedía mayor rigor:

> En su conjunto, la dirección de comparsas y masas, bastante superior a la que suele verse en nuestros escenarios; pero todavía puede lograrse, a pesar de tantas y tantas dificultades materiales, más dinamicidad, más pintoresco y musical barullo. ¡Esas ferias de pueblo, qué gran tema! Mas este anhelo de algo mejor no empece el reconocimiento de lo conseguido, que no es poco.
>
> Los figurines, todos muy acertados de color y línea; los decorados, algunos felices, otros no tan afortunados. Pitti Bartolozzi y Castelar (*sic*) hubieran podido lograr un acierto más uniforme. (*Luz*)

Margarita Xirgu acaparó los mayores elogios entre los intérpretes, aunque el crítico que *El Socialista* le achacaba que a su creación "para ser perfecta, sólo le sobró en algún momento alguna entonación desacorde con la naturalidad casi siempre conseguida". A Enrique Borrás se reprochó su conocida propensión al artificio (*El Debate*) y al latiguillo (*La Nación*). Por encima de ellos estuvo Fernando Porredón, que hizo del Idiota hidrocéfalo "lo que se dice una 'creación' alucinante", en opinión de Rivas Cherif[73]. Del mismo parecer era el crítico de *La Tierra*:

> Margarita Xirgu y Enrique Borrás interpretaron sus personajes respectivos un poco apartados de la justeza que exigía el personaje, pero logrando hacerse aplaudir. Muy bien Fernando Porredón en el personaje del hijo idiota que muere intoxicado de aguardiente; el resto de la compañía, salvo alguna excepción, procuró salir airoso del empeño. (*La Tierra*)

Al final, Valle-Inclán parecía satisfecho del estreno en su conjunto, aunque no tanto de la interpretación de Borrás, según el gráfico testimonio de Francisco Madrid:

> Al día siguiente del estreno de *Divinas palabras*, llega don Ramón a la peña. Abrazos, elogios, comentarios exaltados...
> -¡Muy bien Margarita! ¡Genial! ¡Extraordinaria! ¡Y la representación! ¡Y la compañía! ¡Qué público! ¡Todo admirable!
> Valle-Inclán necesita contrarrestar aquella avalancha de elogios y en voz baja dice:

---

[73] Rivas Cherif, "Calendario del aficionado. En torno a unas *Divinas palabras* de Valle-Inclán", *El Redondel*, México, 5-V-1963, p. 12, en mi libro citado, p. 147.

-Sí, sí, todo está muy bien... Menos Borrás...

-¿Cómo? ¡Pero si estuvo magnífico!...

-¡No digo que no! ¡Y que es un actor maravilloso!...

Pero agiganta los personajes. Les da demasiado empaque y autoridad... En mi obra, como ustedes saben, hace un sacristán de aldea... Pues me lo encontré convertido en el cardenal Segura...[74]

A pesar de las deficiencias, Victorina Durán, en un artículo bastante posterior al montaje, dejó constancia de la eficacia escenográfica lograda:

> Valle-Inclán, al escribir sus obras para el teatro, describe los decorados, y lo hace, no como los demás autores, sino dándole al escenógrafo la pauta del fondo espiritual de la escena. Sus descripciones y sus acotaciones tienen tanto valor como el diálogo.
>
> (...)
>
> En el teatro Español, la compañía Xirgu-Borrás estrenó 'Divinas palabras'. Castelao hizo los figurines y bocetos del decorado, que realizó Burmann. Uno de los cuadros recordaba la escenografía de la que años antes me hablara don Ramón. El escenario era todo horizonte. Una garita se dibujaba enérgicamente sobre él. Los dos personajes que se encuentran en la escena destacaban con toda la energía, fuerza y pasión que tenía su diálogo. Parecía un primer plano de un film; tal era la expresión y corporeidad de los actores sobre el fondo escenográfico.
>
> El vestuario entonaba maravillosamente con todos los decorados. La romería delante de la ermita era un cuadro de tonos apagados, perfecto, tan bien conseguido en su entonación sombría como lo pudo estar en tonos brillantes el de la feria rusa de 'Petruchka' representado por los bailes rusos[75].

Este sentido plástico de la visualidad escénica fue el que guió a Rivas Cherif a la hora de interpretar las sugestiones contenidas en las acotaciones sobre un escenario real, de modo que "l'estil plàstic de la representació correspongués a les acotacions del text esrit, no tant com a transcripció de la lletra (ja que Valle-Inclán no escrivia pensant en l'escenari d'un teatre, sinó en la suggestió d'un ambient a un lector, que en el teatre es transforma

---

[74] Francisco Madrid, *La vida altiva de Valle-Inclán*, Buenos Aires, Poseidón, 1943, p. 354.

[75] Victorina Durán, "Escenografía y vestuario. Valle-Inclán y sus acotaciones en verso", *La Voz*, 20-I-1936, p. 5.

en espectador), peró com a fons pictòric propici al ritme dramàtic de l'acció poètica per ell imaginada (...) en la totalitat escènica de la seva obra. D'aquí la seva satisfacció"[76]. Satisfacción que Valle-Inclán debió compartir en términos generales, aunque algunos detalles no parecieron colmar sus expectativas. La interpretación de Borrás a que hemos hecho referencia más arriba pudo ser uno. ¿Pudo ser otro la adaptación escénica realizada por Rivas Cherif? La duda sobreviene al releer sus propias declaraciones previas al estreno, cuando declinó la invitación del diario *ABC* para publicar la habitual "Autocrítica": "Obra publicada hace veinte años –nos dijo– y traducida al francés, al inglés y al ruso, existen hartas críticas y juicios que excusan el mío. Otra cosa sería el comentario del arreglo teatral, hecho por el Sr. Rivas Cherif"[77].

La adaptación escénica de Rivas Cherif[78] había introducido importantes variaciones en el texto valleinclaniano. Por una parte, hacía desaparecer 60 intervenciones íntegras del texto original y recortaba otras 20, aunque no reducía de manera sustancial la duración de la obra ni la aligeraba de situaciones comprometidas o expresiones procaces difícilmente aceptables por el espectador, como señalaban erróneamente algunas reseñas del

---

[76] Rivas Cherif, "Valle-Inclán. El seu teatre", *La Rambla de Catalunya*, Barcelona, 10-I-1936, p. 8, en mi libro citado, p. 129. Años más tarde declaraba que el verdadero director de escena es el que "interpreta a una nueva luz, con procedimiento inédito, con medios originales, un texto insigne que respeta y no toca". Y que de este modo abordó el montaje de *Divinas palabras*: "Si escogemos las *Comedias bárbaras* de Valle-Inclán, que por haberlas publicado su autor ajenamente a toda intención escénica en el momento que tal hizo, están ilustradísimas de acotaciones al diálogo, a efecto de lectura, no de representación, claro es que el Productor tendrá que adaptarlas a las exigencias escénicas. Ni más ni menos que si se tratara de una interpretación escenográfica directa de la realidad, toda vez que esas acotaciones, en función directa del paisaje y de los interiores reales están escritas, y no pensando en que los personajes se muevan en un escenario. Y así es como interpretamos en el Español *Divinas palabras*" (Rivas Cherif, *Cómo hacer teatro, ob. cit.*, p. 254).

[77] *ABC*, 17-XI-1933, p. 41.

[78] El texto de la adaptación se encuentra depositado en el Archivo General de la Administración de Alcalá de Henares, Archivo del Ministerio de Cultura, caja 5795, expediente 6125, legajo 920. Di una primera noticia del hallazgo en una comunicación leída en el Primer Congreso Internacional sobre Valle-Inclán, celebrado en la Universitat Autònoma de Barcelona (Bellaterra), del 16 al 20 de noviembre de 1992: Juan Aguilera Sastre, "La versión escénica de *Divinas palabras* en el estreno de 1933", en Manuel Aznar Soler y Juan Rodríguez (eds.), *Valle-Inclán y su obra. Actas del Primer Congreso Internacional sobre Valle-Inclán*, Barcelona, Universitat Autònoma de Barcelona, 1995, pp. 553-564. Amplío ese estudio en mi libro *Cipriano de Rivas Cherif: una interpretación contemporánea de Valle-Inclán, ob. cit.*, pp. 49-83.

estreno; simplemente se limitó a suprimir parlamentos y matices a su entender poco significativos para la comprensión del conjunto, que ralentizaban
la acción escénica, y mantuvo lo sustancial, sin variar ni una sola vez las
palabras ideadas por el autor. Por otro lado, y esto es lo más importante,
variaba la división escénica y rompía la simetría estructural, a modo de
tríptico, que el texto valleinclaniano presenta. El esquema geométrico de 5
escenas en la jornada primera, 10 en la segunda y cinco en la tercera quedaba reducido a este otro asimétrico: 5 escenas en la jornada primera, 8 en
la segunda y 4 en la tercera. No se trataba de una supresión de escenas, ni
siquiera de las que pudieran considerarse más intrascendentes para la comprensión general de la obra o complicadas desde el punto de vista de la
puesta en escena, sino de su reagrupamiento.

La jornada primera no sufría variación.

La segunda reducía sus 10 escenas a 8, puesto que la 1 en la adaptación de Rivas Cherif es la suma de la 2 y la 3 y la segunda resulta de la
unión de la 1 y la 4. El resultado conseguido no deja de ser atractivo y sugerente desde un doble punto de vista. En cuanto a la lógica escénica de la
representación, porque tras la muerte de Juana la Reina y el enfrentamiento
entre las dos cuñadas por la custodia del lucrativo carretón de Laureaniño,
la jornada II no se abre ya con los lamentos de Marica del Reino por el desplante de su cuñada, sino con la más sugerente visión de Mari Gaila entregada al frenesí de sus pasiones, ajena a todo compromiso contraído. Más
tarde vendrán las quejas de los afectados: la reacción despechada de Marica
del Reino, no en su casa, sino ante la sepultura de su hermana, y la consiguiente cantinela a Pedro Gailo para que ponga fin a los desmanes de su
mujer. Y por lo que respecta a la solución escenográfica, se consigue una
simplificación que no responde únicamente a criterios de pura economía,
sino también expresivos: en vez de pasar del viejo caserío de Marica (escena
1) a la carretera que conduce a Viana del Prior (escena 2), para adentrarnos
más tarde en la rinconada de la Colegiata del lugar (escena 3) y retornar a
la Quinta de San Clemente (escena 4), Rivas Cherif opta por dos escenarios
aglutinadores que ofrecen un contraste más vivo de las aspiraciones y sentimientos de los personajes: la plaza de la colegiata de Viana del Prior, a la
que llega Mari-Gaila con su carretón donde, tras sus escarceos con los
feriantes, comienza a coquetear con el Compadre Miau (escena 1 de la

adaptación); y, en abierto contraluz, el atrio de la iglesia de San Clemente, donde rumian sus quejas los hermanos despechados, cada uno con su particular pena a cuestas (escena 2 de la adaptación). Marica, que está rezando "sobre la tierra fresca de una sepultura" en el momento en que salen del templo algunas mujerucas, comienza a desahogarse con su vecina por la desfachatez de su cuñada, que no ha devuelto el carretón a su debido tiempo, mientras Pedro Gailo "pasea por el pórtico, batiendo las llaves", alejado de la conversación. Sólo cuando la vecina se despide, los dos hermanos se encuentran y debaten sobre la insostenible actitud de Mari-Gaila, y Marica trata de insuflar en su hermano la necesidad de lavar su honra al más puro estilo calderoniano.

Por último, en la jornada III, Rivas Cherif refundió en una sola las escenas 1 y 2, ambas con la casa de los Gailos y sus aledaños como escenario: cuando Marica devuelve el cadáver del Idiota putrefacto, sale Sacristán hacia la iglesia, instado por Mari Gaila, mientras resuena la copla de las rapaces y las dos mujeres –Mari-Gaila y la Tatula– quedan solas y pueden "hablar sin misterio" del recado de Séptimo Miau que trae la vecina alcahueta. De nuevo, un escenario aglutinador con evidente valor expresivo, que enlaza con clara visualidad la contraposición de perspectivas sentimentales de la situación.

¿Justifica esta lógica escénica la adaptación de Rivas Cherif? La respuesta inmediata, fuera de todo contexto histórico, tiende a inclinarse inmediatamente hacia una respuesta negativa, a la descalificación del trabajo del adaptador, que no supo o no pudo vencer las dificultades escénicas que el texto planteaba. Sin embargo, una lectura atenta de la adaptación revela que no fue realizada con un criterio meramente simplificador y que no caía en la tentación de acomodarla al verismo escénico del teatro dominante, sino que mantiene en la puesta en escena el dinamismo y la multiplicidad de escenarios como eje vertebrador de una visión polisémica y no lineal de la acción dramática, su intencionada dispersión en perfecta armonía de luces y sombras, su dimensión irreal y maravillosa. Tampoco se propuso el adaptador la supresión de situaciones o expresiones que pudieran herir la sensibilidad de los espectadores por su crudeza, su irreverencia o su supuesta inmoralidad y, de hecho, se mantienen en su mayoría. Ni optó por la solución de una puesta en escena simplista y de fácil realización (sólo la supresión, solucionada con gran plasticidad, de un imposible desfile de reses y caballos por un escenario convencional –I, 2– puede achacársele en este sentido) puesto que respeta todas las situaciones y ni siquiera las de más compleja resolución escenográfica, como la del Trasgo Cabrío (II, 8), se alteran o suprimen.

¿Qué fue lo que movió entonces a Rivas Cherif, admirador ferviente de la estética de don Ramón, crítico plenamente consciente de la radical originalidad y modernidad de su dramaturgia y director de escena experimentado e innovador, a esa propuesta escénica aparentemente restrictiva y ajena a sus propios planteamientos estéticos como director? Su satisfacción por el montaje, reiterada en muchas ocasiones y que él hacía extensiva al propio Valle-Inclán, como hemos señalado, parece desmentir esa apariencia y avalar, precisamente, la contraria: que Rivas Cherif reivindicaba con su montaje la autonomía del director de escena en una dimensión muy actual y con unos límites bien definidos. Una vez que el autor ha propuesto un determinado texto, el director buscará una interpretación personal del mismo que suscite la emoción del público y rebase los límites de las sensaciones generadas por la simple lectura del texto escrito:

> Ni el cómico, ni el autor del texto escrito, ni el pintor de las decoraciones tienen ya en el buen teatro extranjero el predominio que antaño se adjudicaban al primer actor, al dramaturgo o al escenógrafo en representaciones desquiciadas, pese al éxito favorable de muchos 'divos', de muchas comedias excelentes mal representadas y de tantas servidas sin decoro. El director ordena y manda ahora, la mayor parte de las veces sin compartir con sus actores la responsabilidad de un papel. Un Reinhardt, un Jessner, un Stanislavsky, un Copeau, y no digamos un Tairoff, ofrecen a su público espectáculos de muy diversa significación y gusto, según el de cada uno de ellos y sus opiniones e ideas acerca del teatro, pero todos coincidentes en que el teatro, la representación como tal, tenga un valor propio, una 'interpretación' personal no por parte del protagonista, sino del director que elige la comedia, la organiza para su mayor efecto, graduando los de los actores en el conjunto escénico, y obtiene, en fin, ayudándose de toda suerte de recursos teatrales, una emoción cabal en el público, completamente distinta de la que un lector aislado logra para sí representándose, repantingado en una butaca, la obra que lee.[79]

---

[79] Rivas Cherif, "El teatro español en el extranjero", *Heraldo de Madrid*, 6-XI-1926, p. 4.

Se trataba, a la hora de abordar los textos tanto clásicos como los modernos, de lograr una "interpretación atenida a lo que la expresión poética y dramática suscita en mi sentimiento", sobre la base de soluciones escenográficas y representativas singulares, fruto de un trabajo riguroso:

> La escenografía, la plástica, la danza, la música entran a contribución del efecto teatral. Pero ello también sin rebasar los límites propios de la expresión correspondientes a cada elemento del conjunto. El teatro es una jerarquía presidida por el autor dramático, al que siguen como inmediatos colaboradores los actores, conjuntados en un solo sentimiento armónico por el director. El escenógrafo, el músico, el electricista, el sastre, el peluquero, el maquinista, vienen después, por orden riguroso, en que cada cual tiene su parte definida, y que una vez alterado hace perecer la obra misma que se trata de interpretar. Éstas son verdades de Pero Grullo, cierto; pero cuyo olvido es la causa de la decadencia de la escena española. Interpretar así es 'refundir' legítimamente.[80]

El propio Valle-Inclán era consciente de que su teatro sobrepasaba los límites de su tiempo, "pues nadie mejor que yo, sabe que no son obras de público (...) Son obras para una noche en Madrid, y gracias. No digo esto con modestia, todo lo contrario: Ya llegará nuestro día, pero aún no alborea"[81]. De ahí que a la hora de plantearse la representación de *Divinas palabras* se sugiriera en la necesidad de una adaptación, necesidad corroborada por el propio autor, que consideraba que su tragicomedia "sin duda está fuera de proporción para ser llevada a un escenario. En todo caso haría

---

[80] "Conversaciones. A propósito de 'El villano en su rincón'", *La Voz*, 1-V-1935, p. 3.

[81] Carta a Barinaga, fechada en Cambados el 12-XI-1913, en Juan Antonio Hormigón. *Valle-Inclán. Cronología. Escritos dispersos. Epistolario*, Madrid, Fundación Banco Exterior, 1987, p. 531. En este mismo sentido se refería el autor gallego años más tarde a las dificultades de todo estreno, dada la incapacidad de la mayoría de los actores y la precariedad estética de los medios escenográficos:

"-Y usted –insistimos– sigue escribiendo libros que van dialogados 'teatralmente' de la cruz a la fecha.

-Sí, pero es porque para esos libros me gusta la forma dialogada. Me parece la más apropiada, la más justa, la más oportuna (...)

-Sin embargo, algunas de las obras que están escritas en forma dialogada podrían ser llevadas a la escena.

-No lo dudo. Pero yo no gestionaré nunca el estreno de una sola de esas obras. Me parece que hay en ellas, en su mismo diálogo, matices que no sabrá expresar ningún actor. Además, en el libro, siquiera 'vista' la forma dialogada, hay una palpitación de naturaleza que es imposible llevar a la escena. Mis libros están llenos de campo: ese verde dulce, mimoso, húmedo campo gallego. Piense usted que este campo habría de estar repre-

falta un refundidor"[82]. En marzo de 1933, aunque Valle leyó la obra a la compañía del Español directamente del volumen XVII de sus *Opera Omnia*, volvía a insistirse en la necesidad del arreglo escénico, que el propio Valle-Inclán habría impuesto como condición para su representación:

> El año anterior, siendo ya Rivas Cherif asesor literario de la Xirgu, solicitó a Valle una obra para ella. D. Ramón ofreció 'Palabras divinas' (*sic*), ya impresa; pero condicionando su oferta a la promesa de Rivas Cherif de aderezar un poco, en orden al montaje escénico, la tal obra, que a juicio del propio Valle-Inclán era irrepresentable.[83]

La adaptación de Rivas Cherif contaba, pues, y no podía ser de otra manera, con la aquiescencia expresa de Valle-Inclán, que presenció los últimos ensayos y, como hemos visto, se declaró conforme en líneas generales con el montaje. Su versión escénica obedecía, por otro lado, a una innegable lógica estructural. Como ha señalado José G. Escribano, a pesar de la aparente precisión matemática del encuadre de la pieza, la estructura externa de la tragicomedia revela que se trata tan sólo de un efecto con que el autor "nos engaña, porque la primera escena queda, al ser enumerada y encuadrar con la armonía matemática del total, como una más, cuando en verdad debería ser 'Prólogo' o 'Apostillón', como en *Farsa y licencia de la reina castiza*"[84]. Cabe pensar que Rivas Cherif interpretó así esta primera

---

sentado en el teatro por unos telones pintarrajeados... No, no puede ser." (José Luis Salado, "Los novelistas ante la escena", *Heraldo de Madrid*, 14-VIII-1926, *apud* Jean Marie Lavaud, "El nuevo edificio del Círculo de Bellas Artes y 'El Cántaro Roto', de Valle-Inclán", *Segismundo*, 21-22,, 1975, p. 251).

[82] "Valle-Inclán en el teatro", *ABC*, 14-XI-1930, pp. 38-39. Ya desde el primer anuncio sobre el probable estreno dirigido por Rivas Cherif se hablaba de una refundición, ineludible –apuntaba el crítico de *ABC*– dadas las dimensiones voluminosas del libro" ("Don Ramón del Valle-Inclán en el teatro", *ABC*, 13-XI-1930, p. 10).

[83] Juan G. Olmedilla, "Valle-Inclán en el Español. Don Ramón ha leído esta tarde a la compañía de Margarita Xirgu y Enrique Borrás su esperpento 'Palabras divinas' (*sic*)", *Heraldo de Madrid*, 24-III-1933, p. 12. El crítico concluye afirmando que Valle-Inclán ha aceptado la variación del orden de algunas escenas para que el efecto escénico sea más intenso: "Cuando Valle ha terminado de leer la segunda jornada, pregunta a Rivas Cherif y a Margarita Xirgu si creen que el acto debiera acabar como acaba o trastocando el orden de los cuadros para que el efecto escénico sea más intenso. Cipriano opina que debe cambiarse dicho orden. Margarita, lo mismo. Y Valle-Inclán, cortés y amable como nunca, escucha atentamente las observaciones de uno y otro a (*sic*) presencia de todos..."

[84] José G. Escribano, "Estudio sobre *Divinas palabras*", *Cuadernos Hispanoamericanos*, XCI, 273, marzo de 1973, pp. 556-569.

escena, que funciona como una auténtica puesta en situación y presenta las líneas fundamentales de la obra como eficaz introducción al universo dramático de la tragicomedia, y de este modo la estructura final de su adaptación reproducía, en cierto modo, la simetría original de tríptico, pues a este "prólogo" introductorio le seguía una estructura perfectamente medida, configurada por las 4 escenas restantes de la jornada primera, 8 en la segunda y 4 en la tercera.

En cualquier caso, la propuesta de Rivas Cherif no se orientaba sólo a allanar las evidentes dificultades suscitadas por el texto, sino que apostaba por un efecto de totalidad escénica fluida y evocadora y buscaba, desde planteamientos novedosos poco habituales en los escenarios de la época, un efecto de adecuación de las posibilidades plásticas de la obra a una determinada y personal solución en la puesta en escena, a pesar de las posibles imperfecciones. Hoy debemos valorar este estreno en un tiempo (1933), en un escenario (el del Español de Madrid, cuyas deficiencias técnicas eran notables, por otro lado) y en unas circunstancias concretas en la historia de nuestro teatro. Y la conclusión es, a mi juicio, que Rivas Cherif apostó por una valiente e innovadora lectura escénica de *Divinas palabras*, una tan sólo entre las múltiples posibilidades que el texto genial del gran don Ramón ofrecía. Él era consciente de sus limitaciones y reconocía sin ambages que "la proyección sugestiva que el poeta ejerce directamente sobre el lector, sobrepuja hoy por hoy cualquier representación teatral por buena que sea"[85]. Pero no nos cabe duda alguna de que sus límites apuntaban, en 1933, muy alto. Tal vez por ello predijo con certera sentencia lo que hoy todos compartimos: que a Valle-Inclán "hubiera correspondido, en otro ambiente y circunstancias que las de su injusta vida literaria, el papel de regenerador de nuestro teatro, que entendía por modo muy superior a los reformadores europeos de su tiempo y con anticipación clarividente"[86].

---

[85] Rivas Cherif, "Calendario del aficionado. En torno a unas *Divinas palabras* de Valle-Inclán", *el Redondel*, México, 5-V-1963, p. 12, en mi libro citado, pp. 146-147.

[86] Rivas Cherif, *Cómo hacer teatro...*, *ob. cit.*, p. 41.

Valle-Inclán (1898-1998): Escenarios
Universidade de Santiago de Compostela, 2000: 499-514

LA IMAGEN DEL TEATRO DE
VALLE-INCLÁN EN EL FINAL DE SIGLO

César Oliva
Universidad de Murcia

1. Valle-Inclán en las últimas décadas del siglo XX.

En anteriores ocasiones[1] he hecho expresa mención de todos los montajes o, al menos, de los más significativos, que se han llevado a cabo sobre textos de Valle-Inclán. Cualquier referencia concreta se puede encontrar allí, y, por supuesto, en otros estudios sobre el tema, por lo que será ocioso repetir algunos de los datos allí dichos. Pero estimo que a ellos debemos añadir hoy una mirada actualizada de espectador teatral, que nos distancie y mitigue la efervescencia valleinclaniana con que entramos en su producción, allá por los finales de los años sesenta. De esa manera podremos comprobar hasta dónde llega esta dramaturgia propiamente dicha, qué hay de mito y qué de realidad. En una palabra, queremos comprobar cómo el tiempo va colocando en su sitio a Valle-Inclán, con permiso de los directores de escena, de los escenógrafos y de los intérpretes que, en definitiva, son los máximos responsables de su imagen teatral. Que es precisamente lo que detecto que está sucediendo en nuestros días: que nuestro autor se nos muestra como un escritor de comedias, o algo que se le parece, excelente a veces, discutible otras, pero que siempre se hace notar. Ni más ni menos.

---

[1] "Realidad y deformidad de las imágenes valleinclanianas", en *Busca y rebusca de Valle-Inclán*, Madrid, 1989, tomo II, pág. 85-95.

Ramón del Valle-Inclán ha tenido una curiosa recepción a lo largo de su trayectoria escénica. Como todos los dramaturgos de la historia, dicha recepción tiene particulares alternancias. Hasta el propio Shakespeare pasó por momentos malos. Y Calderón. Y otros. Oscurecidos por modas o similares, no siempre fueron considerados como los grandes poetas que hoy parecen ser. El problema de Valle es que uno de sus peores momentos lo sufrió en vida del autor. De 1914 a 1931 apenas si estrena en un escenario habitual o profesional. Diríase que en la década de los veinte, anduvo por el teatro como un autor de dramas neorrománticos, teñidos de modernismo, y salpicados por curiosas y hasta raras aportaciones de muy difícil definición genérica. Como buen noventayochista, no fue en el escenario en donde mostró sus poderes, y no sería porque no lo intentara como la mayoría. Similares experiencias vivieron Valle-Inclán, Unamuno y *Azorín*, por citar a los tres autores de la mejor o peor llamada *generación del 98* que más porfiaron en el teatro. Otras circunstancias, y otros rasgos, tuvo el ejemplo de los hermanos Machado, pero idénticas consecuencias: significaron poco para el teatro nuestro de cada día, y no digamos para las contadurías. Nada que ver con los auténticos autores de público: Arniches, los Álvarez Quintero y Muñoz Seca, entre otros. Valle fue un autor de poca solvencia para las empresas teatrales de los años veinte, y con eso no descubro nada más que su inicial escasa incidencia en el teatro español propiamente dicho.

Tampoco los años treinta le otorgaron mayor crédito, pese a los tres estrenos profesionales que tuvo (*Farsa y licencia*, *El embrujado* y *Divinas palabras*). Fue un tímido regreso a los escenarios, más propio de una acción que trataba de restituir su fama teatral, en entredicho durante el tiempo de la Dictadura, que la confirmación del gran dramaturgo que era. Ni los teatros de la época estaban para tales experiencias, ni el ánimo de don Ramón para seguir escribiendo comedias. Testimonios de ello hay, y bien conocidos. Fue algo así como la "operación restitución" de la que hablaba Ruiz Ramón[2] a propósito del regreso de Alberti, Arrabal y otros, en la reciente transición política, cuyo principal objetivo fue encontrarles un hueco en las carteleras nacionales, una vez desaparecida la censura. Son operaciones bien

---

[2] "Apuntes sobre el teatro español en la transición", en *Reflexiones sobre el nuevo teatro español*, Klaus Pörtl ed., Max Niemeyer, Halle, 1986.

intencionadas, pero cuyo valor de forma no se corresponde con el fondo de la cuestión. En el teatro no funciona otra regla que el interés del público, y éste no entiende precisamente de imposiciones ni de obras de caridad.

Si los treinta apenas supusieron un recuerdo de la existencia de Valle-Inclán en el mundo del teatro, los cuarenta y los cincuenta representaron la ignorancia casi absoluta. El autor no significó nada en los repertorios nacionales. Pero tampoco, y esto sí que es más grave, como influencia de generaciones siguientes. De sobra son conocidas las palabras de Alfonso Sastre cuando lo calificó como el maestro ignorado que los esperaba, sin que ellos, los *realistas*, hubieran reparado en él[3]. Lo cual no deja de tener su lógica, si precisamente era una estética realista la que inicialmente buscaron. Valle pasó de puntillas por el teatro español del primer periodo de la dictadura de Franco. Nunca del todo olvidado, siempre del todo apartado.

Y llegamos a los sesenta, que es cuando verdaderamente se inicia el redescubrimiento de don Ramón en los escenarios españoles. Su auténtica entrada para el gran público (los teatros aficionados y universitarios ya habían empezado a considerarlo) fue con *Divinas palabras*, montada por Tamayo en 1961 para inaugurar el Teatro Bellas Artes de Madrid. Si algo ha caracterizado al director granadino en su larga vida como productor escénico ha sido su fino olfato para oler el éxito. Y en ese sentido, suyos son los méritos para sospechar que aquella obra de Valle-Inclán iba a ser lo que se dice un éxito. ¿Qué ingredientes vería Tamayo para que eso sucediese? En primer lugar el concepto de "descubrimiento". Tamayo no ha descubierto nunca nada, pero ha sido lo suficientemente hábil para aparentarlo. Valle estaba de sobra inventado, pero alguien tuvo que decirle al director que no era habitual en las carteleras, que sin embargo tenía la grandeza de Shakespeare y la popularidad de las zarzuelas dialectales, que sus personajes eran ricos en contenidos, que el *dramatis personae* era numeroso, pero no difícil de doblar, etc., etc. Y comenzó lo que llamaríamos la vertiente del *Valle mítico*: *Divinas palabras*, como gran espectáculo, fue saludado por todos como esa obra genial, desconocida casi, españolísima (a nadie se le ocurría decir que galleguísima) y que confirmaba a una actriz, en el impor-

---

[3] "En los libros nos esperaba uno, Valle-Inclán, que, por entonces, no supimos encontrar". Palabras de Alfonso Sastre, en una entrevista con Ricardo Doménech, en *Alfonso Sastre*, col. *Primer Acto*, núm. 3, Taurus Ed., Madrid, 1964, pág. 57.

tante papel de Mari Gaila: Nati Mistral. Esa mitificación llevó a que la música que Antón García Abril compusiera para la letrilla:

> ¡Yo quisiera vivir en La Habana,
> a pesar del calor que hace allí!
> ¡Y salir al caer de la tarde
> a paseo en un quitrí!

quedara para siempre como sonsonete del propio Teatro Bellas Artes, con el que se anuncia el comienzo de todas sus representaciones.

Tamayo había abierto el camino hacia la recuperación de don Ramón, pues en esa década de los sesenta nuestro autor llegó hasta los teatros nacionales, una vez demostrado que su crítica no estaba destinada a ese otro gallego que reinaba en las Españas, sino que era generalista. Al menos, ese Valle-Inclán permitido, el de las *Comedias Bárbaras* estrenadas sucesivamente en el María Guerrero, e incluso en el Teatro Nacional de Barcelona, o en las farsas de *Tablado de Marionetas*, aunque aderezadas por algunos "autos para siluetas" del *Retablo de la avaricia, la lujuria y la muerte*. El mismo Teatro Nacional de Juventudes, vinculado directamente a la Secretaría General del Movimiento, con su Compañía Nacional de Teatro para Niños Los Títeres, dio un sinfín de representaciones de la *Farsa infantil de la cabeza del dragón*. No había problema, siempre que se actuara con prudencia. Aunque no sería justo hablar de un Valle-Inclán domesticado, sí lo es hacerlo de un Valle-Inclán adaptado o adaptable a las circunstancias, pues la inmensa mayoría de sus obras, repito, no dirigía su crítica a la dictadura de Franco. Hasta ahí podríamos llegar: no estaríamos hablando de un dramaturgo genial, sino de un genial adivino.

Pero todos sabemos que don Ramón no se conformaba con herir a Maura, o contar la peculiaridad del origen de la Dictadura de Primo, o hablar de las narices de un lejano Borbón, sino que sus dardos, como los de todo buen autor teatral, llegaban más allá de las previsiones. Y que el *esperpento* era una cosa que, en los sesenta, nadie entendía lo que quería ser o decir, pero que parecía que tenía muy mala leche, pues decía cosas tan terribles como ésta:

> — La guerra es un negocio de los galones.

O esta otra:

> — El soldado, si supiese su obligación y no fuese un paria, debería tirar sobre sus jefes.

Eso, en los sesenta, cuando la dictadura de Franco empezaba a enseñar sus flancos de contestación, cuando la Universidad iniciaba expedientes a sus grandes maestros y pensadores, cuando el SEU agonizaba y los TEUS iniciaban su reconversión en los teatros independientes. Entonces, ¿por qué no utilizar a Valle-Inclán, autor perseguido por otra dictadura, sometido a la tiranía de la censura, en una palabra, adelantado y profeta de todos los males que la cultura española sufría en ese momento, como espejo y referente principalísimo de nuestra reivindicación teatral? Es entonces cuando aparece otra dimensión de don Ramón, que tendrá fundamental importancia en la reciente historia de nuestro teatro: la del *Valle-Inclán político* o politizado, generalmente vinculado al concepto de esperpento, en tanto que supone una evidente actitud crítica.

En tal sentido, tres son las imágenes más fuertes y certeras que aparecen en ese Valle-Inclán de los sesenta: *Los cuernos de don Friolera*, por el TEU de Madrid, con dirección de Juan José Alonso Millán, el espectáculo que monta el TEU de Zaragoza con *Las galas del difunto* y *La hija del capitán*, con dirección de Juan Antonio Hormigón, y el que hace el TU de Murcia, *Farsa y licencia de la reina castiza*, con dirección mía. Todos estuvieron caracterizados por una profunda dimensión crítica, y todos fueron realizados sin haber efectuado los pertinentes pases de censura. No fueron los únicos, aunque por distintas razones sí los que sufrieron mayores inconvenientes. El primero de ellos originó un cierto escándalo, bien que local, en Murcia, a propósito de su puesta en escena dentro de uno de aquellos certámenes de teus que se hacían por entonces, en 1959. Noticia hay, y varia, de su representación única para el Jurado, no para el público, aunque finalmente casi se llenara el patio de butacas de espectadores "invisibles", lo cual motivó un famoso editorial en el principal diario de la provincia[4]. El

---

[4] "Un episodio murciano del teatro español de posguerra", de Mariano de Paco, en *Homenaje al profesor Juan Barceló Jiménez*, Academia Alfonso X el Sabio, Murcia, 1989.

segundo de ellos ganó el certamen de teus de zona, por lo que estuvo clasificado para asistir al nacional, que se celebró en Sevilla, en 1965. Una vez allí, fue prohibido terminantemente por orden gubernamental, lo que originó cierto revuelo, como muestra la crónica de *Primer Acto* a propósito de dicho Certamen[5]. El tercero ganó así mismo un Certamen Nacional universitario, en Palma de Mallorca, enero de 1969. Pese a poder representarse en buena parte del territorio nacional, su prevista actuación en el Teatro Lara de Madrid, inaugurando una muestra de teatro independiente, fue así mismo prohibida. Podía hacerse en España, pero no en Madrid, señal inequívoca de que la historia de las cartas comprometedoras no podía evocarse cerca de Palacio.

Pronto la bandera del Valle reivindicativo empezó a ondear por buena parte de los grupos independientes y universitarios, sobre todo, con esas obras que no se hacían en los escenarios profesionales: *Luces de bohemia, Los cuernos de don Friolera, Las galas del difunto, La cabeza del Bautista, Ligazón...* Eran representaciones imperfectas, propias de actores y actrices jóvenes, con pocos y malos decorados, pero llenas de pasión y de intención. En un tiempo en el que empezaban a llegar las teorías de Brecht, Valle era ese autor que queríamos entre nosotros, y que no estaba del todo. Por eso se convirtió en algo más que un dramaturgo: fue el símbolo de una generación, que estaba entre un realismo que no terminaba de convencer (por sus peligrosas relaciones con el costumbrismo) y un nuevo teatro que tampoco terminaba de arrancar. De ahí que los propios *realistas* fueran poco a poco reconvirtiéndose en una especie de valleinclanistas tardíos (*Bodas que fueron famosas del Pingajo y la Fandanga* (Rodríguez Méndez), *Las arrecogías del Beaterio de Santa María Egipcíaca* (Martín Recuerda), *Tragicomedia del Serenísimo Príncipe don Carlos* (Muñiz...), y los nuevos autores, iniciados en el absurdo, tomaran cada vez mayores influencias de don Ramón. Aquí sí que empezó a dejarse notar la huella del autor.

En los setenta Valle-Inclán empezó a asumirse como autor habitual de cartelera. Tamayo, que había iniciado el proceso de mitificación de su imagen escénica, no dudó en perseverar en ella con el montaje de *Luces de bohemia* íntegra, sin quitar ni poner un punto. O, mejor dicho, con un aña-

---

[5] "Un espectáculo fuera de serie", de Ricardo Doménech, en *Primer Acto*, núm. 52, pág. 45.

dido circunstancial: la definición de esperpento de la escena XII, como prólogo en off de la obra, que daba vuelo a esa dimensión mítica del autor, como insistiremos más adelante. Se abría así la década, con el mayor de los esperpentos de Valle en gira por España, y subvencionado además por el Ministerio de Información y Turismo. Junto a él, en Madrid, *Romance de lobos*, en el Teatro Nacional María Guerrero. De esta manera, no había duda de la asimilación que el franquismo hacía de don Ramón, en un verdadero alarde de aperturismo, utilizando un término acuñado por otro ministro gallego, Pío Cabanillas. Se montó también, siempre desde el sector público, *La Marquesa Rosalinda, El embrujado* y, muerto Franco, pero con la transición recién iniciada, *Los cuernos de don Friolera*, nuevamente producida por Tamayo, y *Las galas del difunto* y *La hija del capitán*, dirigidas por Manuel Collado, en el Teatro Nacional María Guerrero. Recordemos que era el mismo espectáculo que, catorce años antes, había prohibido el gobernador civil de Sevilla al TEU de Zaragoza. Para que nada falte, es esta misma década la que alumbra la versión escénica de *Tirano Banderas*, adaptada por Enrique Llovet, por encargo de Tamayo, que nuevamente aparece en el horizonte valleinclaniano.

Nos encontramos, pues, ante un *Valle polifuncional* y versátil, que lo mismo servía para los repertorios comerciales (¡quién se lo iba a decir!) que para experiencias minoritarias. Éstas, dado el despliegue de medios con que se montaba a este autor desde la profesión, empezaron a plasmarse en esos nuevos dramaturgos valleinclanistas que, iniciados a finales de los sesenta, daban ahora sus mejores obras. Estamos hablando de Domingo Miras (*La Saturna, De San Pascual a San Gil*), Miguel Romero Esteo (*Paraphernalia de la olla podrida, Fiestas gordas del vino y del tocino*), Manuel Pérez Casaux (*La familia de Carlos IV, Las hermosas costumbres*), Manuel Martínez Mediero (*Las planchadoras*), Jerónimo López Mozo, Alberto Miralles.., entre otros. Tampoco faltó la experiencia de la innovación escénica, a cargo de un director muy celebrado en ese tiempo por sus famosos montajes de *Las criadas*, de Genet, y *Yerma*, de García Lorca: el argentino Víctor García, que montó *Divinas palabras*, con la compañía de Nuria Espert.

De esta manera entraba Valle en los ochenta o, mejor dicho, en el periodo político gobernado por el PSOE (finales de 1982), que dio un importante giro a la atención de la cultura en general, y del teatro en particular. Sobre todo con la creación del Instituto Nacional de las Artes Escé-

505

nicas y de la Música, el fomento del teatro fue un hecho (ahí están los presupuestos para demostrarlo), y la subida de un público titubeante desde la transición, una realidad. Para no ser menos, claro está, el PSOE no sólo admitió a Valle en sus repertorios, sino que hizo de él bandera como socialista vituperado por las dictaduras. De esa estrategia participó también el nombre de Federico García Lorca. Estos dos autores fueron los buques insignia del Centro Dramático Nacional, dirigido por un joven creador catalán llamado Lluis Pasqual. Pasqual, cuando su compañía es invitada al Teatro de Europa, el Odéon de París, no dudó en montar *Luces de bohemia*, recuperando al actor que lo estrenó con Tamayo en provincias, José María Rodero. Así mismo, en 1986, el INAEM organizaba un Congreso Internacional Valle-Inclán, con motivo del cincuentenario de su muerte, congreso que llevó consigo diversas publicaciones, entre ellas, unas Actas que vieron la luz en 1989. Estamos ante un *Valle institucional*, auténtica vuelta a la tortilla de aquel ignorado de escenarios y seminarios, y propio de un tiempo en el que lo oficial presidía los grandes actos de la cultura del país. Un Valle que, junto a Lorca, marchan hacia la aventura de la clasicidad. Por cierto, que ambos aparecen de alguna manera unidos a la creación de la Compañía Nacional de Teatro Clásico, que se fundó en el mismo periodo, como obedeciendo a una consigna de dignificación de nuestros valores dramáticos autóctonos.

El efecto de institucionalización lo experimenté en el montaje que realicé, en 1986, de *Farsa y licencia de la reina castiza*, dentro de los mencionados actos del Cincuentenario de Valle-Inclán. Si esa misma obra había hecho vitorear a los jóvenes el nombre del autor, en los festivales de teus de los sesenta y setenta, se contempló con terrible frialdad, en los ochenta, en los terciopelos del Bellas Artes madrileño, pese a contar con un digno reparto y escenografía. La lista de montajes subvencionados no paraba ahí. Tamayo cabalgaba de nuevo con *Divinas palabras,* el mismo año, recuperando a su mítica Nati Mistral, ya entrada en años, para la Mari Gaila (nada menos que veinticinco más que cuando la estrenó en 1961). Gerardo Malla adaptaba *Las galas del difunto* al medio andaluz, para poderlo estrenar en el Festival Iberoamericano de Teatro de Cádiz, lógicamente subvencionado. Alfredo Arias, otro ilustre director de escena europeo, dirigía *La Marquesa Rosalinda* para el Centro Dramático de la Generalidad valenciana; y etc, etc. No faltaron compañías independientes con obras de don

Ramón (Julián Romea de Murcia, Orain de San Sebastián, Esperpento de Sevilla...), siempre en la búsqueda de la vertiente menos explorada, de las obras que admitían mayor número de lecturas, y del posible y más novedoso enfoque.

En los noventa, aquella institucionalización sube más peldaños hasta alcanzar lo que yo denomino el proceso de *sacralización de Valle-Inclán*, proceso peligroso donde los haya, por razones que trataremos con posterioridad. Ese proceso de sacralización, que de alguna manera estaba en el primer montaje de *Divinas palabras*, de Tamayo, se refuerza de manera absoluta en los últimos años. Dicho fenómeno lo resumo en los siguientes puntos: a) exageración de los elementos espectaculares intrínsecos en las obras; b) respeto absoluto y excesivo del texto; c) representación de dramas de bajo nivel, no sólo dentro de su producción, sino en el contexto del teatro español del siglo XX; y d) ausencia de un canon fiable de representación para, a partir de él, iniciar el camino de liberar a Valle-Inclán de tópicos como el tenebrismo, el humor negro y hasta el esperpentismo. Esta última consecuencia es la que más preocupa, ya que, mal que nos duela, el canon más próximo sigue estando cerca de Tamayo, y en la mezcla de estéticas a que somete sus procesos de montaje. Pero esta reflexión la dejaremos para el final.

Los noventa, pues, suponen la sacralización de don Ramón, cosa que no es negativa en sí, sino en sus consecuencias. Un ejemplo: hacer completas las *Comedias Bárbaras* no está nada mal, pero adaptarlas para hacerlas llevaderas (en metraje, en reducción de personajes, en libertades expresivas discutibles) es peor. Y conste que las dirigidas por José Carlos Plaza, en el María Guerrero, suponen uno de los modelos más nobles que, en mi opinión, se han presentado en los últimos años. Estamos hablando de unas obras en las que, precisamente, sus aspectos míticos permiten parangonarse con los del propio autor: don Juan Manuel Montenegro, la geografía gallega utilizada, el idioma castellano entre irónico y blasfemo. Peor remedio tiene cuando ese afán de globalizar a Valle llega a *Martes de carnaval*, con obras que, entre sí, apenas tienen que ver, y cuyo montaje no supone más que un reto, un más difícil todavía, y un esperar que las espaldas de don Ramón pueden con todo. Y no es verdad. No pueden con los excesos, y *Martes de carnaval* es un exceso, en el escenario. Y más cuando no se comprende, en sus aspectos dramatúrgicos, una pieza tan irregular como *La hija del capitán*, que además es la última de la trilogía, lo que desespera más al espectador. O cuando se llega a insistir en *Tirano Banderas* (Lluis Pasqual, 1992), cuando la versión de Llovet dejaba a las claras el enorme reduccionismo a que se ve sometida una novela así en su paso a la escena. Por muy teatral que sea, que bien que lo es. O cuando se monta *El yermo de las almas*, obra que nadie en el mundo tenía interés de ver sobre un escenario, más que los que la hicieron en el María Guerrero. Todo esto es demasiado. A Valle no se le puede pedir más de lo que es. Y queremos que sea Shakespeare, y Esquilo, e Ibsen, incluso Arrabal. Todos en uno, que es mejor.

Alguna reciente experiencia deja grato sabor, no obstante, en medio de esta profusión valleinclaniana: experiencia que acentuaba, más que los aspectos míticos, los rituales, propios de un teatro de corte tribal, en donde las pasiones y los afectos van por encima de cualquier consideración. Es la forma como quizá Valle entendió su *Retablo de la avaricia, la lujuria y la muerte*, puesto en escena por José Luis Gómez, en el Teatro de la Abadía de Madrid, en 1995. Una completa comprensión del texto, sin darle ni quitarle, hacía el resto. Y con actores jóvenes, que habían entrado perfectamente en la magia de ese teatro. Sólo una discutible ordenación del espectáculo llevaba a terminar con la peor pieza del conjunto, teatralmente sobre todo, que es *Sacrilegio*. Un trabajo de tanta altura no debía haber concluido con *Sacrilegio*, por mucho que ésta figure al final de la edición. También está en el libro *El embrujado* y fue suprimida para dicha representación.

Este repaso a la trayectoria de Valle-Inclán en las últimas décadas y, de alguna manera, a su recepción, no puede ser considerado en tanto que periodos cerrados. Las distintas imágenes que don Ramón ha ido ofreciendo desde los escenarios también se ondulan con el ringo rango rítmico del tango. Y cosas aparecen y desaparecen. Y surgen para no volver a saberse más de ellas. Y otras se repiten hasta la saciedad. Ya hemos dicho que el proceso de sacralización, por ejemplo, había comenzado mucho antes. Aunque nunca como ahora lo tenemos más presente.

2.   Itinerario escénico-dramático de *Divinas palabras*

Para que el proceso de análisis de la imagen escénica de Valle-Inclán no sea sólo desde el plano de la emisión, entraremos en el de la recepción tomando como ejemplo central, pero no único, su obra *Divinas palabras*.

Y lo hacemos por ser el último estreno, o reposición, que se ha producido en el terreno de la puesta en escena de obras de Valle-Inclán, realizado además desde Madrid y desde provincias[6]. Así mismo, dicha obra cuenta con una considerable historia de su representación. Vamos a centrarnos, pues, en la imagen teatral de nuestro autor, a través de lo que nos ha ido ofreciendo esta "tragicomedia de aldea".

No conocemos la primera versión de Tamayo, de 1961, pero sí la que, diez años después, montó para la Campaña Nacional de Teatro, con idéntico decorado y similar comportamiento escénico que aquélla, a tenor de la información gráfica y oral recibida. Cambió, entonces, la actriz que interpretaba a Mari Gaila, pues el papel pasó de Nati Mistral a Mari Carrillo. Estábamos ante un cierto canon de representación, con elementos espectaculares, amplio reparto, tratamiento coral y escenario caracterizado por una serie de pequeñas rampas y desniveles, puntualizados en los diferentes *cuadros* por elementos de atrezzo y proyecciones. La luz, contrastada y vertical, confería cierto tenebrismo, sobre todo en los espacios interiores. Como detalles, que hacen referencia a esa época, señalemos la ausencia de desnudez de Mari Gaila en la escena final (reclamada por el texto), y la caracterización naturalista del conjunto. En idéntica línea se mostró la segunda versión, en 1986, en el mismo Teatro Bellas Artes, y con la misma actriz que lo estrenó, la citada Nati Mistral. Las características del montaje seguían siendo la presencia de elementos corpóreos, luces contrastadas, interpretaciones naturalistas salvo ciertos tintes expresionistas de las escenas más emotivas. Con todo, el paso del tiempo afectaba notablemente a una representación que se mostraba sin emoción alguna, sin imaginación, sin chispa, y absoluta confianza en que el texto, y sus sugestivas situaciones dramáticas, harían el resto. Nada de eso pasó, sino que el público prestó escasa atención a la obra, y ni el Cincuentenario, ni la propia tradición de *Divinas palabras* en el citado Teatro Bellas Artes sirvieron para animar la taquilla. En ese momento, con Valle-Inclán en la cima de la popularidad intelectual y escénica del país, y el recientísimo éxito de *Luces de bohemia* en el Centro Dramático Nacional, achacamos a la propia representación, y a un Tamayo entrado en años, las causas de una tan fría aceptación y recepción.

---

[6] Me refiero a la reposición de *Divinas palabras*, otoño de 1998, dirigida por José Tamayo, en el Teatro Bellas Artes, de Madrid, y a la producción de Atalaya Teatro, dirigida por Ricardo Iniesta, en gira desde ese mismo año.

A tres semanas escasas de su nuevo estreno, en 1998, nos encontramos con otra versión de la "tragicomedia de aldea", en el mismo teatro y por el mismo director. ¿Por qué otra vez *Divinas palabras*, cabría preguntarse ante todo? No es extraño que los directores escénicos vuelvan, de tiempo en tiempo, a revisar obras ya realizadas sobre las que, como creadores, puedan añadir o quitar aquello que la experiencia acumula. Pero, ¿*Divinas palabras*? Está claro, por los datos aportados, que Tamayo ha tenido siempre cierta predilección por este texto que, no olvidemos, sirvió de lanzamiento a su empresa en el Teatro Bellas Artes. Volver a él es, evidentemente, una prueba de confianza total y absoluta en la obra y en su significación. Tal regreso ha sido, esta vez sí, modificando ciertos elementos, a causa, diríase, de la modernidad. Ha pretendido hacer, parece entenderse, una producción más viva, más colorista, de unas *Divinas palabras* que se le había muerto entre las manos doce años antes. Como propuesta, consciente o inconsciente, aporta el elemento de mezcla: un nuevo escenógrafo, José Lucas, pinta con tintes vivos y trazo grueso una base decorativa que es el portón de la iglesia cuya sacristía regenta Pedro Gailo. Imágenes que rodean el escenario e inundan el patio de butacas, con dos inmensas figuras, a modo de monstruos o gigantes, curiosamente firmadas por el artista. Es decir, estamos ante el regreso al elemento pictórico, de textura goyesca, o solanesca, en un decorado que apuesta por la brocha y el pincel, al que se le suma la proyección, de corte más figurativo. De esta manera, el montaje proporciona el primero y más evidente de los contrastes: la mezcla de lo expresionista con lo figurativo (pues también lo son, los elementos de atrezzo que se utilizan). No contento con tal contraste, los intérpretes se dividen también en dos bandos: los que se balancean en un peculiar naturalismo, bordeando con eficacia la actuación exteriorizada (caso de Mari Gaila, Pedro Gailo y Marica del Reino, entre otros), y los que parecen hacer el esperpento, es decir, que la exteriorización alcance extremos guiñolescos (el Ciego de Gondar, Miguelín el Padronés, el Baldadiño, algunas de las vecinas, etc). Unos van maquillados hasta el disparate (como salidos de los violentos trazos del propio decorado); otros, parecen llegar directamente de la calle sin pasar por el camerino. Mezcla. Falta de unidad, o de criterio. Por cierto, entre los intérpretes del sector naturalista destacaríamos al perro que hace el papel de Coimbra: excelente en su adiestramiento.

Esa mezcla de verdad y de mentira, que así contada hasta parece tener su atractivo, en el escenario es un ir y venir, un no saber qué quieren y qué pretenden, un ilustrar de forma irregular el texto, una ausencia de interpretación, por parte de la puesta en escena. Que es precisamente lo que falta en el teatro de Valle-Inclán: interpretarlo y no ilustrarlo.

En ese sentido ilustrador, y no interpretativo, cabe añadir una última característica de esta tercera versión de Tamayo: la decidida apuesta por respetar el desnudo de Mari Gaila, en esta ocasión integral, como se dice, aunque no sé si correctamente mantenido, no por la actriz, sino por la propia dirección. Treinta y siete años después, Tamayo ha decidido desnudar a Mari Gaila. Ese tan español pasar de un extremo a otro, de la nada al todo, hace que también Séptimo Miau, en su habitual encarnación como Macho Cabrío, luzca también sus desnudeces en una escena difícil donde las haya, y a la que sólo faltaba el figurativismo del sexo, y de los cuernos, para llevarla al borde de lo irrisorio.

¿Qué ha avanzado en esos treinta y siete años *Divinas palabras*? Poco o nada. Y conste que no estamos hablando de una obra de dudosa teatralidad, como otras de don Ramón. *Divinas palabras* es una completa tragicomedia, excelentemente planteada en sus aspectos dramatúrgicos, con un mejor desarrollo de las acciones que acompañan a la principal (el deseo o fascinación de una mujer por salir de la mediocridad circundante), que desemboca en un final rotundo y teatralísimo. Tampoco estamos hablando de pésimas propuestas escénicas, sino de representaciones que no están a la altura del texto, en nuestra opinión. Y a ello coadyuva el citado concepto de sacralización que, en el actual montaje de Tamayo, alcanza su máxima expresión: el público, al entrar en la sala, ve una imagen de don Ramón proyectada en el telón, presidiendo la antefunción. De verdad que ganas dan de santiguarse ante aquélla, y hasta rezar una oración por su alma. Pero no vayamos a creer que tal elemento no cumple una importante función en la recepción del texto. Elevado así a los altares teatrales, el escenario (la empresa) parece gritar al espectador:

> — "Vais a ver una obra de Valle-Inclán, ignorantes, el más grande dramaturgo de nuestro siglo, ¿sabéis? ¡Os tiene que gustar a la fuerza o, si no, es que no entendéis nada de nada!".

Craso error. El público de hoy permanece impasible ante todo. No le valen prendas ni historias. Aplaude lo que le gusta (aunque sea malísimo) y sale, palmeando flojo y poco, cuando no. Me maravilla comprobar qué escasos resortes emocionales despierta hoy *Divinas palabras*.

Parecida recepción, y por razones totalmente distintas, ofrece otra versión de *Divinas palabras*, programada en provincias al tiempo que el referido montaje del Teatro Bellas Artes madrileño. Se trata de la producción de Atalaya Teatro, de Sevilla, bajo la dirección de Ricardo Iniesta. La diferencia entre el referido montaje de Tamayo y éste es notoria. Mientras que aquél ilustra, mezcla, obvia cualquier tipo de criterio, éste propone una lectura férreamente expresionista, tanto, que todos los personajes alcanzan niveles de muñecos de exagerada articulación: Pedro Gailo es un pelele encorvado, que busca en el fragor de su garganta la edad y la composición grotesca que el joven actor no tiene; Mari Gaila aparenta ser una aspaventosa muñecona de movimientos acompasados y rígidos, de voz chillona; la Tatula y Marica del Reino multiplican los efectos guiñolescos; el Baldadiño es un pelele que no cesa de moverse, maquillado hasta la exageración; y así todos. Es decir, Iniesta plantea una mirada del esperpento a través de una evidentísima grotesquización, que alcanza, en sus momentos más brillantes, a la composición de los grupos, perfectamente acabados, bajo unas luces espléndidas, y sumamente contrastadas. Esta proposición es causa y efecto a la vez, del sistema de producción. Con nueve intérpretes tienen que representar toda la tragicomedia, de manera que actores y actrices cambian continuamente de papel. Un ejemplo: Séptimo Miau, que en la penúltima escena se lleva a un cañaveral a Mari Gaila para pecar, es uno de los gañanes que la vocean, persiguen y llevan desnuda hasta la Iglesia de San Clemente. Por muy bien que efectúe el *doblete*, no deja de romper el esquema entre actor y personaje; y esto es algo que se repite en la representación. Aunque, en puridad, no debería estorbar el sistema de composición (digamos que) esperpéntico que propone el director. El problema está en aceptar que eso es el esperpento, porque, sin más remedio, aunque visualmente sea bello, dramatúrgicamente es equívoco. Señalemos una evidencia: los personajes pierden su entidad. Ni Pedro Gailo transmite esa tragicidad del marido engañado (la escena de la borrachera con su hija Simoniña es pura gritería; carece de matices), ni Mari Gaila sugiere esa enorme sensualidad que la hace proclive al hombre, ni Séptimo Miau da más allá de un espléndido porte, ni la Tatula es más que una simple y exagerada mujeruca. Los gritos generalizados ocasionan que, por regla general, el texto no llegue con evidencia. *Divinas palabras* es algo más que todo esto, aunque, en efecto, haya en el trabajo de esta compañía una apuesta seria y rigurosa por una determinada estética. Apuesta que pasa por una escenografía curiosa, compuesta por varios carretes de madera, o rulos, de diversos tamaños, que sirven (uno encima de otro) de iglesia, de carrito del idiota, de mesa, etc. Se trata de un elemento aglutinador del marco escénico, que recuerda —cada uno en su peculiaridad— el conjunto de órganos con que Víctor García llenó de estruendos el escenario, veinte años atrás.

En mi opinión, repito, este montaje responde a un intento de ofrecer para don Ramón un lenguaje cerrado y específico, y Ricardo Iniesta lo lleva hasta el último extremo. Lo que es discutible es que tal propuesta sea adecuada para nuestro autor. Valga como nota curiosa, y dentro de una muy bella estampa, que por primera vez he visto que el Macho Cabrío no lo haga el actor que interpreta a Séptimo Miau, como sucede habitualmente, en clara referencia a que el demonio, para la Gaila, es la propia imagen del galán. En esta ocasión, el diablo aparece rodeado de una turbamulta de brujas (actrices con los torsos desnudos) que evolucionan como en plena reunión de hechiceras, siendo aquél representado por un actor que dobla papeles menores. Como curioso es que, en determinadas ocasiones, los intérpretes digan al público parte de las acotaciones del texto (en el marco de una escenografía tan alegórica, evidentemente sirve para situar la acción), con una naturalidad tan absoluta que contrasta con la exageración del resto.

3.   Hacia una actual y difícil recepción valleinclaniana

Los dos ejemplos analizados (fría y convencional puesta en escena de *Divinas palabras*, en el Teatro Bellas Artes; y más innovadora versión, pero falta de contenido, de la misma obra por Atalaya Teatro), junto a otros casos mencionados, evidencian la actual difícil recepción de la obra de Valle-Inclán. Y ello es así, a pesar de los muy diferentes sistemas de producción: la primera, con nombres conocidos en el cartel, y circuito plenamente comercial; más minoritaria, por su carácter alternativo, la segunda. La recepción sigue siendo difícil haya o no haya público. La reciente versión de *Luces de bohemia*, hace apenas dos temporadas —otra revisión de

Tamayo de su éxito de principios de los setenta—, tampoco despertó interés alguno. La vi un día de Navidad, con el Bellas Artes prácticamente lleno, y me sorprendió no escuchar ningún aplauso en los oscuros entre cuadros. No es que los actores fueran geniales, pero tampoco tan malos para que la reacción ante, por ejemplo, el final de la Escena VI, fuera tan fría: nadie movió un dedo. Miraba a los espectadores que estaban a mi lado y les decía (mentalmente): "¿qué os pasa? ¿no os conmueve la traicionera muerte de este anarquista? ¿os da lo mismo?".

Frío. Eso es lo que siento a mi alrededor cuando veo estos últimos años a Valle-Inclán. Comprendo que no son los montajes que mi mente leyera, cuando conoció tiempo atrás esos textos; creo que los actores también tienen alguna culpa; entiendo que la frondosidad del espectáculo suele tapar la intención de los contenidos; pero algo pasa con don Ramón que no sucedía ayer. Los montajes emblemáticos de esta década de los noventa (*Comedias Bárbaras, Tirano Banderas, Martes de Carnaval, Luces de bohemia, Divinas palabras*) no poseen esa emoción que reclamaba el autor, y que la equiparaba a ciertas suertes del toreo. Una emoción que sí tenían (con mejor o peor realización) en otro tiempo. Quiero creer que, para las nuevas generaciones de espectadores, Valle ha perdido valores coyunturales que tenía hace algunos años; al tiempo que, aquellas anteriores generaciones, inmersas en el estúpido concepto de la sociedad del bienestar, y sin perder de vista la no menos reaccionaria idea de lo políticamente correcto, se sienten menos cómodas con las periclitadas denuncias del poeta de Vilanova de Arousa. A final de siglo, Valle aparece como un genial escritor, que tuvo la tendencia de teatralizar la mayor parte de su literatura, y que ofrece el más anárquico y desigual aporte dramático de los últimos tiempos.

Quizá los noventa, y lo dejo en la incertidumbre de quien pisa salas y escenarios recién pintados, tengan para don Ramón la desgracia de soportar una absurda y banal sacralización, tras recorrer su institucionalización, su versatilidad, su postrer descubrimiento y correspondiente fascinación. Pero si eso es así, los noventa aportan también un empezar a situar las cosas en su sitio. Por ejemplo, que no todas las comedias, autos, farsas y esperpentos son magníficos, por el mero hecho de estar por él firmadas. Por ejemplo, que aún no se ha encontrado un canon del que partir, aunque sea para destruirlo e ir en su contra. Por ejemplo, que pese a todo, su presencia en los escenarios despierta siempre algo más que curiosidad.

Valle-Inclán (1898-1998): Escenarios
Universidade de Santiago de Compostela, 2000: 515-535

Ponencia de clausura

VALLE-INCLÁN DESDE EL 98

RODOLFO CARDONA
Boston University

El título es, a posta, ambiguo ya que puede entenderse de dos maneras: Valle-Inclán a partir de 1898 o, Valle-Inclán desde la perspectiva de la generación del 98. Trataré ambas acepciones. Necesitaba esa visión binocular. Empezaré por la segunda, la de Valle-Inclán y su obra desde la perspectiva del año del desastre y la del grupo de escritores llamado generación del 98.

I

Un examen del utilísimo libro de Javier Serrano Alonso, *Artículos completos y otras páginas olvidadas* (1987), nos muestra rápidamente que si bien Valle-Inclán tocó temas históricos y políticos en artículos del año 1892, a partir del 8 de junio de ese año no vuelve a tratar esos temas y nada publicado en el año 1898 ni inmediatamente después refleja en absoluto el Desastre. Su única vinculación generacional consiste en algunos artículos (reseñas más bien) publicados en la revista *Electra* que había fundado un pequeño grupo de escritores, más tarde agrupados por Azorín bajo la rúbrica de "generación del 98". Se ha dicho que esta revista fue el órgano publicitario de dicha generación, lo cual mostraría cuán breve fue la duración de cualquier acción comunitaria, ya que salieron sólo siete números. Creo entonces firmemente, como Ricardo Gullón (1969), que "[...] la invención del 98 por Azorín [es] el suceso más perturbador y regresivo de cuantos afligieron a nuestra crítica en el presente siglo". Y citando a Simeón

Julepe os digo, "No asustarse, vecinos. Es el credo moderno". En efecto, hay un fuerte movimiento revisionista en cuanto al concepto de generaciones literarias, en general, y al de "generación del 98" en particular. Se prefiere hablar en otros términos más congruentes con la crítica literaria actual. Y, además, Valle-Inclán no tiene vela en ese entierro. Tanto es así que Pedro Salinas (1947) tuvo que recurrir a aquello de que don Ramón era "hijo pródigo del 98" porque sólo a partir de 1920 aparece en su obra la crítica de España, lo cual no es del todo cierto. Hay que admitir que ni la crítica literaria ni el propio Valle-Inclán van ganando nada con aceptar el concepto de una generación literaria específicamente española, ni con la inclusión de nuestro autor en ella, particularmente si hay que meterlo con calza.

No soy el primero ni el único en excluir a Valle-Inclán del grupo de autores de la generación del 98. Ya desde 1924 Frederick Krüger, en un artículo publicado en la revista alemana *Iberia*, excluía a don Ramón, a Antonio Machado y a Juan Ramón Jiménez de esta generación por considerarlos modernistas. Uno de los más recientes, don Alonso Zamora Vicente (1991), termina la conferencia que pronunció en el Ateneo de Madrid con motivo del Homenaje a Valle-Inclán en noviembre de 1988, con las siguientes palabras:

> No, no podemos pensar en un Valle-Inclán noventaiochista por simples consideraciones de clima histórico y de cronología con sus compañeros de vida literaria. Valle vivió la literatura en ejercicio, vivió siempre en libro, como buen modernista (39).

Y añade que piensa

> [...] que tendremos que volver a partir del modernismo, de clasificarlo en ciertas zonas y olvidarnos del concepto 98, que es ante todo político, gubernativo, militar; lo que Vds. quieran. No, Valle-Inclán, espíritu alerta en vilo, no estaba parado en el 98. Va mucho más adelante (39).

Por eso creo que vale la pena examinar las tendencias literarias y artísticas que se introdujeron con el Modernismo en Occidente. El término es amplio y tal vez vago para un movimiento que se manifiesta durante las últimas décadas del siglo XIX y que tuvo amplia influencia internacional durante gran parte del siglo XX.

Las tendencias modernistas se manifestaron y fructificaron en diferentes momentos según la situación geográfica. En Francia, por ejemplo, se inicia durante la década de los 80 y dura hasta el inicio de la segunda guerra mundial. En Rusia el auge empieza en los años anteriores a la Revolución y alcanza su culminación en los años 20 cuando el régimen le pone coto; en Alemania, hacia 1890 y se extiende hasta la segunda década del siglo 20. En Inglaterra, hacia los inicios del siglo 20 y se extiende durante las décadas de los años 20 y 30[1]. En España, según el concenso de los críticos, entra con Rubén Darío; es decir, que viene de Hispanoamérica, y trae consigo la influencia francesa; y la fecha designada por la crítica para su comienzo es la de la publicación de *Azul* de Rubén, el año 1888 (el mismo en que nace Ramón Gómez de la Serna, el primer vanguardista español).

En cuanto al Modernismo hispánico, hay opiniones divergentes. Por un lado la *Enciclopedia Princeton de poesía y de poética* (1965), bajo la rúbrica "Modernism" se refiere únicamente [traduzco del inglés] al "Movimiento de las letras hispánicas que empezó en la década de 1880 en Hispanoamérica, mezclando influencias españolas, francesas y de otros países en la creación de una nueva dicción poética" (527-28). Por otro lado, en el muy reciente libro *Los primeros modernistas* de William R. Everdell (1997), éste excluye el movimiento Modernista en las letras hispánicas por considerar que en él sólo hay una mezcla de los decadentistas franceses y de simbolistas como Verlaine (7, 104, 363 n 21, 375 n 1). De modo que todo o nada. O el Modernismo se da *únicamente* en las letras hispánicas, o se da en la literatura Occidental *menos* en las letras hispánicas. El problema es mucho más complejo, obviamente, y este no es el momento apropiado para resolverlo.

Me parece útil, sin embargo, mencionar que el Profesor Frank Kermode (1968, 8-10) al estudiar el Modernismo en Occidente distingue dos momentos característicos que él denomina paleo-Modernismo y neo-Modernismo. El primero se refiere a las iniciales manifestaciones modernistas hasta más o menos los años 1914 a 1920; mientras que el segundo empezaría hacia 1920, es decir que corresponde al período de entreguerras cuando el Modernismo entronca con la primera vanguardia.

---

[1] Para estos datos he utilizado el manual *Dictionary of Literary Terms and Literary Theory* (1991).

Ahora bien. Con respecto a la literatura, el Modernismo revela una ruptura con las reglas establecidas, las tradiciones y las convenciones que dominaban hasta casi finales del XIX. Trae consigo una nueva y fresca visión de la posición y función del hombre en el universo y, especialmente, un deseo de experimentar con la forma y el estilo. Se preocupa particularmente de la lengua y su utilización y de la escritura en sí misma. Estas, entonces, serían las tendencias generales de este Modernismo Occidental. Pero el Modernismo está ligado, dependiendo del momento y del lugar, con otras tendencias como la decadencia, el simbolismo, el dandismo (que afectan sobre todo el período que Kermode denomina paleo-Modernismo). Pero si hablamos del neo-Modernismo, las tendencias que notamos serían: el constructivismo en Rusia, el dandismo y el surrealismo especialmente en Francia (aunque existen manifestaciones del primero en Inglaterra y en España); el expresionismo (en Alemania y en los países nórdicos, aunque también se han encontrado manifestaciones en España); el futurismo en Italia; el imaginismo, el ultraísmo y el vorticismo (en los países angloparlantes, aunque yo he escrito sobre la coincidencia del imaginismo con las greguerías de Gómez de la Serna y, como todos sabemos, hubo ultraístas españoles e hispanoamericanos bajo los liderazgos de Cansinos-Assens y de Borges).

La avisada concurrencia a esta conferencia ya habrá notado las coincidencias que pueden apuntarse entre las tendencias paleo y neo modernistas y las dos épocas en las que la crítica ha querido encajar la obra de Valle-Inclán: la época propiamente modernista de *Femeninas* y de las *Sonatas*, con su decadentismo y su dandismo, y la época esperpéntica, hacia la cual hay momentos de transición, como sucede con las tendencias expresionistas que se han apuntado en las *Comedias bárbaras*. De todos modos, todas las estéticas de Valle-Inclán, para repetir el título del libro de Díaz Plaja (1965), son *una* estética: la modernista. Es decir que desde una amplia perspectiva occidental, las diversas tendencias que se han apuntado en la obra de don Ramón, coinciden con el Modernismo que evoluciona y produce diversas manifestaciones en diferentes momentos y lugares geográficos.

Podemos concluir, entonces, que el concepto de una generación del 98 exclusivamente española no compagina con lo que sucede en esa época en el resto de Europa. Lo que sucede en España, al margen de cualquier preocupación que pudo existir en un momento dado por el Desastre, es simplemente reflejo de lo que la Modernidad produjo en Occidente. En otro contexto he hablado de un momento específico en el cual los jóvenes intelectuales aceptan el liderazgo de Galdós y bajo la bandera de *Electra,* la obra estrenada en enero de 1901, se lanzan furiosamente en un ataque al *establishment* y, sobre todo, a la hegemonía clerical y al militarismo. Tal movimiento existió y aglutinó a un grupo de escritores en quienes Azorín quiso ver una generación literaria que él denominó del 98. La acción conjunta de este grupo duró muy poco y cada uno, artísticamente hablando, estableció campo aparte. De ahí las protestas de Baroja (1924, 33-59) en contra de la idea de Azorín. Pero a la crítica literaria le convienen las etiquetas y la de la "generación del 98" se ha pegado a nuestos libros de crítica y a nuestras *mentalitées* como una goma de mascar en nuestro zapato. Creo yo, como Zamora Vicente, que es hora de echar a un lado la idea azoriniana de una generación española del 98 y la de Salinas de que Valle-Inclán es hijo pródigo de ésta. Don Ramón, de una forma personalísima, asume las tendencias modernistas en sus diferentes momentos, mostrándonos una cara decadentista que coincide, además, con su dandismo personal de esa época, un simbolismo profundamente teorizado en su *Lámpara maravillosa,* que produjo esas obras de teatro en que algunos han querido ver la influencia de D'Annunzio[2] y otros la coincidencia con los dramaturgos irlandeses Synge y Yeats; más tarde, o casi simultáneamente en sus dos primeras *Comedias bárbaras,* se manifiestan tendencias expresionistas y, finalmente, a partir de 1920, el esperpentismo de sus obras de teatro y de sus novelas del *Ruedo ibérico* y de su magistral *Tirano Banderas.* Lo carnavalesco (pienso, aunque no esclusivamente, en *Tirano*) y el fragmentarismo en estas últimas obras narrativas, se podría argüir que apuntan ya hacia la postmodernidad, según la la idea de Lyotard (1984) de que "El fragmento es símbolo de nuestra condición y de nuestra autenticidad" (81). Pero no. Valle-Inclán, auténtico modernista, adora la unidad. Sus fragmentos son más bien identificables con los objetos de una pintura cubista en la que "...las líneas y planos... aislan y conectan los motivos cuotidianos que manipulan..." (37-39)", como ha dicho Roger Shattuck (1984) al escribir sobre el fragmento moderno en su obra *El ojo inocente.*

---

2 Ver, entre otros, Fernando Lázaro Carreter, "De Valle de la Peña a Valle-Inclán" en *Valle Inclán y el Fin de Siglo,* pp. 32-35.

En fin, si no hay una constante estética en las obras de Valle-Inclán es porque el movimiento al que él perteneció, el Modernismo, tampoco la tuvo. Pero no es necesario recurrir al concepto de una generación española del 98 ni a la idea de una entrada tardía en ésta para explicar la evolución de su estética. Si estudiamos la obra de Valle-Inclán desde la perspectiva del 98 estamos ofuscando y no aclarando su contribución originalísima a las letras españolas. Me parece mucho más útil considerar a nuestro autor dentro del concepto "Fin de Siglo," como se hizo aquí en Santiago en 1995 al organizar el Congreso Internacional "Valle-Inclán y el Fin del Siglo"[3]. En este sentido me parece capital la contribución del profesor Hans Hinterhaüser "Valle-Inclán, autor de fin de siglo," publicada en las actas de dicho Congreso (1997).

Conviene mirar rápidamente cómo entendió Valle-Inclán el Modernismo, especialmente en esos tres textos considerados clave. En el Congreso arriba mencionado, Javier Serrano Alonso presentó un trabajo exhaustivo sobre "La poética modernista de Valle-Inclán" (*Valle Inclán y el Fin de Siglo*), donde se pueden encontrar los textos que aquí cito y algunos más. En el primer texto nos dice:

> La condición característica de todo el arte moderno y muy particularmente de la literatura, es una tendencia a refinar las sensaciones y acrecentarlas en el número y en la intensidad. Hay poetas que sueñan con dar a sus estrofas el ritmo de la danza, la melodía de la música y la majestad de la estatua.

Estas ideas entroncan con las de los simbolistas franceses cuyo precepto, expresado por Verlaine fue *"la musique avant toute chose"*. Luego agrega Valle-Inclán: "...no creo más que en la belleza. Sobre todas las cosas bellas amo la música, porque es una fragancia de emoción [...]. Odio el

---

[3] Se puede hablar de una "generación europea del 98, compuesta por escritores nacidos poco antes o después de 1870, entre quienes podríamos contar a Marcel Proust, André Gide, Charles Péguy, Francis Jammes, Thomas y Heinrich Mann, Ivan Bunin, Benedetto Croce, Luigi Pirandello, James Joyce, los poetas Paul Claudel, Paul Valéry, William Butler Yeats, Stephan George, Reiner Maria Rilke, y los escritores españoles que solemos incluir bajo esa fecha. Pero esa fecha tendría sentido histórico sólo válido para España, por lo cual es preferible el concepto de "Fin de Siglo."

palacio frío de los parnasianos. [...] que en el vocablo haya siempre un sub-vocablo, una sombra de palabra, secreta y temblorosa, un encanto de misterio". Todo lo cual continúa la línea simbolista.

En el "Prólogo" a *Sombras de vida* manifiesta que

> ...la adulación por todo lo consagrado, esa admiración por todo lo que tiene polvo de vejez, son siempre una muestra de servidumbre intelectual, desgraciadamente muy extendida en esta tierra. Sin embargo, tales respetos han sido, en cierto modo, provechosos, porque sirvieron para encender la furia iconoclasta que hoy posee a todas las almas jóvenes. En el arte, como en la vida, destruir es crear.

Más tarde añade algo que repetirá sobre sí mismo en el prólogo a la segunda edición de *Corte de amor* de 1908:

> "El autor de *Sombras de vida* ha hecho su profesión de fe modernista: buscarse en sí mismo y no en otros". Y dice luego que "advertimos en los escritores jóvenes más empeño por expresar sensaciones que ideas" advertencia que ampliará en el texto de 1908. Haciendo eco a las "correspondencias" de Baudelaire, declara que "Esta analogía y equivalencia de las sensaciones es lo que constituye el Modernismo en la literatura". Esta equivalencia se convertirá fácilmente en su idea de la "armonía de contrarios" que tiene tanta importancia no sólo en su obra, sino también en la estética de los pintores modernos como Seurat.[4]

En 1908, en el "Prólogo" a *Corte de amor* repetirá mucho de lo que escribió en 1903 para Melchor Almagro de San Martín y termina con la siguiente advertencia:

> Las historias que hallarás en este libro tienen ese aire que los críticos españoles suelen llamar decadente, sin duda porque no es la sensibilidad de los jayanes.

En su conferencia en Buenos Aires en 1910, comienza diciendo:

---

[4] Desde 1881 Seurat había empezado a asimilar las teorías de Michel-Eugène Chavreul, cuyo mensaje más importante era que los pintores deberían combinar colores en una "armonía de contrastes." (Everdell, 71).

> ¡Modernismo! ¿Esa palabra que el antediluviano megaterio lanzó un día, qué significa? El modernismo en las fauces del megaterio fue algo como una excomunión y un insulto.

Como ha apuntado Frank Kermode (1968,1), "...'moderno' [en la crítica coetánea] parece significar algo no del todo agradable y perturbadoramente a contrapelo con las cosas como solían ser".

Y luego añade Valle:

> El modernista es el que busca dar a su arte la emoción interior y el gesto misterioso que hacen todas las cosas al que sabe mirar y comprender [en forma muy similar define Ramón sus "greguerías"]. [...] es [continúa] el que siguiendo la eterna pauta interpreta la vida por un modo suyo, es el exégeta. El Modernismo sólo tiene una regla y un principio: ¡la emoción! [...] la emoción no es el sentimentalismo. [...] La emoción es una razón suprema que varía según las artes... Pero es una en la línea, en el color y en el ritmo exuberante de nobleza y de originalidad.

Y en 1903 Valle-Inclán había definido el Modernismo como "un anhelo de personalidad" (Serrano Alonso, 68).

No creo que don Ramón se retractara de ninguna de esas ideas en su *Lámpara maravillosa*. Al contrario, las amplifica y exprime de ellas toda su significación estética. Ni tampoco, en su escencia, en la llamada última etapa de su obra en la que la emoción continúa como razón suprema aunque esa emoción sea inspirada por sensaciones de otro orden.

II

Comencemos de nuevo declarando que Valle-Inclán es Modernista no sólo dentro de lo que este movimiento significó para el mundo hispánico de las letras, sino dentro de la más amplia acepción de este término tal y como se ha definido anteriormente para el mundo Occidental. Por otra parte, está plenamente documentada su devoción por Rubén Darío y la influencia que tuvo el poeta nicaragüense sobre el primer Valle-Inclán. Según Domingo Yndurain (1991, 48) esa influencia (sobre todo de *Prosas profanas)* es fundamental y "se produce en Valle-Inclán a partir del año 13-14, es decir [desde] *La marquesa Rosalinda*...y todo este tipo de tablados de arlequines y marionetas". Más tarde se van manifestando otras tendencias que caben dentro de lo que Kermode llamó neo-Modernismo; por ejemplo, como ya hemos indicado, el expresionismo de sus *Comedias bárbaras* y luego su esperpentismo.

Cuando hacia 1920 presta atención a la historia de España, lo que hace que Salinas lo declare "hijo pródigo del 98," tenemos que tener en cuenta que Valle-Inclán ya se había ocupado antes de la historia de su país en, por ejemplo, *Sonata de invierno* y en las novelas de la Guerra Carlista, de modo que, en principio, no hay ninguna novedad. Lo que es nuevo es que la historia en la que se fija corresponde más exactamente a la época vivida por él y la postura política que constituye su punto de mira es una postura que aparenta un viraje de 180 grados. Pero fijémonos bien en ese cambio de postura para saber si es real o aparente.

Margarita Santos (1997, 54) ha documentado, en su excelente libro *Valle-Inclán*, el compromiso carlista de don Ramón, "militancia que alcanza su punto culminante entre 1910 y 1912...". Pero inmediatamente aclara que esta actitud militante es conyuntural. "[...] a raíz del conflicto que dividió a los carlistas en germanófilos y aliadófilos..". Valle-Inclán abandona "su actividad política, pero no su visión tradiccionalista de la vida, que no se desmiente ni siquiera cuando parece estar en las antípodas ideológicas [...]. Ello revela," añade Santos, "mayor continuidad y coherencia en la trayectoria ideológica de don Ramón, que todavía en 1924 en una carta escrita a Gómez de Baquero habla abiertamente de su tradicionalismo". Y no hay que olvidar esa frase del Marqués de Bradomín a Rubén Darío en la escena del cementerio en *Luces*: "Yo no cambio por nada mi bautismo de cristiano". A mi manera de ver, Valle-Inclán ve en el carlismo —y en otras posturas ideológicas asumidas por él en diferentes momentos— formas de protesta, primero, en contra de la España canovista de la Restauración; más tarde, en contra de la dictadura primorriverista, momentos en que España no es ya ni "aristocrática ni noble" ni realmente democrática. Don Ramón, como Galdós, vio un burdo engaño en el parlamentarismo canovista con su "turno pacífico". En 1920 vuelve su mirada a España, pero esta vez no a la España de las cruzadas carlistas sino a la de los años que preceden y siguen los cuatro de la Gran Guerra. Su contacto directo con ésta guerra y la detestable política militarista tanto dentro como fuera de España —la Semana Trágica en Barcelona; las guerras en Melilla y Marruecos; e, incluso, mirando más atrás, la guerra de Cuba— incitan en él de nuevo una posición de protesta y de denuncia, esta vez desde una base política más vaga y, si se quiere, de signo opuesto al del carlismo. Pero nótese la consistencia de don Ramón en cuanto a su repudio de las corrientes políticas españolas, ya sea retrospectivamente las de la era de las guerras carlistas, como después la de la guerra de Cuba y la de Marruecos. Es interesante, así mismo, notar que cuando Valle-Inclán se fija en la guerra de Cuba lo que destaca es la política española hacia la isla y no la derrota de España en la guerra de 1898.

Valle-Inclán es consistentemente contestatario. De él se podría decir lo que dijo del poeta John Keats su amigo George Felton Mathew: "[que[...perteneció a una escuela de escépticos. Fue un partidario de las innovaciones que le parecían progresistas en su momento. Un criticón de todo lo establecido". Así no nos debe extrañar su momentáneo entusiasmo por la Italia fascista de Mussolini y por la Unión Soviética de los años 30, ni su consistente oposición a las diversas manifestaciones de la política española exceptuando, tal vez, a la República, el único momento en que Valle-Inclán recibió algún reconocimiento oficial. El carlismo, como fuerza minoritaria y radical, el fascismo de Mussolini, con sus iniciales políticas progresistas, la Unión Soviética, de la que fue Presidente de Honor de sus Amigos, todo esto fue, como dice Margarita Santos de su carlismo, "al igual que para otros el anarquismo, la fórmula que le permite manifestar de forma nítida su desacuerdo con la política vigente y con su propia sociedad" (55).

El compromiso —llamémoslo así— de Valle-Inclán, con la historia de España que hace que Salinas lo declare "hijo pródigo del 98", no asume un carácter decididamente serio hasta el segundo período que podemos situar en el año en que toma partido en favor de la causa aliada en contra de los germanófilos, algunos de los cuales fueron sus íntimos amigos. Pienso principalmente en Benavente y Baroja. Su carlismo anterior, indudablemente sincero, fue una atracción para el joven decadente, el dandy de melenas quien en su actitud decididamente aristocrática ve por encima del hombro los vagos gestos democráticos de una burguesía mediocre y mercantil, más

Rodolfo Cardona

que industrial, que está dando al traste con todos los valores exaltados por el Marqués de Bradomín en sus Memorias. No hay que dejarse engañar por esa postura irónica que, desde los artículos de Salinas (1947) y de Alberich (1965) muchos críticos han encontrado en sus *Sonatas*. Domingo Ynduráin (1989, 51-54 y 1991, 45) demostró que esos pasajes "esperpénticos" fueron añadidos posteriormente por don Ramón quien nunca dejó de revisar sus obras antes de reeditarlas. Es posible, en el último análisis, que don Ramón tuviera alguna parte de razón al declarar que era carlista por estética, lo cual no pone en tela de juicio su indudable sinceridad y su acercamiento en varios momentos de su vida a los "cruzados de la causa".

Pero el hecho es que hay un momento en que don Ramón presta cuidadosa atención a lo que está aconteciendo en su país y con una mirada retrospectiva va trazando los hilos históricos de la que él considera una errónea y corrupta política militar que se remonta, por lo menos, a la guerra de Cuba. Para esto él se sirvió de las memorias de Ramón y Cajal que documentan esa política española en Cuba. De todos modos hay un momento en que Valle-Inclán toma conciencia de esta seria situación y decide dramatizar esa toma de conciencia en su primer esperpento *Luces de Bohemia*. Es archiconocido que la personalidad y la figura del personaje Max Estrella están basadas en las de su amigo, el bohemio genial Alejandro Sawa. Pero se puede afirmar también que *el proceso* dramatizado en la obra por medio del cual Max, primero ajeno a su entorno histórico y político, toma conciencia de éste en la escena VI, con el paria catalán, pertenece a don Ramón. Este proceso adquiere su momento culminante de iluminación antes de la muerte de Max, cuando este ve claramente la historia de su país como una deformación de la civilización europea[5]. Esta toma de conciencia dramatiza la del propio Valle-Inclán ya que no hay nada en Sawa que muestre tal evolución. No soy yo el primero en notar esa bifurcación en el

---

[5] Se ha cuestionado a quién debemos atribuir este concepto, si al propio Valle-Inclán, quien teoriza en estos momentos sobre "el esperpento" por boca de Max, o al extravagante poeta bohemio. Hay que tener en cuenta el trasfondo histórico de *Luces de Bohemia* que refleja "la semana trágica" de Barcelona, Martínez Anido y su "ley de fugas," Valeriano Weyler ("el enano de la venta" según Zamora Vicente) cuya infame invención de los campos de concentración fue, irónicamente y con gran alacridad, adoptada por países tan "civilizados" como Inglaterra (en Sur Africa) y por los Estados Unidos (en Filipinas) para mencionar sólo dos ejemplos destacados. La rabia de Max y la de don Ramón son unánimes. (Ver Apéndice)

personaje de Max Estrella quien resulta un compuesto de gestos y actitudes, así como de una situación vital que pertenecen sin duda a Sawa; pero el proceso que se opera en Max y que le lleva a idear la forma de representar la historia contemporánea de España, es decir, el esperpento, pertenece al propio autor; es decir, a Valle-Inclán.

III

Creo, entonces, en un Valle-Inclán fiel a sí mismo cuya honestidad le hace asumir posiciones en contra de lo establecido. Estas posiciones pueden variar políticamente, pero lo que no cambia es su actitud contestataria. Por esta razón, creo yo, Valle-Inclán, de todos los autores anteriores a la Guerra Civil —exceptuando tal vez a Lorca, cuya posición de mártir de ésta era y es universalmente aceptada— fue el escogido por la juventud contestataria del anti-franquismo. La mayoría de sus obras, aunque se prohibían, se representaban en montajes estudiantiles de públicos limitados y en el número de sus representaciones. Sus esperpentos, exceptuando *Luces*, que por fin se estrenó en Valencia el 1 de octubre de 1970, después de que Tamayo sufrió rechazos de la censura o permisos que dependían de cortes en el texto que ni él ni la familia de don Ramón permitían, no fueron estrenados en los teatros comerciales hasta después del año 1975.

Para dar una idea de la fortuna de la obra de Valle-Inclán en el siglo XX o, para atenernos al título de mi conferencia, "desde el 98", es más fácil hacerlo recurriendo a su teatro. Es difícil obtener datos sobre el número de lectores que leyeron sus obras o sobre la venta de sus libros, pero sí de las representaciones de sus obras de teatro, lo que puede darnos una medida de su popularidad o falta de ella.

Todos sabemos la poca suerte que tuvieron estas obras en vida suya. Sí, es cierto, se estrenaron algunas, pero a juzgar por la crítica del momento no gustaron. Lo que es peor, no gustaron al propio autor. Las fotos que tenemos de esos montajes confirman en nosotros la desilusión que debió sentir don Ramón al verlas en escena. Inmediatamente después de su muerte comenzó la Guerra Civil e inmediatamente después la Segunda Guerra Mundial. Las condiciones no eran propicias para el teatro en esa España y mucho menos para un teatro como el de Valle-Inclán que en cuanto se pudo, se prohibió. Es entonces hacia los años 50, cuando la presencia de las bases americanas en España y el influjo de un turismo masivo que empieza a manifestarse un leve deshielo y que, cautelosamente, la juventud aprovecha para montar obras de Valle-Inclán, una forma de protesta. Pero es primero fuera de España donde el descubrimiento de su teatro comienza. Posiblemente se deba a que don Ramón, después de *Cenizas*, fue uno de los dramaturgos europeos que asumió la dificultad de competir con el realismo del naciente cine. En un texto de 1922 dice: "Hay que luchar contra el cine. Esta lucha es el teatro moderno" (Citado en Aguilera Sastre, 1997). Entonces decidió buscar otros caminos como, por ejemplo, volver a las raíces mismas del teatro y a ambientes primitivos, alejados del salón donde transcurrían las obras de Benavente y de los autores europeos del teatro burgués. El famoso director sueco Ingmar Bergman así lo entendió y montó en Suecia *Divinas palabras* el año 1950. Este montaje influyó en él de tal modo que vemos ecos en su película *The Naked Night* de 1953 y, como él mismo ha confesado, en *El séptimo sello,* con su tratamiento de la procesión grotesca de los flagelantes. Es cierto que *Divinas palabras* había sido representada en Paris en el Théatre des Mathurins, en el año 40, con Germaine Montero en el papel de Mari Gaila. Y también del año 40 fue el montaje de *Los cuernos de don Friolera* en el Teatro MAYO de Buenos Aires en abril de ese año. Pero es en la década de los 50, cuando Bergman inicia con su montaje, que continúa con la puesta en escena de *Los cuernos* por la Compañía Dramática Universitaria de Bordaux en febrero de 1955 más la representación, en mayo de ese mismo año, de *Los cuernos* en Paris por la Compañía "Marcel Lupovici", que podemos hablar de la vigencia de su teatro. La Compañía Teatral Universitaria representó esta misma obra en Grenoble en mayo de 1957 y un año más tarde, "Le Théatre de Carouge" de Ginebra, montó ese esperpento. La popularidad de *Los cuernos de don Friolera* durante esa década es increíble y tiene que ver, sin duda, con lo mencionado anteriormente, ya que el Bululú apunta a ese teatro primitivo. En febrero de 1959 el Joven Teatro de la Universidad Libre de Bruselas presentó ese esperpento en el Palais des Beaux Arts y volvió a montarlo ese mismo año en el Festival de Teatro Universitario de Parma. Nótese que la mayoría de estos montajes son de jóvenes universitarios que encuentran en esa obra una concepción nueva del teatro así como un eco de sus sentimientos de postguerra y, quizás también de sus hostilidad ante la guerra de Argelia y la del Canal de Suez.

Pero son las dos décadas de los 60 y los 70 las que consagran el teatro de don Ramón dentro y fuera de España. Estas dos décadas coinciden con el momento en que la juventud contestataria empieza a manifestarse, constituyendo el año 1968 su momento de mayor actividad tanto en Europa como en América. Y coincide también con la consolidación del llamado "teatro del absurdo".

En 1960 se representan en Buenos Aires *La cabeza del dragón* y *La Marquesa Rosalinda;* y en Montevideo, *El embrujado*. En 1962, se monta *Ligazón* en Buenos Aires. El año 1963 es importantísimo ya que es en ese año cuando se estrena *Luces de Bohemia* en Paris, y se repone *Divinas palabras*. La primera en el Thátre National Populaire y la segunda en el Odéon, dirigida por Renaud-Barrault, con Jean Luis Barrault en el papel de Lucero. Y ese mismo año hay un montaje formidable de *Divinas palabras* en México. Con ese montaje la Compañía de Teatro Universitario recibió el "Gran Premio" del Primer Festival Mundial de Teatro Universitario en Nancy[6]. Y en 1964 se estrena esa misma obra en el Coliseo de Buenos Aires bajo la dirección del famoso director Jorge Lavelli. María Casares hizo el papel de Mari Gaila.

En 1965 hay una reposición en Buenos Aires de *Los cuernos de don Friolera* en el teatro al aire libre del Jardín Botánico y al año siguiente se representa este mismo esperpento en el Teatro Colón de Bogotá y en el "Club Teatro" de Montevideo.

Luces de Bohemia, después de su estreno universal en Paris el año 63, obtiene varias importantes representaciones. En los años 1966 y 1967, respectivamente, grupos no profesionales estrenan *Luces* en Sevilla y en Bilbao. El Premio "Santiago Pérez Oviedo" es conferido al grupo "Akelarre" de Bilbao por su montaje. En 1967 se representa este mismo esperpento en el Teatro Municipal General San Martín de Buenos Aires; y en el verano del 68 se estrena la versión inglesa de esta obra en el Festival de Edinburgo por una compañía "on the fringe", es decir, "al margen" de dicho Festival. No

---

6 No sé en qué año se filmó Divinas palabras en México. Pero quiero hacer constar que esta película constituye, en mi opinión, el mejor montaje de esta obra.

hay que olvidar la presentación de dos obras de su *Retablo* más *La enamorada del Rey*, dirigidas magistralmente por José Luis Alonso en la temporada de los años 1966-67, además de numerosísimas representaciones por grupos del Teatro Universitario y del teatro independiente. Los esperpentos *Las galas del difunto* y *La hija del capitán* se representaron durante esa misma década por grupos del T.E.U.

Si miramos la década de los años 70, el año 1974 se destaca como el de mayor actividad teatral valleinclaniana. Del 4 al 10 de febrero de ese año, por ejemplo, Valle-Inclán fue el autor español más representado en toda España a pesar de que aun imperaba la censura de sus textos. Durante esos días se representaba en Barcelona el montaje de Tamayo de *Luces de Bohemia*, obra que por fin había logrado estrenar en Valencia en 1970 y que inauguró el Festival Internacional de Madrid en 1971. La noche del 9 de febrero un grupo de aficionados representaba *La rosa de papel*. En Sevilla, una llamada anónima con la amenaza de artefactos explosivos, interrumpió la representación de *Las galas del difunto*. Por esas mismas fechas se representaban en Roma, en una ciudad provincial de Holanda y en Münich, tres montajes distintos de *Divinas palabras*, obra que estaba ensayando Nuria Espert para la inauguración del Teatro Monumental, con el controvertido montaje de Victor García. Y el 29 de marzo de ese mismo año de 1974, el Schauspiel de Frankfurt estrenaba un magno espectáculo Valle-Inclán: la unificación de las tres *Comedias bárbaras* dirigida por Augusto Fernández; y el 3 de abril se estrenaba en el Teatro Municipal de Kiel, *Lichter der Bohème*.

No hay duda de que los grupos universitarios y los de jóvenes que integraban los diversos teatros independientes durante el franquismo, se acogieron a las obras de Valle-Inclán, sobre todo a sus esperpentos y a las del *Retablo*, para dar expresión a sus sentimientos de rechazo a la política paternalista y dictatorial del franquismo.

Pormenorizar todas las representaciones del teatro de Valle-Inclán a partir del año 1975 que marca el final del franquismo es innecesario ya que César Oliva lo ha hecho en este Seminario exhaustivamente. Sólo diré que la fortuna del teatro de don Ramón no terminó con la muerte de Franco. El profesor Angel Berenguer (1991, 63-80) ha documentado en su conferencia "El teatro de Valle-Inclán y la transición política española" —pronunciada en el Ateneo de Madrid como parte del homenaje que en 1988 se le hizo a nuestro autor en la Docta Casa— la situación de este teatro; y a su propia pregunta de si "Ha habido una amplia representación de Valle-Inclán en la transcición política", contesta:

> Yo creo que la respuesta es realmente muy positiva. Efectivamente, Valle-Inclán se ha representado de una manera habitual y se ha venido ofreciendo en los escenarios españoles constantemente, sobre todo desde los años sesenta (63).

En la temporada 1984-85, la reposición de *Luces de Bohemia* dirigida por Lluis Pascual tuvo una recaudación media en el teatro María Guerrero mayor que la de *La casa de Bernarda Alba* de Lorca y la del *Diálogo secreto* de Buero Vallejo, presentadas en esa misma temporada. *Los cuernos de don Friolera*, cuya reposición se hizo en la temporada 1985-86, tuvo menos suerte ante los éxitos de las obras *Los ladrones somos gente honrada* de Jardiel Poncela y de la reposición del *Concierto de San Ovidio* de Buero Vallejo (Berenguer, 68-71). Aun así se han continuado las reposiciones de sus obras entre las que destacamos la de las tres *Comedias bárbaras* y la de los esperpentos. Y en el exterior continúa un interés por su obra aun en países no hispanoparlantes, como es el caso de la presentación en 1993 de *Luces* en Londres. En junio del año pasado y en marzo de este año vi dos montajes del *Retablo de la lujuria, la avaricia y la muerte*: el de José Luis Gómez en el teatro de La Abadía en Madrid, y el que la Compañía Nacional de Teatro en San José, Costa Rica presentó esta última temporada. Vemos, entonces, que la obra de Valle-Inclán, particularmente su teatro, ha tenido más aceptación por públicos hispanoparlantes y extranjeros, después de su muerte y a partir de los años 60, años que se caracterizan, en la cultura occidental, por una revolución cultural y política que ahora, treinta años después, está siendo estudiada por los académicos. Esto, me parece, confirma mi tesis de un Valle-Inclán en quien encuentro una unidad política y estética a través de su vida. En política, su adopción de la postura más distanciada y contraria a la de los gobiernos de turno. En estética, la del Modernismo en sus dos manifestaciones principales: el paleo-Modernismo y el neo-Modernismo. Como apunté al principio, una de las características más destacadas del Modernismo es su interés en la experimentación. Los subtítulos de las obras de don Ramón son testigo de su continua búsqueda de nuevas formas: "Episodios de la vida íntima", "Coloquios románticos", "Tragedia pastoril", "Escenas rimadas en una manera extravagante", "Farsa sentimental y grotesca", "Farsa italiana", "Farsa infantil", "Farsa y licencia", "Comedias bárbaras", "Tragicomedia de aldea", "Tragedia de tierras de Salnés", "Melodramas para marionetas", "Autos para siluetas", "Esperpentos". Ya Cipriano Rivas Cherif había destacado ese aspecto de nuestro autor en un artículo publicado en *La Pluma* en 1929 en el que decía: "...Valle-Inclán experimenta de continuo la necesidad de proponerse una nueva dificultad que vencer" (Citado en Aguilera Sastre, p. 17). Este continuo experimentar nos recuerda el de Picasso en pintura. Otro aspecto reminiscente de Picasso es la asimilación de una gran cantidad de fuentes estilísticas. Desde el artículo de Casares (1916) que acusaba a Valle-Inclán de plagio, muchos críticos han apuntado la apropiación que hace don Ramón de materiales literarios de varios autores. Se han apuntado sus deudas con D'Annunzio, con Darío, con Barbey d'Aurevilly, Baudelaire, Wagner, Merimée, Stendhal, Casanova, Chateaubriand, Banville, de Maupassant, Goya, Shakespeare, Cervantes, Greco, Homero, Miguel de Molinos, Galdós, Villiers de l'Isle-Adam. Estos son algunos de los nombres que, en desorden, se me vienen a la cabeza. Picasso (1997) quien, ante la perplejidad de los críticos que miraban la cantidad de sus préstamos reflejados en su obra, se defiende diciendo:

> ¿Qué significa [...] el que un pintor trate de pintar a la manera de fulano de tal o que conscientemente le imite? ¿Qué tiene eso de malo? Al contrario, es una buena idea. Uno debería tratar, constantemente, de pintar como otro. Pero la cosa es que no se puede. A uno le gustaría poder. Uno trata. Pero al final le sale una chapucería... Y es en ese mismo momento cuando hace esa chapucería que uno se encuentra a sí mismo (289).

Eso que dice Valle-Inclán de "buscarme en mí mismo y no en los otros" es su forma de expresar lo que Picasso menciona: que al tratar de imitar a otros se encuentra a sí mismo.

La postura estética de Valle-Inclán es tal que nunca la rectificó ni repudió en obra alguna, no importa cuan temprana. A lo sumo las revisó antes de nuevas ediciones. Es significativo en esta conexión notar, como han hecho varios críticos, que él coloca su *Lámpara maravillosa* como primer tomo de su *Opera omnia*, como si dijera: "He aquí la estética que gobierna toda mi obra". Lo cual, como hemos visto, no excluyó una continua experimentación.

Abusando de la paciencia del público terminaré con una observación epilogal. El teatro de Valle-Inclán, a pesar de sus numerosas representaciones a partir de los años 60, no siempre ha alcanzado el nivel de excelencia que uno esperaría. El teatro de Valle-Inclán es difícil. Presenta una serie de problemas que no siempre han sido resueltos con éxito. Berenguer se pregunta si ese teatro no se estará "examinando desde una óptica que no es la óptica correcta"(79). Es posible que así sea. Es este un teatro que necesita un director capaz de intuir lo que don Ramón aspiraba a hacer y que trató de plasmar en sus detalladas acotaciones. Pero una fidelidad literal no siempre funciona. El montaje de Pascual de *Luces de Bohemia* sufrió de esa fidelidad que, al final, militó en contra de la obra. Una obra tan difícil como es *San Juan* de Max Aub, encontró el director ideal en Juan Carlos Pérez de la Fuente. Su montaje de esa obra es insuperable. Lo malo es que también será único, porque es difícil que otros lo intenten otra vez. Es posible que el hecho mismo de que los montajes de las obras de Valle-Inclán no siempre encuentran la solución definitiva sea, como en el caso de Shakespeare, lo que instigará a futuros directores a intentarlos nuevamente, con lo que la obra de nuestro autor asegurará continuidad en el nuevo milenio. Y ahora sí termino porque "me muerden los talones los perros de la prisa", como dijo el eminente Ortega y Gasset en las Cortes españolas.

Lista de obras citadas

Juan Aguilera Sastre, *Cipriano de Rivas Cherif: una interpretación contemporánea de Valle-Inclán*, Barcelona (1997).

José Alberich, "Ambigüedad y humorismo en las *Sonatas* de Valle-Inclán", *Hispanic Review*, XXXIII (1965), 360-382.

Pío Baroja, "Divagaciones de autocrítica", *Revista de Occidente*, IV (abril 1924), 33-59.

Angel Berenguer, "El teatro de Valle-Inclán y la transición política española", *Homenaje del Ateneo de Madrid*, Madrid (1991), 63-80.

Julio Casares, *Crítica profana*, Madrid (1916). Austral Nº 469, 17-130.

J.A. Cuddon, *Dictionary of Literary Terms and Literary Theory,* London (1991), 550-52.

Guillermo Díaz Plaja, *Las estéticas de Valle-Inclán*, Madrid (1965).

William R. Everdell, *The First Moderns*, Chicago (1997), 7, 104, 363 n 21, 375 n 1.

Ricardo Gullón, *La invención del 98 y otros ensayos*, Madrid (1969).

Luis Iglesias Feijóo, Margarita Santos Zas, Javier Serrano Alonso, Amparo de Juan Bolufer, eds., *Valle-Inclán y el Fin de Siglo*, Santiago de Compostela (1997).

Frank Kermode, "The Modern", *Continuities*, New York (1968), 1-32.

Jean-François Lyotard, *The Postmodern Condition*, Minnesota (1984), xxii y sig., 81.

Pablo Picasso, citado en Mark Rosenthal, "Barging into Art History: Subject and Style in Picasso's Early work", *Picasso: The Early Years, 1892-1906,* ed. Marilyn McCully, Washington (1997), 289.

Alex Preminger, ed. *Princeton Encyclopedia of Poetry and Poetics*, Princeton (1965), 527-28.

Santiago Ramón y Cajal, *Recuerdos de mi vida*, hoy en *Mi infancia y juventud*, Austral N° 90, Madrid (1961).

Pedro Salinas, "Significación del esperpento o Valle-Inclán, hijo pródigo del 98", *Cuadernos Americanos*, VI, 2 (1947), 218-44; reimpreso en *Literatura española Siglo XX*, Madrid (1970), 86-114.

Margarita Santos, *Valle-Inclán*, Madrid (1997).

Javier Serrano Alonso, *Artículos completos y otras páginas olvidadas,* Madrid (1987).

Roger Shattuck, *The Innocent Eye*, New York, 1984, 37-9.

Domingo Yndurain, "*Sonatas* y esperpento", *Quimera, cántico: Busca y rebusca de Valle-Inclán*, ed. J.A. Hormigón, Madrid (1989), 51-54.

—— "Valle-Inclán: de lo uno a lo otro", *Valle-Inclán: Homenaje del Ateneo de Madrid*, Madrid (1991), 43-59.

Alonso Zamora Vicente, "Valle-Inclán y su época", *Valle-Inclán: Homenaje del Ateneo de Madrid*, Madrid (1991), 21-39.

Apéndice

El 17 de diciembre de 1898, es decir, cien años exactamente antes de que esta "lección de clausura" fuese leída en el "Seminario Internacional Valle-Inclán (1898-1998) el 17 de diciembre de 1998, el ex capitán general de Cuba, Valeriano Weyler, recibió un multitudinario homenaje en Palma de Mallorca, durante el cual se le entregó una espada de honor costeada por suscripción popular. El director del periódico de la localidad, *Ultima hora*, leyó el mensaje dirigido al general con motivo de la entrega de la espada. Al recibirla, Weyler pronunció un breve discurso indicando que había aceptado la iniciativa de sus paisanos porque ello significaba una protesta contra las censuras que se le habían dirigido por sus actos como gobernador general de Cuba. Y añadió: "Libre de responsabilidad, debería retirarme a vivir tranquilo en mi casa; pero ante los desastres de la patria no puedo permanecer indiferente, ni dejar de prestar mi cooperación a quienquiera que se sienta con ánimo de salvarnos". (Nótese el eco que de este discurso hace Valle-Inclán en la Escena Sexta de *La hija del Capitán* donde el General manifiesta: "¡Me sacrificaré una vez más por la Patria...etc.") El ex capitán general de Cuba, continúa la gacetilla, anunció que apoyará a Romero Robledo y al duque de Tetuán en sus iniciativas políticas. "No quisiera desenvainar mi espada más que en defensa de la patria y fuera de ella, porque esto significaría que tendríamos fuerza todavía para combatir con el extranjero que nos ha despojado de nuestros territorios de Ultramar".

Tras ser exculpado a primeros de año de un delito contra la Regente, ValerianoWeyler, "uno de los generales más carismáticos de la historia del ejército español, famoso por su férrea disciplina y por sus contundentes y efectivos métodos, como la reconcentración [así se llamaron los campos de concentración que Weyler inventó y utilizó por primera vez en Cuba], permaneció voluntariamente apartado de los sucesos que sacudieron la Patria hasta que hoy anuncia su regreso al ruedo político". No pasaría mucho tiempo. De 1901 a 1907 Weyler dirigió en tres ocasiones el Ministerio de Guerra y en una el de Marina con diferentes gobiernos. Posteriormente, como capitán general de Cataluña, se distinguirá en la represión de los sucesos de la Semana Trágica en 1909, que de alguna forma aparecen reflejados en *Luces de Bohemia* por medio de El Preso en la Escena Sexta. (Los datos de este suceso han sido tomados del inciso que el 17 de diciembre de 1998 publicó el periódico *El Mundo* en su sección de Cultura).

Este libro
acabose de imprimir
el 28 de enero del
año 2000.

VALLE-INCLÁN (1898-1998):
ESCENARIOS

CURSOS E CONGRESOS DA
UNIVERSIDADE DE SANTIAGO DE COMPOSTELA

Nº 119

Frederick Forsyth is the author of nine bestselling novels: *The Day of the Jackal*, *The Odessa File*, *The Dogs of War*, *The Devil's Alternative*, *The Fourth Protocol*, *The Negotiator*, *The Deceiver*, *The Fist of God* and *Icon*. His other works include *The Biafra Story*, *The Shepherd*, *The Phantom of Manhattan* and a short story collection, *No Comebacks*.

Also by Frederick Forsyth

THE FOURTH PROTOCOL
NO COMEBACKS
THE DEVIL'S ALTERNATIVE
THE DOGS OF WAR
THE ODESSA FILE
THE DAY OF THE JACKAL
THE SHEPHERD
THE NEGOTIATOR
THE DECEIVER
THE FIST OF GOD
ICON
THE PHANTOM OF MANHATTAN
THE VETERAN

FREDERICK
FORSYTH
AVENGER

BANTAM PRESS

LONDON · NEW YORK · TORONTO · SYDNEY · AUCKLAND

TRANSWORLD PUBLISHERS
61–63 Uxbridge Road, London W5 5SA
a division of The Random House Group Ltd

RANDOM HOUSE AUSTRALIA (PTY) LTD
20 Alfred Street, Milsons Point, Sydney,
New South Wales 2061, Australia

RANDOM HOUSE NEW ZEALAND LTD
18 Poland Road, Glenfield, Auckland 10, New Zealand

RANDOM HOUSE SOUTH AFRICA (PTY) LTD
Endulini, 5a Jubilee Road, Parktown 2193, South Africa

Published 2003 by Bantam Press
a division of Transworld Publishers

A catalogue record for this book is available from the British Library.
ISBNs 0593 050932 (cased)
0593 050940 (tpb)

Typeset in 11½/15½ pt Sabon by
Falcon Oast Graphic Art Ltd.

Printed in Great Britain by
Clays Ltd, Bungay, Suffolk

1 3 5 7 9 10 8 6 4 2

Papers used by Transworld Publishers are natural, recyclable products made from
wood grown in sustainable forests.

For the Tunnel Rats
You guys did something I could never force myself to do.

The Murder

IT WAS ON THE SEVENTH TIME THEY HAD PUSHED THE AMERICAN boy down into the liquid excrement of the cesspit that he failed to fight back, and died down there, every orifice filled with unspeakable filth.

When they had done, the men put down their poles, sat on the grass, laughed and smoked. Then they finished off the other aid worker and the six orphans, took the relief agency off-road and drove back across the mountain.

It was 15 May 1995.

PART ONE

CHAPTER ONE

The Hardhat

THE MAN WHO RAN ALONE LEANED INTO THE GRADIENT AND ONCE again fought the enemy of his own pain. It was a torture and a therapy. That was why he did it.

Those who know often say that of all the disciplines the triathlon is the most brutal and unforgiving. The decathlete has more skills to master, and with putting the shot needs more brute strength, but for fearsome stamina and the capacity to meet the pain and beat it there are few trials like the triathlon.

The runner in the New Jersey sunrise had risen as always on his training days well before dawn. He drove his pickup to the far lake, dropping off his racing bicycle on the way, chaining it to a tree for safety. At two minutes after five, he set the chronometer on his wrist, pulled the sleeve of the neoprene wetsuit down to cover it and entered the icy water.

It was the Olympic triathlon that he practised, with distances measured in metric lengths. A 1500-metre swim, as near as dammit one mile; out of the water, strip fast to singlet and shorts, mount the racing bike. Then forty kilometres crouched over the handlebars, all of it at the sprint. He had long ago measured the mile along the lake from end to end, and knew exactly which tree on the far bank marked the spot he had left the bike. He had marked out his forty kilometres along the country roads, always at that empty hour, and knew which tree was the point to abandon the bike and start the run. Ten kilometres was the run and there was a farm gatepost that marked the two-clicks-to-go point. That morning he had just passed it. The last two kilometres were uphill, the final heart-breaker, the no-mercy stretch.

The reason it hurt so much is that the muscles needed are all different. The powerful shoulders, chest and arms of a swimmer are not normally needed by a speed cyclist or marathon man. They are just extra poundage that has to be carried.

The speed-blurred driving of the legs and hips of a cyclist are different from the tendons and sinews that give the runner the rhythm and cadence to eat up the miles underfoot. The repetitive-ness of the rhythms of one exercise does not match those of the other. The triathlete needs them all, then tries to match the performances of three specialist athletes one after the other.

At the age of twenty-five it is a cruel event. At the age of fifty-one it ought to be indictable under the Geneva Convention. The runner had passed his fifty-first the previous January. He dared a glance at his wrist and scowled. Not good; he was several minutes down on his best. He drove harder against his enemy.

The Olympians are looking at just under two hours; the New Jersey runner had clipped two and a half hours. He was almost at that time now, and still two Ks to go.

The first houses of his hometown came into view round a curve in Highway 30. The old, pre-Revolution village of Pennington straddles the Thirty, just off Interstate 95 running down from New York, through the state and on to Delaware, Pennsylvania and Washington. Inside the village the Highway is called Main Street.

There is not much to Pennington, one of a million neat, clean, tidy, neighbourly small towns that make up the over-looked and underestimated heart of the USA. A single major crossroads at the centre where West Delaware Avenue crosses Main Street, several well-attended churches of the three denominations, a First National Bank, a handful of shops, and off-the-street residences scattered down the tree-clothed byroads.

The runner headed for the crossroads, half a K to go. He was too early for a coffee at the Cup of Joe café, or breakfast at Vito's Pizza, but even had they been open he would not have stopped.

South of the junction he passed the Civil War vintage, white clapboard house with the shingle of Mr Calvin Dexter, attorney-at-law, next to the door. It was his office, his shingle and his law practice, save for the occasions when he took time off and went away to attend to his other practice. Clients and neighbours accepted that he took fishing vacations now and then, knowing nothing of the small apartment under another name in New York City.

He drove his aching legs that last five hundred yards to reach the turning into Chesapeake Drive at the south end of town. That was where he lived and the corner marked the end of his self-imposed Calvary. He slowed, stopped and hung his head, leaning against a tree, sucking in oxygen to heaving lungs. Two hours, thirty-six minutes. Far from his best. That there was probably no one within a hundred miles who, aged fifty-one, could come near it was not the point. The point, as he could never dare to explain to the neighbours who grinned and cheered him on, was to use the pain to combat the other pain, the always pain, the pain that never went away, the pain of lost child, lost love, lost everything.

The runner turned into his street and walked the last two hundred yards. Ahead of him he saw the newspaper lad hurl a heavy bundle onto his porch. The kid waved as he cycled past and Cal Dexter waved back.

Later he would take his motor scooter and go to retrieve his truck. With the scooter in the rear, he would drive home, picking up the racing bike along the road. First he needed a shower, some high-energy bars and the contents of several oranges.

On the stoop he picked up the bundle of newspapers, broke them open and looked. As he expected, there was the local paper, another from Washington, from New York the big Sunday *Times* and, in a wrapper, a technical magazine.

Calvin Dexter, the wiry, sandy-haired, friendly, smiling attorney of Pennington, New Jersey, had not been born to be any such thing, though he was indeed born in the state.

He was created in a Newark slum, rife with roaches and rats, and came into the world in January 1950, the son of a construction worker and a waitress at the local diner. His parents, according to the morality of the age, had had no choice but to marry when a meeting in a neighbourhood dance hall and a few glasses too much of bad hooch had led to things getting out of hand and his own conception. Early on, he knew nothing of this. Babies never know how or by whom they got here. They have to find out, sometimes the hard way.

His father was not a bad man, by his lights. After Pearl Harbor he had volunteered for the armed forces, but as a skilled construction worker he had been deemed more useful at home, where the war effort involved the creation of thousands of new factories, dockyards and government offices in the New Jersey area.

He was a hard man, quick with his fists, the only law on many blue-collar jobs. But he tried to live on the straight and narrow, bringing his wage packet home unopened, trying to raise his toddler son to love Old Glory, the Constitution and Joe DiMaggio.

But later, after the Korean War, the job opportunities slipped away. Only the industrial blight remained and the unions were in the grip of the Mob.

Calvin was five when his mother left. He was too young to understand why. He knew nothing of the loveless union his parents had had, accepting with the philosophical endurance of the very young that people always shouted and quarrelled that way. He knew nothing of the travelling salesman who had promised her bright lights and better frocks. He was simply told she had 'gone away'.

He had accepted that his father was now home each evening, looking after him instead of having a few beers after work, staring glumly at a foggy television screen. It was not until his teens that he learned his mother, abandoned in her turn by the travelling salesman, had tried to return, but had been rebuffed by the angry and bitter father.

When he was seven his father hit upon the idea to solve the problem of a home and the need to search for work far and wide. They moved out of the walk-up tenement in Newark and acquired a second-hand trailer home. This became his home for ten years.

Father and son moved from job to job, living in the trailer, the scruffy boy attending whichever local school would take him. It was the age of Elvis Presley, Del Shannon, Roy Orbison, the Beatles over from a country Cal had never heard of. It was the age of Kennedy, the Cold War and Vietnam.

The jobs came and the jobs were completed. They moved through the northern cities of East Orange, Union and Elizabeth; then on to work outside New Brunswick and Trenton. For a time they lived in the Pine Barrens while Dexter Senior was foreman on a small project. Then they headed south to Atlantic City. Between the ages of eight and sixteen Cal attended nine grade schools in as many years. His formal education could fill an entire postage stamp.

But he became wise in other ways: street-wise, fight-wise.

Like his departed mother, he did not grow tall, topping out at five feet nine inches. Nor was he heavy and muscular like his father, but his lean frame packed fearsome stamina and his fists a killer punch. Once he challenged the booth fighter in a fairground sideshow, knocked him flat and took the twenty-dollar prize.

A man who smelt of cheap pomade approached his father and suggested the boy attend his gym with a view to becoming a boxer, but they moved on to a new city and a new job.

There was no question of money for vacations, so when school was out, the kid just came to the construction site with his father. There he made coffee, ran errands, did odd jobs. One of the 'errands' involved a man with a green eyeshade who told him there was a vacation job taking envelopes to various addresses across Atlantic City and saying nothing to anyone. Thus for the summer vacation of 1965 he became a bookie's runner.

Even from the bottom of the social pile, a smart kid can still look. Cal Dexter could sneak unpaying into the local movie house and marvel at the glamour of Hollywood, the huge rolling vistas of the Wild West, the shimmering glitz of the screen musicals, the crazy antics of the Martin and Lewis comedies.

He could still see in the television adverts smart apartments with stainless-steel kitchens, smiling families in which the parents seemed to love each other. He could look at the gleaming limousines and sports cars on the billboards above the highway.

He had nothing against the hardhats of the construction sites. They were gruff and crude, but they were kind to him, or most of them anyway. On site he too wore a hard hat and the general presumption was that once out of school he would follow his father into the building trade. But he had other ideas. Whatever life he had, he vowed, it would be far from the crash of the trip-hammer and the choking dust of cement mixers.

Then he realized that he had nothing to offer in exchange for that better, more moneyed, more comfortable life. He thought of the movies, but presumed all film stars were towering men, unaware that most are well under five feet nine. This thought only came to him because some barmaid said she thought he looked a bit like James Dean, but the building workers roared with laughter, so he dropped the idea.

Sport and athletics could get a kid out of the street and on the road to fame and fortune, but he had been through all his schools so fast he had never had a chance to make any of the school teams.

Anything involving a formal education, let alone qualifications, was out of the question. That left other kinds of working-class employment: table-waiter, bellhop, grease-monkey in a garage, delivery-van driver; the list was endless but for all the prospects most of them offered he might as well stay with construction. The sheer brutalism and danger of the work made it better paid than most.

Or there was crime. No one raised on the waterfronts or construction camps of New Jersey could possibly be unaware that organized crime, running with the gangs, could lead to a life of big apartments, fast cars and easy women. The word was, it hardly ever led to jail. He was not Italian-American, which would preclude full membership of the Mob aristocracy, but there were Wasps who had made good.

He quit school at seventeen and started the next day at his father's worksite, a public works housing project outside Camden. A month later the driver/operator of the earthmover fell ill. There was no substitute. It was a skilled job. Cal looked at the interior of the cab. It made sense.

'I could work this,' he said. The foreman was dubious. It would be against all the rules. Any inspector chancing along and his job would be history. On the other hand, the whole team was standing around needing mountains of earth shifted.

'There's an awful lot of levers in there.'

'Trust me,' said the kid.

It took about twenty minutes to work out what lever did which function. He began to shift dirt. It meant a bonus, but it was still not a career.

In January 1968 he turned eighteen and the Viet Cong launched the Tet offensive. He was watching television in a bar in Camden. After the newscast came several commercials and then a brief recruitment film made by the army. It mentioned that, if you shaped up, the army would give you an education. The next day he walked into the US Army office in Camden and said:

'I want to join the army.'

Back then every American youth would, failing some pretty unusual circumstances or voluntary exile, become liable for compulsory draft just after the eighteenth birthday. The desire of just about every teenager and twice that number of parents was to get out of it. The Master Sergeant behind the desk held out his hand for the draft card.

'I don't have one,' said Cal Dexter. 'I'm volunteering.' That caught their attention.

The MS drew a form towards him, keeping eye contact like a ferret that does not want the rabbit to get away.

'Well, that's fine, kid. That's a very smart thing to do. Take a word of advice from an old sweat?'

'Sure.'

'Make it three years instead of the required two. Good chance of better postings, better career choices.' He leaned forward as one imparting a state secret. 'With three years, you could even avoid going to Vietnam.'

'But I want to go to Vietnam,' said the kid in the soiled denim. The MS thought this one over.

'Right,' he said very slowly. He might have said, 'There's no accounting for taste.' Instead he said:

'Hold up your right hand . . .'

Thirty-three years later the former hardhat pushed four oranges through the juicer, rubbed the towel over his wet head again, and took the pile of papers with the juice through to the sitting room.

He went to the technical magazine first. *Vintage Airplane* is not a big-circulation organ and in Pennington it could only be obtained by placing a special order. It caters for those with a passion for classic and World War II aeroplanes. The runner flicked to the small ads section and studied the wanted notices. He stopped, the juice halfway to his mouth, put down the glass and read the item again. It said:

'AVENGER. Wanted. Serious offer. No price ceiling. Please call.'

There was no Grumman Avenger Pacific-war torpedo dive bomber out there to be bought. They were in museums. Someone had uncovered the contact code. There was a number. It had to be a cellphone. The date was 13 May 2001.

CHAPTER TWO

The Victim

RICKY COLENSO WAS NOT BORN TO DIE AT THE AGE OF TWENTY IN a Bosnian cesspit. It should never have ended that way. He was born to get a college degree and live out his life in the States, with a wife and children and a decent chance at life, liberty and the pursuit of happiness. It went wrong because he was too kind-hearted.

Back in 1970 a young and brilliant mathematician called Adrian Colenso secured tenure as a Professor of Math at Georgetown University, just outside Washington. He was twenty-five, remarkably young for the post.

Three years later, he gave a summer seminar in Toronto, Canada. Among those who attended, even though she understood little of what he was saying, was a stunningly pretty student called Annie Edmond. She was smitten and arranged a blind date through close friends.

Adrian Colenso had never heard of her father, which both puzzled and delighted her. She had already been urgently pursued by half a dozen fortune hunters. In the car back to the hotel she discovered that apart from an amazing grasp of quantum calculus, he also kissed rather well.

A week later he flew back to Washington. Miss Edmond was not a young lady to be gainsaid. She left her job, obtained a sinecure at the Canadian consulate, rented an apartment just off Wisconsin Avenue and arrived with ten suitcases. Two months later they married. The wedding was a blue-chip affair in Windsor, Ontario; and the couple honeymooned in Caneel Bay, US Virgin Islands.

As a present, the bride's father bought the couple a large country house on Foxhall Road, off Nebraska Avenue, in one of the most rustic and therefore sought-after areas of Georgetown. It was set in its own forested one-acre plot, with pool and tennis court. The bride's allowance would cover its upkeep and the groom's salary would just about do the rest. They settled down into loving domesticity.

Baby Richard Eric Steven was born in April 1975 and soon nicknamed Ricky.

He grew up like millions of other American youngsters in a secure and loving parental home, doing all the things that boys do, spending time at summer camps, discovering and exploring the thrills of girls and sports cars, worrying over academic grades and looming examinations.

He was neither brilliant like his father nor dumb. He inherited his father's quirky grin and his mother's good looks. Everyone who knew him rated him a nice kid. If someone asked him for help, he would do all he could. But he should never have gone to Bosnia.

He graduated out of high school in 1994 and was accepted for Harvard the following autumn. That winter, watching on television the sadism of ethnic cleansing and the aftermath of the refugees' misery and the relief programmes in a far-away place called Bosnia, he determined that he wanted to help in some way.

His mother pleaded that he should stay in the States; there were relief programmes right at home if he wanted to exercise his social conscience. But the images he had seen of gutted villages, wailing orphans and the blank-eyed despair of the refugees had affected him deeply, and Bosnia it had to be. Ricky begged that he be allowed to get involved.

A few calls from his father established that the world agency was the United Nations High Commission for Refugees, with a big office in New York.

By early spring of 1995 three years of civil war as the old federation of Yugoslavia tore itself apart had gutted the province of Bosnia. The UNHCR was there in strength, with a staff of about 400 'internationals' and several thousand locally recruited staffers. The outfit was headed up on the spot by a former British soldier, the full-bearded and restlessly energetic Larry Hollingworth, whom Ricky had seen on television. Ricky went to New York to inquire about procedures for enlistment.

The New York office was kind but less than enthusiastic. Amateur offers came in by the sackload, and the personal visits were several dozen a day. This was the United Nations; there were procedures, six months of bureaucracy, enough filled-out forms to break the springs of a pickup, and, as Ricky would have to be in Harvard by autumn, probably refusal at the end.

The dejected young man was heading down again in the elevator at the start of the lunch hour when a middle-aged secretary gave him a kindly smile.

'If you really want to help in there, you'll have to get over to the regional office in Zagreb,' she said. 'They take people on locally. It's much more relaxed right on the spot.'

Croatia had also once been part of the disintegrating Yugoslavia, but it had secured its separation, was now a new state, and many organizations were based in the safety of its capital, Zagreb. One of them was the UNHCR.

Ricky had a long call with his parents, got their grudging permission, and flew New York–Vienna–Zagreb. But the reply was still the same: forms to fill, only long-term commitments were really sought. Summertime amateurs were a lot of responsibility, precious little contribution.

'You really should try one of the NGOs,' suggested the regional controller, trying to be helpful. 'They meet right next door at the café.'

The UNHCR might be the world body but that was far from the end of it. Disaster relief is an entire industry and for many a profession. Outside United Nations and individual government efforts come the Non-Governmental Organizations. There were over three hundred NGOs involved in Bosnia.

The names of no more than a dozen would ring a bell with the general public: Save the Children (British), Feed the Children (American), Age Concern, War on Want, Médecins Sans Frontières – they were all there. Some were faith-based, some secular, and many of the smaller ones had simply come into being for the Bosnian civil war, impelled by TV images beamed endlessly into the West. At the extreme bottom end were single trucks driven across Europe by a couple of beefy lads who had had a whip-round in their local bar. The jumping-off point for the drive on the last leg into the heart of Bosnia was either Zagreb or the Adriatic port of Split.

Ricky found the café, ordered a coffee and a slivovitz against the bitter March wind outside and looked around for a possible contact. Two hours later a burly, bearded man, built like a trucker, walked in. He wore a plaid mackinaw and ordered coffee and cognac in a voice Ricky placed as coming from North or South Carolina. He went up and introduced himself. He had struck lucky.

John Slack was a dispatcher and distributor of relief aid for a small American charity called Loaves 'n' Fishes, a recently formed offshoot of Salvation Road, which itself was the corporate manifestation in a sinful world of the Rev. Billy Jones, television evangelist and saver of souls (for the appropriate

23

donation) of the fine city of Charleston, South Carolina. He listened to Ricky as one who had heard it all before.

'You drive a truck, kid?'

'Yes.' It was not quite true but he reckoned a big off-road was like a small truck.

'You read a map?'

'Of course.'

'And you want a fat salary?'

'No. I have an allowance from my grandpa.'

John Slack twinkled.

'You don't want anything? Just to help?'

'That's right.'

'OK, you're on. Mine's a small operation. I go and buy relief food, clothes, blankets, whatever, right here on the spot, mainly in Austria. I truck-drive it down to Zagreb, refuel and then head into Bosnia. We're based at Travnik. Thousands of refugees down there.'

'That suits me fine,' said Ricky. 'I'll pay all my own costs.'

Slack threw back what remained of his cognac.

'Let's go, kid,' he said.

The truck was a ten-ton German Hanomag and Ricky got the hang of it before the border. It took them ten hours to Travnik, spelling each other at the wheel. It was midnight when they arrived at the Loaves 'n' Fishes compound just outside the town. Slack threw him several blankets.

'Spend the night in the cab,' he said. 'We'll find you a billet in the morning.'

The Loaves 'n' Fishes operation was indeed small. It involved a second truck about to leave for the north to collect more supplies with a monosyllabic Swede at the wheel, one small, shared compound wired with chain-link fencing to keep out pilferers, a tiny office made out of a workman's portable cabin, a shed called a warehouse for unloaded but not yet distributed food aid, and three locally recruited Bosnian staffers. Plus two new black Toyota Landcruisers for small-cargo aid distribution. Slack introduced him all round and by afternoon Ricky had found lodging with a Bosnian widow in the town. To get to and from the compound he bought a ramshackle bicycle from the stash he kept in a money belt round his waist. John Slack noticed the belt.

'Mind telling me how much you keep in that pouch?' he asked.

'I brought a thousand dollars,' said Ricky trustingly. 'Just in case of emergencies.'

'Shit. Just don't wave it around or you'll create one. These guys can retire for life on that.'

Ricky promised to be discreet. Postal services, he soon discovered, were non-existent, inasmuch as no Bosnian state existed so no Bosnian Post Office had come into being and the old Yugoslav services had collapsed. John Slack told him any driver running up to Croatia or on to Austria would post letters and cards for everyone. Ricky wrote a quick card from the bundle he had bought in Vienna airport and thrown into his haversack. This the Swede took north. Mrs Colenso received it a week later.

Travnik had once been a thriving market town, inhabited by Serbs, Croats and Bosnian Muslims. Their presence could be discerned by the churches. There was a Catholic one for the departed Croats, an Orthodox one for the also departed Serbs, and a dozen mosques for the majority Muslims, the ones still called Bosnians.

With the coming of the civil war the tri-ethnic community which had lived in harmony for years was shattered. As pogrom after pogrom was reported across the land, all inter-ethnic trust evaporated.

The Serbs quit and retreated north of the Vlasic mountain range that dominates Travnik, across the Lasva river valley and into Banja Luka on the other side.

The Croats were also forced out and most went down the road ten miles to Vitez. Thus three single-ethnic strongholds were formed. Into each poured the refugees of that particular ethnic group.

In the world media the Serbs were portrayed as the perpetrators of all the pogroms, though they had also seen Serb communities butchered when isolated and in the minority. The reason was that in the old Yugoslavia the Serbs had had the dominant control of the army; when the country fell apart, they simply grabbed 90 per cent of the heavy weaponry, giving them an insuperable edge.

The Croats, also no slouches when it came to slaughtering non-Croat minorities in their midst, had been granted irresponsibly premature recognition by the German Chancellor Kohl; they could then buy weapons on the world market.

The Bosnians were largely unarmed, and kept that way on the advice of European politicians. As a result, they suffered most of the brutalities. In late spring 1995 it would be the Americans who, sick and tired of standing by and doing nothing, would use their military power to give the Serbs a bloody nose and force all parties to the conference table at Dayton, Ohio. The Dayton Agreement would be implemented that coming November. Ricky Colenso would not see it.

By the time Ricky reached Travnik, it had stopped a lot of shells from Serb positions across the mountains. Most of the buildings were shrouded with planks leaning against the walls. If hit by an 'incomer' they would be splintered to matchwood, but save the house itself. Most windows were missing and were replaced by plastic sheeting. The brightly painted main mosque had somehow been spared a direct hit. The two largest buildings in town, the gymnasium (high school) and the once famous Music School, were stuffed with refugees.

With virtually no access to the surrounding countryside and thus no access to growing crops, the refugees, about three times the original population, were dependent on the aid agencies to survive. That was where Loaves 'n' Fishes came in, along with a dozen other smaller NGOs in the town.

But the two Landcruisers could be piled up with five hundred pounds of relief aid and still make it to various outlying villages and hamlets where the need was even greater than in Travnik centre. Ricky happily agreed to back-haul the sacks of food and drive the off-roads into the mountains to the south.

Four months after he had sat in Georgetown and seen on the television screen the images of human misery that had brought him here, he was happy. He was doing what he came to do. He was touched by the gratitude of the gnarled peasants and their brown, saucer-eyed children when he hauled sacks of wheat, maize, milk powder and soup concentrates into the centre of an isolated village that had not eaten for a week.

He believed he was paying back in some way for all the benefits and comforts that a benign God, in whom he firmly believed, had bestowed upon him at his birth simply by creating him an American.

He spoke not a word of Serbo-Croat, the common language of all Yugoslavia, nor the Bosnian patois. He had no idea of the local geography, where the mountain roads led, where was safe and where could be dangerous.

John Slack paired him with one of the local Bosnian staffers, a young man with reasonable, school-learned English, called Fadil Sulejman, who acted as his guide, interpreter and navigator.

Each week through April and the first fortnight of May he despatched either a letter or card to his parents, and with greater or lesser delays, depending on who was heading north for re-supplies, they arrived in Georgetown bearing Croatian or Austrian stamps.

It was in the second week of May that Ricky found himself alone and in charge of the entire depot. Lars, the Swede, had

had a major engine breakdown on a lonely mountain road in Croatia, north of the border but short of Zagreb. John Slack had taken one of the Landcruisers to help him out and get the truck back into service.

Fadil Sulejman asked Ricky for a favour.

Like thousands in Travnik, Fadil had been forced to flee his home when the tide of war swept towards it. He explained that his family home had been a farm or smallholding in an upland valley on the slopes of the Vlasic range. He was desperate to know if there was anything left of it. Had it been torched or spared? Was it still standing? When the war began, his father had buried family treasures under a barn. Were they still there? In a word, could he visit his parental home for the first time in three years?

Ricky happily gave him time off but that was not the real point. With the tracks up the mountain slick with spring rain, only an off-road would make it. That meant borrowing the Landcruiser.

Ricky was in a quandary. He wanted to help, and he would pay for the petrol. But was the mountain safe? Serbian patrols had once ranged over it, using their artillery to pound Travnik below.

That was a year ago, Fadil insisted. The southern slopes, where his parents' farmhouse was situated, were quite safe now. Ricky hesitated, and moved by Fadil's pleading, wondering what it must be like to lose your home, he agreed. With one proviso: he would come too.

In fact, in the spring sunshine, it was a very pleasant drive. They left the town behind and went up the main road towards Donji Vakuf for ten miles before turning off to the right.

The road climbed, degenerated into a track, and went on climbing. Beech, ash and oak in their spring leaf enveloped them. It was, thought Ricky, almost like the Shenandoah where he had once gone camping with a school party. They began to skid on the corners and he admitted they would never have made it without four-wheel drive.

The oak gave way to conifers and at five thousand feet they emerged into an upland valley, invisible from the road far below, a sort of secret hideaway. In the heart of the valley, they found the farmhouse. Its stone smokestack survived, but the rest had been torched and gutted. Several sagging barns, unfired, still stood beyond the old cattle pens. Ricky glanced at Fadil's face and said:

'I am so sorry.'

They dismounted by the blackened firestack and Ricky waited as Fadil walked through the wet ashes, kicking here and there at what was left of the place he was raised in. Ricky followed him as he walked past the cattle pen and the cesspit, still brimming with its nauseous contents, swollen by the rains, to the barns where his father might have buried the family treasures to save them from marauders. That was when they heard the rustle and the whimper.

The two men found them under a wet and smelly tarpaulin. There were six of them, small, cringing, terrified, aged about ten down to four. Four little boys and two girls, the oldest apparently the surrogate mother and leader of the group. Seeing the two men staring at them, they were frozen with fear. Fadil began to talk softly. After a while the girl replied.

'They come from Gorica, a small hamlet about four miles from here along the mountain. It means "small hill". I used to know it.'

'What happened?'

Fadil talked some more in the local lingo. The girl answered, then burst into tears.

'Men came, Serbs, paramilitaries.'

'When?'

'Last night.'

'What happened?'

Fadil sighed.

'It was a very small hamlet. Four families, twenty adults, maybe twelve children. Gone now, all dead. Their parents shouted that they should run away, when the firing started. They escaped in the darkness.'

'Orphans? All of them?'

'All of them.'

'Dear God, what a country. We must get them into the truck, down to the valley,' said the American.

They led the children, each clinging to the hand of the next eldest up the chain, out of the barn into the bright spring sunshine. Birds sang. It was a beautiful valley.

At the edge of the trees they saw the men. There were ten of them and two Russian GAZ jeeps in army camouflage. The men were also in camo. And heavily armed.

Three weeks later, scouring the mailbox but facing yet another day with no card, Mrs Annie Colenso rang a number in Windsor, Ontario. It answered at the second ring. She recognized the voice of her father's private secretary.

'Hi, Jean. It's Annie. Is my dad there?'

'He surely is, Mrs Colenso. I'll put you right through.'

CHAPTER THREE

The Magnate

THERE WERE TEN YOUNG PILOTS IN 'A' FLIGHT CREW HUT AND another eight next door in 'B' Flight. Outside on the bright green grass of the airfield two or three Hurricanes crouched with that distinctive hunch-backed look caused by the bulge behind the cockpit. They were not new and fabric patches revealed where they had taken combat wounds high above France over the previous fortnight.

Inside the huts the mood could not have been in greater contrast to the warm summer sunshine of 25 June 1940 at Coltishall field, Norfolk, England. The mood of the men of No. 242 Squadron, Royal Air Force, known simply as the Canadian squadron, was about as low as it had ever been, and with good cause.

Two Four Two had been in combat almost since the first shot was fired on the Western Front. They had fought the losing battle for France from the eastern border back to the Channel coast. As Hitler's great blitzkrieg machine rolled on, flicking the French army to one side, the pilots trying to stem the flood would find their bases evacuated and moved further back even while they were airborne. They had to scavenge for food, lodgings, spare parts and fuel. Anyone who has ever been part of a retreating army will know the overriding adjective is 'chaotic'.

Back across the Channel in England, they had fought the second battle above the sands of Dunkirk as beneath them the British army sought to save what it could from the rout, grabbing anything that would float to paddle back to England, whose white cliffs were enticingly visible across the flat calm sea.

By the time the last Tommy was evacuated from that awful beach and the last defenders of the perimeter passed into German captivity for five years, the Canadians were exhausted. They had taken a terrible beating: nine killed, three wounded, three shot down and taken prisoner.

Three weeks later they were still grounded at Coltishall, without spares or tools, all abandoned in France. Their CO, Squadron Leader 'Papa' Gobiel, was ill, had been for weeks, and would not return to command. Still, the Brits had promised them a new commander, who was expected any time.

A small open-topped sports car emerged from between the hangars and parked near the two timber crew huts. A man climbed out, with some difficulty. No one came out to greet him. He stumped awkwardly towards 'A' Flight. A few minutes later he was out of there and heading for 'B' hut. The Canadian pilots watched him through the windows, puzzled by the rolling walk with feet apart. The door opened and he appeared in the aperture. His shoulders revealed his rank of squadron leader. No one stood up.

'Who's in charge here?' he demanded angrily.

A chunky Canuck hauled himself upright, a few feet from where Steve Edmond sprawled in a chair and surveyed the new-comer through a blue haze.

'I guess I am,' said Stan Turner. It was early days. Stan Turner already had two confirmed kills to his credit but

32

would go on to score a total of fourteen and a hatful of medals.

The British officer with the angry blue eyes turned on his heel and lurched away towards a parked Hurricane. The Canadians drifted out of their huts to observe.

'I do not believe what I am watching,' muttered Johnny Latta to Steve Edmond. 'The bastards have sent us a CO with no bloody legs.'

It was true. The newcomer was stumping around on two prosthetics. He hauled himself into the cockpit of the Hurricane, punched the Rolls Royce Merlin engine into life, turned into the wind and took off. For half an hour he threw the fighter into every known aerobatic manoeuvre in the text-book and a few that were not yet there.

He was good in part because he had been an aerobatic ace before losing both legs in a crash long before the war, and in part just because he had no legs. When a fighter pilot makes a tight turn or pulls out of a power dive, both ploys being vital in air combat, he pulls heavy G-forces on his own body. The effect is to drive blood from the upper body downwards, until blackout occurs. Because this pilot had no legs, the blood had to stay in the upper body, nearer the brain, and his squadron would learn that he could pull tighter turns than they could. Eventually he landed the Hurricane, climbed out and stumped towards the silent Canucks.

'My name is Douglas Bader,' he told them, 'and we are going to become the best bloody squadron in the whole bloody Air Force.'

He was as good as his word. With the Battle of France lost and the battle of the Dunkirk beaches a damn close-run thing, the big one was coming: Hitler had been promised by his air-force chief Goering mastery of the skies to enable the invasion of Britain to succeed. The Battle of Britain was the struggle for those skies. By the time it was over, the Canadians of 242, always led into combat by their legless

CO, had established the best kill-to-loss ratio of all.

By late autumn, the German Luftwaffe had had enough and withdrew back into France. Hitler snapped his anger at Goering and turned his attention east to Russia.

In three battles, France, Dunkirk and Britain, spread over only six months of the summer of '40, the Canadians had racked up eighty-eight confirmed kills, sixty-seven in the Battle of Britain alone. But they had lost seventeen pilots, the KIAs (killed in action), and all but three were Canucks.

Fifty-five years later Steve Edmond rose from his office desk and crossed once again, as he had done so many times down the years, to the photo on the wall. It did not contain all the men he had flown with; some had been dead before others arrived. But it showed the seventeen Canadians at Duxford one hot and cloudless day in late August at the height of the battle.

Almost all gone. Most of them KIA during the war. The faces of boys from nineteen to twenty-two stared out, vital, cheerful, expectant, on the threshold of life, yet mostly never destined to see it.

He peered closer. Benzie, flying on his wingtip, shot down and killed over the Thames estuary on 7 September, two weeks after the photo. Solanders, the boy from Newfoundland, dead the next day.

Johnny Latta and Willie McKnight, standing side by side, would die wingtip to wingtip somewhere over the Bay of Biscay in January 1941.

'You were the best of us all, Willie,' murmured the old man. McKnight was the first ace and double ace, the 'natural': nine confirmed kills in his first seventeen days of combat, twenty-one air victories when he died, ten months after his first mission, aged just twenty-one.

Steve Edmond had survived to become fairly old and extremely rich, certainly the biggest mining magnate in Ontario. But all through the years he had kept the photo on the wall, when he lived in a shack with a pick for company, when he made his first million dollars, when (especially when) *Forbes* magazine pronounced him a billionaire.

He kept it to remind him of the terrible fragility of that thing we call life. Often, looking back, he wondered how he survived. Shot down the first time, he had been in hospital when 242 Squadron left in December 1941 for the Far East. When he was fit again, he was posted to Training Command.

Chafing at the bit, bombarding higher authority with requests to fly combat again, he had finally been granted his wish in time for the Normandy landings, flying the new Typhoon ground-attack fighter-bomber, very fast and very powerful, a fearsome tank-killer.

The second time he was shot down was near Remagen as the Americans stormed across the Rhine. He was among a dozen British Typhoons giving them cover in the advance. A direct hit in the engine gave him a few seconds to gain height, lose the canopy and throw himself out of the doomed aeroplane before it blew up.

The jump was low and the landing hard, breaking both legs. He lay in a daze of pain in the snow, dimly aware of round steel helmets running towards him, more keenly aware that the Germans had a particular loathing of Typhoons and the people he had been blowing apart were an SS-Panzer division, not known for their tolerance.

A muffled figure stopped and stared down at him. A voice said, 'Well lookee here.' He let out his pent breath in relief. Few of Adolf's finest spoke with a Mississippi drawl.

The Americans got him back across the Rhine dazed with morphine and he was flown home to England. When the legs were properly set, he was judged to be blocking up a bed needed for fresh incomers from the front, so he was sent to a convalescent home on the South Coast, there to hobble around until repatriation to Canada.

He enjoyed Dilbury Manor, a rambling Tudor pile steeped in history, with lawns like the green baize of a pool table and some pretty nurses. He was twenty-five that spring and carried the rank of Wing Commander.

Rooms were allocated at one per two officers, but it was a week before his room-mate arrived. He was about the same age, American, and wore no uniform. His left arm and shoulder had been smashed up in a gunfight in Northern Italy. That meant covert ops, behind enemy lines. Special Forces.

'Hi,' said the newcomer, 'Peter Lucas. You play chess?'

Steve Edmond had come out of the harsh mining camps of Ontario, joining the Royal Canadian Airforce in 1938 to escape the unemployment of the mining industry when the world had no use for its nickel. Later that nickel would be part of every aero-engine that kept him aloft. Lucas had come from the New England top social drawer, endowed with everything from the day of his birth.

The two young men were sitting on the lawn with a chess table between them when the radio through the refectory hall window, speaking in the impossibly posh accent of the BBC newsreaders in those days, announced that Field Marshal von Rundstedt had just signed on Luneberg Heath the instruments of unconditional surrender. The 8th of May, 1945.

The war in Europe was over. The American and Canadian sat and remembered all the friends who would never go home, and each would later recall it was the last time he cried in public.

A week later they parted and returned to their respective countries. But they formed a friendship in that convalescent home by the English coast that would last for life.

It was a different Canada when Steve Edmond came home, and he was a different man, a decorated war hero returning to a booming economy. It was from the Sudbury Basin that he came. And to the Basin that he went back. His father had been a miner and his grandfather before that. The Canadians had been mining copper and nickel around Sudbury since 1885. And the Edmonds had been part of the action for most of that time.

Steve Edmond found he was owed a fat wedge of pay by the air force and used it to put himself through college, the first of his family to do so. Not unnaturally he took mineral engineering as his discipline and threw a course in metallurgy into the pot as well. He majored in both near the top of his class in 1948 and was snapped up by INCO, the International Nickel Company and principal employer in the Basin.

Formed in 1902, INCO had helped make Canada the primary supplier of nickel to the world, and the company's core was the huge deposit outside Sudbury, Ontario. Edmond joined as a trainee mine-manager.

Steve Edmond would have remained a mine-manager living in a comfortable but run-of-the-mill framehouse in a Sudbury suburb but for the restless mind that was always telling him there must be a better way.

College had taught him that the basic ore of nickel, which is pentlandite, is also a host to other elements; platinum, palladium, iridium, ruthenium, rhodium, tellurium, selenium, cobalt, silver and gold also occur in pentlandite. Edmond began to study the rare earth metals, their uses and the possible market for them. No one else bothered. This was because the percentages were so small their extraction was uneconomical, so they ended up in the slagheaps. Very few knew what rare earth metals were.

Almost all great fortunes are based upon one cracking good idea and the guts to go with it. Hard work and luck also help. Steve Edmond's cracking idea was to go back to the laboratory when the other young mine-managers were helping with the barley harvest by drinking it. What he came up with was a process known now as 'pressure acid leaching'.

Basically, it involved dissolving the tiny deposits of rare metals out of the slag, then reconstituting them back to metal.

Had he taken this to INCO, he would have been given a pat on the back, maybe even a slap-up dinner. Instead, he resigned his post and took a third-class train seat to Toronto and the Bureau of Patents. He was thirty and on his way.

He borrowed, of course, but not too much, because what he had his eye on did not cost much. When every excavation of pentlandite ore became exhausted, or at least exploited until it became uneconomical to go on, the mining companies left behind huge slagheaps called 'tailing dams'. The tailings were the rubbish, no one wanted them. Steve Edmond did. He bought them for cents.

He founded Edmond Metals, known on the Toronto Exchange simply as Emmys, and the price went up. He never sold out, despite the blandishments, never took the gambles proposed to him by banks and financial advisors. That way he avoided the hypes, the bubbles and the crashes. By forty he was a multi-millionaire and by sixty-five, in 1985, he had the elusive mantle of billionaire.

He did not flaunt it, never forgot where he came from, gave much to charity, avoided politics while remaining affable to them all, and was known as a good family man.

Over the years there were indeed a few fools who, taking the mild-mannered exterior for the whole man, sought to cheat, lie or steal. They discovered, often too late from their point of view, that there was as much steel in Steve Edmond as in any aero-engine he had ever sat behind.

He married once, in 1949, just before his big discovery. He and Fay were a love match and it stayed that way until motor neuron disease took her away in 1994. There was one child, their daughter Annie, born in 1950.

In his old age, Steve Edmond doted on her as always, approved mightily of Professor Adrian Colenso, the

Georgetown University academic she had married at twenty-two, and loved to bits his only grandson Ricky, then aged twenty, away somewhere in Europe before starting college.

Most of the time Steve Edmond was a contented man with every right to be so, but there were days when he felt tetchy, ill at ease. Then he would cross the floor of his penthouse office suite high above the city of Windsor, Ontario, and stare again at the young faces in the photo. Faces from far away and long ago.

The internal phone rang. He walked back to his desk.

'Yes, Jean.'

'It's Mrs Colenso on the line from Virginia.'

'Fine. Put her through.' He leaned back in the padded swivel chair as the connection was made. 'Hi, darling. How are you?'

The smile dropped from his face as he listened. He came forward in the chair until he was leaning on the desk.

'What do you mean "missing"? . . . Have you tried phoning? . . . Bosnia? No lines . . . Annie, you know kids nowadays don't write . . . maybe it's stuck in the mail over there . . . yes, I accept he promised faithfully . . . all right, leave it to me. Who was he working for?'

He took a pen and pad and wrote what she dictated.

'Loaves 'n' Fishes. That's its name? It's a relief agency? Food for refugees. Fine, then it'll be listed. They have to be. Leave it to me, honey. Yes, as soon as I have anything.'

When he put the phone down he thought for a moment, then called his chief executive officer.

'Among all those young Turks you employ, do you have anyone who understands researching on the internet?' he asked. The executive was stunned.

'Of course. Scores.'

'I want the name and private number of the chief of an American charity called Loaves 'n' Fishes. No, just that. And I need it fast.'

He had it in ten minutes. An hour later he came off a long call with a gleaming building in Charleston, South Carolina, headquarters of one of those television evangelists, the sort he despised, raking in huge donations from the gullible against guarantees of salvation.

Loaves 'n' Fishes was the pompadoured saviour's charity arm which appealed for funds for the pitiful refugees of Bosnia, then gripped by a vicious civil war. How much of the donated dollars went to the wretched and how much to the reverend's fleet of limousines was anyone's guess. But if Ricky Colenso had been working as a volunteer for Loaves 'n' Fishes in Bosnia, the voice from Charleston informed him, he would have been at their distribution centre at a place called Travnik.

'Jean, do you remember a couple of years back a man in Toronto lost a couple of old masters in a burglary at his country home? It was in the papers. Then they reappeared. Someone at the club said he used a very discreet agency to track them down and get them back. I need his name. Call me back.'

This was definitely not on the internet, but there were other nets. Jean Searle, his private secretary of many years, used the secretaries' net, and one of her friends was secretary to the Chief of Police.

'Rubinstein? Fine. Get me Mr Rubinstein in Toronto or wherever.'

That took half an hour. The art collector was found visiting the Rijksmuseum in Amsterdam to stare, once again, at Rembrandt's *Night Watch*. He was taken from his dinner table, given the six-hour time difference. But he was helpful.

'Jean,' said Steve Edmond when he had finished, 'call the airport. Get the Grumman ready. Now. I want to go to London. No, the English one. By sunrise.'

It was 10 June 1995.

CHAPTER FOUR

The Soldier

CAL DEXTER HAD HARDLY FINISHED TAKING THE OATH OF allegiance when he was on his way to boot camp for basic training. He did not have far to go; Fort Dix is right there in New Jersey.

In the spring of 1968 tens of thousands of young Americans were pouring into the army, 95 per cent of them unwilling draftees. The drill sergeants could not have cared less. Their job was to turn this mass of shorn-to-the-skull young male humanity into something resembling soldiers before passing them on, just three months later, to their next posting.

Where they came from, who their fathers were, what their level of education was, were all of glorious irrelevance. Boot camp was the greatest leveller of them all, barring death. That would come later. For some.

Dexter was a natural rebel, but he was also more street-wise than most. The chow was basic but it was better than he had had on many construction sites, so he wolfed it down.

Unlike the rich boys, he had no problem with dormitory sleeping, open-doored ablutions or the requirement to keep all his kit very, very neatly in one small locker. Most useful of all, he had never had anyone clear up after him, so he expected nothing of the sort in camp. Some others, accustomed to being waited upon, spent a lot of time jogging around the parade square or doing press-ups under the eye of a displeased sergeant.

That said, Dexter could see no point in most of the rules and rituals, but was smart enough not to say so. And he absolutely could not see why sergeants were always right and he was always wrong.

The benefit of signing on voluntarily for three years became plain very quickly. The corporals and sergeants, who were the nearest thing to God in basic training camp, learned of his status without delay and eased up on him. He was, after all, close to being 'one of them'. Mama-spoiled rich boys had it worst.

Two weeks in, he had his first assessment panel. That involved appearing before one of those almost invisible creatures, an officer. In this case, a major. 'Any special skills?' asked the major for what was probably the ten thousandth time.

'I can drive bulldozers, sir,' said Dexter.

The major studied his forms and looked up.

'When was this?'

'Last year, sir. Between leaving school and signing on.'

'Your papers say you are just eighteen. That must have been when you were seventeen.'

'Yes, sir.'

'That's illegal.'

'Lordy, sir, I'm sorry about that. I had no idea.'

Beside him he could feel the ramrod-stiff corporal trying to keep a straight face. But the major's problem was solved.

'I guess it's engineering for you, soldier. Any objections?'

'No, sir.'

Very few said goodbye at Fort Dix with tears in their eyes. Boot camp is not a vacation. But they did come out, most of them, with a straight back, square shoulders, a buzzcut head, the uniform of a private soldier, a kitbag and a travel pass to their next posting. In Dexter's case it was Fort Leonard Wood, Missouri, for Advanced Individual Training.

That was basic engineering; not just driving a bulldozer, but driving anything with wheels or tracks, engine repair and vehicle maintenance and, had there been time, fifty other courses besides. Another three months later, he achieved his Military Operational Skill certificate and was posted to Fort Knox, Kentucky.

Most of the world only knows Fort Knox as the US Federal Reserve's gold depository, fantasy Mecca of every daydreaming bank robber and subject of numerous books and films.

But it is also a huge army base and home of the Armour school. On any base that size there is always some building going on, or tank pits to be dug, or a ditch to be filled in. Cal Dexter spent six months as one of the Post Engineers at Fort Knox before being summoned to the Command office.

He had just celebrated his nineteenth birthday; he carried the rank of Private First Class. The commanding officer looked grim, as one about to impart bereavement. Cal thought something might have happened to his father.

'It's Vietnam,' said the major.

'Great,' said the PFC. The major, who would happily spend the rest of his career in his anonymous marital home on the base in Kentucky, blinked several times.

'Well, that's all right then,' he said.

A fortnight later Cal Dexter packed his kitbag, said goodbye to the mates he had made on the post and boarded the bus sent to pick up a dozen transferees. A week later he walked down the ramp of a C5 Galaxy and into the sweltering, sticky heat of Saigon Airport, military side.

Coming out of the airport, he was riding up front with the bus driver. 'What do you do?' asked the corporal as he swung the troop bus between the hangars.

'Drive bulldozers,' said Dexter.

'Well, I guess you'll be a REMF like the rest of us round here.'

'REMF?' queried Dexter. He had never heard the word before.

'Rear Echelon Mother F****r,' supplied the corporal.

Dexter was getting his first taste of the Vietnam status ladder. Nine-tenths of GIs who went to Vietnam never saw a Vietcong, never fired a shot in anger, and rarely even heard one fired. The 50,000 names of the dead on the Memorial Wall by the Reflecting Pool in Washington, with few exceptions, come from the other ten per cent. Even with a second army of Vietnamese cooks, launderers and bottle-washers, it still took nine GIs in the rear to keep one out in the jungle trying to win the war.

'Where's your posting?' asked the corporal.

'First Engineer Battalion, Big Red One.'

The driver gave a squeak like a disturbed fruit bat.

'Sorreee,' he said. 'Spoke too soon. That's Lai Khe. Edge of the Iron Triangle. Rather you than me, buddy.'

'It's bad?'

'Dante's vision of hell, pal.'

Dexter had never heard of Dante and presumed he was in a different unit. He shrugged.

There was indeed a road from Saigon to Lai Khe; it was Highway 13 via Phu Cuong, up the eastern edge of the Triangle to Ben Cat and then on another fifteen miles. But it was unwise to take it unless there was an armoured escort, and even then never at night. This was all heavily forested country and teemed with Vietcong ambushes. When Cal Dexter arrived inside the huge defended perimeter that housed the 1st Infantry Division, the Big Red One, it was by helicopter. Throwing his kitbag once again over his shoulder, he asked directions for the HQ of the 1st Engineer Battalion.

On the way he passed the vehicle park and saw something

that took his breath away. Accosting a passing GI he asked:

'What the hell is that?'

'Hogjaw,' said the soldier laconically. 'For ground clearing.'

Along with the 25th 'Tropic Lightning' Infantry Division out of Hawaii, the Big Red One tried to cope with what purported to be the most dangerous area of the whole peninsula, the Iron Triangle. So thick was the vegetation, so impenetrable for the invader and such a protective labyrinth for the guerrilla, that the only way to try to level the playing field was to clear the jungle.

To do this, two awesome machines had been developed. One was the tankdozer, an M-48 medium tank with a bulldozer blade fitted up front. With the blade down, the tank did the pushing while the armoured turret protected the crew inside. But much bigger was the Rome Plow or hogjaw.

This was a terrible brute if you happened to be a shrub or a tree or a rock. A sixty-ton tracked vehicle, the D7E, it was fitted with a specially forged, curving blade whose protruding, hardened-steel lower edge could splinter a tree with a three-foot trunk.

The solitary driver/operator sat in his cabin way up top, protected by a 'headache bar' above him to stop falling debris from crushing him dead, and with an armoured cab to fend off sniper bullets or guerrilla attack.

The 'Rome' in the name had nothing to do with the capital of Italy, but with Rome, Georgia, where the brute was made. And the point of the Rome Plow was to make any piece of territory that had received its undivided attention unusable as a sanctuary for Vietcong ever again.

Dexter walked to the battalion office, threw up a salute and introduced himself. 'Morning, sir. PFC Calvin Dexter reporting for duty, sir. I'm your new hogjaw operator. Sir.'

The lieutenant behind the desk sighed wearily. He was nearing the end of his one-year tour. He had flatly refused to extend. He loathed the country, the invisible but lethal Vietcong, the heat, the damp, the mosquitoes and the fact that once again he had a prickly heat rash enveloping his private parts and rear end. The last thing he needed with the temperature nudging ninety was a joker.

But Cal Dexter was a tenacious young man. He badgered and pestered. Two weeks after arriving on post he had his Rome Plow. The first time he took it out, a more experienced driver tried to offer him some advice. He listened, climbed high into the cab, and drove it on a combined operation with infantry support all day. He handled the towering machine his way, differently, and better.

He was watched with increasing frequency by a lieutenant, also an engineer, but one who seemed to have no duties to detain him; a quiet young man who said little but observed much.

'He's tough,' said the officer to himself a week later. 'He's cocky, he's a loner and he's talented. Let's see if he chickens out easily.'

There was no reason for the big machine-gunner to hassle the much smaller plow-driver, but he just did. The third time he messed with the PFC from New Jersey, it came to blows. But not out in the open. Against the rules. But there was a patch of open ground behind the mess hall. It was agreed they would sort out their differences, bare knuckles, after dark.

They met by the light of headlamps, with a hundred fellow soldiers in a circle, taking bets mostly against the smaller man. The general presumption was that they would witness a repeat of the slugging match between George Kennedy and Paul Newman in *Cool Hand Luke*. They were wrong.

No one mentioned Queensberry Rules so the smaller man walked straight up to the gunner, slipped beneath the first head-removing swing and kicked him hard under the kneecap. Circling his one-legged opponent, the 'dozer driver landed two kidney punches and a knee in the groin.

When the big man's head came down to his level he drove the middle knuckle of his right hand into the left temple, and for the gunner, the lights went out.

'You don't fight fair,' said the stakeholder when Dexter held out his hand for his winnings.

'No, and I don't lose either,' he said. Out beyond the ring of lights the officer nodded at the two MPs with him, and they moved in to make their arrest. Later the limping gunner got his promised twenty dollars.

Thirty days in the cooler was the penalty, the more so as he declined to name his opponent. He slept perfectly well on the unpadded slab in the cell and was still asleep when someone started running a metal spoon up and down the bars. It was dawn.

'On your feet, soldier,' said a voice. Dexter came awake, slid off the slab and stood to attention. The man had a lieutenant's single silver bar on his collar. 'Thirty days in here is really boring,' said the officer.

'I'll survive, sir,' said the ex-PFC, now busted back to private.

'Or you could walk now.'

'I think there has to be a catch to that, sir.'

'Oh, there is. You leave behind the big, jerk-off toys and come and join my outfit. Then we find out if you're as tough as you think you are.'

'And your outfit, sir?'

'They call me Rat Six. Shall we go?'

The officer signed the prisoner out and they adjourned for breakfast to the smallest and most exclusive mess hall in the whole 1st Division. No one was allowed in without permission and there were at that time only fourteen members. Dexter made fifteen, but the number would go down to thirteen in a week when two more were killed.

There was a weird emblem on the door of the 'hootch', as they called their tiny club. It showed an upright rodent with

47

snarling face, phallic tongue, a pistol in one hand and a bottle of liquor in the other. Dexter had joined the Tunnel Rats.

For six years, in a constantly shifting sequence of men, the Tunnel Rats did the dirtiest, deadliest and by far the scariest job in the Vietnam War, yet so secret were their doings and so few their number that most people today, even Americans, have hardly or never heard of them.

There were probably not more than 350 over the period: a small unit among the engineers of the Big Red One, an equal unit drawn from the Tropic Lightning (25th) Division. A hundred never came home at all. About a further hundred were dragged, screaming, nerves gone, from their combat zone and consigned to trauma therapy, never to fight again. The rest went back to the States and, being by nature taciturn, laconic loners, seldom mentioned what they did.

Even the USA, not normally shy about its war heroes, cast no medal and raised no plaque. They came from nowhere, did what they did because it had to be done, and went back to oblivion. And their story all started because of a sergeant's sore bottom.

The USA was not the first invader of Vietnam, just the last. Before the Americans were the French, who colonized the three provinces of Tonkin (north), Annam (centre) and Cochinchina (south) into their empire, along with Laos and Cambodia.

But the invading Japanese ousted the French in 1942 and after Japan's defeat in 1945 the Vietnamese believed that at last they would be united and free of foreign domination. The French had other ideas, and came back. The leading independence fighter (there were others at first) was the Communist Ho Chi Minh. He formed the Vietminh resistance army and the Viets went back to the jungle to fight on. And on and on, for as long as it took.

A stronghold of resistance was the heavily forested farming zone northwest of Saigon, running up to the Cambodian border. The French accorded it their special attention (as would later the Americans) with punitive expedition after expedition. To seek sanctuary the local farmers did not flee; they dug.

They had no technology, just their ant-like capacity for hard work, their patience, their local knowledge and their cunning. They also had mattocks, shovels and palm-weave baskets. How many million tons of dirt they shifted will never be calculated. But dig and shift they did. By the time the French left after their 1954 defeat the whole of the Iron Triangle was a warren of shafts and tunnels. And no one knew about them.

The Americans came, propping up a regime the Viets regarded as puppets of yet another colonial power. They went back to the jungle and back to guerrilla war. And they resumed digging. By 1964 they had two hundred miles of tunnels, chambers, passages and hideouts, and all underground.

The complexity of the tunnel system, when the Americans finally began to comprehend what was down there, took the breath away. The down-shafts were so disguised as to be invisible at a few inches range at the level of the jungle floor. Down below were up to five levels of galleries, the lowest at fifty feet, linked by narrow, twisting passages that only a Vietnamese or a small wiry Caucasian could crawl through.

The levels were linked by trap doors, some going up, others heading down. These too were camouflaged, to look like blank end-of-tunnel walls. There were stores, assembly caverns, dormitories, repair shops, eating halls and even hospitals. By 1966 a full combat brigade could hide down there, but until the Tet Offensive that number was never needed.

Penetration by an aggressor was discouraged. If a vertical shaft was discovered, there could well be a cunning booby trap at the bottom. Firing down the tunnels served no purpose; they changed direction every few yards so a bullet would go straight into the end-wall.

Dynamiting did not work; there were scores of alternate

galleries within the pitch-black maze down there, but only a local would know them. Gas did not work; they fitted water seals, like the U-bend in a lavatory pipe.

The network ran under the jungle almost from the suburbs of Saigon nearly to the Cambodian border. There were various other networks elsewhere but nothing like the Tunnels of Cu Chi, named after the nearest town.

After the monsoon the laterite clay was pliable, easy to dig, scrape back and drag away in baskets. In the dry, it set like concrete.

After the passing of Kennedy, Americans arrived in really significant numbers and no longer as instructors, but for combat, starting spring 1964. They had the numbers, the weapons, the machines, the firepower – and they hit nothing. They hit nothing because they found nothing; just an occasional VC corpse if they got lucky. But they took casualties, and the body count began to mount.

At first it was convenient to presume the VC were peasants by day, lost among the black-pyjama-clad millions, switching to guerrillas at night. But why so many casualties by day, and no one to fire back at? In January 1966 the Big Red One decided to raze the Iron Triangle once and for all. It was Operation Crimp.

They started at one end, fanned out and moved forward. They had enough ammunition to wipe out Indochina. They reached the other end and had found no one. From behind the moving line sniper fire started and the GIs took five fatalities. Whoever was firing had only old, bolt-action Soviet carbines, but a bullet through the heart is still a bullet through the heart.

The GIs turned back, went over the same ground. Nothing, no enemy. They took more fatalities, always in the back. They discovered a few foxholes, a brace of air-raid shelters. Empty, offering no cover. More sniper fire but no running figures in black to fire back at.

On Day Four, Sergeant Stewart Green, massively fed up, as were his mates around him, sat for a rest. In two seconds he was up, clutching his butt. Fire ants, scorpions, snakes, Vietnam had them all. He was convinced he had been stung or bitten. But it was a nail-head. The nail was part of a frame, and the frame was the hidden door to a shaft that went straight down into blackness. The US Army had discovered where the snipers went. They had been marching over their heads for two years.

There was no way of fighting the Vietcong living and hiding down there in the darkness by remote control. The society that in three years would send two men to walk on the moon had no technology for the Tunnels of Cu Chi. There was only one way to take the fight to the invisible enemy.

Someone had to strip down to thin cotton pants and, with pistol, knife and torch, go down into that pitch-black, stinking, airless, unknown, unmapped, booby-trapped, deadly, hideously claustrophobic labyrinth of narrow passages with no known exit and kill the waiting Vietcong in their own lair.

A few men were found, a special type of man. Big, burly men were of no use. The 95 per cent who feel claustrophobic were no use. Loud mouths, exhibitionists, look-at-mes were no use. The ones who did it were quiet, soft-spoken, self-effacing, self-contained personalities, often loners in their own units. They had to be very cool, even cold, possessed of icy nerves and almost immune to panic, the real enemy below ground.

Army bureaucracy, never afraid to use ten words where two will do, called them 'Tunnel Exploration Personnel'. They called themselves the Tunnel Rats.

By the time Cal Dexter reached Vietnam they had been in existence for three years, the only unit whose Purple Heart (wounded in action) ratio was 100 per cent.

The commanding officer of the moment was known as Rat Six. Everyone else had a different number. Once joined, they kept themselves to themselves and everyone regarded them with a kind of awe, as men will be awkward in the company of one sentenced to die.

Rat Six had been right in his gut guess. The tough little kid from the construction sites of New Jersey, with his deadly fists and feet, Paul Newman eyes and no nerves, was a natural.

He took him down into the Tunnels of Cu Chi and within an hour realized that the recruit was the better fighter. They became partners underground where there were no ranks and no 'sirs' and for nearly two tours they fought and killed down in the darkness until Henry Kissinger met Le Duc Tho and agreed America would quit Vietnam. After that there was no point.

To the rest of Big Red One the pair became a legend, spoken of in whispers. The officer was 'The Badger' and the newly promoted sergeant was 'The Mole'.

CHAPTER FIVE

The Tunnel Rat

IN THE ARMY, A MERE SIX YEARS IN AGE DIFFERENCE BETWEEN TWO young men can seem like a generation. The older man appears almost a father figure. Thus it was with the Badger and the Mole. At twenty-five, the officer was six years older. More, he came from a different social background with a far better education.

His parents were professional people. After high school he had spent a year touring Europe, seeing ancient Greece and Rome, historical Italy, Germany, France and Britain.

He had spent four years at college for his degree in civil and mechanical engineering, before facing the draft. He, too, had opted for the three-year commission and gone straight to officer school at Fort Belvoir, Virginia.

Fort Belvoir was then churning out junior officers at a hundred a month. Nine months after entering, the Badger had emerged as a Second Lieutenant, rising to First when he shipped to Vietnam to join the 1st Engineer Battalion of Big Red One. He, too, had been headhunted for the Tunnel Rats, and in view of his rank quickly became Rat Six when his predecessor left for home. He had nine months of his required one-year Vietnam posting to complete, two months less than Dexter did.

But within a month it was clear that once the two men went into the tunnels, the roles were reversed. The Badger deferred to the Mole, accepting that the young man, with years on the streets and building sites of New Jersey, had a kind of sense for danger, the silent menace round the next corner, the smell of a booby trap, that no college degree could match, and which might keep them alive.

Before either man had reached Vietnam the US High Command had realized that trying to blow the tunnel system to smithereens was a waste of time. The dried laterite was too hard, the complex too extensive. The continuous switching of tunnel direction meant explosive forces could only reach so far, and not far enough.

Attempts had been made to flood the tunnels but the water just soaked away through the tunnel floors. Due to the water-seals, gas failed as well. The decision was made that the only way to bring the enemy to battle was to go down there and try to find the headquarters network of the entire Vietcong War Zone C.

This, it was believed, was down there somewhere, between the southern tip of the Iron Triangle at the junction of the Saigon and Thi Tinh rivers and the Boi Loi woods at the Cambodian end. To find that HQ, to wipe out the senior cadres, to grab the huge harvest of intelligence that must be down there – that was the aim and, if it could be achieved, was a price beyond rubies.

In fact the HQ was under the Ho Bo woods, upcountry by the bank of the Saigon river, and was never found. But every time the tankdozers or the Rome Plows uncovered another tunnel entrance, the Rats went down into hell to keep looking.

The entrances were always vertical and that created the first danger. To go down feet first was to expose the lower half of the body to any VC waiting in the side tunnel. He would be happy to drive a needle-pointed bamboo spear deep into the groin or entrails of the dangling GI before scooting backwards into the darkness. By the time the dying American had been hauled back up, with the haft of the spear scraping the walls and the venom-poisoned tip ripping at the bowels, chances of survival were minimal.

To go down head first meant risking the spear, bayonet or point-blank bullet through the base of the throat.

The safest way seemed to be to descend slowly until the last five feet, then drop fast and fire at the slightest movement inside the tunnel. But the base of the shaft might be twigs and leaves, hiding a pit with punji sticks. These were embedded bamboo spears, also venom-tipped, that would drive straight through the sole of a combat boot, through the foot and out of the instep. Being fish-hook carved and barbed, they could hardly be withdrawn. Few survived them either.

Once inside the tunnel and crawling forward, the danger might be the VC waiting around the next corner, but more likely the booby traps. These were various, of great cunning and had to be disarmed before progress could be made.

Some horrors needed no Vietcong at all. The nectar bat and black-bearded tomb bat were both cave dwellers and roosted through the daylight in the tunnels until disturbed. So did the giant crab-spider, so dense on the walls that the wall itself appeared to be shimmering with movement. Even more numerous were the fire-ants.

None of these was lethal; that honour went to the bamboo viper whose bite meant death in thirty minutes. The trap was usually a yard of bamboo embedded in the roof, jutting downwards at an angle and emerging by no more than an inch.

The snake was inside the tube, head downwards, trapped and enraged, its escape blocked by a plug of kapok at the lower end. Threaded through this was a length of fishing line, heading through a hole in a peg in the wall on one side, thence to a peg across the tunnel. If the crawling GI touched the line, it would jerk the plug out of the bamboo above him and the viper would tumble onto the back of his neck.

And there were the rats, real rats. In the tunnels they had discovered their private heaven and bred furiously. Just as the GIs would never leave a wounded man or even a corpse in the tunnels, the Vietcong hated to leave one of their casualties up above for the Americans to find and add to the cherished 'body count'. Dead VC were brought below and entombed in the walls in the foetus position, before being plastered over with wet clay.

But a skim of clay will not stop a rat. They had their endless food source and grew to the size of cats. Yet the Vietcong lived down there for weeks or even months on end, challenging the Americans to come into their domain, find them and fight them.

Those who did it and survived became as accustomed to the stench as to the hideous life forms. It was always hot, sticky, cramped and pitch dark. And it stank. The VC had to perform their body functions in earthenware jars; when full, these were buried in the floors and capped with a tampon of clay. But the rats scratched them open.

Coming from the most heavily armed country on earth, the GIs who became Tunnel Rats had to cast all technology aside and return to primal man. One commando knife, one handgun, one flashlight, a spare magazine and two spare batteries were all that would fit down there. Occasionally a hand grenade would be used, but these were dangerous, sometimes lethal, for the thrower. In tiny spaces, the boom could shatter eardrums but, worse, the explosion would suck out all the oxygen for hundreds of feet. A man could die before more could filter in from outside.

For a Tunnel Rat to use his pistol or flashlight was to give his position away, to announce his coming, never knowing who crouched in the darkness up ahead, silent and waiting. In this sense, the VC always had the edge. They only had to stay silent and await the man crawling towards them.

Most nerve tearing of all, and the source of most deaths, was the task of penetrating the trapdoors that led from level to level, usually downwards.

Often a tunnel would come to a dead end. Or was it a dead end? If so, why dig it in the first place? In the dark, with fingertips feeling nothing ahead but laterite wall, no side tunnel to left or right, the Tunnel Rat had to use the flashlight. This would usually reveal, skilfully camouflaged and easily missable, a trapdoor in the wall, floor or ceiling. Either the mission aborted, or the door had to be opened.

But who waited on the other side? If the GI's head went through first and there *was* a Vietcong waiting, the American's life would end with a throat cut from side to side or the lethal bite of a garrotting noose of thin wire. If he dropped downward feet first, it could be the spear through the belly. Then he would die in agony, his screaming torso in one level, ruined lower body in the next down.

Dexter had the armourers prepare him small, tangerine-sized grenades with reduced explosive charge from the standard issue but more ball bearings. Twice in his first six months he lifted a trap door, tossed in a grenade with a three-second fuse, and pulled the door back down. When he opened a second time and went up with his flashlight on, the next chamber was a charnel house of torn bodies.

The complexes were protected from gas attack by water traps. The crawling Tunnel Rat would find a pool of rank water in front of him.

That meant the tunnel continued the other side of the water. The only way through was to roll onto the back, slide in upside down and pull the body along with fingertips scrabbling at the roof. The hope was that the water ended before the breath in the lungs. Otherwise he could die drowned, upside down, in blackness, fifty feet down. The way to survive was to rely on the partner.

Before entering the water, the point man would tie a lanyard to his feet and pass it back to the partner. If he did not give a reassuring tug on it within ninety seconds of entering the water, confirming that he had found air on the other side of the trap, his mate had to pull him back without delay because he would be dying down there.

Through all this misery, discomfort and fear there occurred a moment now and again when the Tunnel Rats hit the mother lode. This would be a cavern, sometimes recently vacated in a hurry, which had clearly been an important sub-Headquarters. Then boxes of papers, evidence, clues, maps and other mementoes would be ferried back to the waiting intelligence experts from G2.

Twice the Badger and the Mole came across such Aladdin's caves. Senior brass, unsure how to cope with such strange young men, handed out medals and warm words. But the Public Affairs people, normally avid to tell the world how well the war was going, were warned off. No one mentioned a word. One facility trip was arranged but the 'guest' from PA got fifteen yards down a 'safe' tunnel and had hysterics. After that, silence reigned.

But there were long periods of no combat, for the Rats as for all the other GIs in Vietnam. Some slept the hours away, or wrote letters, longing for the end of tour and the journey home. Some drank the time away, or played cards or craps. Many smoked, and not always Marlboro. Some became addicts. Others read.

Cal Dexter was one of those. Talking with his officer-partner he realized how blighted was his formal education, and started again from square one. He found he was fascinated by history.

The base librarian was delighted and impressed, and prepared a long list of must-read books which he then obtained from Saigon.

Dexter worked his way through Attic Greece and Ancient Rome, learned of Alexander who had wept that, at thirty-one, he had defeated the known world and there were no more worlds to conquer.

He learned of Rome's decline and fall, of the Dark Ages and medieval Europe, the Renaissance and the Enlightenment, the Age of Elegance and the Age of Reason. He was particularly fascinated by the early years of the birth of the American Colonies, the Revolution and why his own country had had a vicious civil war just ninety years before he was born.

He did one other thing in those long periods when monsoon or orders kept him confined to base. With the help of the elderly Vietnamese who swept and cleaned the hootch for them all, he learned workaday Vietnamese until he could speak enough to make himself understood and understand more than that.

Nine months into his first tour two things happened. He took his first combat wound and the Badger ended his twelve-month stint.

The bullet came from a VC who had been hiding in one of the tunnels as Dexter came down the entrance shaft. To confuse such a waiting enemy, Dexter had developed a technique. He threw a grenade down the shaft, then went in fast, hand over fist. If the grenade did not blow away the false floor of the shaft, then there was no punji-stick trap down there. If it did, he had time to stop before he hit the spikes.

The same grenade ought to shred any VC waiting out of sight. On this occasion the VC was there, but standing well down the passage with a Kalashnikov AK47. He survived the blast, but injured, and fired one shot at the fast-falling Tunnel Rat. Dexter hit the deck with pistol out and fired back three times. The VC went down, crawled away, but was found later, dead. Dexter was nicked in the upper left arm, a flesh wound that healed well but kept him upstairs for a month. The Badger problem was more serious.

Soldiers will admit it, policemen will confirm it; there is no substitute for a partner you can utterly rely on. Since they formed their partnership in the early days, the Badger and the Mole did not really want to go into the tunnels with anyone else. In nine months, Dexter had seen four Rats killed down there. In one case, the surviving Tunnel Rat had come back to the surface screaming and crying. He would never go down a tunnel again, even after weeks with the psychiatrists.

But the body of the one who never made it was still down there. The Badger and the Mole went in with ropes to find the man and drag him out for repatriation and a Christian burial. His throat had been cut. No open casket for him.

Of the original thirteen, four more had quit at the end of their time. Eight down. Six recruits had joined. They were back to eleven in the whole unit.

'I don't want to go down there with anyone else,' Dexter told his partner when the Badger came to visit him in the base clinic.

'Nor me if it were the other way round,' said the Badger. They settled it by agreeing that if the Badger extended for a second one-year tour, the Mole would do the same in three months. So it was done. Both accepted a second tour and went back to the tunnels. The Division's Commanding General, embarrassed by his own gratitude, handed out two more medals.

There were certain rules down in those tunnels that were never broken. One was: never go down alone. Because of his remarkable hazard antennae the Mole was usually up at point with the Badger several yards behind. Another rule was: never fire off all six shots at once. It tells the VC you are now out of ammo, and a sitting duck. Two months into his second tour, in

May 1970, Cal Dexter nearly broke them both, and was lucky to survive.

The pair had entered a newly discovered shaft up in the Ho Bo woods. The Mole was up front and had crawled three hundred yards along a tunnel that changed direction four times. He had fingertip-felt two booby traps and disconnected them. He failed to notice that the Badger had confronted his own personal pet hatred, two tomb bats that had fallen into his hair, and had stopped, unable to speak or go on.

The Mole was crawling alone, when he saw or thought he saw the dimmest of glows coming from round the next corner. It was so dim he thought his retina might be playing tricks. He slithered silently to the corner and stopped, pistol in right hand. The glow also stayed motionless, just round the corner. He waited like that for ten minutes, unaware his frozen partner was out of sight behind him. Then he decided to break the stand-off. He lunged his torso round the corner.

Ten feet away was a Vietcong, on hands and knees. Between them was the source of light, a shallow lamp of coconut oil with a tiny wick floating in it. The VC had evidently been pushing it along the floor to accomplish his mission, checking out the booby traps. For half a second the two enemies stared at each other, then both reacted.

With the back of his fingers the Vietnamese flicked the dish of hot nut-oil straight at the American's face. The light was snuffed out at once. Dexter raised his left hand to protect his eyes and felt the searing oil splash across the back of his knuckles. With his right hand he fired three times as he heard a frantic scuffling sound retreating down the tunnel. He was sorely tempted to use the other three rounds, but he did not know how many more were down there.

Had the Badger and the Mole but known it, they were crawling towards the headquarters complex of the Vietcong's entire Zone Command. Guarding it were fifty diehards.

Back in the States there was, all this while, a covert little unit called the Limited War Laboratory. Throughout the Vietnam War they dreamed up splendid ideas to help the Tunnel Rats, though none of the scientists ever went down a tunnel. They shipped their ideas over to Vietnam where the Rats, who did go down tunnels, tried them out, found them gloriously impractical and shipped them back again.

In the summer of 1970 the Limited War Laboratory came up with a new kind of gun for close-quarter work in a confined space. And at last they had a winner. It was a .44 Magnum handgun modified down to a three-inch barrel so as not to get in the way, but with special ammunition.

The very heavy slug of this .44 was divided into four segments. They were held together as one by the cartridge, but on emerging from the barrel separated to make four slugs instead of one. The Tunnel Rats found it very good for close-quarter work and likely to be deadly in the tunnels because if fired twice it would fill the tunnel ahead with eight projectiles instead of two. A far greater chance of hitting the Vietcong.

Only seventy-five of these guns were ever made. The Tunnel Rats used them for six months, then they were withdrawn. Someone had discovered that they probably contravened the Geneva Convention. So the seventy-four traceable Smith and Wesson revolvers were sent back to the States and never seen again.

The Tunnel Rats had a short and simple prayer. 'If I have to take a bullet, so be it. If I have to take a knife, tough luck. But please, Lord, don't ever bury me alive down there.'

It was in the summer of 1970 that the Badger was buried alive.

Either the GIs should not have been down there or the B-52 bombers out of Guam should not have been bombing from 30,000 feet. But someone had ordered the bombers and that someone forgot to tell the Tunnel Rats.

It happens. Not a lot, but no one who has ever been in the armed forces will fail to spot a FUBAR: fouled up beyond all recognition.

It was the new thinking: to destroy the tunnel complexes by caving them in with massive explosions dropped by B-52s. Partly this had been caused by the change in psychology.

Back in the States the tide of opinion was now comprehensively against the Vietnam War.

Parents were now joining their children in the anti-war demonstrations.

In the war zone, the Tet Offensive of thirty months earlier had not been forgotten. The morale was simply dribbling away into the jungle floor. It was still unspoken among the High Command, but the mood was spreading that this war could not be won. It would be three more years before the last GI would board the last plane out of there, but by the summer of 1970 the decision was made to destroy the tunnels in the 'free strike zones' with bombs. The Iron Triangle was a free strike zone.

Because the entire 25th Infantry Division was based there, the bombers had instructions that no bomb should fall less than three kilometres from the nearest US unit. But that day High Command forgot about the Badger and the Mole, who were in a different division.

They were in a complex outside Ben Suc, in the second level down, when they felt rather than heard the first 'crump' of bombs above them. Forgetting the VC, they crawled frantically towards the shaft going up to level one.

The Mole made it and was ten yards towards the final shaft up to daylight when the roof fall came. It was behind him. He yelled, 'Badger.' There was no reply. He knew there was a small alcove twenty yards ahead because they had passed it coming down. Drenched in sweat he dragged himself into it and used the extra width to turn around and head back.

He met the dirt pile with his fingertips. Then he felt a hand, then a second, but nothing beyond that except fallen earth. He began to dig, hurling the slag behind him but blocking his exit as he did so.

It took him five minutes to liberate his partner's head, five more to free the torso. The bombs had ceased, but up top the falling debris had blocked the air flues. They began to run out of oxygen.

'Get out of here, Cal,' hissed the Badger in the darkness. 'Come back with help later. I'll be OK.'

Dexter continued scrabbling at the dirt with his fingertips. He had lost two nails entirely. It would take over an hour to get help. His partner would not survive half that time with the air flues blocked. He put on his flashlight and shoved the lamp in his partner's hand.

'Hold that. Direct the beam back over your shoulder.'

By the yellow light he could see the mass covering the Badger's legs. It took another half hour. Then the crawl back to daylight, squeezing past the rubble he had cast behind him as he dug. His lungs were heaving, his head spinning; his partner was semi-conscious. He crawled round the last corner and felt the air.

In January 1971 the Badger reached the end of his second tour. Extension for a third year was forbidden, but he had had enough anyway. The night before he flew back to the States, the Mole secured permission to accompany his partner into Saigon to say farewell. They went into the capital with an armoured convoy. Dexter was confident he could hitch a lift back in a helicopter the next day.

The two young men had a slap-up meal then toured the bars. They avoided the hordes of prostitutes but concentrated on some serious drinking. At two in the morning they found themselves, feeling no pain, somewhere in Cholon, the Chinese quarter of Saigon across the river.

There was a tattoo parlour, still open and still available for business, especially in dollars. The Chinaman was wisely contemplating a future outside Vietnam.

Before they left him and took the ferry back across the river the young Americans had a tattoo created, one for each. On the left forearm. It showed a rat, not the aggressive rat on the door of the hootch at Lai Khe, but a saucy rat. Facing away from the viewer but looking back over his shoulder. A broad wink, trousers down, a mooning rat. They were still giggling until they sobered up. Then it was too late.

The Badger flew back to the States the next morning. The Mole followed ten weeks later, in mid-March. On 7 April 1971 the Tunnel Rats formally ceased to exist.

That was the day Cal Dexter, despite the urging of several senior officers, mustered out of the army and returned to civilian life.

CHAPTER SIX

The Tracker

THERE ARE VERY FEW MILITARY OUTFITS MORE SECRETIVE THAN the British Special Air Service regiment, but if there is one that makes the tight-lipped SAS look like the Jerry Springer show, it is the Det.

The 14th Independent Intelligence Company, also called the 14th Int, or the Detachment, or the Det, is an army unit drawing its recruits from right across the board, with (and unlike the all-male SAS) quite a proportion of women soldiers.

Although it can if need be fight with lethal efficiency, the main tasks of the Det are to locate, track to lair, survey and eavesdrop the bad people. They are never seen and their planted listening devices are so advanced that they are rarely found.

A successful Det operation would involve tailing a terrorist to the main hive, entering secretly at night, planting a 'bug' and listening to the bad people for days or weeks on end. In this manner the terrorists would be likely to reveal their next operation.

Tipped off, the slightly noisier SAS could then mount a sweet little ambush and, as soon as the first terrorist fired a weapon, wipe them out. Legally. Self-defence.

Most of the Det operations up to 1995 had been in Northern Ireland where their covertly obtained information had led to some of the IRA's worst defeats. It was the Det who hit on the idea of slipping into a mortician's parlour where a terrorist, of either Republican or Unionist persuasion, was lying in a casket, and inserting a bug into the timber of the coffin.

This was because the terrorist godfathers, knowing they were 'under suss', would rarely meet to discuss planning. But at a funeral they would congregate, lean over the coffin and, covering their mouths from lip-readers behind the telescopes on the hillside above the cemetery, hold a planning conference. The bugs in the coffin would pick up the lot. It worked for years.

In years to come, it would be the Det who carried out the 'Close Target Reconnaissance' on Bosnia's mass-killers, allowing the SAS snatch squads to haul them off to trial in The Hague.

The company whose name Steve Edmond had learned from Mr Rubinstein, the Toronto art collector who had mysteriously recovered his paintings, was called Hazard Management, a very discreet agency based in the Victoria district of London.

Hazard Management specialized in three things and extensively used former Special Forces personnel among its staff. The biggest income-earner was Asset Protection, as its name implies the protection of extremely expensive property on behalf of very rich people who did not want to be parted from it. This was only carried out for limited-term special occasions, not on a permanent basis.

Next came Personnel Protection, PP as opposed to AP. This also was for limited time-span, although there was a small school in Wiltshire where a rich man's own personal body-guards could be trained, for a substantial fee.

Smallest of the divisions in Hazard Management was known as L&R, Location and Recovery. This was what Mr Rubinstein had needed: someone to trace his missing masterpieces and negotiate their return.

Two days after taking the call from his frantic daughter, Steve Edmond had his meeting with the chief executive of Hazard Management and explained what he wanted.

'Find my grandson. This is not a commission with a budget ceiling,' he said.

The former Director of Special Forces, now retired, beamed. Even soldiers have children to educate. The man he called in from his country home the next day was Phil Gracey, former captain in the Parachute Regiment and ten years a veteran of the Det. Inside the company, he was simply known as 'The Tracker'.

Gracey had his own meeting with the Canadian and his interrogation was extremely detailed. If the boy was still alive, he wanted to know everything about his personal habits, tastes, preferences, even vices. He took possession of two good photographs of Ricky Colenso and the grandfather's personal cellphone number. Then he nodded and left.

The Tracker spent two days almost continuously on the phone. He had no intention of moving until he knew exactly where he was going, how, why and whom he sought. He spent hours reading written material about the Bosnian civil war, the aid programmes and the non-Bosnian military presence on the ground. He struck lucky on the last.

The United Nations had created a military 'peace-keeping' force, the usual lunacy of sending a force to keep the peace where there was no peace to keep, then forbidding them to create the peace, ordering them instead to watch the slaughter without interfering. The military were called UNPROFOR and the British government had supplied a large contingent. It was based at Vitez, just ten miles down the road from Travnik.

The regiment assigned there in June 1995 was recent; its predecessor had been relieved only two months earlier and the

Tracker traced the colonel commanding the earlier regiment to a course at Guards depot, Pirbright. He was a mine of information. On the third day after his talk with the Canadian grandfather, the Tracker flew to the Balkans; not straight into Bosnia (impossible) but to the Adriatic resort of Split on the coast of Croatia. His cover story said he was a freelance journalist, which is a useful cover, being completely unprovable either way. But he also included a letter from a major Sunday newspaper asking for a series of articles on the effectiveness of relief aid. Just in case.

In twenty-four hours in Split, enjoying an unexpected boom as the main jumping-off point for central Bosnia, he had acquired a secondhand but tough off-road and a pistol. Just in case. It was a long, rough drive through the mountains from the coast to Travnik, but he was confident his information was accurate; he would run into no combat zone, and he did not.

It was a strange combat, the Bosnian civil war. There were rarely any lines, as such, and never a pitched battle. Just a patchwork quilt of mono-ethnic communities living in fear, hundreds of fire-gutted, ethnically 'cleansed' villages and hamlets and, roaming between them, bands of soldiery, mostly belonging to one of the surrounding 'national' armies, but also including groups of mercenaries, freebooters and psychotic paramilitaries posing as patriots. These were the worst.

At Travnik, the Tracker met his first reverse. John Slack had left. A friendly soul with Age Concern said he believed the American had joined Feed the Children, a much bigger NGO, and was based in Zagreb. The Tracker spent the night in his sleeping bag in the rear of the 4x4 and left the next day for another gruelling drive north to Zagreb, the Croatian capital. There he found John Slack at the Feed the Children warehouse. He could not be much help.

'I have no idea what happened, where he went or why,' he protested. 'Look, man, the Loaves 'n' Fishes operation closed down last month, and he was part of that. He vanished with one of my two brand new Landcruisers; that is, fifty per cent of my transportation.

'Plus, he took one of my three local Bosnian helpers. Charleston was not best pleased. With peace moves finally in the offing they did not want to start over. I told them there was still a lot to do, but they closed me down. I was lucky to find a billet here.'

'What about the Bosnian?'

'Fadil? No chance he was behind it all. He was a nice guy. Spent a lot of time grieving for his lost family. If he hated anyone, it was the Serbs, not Americans.'

'Any sign of the money belt?'

'Now that was stupid. I warned him. It was too much either to leave behind or carry around. But I don't think Fadil would kill him for that.'

'Where were you, John?'

'That's the point. If I had been there it would never have happened. I'd have vetoed the idea, whatever it was. But I was on a mountain road in south Croatia trying to get a truck with a solid engine block towed to the nearest town. Dumb Swede. Can you imagine driving a truck with an empty oil sump and not noticing?'

'What did you discover?'

'When I got back? Well, he had arrived at the compound, let himself in, taken a Landcruiser and driven off. One of the other Bosnians, Ibrahim, saw them both, but they didn't speak. That was four days before I returned. I kept trying his mobile but there was no answer. I went apeshit. I figured they'd gone partying. At first I was more angry than worried.'

'Any idea which direction?'

'Uhuh. Ibrahim said they drove off north. That is, straight into central Travnik town. From the town centre the roads lead all over. No one in town remembers a thing.'

'You got any ideas, John?'

'Yep. I reckon he took a call. Or more likely Fadil took a call and told Ricky. He was very compassion-driven. If he had taken a call about some medical emergency in one of the villages high in the backcountry, he'd have driven off to try and help. Too impulsive to leave a message.

'You seen that country, pal? You ever driven through it? Mountains and valleys and rivers. I figure they went over a precipice and crashed into a valley. Come the winter when the leaves fall, I think someone will spot the wreckage down below among the rocks. Look, I have to go. Good luck, eh? He was a nice kid.'

The Tracker went back to Travnik, set up a small office-cum-living quarters and recruited a happy-to-be-employed Ibrahim as his guide and interpreter.

He carried a satphone with several spare batteries and a scrambler device to keep communications covert. It was just for keeping in touch with head office in London. They had facilities he did not.

He believed there were four possibilities ranging from dumb via possible to likely. The dumbest of the four was that Ricky Colenso had decided to steal the Landcruiser, drive south to Belgrade in Serbia, sell it off, abandon all his previous life and live like a bum. He rejected it. It simply was not Ricky Colenso and why would he steal a Landcruiser if his grandpa could buy the factory?

Next up was that Sulejman had persuaded Ricky to take him for a drive, then murdered the young American for his money belt and the vehicle. Possible. But as a Bosnian Muslim without a passport, Fadil would not get far in Croatia or Serbia, both hostile territory for him, and a new Landcruiser on the market would be spotted.

Three, they had run into person or persons unknown and been murdered for the same trophies. Among the out-of-

71

control freelance killers wandering the landscape were a few groups of Mujahedin, Muslim fanatics from the Middle East, come to 'help' their persecuted fellow Muslims in Bosnia. It was known they had already killed two European mercenaries, even though they were supposed to be on the same side, plus one relief worker and one Muslim garage owner who declined to donate petrol.

But way out top of the range of probabilities was John Slack's theory. The Tracker took Ibrahim and, day by day, followed every road out of Travnik for miles into the back-country. While the Bosnian drove slowly behind him, the Tracker scoured the road edges over every possible steep slope into the valleys below.

He was doing what he did best. Slowly, patiently, missing nothing, he looked for tyre marks, crumbled edges, skid lines, crushed vegetation, wheel-flattened grass. Three times, with a rope tied to the Lada off-road, he went down into ravines where a clump of vegetation might hide a crushed Landcruiser. Nothing.

With binoculars he sat on road edges and scanned the valleys below for a glint of metal or glass down there. Nothing. By the end of an exhausting ten days he had become convinced Slack was wrong. If an off-road that size had swerved off the road and over the edge, it would have left a trace, however small, even forty days later. And he would have seen that trace. There was no crashed vehicle lying in those valleys around Travnik.

He offered a reward for information big enough to make the mouth water. Word about the prize spread in the refugee community and hopefuls came forward. But the best he got was that the car had been seen driving through town that day. Destination unknown. Route taken, unknown.

After two weeks he closed his operation down and moved to Vitez, headquarters of the newly resident British Army contingent.

He found a billet at the school which had been converted

into a sort of hostel for the mainly British Press. It was on a street known as TV Alley, just outside the army compound but safe enough if things turned nasty.

Knowing what most army men think of the Press, he did not bother with his 'freelance journalist' cover story, but sought a meeting with the colonel commanding on the basis of what he was, ex-Special Services.

The colonel had a brother in the Paras. Common background, common interests. Not a problem, anything he could do to help?

Yes, he had heard about the missing American boy. Bad show. His patrols had kept a look out, but nothing. He listened to the Tracker's offer of a substantial donation to the Army Benevolent Fund. A reconnaissance exercise was mounted, a light aircraft from the Artillery people. The Tracker went with the pilot. They flew the mountains and ravines for over an hour. Not a sign.

'I think you're going to have to look at foul play,' said the colonel over dinner.

'Mujahedin?'

'Possibly. Weird swine, you know. They will kill you as soon as look at you if you're not a Muslim, or even if you are but not fundamentalist enough. May fifteenth? We'd only been here for two weeks. Still getting the hang of the terrain. But I've checked the Incident Log. There were none in the area. You could try the ECMM sitreps. Pretty useless stuff, but I've got a stack in the office. Should cover May fifteenth.'

The European Community Monitoring Mission was the attempt of the European Union based in Brussels to horn in on an act that they could influence in no way at all. Bosnia was a UN affair until finally, in exasperation, taken over and resolved by the USA. But Brussels wanted a role, so a team of observers was created to given them one. This was the ECMM. The Tracker went through the stack of reports the next day.

The EU monitors were mainly armed forces officers loaned by the EU defence ministries with nothing better to do. They were scattered through Bosnia where they had an office, a flat, a car and a living allowance. Some of the situation reports, or sitreps, read more like a social diary. The Tracker concentrated on anything filed 15 May or the three days following. There was one from Banja Luka dated 16 May that caught his eye.

Banja Luka was a fiercely Serbian stronghold well to the north of Travnik and across the Vlasic mountain chain. The ECMM officer there was a Danish major, Lasse Bjerregaard. He said that the previous evening, i.e. 15 May, he had been taking a drink in the bar of the Bosna Hotel when he witnessed a blazing row between two Serbs in camouflage uniform. One had clearly been in a rage at the other and was screaming abuse at him in Serbian. He slapped the face of the junior man several times, but the offending party did not answer back, indicating the clear superiority of the slapper.

When it was over the major tried to seek an explanation from the barman, who spoke halting English which the Dane spoke fluently, but the barman shrugged and walked away in a very rude manner which was unlike him. The next morning the uniformed men were gone and the major never saw them again.

The Tracker thought it was the longest shot of his life but he called the ECMM office in Banja Luka. Another change of posting; a Greek came on the line. Yes, the Dane had returned home the previous week. The Tracker called London suggesting they ask the Danish Defence Ministry. London came back in three hours. Fortunately the name was not so common. Jensen would have been a problem. Major Bjerregaard was on furlough and his number was in Odense.

The Tracker caught him that evening when he returned from a day on the water with his family in the summer heatwave. Major Bjerregaard was as helpful as he could be. He remembered the evening of 15 May quite clearly. There was, after all, precious little for a Dane to do in Banja Luka; it had been a very lonely and boring posting.

As each evening, he had gone to the bar around 7.30 for a pre-dinner beer. About half an hour later a small group of Serbs in camouflage uniform had entered the bar. He did not think they were Yugoslav Army because they did not have unit flashes on their shoulders.

They seemed very full of themselves and ordered drinks all round, slivovitz with beer chasers, a lethal combination. Several rounds of drinks later, the major was about to adjourn to the dining room because the noise was becoming deafening when another Serb entered the bar. He seemed to be the commander, because the rest subsided.

He spoke to them in Serbian and he must have ordered them to come with him. The men began to swig their beers back and put their packs of cigarettes and lighters in their uniform pockets. Then one of them offered to pay.

The commander went berserk. He started screaming at the subordinate. The rest went deathly quiet. So did the other customers. And the barman. The tirade went on, accompanied by two slaps to the face. Still no one protested. Finally the leader stormed out. Crestfallen and subdued, the others followed. No one offered to pay for the drinks.

The major had tried to secure an explanation from the barman with whom, after several weeks of drinking, he was on good terms. The man was white-faced. The Dane thought it might be rage at the scene in the bar, but it looked more like fear. When asked what it was all about, he shrugged and stalked to the other end of the now empty bar, and pointedly faced the other way.

'Did the commander rage at anyone else?' asked the Tracker.

'No, just at the one who tried to pay,' said the voice from Denmark.

'Why him alone, major? There is no mention in your report as to possible reason.'

'Ah. Didn't I put that in? Sorry. I think it was because the man tried to pay with a hundred-dollar bill.'

CHAPTER SEVEN

The Volunteer

THE TRACKER PACKED HIS GEAR AND DROVE NORTH FROM Travnik. He was passing from Bosnian (Muslim) territory into Serb-held country. But a British Union Jack fluttered from a pennant above the Lada, and with luck that ought to deter long-range pot-shots. If stopped, he intended to rely on his passport, letter-proof that he was just writing about relief aid, and generous presents of Virginia-tobacco cigarettes bought from the Vitez barracks shop.

If all that failed, his pistol was fully loaded, close to hand and he knew how to use it.

He was stopped twice, once by a Bosnian militia patrol as he left Bosnia-controlled country, and once by a Yugoslav Army patrol south of Banja Luka. Each time his explanation, documents and presents worked. He rolled into Banja Luka five hours later.

The Bosna Hotel was certainly never going to put the Ritz out of business, but it was about all the town had. He checked in. There was plenty of room. Apart from a French TV crew, he judged he was the only foreigner staying there. At seven that evening he entered the bar. There were three other drinkers, all

Serbs and all seated at tables, and one barman. He straddled the stool at the bar.

'Hallo. You must be Dusko.'

He was open, friendly, charming. The barman shook the proffered hand.

'You been here before?'

'No, first time. Nice bar. Friendly bar.'

'How you know my name?'

'Friend of mine was posted here recently. Danish fellow. Lasse Bjerregaard. He asked me to say hi if I was passing through.'

The barman relaxed considerably. There was no threat here.

'You Danish?'

'No, British.'

'Army?'

'Heavens no. Journalist. Doing a series of articles about aid agencies. You'll take a drink with me?'

Dusko helped himself to his own best brandy.

'I would like to be journalist. One day. Travel. See the world.'

'Why not? Get some experience on the local paper, then go to the big city. That's what I did.'

The barman shrugged in resignation.

'Here? Banja Luka? No paper.'

'So try Sarajevo. Even Belgrade. You're a Serb. You can get out of here. The war won't last for ever.'

'To get out of here costs money. No job, no money. No money, no travel, no job.'

'Ah yes, money, always a problem. Or maybe not.'

The Englishman produced a wad of US dollars, all hundred bills, and counted them onto the bar.

'I am old-fashioned,' he said. 'I believe people should help each other. It makes life easier, more pleasant. Will you help me, Dusko?'

The barman was staring at the thousand dollars a few inches from his fingertips. He could not take his eyes off them. He dropped his voice to a whisper.

'What you want? What do you do here? You not reporter.'

'Well, I am in a way. I ask questions. But I am a rich asker of questions. Do you want to be rich like me, Dusko?'

'What you want?' repeated the barman. He flicked a glance towards the other drinkers, who were staring at the pair of them.

'You've seen a hundred-dollar bill before. Last May. The fifteenth, wasn't it? A young soldier tried to settle the bar bill with it. Started one hell of a row. My friend Lasse was here. He told me. Explain to me exactly what happened and why.'

'Not here. Not now,' hissed the frightened Serb. One of the men from the tables was up and walking towards the bar. A wiping cloth flicked expertly down over the money. 'Bar close at ten. You come back.'

At half past ten, with the bar closed and locked, the two men sat in a booth in half-darkness and talked.

'They were not the Yugoslav Army, not soldiers,' said the barman. 'Paramilitary people. Bad people. They stay three days. Best rooms, best food, much drink. They leave but not pay.'

'One of them tried to pay you.'

'True. Only one. He was good kid. Different from others. I don't know what he was doing with them. He had education. The rest were gangsters. Gutter people.'

'You didn't object to them not paying for three days' stay?'

'Object? Object? What I say? These animals have guns. They kill, even fellow Serbs. They all killers.'

'So when the nice kid tried to pay you, who was the one who slapped him around?'

He could feel the Serb tense rigid in the gloom.

'No idea. He was boss man, group leader. But no name. They just call him Chief.'

'All these paramilitaries have names, Dusko. Arkan and his Tigers. Frankie's Boys. They like to be famous. They boast of their names.'

'Not this one. I swear.'

The Tracker knew it was a lie. Whoever he was, the freelance killer inspired a sweat-clammy measure of fear among his fellow Serbs.

'But the nice kid . . . he had a name?'

'I never heard it.'

'We are talking about a lot of money here, Dusko. You never see him again, you never see me again, you have enough to start up in Sarajevo after the war. The kid's name.'

'He paid the day he left. Like he was ashamed of the people he was with. He came back and paid by cheque.'

'It bounced? Came back? You have it?'

'No, it was honoured. Yugoslav dinars. From Belgrade. Settlement in full.'

'So, no cheque?'

'It will be in the Belgrade bank. Somewhere, but probably destroyed by now. But I wrote down his ID card number, in case it bounced.'

'Where? Where did you write it?'

'On the back of an order pad. In ballpoint.'

The Tracker traced it. The pad, for taking long and complicated drinks orders that could not be memorized, only had two sheets left. Another day and it would have been thrown away. In ballpoint on the cardboard back was a seven-figure number and two capital letters. Eight weeks old, still legible.

The Tracker donated a thousand of Mr Edmond's dollars and left. The shortest way out of there was north into Croatia and a plane from Zagreb airport.

The old seven-province federal republic of Yugoslavia had been disintegrating in blood, chaos and cruelty for five years. In the north, Slovenia was the first to go, luckily without bloodshed. In the south, Macedonia had escaped into separate independence. But at the centre, the Serbian dictator Slobodan Milosevic was trying to use every brutality in the book to cling on to Croatia, Bosnia, Kosovo and Montenegro and his own native Serbia. He had lost Croatia but his appetite for power and war remained undiminished.

The Belgrade into which the Tracker had arrived in 1995 was still untouched. Its desolation would be provoked in the Kosovo war, yet to come.

His London office had advised there was one private detective agency in Belgrade, headed up by a former senior police officer whom they had used before. He had endowed his agency with the not too original name of Chandler and it was easy to find.

'I need,' the Tracker told the investigator, Dragan Stojic, 'to trace a young guy for whom I have no name but only the number of his state ID card.'

Stojic grunted.

'What did he do?'

'Nothing, so far as I know. He saw something. Maybe. Maybe not.'

'That's it. A name?'

'Then I would like to talk to him. I have no car and no mastery of Serbo-Croat. He may speak English. Maybe not.'

Stojic grunted again. It appeared to be his speciality. He had apparently read every Philip Marlowe novel and seen every movie. He was trying to be Robert Mitchum in *The Big Sleep* but at five feet four inches and bald, he was not quite there.

'My terms . . .' he began.

The Tracker eased another ten hundred-dollar bills across the desk. 'I need your undivided attention,' he murmured.

Stojic was entranced. The line could have come straight from *Farewell, My Lovely.*

'You got it,' he said.

To give credit where credit is due, the dumpy ex-inspector did not waste time. Belching black smoke, his Yugo saloon, with the Tracker in the passenger seat, took them across town to the district of Konjarnik where the corner of Ljermontova Street is occupied by the police headquarters of Belgrade. It was, and remains, a big, ugly block in brown and yellow, like a huge angular hornet on its side.

'You better stay here,' said Stojic. He was gone half an hour and must have shared some conviviality with an old colleague, for there was the plummy odour of slivovitz on his breath. But he had a slip of paper.

'That card belongs to Milan Rajak. Aged twenty-four. Listed as a law student. Father a lawyer, successful, upper middle-class family. Are you sure you've got the right man?'

'Unless he has a doppelgänger, he and an ID card bearing his photograph were in Banja Luka two months ago.'

'What the hell would he be doing there?'

'He was in uniform. In a bar.'

Stojic thought back to the file he had been shown but not allowed to copy.

'He did his national military service. All young Yugoslavs have to do that. Aged eighteen through twenty-one.'

'Combat soldier?'

'No. Signals Corps. Radio operator.'

'Never saw combat. Might have wished he had. Might have joined a group going into Bosnia to fight for the Serbian cause. A deluded volunteer? Possible?'

Stojic shrugged.

'Possible. But these paramilitaries are scumbags. Gangsters all. What would this law student be doing with them?'

'Summer vacation?' said the Tracker.

'But which group? Shall we ask him?'

Stojic consulted his piece of paper.

'Address in Senjak, not half an hour away.'

'Then let's go.'

They found the address without trouble, a solid, middle-class villa on Istarska Street. Years serving Marshal Tito and now Slobodan Milosevic had done Mr Rajak senior no harm at all. A pale and nervous-looking woman probably in her forties but looking older answered the door.

There was an interchange in Serbo-Croat.

'Milan's mother,' said Stojic. 'Yes, he's in. What do you want, she asks.'

'To talk to him. An interview. For the British Press.'

Clearly bewildered, Mrs Rajak let them in and called to her son. Then she showed them into the sitting room. There were feet on the stairs and a young man appeared in the hall. He had a whispered conversation with his mother and came in. His air was perplexed, worried, almost fearful. The Tracker gave him his friendliest smile and shook hands. The door was still an inch open. Mrs Rajak was on the phone speaking rapidly. Stojic shot the Englishman a warning glance, as if to say, 'Whatever you want, keep it short. The artillery is on its way.'

The Englishman held out a notepad from a bar in the north. The two remaining sheets on it were headed Hotel Bosna. He flicked the cardboard over and showed Milan Rajak the seven numbers and two initials.

'It was very decent of you to settle the bill, Milan. The barman was grateful. Unfortunately the cheque bounced.'

'No. Not possible. It was cl—'

He stopped and went white as a sheet.

'No one is blaming you for anything, Milan. So just tell me: what were you doing in Banja Luka?'

'Visiting.'

'Friends?'

'Yes.'

'In camouflage? Milan, it's a war zone. What happened that day two months ago?'

'I don't know what you mean. Mama . . .' Then he broke into Serbo-Croat and the Tracker lost him. He raised an eyebrow at Stojic.

'Dad's coming,' muttered the detective.

'You were with a group of ten others. All in uniform. All armed. Who were they?'

Milan Rajak was beaded with sweat and looked as if he was going to burst into tears. The Tracker judged this to be a young man with serious nerve problems.

'You are English? But you are not Press. What are you doing here? Why you persecute me? I know nothing.'

There was a screech of car tyres outside the house, running feet up the steps from the pavement. Mrs Rajak held the door open and her husband charged in. He appeared at the door of the sitting room, rattled and angry. A generation older than his son, he did not speak English. Instead, he shouted in Serbo-Croat.

'He asks what you are doing in his house, why you harass his son,' said Stojic.

'I am not harassing,' said the Tracker calmly. 'I am simply asking. What was this young man doing eight weeks ago in Banja Luka and who were the men with him?'

Stojic translated. Rajak senior began shouting.

'He says,' explained Stojic, 'that his son knows nothing and was not there. He has been here all summer and if you do not leave his house he will call the police. Personally, I think we should leave. This is a powerful man.'

'OK,' said the Tracker. 'One last question.'

At his request, the former Director of Special Forces, who now ran Hazard Management, had had a very discreet lunch with a contact in the Secret Intelligence Service. The Head of the Balkans Desk had been as helpful as he was allowed.

'Were those men Zoran's Wolves? Was the man who slapped you around Zoran Zilic himself?'

Stojic had translated more than half before he could stop himself. Milan understood it all in English. The effect was in two parts. For several seconds there was a stunned, glacial silence. The second part was like an exploding grenade.

Mrs Rajak emitted a single scream and ran from the room. Her son slumped in a chair, put his head in his hands and started to shake. The father went from white to puce, pointed at the door and started shouting a single word which Gracey presumed to mean 'out'. Stojic headed for the door. The Tracker followed.

As he passed the shaking young man he stooped and slipped a card into his top jacket pocket.

'If you ever change your mind,' he murmured. 'Call me. Or write. I'll come.'

There was a strained silence in the car back to the airport. Dragan Stojic clearly felt he had earned every dime of his thousand dollars. As they drew up at international departures he spoke across the car roof at the departing Englishman.

'If you ever come back to Belgrade, my friend, I advise you not to mention that name. Not even in jest. Especially not in jest. Today's events never took place.'

Within forty-eight hours the Tracker had completed and filed his report to Stephen Edmond, along with his list of expenses. The final paragraphs read:

I fear I have to admit that the events that led to your grandson's death, the manner of that death or the resting place of the body will probably never be illuminated. And I would be raising false hopes if I said I thought there was a chance that your grandson was still alive. For the present and the foreseeable future the only judgement has to be: missing presumed killed.

I do not believe that he and the Bosnian accompanying him crashed off some road in the area and into a ravine. Every possible such road has been personally searched. Nor do I believe the Bosnian murdered him for the truck or the money belt or both.

I believe they inadvertently drove into harm's way and were murdered by person or persons unknown. There is a likelihood that these persons were a band of Serbian paramilitary criminals believed to have been in the general area. But without evidence, identification, a confession or court testimony, there is no possibility of charges being brought.

It is with deepest regret that I have to impart this news to you, but I believe it to be almost certainly the truth.

I have the honour to remain, Sir,

Your obedient servant,

Philip Gracey.

It was 22 July 1995.

CHAPTER EIGHT

The Lawyer

THE MAIN REASON CALVIN DEXTER DECIDED TO LEAVE THE ARMY was one he did not explain because he did not want to be mocked. He had decided he wanted to go to college, get a degree and become a lawyer.

As for funds, he had saved several thousand dollars in Vietnam and he could seek further help under the terms of the GI Bill.

There are few 'ifs' and 'buts' about the GI Bill; if an American soldier leaving the army for reasons other than dishonourable discharge wishes to apply, then his government will pay to put him through university to degree level. The allowance paid, rising over the past thirty years, can be spent by the student any way he wants, so long as the college confirms he is in full-time studentship.

Dexter reckoned that a rural college would probably be cheaper but he wanted a university with its own law school as well, and if he was ever going to practise law, then there would be more opportunities in the far bigger New York State than in New Jersey. After scouring fifty brochures, he applied for Fordham University, New York City.

He sent in his papers in the late spring, along with the vital Discharge Document, the DD214 with which every GI left the army. He was just in time.

In the spring of 1971, though the sentiment against the Vietnam war was already high, and nowhere higher than in academia, the GIs were not seen as being to blame; rather as victims.

After the chaotic and undignified pullout of 1973, sometimes referred to as a scuttle, the mood changed. Though Richard Nixon and Henry Kissinger sought to put the best spin on things that they could, and though a disengagement from the unwinnable disaster that Vietnam had become was almost universally welcomed, it was still seen as a defeat.

If there is one thing the average American does not want to be associated with too often, it is defeat. The very concept is un-American, even on the liberal Left. The GIs coming home post-1973 thought they would be welcomed, as they had done their best, they had suffered, they had lost good friends; they met a blank wall of indifference, even hostility. The Left was more concerned with My Lai.

That summer of 1971, Dexter's papers were considered, along with all other applicants, and he was accepted for a four-year degree course in political history. In the category of 'life experience' his three years in the Big Red One were considered a positive, which would not have happened twenty-four months later.

The young veteran found a cheap, one-room walk-up in the Bronx, not far from campus, for back then Fordham was housed in a cluster of unglamorous redbrick buildings in that borough. He calculated that if he walked or used public transport, ate frugally and used the long summer vacation to go back to the construction industry he could make enough to survive until graduation. Among the construction sites on which he worked over the next three years was the new wonder of the world, the slowly rising World Trade Center.

The year 1974 was marked by two events that were to change his life. He met and fell in love with Angela Marozzi, a beautiful, vital, life-loving Italian-American girl working in a flower shop on Bathgate Avenue. They married that summer and with their joint income moved to a larger apartment.

That autumn, still one year from graduation, he applied for admission to the Fordham Law School, a faculty within the university, but separate in its location and administration, across the river in Manhattan. It was far harder to get into, having few places and being much sought after.

Law School would mean three more years of study after graduation in 1975 to the law degree, then the Bar Exam and finally the right to practise as an attorney-at-law in the State of New York.

There was no personal interview involved, just a mass of papers to be submitted to the Admissions Committee for their perusal and judgement. These included school records right back to grade school, which were awful, more recent grades for political history, a self-written assessment and references from present advisors, which were excellent. Hidden in this mass of paperwork was his old DD214.

He made the shortlist and the Admissions Committee met to make the final selection. There were six of them, headed by Professor Howard Kell, at seventy-seven well past retirement age, bright as a button, an emeritus professor and the patriarch of them all.

It came to one of two for the last available place. The papers marked Dexter as one of those. There was a heated debate. Professor Kell rose from his chair at the head of the table and wandered to the window. He stared out at the blue summer sky. A colleague came over to join him at the window.

'Tough one, eh, Howard? Whom do you favour?'

The old man tapped a paper in his hand and showed it to the

senior tutor. The tutor read the list of medals and gave a low whistle.

'He was awarded those before his twenty-first birthday.'

'What the hell did he do?'

'He earned the right to be given a chance in this faculty, that's what he did,' said the professor.

The two men returned to the table and voted. It would have been three against three but the chairman's vote counted double in such a contingency. He explained why. They all looked at the DD214.

'He could be violent,' objected the politically correct Dean of Studies.

'Oh, I hope so,' said Professor Kell. 'I'd hate to think we were giving these away for nothing nowadays.'

Cal Dexter received the news two days later. He and Angela lay on their bed; he stroked her growing belly and talked of the day he would be a wealthy lawyer and they would have a fine house out at Westchester or Fairfield County.

Their daughter Amanda Jane was born in the early spring of 1975 but there were complications. The surgeons did their best but the outcome was unanimous. The couple could adopt, of course, but there would be no more natural pregnancies. Angela's family priest told her it was the will of God and she must accept His will.

Cal Dexter graduated in the top five of his class that summer and in the autumn began the three year course in Law. It was tough, but the Marozzi family rallied around; Mama baby-sat Amanda Jane so that Angela could wait tables. Cal wanted to remain a day student rather than revert to night school, which would extend the law course by an extra year.

He laboured through the summer vacations in the first two years but in the third managed to find work with the highly respectable Manhattan law firm of Honeyman Fleischer.

Fordham has always had a vigorous alumni network and

Honeyman Fleischer had three senior partners who had graduated at Fordham Law School. Through a personal intervention by his tutor, Dexter secured vacation work as a legal assistant.

That summer of 1978 his father died. They had not been close after his return from Vietnam, for the parent had never understood why his son could not return to the construction sites and be content with a hard hat for the rest of his life.

But he and Angela had visited, borrowing Mr Marozzi's car, and shown Dexter Senior his only grandchild. When the end came it was sudden. A massive heart attack felled the building labourer on a worksite. His son attended the humble funeral alone. He had hoped his dad could attend his graduation ceremony and be proud of his educated son, but it was not to be.

He graduated that summer and pending his Bar Exam secured a lowly but full-time position with Honeyman Fleischer, his first professional employment since the army seven years earlier.

Honeyman Fleischer prided itself on its impeccable liberal credentials, avoided Republicans, and to prove its lively social conscience, fielded a pro bono department to undertake legal representation for no reward for the poor and vulnerable.

That said, the senior partners saw no need to exaggerate and kept their pro bono team to a few of their lowest-paid newcomers. That autumn of 1978, Cal Dexter was as lowly in the legal pecking order at Honeyman Fleischer as one could get.

Dexter did not complain. He needed the money, he cherished the job, and covering the down-and-outs gave him a hugely wide spectrum of experience, rather than the narrow confines of one single speciality. He could defend on charges of petty crime, negligence claims and a variety of other disputes that eventually came to a court of appeal.

It was that winter that a secretary popped her head round the door of his cubby-hole office and waved a file at him.

'What's that?' he asked.

91

'Immigration appeal,' she said. 'Roger says he can't handle it.'

The head of the tiny pro bono department chose the cream, if ever any cream appeared, for himself. Immigration matters were definitely the skimmed milk.

Dexter sighed and buried himself in the details of the new file. The hearing was the next day.

It was 20 November 1978.

CHAPTER NINE

The Refugee

THERE WAS A CHARITY IN NEW YORK IN THOSE YEARS CALLED Refugee Watch. 'Concerned citizens' was how it would have described its members; 'do-gooders' was the less admiring description.

Its self-appointed task was to keep a weather eye open for examples of the flotsam and jetsam of the human race who, washed up on the shores of the USA, wished to take literally the words written on the base of the Statue of Liberty and stay.

Most often, these were forlorn, bereft people, refugees from a hundred climes, usually with a most fragmentary grasp of the English language and who had spent their last savings in the struggle to survive.

Their immediate antagonist was the Immigration and Naturalization Service, the formidable INS, whose collective philosophy appeared to be that 99.9 per cent of applicants were frauds and mountebanks who should be sent back whence they came, or at any rate somewhere else.

The file tossed onto Cal Dexter's desk that early winter of 1978 concerned a couple fleeing from Cambodia, Mr and Mrs Hom Moung.

In a lengthy statement by Mr Moung who seemed to speak for them both, translated from the French which was the French-educated Cambodian's language of choice, his story emerged.

Since 1975, a fact already well known in the USA and later to become better known through the film *The Killing Fields*, Cambodia had been in the grip of a mad and genocidal tyrant called Pol Pot and his fanatical army the Khmer Rouge.

Pot had some hare-brained dream of returning his country to a sort of agrarian Stone Age. Fulfilment of his vision involved a pathological hatred of the people of the cities and anyone with any education. These were for extermination.

Mr Moung claimed he had been headmaster of a leading lycée or high school in the capital, Phnom Penh, and his wife a staff nurse at a private clinic. Both fitted firmly into the Khmer Rouge category for execution.

When things became impossible, they went underground, moving from safe house to safe house among friends and fellow professionals, until the latter had all been arrested and taken away.

Mr Moung claimed he would never have been able to reach the Vietnamese or Thai borders because in the countryside, infested with Khmer Rouge and informers, he would not have been able to pass for a peasant. Nevertheless, he had been able to bribe a truck driver to smuggle them out of Phnom Penh and across to the port of Kampong Son. With his last remaining savings, he persuaded the captain of a South Korean freighter to take them out of the hell that his homeland had become.

He did not care or know where the *Inchon Star* was headed. It turned out to be New York harbour, with a cargo of teak. On arrival, he had not sought to evade the authorities but had reported immediately and asked permission to stay.

Dexter spent the night before the hearing hunched over the kitchen table while his wife and daughter slept a few feet away through the wall. The hearing was his first appeal of any kind, and he wanted to give the refugee his best shot. After the statement, he turned to the response of the INS. It had been pretty harsh.

The local Almighty in any US city is the District Director, and his office is the first hurdle. The Director's colleague in charge of the file had rejected the request for asylum on the strange grounds that the Moungs should have applied to the local US Embassy or Consulate and waited in line, according to American tradition.

Dexter felt this was not too much of a problem; all US staff had fled the Cambodian capital years earlier when the Khmer Rouge stormed in.

The refusal at the first level had put the Moungs into deportation procedure. That was when Refugee Watch heard of their case and took up the cudgels.

According to procedure, a couple refused entry by the District Director's Office at the Exclusion Hearing could appeal to the next level up, an Administrative Hearing in front of an Asylum Hearing Officer.

Dexter noted that at the Exclusion Hearing, the INS's second ground for refusal had been that the Moungs did not qualify under the five necessary grounds for proving persecution: race, nationality, religion, political beliefs and/or social class. He felt he could now show that as a fervent anti-Communist – and he certainly intended to advise Mr Moung to become one immediately – and as head teacher, he qualified on the last two grounds at least.

His task at the hearing on the morrow would be to plead with the Hearing Officer for a relief known as Withholding of Deportation, under Section 243(h) of the Immigration and Nationality Act.

In tiny print at the bottom of one of the papers was a note from someone at Refugee Watch that the Asylum Hearing

Officer would be a certain Norman Ross. What he learned was interesting.

Dexter showed up at the INS building at 26 Federal Plaza over an hour before the hearing to meet his clients. He was not a big man himself, but the Moungs were smaller, and Mrs Moung was like a tiny doll. She gazed at the world through lenses that seemed to have been cut from the bottoms of shot glass tumblers. His papers told him they were forty-eight and forty-five respectively.

Mr Moung seemed calm and resigned. Because Cal Dexter spoke no French, Refugee Watch had provided a lady interpreter.

Dexter spent the preparation hour going over the original statement, but there was nothing to add or subtract.

The case would be heard not in a real court, but in a large office with imported chairs for the occasion. Five minutes before the hearing, they were shown in.

As he surmised, the representative of the District Director re-presented the arguments used at the Exclusion Hearing to refuse the asylum application. There was nothing to add or subtract. Behind his desk, Mr Ross followed the arguments already before him in the file, then raised an eyebrow at the novice sent down by Honeyman Fleischer.

Behind him, Cal Dexter heard Mr Moung mutter to his wife, 'We must hope this young man can succeed, or we will be sent back to die.' But he spoke in his own native language.

Dexter dealt with the DD's first point: there has been no US diplomatic or consular representation in Phnom Penh since the start of the killing fields. The nearest would have been in Bangkok, Thailand, an impossible target that the Moungs could never have realized. He noted a hint of a smile at the corner of Ross's mouth as the man from the INS went pink.

His main task was to show that faced with the lethal fanaticism of the Khmer Rouge any proven anti-Communist

96

like his client would have been destined on capture to torture and death. Even the fact of being a head teacher with a college degree would have guaranteed execution.

What he had learned in the night was that Norman Ross had not always been Ross. His father had arrived around the turn of the century as Samuel Rosen, from a shtetl in modern Poland, fleeing the pogroms of the Tsar, then being carried out by the Cossacks.

'It is very easy, sir, to reject those who come with nothing, seeking not much but the chance of life. It is very easy to say no and walk away. It costs nothing to decree that these two Orientals have no place here and should go back to arrest, torture and the execution wall.

'But I ask you, supposing our fathers had done that, and their fathers before them, how many, back in the homeland-turned-bloodbath, would have said: "I went to the land of the free, I asked for a chance of life, but they shut their doors and sent me back to die." How many, Mr Ross? A million? Nearer ten. I ask you, not on a point of law, not as a triumph for clever lawyer semantics, but as a victory for what Shakespeare called the quality of mercy, to decree that in this huge country of ours there is room for one couple who have lost everything but life and ask only for a chance.'

Norman Ross eyed him speculatively for several minutes. Then he tapped his pencil down on his desk like a gavel and pronounced.

'Deportation withheld. Next case.'

The lady from Refugee Watch excitedly told the Moungs in French what had happened. She and her organization could handle procedures from that point. There would be administration. But no more need for advocacy. The Moungs could now remain in the United States under the protection of the government, and eventually a work permit, asylum and, in due course, naturalization would come through.

Dexter smiled at her and said she could go. Then he turned to Mr Moung and said:

'Now, let us go to the cafeteria and you can tell me who you really are and what you are doing here.'

He spoke in Mr Moung's native language. Vietnamese.

At a corner table in the basement café Dexter examined the Cambodian passports and ID documents.

'These have already been examined by some of the best experts in the West, and pronounced genuine. How did you get them?'

The refugee glanced at his tiny wife.

'She made them. She is of the Nghi.'

There is a clan in Vietnam called Nghi, which for centuries supplied most of the scholars of the Hue region. Their particular skill, passed down the generations, was for exceptional calligraphy. They created court documents for their emperors.

With the coming of the modern age, and especially when the war against the French began in 1945, their absolute dedication to patience, detail and stunning draughtsmanship meant the Nghi could transmute to some of the finest forgers in the world.

The tiny woman with the bottle-glasses had ruined her eyesight because for the duration of the Vietnam war, she had crouched in an underground workshop creating passes and identifications so perfect that Vietcong agents had passed effortlessly through every South Vietnamese city at will and had never been caught.

Cal Dexter handed the passports back.

'Like I said upstairs, who are you really, and why are you here?'

The wife quietly began to cry and her husband slid his hand over hers.

'My name,' he said, 'is Nguyen Van Tran. I am here because

after three years in a concentration camp in Vietnam, I escaped. That part at least is true.'

'So why pretend to be Cambodian? America has accepted many South Vietnamese who fought with us in that war.'

'Because I was a major in the Vietcong.'

Dexter nodded slowly.

'That could be a problem,' he admitted. 'Tell me. Everything.'

'I was born in 1930, in the deep south, up against the Cambodian border. That is why I have a smattering of Khmer. My family was never communist, but my father was a dedicated nationalist. He wanted to see our country free of the colonial domination of the French. He raised me the same way.'

'I don't have a problem with that. Why turn communist?'

'That is my problem. That is why I have been in a camp. I didn't. I pretended to.'

'Go on.'

'As a boy before World War II, I was raised under the French lycée system, even as I longed to become old enough to join the struggle for independence. In 1942 the Japanese came, expelling the French even though Vichy France was technically on their side. So we fought the Japanese.

'Leading in that struggle were the communists under Ho Chi Minh. They were more efficient, more skilled, more ruthless than the nationalists. Many changed sides, but my father did not. When the Japanese departed in defeat in 1945, Ho Chi Minh was a national hero. I was fifteen, already part of the struggle. Then the French came back.

'Then came nine more years of war. Ho Chi Minh and the communist Vietminh resistance movement simply absorbed all other movements. Anyone who resisted was liquidated. I was in that war too. I was one of those human ants who carried the parts of the artillery to the mountain peaks around Dien Bien Phu where the French were crushed in 1954. Then came the

Geneva Accords, and also a new disaster. My country was divided. North and South.'

'You went back to war?'

'Not immediately. There was a short window of peace. We waited for the referendum that was part of the Accords. When it was denied, because the Diem dynasty ruling the South knew they would lose it, we went back to war. The choice was the disgusting Diems and their corruption in the South or Ho and General Giap in the North. I had fought under Giap; I hero-worshipped him. I chose the communists.'

'You were still single?'

'No, I had married my first wife. We had three children.'

'They are still there?'

'No, all dead.'

'Disease?'

'B fifty-twos.'

'Go on.'

'Then the first Americans came. Under Kennedy. Supposedly as advisors. But to us, the Diem regime had simply become another puppet government like the ones imposed under the Japanese and the French. So again, half my country was occupied by foreigners. I went back to the jungle to fight.'

'When?'

'Nineteen sixty-three.'

'Ten more years?'

'Ten more years. By the time it was over, I was forty-two and I had spent half my life living like an animal, subject to hunger, disease, fear and the constant threat of death.'

'But after 1972, you should have been triumphant,' remarked Dexter. The Vietnamese shook his head.

'You do not understand what happened after Ho died in 1968. The party and the government fell into different hands. Many of us were still fighting for a country we hoped and expected would have some tolerance in it. The ones who took over from Ho had no such intention. Patriot after patriot was arrested and executed. Those in charge were Le Duan and Le Duc Tho. They had none of the inner strength of Ho, which could tolerate a humane approach. They had to destroy to dominate. The power of the secret police was massively increased. You remember the Tet Offensive?'

'Too damn well.'

'You Americans seem to think it was a victory for us. Not true. It was devised in Hanoi, wrongly attributed to General Giap, who was in fact impotent under Le Duan. It was imposed on the Vietcong as a direct order. It destroyed us. That was the intent. Forty thousand of our best cadres died in suicide missions. Among them were all the natural leaders of the South. With them gone, Hanoi ruled supreme. After Tet, the North Vietnamese Army took control, just in time for the victory. I was one of the last survivors of the southern nationalists. I wanted a free and reunited country; yes, but also with cultural freedom, a private sector, farm-owning farmers. That turned out to be a mistake.'

'What happened?'

'Well, after the final conquest of the South in 1975 the real pogroms started. The Chinese. Two million were stripped of everything they possessed; either forced into slave labour or expelled, the Boat People. I objected and said so. Then the camps started, for dissident Vietnamese. Two hundred thousand are now in camps, mainly southerners. At the end of 1975, the Cong Ang, the secret police, came for me. I had written one too many letters of objection, saying that for me, everything I had fought for was being betrayed. They didn't like that.'

'What did you get?'

'Three years, the standard sentence for "re-education". After that, three years of daily surveillance. I was sent to a camp in Hatay province, about sixty kilometres from Hanoi. They always send you miles from your home; it deters escape.'

'But you made it?'

'My wife made it. She really is a nurse, as well as being a forger. And I really was a schoolmaster in the few years of peace. We met in the camp. She was in the clinic. I had developed abscesses on both legs. We talked. We fell in love. Imagine, at our age. She smuggled me out of there; she had some gold trinkets, hidden, not confiscated. These bought a ticket on a freighter. So now you know.'

'And you think I might believe you?' asked Dexter.

'You speak our language. Were you there?'

'Yes, I was.'

'Did you fight?'

'I did.'

'Then I say as one soldier to another: you should know defeat when you see it. You are looking at complete and utter defeat. So, shall we go?'

'Where had you in mind?'

'Back to the Immigration people of course. You will have to report us.'

Cal Dexter finished his coffee and rose. Major Nguyen Van Tran tried to rise also but Dexter pressed him back into his seat.

'Two things, major. The war is over. It happened far away and long ago. Try to enjoy the rest of your life.'

The Vietnamese was like one in a state of shock. He nodded dumbly. Dexter turned and walked away.

As he went down the steps to the street, something was troubling him. Something about the Vietcong officer, his face, the expression of frozen astonishment.

At the end of the street passers-by turned to look at the young lawyer who threw back his head and laughed at the madness of Fate. Absently he rubbed his left hand where the one-time enemy's hot nut oil in the tunnel had scalded him.

It was 21 November 1978.

CHAPTER TEN

The Geek

BY 1985 CAL DEXTER HAD LEFT HONEYMAN FLEISCHER, BUT NOT
for a job that would lead to that fine house at Westchester. He
joined the office of the Public Defender, becoming what is
called in New York a Legal Aid Lawyer. It was not glamorous
and it was not lucrative, but it gave him something he could not
have achieved in corporate or tax law, and he knew it. It was
called job satisfaction.

Angela had taken it well, better than he had hoped. In fact,
she did not really mind. The Marozzi family were close as
grapes on the vine and they were Bronx people through and
through. Amanda Jane was in a school she liked, surrounded
by her friends. A bigger and better job and a move upmarket
were not required.

The new job meant working an impossible amount of hours
in a day and representing those who had slipped through a
hole in the mesh of the American Dream. It meant defending in
court those who could not begin to afford legal representation
on their own account.

For Cal Dexter poor and inarticulate did not necessarily
mean guilty. He never failed to get a buzz when some dazed and

grateful 'client' who, whatever else his inadequacies, had not done what he was charged with walked free. It was a hot summer night in 1988 when he met Washington Lee.

The island of Manhattan alone handles over 110,000 crime cases a year and that excludes civil suits. The court system appears permanently on the verge of overload and a circuit blow-out, but somehow seems to survive. In those years part of the reason was the 24-hours-a-day conveyor belt system of court hearings that ran endlessly through the great granite block at 100 Center Street.

Like a good vaudeville show the Criminal Courts Building could boast 'We never close'. It would probably be an exaggeration to say that 'all life is here' but certainly the lower parts of Manhattan life showed up.

That night in July 1988 Dexter was working the night shift as an on-call attorney who could be allocated a client on the say-so of an over-busy judge. It was 2 a.m. and he was trying to slip away when a voice summoned him back to Court AR2A. He sighed; one did not argue with Judge Hasselblad.

He approached the bench to join an Assistant District Attorney already standing there clutching a file.

'You're tired, Mr Dexter.'

'I guess we all are, your honour.'

'No dispute, but there is one more case I'd like you to take on. Not tomorrow, now. Take the file. This young man seems to be in serious trouble.'

'Your wish is my command, judge.'

Hasselblad's face widened in a grin.

'I just love deference,' he rejoined.

Dexter took the file from the ADA and they left the court together. The file cover read: 'People of the State of New York versus Washington Lee'.

'Where is he?' asked Dexter.

'Right here in a holding cell,' said the ADA.

As he had thought from the mugshot staring at him from the file, his client was a skinny kid with the air of bewildered hopelessness worn by the uneducated who are sucked in, chewed up and spat out by any judicial system in the world. He seemed more bewildered than smart.

The accused was eighteen years old, a denizen of that charm-free district known as Bedford Stuyvesant, a part of Brooklyn that is virtually a black ghetto. That alone aroused Dexter's interest. Why was he being charged in Manhattan? He presumed the kid had crossed the river and stolen a car or mugged someone with a wallet worth stealing.

But no, the charge was bank fraud. So, passing a forged cheque, attempting to use a stolen credit card, even the old trick of simultaneous withdrawals at the opposite ends of the counter from a dummy account? No.

The charge was odd, unspecific. The District Attorney had laid a 'bare-boned' charge alleging fraud in excess of $10,000. The victim was the East River Bank, headquarters in midtown Manhattan, which explained why the charge was being pursued on the island, not in Brooklyn. The fraud had been detected by the bank security staff and the bank wished to pursue with maximum vigour according to corporate policy.

Dexter smiled encouragingly, introduced himself, sat down and offered cigarettes. He did not smoke but 99 per cent of his clients dragged happily on the white sticks. Washington Lee shook his head.

'They're bad for your health, man.'

Dexter was tempted to say that seven years in the state pen was not going to do great things for it either, but forbore. Mr Lee, he noted, was not just homely, he was downright ugly. So how had he charmed a bank into handing over so much money? The way he looked, shuffled, slumped, he would hardly have been allowed across the Italian marble lobby of the prestigious East River Bank.

Calvin Dexter needed more time than was available to give the case file full and proper attention. The immediate concern was to get through the formality of the arraignment and see if there was even a remote possibility of bail. He doubted it.

An hour later Dexter and the ADA were back in court. Washington Lee, looking completely bewildered, was duly arraigned.

'Are we ready to proceed?' asked Judge Hasselblad.

'May it please the court, I have to ask for a continuance,' said Dexter.

'Approach,' ordered the judge. When the two lawyers stood beneath the bench he asked: 'You have a problem, Mr Dexter?'

'This is a more complex case than at first appears, your honour. This is not hubcaps. The charge refers to over ten thousand dollars, embezzled from a blue-chip bank. I need more study time.'

The judge glanced at the ADA who shrugged, meaning no objection.

'This day week,' said the judge.

'I'd like to ask for bail,' said Dexter.

'Opposed, your honour,' said the ADA.

'I'm setting the bail at the sum named in the charge, ten thousand dollars,' said Judge Hasselblad.

It was out of the question and they all knew it. Washington Lee did not have ten dollars, and no bail bondsman was likely to want to know. It was back to a cell. As they left the court, Dexter asked the ADA for a favour.

'Be a sport, keep him in the Tombs, not the Island.'

'Sure, not a problem. Try and grab some sleep, huh?'

There are two short-spell remand prisons used by the Manhattan court system. The Tombs may sound like something underground but it is in fact a high-rise remand centre right next to the court buildings and far more convenient for defence lawyers visiting their clients than Riker's Island, way up the East River. Despite the ADA's advice for a bit of sleep, the file probably precluded that. If he was to confer with Washington Lee the next morning he had some reading to do.

To the trained eye the wad of papers told the story of the detection and arrest of Washington Lee. The fraud had been detected internally and traced to Lee. The bank's Head of Security, one Dan Witkowski, was a former detective with the NYPD and he had prevailed on some of his former colleagues to go over to Brooklyn and arrest Washington Lee.

He had first been brought to, and lodged in, a precinct house in midtown. When a sufficient number of miscreants were gracing the cells of the precinct house, they were brought down to the Criminal Courts Building and relodged there on the timeless and unvarying diet of baloney and cheese sandwiches.

Then the wheels had ground their remorseless course. The rap sheet showed a short litany of minor street crime: hubcaps, vending machines, shoplifting. With that formality complete, Washington Lee was ready for arraignment. That was when Judge Hasselblad demanded that the youth be represented.

On the face of it, this was a youth born to nothing and with nothing, who would graduate from truancy to pilfering and thence a life of crime and frequent periods as a guest of the citizens of New York State somewhere 'up the river'. So how on earth had he sweet-talked the East River Bank, which did not even have a branch in Bedford Stuyvesant, out of $10,000? No answer. Not in the file. Just a bare-bones charge and an angry and vengeful Manhattan-based bank. Grand Larceny in the 3rd Degree. Seven years' hard time.

Dexter grabbed three hours' sleep, saw Amanda Jane off to school, kissed Angela goodbye and came back to Center Street. It was in an interview room in the Tombs that he was able to drag his story out of the black kid.

At school he had shone at nothing. His grades were a disaster. The future offered nothing but the road to dereliction,

107

crime and jail. And then one of the school teachers, maybe smarter than the others or just kinder, had allowed the graceless boy access to his Hewlett Packard computer. (Here, Dexter was reading between the lines of the halting narrative.)

It was like offering the boy Yehudi Menuhin a chance to hold a violin. He stared at the keys, he stared at the screen, and he began to make music. The teacher, clearly a computer buff when personal machines were the exception rather than the norm, was intrigued. That was five years earlier.

Washington Lee began to study. He also began to save. When he opened and gutted vending machines, he did not smoke the proceeds, or drink them, or shoot them into his arm, or wear them as clothes. He saved them until he could buy a cheap bankrupt-stock computer in a closing-down sale.

'So how did you swindle the East River Bank?'

'I broke into their mainframe,' said the kid.

For a moment Cal Dexter thought a jemmy might have been involved so he asked his client to explain. For the first time the boy became animated. He was talking about the only thing he knew.

'Man, have you any idea how weak some of the defensive systems created to protect databases really are?'

Dexter conceded it was not a query that had ever detained him. Like most non-experts, he knew that computer-system designers created 'firewalls' to prevent unauthorized access to hyper-sensitive databases. How they did it, let alone how to outwit them, had never occurred to him. He teased the story out of Washington Lee.

The East River Bank had stored every detail of every account holder in a huge database. As clients' financial situations are regarded by most clients as very private, access to those details involved bank officers punching in an elaborate system of coded signals. Unless these were absolutely correct, the computer screen would simply flash the message 'Access

Denied'. A third erroneous attempt to break in would start alarm signals flashing at head office.

Washington Lee had broken the codes without triggering the alarms, to the point where the main computer buried below the bank's HQ in Manhattan would obey his instructions. In short, he had performed coitus non-interruptus on a very expensive piece of technology.

His instructions were simple. He ordered the computer to identify every savings and deposit account held by clients of the bank and the monthly interest paid into those accounts. Then he ordered it to deduct one quarter from each interest payment and transfer that quarter into his own account.

As he did not have one, he opened one at the local Chase Manhattan. Had he known enough to transfer the money to the Bahamas, he would probably have got away with it.

It is quite a calculation to ascertain interest due on one's deposit account because it will depend on the ambient interest rate over the earning period, and that will fluctuate, and to get it to the nearest quarter takes time. Most people do not have that time. They trust the bank to do the maths and get it right.

Not Mr Tolstoy. He may have been eighty but his mind was still sharp as a pin. His problem was boredom, whiling away his hours in his tiny apartment on West 108th Street. Having spent his life as an actuary for a major insurance company, he was convinced that even nickels and dimes count, if multiplied enough times. He spent his time trying to catch the bank out in error. One day, he did.

He became convinced his interest due for the month of April was a quarter short. He checked the figures for March. Same thing. He went back two more months. Then he complained.

The local manager would have given him the missing dollar, but rules are rules. He filed the complaint. Head office thought it was a single glitch in a single account, but ran random checks on half a dozen other accounts. Same thing. Then the computer people were called in.

They established that the master computer had done this to every checking account in the bank and had been doing so for twenty months. They asked it why.

'Because you told me to,' said the computer.

'No, we didn't,' said the boffins.

'Well someone did,' said the computer.

That was when they called in Dan Witkowski. It did not take very long. The transfers of all these nickels were to an account at the Chase Manhattan over in Brooklyn. Client name: Washington Lee.

'Tell me, how much did all this net you?' asked Dexter.

'Just shy of a million dollars.'

The lawyer bit the end off his pencil. No wonder the charge was so vague. 'In excess of ten thousand dollars' indeed. The very size of the theft gave him an idea.

Mr Lou Ackerman enjoyed his breakfast. For him it was the best meal of the day; never hurried like lunch, never over-rich like banquet dinners. He enjoyed the shock of the icy juice, the crunch of the cereal flakes, the fluffiness of well-scrambled eggs, the aroma of the freshly perked Blue Mountain coffee. On his balcony above Central Park West, in the cool of a summer morning before the real heat came upon the day, it was a joy. And it was a shame of Mr Calvin Dexter to spoil it.

When his Filipino manservant brought the pasteboard card to his terrace, he glanced at the words 'attorney-at-law', frowned and wondered who his visitor might be. The name rang a bell. He was about to tell his manservant to ask the visitor to come to the bank later in the morning, when a voice behind the Filipino said:

'I know it's impertinence, Mr Ackerman, and for that I apologize. But if you will give me ten minutes I suggest you will be glad we did not meet in the glare of attention at your office.'

He shrugged and gestured to a chair across the table.

'Tell Mrs Ackerman I'm in conference at the breakfast table,' he instructed the Filipino. Then to Dexter, 'Keep it short, Mr Dexter.'

'I will. You are pressing for the prosecution of my client, Mr Washington Lee, for having allegedly skimmed almost a million dollars from your clients' accounts. I think it would be wise to drop the charges.'

The CEO of the East River Bank could have kicked himself. You show a little kindness and what do you get? A ball-breaker ruining your breakfast.

'Forget it, Mr Dexter. Conversation over. No way. The boy goes down. There must be deterrence to this sort of thing. Company policy. Good day.'

'Pity. You see, the way he did it was fascinating. He broke into your computer mainframe. He waltzed through all your firewalls, your security guards. No one is supposed to be able to do that.'

'Your time is up, Mr Dexter.'

'A few seconds more. There will be other breakfasts. You have about a million clients, checking account and deposit account. They think their funds are safe with you. Later this week a skinny black kid from the ghetto is going to stand up in court and say that if he did it, any half-assed amateur could empty any of your clients' accounts after a few hours of electronic probing. How do you think your clients are going to like that?'

Ackerman put down his coffee and stared across the park.

'It's not true, and why should they believe it?'

'Because the Press benches will be packed and the TV and radio media will be outside. I think up to a quarter of your clients could decide to move bank.'

'We'll announce we are installing a whole new safeguard system. The best on the market.'

'But that's what you were supposed to have had before. And a Bedford Stuyvesant kid with no school grades broke it. You were lucky. You got the whole million dollars back. Supposing it happened again, for tens of millions in one awful weekend, and it went to the Caymans. The bank would have to reinstate. Would your board appreciate the humiliation?'

Lou Ackerman thought of his board. Some of the institutional shareholders were people like Pearson-Lehman, Morgan Stanley. The sort of people who hated to be humiliated. The sort who might have a man's job.

'It's that bad, uh?'

'I'm afraid so.'

'All right. I'll call the DA's office and say we have no further interest in proceeding, since we all have our money back. Mind you, the DA can still proceed if he wants to.'

'Then you'll be very persuasive, Mr Ackerman. All you have to say is: "Scam, what scam?" After that, mum is the word, wouldn't you say?'

He rose and turned to leave. Ackerman was a good loser.

'We could always do with a good lawyer, Mr Dexter.'

'I've got a better idea. Take Washington Lee on the payroll. I'd have thought fifty thousand dollars a year is about right.'

Ackerman was on his feet, Blue Mountain brown-staining the napery.

'What the hell should I want that lowlife on the payroll for?'

'Because when it comes to computers, he's the best. He's proved it. He sliced through a security system that cost you a mint to install, and he did it with a fifty-dollar sardine can. He could install for you a totally impenetrable system. You could make a sales point out of it: the safest database west of the Atlantic. He's much safer inside the tent pissing out.'

Washington Lee was released twenty-four hours later. He was not quite sure why. Neither was the ADA. But the bank had had a bout of corporate amnesia and the District Attorney's office had its usual backlog. Why insist?

The bank sent a stretch limo to the Tombs to pick up their new staffer. He had never been in one before. He sat in the back and looked at the head of his lawyer poking in the window.

'Man, I don't know what you did or how you did it. One day maybe I can pay you back.'

'OK, Washington, maybe one day you will.'

It was 20 July 1988.

CHAPTER ELEVEN

The Killer

WHEN YUGOSLAVIA WAS RULED BY MARSHAL TITO IT WAS VIRTUALLY a crime-free society. Molesting a tourist was unthinkable, women safely walked the streets and racketeering was non-existent.

This was odd, considering that the seven provinces that made up Yugoslavia, cobbled together by the Western Allies in 1918, had traditionally produced some of the most vicious and violent gangsters in Europe.

The reason was that post-1948 the Yugoslav government established a compact with the Yugoslav underworld. The deal was simple: you can do whatever you like and we will turn a blind eye under one condition – you do it abroad. Belgrade simply exported its entire crime world.

The speciality targets for the Yugoslav crime bosses were Italy, Austria, Germany and Sweden. The reason was simple. By the mid-1960s the Turks and the Yugoslavs had become the first wave of 'guest workers' in richer countries to the north, meaning that they were encouraged to come and do the mucky jobs that the overindulged indigenes no longer wanted to do.

Every large ethnic movement brings its own crime world with it. The Italian Mafia arrived in New York with the Italian immigrants; Turkish criminals soon joined the Turkish 'guest worker' communities across Europe. The Yugoslavs were the same, but here the agreement was more structured.

Belgrade got it both ways. Its thousands of Yugoslavs working abroad sent their hard currency home each week; as a communist state Yugoslavia was always an economic mess but the regular inflow of hard currency hid the fact.

So long as Tito repudiated Moscow, the USA and NATO remained pretty relaxed about what else he did. Indeed, he ranked as one of the leaders of the Non-Aligned countries right through the Cold War. The beautiful Dalmatian coast along the Adriatic became a tourist Mecca, bringing in even more foreign exchange, and the sun shone.

Internally, Tito ran a brutal regime where dissidents or opponents were concerned, but kept it quiet and discreet. The compact with the gangsters was run and supervised not so much by the civil police but by the secret police, known as State Security or DB.

It was the DB that laid down the terms. The gangsters preying on the Yugoslav communities abroad could return home for R and R with impunity, and did. They built themselves villas on the coast and mansions in the capital. They made their donations to the pension funds of the chiefs of the DB, and occasionally they were required to carry out a 'wet job' with no invoice and no trace-back. The mastermind of this cosy arrangement was the long-time intelligence boss, the fat and fearsome Slovenian Stane Dolanc.

Inside Yugoslavia there was a little prostitution, but well under local police control, and some lucrative smuggling which, again, helped official pension funds. But violence, other than the state kind, was forbidden. Young tearaways reached the level of running rival district street gangs, stealing cars (not belonging to tourists) and brawling. If they wanted to get more serious than that they had to leave. Those hard of hearing on this issue could find themselves in a remote prison camp with the cell key dropped down a deep well.

Marshal Tito was no fool, but he *was* mortal. He died in 1980 and things began to fall apart.

In the blue-collar Belgrade district of Zemun a garage mechanic called Zilic had a son in 1956 and named him Zoran. From an early age it became plain his nature was vicious and deeply violent. By the age of ten, his teachers shuddered at the mention of him.

But he had one thing that would later set him apart from other Belgrade gangsters like Zeljko Raznatovic, alias Arkan. He was smart.

Skipping school from fourteen onwards, he became leader of a teenage gang involved in the usual pleasures of stealing cars, brawling, drinking and ogling the local girls. After one particular 'rumble' between two gangs, three members of the opposing team had been so badly beaten with bicycle chains that they hovered between life and death for several days. The local police chief decided that enough was enough.

Zilic was hauled in, taken to the basement by two stalwarts with lengths of rubber hose, and beaten till he could not stand. There was no ill-will involved; the police felt they needed him to concentrate on what they were saying.

The police chief then gave the youth a word of advice, or several. It was 1972, the boy was sixteen and a week later he left the country. But he already had an introduction to take up. In Germany, he joined the gang of Ljuba Zemunac – his surname was adopted, taken from the suburb of his birth. He also came from Zemun.

Zemunac was an impressively vicious mobster who would later be shot to death in the lobby of a German courthouse, but Zoran Zilic stayed with him for ten years, earning the older man's admiration as the most sadistic enforcer he had ever employed. In protection racketeering, the ability to inspire terror is vital. Zilic could do that and enjoy every moment.

In 1982 Zilic left and formed his own gang at the age of twenty-six. This might have caused a turf war with his old employer, but Zemunac shuffled off the mortal coil soon afterwards. Zilic remained at the head of his gang in Germany and Austria for the next five years. He had long mastered German and English. But back home, things were changing.

There was no one to replace Marshal Tito, whose war record as a partisan against the Germans and sheer force of personality had kept together this unnatural seven-province federation for so long.

The decade of the Eighties was marked by a series of coalition governments that rose and fell, but the spirit of secession and separate independence was raging through Slovenia and Croatia in the north, and Macedonia in the south.

In 1987, Zilic cast in his lot with a shabby little ex-communist party hack whom others had overlooked or underestimated. He sported two qualities he liked: an absolute ruthlessness in the pursuit of power, and a level of cunning and deviousness that would disarm rivals until it was too late. He had spotted the coming man. From 1987 he offered to 'take care' of the opponents of Slobodan Milosevic. There was no refusal and no charge.

By 1989 Milosevic had realized that communism was dead in the water; the horse to mount was that of extreme Serb nationalism. In fact, he brought not one but four horsemen to his country, those of the Apocalypse. Zilic served him almost to the end.

Yugoslavia was breaking up. Milosevic posed as the man to save the union, but made no mention that he intended to do this through genocide, known as ethnic cleansing. Inside Serbia, the province around Belgrade, his popularity stemmed from the belief that he would save Serbs everywhere from non-Serb persecution.

To do this, they had first to be persecuted. If the Croatians or Bosnians were slow on the uptake, this had to be arranged. A small local massacre would normally provoke the resident majority to turn on the Serbs among them. Then Milosevic could send in the army to save the Serbs. It was the gangsters, turned paramilitary 'patriots', who acted as his agents provocateurs.

Where up until 1989 the Yugoslav state had kept its gangster underworld at arm's length and abroad, Milosevic took them into full partnership at home.

Like so many second-raters elevated to state power, Milosevic became fascinated by money. The sheer size of the sums involved acted on him like a snake-charmer's pipe to a cobra. It was not, for him, the luxury that money could buy. He remained personally frugal to the end. It was money as another form of power that hypnotized him. By the time he fell, it was estimated by the successor Yugoslavian government that he and his cronies had embezzled and diverted to their own foreign accounts about twenty billion dollars.

Others were not so frugal. These included his deeply ghastly wife and equally appalling son and daughter. The Milosevic household made *The Munsters* look like *Little House on the Prairie*.

Among those 'full partners' was Zoran Zilic, who became the dictator's personal enforcer, a killer for hire. Reward under Milosevic was never in cash. It came in the award of franchises for especially lucrative rackets, coupled with the assurance of absolute immunity. The tyrant's cronies could rob, torture, rape, kill, and there was absolutely nothing the regular police could do about it. He established a criminal-cum-embezzler regime, posed as a patriot and the Serbs and West European politicians fell for it for years.

In all this brutality and bloodshed, he still did not save the Yugoslav federation or even his dream of a Greater Serbia. Slovenia left, then Macedonia and Croatia. By the Dayton Agreement of November 1995, Bosnia was gone, and by July 1999, he had not only effectively lost Kosovo, but also provoked the partial destruction by NATO bombs of Serbia itself.

Like Arkan, Zilic also formed a small squad of para-militaries. There were others, like the sinister, shadowy and brutal Frankie's Boys, the group of Frankie Stamatovic – amazingly not even a Serb, but a renegade Croat from Istria. Unlike the florid and ostentatious Arkan, gunned down in the lobby of the Belgrade Holiday Inn, Zilic kept himself and his group so low-profile as to be invisible. But on three occasions during the Bosnia war he took his group north and raped, tortured and murdered his way across that miserable province until American intervention put a stop to it.

The third occasion was in April 1995. Where Arkan called his group his Tigers and had a couple of hundred of them, Zilic was content with Zoran's Wolves and he kept the numbers small. On the third sortie he had no more than a dozen. They were all thugs who had operated before, save one. He lacked a radio operator and one of his colleagues whose junior brother was in law school said his brother had a friend who had been an Army R/T operator.

Contacted via the fellow student, the newcomer agreed to forgo his Easter vacation and join the Wolves.

Zilic asked what he was like. Had he seen combat? No, he had done his military service in the Signals corps which was why he was ready for some 'action'.

'If he has never been shot at, then he surely has never killed anyone,' said Zilic. 'So this expedition should be quite a learning curve.'

The group set off for the north in the first week of May, delayed by technical problems to their Russian-made jeeps.

They went through Pale, the tiny former ski resort now established as the capital of the self-styled Republika Serbska, the third of Bosnia now so 'cleansed' that it was uniquely Serb. They skirted Sarajevo, once the proud host of the winter Olympics, now a wreck, and went on into Bosnia proper, making their base at the stronghold of Banja Luka.

From there Zilic ranged outwards, avoiding the dangerous Mujahedin, looking for softer targets among any Bosnian Muslim communities who might lack armed protection.

On 14 May, they found a small hamlet in the Vlasic range, took it by surprise and wiped out the inhabitants, spent the night in the woods and were back at Banja Luka by the evening of the 15th.

The new recruit left them the next day, screaming that he wanted to get back to his studies after all. Zilic let him go, after warning him that if he ever opened his mouth he, Zilic, would personally cut off his dick with a broken wine glass and stuff both down his throat in that order. He did not like the boy anyway; he was stupid and squeamish.

The Dayton Agreement put an end to sport in Bosnia, but Kosovo was coming into season, and in 1998 he was operating there also, claiming to be suppressing the Kosovo Liberation Army, in fact concentrating on rural communities and some seriously interesting loot.

But he never neglected his real reason for allying with Slobodan Milosevic. His service to the despot had paid rich dividends. His 'business' dealings were a gangster's charter, the right to do what every Mafioso has to dodge the Law to achieve and yet to do it with presidential immunity.

Chief among the franchises that paid dividends of several hundred per cent were cigarettes and perfumes, fine brandies and whiskies and all forms of luxury goods. These franchises he shared with Raznatovic, the only other gangster of comparable importance, and a few others. Even with sweeteners to all the necessary police and political 'protection', he was a millionaire by the mid-Nineties.

Then he moved into prostitution, narcotics and arms dealing. With his fluent German and English he was better placed to deal with the international crime world than the others who were monolingual.

Narcotics and arms were especially lucrative. His dollar fortune entered eight figures. He also entered the files of the American Drug Enforcement Agency, the CIA, the Defence Intelligence Agency (arms dealing) and the FBI.

Those around Milosevic, fat on embezzled money, power, corruption, ostentation, luxury and the endless sycophancy to which they were subjected, became lazy and complacent. They presumed the party would go on for ever. Zilic did not.

He avoided the obvious banks used by most of the cronies to store or export their fortunes. Almost every penny he made he stashed abroad, but via banks no one in the Serbian State knew anything about. And he watched for the first cracks in the plaster. Sooner or later, he reasoned acutely, even the awesomely weak politicians and diplomats of Britain and the European Union would see through Milosevic and call 'time out'. It happened over Kosovo.

A largely agricultural province, Kosovo ranked with Montenegro as all that was left of Serbia's fiefdoms within the Federation of Yugoslavia. It contained about 1,800,000 Kosovars, who are Muslims and hardly distinguishable from the neighbouring Albanians, and 200,000 Serbs.

Milosevic had been deliberately persecuting the Kosovars for a decade until the once moribund Kosovo Liberation Army was back in being. The strategy was to be the same as usual. Persecute beyond toleration; wait for the local outrage; denounce the 'terrorists'; enter in force to save the Serbs and 'restore order'. Then NATO said it would not stand by any more. Milosevic did not believe them. Mistake. This time they meant it.

In the spring of 1999 the ethnic cleansing began, mainly accomplished by the occupying Third Army, assisted by the Security Police and the paramilitaries: Arkan's Tigers, Frankie's Boys and Zoran's Wolves. As foreseen, over a million Kosovars fled in terror over the borders into Albania and Macedonia. They were supposed to. The West was supposed to take them all in as refugees. But they did not. They started to bomb Serbia.

Belgrade stuck it out for seventy-eight days. Up front, the local reaction was anti-NATO. Behind their hands, the Serbs began to mutter that it was the mad Milosevic who had brought this ruin upon them. It is always educational to note how the war fever fades when the roof falls in. Zilic heard the muttering behind the hands.

On 3 June 1999 Milosevic agreed to terms. That was the way it was put. To Zilic it was unconditional surrender. He decided the moment had come to depart.

The fighting ended. The Third Army, having hardly taken a casualty to NATO's high-altitude bombing inside Kosovo, withdrew with all their equipment intact. The NATO allies occupied the province. The remaining Serbs began to flee into Serbia, bringing their rage with them. The direction of that rage began to move from NATO to Milosevic as the Serbs contemplated their shattered country.

Zilic began to slip any last vestiges of his fortune beyond reach, and to prepare his own departure. Through the autumn of 1999 the protests against Milosevic grew and grew.

In a personal interview in November 1999 Zilic begged the dictator to observe the writing on the wall, conduct his own coup d'état while he had a loyal army to do it, and do away with any further pretence at democracy or opposition parties. But Milosevic was by then in his own private world where his popularity was undiminished.

Zilic left his presence wondering yet again at the phenomenon that when men who have once held supreme power start to lose it, they go to pieces in every sense. Courage, willpower, perception, decisiveness, even the ability to recognize reality – all are washed away as the tide sweeps away a sandcastle. By December Milosevic was not exercising power; he was clinging to it. Zilic completed his preparations.

His fortune was no less than 500 million dollars; he had a place to go where he would be safe. Arkan was dead, executed for falling out with Milosevic. The principal ethnic cleansers of Bosnia, Karadzic and General Mladic of the Srebrenitsa massacre, were being hunted like animals through Republika Serbska where they had taken refuge. Others had already been snatched for the new war-crimes tribunal in The Hague. Milosevic was a broken reed.

As a matter of record, Milosevic declared on 27 July 2000 the coming presidential elections for 24 September. Despite copious rigging and a refusal to accept the outcome, he still lost. Crowds stormed the Parliament and installed his successor. Among the first acts of the new regime was to start investigating the Milosevic period: the murders, the twenty billion missing dollars.

The former tyrant holed himself up in his villa in the plush suburb of Dedinje. On 1 April 2001 President Kostunica was good and ready. The arrest moved in at last.

But Zoran Zilic was long gone. In January 2000 he just disappeared. He said no goodbyes and took no luggage. He went as one departing for a new life in a different world, where the old gewgaws would have no use. So he left them all behind.

He took nothing and no one with him, save his ultra-loyal personal bodyguard, a hulking giant called Kulac. Within a week he had settled in his new hideout, which he had spent over a year preparing to receive him.

No one in the intelligence community paid attention to his departure, save one. A quiet, secretive man in America noted the gangster's new abode with considerable interest.

CHAPTER TWELVE

The Monk

IT WAS THE DREAM, ALWAYS THE DREAM. HE COULD NOT BE RID OF it and it would not let him go. Night after night he would wake screaming, wet with sweat, and his mother would rush in to hold him and try to bring him comfort.

He was a puzzle and a worry to both his parents, for he could not or would not describe his nightmare, but his mother was convinced he never had such dreams until his return from Bosnia.

The dream was always the same. It was the face in the slime, a pale disc ringed with lumps of excrement, some bovine, some human, screaming for mercy, begging for life. He could understand the English, as could Zilic, and words like 'no, no, please, don't' are pretty international.

But the men with the poles laughed and pushed again. And the face came back, until Zilic rammed his pole into the open mouth and pushed downwards until the boy was dead under there somewhere. Then he would wake, shouting and crying, until his mother wrapped him in her arms, telling him it was all right, he was home in his own room at Senjak.

But he could not explain what he had done, what he had

been a part of, when he thought he was doing his patriotic duty to Serbia.

His father was less comforting, claiming he was a hard-working man who needed his sleep. By the autumn of 1995 Milan Rajak had his first session with a trained psychotherapist.

He attended twice a week at the grey-rendered five-storey psychiatric hospital on Palmoticeva Street, the best in Belgrade. But the experts at the Laza Lazarevic could not help either, because he dared not confess.

Relief, he was told, comes with purging, but catharsis requires confession. Milosevic was still in power, but far more frightening were the feral eyes of Zoran Zilic that morning in Banja Luka when he said he wanted to quit and go home to Belgrade. Much more terrifying were the whispered words of mutilation and death if he ever opened his mouth.

His father was a dedicated atheist, raised under the communist regime of Tito and a lifelong loyal servant of the Party. But his mother had kept her faith in the Serbian Orthodox church, part of the eastern communion with the Greek and Russian churches. Mocked by her husband and son, she had gone to her morning service down the years. By the end of 1995, Milan started to accompany her.

He began to find some comfort amid the ritual and the litany, the chants and the incense. The horror seemed to ebb in the church by the football ground, just three blocks from where they lived, and where his mother always went.

In 1996 he flunked his law exams to the outrage and despair of his father who stormed up and down the house for two days. If the news from the academy was not to his taste, what his son had to say took his breath away.

'I do not want to be a lawyer, father. I want to enter the Church.'

It took time but Rajak Senior calmed down and tried to

come to terms with his changed son. At least the priesthood was a profession of sorts. Not given to wealth, but respectable. A man could still hold his head up and say, 'My son is in the Church, you know.'

The priesthood itself, he discovered, would take years of study to achieve, most of that time in a seminary, but the son had other ideas. He wanted to live in seclusion and without delay. He wanted to become a monk, repudiating everything material in favour of the simple life.

Ten miles southeast of Belgrade he found what he wanted: the small monastery of Saint Stephen in the hamlet of Slanci. It contains no more than a dozen brothers under the authority of the abbot or Iguman. They work in the fields and barns of their own farm, grow their own food, accept donations from a few tourists and pilgrims, meditate and pray. There was a waiting list to join and no chance of jumping it.

Fate intervened in the meeting with the Iguman, Abbot Vasilije. He and Rajak Senior stared at each other in amazement. Despite the full black beard, flecked with grey, Rajak recognized the same Goran Tomic who had been at school with him forty years before. The abbot agreed to meet his son and discuss with him a possible career in the Church.

The abbot's shrewd intelligence divined that his former schoolmate's son was a young man torn by some inner turmoil that could not find peace in the outer world. He had seen it before. He could not create a vacancy for an instant monk, he pointed out, but men from the city occasionally joined the monks for the purpose of a religious 'retreat'.

In the summer of 1996, with the Bosnian war over, Milan Rajak came to Slanci on extended retreat to grow tomatoes and cucumbers, to meditate and to pray. The dream ebbed away.

After a month Abbot Vasilije gently suggested that he confess, and he did. In whispered tones, by the light of a candle by the altar, under the gaze of the man from Nazareth, he told the abbot what he had done.

The abbot crossed himself fervently and prayed: for the soul of the boy in the cesspit and for the penitent beside him. He urged Milan to go to the authorities and report against those responsible.

But the grip of Milosevic was absolute and the terror inspired by Zoran Zilic no less so. That the 'authorities' would have lifted a finger against Zilic was inconceivable. But the killer's promised vengeance would, when carried out, raise not a ripple on the water. So the silence went on.

The pain began in the winter of 2000. He noticed that it intensified with each body motion. After two months he consulted his father who presumed some passing 'bug'. Nevertheless, he arranged for tests at the Belgrade General Hospital, the Klinicki Centre.

Belgrade has always boasted medical standards among the highest in Europe and the Belgrade General was up there with the best. There were three series of tests, and they were seen by specialists in proctology, urology and oncology. It was the professor heading the third department who finally asked Milan Rajak to visit his suite of rooms at the clinic.

'I believe you are a trainee monk?' he asked.

'Yes.'

'Then you believe in God?'

'Yes.'

'I sometimes wish I could also. Alas, I cannot. But you must now test your faith. The news is not good.'

'Tell me, please.'

'It is what we call colorectal cancer.'

'Operable?'

'I regret. No.'

'Reversible? Chemotherapy?'

'Too late. I am sorry, deeply sorry.'

The young man stared out of the window. He had been sentenced to death.

'How long, professor?'

'That is always asked, and always impossible to answer. With precautions, care, a special diet, some radiotherapy . . . a year. Possibly less, possibly more. Not much more.'

It was March 2001. Milan Rajak went back to Slanci and told the abbot. The older man wept for the one who was now like the son he had never had.

On 1 April the Belgrade police arrested Slobodan Milosevic. Zoran Zilic had disappeared; at his son's request, Milan's puzzled father had used his contacts high in the police force to confirm that Yugoslavia's most successful and powerful gangster had simply disappeared more than a year earlier and was now living somewhere abroad, location unknown. His influence had disappeared with him.

On 2 April 2001, Milan Rajak sought out from his papers an old card. He took a sheet of paper and, writing in English, addressed a letter to London. The burden of the letter was in the first line.

'I have changed my mind. I am prepared to testify.'

Within twenty-four hours of receiving the letter three days later, and after a quick call to Stephen Edmond in Windsor, Ontario, the Tracker came back to Belgrade.

The statement was taken in English, in the presence of a certified interpreter and notary public. It was signed and witnessed:

Back then in 1995, young Serbian men were accustomed to believe what they were told, and I was no exception. It may be plain today what terrible things were done in Croatia and Bosnia, and later in Kosovo, but we were told the victims were isolated communities of Serbs in these former provinces, and I believed this. The idea that our own armed forces were carrying out mass murder of old people, women and children, was inconceivable. Only Croats and Bosnians did this sort of thing, we were told. Serbian forces were only concerned to protect and rescue Serbian minority communities.

When in April 1995 a fellow law student told me his brother and others were going to Bosnia to protect the Serbs up there, and needed a radio operator, I suspected nothing.

I had done my military service as a radio operator, but miles from any fighting. I agreed to give up my spring vacation to help my fellow Serbs in Bosnia.

When I joined the other twelve, I realized they were rough types, but I put this down to their being hardened combat soldiers, and blamed myself for being too spoiled and soft.

The column of four off-roads contained twelve men, including the leader, who joined us at the last minute. Only then did I learn he was Zoran Zilic, of whom I had vaguely heard, who had a fearsome but shadowy reputation. We drove for two days, north through Republika Serbska and into Central Bosnia. We arrived at Banja Luka and that became our base, notably the Bosna Hotel where we took rooms and ate and drank.

We made three patrols north, east and west of Banja Luka but found no enemy or threatened Serbian villages. On 14 May we drove south into the Vlasic range of mountains. We knew that beyond the range lay Travnik and Vitez, both enemy territory for us Serbs.

In the late afternoon we were driving along a track in the woods when we came across two little girls in front of us. Zilic got out and talked to them. He was smiling. I thought he was being nice to them. One told him her name was Laila. I did not understand. It was a Muslim name. She had signed her own death warrant and that of her village.

Zilic took the girls aboard the leading jeep and they pointed out where they lived. It was a hamlet in a valley in the woods: nothing much, about twenty adults and a dozen children, seven cottages, some barns and railed paddocks. When I saw the crescent above the tiny mosque I realized they were Muslims, but they clearly posed no threat.

The others poured out of the jeeps and rounded up everyone in the hamlet. I suspected nothing when they began to search the cottages. I had heard of Muslim fanatics, Mujahedin from the Middle East, Iran and Saudi Arabia, who also marauded through Bosnia and would kill any Serb on sight. Perhaps there were some hiding there, I thought.

When the search was over Zilic walked back to the lead vehicle and took position behind the machine gun mounted on a swivel behind the front seats. He shouted to his men to scatter and opened fire on the peasants huddled in the rail-fence cattle pen.

It happened almost before I could believe it had happened. The peasants began to jump and dance as the heavy bullets hit them. The other soldiers opened up with their sub-machine guns. Some of the peasants tried to save their children, throwing their bodies over them. A few of the smaller children got away in this manner, darting between the adults and reaching the trees before the bullets took them. Later I learned there were six who had escaped.

I felt violently sick. There was a stench of blood and entrails in the air – you never get the stench in films from Hollywood. I had never seen people die before, but these were not even soldiers or partisans. One old shotgun, perhaps for killing rabbits and crows, had been found.

When it was over, most of the shooters were disappointed. There had been no alcohol found, nor anything of value. So they torched the houses and the barns and we left them burning.

We spent the night in the forest. The men had brought their own slivovitz and most got drunk on it. I tried to drink, but brought it all back up. In my sleeping bag I realized I had made a terrible mistake. These were not patriots around me, but gangsters who killed because they enjoyed it.

The next morning, we began to drive down a series of mountain tracks, mainly along the face of the range, back towards the col that would lead us over the mountains to Banja Luka. That was when we found the farmhouse. It was alone in another small valley amid the woods. I saw Zilic in the first jeep rise from his seat and hold up his hand in a 'stop' signal. He gesticulated that we should cut our engines. The drivers did that, and there was silence. Then we heard voices.

Very quietly we got down from the jeeps, took guns and crept to the edge of the clearing. About a hundred yards away were two grown males leading six children out of a barn. The men were not armed and not in uniform. Behind them was a fire-gutted farmhouse, and to one side a new, black Toyota Landcruiser with the words 'Loaves 'n' Fishes' on the door panel. Both turned and stared when they saw us. The oldest of the children, a little girl of about ten, began to cry. I recognized her by her headscarf. It was Laila.

Zilic advanced towards the group with his gun raised, but neither made any attempt to fight. The rest of us fanned out and formed a horseshoe round the captives when we arrived close to them. The taller of the men spoke and I recognized American. So did Zilic. None of the others spoke a word of English. The American said, 'Who are you guys?'

Zilic did not answer. He strolled over to examine the brand new Landcruiser. At that moment the child Laila tried to make a run for it. One of the men grabbed but missed. Zilic turned from the off-road, drew his pistol, aimed, fired and blew the back of her head away. He was very proud of his marksmanship with a pistol.

The American was ten feet from Zilic. He took two strides, swung a fist with all his power and caught Zilic on the side of the mouth. If he had any chance of survival, that finished it.

Zilic was caught by surprise, as he might have been, because no one in all Yugoslavia would have dared do that.

There were two seconds of complete disbelief as Zilic went down, blood pouring from his split lip. Then six of his men were on the American with boots, fists, gun butts. They beat him to a bloody pulp. I think they would have finished him off, but Zilic intervened. He was back up, dabbing the blood off his mouth. He told them to stop the beating.

The American was alive, shirt ripped open, torso red from kicking, face already swelling and cut. The open shirt revealed a broad money belt at his waist. Zilic gestured with one hand and one of his men ripped it off. It was stuffed with hundred-dollar bills, at least ten of them, it turned out. Zilic examined the man who had dared hit him.

'Dear me,' he said, 'so much blood. You need a cold bath, my friend, something to freshen you up.' He turned to his men. They were bewildered at his apparent concern for the American. But Zilic had seen something else in the clearing. The cesspit was brimming full, partly from animal slurry but also from human waste. It had once served both purposes. If the passing years had solidified the mixture, the recent rains had reliquefied it. On Zilic's orders the American was thrown into it.

The shock of the cold must have brought him to his senses. His feet found the bottom of the pit and he began to struggle. There was a cattle pen nearby with post and rail fencing. It was old and broken but some of the long poles were still whole. The men grabbed several and began to poke the American under the surface of the slime.

He began to scream for mercy each time his face appeared above the slime. He was begging for his life. About the sixth time, maybe it was seven, Zilic grabbed a pole and rammed the end into the gaping mouth, smashing most of the teeth. Then he pushed downwards and kept pushing until the young man was dead.

I walked away to the trees and vomited up the sausage and black bread I had eaten for breakfast. I wanted to kill them all, but they were too many and I was too afraid. While I was being sick I heard several volleys. They had killed the other five children and the Bosnian aid worker who had brought the American to that spot. All the bodies were thrown into the slime pit. One of the men found that the words 'Loaves 'n' Fishes' on each front door of the Landcruiser were simply a decal with adhesive backing. They peeled off quite easily.

When we drove away there was no sign, except the startlingly bright splashes of red, the children's blood on the grass, and the twinkling of a few brass cartridges. That evening Zoran Zilic divided up the dollars. He gave a hundred dollars to each man. I refused to take them, but he insisted that I took a minimum of one note to remain 'one of the boys'.

I tried to get rid of it in the bar that evening, but he saw me and really lost his temper. The next day I told him I was going home, back to Belgrade. He threatened me that if I ever spoke one word of what I had seen, he would find me, mutilate and then kill me.

As I have long known, I am not a brave man and it was my fear of him that kept me silent all these years, even when the Englishman came asking questions in the summer of 1995. But now I have made my peace, and am prepared to testify in any court in Holland or America, so long as God Almighty gives me the strength to stay alive.

I swear by Him that all I have said is the truth and nothing but the truth.

Given under my hand, Senjak District, Belgrade, this 7th day of April 2001.

Milan Rajak.

That night the Tracker sent a long message to Stephen Edmond in Windsor, Ontario, and the instructions that came back were unequivocal:

'Go wherever you must, do whatever it takes, find my grandson or whatever is left of him and bring him home to Georgetown, USA.'

CHAPTER THIRTEEN

The Pit

PEACE HAD COME TO BOSNIA WITH THE DAYTON AGREEMENT OF November 1995, but over five years later, the scars of war were not even disguised, let alone healed.

It had never been a rich province. No Dalmatian coast to attract the tourists; no mineral reserves; just low-tech agriculture in the farmlands between the mountains and the forests.

The economic damage would take years more to recover from, but the social damage was far worse. Few could imagine that in less than a generation or two Serb, Croat and Bosnian Muslim would accept living side by side with each other again, or even a few miles apart, save in armed watchful compounds.

The international bodies spouted the usual blather about reunification and restoring mutual trust, thus justifying the doomed attempts to put Humpty Dumpty back together again rather than facing the necessity of partition.

The task of governing the shattered entity went to the United Nations High Representative, a sort of pro-consul with near-absolute powers, backed by the soldiers of UNPROFOR. Of all the unglamorous tasks that fell to the people who had no time for posturing on the political stage but who actually made things happen, the least charming went to the ICMP – the International Commission on Missing Persons.

This was run with impressive and quiet efficiency by Gordon Bacon, a former British policeman. To the ICMP fell the task of listening to the tens of thousnds of relatives of the 'disappeared ones' and taking their statements on the one hand, and tracing and exhuming the hundreds of mini-massacres that had taken place since 1992. The third job was to try to match statements with relics and restore the skull and bundle of bones to the right relatives, for final burial according to the religious creed or none.

The matching process would have been completely impossible without DNA, but the new technology meant that a swab of blood from the relative and a sliver of bone from the cadaver could provide proof of identity beyond doubt. By 2000 the fastest and most efficient DNA laboratory in Europe was not in some wealthy western capital but in Sarajevo, set up and run on tiny funds by Gordon Bacon. It was to see him that the Tracker drove into the Bosnian city two days after Milan Rajak had signed his name.

He did not need to bring the Serb with him. Rajak had revealed that before he died, the Bosnian aid worker Fadil Sulejman had told his murderers that the farm had once been his family home. Gordon Bacon read the Rajak statement with interest but no sense of novelty.

He had read hundreds before, but always from the few survivors, never from one of the perpetrators, and never involving an American. He realized the mystery of what he knew as the Colenso file might be solved at last. He contacted the ICMP commissioner for the Travnik zone and asked for the fullest cooperation with Mr Gracey when he arrived. The Tracker spent the night in his fellow countryman's spare bedroom and drove north again in the morning.

It is a mite over two hours into Travnik and he was there by midday. He had talked with Stephen Edmond, and a swab of the grandfather's blood was on its way from Ontario.

On 11 April the exhumation team left Travnik for the hills, aided by a local guide. Questions at the mosque had quickly discovered two men who had known Fadil Sulejman, and one of them said he knew the farm in the upland valley. He was in the leading off-road.

The digger team brought with them protective clothing, breathing aids, shovels, soft brushes, sieves and evidence bags, all the needs of their grisly trade.

The farm was much as it must have been six years earlier, but a bit more overgrown. No one had come to reclaim it; the Sulejman family appeared to have ceased to exist.

They found the sewage pit without difficulty. The spring rains had been less than in 1995 and the contents of the pit had hardened to malodorous clay. The diggers pulled on garments like a fly fisherman's waders, and over-jackets, but seemed immune to the smell.

Rajak had testified that on the day of the murder, the pit was full to the brim, but if Ricky Colenso's feet had touched bottom, it must be about six feet deep. Without rain, the surface had receded two feet downwards.

After three feet of slime had been shovelled out, the ICMP commissioner ordered his men to throw out their shovels and resume with hand trowels. An hour later the first bones were visible and in a further hour of work with scraper and camel-hair brush, the massacre site was exposed.

No air had penetrated to the bottom of the pit, so there had been no maggots at work, since they depend on air. The decomposition was uniquely due to enzymes and bacilli.

Every fragment of soft tissue was gone, and when wiped with a damp cloth, the first skull to emerge gleamed clean and white. There were fragments of leather, from the boots and belts of the two men; an ornate belt buckle, surely American, plus metal studs from jeans and buttons from a denim jacket.

One of the men on his knees down below called out and passed up a watch. Seventy months had not affected the inscription on the back: 'Ricky, from Mom. Graduation. 1994'.

The children had all been thrown in dead and they had sunk on top of, or close to, each other. Time and decomposition had made a jumble of the bones of the six corpses, but the size of the skeletons proved who they had been.

Sulejman had also gone in dead; his skeleton lay on its back, spread-eagled, the way the body had sunk. His friend stood and looked down into the pit and prayed to Allah. He confirmed his former classmate had been around five feet eight inches tall.

The eighth body was the big one, over six feet. It was to one side, as if the dying boy had tried to crawl through the blackness to the side wall. The bones lay on their side, hunched in the foetal position. The watch came from that pile, and the belt buckle. When the skull was passed up, the front teeth were smashed, as Rajak had testified.

It was sundown when the last tiny bone was retrieved and bagged. The two grown men were in separate bags, the children shared their own; the reassembly of six small skeletons could be done in the mortuary down in the town.

The Tracker drove to Vitez for the night. The British army was long gone but he took a billet in a guesthouse he knew from before. In the morning he returned to the ICMP office in Travnik.

From Sarajevo, Gordon Bacon authorized the local commissioner to release the remains of Ricky Colenso to Major Gracey for transportation to the capital.

The swab from Ontario had arrived. In a remarkably fast two days the DNA tests were complete. The head of the ICMP in Sarajevo attested that the skeleton was indeed that of Richard 'Ricky' Colenso of Georgetown, USA. He needed formal authority from the next of kin to release the remains into the care of Philip Gracey of Andover, Hampshire, UK. That took two days to arrive.

In the interval, on instructions from Ontario, the Tracker bought a casket from Sarajevo's premier funeral parlour. The mortician arranged the skeleton with other materials to give heft and balance to the casket as if it contained a real cadaver. Then it was sealed for ever.

It was on 15 April that the Canadian magnate's Grumman IV arrived with a letter of authority to take over. The Tracker consigned the casket and the fat file of paperwork to the captain and went home to the green fields of England.

Stephen Edmond was at Washington Dulles to receive his own executive jet when it touched down on the evening of the 16th after a refuelling stop at Shannon. An ornate hearse took the casket to a funeral parlour for two days while final arrangements for interment were completed.

On the 18th the ceremony took place at the very exclusive Oak Hill Cemetery on R Street in Northwest Georgetown. It was small and private, in the Roman Catholic rite. The boy's mother, Mrs Annie Colenso, née Edmond, stood with her husband's arm around her, weeping quietly. Professor Colenso dabbed at his eyes and occasionally glanced over at his father-in-law as if he did not know what to do and sought some guidance.

Across the grave the 81-year-old Canadian stood in his dark suit like a pillar of his own pentlandite ore and looked unblinkingly down at the coffin of his grandson. He had not shown the report from the Tracker to his daughter or son-in-law and certainly not the testimony of Milan Rajak.

They knew only that a belated eyewitness had come forward who recalled seeing the black Landcruiser in a valley, and as a result, the two bodies had been found. But he had to concede that they had been murdered and buried. There was no other way of explaining the six-year gap.

The service ended, the mourners moved away to let the sextons work. Mrs Colenso ran to her father and hugged him, pressing her face against the fabric of his shirt. He looked down and gently stroked the top of her head, as he had when she was a small girl and something frightened her.

'Daddy, whoever did this to my baby, I want him caught. Not killed quickly and cleanly. I want him to wake in jail every morning for the rest of his life and know that he is there and will never come out again, and I want him to think back and know that it is all because he cold-bloodedly murdered my child.'

The old man had already made up his mind.

'I may have to move heaven,' he rumbled, 'and I may have to move hell. And if I must, I will.'

He let her go, nodded to the professor and strode away to his limousine. As the driver eased up the slope to the R Street gateway, he took his phone from the console and dialled a number. Somewhere on Capitol Hill a secretary answered.

'Put me through to Senator Peter Lucas,' he said.

The face of the senior senator for New Hampshire lit up when he got the message. Friendships born in the heat of war may last an hour or a lifetime. With Stephen Edmond and Peter Lucas, it had been fifty-six years since they sat on an English lawn on a spring morning and wept for the young men of both their countries who would never come home. But the friendship had endured, as of brothers.

Each knew that, if asked, he would go to the wire for his friend. The Canadian was about to ask.

One of the aspects of the genius of Franklin Delano Roosevelt was that although a convinced Democrat he was quite prepared to use talent wherever he found it. It was just after Pearl Harbor that he summoned a conservative Republican who happened to be at a football game and asked him to form the Office of Strategic Services.

The man he summoned was General William 'Wild Bill' Donovan, the son of Irish immigrants, who had commanded the Fighting 69th Regiment on the Western Front in World War I. After that, as a trained lawyer, he had become Deputy Attorney General under Herbert Hoover, then spent years as a Wall Street legal eagle. It was not his law skills that Roosevelt wanted; it was his sheer combativeness, the quality he needed to create the USA's first foreign intelligence and Special Forces unit.

Without much hesitation the old warrior gathered around himself a corps of brilliant and well-connected young men as his gofers. They included Arthur Schlesinger, David Bruce and Henry Hyde, who would all go on to high office.

At that time Peter Lucas, raised to wealth and privilege between Manhattan and Long Island, was a sophomore at Princeton, and he decided on the day of Pearl Harbor that he too wanted to go to war. His father forbade any such thing.

In February 1942, the young man disobeyed his father and dropped out of college, all taste for study gone. He raced around trying to find something he really wanted to do; toyed with the idea of fighter pilot, took private flying lessons until he learned that he was constantly airsick.

In June 1942 the OSS was established. Peter Lucas offered himself at once and was accepted. He saw himself with blackened face, dropping by night far behind German lines. He attended a lot of cocktail parties instead. General Donovan wanted a first-class aide-de-camp, efficient and polished.

He saw at short range the preparations for the landings in Sicily and Salerno in which OSS agents were wholly involved, and begged for action. Be patient, he was told. It was like taking a boy to a sweet shop but leaving him inside a glass box. He could see but he could not touch.

Finally, he went to the general with a flat ultimatum. 'Either I fight under you, or I quit and join the Airborne.'

No one gave 'Wild Bill' Donovan ultimatums but he stared at the young man and maybe saw something of himself a quarter of a century earlier. 'Do both,' he said, 'in reverse order.'

With Donovan's backing all doors opened. Peter Lucas shrugged off the hated civilian suit and went to Fort Benning to become a 'ninety-day wonder', a fast track commission to emerge as a Second Lieutenant in the Airborne.

He missed the D-Day Normandy landings, being still in parachute school. When he graduated, he returned to General Donovan. 'You promised,' he said.

Peter Lucas got his black-faced parachute drop, one cold autumn night, into the mountains behind the German lines in northern Italy. There he came across the Italian partisans who were dedicated communists, and the British Special Forces who seemed too laid-back to be dedicated to anything.

Within a couple of weeks he learned the 'laid-back' bit was an act. The Jedburgh group he had joined contained some of the war's most skilled and contented killers.

He survived the bitter winter of 1944 in the mountains, and almost made it to the end of the war intact. It was March 1945 when he and five others ran into a stay-behind squad of no-surrender SS men they did not know were still in the region. There was a firefight and he took two slugs from a Schmeisser sub-machine gun in the left arm and shoulder.

They were miles from anywhere, out of morphine, and it took a week of marching in agony to find a British forward unit. There was a patch-up operation on the spot, a morphine-dazed flight in a Liberator and a much better reconstruction in a London hospital.

When he was fit enough to leave, he was sent to a convalescent home on the coast of Sussex. He shared a room with a Canadian fighter pilot nursing two broken legs. They played chess to while away the days.

Returning home, the world was his oyster. He joined his father's firm on Wall Street, took it over eventually, became a giant in the financial community and ran for public office when he was sixty. In April 2001, he was in his fourth and last term as a Republican senator for New Hampshire and he had just seen a Republican president elected.

When he heard who was on the line, he told his secretary to hold all calls and his voice filled the moving limousine ten miles away.

'Steve. Good to hear you again. Where are you?'

'Right here in Washington. Peter, I need to see you. It's serious.'

Catching his mood, the senator dropped the bonhomie. 'Sure, pal. Wanna tell me?'

'Over lunch. Can you make it?'

'I'll clear the diary. The Hay Adams. Ask for my usual corner table. It's quiet. One o'clock.'

They met when the senator strode into the lobby. The Canadian was waiting there.

'You sounded serious, Steve. You have a problem?'

'I just came from an interment up in Georgetown. I just buried my only grandson.'

The senator stared and his face creased with shared pain. 'Jesus, old friend, I am so sorry. I can't even imagine it. Illness? Accident?'

'Let's talk at the table. There's something I need you to read.'

When they were seated the Canadian answered his friend's question. 'He was murdered. In cold blood. No, not here, and not now. Six years ago. In Bosnia.'

He explained briefly about the boy's age, his desire back in 1995 to help alleviate the pain of the Bosnians, his odyssey through the capitals to the town of Travnik, his agreement to try to help his interpreter trace his family homestead. Then he passed over the Rajak confession.

Dry martinis came. The senator ordered smoked salmon platter, brown bread, chilled Meursault. Edmond nodded, meaning: the same.

Senator Lucas was accustomed to reading fast, but halfway through the report he gave a low whistle and slowed down.

While the senator toyed with the salmon and read the last pages, Steve Edmond glanced around. His friend had chosen well: a personal table just beyond the grand piano, secluded in a corner by a window through which part of the White House was visible. The Lafayette at the Hay Adams was unique, more like a house set at the heart of an eighteenth-century country estate than a restaurant in the middle of a bustling capital city.

Senator Lucas raised his head.

'I don't know what to say, Steve. This is perhaps the most awful document I have ever read. What do you want me to do?'

A waiter removed the plates and brought small black coffees and for each man a glass bowl of old Armagnac. They were silent while the young man was at the table.

Steve Edmond looked down at their four hands on the white cloth. Old men's hands, cord-veined, sausage-fingered, liver-spotted. Hands that had thrown a Hurricane fighter straight down into a formation of Dornier bombers; hands that had emptied an M-1 carbine into a trattoria full of SS-men outside Bolzano; hands that had fought fights, caressed women, held first-borns, signed cheques, created fortunes, altered politics, changed the world. Once.

Peter Lucas caught his friend's glance and understood his mood. 'Yes, we are old now. But not dead yet. What do you want me to do?'

'Maybe we could do one last good thing. My grandson was an American citizen. The USA has the right to require this monster's extradition from wherever he is. Back here. To stand trial for Murder One. That means the Justice Department. And

State. Acting together on any government that harbours this swine. Will you take it to them?'

'My friend, if this government of Washington cannot give you justice, then no one can.'

He raised his glass.

'One last good thing.'

But he was wrong.

CHAPTER FOURTEEN

The Father

IT WAS ONLY A FAMILY SPAT AND IT SHOULD HAVE ENDED WITH A kiss-and-make-up. But it took place between a passionate Italian-blooded daughter and a doggedly tenacious father.

By the summer of 1991 Amanda Jane Dexter was sixteen and knockout attractive. The Naples-descended Marozzi genes had given her a figure to cause a bishop to kick a hole in a stained-glass window. The blond Anglo-Saxon lineage of Dexter endowed her with a face like the young Bardot. The local boys were over her like a rash and her father had to accept that. But he did not like Emilio.

He had nothing against Hispanics, but there was something sly and shallow about Emilio, even predatory and cruel behind matinée-idol looks. But Amanda Jane fell for him like a ton of bricks.

It came to a head during the long summer vacation. Emilio proposed he take her away for a holiday by the sea. He spun a good tale. There would be other young people, adults to supervise, beach sports, fresh air and the bracing tang of the Atlantic. But when Cal Dexter tried to eye-contact the young man, Emilio avoided his gaze. His gut instinct told him there was something wrong. He said, 'No.'

A week later she ran away. There was a note to say they should not worry, everything would be fine, but she was a grown woman now and refused to be treated like a child. She never came back.

School holidays ended. She still did not appear. Too late, her mother, who had approved her request, listened to her husband. They had no address for the beach party, no knowledge of Emilio's background, parentage, or real home address. The Bronx address he had used turned out to be a lodging house. His car had Virginia numberplates but a check with Richmond told Dexter it had been sold for cash in July. Even the surname, Gonzalez, was as common as Smith.

Through his contacts Cal Dexter consulted with a senior sergeant in the Missing Persons Bureau of the NYPD. The officer was sympathetic but resigned.

'Sixteen is like grown-up nowadays, counsellor; they sleep together, vacation together, set up home together . . .'

The Department could only send out an all-points if there was evidence of threat, duress, forcible removal from the parental home, drug abuse, whatever.

Dexter had to concede there had been a single phone message. It had come at a time Amanda Jane would know her father would be at work and her mother out. The message was on the machine tape.

She was fine she said, very happy and they should not worry. She was living her own life and enjoying it. She would be in touch when she was good and ready.

Cal Dexter traced the call. It came from a mobile phone, the sort that operates off a purchased SIM card and cannot be traced to the owner. He played the tape to the sergeant and the man shrugged. Like all Missing Person Bureaux in every force across the States he had a case overload. This was not an emergency.

Christmas came, but it was bleak. The first in the Dexter household in sixteen years without their baby.

It was a morning jogger who found the body. His name was Hugh Lamport, he ran a small IT consultancy company, he was an honest citizen trying to keep in shape. For him that meant a three-mile run every morning between six thirty and as near to seven o'clock as he could make it, and that even included cold bleak mornings like 18 February 1992.

He was running along the grass verge of Indian River Road, Virginia Beach, which was where he lived. The grass was easier on the ankles than tarmac or concrete. But when he came to a bridge over a narrow culvert, he had a choice. Cross via the concrete bridge or jump the culvert. He jumped.

He noticed something pass under him in the jump, something pale in the pre-dawn gloom. After landing, he turned and peered back into the ditch. She lay in the strange disjointed pose of death, half in and half out the water.

Mr Lamport glanced frantically round and saw four hundred yards away through some trees a dim light; another early riser brewing the morning cup. No longer jogging but sprinting, he arrived at the door and hammered hard. The coffee brewer peered through the window, listened to the shouted explanation, and let him in.

The 911 call was taken by the night-duty dispatcher in the basement switchboard at Virginia City's police HQ on Princess Anne Road. She asked as a matter of urgency for the nearest patrol car and the response came from the First Precinct's sole cruiser, which was a mile from the culvert. It made that mile in a minute, to find a man in jogging kit and another in a dressing gown marking the spot.

It took the two patrol officers no more than two minutes to call in for homicide detectives and a full forensic team. The householder fetched coffee, which was gratefully received, and all four waited.

That whole sector of eastern Virginia is occupied by six cities with contiguous boundaries, a conurbation that extends for miles on both banks of the James River and Hampton Roads. It is a landscape studded with navy and air bases, for here the Roads run out into Chesapeake Bay and thence the Atlantic.

Of the six cities, Norfolk, Portsmouth, Hampton (with Newport News), James City, Chesapeake and Virginia Beach, the biggest by far is Virginia Beach. It covers 310 square miles and contains 430,000 citizens out of a total of 1.5 million.

Of its four precincts, Second, Third and Fourth cover the built-up areas, while First Precinct is large and mainly rural. Its 195 square miles run right down to the North Carolina border and are bisected by Indian River Road.

Forensics and Homicide arrived at the culvert around the same time, thirty minutes later. The Medical Examiner was five minutes after that. Dawn came, or what passed for dawn, and a drizzle set in.

Mr Lamport was driven home to shower off and make a full statement. The coffee brewer made a statement, which is to say he could only aver he had heard and seen nothing during the night.

The ME established quickly that life was extinct, that the victim was a young Caucasian female, that death had almost certainly occurred somewhere else and the body had been dumped, presumably from a car. He ordered the attendant ambulance to take the cadaver to the state morgue in Norfolk, a facility that serves all six cities.

The local homicide detectives took time out to muse that if the perpetrators, who seemed to have a moral code on the level of a snake's navel and an IQ to match, had driven three miles further on, they would have entered the swamp country at the head of Back Bay. Here, a weighted body could disappear for ever and none the wiser. But they had seemingly run out of patience and dumped their grisly cargo where it would be quickly found and start a manhunt.

At Norfolk, two things happened with respect to the corpse: an autopsy to establish cause, time and, if possible, location of death, and an attempt to secure identification.

The body itself yielded nothing to the second search: some skimpy but no longer provocative underwear, a badly torn and slinky dress. No medallions, bracelets, tattoos or purse.

Before the forensic pathologist began his task, the face, which bore lesions and contusions compatible with a savage beating, was restored as best possible with sutures and make-up, and photographed. The photo would be passed around the vice squads of all six cities, for the body's dress code seemed to indicate a possibility that she had been involved with what is hopefully called 'night life'.

The other two details the ID hunters needed and got were fingerprints and blood group. Then the pathologist started. It was the fingerprints they pinned their hopes on.

The six cities came up with a zero on the prints. Details went to the state capital at Richmond where prints covering the whole of Virginia were stored. Days went by. The answer came back. Sorry. The next step up is the FBI covering the entire USA. It uses IAFIS – the International Automated Fingerprints ID System.

The pathologist's report made even hardened homicide detectives queasy. The girl appeared not much more than eighteen, if that. She had once been pretty, but someone, plus her lifestyle, had put an end to that.

Vaginal and anal dilation was so exaggerated that she had clearly been penetrated, and repeatedly, by instruments far larger than a normal male organ. The terminal beating had not been the only one; there had been others before. And heroin abuse, probably dating back no more than six months.

To both homicide and vice detectives in Norfolk the report said 'prostitution'. It was no news to any of them that recruitment into vice was often accomplished by narcotic dependency, the pimp being the only source of the drug.

Any girl trying to escape the clutches of such a gang would certainly be punished; such 'lesson learning' could involve forced participation in exhibitions featuring brutal perversions and bestiality. There were creatures prepared to pay for this, and thus creatures prepared to supply it.

The post-autopsy body went into the cold room while the search for identity continued. She was still Jane Doe. Then a vice detective in Portsmouth thought he might recognize the circulated photograph, despite the damage and discoloration. He thought she might have been a hooker going under the name of Lorraine.

Enquiries revealed that 'Lorraine' had not been seen for several weeks. Prior to that she had worked for a notoriously vicious Hispanic gang who recruited by using good-looking gang members to pick up girls in the cities to the north and entice them south with promises of marriage, a lovely vacation, whatever it took.

The Portsmouth vice squad worked on the gang but with no result. The pimps claimed they had never known Lorraine's real name, that she had been a professional when she arrived, and that she had left voluntarily to return to the West Coast. The photograph was simply not clear enough to prove otherwise.

But Washington did. They came up with a firm ID based on the prints. Amanda Jane Dexter had tried to fool the security of a local supermarket and shoplift an item. The security camera won. The juvenile court judge accepted her story, backed by five classmates, and let her go with a caution. But her fingerprints were taken. They were with the NYPD, and had been passed to IAFIS.

'I think,' muttered Sgt Austin of the Portsmouth vice squad when he heard the news, 'that I might at last be able to get those bastards.'

It was another filthy winter morning when the phone rang in the apartment in the Bronx, but perhaps a good enough morning to ask a father to motor three hundred miles to identify his only child.

Cal Dexter sat on the edge of the bed and wished he had died in the Tunnels of Cu Chi rather than take this kind of pain. He finally told Angela, and held her while she sobbed. He rang his mother-in-law and she came over at once.

He could not wait for the aeroplane out of La Guardia for Norfolk International; he could not have sat and waited if there had been a flight delay due to fog, rain, hail, congestion. He took his car and drove. Out of New York, across the bridge to Newark, on through the country he knew so well as he had been hauled from one construction site to another; out of New Jersey, through a chunk of Pennsylvania and another of Delaware, then south and ever more south past Baltimore and to the end of Virginia.

At the morgue in Norfolk he stared down at the once lovely and much-loved face, and nodded dumbly to the homicide detective with him. They went upstairs. Over coffee he ascertained the basic outlines. She had been beaten by person or persons unknown. She had died of severe internal haemorrhaging. The 'perps' had seemingly put the body in the trunk of a car, driven into the most rural part of First Precinct, Virginia Beach, and dumped it. Enquiries were proceeding, sir. He knew it was a fraction of the truth.

He made a long statement, told them all about 'Emilio', but it rang no bells with the detectives. He asked for his daughter's body. The police had no further objections but the decision was down to the Coroner's Office.

It took time. Formalities. Procedures. He took his car back

to New York, returned by air and waited. Eventually he escorted his daughter's body, riding in the hearse, back home to the Bronx.

The casket was sealed. He did not want his wife or any of the Marozzis to see what was inside. The funeral was local. Amanda Jane was interred just three days short of her seventeenth birthday. A week later he returned to Virginia.

Sgt Austin was in his office in the Portsmouth police HQ at 711 Crawford Street when the front desk phoned to say there was a Mr Dexter who wished to see him. The name did not ring a bell. He did not connect it with his recognition of a battered face in a photograph as the departed hooker, Lorraine.

He asked what Mr Dexter wanted and was told the visitor might have a contribution to make in an ongoing enquiry. On that basis, the visitor was shown up.

Portsmouth is the oldest of the six cities; it was founded by the British well before the revolution. Today it slumps on the southwest side of the Elizabeth River, mainly low-build red-brick, staring across the water at the high-rise modern glitz of Norfolk on the other side. But it is the place many of the servicemen go if they are looking for 'a good time' after dark. Sgt Austin's vice squad was not there for decoration.

The visitor did not look much compared to the muscular bulk of the former linebacker turned detective. He just stood in front of the desk and said:

'You remember the teenager, turned to heroin and prostitution, gang-raped and beaten to death, four weeks back? I'm her father.'

Alarm bells began to tinkle. The sergeant had risen and extended a hand. He withdrew it. Angry, vengeful citizens had his fullest sympathy and could expect nothing more. To any working cop they are tiresome and can be dangerous.

'I'm sorry about that, sir. I can assure you that every effort—'

'At ease, sergeant. I just want to know one thing. Then I'll leave you in peace.'

'Mr Dexter, I understand what you must be feeling, but I am not in a position—'

The visitor had put his right hand in his jacket pocket and was pulling something out. Had front desk security screwed up? Was the man armed? The sergeant's own piece was uncomfortably ten feet away in a desk drawer.

'What are you doing, sir?'

'I'm putting some bits of metal on your desk, Sergeant Austin.'

He went on until he was finished. Sgt Austin had been in the military, for they were of a similar age, but had never left the States.

He found himself staring down at two Silver Stars, three Bronze Stars, the Army Commendation Medal and four Purple Hearts. He had never seen anything like it.

'Far away and long ago, I paid for the right to know who killed my child. I bought that right with my blood. You owe me that name, Mr Austin.'

The vice detective walked to the window and looked across at Norfolk. It was irregular, completely irregular. Worth his job on the force.

'Madero. Benyamin "Benny" Madero. Headed up a Latino vice gang. Very violent, very vicious.'

'Thank you,' said the man behind him. He collected his bits of metal.

'But in case you're thinking of paying him a private visit, you're too late. I'm too late. We're all too late. He's gone. He's back in his native Panama. I know he did it, but I don't have enough to apply through the courts.'

A hand pushed open the door of the small emporium of Oriental art off Madison at 28th Street, Manhattan. Above the portal a bell jangled with the movement of the door.

The visitor looked around at the shelves stacked with jade

and celadon, stone and porcelain, ivory and ceramic; at elephants and demi-gods, panels, wall hangings, parchments and innumerable Buddhas. At the rear of the shop a figure emerged.

'I need to be someone else,' said Calvin Dexter.

It had been fourteen years since he had given the gift of a new life to the former Vietcong jungle fighter and his wife. The Oriental did not hesitate for a second. He inclined his head.

'Of course,' he said. 'Please come with me.'

It was 15 March 1992.

CHAPTER FIFTEEN

The Settlement

THE FAST FISHING BOAT *CHIQUITA* SLIPPED AWAY FROM THE QUAY IN the resort port of Golfito just before dawn and headed down-channel for the open sea.

At her helm was owner and skipper Pedro Arias and if he had reservations about his American charter party he kept them to himself.

The man had turned up the previous day on a trail bike with local Costa Rican plates. In fact it had been bought, second hand but in excellent condition, further up the Panamerican Highway at Palmar Norte where the tourist had arrived by local flight from San José.

The man had strolled up and down the quay, checking out the various moored game-fishing boats before making his choice and his approach. With the trail bike chained to a nearby lamp-post and his haversack over his shoulder, the man looked like a mature backpacker.

But there was nothing 'backpacker' about the block of dollars he laid on the cabin table. This was the sort of money that caught a lot of fish.

But the man did not want to go fishing, which was why the

rods were all racked along the cabin ceiling as the *Chiquita* cleared the headland at Punta Voladera and emerged into the Golfo Dulce. Arias set her head due south to clear Punta Banco an hour away.

What the gringo actually wanted accounted for the two plastic drums of extra fuel strapped into the stern fishing deck. He wanted to be run out of Costa Rican waters, round the headland at Punta Burica and into Panama.

His explanation that his family was vacationing in Panama City and that the visitor wished to 'see some of the Panamanian countryside' by riding the length of the country struck Pedro Arias as being as substantial as the sea mist now dissolving in the rising sun.

Still, if a gringo wanted to enter Panama on a trail bike off a lonely beach without passing through certain formalities, Señor Arias was a man of wide tolerances, especially where neighbouring Panama was concerned.

At the breakfast hour the *Chiquita*, a thirty-one-foot Bertram Moppie, cruising happily at twelve knots over calm water, cleared Punta Banco and emerged into the swell of the real Pacific. Arias pulled her forty degrees to port to follow the coast two more hours to Burica Island and the unmarked border.

It was 10 a.m. when they saw the first finger of Burica Island lighthouse jutting above the horizon and half past the hour as they turned the corner and veered back to the northeast.

Pedro Arias swept his arm towards the land to their left, the eastern coast of the Burica Peninsula.

'Now is all Panama,' he said. The American nodded his thanks and studied the map. He jabbed with a forefinger.

'Por aqui,' he said.

The area he indicated was a stretch of coast where no towns or resorts were marked, just a place that would have some abandoned empty beaches and some tracks back into the jungle. The skipper nodded and changed course to cut a straighter and shorter line across the Bay of Charco Azul. Forty kilometres, a tad over two hours.

They were there by one o'clock. The few fisherboats they had seen on the broad expanse of the bay had taken no notice of them.

The American wanted to cruise along the coast a hundred yards offshore. Five minutes later, east of Chiriqui Viejo, they saw a sandy beach with a brace of straw huts, the sort local fishermen use when they wish to overnight. That would mean a track leading inland. Not feasible for a vehicle, even an off-road, but manageable with a trail bike.

It took some grunting and pushing to get the bike down into the shallows; then the haversack was on the beach and they parted company. Fifty per cent at Golfito and fifty on delivery. The gringo paid up.

He was a strange one, thought Arias, but his dollars were as good as everyone else's when it came to feeding four hungry kids. He backed the *Chiquita* off the sand and headed out to sea. A mile offshore he emptied the two drums into his fuel tanks and gunned her south for the headland and home.

On the beach Cal Dexter took a screwdriver, unscrewed the Costa Rica plates and hurled them far into the sea. From his haversack he took the plates a Panamanian motorcycle would carry and screwed them on.

His paperwork was perfect. Thanks to Mrs Nguyen he had an American passport, but not in the name of Dexter, which already bore an entry stamp apparently entered a few days earlier at Panama City airport. Plus a driving licence to match.

His halting Spanish, picked up around the courts and remand centres of New York where 20 per cent of his clients were Hispanic, was not good enough to pretend to be Panamanian. But a visiting American is allowed to ride upcountry to look for a fishing resort.

It was just over two years since, in December 1989, the USA had turned parts of Panama into an ashtray to topple and capture the dictator Noriega, and Dexter suspected most Panamanian cops had retained the basic message.

The narrow trail led back from the beach through dense rain forest to become, ten miles inland, a track. This became a dirt road with occasional farms, and there he knew he would find the Panamerican Highway, that feat of engineering that runs from Alaska to the tip of Patagonia.

At David City he filled the tank again and set off down the Highway for the 500-kilometre run to the capital. Darkness came. He ate at a wayside halt with truck drivers, tanked up again and rolled on. He crossed the toll bridge to Panama City, paid in pesos and cruised into the suburb of Balboa as the sun rose. Then he found a park bench, chained the bike and slept for three hours.

The afternoon was for the extended recce. The huge-scale city map he had purchased in New York gave him the layout of the city and the tough slum of Chorillo where Noriega and Madero had grown up a few blocks from each other.

But successful low-lifes prefer the high-life if they can get it, and Madero's reported watering holes were two he part-owned in upscale Paitilla, across the bay from the slums of Old Town.

It was two in the morning when the repatriated thug decided he was tired of the Papagayo Bar and Disco and wished to leave. The anonymous black door with discreet brass plaque, grille and eyehole opened and two men came out first: heavily built bodyguards, his personal gorillas.

One entered the Lincoln limousine by the kerb and started the engine. The other scanned the street. Sitting hunched on the kerb, feet in the gutter, the tramp turned and grinned a smile of rotting or missing teeth. Greasy grey locks fell to his shoulders; a fetid raincoat clothed his body.

Slowly he eased his right hand into a brown paper bag

clutched to his chest. The gorilla slipped his hand beneath his left armpit and tensed. The hobo slowly pulled his hand from his bag clutching a bottle of cheap rum, took a swig and, with the generosity of the very drunk, held it out to the gorilla.

The man hawked, spat on the pavement, withdrew his own hand empty from beneath his jacket, relaxed and turned away. Apart from the wino, the pavement was empty and safe. He tapped on the black door.

Emilio, who had recruited Dexter's daughter, was the first out, followed by his boss. Dexter waited till the door closed and self-locked before he rose. The hand that came out of the paper bag a second time held a shortened barrel .44 magnum Smith and Wesson.

The gorilla who had spat never knew what hit him. The slug broke into four flying parts; all four penetrated at ten-feet range and performed considerable mischief inside his torso.

Drop-dead handsome Emilio did exactly that, mouth open to scream, when the second discharge took him in the face and neck, one shoulder and one lung simultaneously.

The second gorilla was halfway out of the car when he met his Maker in an unforeseen rendezvous with four spinning, tumbling metal fragments entering the side of his body exposed to the shooter.

Benyamin Madero was back at the black door, screaming for admission, when the fourth and fifth shots were fired. Some bold spirit inside had the door two inches open when a splinter went through his marcelled hair and the door shut in a hurry.

Madero fell, still hammering for admittance, sliding down the high-gloss panel work, leaving long red smears from his soaked guayabera tropical shirt.

The tramp walked over to him, showing no panic or par-ticular hurry, stooped, turned him on his back and looked into his face. He was still alive but fading.

'Amanda Jane, mi hija,' said the gunman and used the sixth shot to shred the entrails.

Madero's last ninety seconds of life were no fun at all.

A housewife in an upper window across the street later told the police she saw the tramp jog away round a corner and heard the putt-putt of a scooter engine moving away. That was all.

Before sunrise the trail bike was propped against a wall two boroughs away, unchained, ignition key in place. It would survive no more than an hour before entering the food chain.

The wig, the prosthetic teeth and raincoat were bundled into a trashcan in a public park. The haversack, relieved of its remaining clothes, was folded and tossed into a builder's skip.

At seven an American business executive in loafers, chinos, polo shirt and lightweight sports jacket, clutching a soft Abercrombie and Fitch travel grip, hailed a cab outside the Miramar Hotel and asked for the airport. Three hours later the same American lifted off in Club Class on the regular Continental Airlines flight for Newark, NJ.

And the gun, the Smith and Wesson adapted to fire slugs that split in four lethal fragments for close-quarter work, that was down a storm drain somewhere in the city now dropping beneath the wingtip.

It might not have been allowed in the Tunnels of Cu Chi, but twenty years later it worked like a dream on the streets of Panama.

Dexter knew there was something wrong when he entered his latchkey in his own door in the Bronx. It opened to reveal the face of his mother-in-law, Mrs Marozzi, her cheeks streaked with tears.

Along with the grief, it was the guilt. Angela Dexter had approved of Emilio as a suitor for her daughter; she had agreed to the 'vacation' by the sea that the young Panamanian had proposed. When her husband said he had to leave for a week to take care of unfinished business, she presumed he meant some legal work.

He should have stayed. He should have told her. He should have understood what was in her mind. Leaving her parents' house where she had lodged since her daughter's funeral, Angela Dexter had returned to the apartment with an over-supply of barbiturates and ended her own life.

The ex-hardhat, soldier, student, lawyer and father went into a deep depression. Finally he came to two conclusions. The first was that he had no further life in the office of the Public Defender, scurrying from court to remand centre and back again. He handed in his papers, sold the apartment, bid a tearful farewell to the Marozzi family who had been good to him, and went back to New Jersey.

He found the small town of Pennington, content in its leafy landscape, but with no local lawyer. He bought a small one-man office and hung up his shingle. He bought a frame house on Chesapeake Drive and a pickup truck in lieu of the city sedan. He began to train in the brutal discipline of the triathlon to take away the pain.

His second decision was that Madero had died too easily. His just deserts should have been to stand in a US court and hear a judge sentence him to life without parole; to wake up each day and never see the sky; to know that he would pay until the end of his days for what he had done to a screaming girl.

Calvin Dexter knew that the US Army and two tours in the stinking hell under the jungle floor of Cu Chi had given him dangerous talents. Silence, patience, near-invisibility, the skill of a hunter, the relentlessness of a born tracker.

He heard via the media of a man who had lost his child to a murderer who had vanished abroad. He made covert contact, obtained the details, went out beyond the borders of his native land and brought the killer back. Then he vanished, becoming the genial and harmless lawyer of Pennington, NJ.

Three times in seven years he hung the 'Closed for Vacation' notice on his Pennington office and went out into the world to find a killer and claw him back into the range of 'due process'. Three times he alerted the Federal Marshals Service and slipped back into obscurity.

But each time it landed on his mat he checked the small ads column of *Vintage Airplane*, the only way the tiny few who knew of his existence could make contact.

He did it again that sunny morning of 13 May 2001. The advert read: 'AVENGER. Wanted. Serious offer. No price ceiling. Please call.'

CHAPTER SIXTEEN

The File

SENATOR PETER LUCAS WAS AN OLD HAND ON CAPITOL HILL. HE knew that if he were going to secure any official action as a result of the file on Ricky Colenso and the confession of Milan Rajak, he would have to take it high: right to the top.

Operating with section or department heads would not work. The entire mindset of civil servants at that level was to pass the buck to another department. It was always someone else's job. Only a flat instruction from the top floor would achieve a result.

As a Republican senator and friend over many years of George Bush Senior, Peter Lucas could get to the Secretary of State, Colin Powell, and the new Attorney General, John Ashcroft. That would cover State and Justice, the two departments likely to be able to do anything.

Even then, it was not that simple. Cabinet secretaries did not want to be brought problems and questions; they preferred problems and solutions.

Extradition was not his speciality. He needed to find out what the USA could do and ought to do in such a situation. That needed research, and he had a team of young graduates for precisely that purpose. He set them to work. His best ferret, a bright girl from Wisconsin, came back a week later.

'This animal, Zilic, is arrestable and transferable to the USA under the Comprehensive Crime Control Act of 1984,' she said.

The passage she had discovered came from the Congressional Hearing on Intelligence and Security of 1997. Specifically the speaker had been Robert M. Bryant, Assistant Director of the FBI, addressing the House Committee on Crime.

'I've highlighted the relevant passages, senator,' she said. He thanked her and looked at the text she laid before him.

'The FBI's extraterritorial responsibilities date back to the mid-1980s when Congress first passed laws authorizing the FBI to exercise federal jurisdiction overseas when a US national is murdered,' Mr Bryant had said four years earlier.

Behind the bland language was a staggering Act that the rest of the world had largely ignored, and most US citizens as well. Prior to the Comprehensive Crime Control Act of 1984, the global presumption was that if a murder was committed, whether in France or in Mongolia, only the French or Mongolian governments had jurisdiction to pursue, arrest and try the killer. That applied whether the victim was French, Mongolian or visiting American.

The USA had simply arrogated to itself the right to decide that if you kill an American citizen anywhere in the world, you might as well have killed him on Broadway. Meaning US jurisdiction covers the whole planet. No international conference conceded this; the USA simply said so. Then Mr Bryant went further.

'. . . and the Omnibus Diplomatic Security and Anti-terrorism Act of 1986 established a new extraterritorial statute pertaining to terrorist acts conducted abroad against US citizens.'

'Not a problem,' thought the senator. 'Zilic was not a Yugoslav Army serviceman, nor a policeman. He was freelance and the title of terrorist will stick. He is extraditable to the US under both statutes.'

He read on, 'Upon the approval of the host country, the FBI has the legal authority to deploy FBI personnel to conduct extraterritorial investigations in the host country where the criminal act was committed, enabling the United States to prosecute terrorists for crimes committed abroad against US citizens.'

The Senator's brow furrowed. This did not make sense. It was incomplete. The key phrase was 'Upon the approval of the host country'. But cooperation between police forces was nothing new. Of course the FBI could accept an invitation from a foreign police force to fly over and help them out. It had been going on for years. And why were two separate Acts needed, in 1984 and 1986?

The answer, which he did not have, was that the second Act went miles further than the first, and the phrase, 'Upon the approval of the host country', was just Mr Bryant being comforting to the committee. What he was hinting at but not daring to say (he was speaking during the Clinton era) was the word 'rendition'.

In the 1986 Act the States awarded itself the right to ask politely for the murderer of an American to be extradited back to the States. If the answer was 'No', or seemingly endless delay amounting to a snub, that was the end of 'Mr Nice Guy'. The USA had entitled itself to send in a covert team of agents, snatch the 'perp' and bring him back for trial.

As FBI terrorist-hunter John O'Neill put it when the act was passed, 'From now on, host country approval has got jack shit to do with it.' A joint CIA/FBI snatch of an alleged murderer of an American is called a 'rendition'. There have been ten such very covert operations since the Act was passed under

Ronald Reagan, and it all began because of an Italian cruise liner.

In October 1985 the *Achille Lauro*, out of Genoa, was cruising along the north coast of Egypt, with further stops on the Israeli coast in prospect, and carrying a mixed cargo of tourists, including some Americans.

She had been secretly boarded by four Palestinians from the Palestine Liberation Front, a terrorist group attached to Yasser Arafat's PLO, then in exile in Tunisia.

The terrorists' aim was not to capture the ship but to disembark at Ashdod, a stopping point in Israel, and take Israeli hostages there. But on 7 October, between Alexandria and Port Said, they were in one of their cabins, checking their weapons, when a steward walked in, saw the guns and started yelling. The four Palestinians panicked and hijacked the liner.

There followed four days of tense negotiations. In from Tunis flew Abu Abbas, claiming to be Arafat's negotiator. Tel Aviv would have none of it, pointing out that Abu Abbas was the boss of the PLF, not a benign mediator. Eventually a deal was struck: the terrorists would get passage off the ship and an Egyptian airliner back to Tunis. The Italian captain confirmed at gunpoint no one had been hurt. He was forced to lie.

Once the ship was free it became clear that on Day Three the Palestinians had murdered an old American tourist, 79-year-old, wheelchair-bound New Yorker Leon Klinghoffer. They had shot him in the face and thrown him and his chair into the sea.

For Ronald Reagan that was it; all deals were off. But the killers were airborne, on their way home, in an airliner of a sovereign state, friendly to America and in international airspace; that is, untouchable. Or maybe not.

The flat-top USS Saratoga happened to be steaming south down the Adriatic, carrying F-16 Tomcats. As darkness fell the Egyptian airliner was found off Crete, heading west for Tunis.

Out of the gloom four Tomcats suddenly flanked the airliner. The terrified Egyptian skipper asked for an emergency landing at Athens. Permission denied. The Tomcats signalled he should accompany them or face the consequences. The same EC2 Hawkeye, also off the *Saratoga*, that had found the Egyptian plane passed the messages between the fighters and the airliner.

The diversion ended when the airliner, with the killers and Abu Abbas, their leader, on board, landed under escort at the US base at Sigonella, Sicily. Then it became complicated.

Sigonella was a shared base: US navy and Italian air force. Technically it is Italian sovereign territory; the USA only pays rent. The government in Rome, in a pretty high state of excitement, claimed the right to try the terrorists. The *Achille Lauro* was theirs, the air base theirs.

It took a personal call from President Reagan to the US Special Forces detachment at Sigonella to order them to back off and let the Italians have the Palestinians.

In due course, back in Genoa, home city of the liner, the small fry were sentenced. But their leader, Abu Abbas, flew out free as air on 12 October and is still at liberty.* The Italian Defence Minister resigned in disgust. The Premier at the time was Bettino Craxi. He later died in exile, also in Tunis, wanted for massive embezzlement while in office.

Reagan's response to this perfidy was the Omnibus Act, nicknamed the 'Never Again' Act. It was not finally the bright kid from Wisconsin but the veteran FBI terrorist hunter Oliver 'Buck' Revell, in retirement, who took a good dinner off the old senator and told him about 'renditions'.

Even then it was not thought that for Zilic a 'rendition' would ever be needed. Post-Milosevic, Yugoslavia was keen to return to the community of civilized nations. She needed large loans from the International Monetary Fund and elsewhere to

*Abu Abbas was captured by US Special Forces in the desert west of Baghdad, Iraq, in April 2003 while this book was at the printers.

rebuild her infrastructure after seventy-eight days of NATO bombing. Her new President Kostunica would surely regard it as a bagatelle to have Zilic arrested and extradited to the USA?

That certainly was the request Senator Lucas intended to proffer to Colin Powell and John Ashcroft. If worst came to worst, he would ask for a covert rendition to be authorized.

He had his writer-team prepare from the full 1995 report of the Tracker a one-page synopsis to explain everything from Ricky Colenso's departure to Bosnia to try to help pitiful refugees to his presence in a lonely valley on 15 May 1995.

What happened in the valley that morning, as described by Milan Rajak, was compressed into two pages, the most distressing passages heavily highlighted. Fronted by a personal letter from himself, the file was edged and bound for easy reading.

That was something else Capitol Hill had taught him. The higher the office, the shorter the brief should be. In late April he got his face-to-face with both Cabinet secretaries.

Each listened with grave visage, pledged to read the brief and pass it to the appropriate department within their departments. And they did.

The USA has thirteen major intelligence (information) gathering agencies. Between them they probably garner ninety per cent of all the intelligence, licit and illicit, gathered on the entire planet in any twenty-four-hour period.

The sheer volume makes absorption, analysis, filtration, collation, storage and retrieval a problem of industrial proportions. Another problem is that they will not talk to each other.

American intelligence chiefs have been heard to mutter in a late-night bar that they would give their pensions for something like the British Joint Intelligence Committee.

The JIC meets weekly in London under the chairmanship of a veteran and trusted mandarin to bring together the smaller country's four agencies: the Secret Intelligence Service (foreign); the Security Service (home); the Government Communications

HQ (SIGINT, the listeners); and Scotland Yard's Special Branch.

Sharing intel and progress can prevent duplication and waste, but its main aim is to see if fragments of information learned in different places by different people could form the jigsaw puzzle that makes up the picture everyone is looking for.

Senator Lucas's report went to six of the agencies and each obediently scoured their archives to see what, if anything, they had learned and filed about a Yugoslav gangster called Zoran Zilic.

Alcohol, Tobacco and Firearms, known as ATF, had nothing. He had never operated in the USA and ATF rarely if ever goes abroad.

The other five were Defence Agency (DIA), who will have an interest in any arms dealer; National Security Agency (NSA), the biggest of them all, working out of their 'Black Chamber' in Annapolis Junction, Maryland, listening to trillions of words a day, spoken, emailed or faxed, with technology almost beyond science fiction; Drug Enforcement Agency (DEA), who will have an interest in anyone who has ever trafficked narcotics anywhere in the world; the FBI (of course), and the CIA. Both the latter spearhead the permanent search for knowledge about terrorists, killers, warlords, hostile regimes, whatever.

It took a week or more and April slipped into May. But because the order came right from the top, the searches were thorough.

The people at Defence, Drugs and Annapolis Junction all came up with fat files. In various capacities they had known about Zoran Zilic for years. Most of their entries concerned his activities since he became a major player on the Belgrade scene: as enforcer to Milosevic, racketeer in drugs and arms, profiteer and general low-life.

That he had murdered an American boy during the Bosnian war they had not known, and they took it seriously. They would have helped if they could. But their files all had one thing in common: they ran out sixteen months before the senator's enquiry.

He had vanished, vaporized, disappeared. Sorry.

At the CIA building, enveloped in summer foliage just off the Beltway, the Director passed the query to the Deputy Director Operations. He consulted downwards to five sub-divisions: Balkans, Terrorism, Special Ops and Arms dealings were four. He even asked, more as a formality than anything else, the small and obsessively secret office formed less than a year earlier after the massacre of the seventeen sailors on the USS Cole in Aden harbour, known as Peregrine.

But the answer was the same. Sure we have files, but nothing after sixteen months ago. We agree with all our colleagues. He is no longer in Yugoslavia, but where he is, we do not know. He has not come to our attention for two years, so there has been no reason to expend time and treasure.

The other major hope would have been the FBI. Surely, somewhere in the huge Hoover Building at Pennsylvania and 9th, there would be a recent file describing exactly where this cold-blooded killer could now be found, detained and brought to justice?

Director Robert Mueller, recently appointed successor to Louis Freeh, passed the file and request downwards with his 'Action Without Delay' tag, and it found the desk of Assistant Director Colin Fleming.

Fleming was a lifelong bureau man who could never remember the time, even as a boy, when he did not want to be a G-Man. He came from Scottish Presbyterian stock and his faith was as unflinching as his concept of law, order and justice.

On the work of the bureau he was a fundamentalist. Compromise, accommodation, concession – in the matter of crime these were mere excuses for appeasement. This he despised. What he may have lacked in subtlety he made up in tenacity and dedication.

He came from the granite hills of New Hampshire where the boast is that the rocks and the men vie for toughness. He was a staunch Republican and Peter Lucas was his senator. Indeed, he had campaigned locally for Lucas and had made his acquaintance.

After reading the skimpy report, he rang the senator's office to ask if he might read the full report by the Tracker and the complete confession of Milan Rajak. A copy was messengered over to him that same afternoon.

He read the files with growing anger. He too had a son to be proud of, a navy flier, and the thought of what had happened to Ricky Colenso filled him with a righteous wrath. The Bureau had got to be the instrument of bringing Zilic to justice either via an extradition or a rendition. As the man heading the desk covering all terrorism from overseas sources, he would personally authorize the rendition team to go and get the killer.

But the Bureau could not. Because the Bureau was in the same position as the rest. Even though his gangsterdom, drugs and arms dealing had brought him to the attention of the Bureau as a man to watch, Zilic had never been caught in an act of anti-American terrorism or support thereof; so when he had vanished, he had vanished and the Bureau had not pursued. Its file ran out sixteen months before.

It was with the deepest personal regret that Fleming had to join the others in the intelligence community in admitting they did not know where Zoran Zilic was.

Without a location, there could be no application to a foreign government for extradition. Even if Zilic were now sheltering in a 'failed' state where the writ of normal governmental authority did not run, a snatch operation could only be mounted if the Bureau knew where he was. In his personal letter to the senator, Assistant Director Fleming apologized that it did not.

Fleming's tenacity came with the Highland genes. Two days later he sought out and lunched with Fraser Gibbs. The FBI has two retired senior officers of almost iconic status, who can pack the student lecture halls at the Bureau's Quantico training facility when they go.

One is the towering ex-footballer, former Marine pilot Buck Revell; the other is Fraser Gibbs, who spent his early career penetrating organized crime as an undercover agent, about as dangerous work as you can get, and the second half crushing the Cosa Nostra down the eastern seaboard. When restored to Washington after a bullet in the leg left him with a limp, he was given the desk covering freelances, mercenaries, guns for hire. He considered Fleming's query with a furrowed brow.

'I did hear something once,' he conceded. 'A manhunter. Sort of bounty hunter. Had a code name.'

'A killer himself? You know government rules absolutely forbid that sort of thing.'

'No, that's the point,' said the old veteran. 'The rumour was, he doesn't kill. Kidnaps, snatches, brings them back. Now, what the hell was his name?'

'It could be important,' said Fleming.

'He was terribly secretive. My predecessor tried to identify him. Sent in an undercover man as a pretend client. But he smelt a trick somehow, made an excuse, left the meeting and disappeared.'

'Why didn't he just fess up and come clean?' asked Fleming. 'If he wasn't in the killing business . . .'

'I guess he figured that as he operated abroad, and as the Bureau doesn't like freelances operating on its own turf, we'd have sought top-level instruction and been ordered to close him down. And he'd probably have been right. So he stayed in the shadows and I never hunted him down.'

'The agent would have filed a report.'

'Oh, yes. Procedure. Probably under the man's code name.

Never got any other name. Ah, that's it. Avenger. Punch in "Avenger". See what comes up.'

The file the computer disgorged was indeed slim. An advert had been entered in the personal small ads of a technical magazine for aeroplane buffs, seemingly the only way the man would communicate. A story had been spun, a rendezvous agreed.

The bounty hunter had insisted on sitting in deep shadow behind a bright lamp which shone forward away from him. The agent reported he was of medium height, slim build, probably no more than one hundred and sixty pounds. He never saw the face, and within three minutes the man suspected something. He reached out, killed the light, leaving the agent with no night-vision, and when the agent had quit blinking the man was gone.

All the agent could report was that as the bounty hunter's hand lay on the table between them, his left sleeve had ridden up to reveal a tattoo on the forearm. It appeared to be a rat grinning over its shoulder while showing the viewer its bottom.

None of this would have been the slightest interest to Senator Lucas or his friend in Canada. But the least Colin Fleming thought he could do was pass on the code name and the method of contact. It was a one-in-a-hundred chance, but it was all he had.

Three days later in his office in Ontario, Stephen Edmond opened the letter sent by his friend in Washington. He had already heard the news from the six agencies and had virtually given up hope.

He read the supplementary letter and frowned. He had been thinking of the mighty United States using its power to require a foreign government to bring forth its murderer, snap hand-cuffs on his wrists and send him back to the USA.

It had never occurred to him that he was too late; that Zilic had simply vanished; that all the billion-dollar agencies of

Washington simply did not know where he was and therefore could do nothing.

He thought it over for ten minutes, shrugged and pressed the intercom.

'Jean, I want to put a classified ad in the personal column "wanted" section of an American technical magazine. You'll have to check it out. I've never heard of it. Called *Vintage Airplane*. Yeah, the text. Make it: "AVENGER. Wanted. Serious offer. No price ceiling. Please call." Then put my cell-phone number and private line. OK, Jean?'

Twenty-six men in intelligence agencies in and around Washington had seen the request. All had responded that they did not know where Zoran Zilic was.

One of them had lied.

PART TWO

CHAPTER SEVENTEEN

The Photo

SINCE THE ATTEMPT BY THE FBI TO UNMASK HIM SIX YEARS EARLIER, Dexter had decided there was no need for face-to-face meetings. Instead, he built up several defensive lines to mask his location and his identity.

One of these was a small one-bedroom apartment in New York, but not the Bronx where he might be recognized. He rented it furnished, paid by the quarter, regular as clockwork, and always in cash. It attracted no official attention and neither did he when he was in residence.

He also used mobile phones only of the type using pay-as-you-talk SIM cards. These he bought in bulk out of state, used once or twice and consigned to the East River. Even the NSA, with the technology to listen to a phone call and trace the exact source, cannot identify the purchaser of these use-and-jettison SIM mobiles, nor direct police to the location of the call if the user is on the move, keeps the call short and gets rid of the technology afterwards.

Another ploy is the old-fashioned public phone booth. Numbers called from a booth can, of course, be traced; but there are so many millions of them that unless a specific booth or bank of them is suspected it is very hard to pick up the conversation, identify the caller as a wanted man, trace the location and get a police car there in time.

Finally he used the much-maligned US mails, with his letters being sent to a 'drop' in the form of an innocent Korean-run fruit and vegetable shop two blocks from his apartment in New York. This would be no protection if the mail or the shop was targeted and put under surveillance, but there was no reason why it should be.

He contacted the placer of the advert on the cellphone listed. He did so from a single-use mobile phone and he motored far into the New Jersey countryside to do it.

Stephen Edmond identified himself without demur and in five sentences described what had happened to his grandson. Avenger thanked him and hung up.

There are several giant newspaper-cuttings libraries in the USA and the best-known are those of the *New York Times*, *Washington Post* and Lexis Nexis. He used the third, visited its New York database and paid cash.

There was enough to confirm who Stephen Edmond was, and there had been two articles concerning the disappearance years ago of his grandson while a student aid worker in Bosnia, both from the *Toronto Star*. This caller seemed to be genuine.

Dexter called the Canadian back and dictated terms: considerable operating expenses, a fee on account and a bonus on delivery of Zilic to US jurisdiction, not payable in the event of failure.

'That's a lot of money for a man I have not met and apparently will not meet. You could take it and vaporize,' said the Canadian.

'And you, sir, could go back to the US government, where I presume you have already been.'

There was a pause.

'All right, where should it be sent?'

Dexter gave him a Caymanian account number and a New York mailing address. 'The money order to the first, every line of research material already done to the second,' he said, and hung up.

The Caribbean bank would shift the credit through a dozen different accounts within its computer system but would also open a line of credit to a bank in New York. This would be in favour of a Dutch citizen who would identify himself with a perfect Dutch passport.

Three days later a file arrived in a stout envelope at a Korean fruit shop in Brooklyn. It was collected by the addressee, Mr Armitage. It contained a photocopy of the entire report from the Tracker, that of 1995 and of that same spring of 2001, including the confession of Milan Rajak. None of the files on Zoran Zilic in the archives of the various US intelligence agencies had ever been shown to the Canadian, so his knowledge of the man was sketchy. Worst of all, there was no picture.

Dexter went back to the media archives, which today are the primary source of any seeker after recent history. There is hardly an event or person who ever came to any notice at all whom some journalist did not write about, or some photographer did not photograph. But Zoran Zilic nearly made it.

Unlike the publicity-hungry Zeljko 'Arkan' Raznatovic, Zilic had an abhorrence of being photographed. He clearly went out of his way to avoid publicity of any kind. In this he resembled some of the Palestinian terrorists, like Sabri al-Banna, known as Abu Nidal.

Dexter came up with one major *Newsweek* feature going back to the Bosnian war; it was about all the Serbian so-called warlords but within it Zilic had only a few passing mentions, probably for lack of material.

There was one photograph of a man at a cocktail party of

some sort, clearly cropped and blown up, which made it slightly hazy. The other was of a teenager; it came from Belgrade police files, and clearly went back to the days of the street gangs of Zemun. Either man could walk straight past him in the street and he would not recognize the Serbian.

The Englishman, the Tracker, mentioned a private investigation agency in Belgrade. It was now post-war, post-Milosevic. The Yugoslav capital, where Zilic had been born and raised, and from which he had vanished, seemed the place to start. Dexter flew New York to Vienna and on to Belgrade, and checked into the Hyatt. From his tenth-floor window the battered Balkan city stretched out beneath him. Half a mile away he could see the hotel where Raznatovic had been shot to death in the lobby despite his covey of bodyguards.

A taxi brought him to the agency called Chandler, still run by Dragan Stojic, the Philip Marlowe wannabe. Dexter's cover was a publishing commission from the *New Yorker* asking for a 10,000-word biography of Raznatovic. Stojic nodded and grunted.

'Everyone knew him. Married a pop singer, glamorous girl. So what do you want from me?'

'The fact is, I have just about all I need for this piece,' said Dexter, whose American passport revealed him as Alfred Barnes. 'But there is a sort of afterthought I should give mention to. A one-time contemporary of Arkan in the Belgrade underworld. Name of Zoran Zilic.'

Stojic let out a long puff of air.

'Now that *was* a nasty piece of work,' he said. 'He never liked being written about, photographed or even talked about. People who uspet him in that area were . . . visited. There's not much on file about him.'

'I accept that. So what is Belgrade's premier cuttings agency for written material?'

'Not a problem, there's really only one. It's called VIP, it's got

182

an office in Vracar and the editor-in-chief is Slavko Markovic.'

Dexter rose.

'That's it?' asked the Balkan Marlowe. 'Hardly worth an invoice.'

The American took a hundred-dollar bill and laid it on the desk. 'All information has a price, Mr Stojic. Even a name and address.'

Another cab took him to the VIP cuttings agency. Mr Markovic was at lunch so Dexter found a café and toyed with a light lunch and a glass of local red wine until he came back.

Markovic was as pessimistic as the private eye. But he punched up his in-house database to see what he had.

'One piece,' he said, 'and it happens to be in English.'

It was the *Newsweek* piece from the Bosnian war.

'That's it?' queried Dexter. 'This man was powerful, important, prominent. Surely there must be some trace of him?'

'That's the point,' said Markovic, 'he was all those things. And violent. Under Milosevic there was no argument. He seems to have cleaned out every record of himself before he quit. Police records, court records, state TV, media, the lot. Family, school contemporaries, former colleagues, no one wants to talk about him. Warned off. Mr No-face, that's him.'

'Do you recall when the last attempt was made to write any-thing about him?'

Markovic thought for a while.

'Now you mention it, I heard a rumour that someone tried. But it came to nothing. After Milosevic fell, and with Zilic vanished, someone tried to do a piece. I think it was cancelled.'

'Who was it?'

'My talking canary said it was a magazine here in Belgrade called *Ogledalo*. That means "The Mirror".'

The Mirror still existed and its editor was still Vuk Kobac. Even though it was print day, he agreed to give the American a few minutes of his time. He lost his enthusiasm when he heard the enquiry.

'That bloody man,' he said. 'I wish I had never heard of him.'

'What happened?'

'It was a young freelance. Nice kid. Keen, eager. Wanted a staff job. I hadn't got one vacant. But he pleaded for a chance. So I gave him a commission. Name of Petrovic. Srechko Petrovic. Only twenty-two, poor kid.'

'What happened to him?'

'He got run over, that's what happened to him. Parked his car opposite the apartment block where he lived with his mum, went to cross the road. A Mercedes came round the corner and ran him over.'

'Careless driver.'

'Very careless. Managed to run him over twice. Then drove off.'

'Discouraging.'

'And permanent. Even in exile, he can still order and pay for a hit to be done in Belgrade.'

'Any address for his mum?'

'Hold on. We sent a wreath. Must have sent it to the flat.'

He found it and bade his visitor goodbye.

'One last question,' said Dexter. 'When was this?'

'Six months ago. Just after New Year. A word of advice, Mr Barnes. Stick to writing about Arkan. He's safely dead. Leave Zilic alone. He'll kill you. Must rush, it's print day.'

The address said Blok 23, Novi Beograd. He recognized Novi Beograd, or New Belgrade, from the city map he had bought in the hotel bookshop. It was the rather bleak district in which the hotel itself stood, on a peninsula flanked by the rivers Sava and Dunav, the Danube itself, which was emphatically not blue. It stood across both rivers from central Belgrade.

In the communist years the taste had been for huge,

high-rise apartment blocks for the workers. They had gone up on vacant lots in Novi Beograd, great poured-concrete beehives, each cavity a tiny flat with its door opening to a long open-sided passage, lashed by the elements.

Some had survived better than others. It depended on the level of prosperity of the inhabitants and thus the level of maintenance. Block 23 was a roach-infested horror. Mrs Petrovic lived on the ninth floor and the elevator was out of order. Dexter could take them at a run but he wondered how senior citizens would cope, the more so as they all seemed to be chain-smokers.

There was not much point in going up to see her alone. There was no chance she would speak English and he had no Serbo-Croat. It was one of the pretty and bright girls behind the reception desk at the Hyatt who accepted his offer to help him out. She was saving to get married and two hundred dollars for an hour's extra work at the end of her shift was quite acceptable.

They arrived at seven and just in time. Mrs Petrovic was an office cleaner and left each evening at eight to work through the night in the offices across the river.

She was one of those who have quite simply been defeated by life and the lined and exhausted face told its own story. She was probably mid-forties going on seventy, her husband killed in an industrial accident with almost no compensation, her son murdered beneath her own window. As always with the very poor approached by the apparently rich, her first reaction was suspicion.

He had brought a large bunch of flowers. It had been a long, long time since she had had flowers. Anna, the girl from the hotel, arranged them in three displays around the tiny, shabby room.

'I want to write about what happened to Srechko. I know it cannot bring him back, but I can perhaps expose the man who did this to him. Will you help me?'

185

She shrugged.

'I know nothing,' she said. 'I never asked about his work.'

'The night that he died . . . was he carrying anything with him?'

'I don't know. The body was searched. They took everything.'

'They searched the body? Right there on the street?'

'Yes.'

'Did he have papers? Did he have notes that he left behind? Here in the flat?'

'Yes, he had bundles of papers. With his typewriter and his pencils. But I never read them.'

'Could I see them?'

'They are gone.'

'Gone?'

'They took them. Took them all. Even the ribbon from the typewriter.'

'The police?'

'No, the men.'

'Which men?'

'They came back. Two nights later. They made me sit in the corner, there. They searched everywhere. They took everything he had had.'

'There is nothing left at all of what he was working on for Mr Kobac?'

'Only the photo. I had forgotten about the photo.'

'Please tell me about the photo.'

It came out in small details, all via Anna, from language to language. Three days before he died, Srechko the cub reporter had attended a New Year party and red wine had been spilled on his denim jacket. His mother had put it in the laundry bag for washing later.

When he was dead there was no point. She too forgot about the laundry bag and the gangsters never thought to ask. When she was making a pile of her dead son's clothes the wine-stained denim jacket fell out. She felt the pockets quickly to see if her son had forgotten any money, but felt something semi-stiff. It was a photograph.

'Do you still have it? May I see it?' asked Dexter.

She nodded and crept away like a mouse to a sewing box in the corner. She came back with the photo.

It was of a man, caught unawares, who had seen the photographer at the last minute. He was trying to raise his out-spread hand to cover his face, but the shutter had clicked just in time. He was full-face, upright, in a short-sleeved shirt and slacks.

The picture was in black and white, not of professional clarity, but with enlargement and enhancement was as good as he was ever likely to get. He recalled the teenage picture and the cocktail party photo he had found in New York and carried in the lining of his attaché case. They were all a bit grainy, but it was the same man. It was Zilic.

'I would like to buy this picture Mrs Petrovic,' he said. She shrugged and said something in Serbo-Croat.

'She says you may have it. It is of no interest to her. She does not know who he is,' said Anna.

'One last question. Just before he died, did Srechko go away for a while?'

'Yes, in December. He was away a week. He would not say where he had been, but he had a sunburn on his nose.'

She escorted them to her door and the landing exposed to the winds, which led to the non-functioning lift and the stairwell. Anna went first. When she was out of earshot Dexter turned to the Serbian mother who had also lost her child, and spoke gently in English.

'You can't understand a word I say, lady, but if I ever get this swine into a slammer in the States, it's partly for you. And it's on the house.'

Of course, she did not understand but she responded to the smile and said 'Hvala'. In a day in Belgrade he had learned that it means 'thank you'.

He had instructed the taxi to wait. He dropped Anna, clutching her two hundred dollars, at her home in the suburbs and on the way back to the centre studied the picture again.

Zilic was standing on what looked like an open expanse of concrete or tarmac. Behind him were big low buildings like warehouses. Over one of the buildings a flag floated, extended by the breeze, but part of it was off the picture.

There was something else sticking into vision out of frame, but he could not work it out. He tapped the taxi driver on the shoulder.

'Do you have a magnifying glass?' He did not understand, but elaborate pantomime cleared up the mystery. He nodded. He kept one in the glove compartment for studying his A–Z city road map if need be.

The long, flat object jutting into the picture from the left came clear. It was the wingtip of an aeroplane, but no more than six feet off the ground. So, not an airliner, but a smaller craft.

Then he recognized the buildings in the background. Not warehouses, hangars. Not the huge structures needed for sheltering airliners, but the sort needed for private planes, executive jets, whose tailfins rarely top more than thirty feet. The man was on a private airfield or the executive section of an airport.

They helped him at the hotel. Yes, there were several cyber-cafés in Belgrade, all open until late. He dined in the snack bar and took a taxi to the nearest. When he was logged on to his favourite search engine, he asked for all the flags of the world.

The flag fluttering above the hangars in the dead reporter's photo was only in monochrome, but it was clear the flag had three horizontal stripes of which the bottom one was so dark it looked like black. If not, then a very dark blue. He opted for black.

As he ran through the world's flags, he noted that a good half of them had some kind of logo, crest or device superimposed on the stripes. The one he sought had none. That cut the choice down to the other half.

Those who had horizontal stripes and no logo were no more than two dozen, and those with a black or near-black bottom stripe were five.

Gabon, Netherlands and Sierra Leone all had three horizontal stripes of which the lowest was deep blue, which could show up black in a monochrome photograph. Only two had a bottom stripe of three which was definitely black: Sudan and one other. But the Sudan had a green diamond up against the flagpole as well as three stripes. The remaining one had a vertical stripe nearest the flagpole. Peering at his photo, Dexter could just make out the fourth stripe; not clear, but it was there.

One vertical red stripe by the flagpole; green, white and black horizontals running out to the flapping edge. Zilic was standing on an airport somewhere in the United Arab Emirates.

Even in December a pale-skinned Slav could get a badly burned nose in the UAE.

CHAPTER EIGHTEEN

The Gulf

THERE ARE SEVEN EMIRATES IN THE UAE BUT ONLY THE THREE biggest and richest, Dubai, Abu Dhabi and Sharjah, spring readily to mind. The other four are much smaller and almost anonymous.

They all occupy the peninsula at the southeastern tip of the Saudi landmass, that tongue of desert that separates the Arabian Gulf to the north and the Gulf of Oman to the south.

Only one, Al Fujairah, faces south onto the Gulf of Oman and thence the Arabian Sea; the other six are strung in a line along the northern coast, staring at Iran across the water. Apart from the seven capitals, there is the desert oasis-town of Al Ain that also has an airport.

While still in Belgrade, Dexter found a portrait photographic studio with the technology to re-photograph the picture of Zoran Zilic, increase its clarity and then blow it up from playing-card to softback-book size.

While the photographer worked on one task, Dexter returned to the cybercafé, enquired after the United Arab Emirates and downloaded everything he could get. The following day he took the JAT regular service via Beirut to Dubai.

The wealthy Emirates derive their riches mainly from oil although they have all tried to broaden the base of their economies to include tourism and duty-free trade. Most of the oil deposits are offshore.

Rigs have to be resupplied constantly and although the vehicles used for heavy cargoes are seaborne lighters, personal transfers are faster and easier by helicopter.

The oil companies operating the rigs have their own helicopters but there is still ample room for charter firms, and the internet revealed three such, right in Dubai. The American Alfred Barnes had become a lawyer when he visited the first. He picked the smallest, on the grounds it was probably the least concerned with formalities and the most interested in wads of dollar bills. He was right on both counts.

The office was a Portakabin out at Port Rashid and the proprietor and chief pilot turned out to be a former British Army Air Corps flier trying to make a living. They do not come much more informal than that.

'Alfred Barnes, attorney-at-law,' said Dexter, extending his hand. 'I have a problem, a tight schedule and a large budget.'

The British ex-captain raised a polite eyebrow. Dexter pushed the photo across the cigarette-scorched desk.

'My client is, or rather was, a very wealthy man.'

'He lost it?' asked the pilot.

'In a way. He died. My law firm is the chief executor. And this man is the chief beneficiary. Only he doesn't know it and we cannot find him.'

'I'm a charter pilot, not Missing Persons. Anyway, I've never seen him.'

'No reason why you should. It's the background to the picture. Look carefully. An airport or airfield, right? The last I heard he was working in civil aviation here in UAE. If I could identify that airport, I could probably find him. What do you think?'

The charter pilot studied the background.

'Airports here have three sections: military, airlines and private flyers. That wing belongs to an executive jet. There are scores, maybe hundreds of them, in the Gulf. Most have company livery and most are owned by wealthy Arabs. What do you want to do?'

What Dexter wanted to buy was the charter captain's access to the flying side to all these airports. It came at a price and took two days. The cover was that he had to pick up a client. After sixty minutes inside the executive jet compound, when the fictional client failed to show up, the captain told the tower he was breaking off the charter and leaving the circuit.

The airports at Abu Dhabi, Dubai and Sharjah were huge and even the private aviation sector of each was far bigger than the background in the photograph.

The emirates of Ajman and Umm al-Qaiwain had no airport at all, being cheek by jowl with Sharjah airport. That left the desert city of Al Ain, Al Fujairah out on the far side of the peninsula facing the Gulf of Oman, and, right up in the north, the least known of them all, Ras al-Khaimah.

They found it on the morning of the second day. The Bell Jetranger swerved in across the desert to land at what the Britisher called Al.K, and there were the hangars with the flag fluttering behind them.

Dexter had taken the charter for two full days, and brought his handgrip with him. He settled up with a fistful of hundred-dollar bills, stepped down and watched the Bell lift away. Looking around, he realized he was standing almost where Srechko Petrovic must have been when he snatched the photo that sealed his fate. An official stepped from an administration building and beckoned him to clear the area.

The arrival and departure building for both airline and private jet passengers was neat, clean and small, with the accent on small. Named after the emiral family, Al-Quassimi

International Airport had clearly never disturbed those airlines whose names are world famous.

On the tarmac in front of the terminal building were Russian-built Antonovs and Tupolevs. There was an old Yakovlev single-prop bi-plane. One airliner bore the livery and logo of Tajikistan Airlines. Dexter went up one floor to the roof café and took a coffee.

The same floor contained the admin offices, including the supremely optimistic Public Relations department. The sole inhabitant was a nervous young lady robed from head to toe in a black chador, with only her hands and pale oval face visible. She had halting English.

Alfred Barnes had now become a development officer for tourism projects with a major US company and wished to enquire about the facilities Ras al-Khaimah could offer to the executives seeking an exotic conference centre; especially he needed to know if they could be offered airport facilities for the executive jets in which they would arrive.

The lady was polite but adamant. All enquiries regarding tourism should be addressed to the Department of Tourism in the Commercial Centre, right next to the Old Town.

A taxi brought him there. It was a small cube of a building on a development site, about 500 yards from the Hilton and right on the edge of the brand-new deep-water harbour. It did not appear to be under siege from those seeking to develop tourism.

Mr Hussein al Khoury would have regarded himself, if asked, as a good man. That did not make him a contented man. To justify the first, he would have said he only had one wife but treated her well. He tried to raise his four children as a good father should. He attended mosque every Friday and gave alms to charity according to his ability and according to scripture.

He should have progressed far in life, inshallah. But it seemed Allah did not smile upon him. He remained stuck in the middle ranks of the Tourism Ministry; specifically, he remained stuck in a small brick cube on a development site next to the deep-water harbour, where no one ever called. Then one day the smiling American walked in.

He was delighted. An enquiry at last, and the chance to practise the English over which he had spent so many hundreds of hours. After several minutes of courteous pleasantries – how charming of the American to realize that Arabs do not like to delve straight into business – they agreed that as the air conditioning had broken down and the outside temperature was nudging 100 degrees, they might use the American's taxi to adjourn to the coffee lounge of the Hilton.

Settled in the pleasant cool of the Hilton bar, Mr al Khoury was intrigued that the American seemed in no hurry to proceed to his business. Eventually the Arab said:

'Now, how can I help you?'

'You know, my friend,' said the American with seriousness, 'my whole life's philosophy is that we are put upon this earth by our mighty and merciful Creator to help one another. And I believe that it is I who am here to help you.'

Almost absentmindedly the American began to fumble in his jacket pockets for something. Out came his passport, several folded letters of introduction and a block of hundred-dollar bills that took Mr al Khoury's breath away.

'Let us see if we cannot help each other.'

The civil servant stared at the dollars.

'If there is anything I can do . . .' he murmured.

'I should be very honest with you, Mr al Khoury. My real job in life is debt collector. Not a very glamorous job, but necessary. When we buy things, we should pay for them. Not so?'

'Assuredly.'

'There is a man who flies into your airport now and again. In his own executive jet. This man.'

Mr al Khoury stared at the photo for a few seconds, then shook his head. His gaze returned to the block of dollars. Four thousand? Five? To put Faisal through university . . .

'Alas, this man did not pay for his aeroplane. In a sense, therefore, he stole it. He paid the deposit, then flew away and was never seen again. Probably changed the registration number. Now, these are expensive things. Twenty million dollars each. So, the true owners would be grateful, in a very practical way, to anyone who could help them to find their aircraft.'

'But if he is here now, arrest him. Impound the aircraft. We have laws . . .'

'Alas, he has gone again. But every time he lands here, there is a record. Stored in the files at Ras al-Khaimah airport. Now, a man of your authority could require to see those archives.'

The civil servant dabbed his lips with a clean handkerchief.

'When was it here, this aeroplane?'

'Last December.'

Before leaving Block 23 Dexter had learned from Mrs Petrovic that her son had been away from 13 to 20 December. Calculating that Srechko had snatched his photograph, been seen, knew he had been seen, and had left immediately for home, he would have been in Ras al-Khaimah about the 18th. How he had known to come here, Dexter had no idea. He must have been a good, or very lucky, reporter. Kobac should have taken him on.

'There are many executive jets who come here,' said Mr al Khoury.

'All I need are the registration numbers and the types of every privately or corporately owned executive jet, specifically owned by Europeans, hopefully this one, parked here between 15 and 19 December last. Now, I would think, in those four days . . . what? . . . Ten?'

He prayed the Arab would not ask how he did not know the

make of the jet if he represented the vendors. He began to peel off hundred-dollar bills.

'As a token of my good faith. And my complete trust in you, my friend. And the other four thousand later.'

The Arab still looked dubious, torn between desire for such a magnificent sum and fear of discovery and dismissal. The American pressed his case.

'If you were doing anything to harm your country, I would not dream of asking. But this man is a thief. Taking away from him what he has stolen can surely be only a good thing. Does not the Book praise justice against the wrongdoer?'

Mr al Khoury's hand covered the thousand dollars.

'I'll check in here, now,' said Dexter. 'Just ask for Mr Barnes when you are ready.'

The call came two days later. Mr al Khoury was taking his new role as secret agent rather seriously. He phoned from a booth in a public place.

'It is your friend,' said a breathless voice in the mid-morning.

'Hallo, my friend, do you wish to see me?' asked Dexter.

'Yes. I have the package.'

'Here or at the office?'

'Neither. Too public. The Al Hamra Fort. Lunch.'

His dialogue could not have been more suspicious, had anyone been eavesdropping, but Dexter doubted the Ras al-Khaimah secret service were on the case.

He checked out and ordered a taxi. The Al Hamra Fort Hotel was out of town, ten miles down the coast but in the right direction, heading back towards Dubai, a luxurious conversion from an old turreted Arab fortress into a five-star beachside resort.

He was there at midday, much too early for a Gulf lunch, but found a low-slung club chair in the vaulted lobby, ordered a beer and watched the entrance arch. Mr al Khoury appeared, hot and dripping even from the hundred-yard walk from his car in the parking lot, just after 1 p.m. Of the five restaurants they selected the Lebanese with its cold buffet.

'Any problems?' asked Dexter as they took their plates and moved down the groaning trestle tables.

'No,' said the civil servant. 'I explained my department was contacting all known visitors to send them a brochure describing the new and extra leisure facilities now available in Ras al-Khaimah.'

'That is brilliant,' beamed Dexter. 'No one thought it odd?'

'On the contrary, the officials in Air Traffic got out all the flight plans for December and insisted on giving me the whole month.'

'You mentioned the importance of the European owners?'

'Yes, but there are only about four or five who are not well-known oil companies. Let us sit.'

They took a corner table and ordered up two beers. Like many modern Arabs Mr al Khoury had no problem with alcoholic drinks.

He clearly enjoyed his Lebanese food. He had piled his plate with mezzah, houmous, moutabel, lightly grilled halloumi cheese, sambousek, kibbeh and stuffed vine leaves. He handed over a sheaf of paper and began to eat.

Dexter ran through the listings of filed flight plans for December, along with time of landing and duration of stay before departure, until he came to 15 December. With a red felt-tip pen he bracketed those appearing then and covering the period to 19 December. There were nine.

Two Grumman Threes and a Four belonged to internationally known US oil companies. A French Dassault Mystere and a Falcon were down to Elf-Aquitaine. That left four.

A smaller Lear jet was known to belong to a Saudi prince and a larger Cessna Citation to a multi-millionaire businessman from Bahrain. The last two were an Israeli-built Westwind that arrived from Bombay and a Hawker 1000 that came in from Cairo and departed back there. Someone had noted something in Arab script beside the Westwind.

'What does that mean?' asked Dexter.

'Ah, yes, that one is regular. It is owned by an Indian film producer. From Bombay. He stages through on his way to London or Cannes, or Berlin. All the film festivals. In the tower, they know him by sight.'

'You have the picture?'

Al Khoury handed back the borrowed photograph.

'That one, they think he comes from the Hawker.'

The Hawker 1000 had a registration number listed as P4-ZEM and was down as owned by the Zeta Corporation of Bermuda.

Dexter thanked his informant and paid over the promised balance of four thousand dollars. It was a lot for a sheaf of paper but Dexter thought it might be the lead he needed.

On his drive back to Dubai airport he mused on something he had once been told. That when a man changes his entire identity, he cannot always resist the temptation to keep back one tiny detail for old time's sake.

ZEM just happened to be the first three letters of Zemun, the district in Belgrade where Zoran Zilic was born and raised. And Zeta just happened to be the Greek and Spanish for the letter Z.

But Zilic would have hidden himself and his covering corporations, not to mention his aeroplane if indeed the Hawker was his, behind layers of protection.

The records would be out there somewhere, but they would be stored in databases of the type not available to the innocent seeker of knowledge.

Dexter could manage a computer as well as the next man, but there was no way he could hack into a protected database. But he remembered someone who could.

CHAPTER NINETEEN

The Confrontation

WHEN IT CAME TO MATTERS OF RIGHT AND WRONG, OF SIN AND righteousness, FBI Assistant Director Colin Fleming would brook no compromise. The concept of 'No Surrender' was in his bones and his genes, brought across the Atlantic a hundred years ago from the cobbled streets of Portadown. Two hundred years before that his ancestors had brought their Presbyterian code across to Ulster from the western coast of Scotland.

When it came to evil, to tolerate was to accommodate, to accommodate was to appease, and to appease was to concede defeat. That he could never do.

When he read the synthesis of the Tracker's report and the Serbian confession, and when he reached the details of the death of Ricky Colenso, he determined that the man responsible should, if at all possible, face due process in a court of law in the greatest country in the world, his own.

Of all those in the various agencies who read the circulated report and the joint request from Secretary Powell and Attorney General Ashcroft, he had taken it almost personally that his own department had no current knowledge of Zoran Zilic and could not help.

In a final bid to do something, he had circulated a full-face picture of the Serbian gangster to the thirty-eight 'legats' posted abroad.

It was a far better picture than had been contained in any Press archive, though not as recent as the one that a charlady in Block 23 had given to the Avenger. The reason for its quality was that it had been taken in Belgrade by a long-lens camera on the orders of the CIA Station Chief five years earlier when the elusive Zilic was a mover and shaker in the court of Milosevic.

The photographer had caught Zilic emerging from his car, in the act of straightening up, head raised, gaze towards the lens he could not see a quarter of a mile away. Inside the Belgrade embassy the FBI legat had obtained a copy from his CIA colleague, so both agencies possessed the same.

Broadly speaking, the CIA operates outside the USA and the FBI inside. But for all of that, in the ongoing fight against espionage, terrorism and crime, the Bureau has no choice but to collaborate intensively and extensively with foreign countries, especially allies, and to that end maintains its legal attachés abroad.

It may look as if the legal attaché is some kind of diplomatic appointment, answering to the Department of State. Not so. The 'legat' is the FBI representative inside the US embassy. Every one of them had received the photo of Zilic from Assistant Director Fleming with an instruction to display it in the hopes of a lucky break. It came in the unlikely form of Inspector Bin Zayeed.

Inspector Moussa bin Zayeed would also, if asked, have replied that he was a good man. He served his emir, Sheikh Maktoum of Dubai, with complete loyalty, took no bribes, honoured his god and paid his taxes. If he moonlighted by passing useful information to his friend at the American embassy, this was simply cooperation with his country's ally and not to be confused with anything else.

Thus it was he found himself, with the outside temperature in July over one hundred degrees, sheltering in the welcome cool of the air-conditioned embassy lobby and waiting for his friend to descend and take him out for lunch. His eye strayed to the bulletin board.

He rose and strolled over to it. There were the usual notices of coming events, functions, arrivals, departures and invitations to various club memberships. Among the clutter was a photograph and the printed question: 'Have you seen this man?'

'Well, have you?' asked a cheery voice behind him and a hand clapped him on the shoulder. It was Bill Brunton, his contact, lunch host and the legal attaché. They exchanged friendly greetings.

'Oh yes,' said the Special Branch officer. 'Two weeks ago.'

Brunton's bonhomie dropped away. The fish restaurant out at Jumeirah could wait a while.

'Let's step right back to my office,' he suggested.

'Do you remember where and when?' asked the legat, back in his office.

'Of course. About a fortnight ago. I was visiting a relative in Ras al-Khaimah. I was on the Faisal Road; you know it? The seafront road out of town, between the Old Town and the Gulf.'

Brunton nodded.

'Well, a lorry was trying to manoeuvre backwards into a narrow worksite. I had to stop. To my left was a café terrace. There were three men at the table. One of them was this one.' He gestured to the photograph now face-up on the legat's desk.

'No question about it?'

'None. That was the man.'

'He was with two others?'

'Yes.'

'You recognized them?'

'One by name. The other only by sight. The one by name was Bout.'

Bill Brunton sucked in his breath. Vladimir Bout needed no introduction to virtually anyone in a Western or Eastern Block intelligence service. He was widely notorious, a former KGB major who had become one of the world's leading black-market arms dealers, a merchant of death of the first rank.

That he was not even born a Russian, but a half-Tajik from Dushanbe, attests to his skill in the nether arts. The Russians are nothing if not the most racist people on earth and back in the USSR referred to denizens of the non-Russian Republics collectively as 'chorny', meaning 'blacks'; and it was not meant as a compliment. Only White Russians and Ukrainians could escape the term and rise through the ranks on equal par with an ethnic Russian. For a half-breed Tajik to graduate out of Moscow's prestigious Military Institute of Foreign Languages, a KGB-front training academy, and make it to the rank of major was unusual.

He was assigned to the Navigation and Air Transport Regiment of the Soviet Air Force, another covert 'front' for shipping arms consignments to anti-Western guerrillas and Third World regimes opposed to the West. Here he could use his mastery of Portuguese in the Angolan civil war. He also built up formidable contacts in the air force.

When the USSR collapsed in 1991, chaos reigned for several years and military inventories were simply abandoned as unit commanders sold off their equipment for almost any price they could get. Bout simply bought the sixteen Ilyushin 76s of his own unit for a song and went into the air charter and freight business.

By 1992 he was back in his native south; the Afghan civil war had started, just across the border from his native Tajikistan, and one of the prime contestants was his fellow

Tajik, General Dostum. The only 'freight' the barbarous Dostum wanted was arms; Bout provided.

By 1993 he showed up in Ostend, Belgium, a jumping-off point to move into Africa via the Belgian ex-colony, the permanently war-torn Congo. His source of supply was limitless, the vast weapons pool of the old USSR, still operating on fictional inventories. Among his new clients were the Interahamwe, the genocidal butchers of Rwanda/Burundi.

This finally upset even the Belgians and he was hounded out of Ostend, appearing in 1995 in South Africa to sell to both the UNITA guerrillas in Angola and their enemies in the MPLA government. But with Nelson Mandela occupying the South African presidency, things went bad for him there too and he had to leave in a hurry.

In 1998 he showed up in the UAE and settled in Sharjah. The British and Americans put his dossier in front of the Emir and three weeks before Bill Brunton sat in his office with Inspector Bin Zayeed, Bout had been kicked out yet again.

But his recourse was simply to move ten miles up the coast and settle in Ajman, taking a suite of rooms in the Chamber of Commerce and Industry building. With only forty thousand people, Ajman has no oil and little industry and could not be as particular as Sharjah.

For Bill Brunton the sighting was important. He did not know why his superior, Colin Fleming, was interested in the missing Serb, but this report was certainly going to earn him a few Brownie points in the Hoover Building.

'And the third man?' he asked. 'You say you know him by sight? Any idea where?'

'Of course. Here. He is one of your colleagues?'

If Bill Brunton thought his surprises for the day were over, he was wrong. He felt his stomach perform some gentle aerobatics. Carefully, he withdrew a file from the bottom drawer of his desk. It was a compendium of embassy staff. Inspector Bin

Zayeed was unhesitating in pointing to the face of the cultural attaché.

'This one,' he said. 'He was the third man at the table. You know him?'

Brunton knew him all right. Even though cultural exchanges were few and far between, the cultural attaché was a very busy man. This was because behind the façade of visiting orchestras, he was the Station Chief for the CIA.

The news from Dubai left Colin Fleming incandescent with rage. It was not that the secret agency out at Langley was conferring with a man like Vladimir Bout. That might be necessary in the course of information gathering. What had angered him was that someone high in the CIA had clearly lied to the Secretary of State, Colin Powell himself, and to his own superior, the Attorney General. A lot of rules had been broken here, and he was pretty sure he knew who had broken them. He called Langley and asked for a meeting as a matter of some urgency.

The two men had met before. They had clashed in front of the National Security Advisor, Condoleezza Rice, and there was little love lost between them. Occasionally, opposites attract, but not in this case.

Paul Devereaux III was the scion of a long line of those families who come as near to being aristocracy as the Commonwealth of Massachusetts has had for a long time. He was born a Boston Brahmin to his boot heels.

He was showing his intellectual brilliance way before school age and sailed through Boston College High School, the main feeder unit to one of the foremost Jesuit academies in America. His grades when he came out were summa cum laude.

At Boston College the tutors had him marked out as a high-flyer, destined one day to join the Society of Jesus itself, if not to hold high office somewhere in academia.

He read for a BA in Humanities, with strong components being philosophy and theology. He read them all, devoured them; from Ignatius Loyola, of course, to Teilhard de Chardin. He wrangled late into the night with his senior tutor in theology over the concept of the doctrine of the lesser evil and the higher goal; that the end may justify the means and yet not damn the soul, providing the parameters of the impermissible are never breached.

In 1966 he was nineteen. It was the pinnacle of the Cold War when world communism still seemed capable of rolling up the Third World and leaving the West a beleaguered island. That was when Pope Paul VI appealed to the Jesuits and entreated them to spearhead the task of combating atheism.

For Paul Devereaux the two were synonymous: atheism was not always communism, but communism was atheism. He would serve his country not in the church or in academia but in that other place quietly mentioned to him at the country club by a pipe-smoking man introduced by a colleague of his father.

A week after graduating from Boston College Paul Devereaux was sworn into the ranks of the Central Intelligence Agency. For him it was the poet's bright, confident morning. The great scandals were yet to come.

With his patrician's background and contacts he rose in the hierarchy, blunting the shafts of jealousy with a combination of easy charm and sheer cleverness. He also proved that he had a bucketful of the most prized currency of them all in the agency in those years: he was loyal. For that a man can be forgiven an awful lot, maybe sometimes a bit too much.

He spent time in the three major divisions: Operations (Ops), Intelligence (Analysis) and Counter-Intelligence (Internal Security). His career hit the buffers with the arrival as director of John Deutsch.

The two men simply did not like each other. It happens. Deutsch, with no background in intelligence gathering, was the latest in a long and, with hindsight, pretty disastrous line of political appointees. He believed Devereaux, with seven fluent languages, was quietly looking down on him, and he could have been right.

Devereaux regarded the new DCI as a politically correct nincompoop appointed by the Arkansan President whom, although a fellow Democrat, he despised, and that was before Paula Jones and Monica Lewinsky.

This was not a marriage made in heaven and it almost became a divorce when Devereaux came to the defence of a division chief in South America accused of employing unsavoury contacts.

The entire agency had swallowed Presidential Executive Order 12333 with good grace, except for a few dinosaurs who went back to World War II. This was the EO brought in by President Ronald Reagan that forbade any more 'terminations'.

Devereaux had considerable reservations but was too junior to be sought out for his counsel. It seemed to him that in the thoroughly imperfect world occupied by covert intelligence gathering there would arise occasions where an enemy in the form of a betrayer might have to be 'terminated' as a pre-emption. Put another way, one life may have to be terminated to preserve a likely ten.

As to the final judgement in such a case, Devereaux believed that if the director himself was not a man of wholly sufficient moral integrity to be entrusted with such a decision, he should not be director at all.

But under Clinton, in the by now veteran agent's view, political correctness went quite lunatic with the instruction that disreputable sources were not to be used as informants. He felt it was like being asked to confine one's sources to monks and choirboys.

So when a man in South America was threatened with the wreckage of his career for using ex-terrorists to inform on functioning terrorists, Devereaux wrote a paper so sarcastic that it circulated throughout the grinning staffers of Ops Division like illegal samizdat in the old Soviet Union.

Deutsch wanted to require the departure of Devereaux at that point but his deputy director, George Tenet, advised caution and eventually it was Deutsch who went, to be replaced by Tenet himself.

Something happened in Africa that summer of 1998 that caused the new director to need the mordant but effective intellectual, despite his views on their joint commander-in-chief. Two US embassies were blown up.

It was no secret to the lowliest cleaner that since the end of the Cold War in 1991 the new cold war had been against the steadily growing rise of terrorism, and the 'happening' unit within Ops Division was the Counter-Terrorism Center.

Paul Devereaux was not working in the CT Center. Because one of his languages was Arabic, and his career included three stints in Arabic countries, he was Number Two in Mid-East at the time.

The destruction of the embassies brought him out of there and into the headship of a small task force dedicated to one task and answering only to the director himself. The job in hand was called Operation Peregrine, after that falcon who hovers high and silent above his prey until he is certain of a lethal hit, and then descends with awesome speed and accuracy.

In the new office Devereaux had no-limits access to any information from any other source that he might want and a small but expert team. For his Number Two he chose Kevin McBride, not an intellectual patch on himself, but experienced, willing and loyal. It was McBride who took the call and held his hand across the mouthpiece.

'Assistant Director Fleming at the bureau,' he said. 'Doesn't sound happy. Shall I leave?'

Devereaux signalled for him to stay.

'Colin . . . Paul Devereaux. What can I do for you?'

His brow furrowed as he listened.

'Why surely, I think a meeting would be a good idea.'

It was a safe house; always convenient for a row. Daily 'swept' for bugging security, every word recorded with the full knowledge of the conference participants, refreshments on immediate call.

Fleming thrust the report from Bill Brunton under Devereaux's nose and let him read it. The Arabist's face remained impassive.

'So?' he queried.

'Please don't tell me the Dubai inspector got it wrong,' said Fleming. 'Zilic was the biggest arms trafficker in Yugoslavia. He quit, disappeared. Now he is seen conferring with the biggest arms trafficker in the Gulf and Africa. Totally logical.'

'I wouldn't dream of trying to fault the logic,' said Devereaux.

'And in conference with your man covering the Arabian Gulf.'

'The Agency's man covering the Gulf,' said Devereaux mildly. 'Why me?'

'Because you virtually ran Mid-East, although you were supposed to be second string. Because back then all company staff in the Gulf would have reported to you. Because even though you are now in some kind of Special Project, that situation has not changed. Because I very much doubt that two weeks ago was Zilic's first visit to that neck of the woods. My guess is you knew exactly where Zilic was when the request came through, or at least that he would be in the Gulf and available for a snatch on a certain day. And you said nothing.'

'So? Even in our business, suspicions are a long way from proof.'

'This is more serious than you seem to think, my friend. By any count you and your agents are consorting with known

208

criminals and of the filthiest hue. Against the rules, flat against all the rules.'

'So. Some foolish rules have been breached. Ours is not a business for the squeamish. Even the bureau must have a comprehension of the smaller evil to obtain the greater good.'

'Don't patronize me,' snapped Colin Fleming.

'I'll try not,' drawled the Bostonian. 'All right, you're upset. What are you going to do about it?'

There was no need to be polite any more. The gloves were off and lying on the floor.

'I don't think I can let this ride,' said Fleming. 'This man Zilic is obscene. You must have read what he did to that boy from Georgetown. But you're consorting. By proxy, but consorting for all that. You know what Zilic can do, what he's already done. All on file and I know you must have read it. There's testimony that as a gangster he hung a non-paying shopkeeper from his heels six inches above a two-bar electric fire until his brains boiled. He's a raving sadist. What the hell are you using him for?'

'If indeed I am, then it's classified. Even from an assistant director of the bureau.'

'Give the swine up. Tell us where we can find them.'

'Even if I knew, which I do not admit, no.'

Colin trembled with rage and disgust.

'How can you be so bloody complacent?' he shouted. 'Back in 1945 the CIC in occupied Germany cut deals with Nazis who were supposed to help in the fight against communism. We should never have done that. We should not have touched those swine with a bargepole. It was wrong then, it's wrong now.'

Devereaux sighed. This was becoming tiresome and had long been pointless.

'Spare me the history lesson,' he said. 'I repeat, what are you going to do about it?'

'I'm taking what I know to your director,' said Fleming.

Paul Devereaux rose. It was time to go.

'Let me tell you something. Last December I'd have been toast. Today, I'm asbestos. Times change.'

What he meant was that in December 2000 the President had been Bill Clinton.

After a tiresome imbroglio in the vote-counting booths of Florida, the president sworn in January 2001 was one George W. Bush, whose most enthusiastic cheerleader was none other than CIA Director George Tenet.

And the brass-noses around George Dubya were not going to see Project Peregrine fail because someone just trashed the Clintonian rulebook. They were doing the same themselves anyway.

'This is not the end of it,' Fleming called at the departing back. 'He'll be found and brought back, if I have anything to do with it.'

Devereaux thought over the remark in his car on the way back to Langley. He had not survived the snakepit of the company for thirty years without developing formidable antennae. He had just made an enemy, maybe a bad one.

'He'll be found.' By whom? How? And what could the Hoover Building moralist 'have to do with it'? He sighed. An extra care in a stress-filled planet. He would have to watch Colin Fleming like a hawk . . . at any rate, like a peregrine falcon. The joke made him smile, but not for long.

CHAPTER TWENTY

The Jet

WHEN HE SAW THE HOUSE, CAL DEXTER HAD TO APPRECIATE THE occasional irony of life. Instead of the GI-turned-lawyer getting the fine house in Westchester County, it was the skinny kid from Bedford Stuyvesant. In thirteen years, Washington Lee had evidently done well.

When he opened the door that Sunday morning in late July, Dexter noted he had had the buck teeth fixed, the beaky nose sculpted back a bit and the wild mop of Afro hair was down to a neat trim. This was a thirty-two-year-old businessman with a wife and two small children, a nice house and a modest but prosperous computer consultancy.

All that Dexter once had he had lost; all that Washington Lee never hoped for he had earned. After tracing him, Dexter had called to announce his coming.

'Come on in, counsellor,' said the ex-hacker.

They took soda in canvas chairs on the back lawn. Dexter offered Lee a brochure. Its cover showed a twinjet executive aeroplane banking over a blue sea.

'That's public domain, of course. I need to find one of that model. A specific example. I need to know who bought it, when, who owns it now and most of all where that person resides.'

'And you think they don't want you to know?'

'If the proprietor is living openly and under his own name, I have it wrong. Bum steer. If I am right, he will be holed up out of sight under a false name, protected by armed guards and layers of computerized identity-protection.'

'And it's the layers you want pulled away.'

'Yep.'

'Things have got a lot tougher in thirteen years,' said Lee. 'Dammit, I'm one of the ones that made them tougher, from the technical standpoint. The legislators have done the same from the legal standpoint. What you are asking for is a break-in. Or three. Totally illegal.'

'I know.'

Washington Lee looked around him. Two little girls squealed as they splashed in a plastic paddling-pool at the far end of the lawn. His wife, Cora, was in the kitchen making lunch.

'Thirteen years ago I was staring at a long stretch in the pen,' he said. 'I'd have come out and gone back to sitting on tenement steps in the ghetto. Instead I got a break. Four years with a bank, nine years as my own boss, inventing the best security systems in the USA, even if I do say so. Now it's pay-back time. You got it, counsellor. What do you want?'

First they looked at the aeroplane. The name of Hawker went back in British aviation to the First World War. It was a Hawker Hurricane that Stephen Edmond had flown in 1940. The last frontline fighter was the ultra-versatile Harrier. By the Seventies smaller companies simply could not afford the research and development costs of devising new warplanes in isolation. Only the American giants could do that, and even they amalgamated. Hawker moved increasingly into civil aircraft.

By the Nineties, just about all the UK aeroplane companies

were under one roof, BAE or British Aerospace. When the board decided to downsize, the Hawker division was bought by the Raytheon Corporation of Wichita, Kansas. They kept on a small sales office in London and the servicing facility at Chester.

What Raytheon got for their dollars was the successful and popular HS 125 short-range twinjet executive runabout, the Hawker 800 and the top-of-the-range 3000-mile Hawker 1000 model.

But Dexter's own research in public domain showed the 1000 model had gone out of production in 1996, so if Zoran Zilic owned one, it would be second-hand. More, only fifty-two had ever been made and thirty of them were with an American-based charter fleet.

He was looking for one of the remaining twenty-two that had changed hands in the last two years, three at most. There was a handful of second-hand dealers who moved in the rarefied atmosphere of aeroplanes that expensive, but it was ten to one that during the owner-changeover it had undergone a full servicing, and that probably meant going back to Raytheon's Hawker division. Which made it likely they handled the sale.

'Anything else?' asked Lee.

'The registration. P4-ZEM. It's not with one of the main international civil aviation registers. The number refers to the tiny island of Aruba.'

'Never heard of it,' said Lee.

'Former Dutch Antilles, along with Curaçao and Bonaire. They stayed Dutch. Aruba broke away in 1986. Went solo. They all do secret bank accounts, company registrations, that sort of thing. It's a pain in the ass for international fraud regulations, but it's a cheap income for an otherwise no-resource island. Aruba has a tiny oil refinery. Otherwise its income is tourism based on some great coral; plus secret bank accounts, gaudy stamps and dodgy number plates. I would guess my target changed the old registration number to the new one.'

'So Raytheon would have no record of P4-ZEM?'

'Almost certainly not. That apart, they do not divulge client details. No way.'

'We'll see,' muttered Washington Lee.

In thirteen years the computer genius had learned a lot, in part because he had invented a lot. Most of America's real computer geeks are out in Silicon Valley, and for the eggheads of the valley to hold an East Coaster in some awe, he had to be good.

The first thing Lee had told himself a thousand times over: never get caught again. As he contemplated the first illegal task he had attempted in thirteen years, he determined there was no way anyone was ever going to trace a trail of cyber-clues back to a home in Westchester.

'How big is your budget?' he asked.

'Adequate. Why?'

'I want to rent a Winnebago motorhome. I need full domestic circuit power, but I need to transmit, close down and vanish. Two, I need the best personal computer I can get, and when this is over I have to deep-six it into a major river.'

'Not a problem. Which way are you going to attack?'

'All points. The tailfin register of the Aruba government. They have to cough up what that Hawker was called when Raytheon last saw it. Second, the Zeta Corporation in the Bermuda Companies' Register. Head office, destination of all communications, money transfers. The lot. Thirdly, those flight plans it filed. It must have come to that Emirate, what did you call it . . . ?'

'Ras al-Khaimah.'

'Right, Ras al Whatever. It must have reached there from somewhere.'

'Cairo. It came in from Cairo.'

'So its flight plan is logged in the Cairo Air Traffic Control archives. Computerized. I'll have to visit. The good news is I doubt if they will have too many defensive firewalls to protect them.'

'You need to go to Cairo?' asked Dexter.

Washington Lee looked at him as if he were mad.

'Go to Cairo? Why would I go to Cairo?'

'You said "visit".'

'I mean in cyberspace. I can visit the Cairo database from a picnic site in Vermont. Look, why don't you go home and wait, counsellor? This is not your world.'

Washington Lee rented his motorhome and bought his PC, plus the software he needed for what he had in mind. It was all with cash, despite the raised eyebrows, except the motorhome which needed a driver's licence, but renting a motorhome does not necessarily mean a hacker is at work. He also bought a power generator, petrol-driven, to give him standard domestic 'juice' whenever he needed to plug in and log on.

The first and easiest was to crack the Aruba tailfin registration bank, which operates out of an office in Miami. Rather than use a weekend, where an unauthorized visit would show up on Monday morning, he broke into the archive in a busy working day when the database was answering many questions and his would get lost in the clutter.

Hawker 1000 P4-ZEM had once been VP-BGG and that meant it had been registered somewhere in the British registration zone.

Washington Lee was using a system designed to hide its own identity and location called PGP, standing for 'Pretty Good Privacy', which is a system so secure that it is actually illegal. He had set up two keys, public and private. He had to send on the public key because that key can only encrypt; receiving answers would be on his private key, because that one can only decrypt. The advantage from his point of view was that the encryption system, worked out by some patriot who used pure theoretical maths as a hobby, was so impenetrable that it would be unlikely anyone could find out who he was or where he was located. If he kept time online short and location mobile, he should get away with it.

His second line of defence was much more basic: he would communicate by email only through web cafés in the towns he passed through.

Cairo Air Traffic Control revealed that Hawker 1000 P4-ZEM, when it passed through with a refuelling stop in the land of the Pharaohs, came in from the Azores; every time.

The very fact that the line across the world ran from west to east via the mid-Atlantic Portuguese islands to Cairo thence to Ras al-Khaimah indicated P4-ZEM was starting its journey somewhere in the Caribbean basin or South America. It was not proof, but it made sense.

From a lay-by in North Carolina Washington Lee persuaded the Portuguese/Azores air traffic database to admit that P4-ZEM arrived from the west but was based at a private field owned by the Zeta Corporation. That made the line of pursuit via the filed flight plans into an impasse.

The island of Bermuda also operates a system of banking secrecy and corporate confidentiality for the benefit of clients who are prepared to pay top dollar for top security, and it prides itself on being very blue-chip indeed.

The database in Hamilton could not eventually resist the Trojan Horse decoy system fed into it by Washington Lee and conceded the Zeta Corporation was indeed registered and incorporated in the islands. But it could only yield three local nominees as directors, all of unimpeachable respectability. There was no mention of any Zoran Zilic, no Serbian-sounding name.

Back in New York, Cal Dexter, armed with the suggestion from Washington Lee that the Hawker was based somewhere around the Caribbean, had contacted a charter pilot he had once defended when a passenger had become violently airsick and tried to sue on the grounds that the pilot should have picked better weather.

'Try the FIRs,' said the pilot. 'Flight Information Registers. They know who is based in their areas.'

The FIR for the southern Caribbean is in Caracas, Venezuela, and confirmed that Hawker 1000 P4-ZEM was based right there. For a moment Dexter thought he might have been wasting his time on all the other lines of enquiry. It seemed so simple. Ask the local FIR and they tell you.

'Mind you,' said his charter pilot friend, 'it doesn't have to live there. It's just registered as being there.'

'I don't follow.'

'Easy,' said the pilot. 'A yacht can have Wilmington, Delaware, all over its stern because it is registered there. But it can spend its whole life chartering in the Bahamas. The hangar this Hawker lives in could be miles from Caracas.'

So Washington Lee proposed the last resort and briefed Dexter. Two days of hard driving brought Lee to the city of Wichita, Kansas. He called Dexter when he was ready.

The vice-president sales took the New York call in his office on the fifth floor of the headquarters building.

'I am ringing on behalf of the Zeta Corporation of Bermuda,' said the voice. 'You recall you sold us a Hawker 1000 tailfin number VP-BGG, you know, the British-owned one, some months back? I'm the new pilot.'

'I surely do, sir. And who am I speaking with?'

'Only Mr Zilic is not happy with the internal cabin configuration and would like it made over. Can you offer that facility?'

'Why certainly we do cabin interiors right here at the works, Mr . . . er . . .'

'And it could have the necessary engine overhauls at the same time.'

217

The executive sat up bolt straight. He recalled the sale very well. Everything had been serviced to give a clear run of major items for a couple of years. Unless the new owner had been almost constantly airborne, the engines would not be due for overhaul for up to a year.

'May I enquire exactly who I am talking to? I do not think those engines are anywhere near to needing another overhaul,' he said.

The voice at the other end lost its self-confidence and began to stutter.

'Really? Aw, Jeez. Sorry about that. Must have the wrong airplane.'

The caller hung up. By now the vice-president sales was consumed with suspicion. To his recall he had never mentioned the sale of the registration of the British-sourced Hawker offered by the firm of Avtech of Biggin Hill, Kent. He resolved to ask security to trace that call and try to establish who had made it.

He would be too late, of course, because the SIM-based mobile was heading into the East River. But in the meantime, he recalled the delivery pilot from the Zeta Corporation who had come up to Wichita to fly the Hawker to its new owner.

A very pleasant Yugoslav, a former colonel in that country's air force, with papers in perfect order including the full FAA records of the US flight school where he had converted to the Hawker. He checked his sales records: Captain Svetomir Stepanovic. And an email address.

He composed a brief email to alert the captain of the Hawker to the weird and troubling phone call and sent it. Across the landscaped grounds that surround the headquarters building, parked behind a clump of trees, Washington Lee scanned his electro-magnetic emanation monitor, thanked his stars the sales executive was not using the Tempest system to shield his computer from such monitors, and watched the EEM intercept the message. The text was immaterial to him. It was the destination he wanted.

Two days later in New York, the motorhome returned to the charter company, hard drive and software somewhere in the Missouri River, Washington Lee pored over a map and pointed with a pencil tip.

'It's here,' he said. 'Republic of San Martin. About fifty miles east of San Martin City. And the airplane captain is a Yugoslav. I think you have your man, counsellor. And now, if you'll forgive me, I have a home, a wife, two kids and a business to attend to.'

The Avenger got the biggest-definition maps he could find and blew them up even larger. Right at the bottom of the lizard-shaped isthmus of land that links North and South America, the broad mass of the South begins with Columbia to the west and Venezuela dead centre.

East of Venezuela lie the four Guyanas. First is the former British Guyana, now called just Guyana. Next comes former Dutch Guyana, now Surinam. Farthest east is French Guyana, home of Devil's Island and the story of *Papillon*, now home to Kourou, the European space-launch complex. Sandwiched between Surinam and the French territory, Dexter found the triangle of jungle that was once Spanish Guyana, named, post-independence, San Martin.

Further research revealed it was regarded as the last of the true banana republics, ruled by a brutal military dictator, ostracized, poor, squalid and malarial. The sort of place where money could buy a bucket of protection.

At the beginning of August the Piper Cheyenne II flew along the coast at a sedate 1250 feet, high enough not to arouse too much suspicion as little more than an executive proceeding from Surinam to French Guyana, but just low enough to allow good photography.

Chartered out of the airport at Georgetown, Guyana, the

Piper's 1200-mile range would take it just over the French border and back home again. The client, whose passport revealed him as US citizen Alfred Barnes, now purported to be a developer of vacation resorts looking for possible situations. The Guyanese pilot privately thought he would pay not to vacation in San Martin, but who was he to turn down a perfectly good charter, paid for in cash dollars?

As requested, he kept the Piper just offshore so that his passenger, sitting in the right-hand co-pilot seat, could keep his zoom lens ready for use out of the window if occasion arose.

After Surinam and its border, the Commini River, dropped away, there were no suitable sandy beaches for miles. The coast was a tangle of mangrove, creeping through brown, snake-infested water from the jungle to the sea. They passed over the capital, San Martin City, asleep in the blazing soggy heat.

The only beach was east of the city, at La Bahia, but that was the reserved resort of the rich and powerful of San Martin, basically the dictator and his friends. At the end of the republic, ten miles short of the banks of the Maroni River and the start of French Guyana, was El Punto.

A triangular peninsula, like a shark's tooth, jutting from the land into the sea; protected from the landward side by a sierra or cordillera of mountains from coast-to-coast, bisected by a single track over a single col. But it was inhabited.

The pilot had never been this far east, so the peninsula was, to him, simply a coastal triangle on his nav maps. He could see there was a kind of defended estate down there. His passenger began to take photographs.

Dexter was using a 35mm Nikon F5 with a motordrive that would give him five frames a second and get through his roll in seven seconds, but he absolutely could not afford to start circling in order to change film.

He was set for a very fast shutter speed, due to the aircraft vibration, which at any slower than 500 per second would cause blurring. With 400 ASA film and aperture set at f8, it was the best he could do.

On the first pass he got the mansion on the tip of the peninsula, with its protective wall and huge gate, plus the fields being tended by estate workers, rows of barns and farm buildings, and the chain-link fencing that separated the fields from the cluster of cuboid white cabanas that seemed to be the workers' village.

Several people looked up, and he saw two in uniform start to run. Then they were over the estate and heading for French territory. On the pass back, he had the pilot fly inland, so that from the right-hand seat he could see the estate from the landward angle. He was looking down from the peaks of the sierra at the estate running away to the mansion and the sea, but there was a guard in the col below the Piper who took its number.

He used up his second roll on the private airstrip running along the base of the hills, shooting the residences, workshops and the main hangar. There was a tractor pulling a twin-engined executive jet into the hangar and out of sight. The tailfin was almost gone. Dexter got one brief look at the fin before it was enveloped in the shadows. The number was P4-ZEM.

CHAPTER TWENTY-ONE

The Jesuit

PAUL DEVEREAUX, FOR ALL THAT HE WAS CONFIDENT THE FBI would not be allowed to dismantle his Project Peregrine, was perturbed by the acrimonious meeting with Colin Fleming. He underestimated neither the other man's intelligence, influence nor passion. What worried him was the threat of delay.

After two years at the helm of a project so secret that it was known only to CIA Director George Tenet and White House anti-terrorist expert Richard Clarke, he was close, enticingly close, to springing the trap he had moved heaven and earth to create.

The target was simply called UBL. This was because the whole intelligence community in Washington spelled the man's first name, Usama, using the letter 'U' rather than the 'O' favoured by the media.

By the summer of 2001 that entire community was obsessed by and convinced of a forthcoming act of war by UBL against the USA. Ninety per cent thought the onslaught would come against a major US interest outside America; only ten per cent could envisage a successful attack inside territorial USA.

The obsession ran through all the agencies, but mostly

through the anti-terrorist departments of the CIA and the FBI. Here the intention was to discover what UBL had in mind and then prevent it.

Regardless of presidential edict 12333 forbidding 'wet jobs', Paul Devereaux was not trying to prevent UBL; he was trying to kill him.

Early on in his career the scholar from Boston College had realized that advancement inside the Company would depend on some form of specialization. In his younger days, in the blaze of Vietnam and the Cold War, most debutantes had chosen the Soviet Division. The enemy was clearly the USSR; the language to be learned was Russian. The corridors became crowded. Devereaux chose the Arab world and the wider study of Islam. He was regarded as crazy.

He turned his formidable intellect to mastering Arabic until he could virtually pass for an Arab, and studied Islam to the level of a Koranic scholar. His vindication came on Christmas Day 1979; the USSR invaded a place called Afghanistan and most of the agents inside CIA headquarters at Langley were reaching for their maps.

Devereaux revealed that, apart from Arabic, he spoke reasonable Urdu, the language of Pakistan, and had a knowledge of Pashto, spoken by the tribesmen right through Pakistan's Northwest Frontier and into Afghanistan.

His career really took off. He was one of the first to argue that the USSR had bitten off far more than it knew; that Afghan tribes would not concede any foreign occupation; that Soviet atheism offended their fanatical Islam; that with US material help a fierce mountain-based resistance could be fomented which would eventually bleed white General Boris Gromov's Fortieth Army.

Before it was over, quite a bit had changed. The Mujahedin had indeed sent fifteen thousand Russian recruits back home in caskets; the occupation army, despite the infliction of hideous atrocities on the Afghans, had seen their grip prised loose and their morale gutted.

It was a combination of Afghanistan and the arrival of Mikhail Gorbachev that between them put the USSR on the final skidpan to dissolution and ended the Cold War. Paul Devereaux had switched from Analysis to Ops and with Milt Bearden had helped distribute one billion dollars a year of US guerrilla hardware to the 'mountain fighters'.

While living rough, running, fighting through the Afghan mountains, he had observed the arrival of hundreds of young, idealistic, anti-Soviet volunteers from the Middle East, speaking neither Pashto nor Dari, yet prepared to fight and die far from home if need be.

Devereaux knew what he was doing there: he was fighting a superpower that threatened his own. But what were the young Saudis, Egyptians and Yemenis doing there? Washington ignored them and Devereaux's reports. But they fascinated him. Listening for hours to their conversations in Arabic, pretending he had no more than a dozen words of a language he spoke fluently, the CIA man came to appreciate that they were fighting not communism but atheism.

More, they also entertained an equally passionate hatred and contempt for Christianity, the West and most specifically the USA. Among them was the febrile, temperamental, spoilt offspring of a hugely rich Saudi family, who distributed millions running training camps in the safety of Pakistan, funding refugee hostels, buying and distributing food, blankets and medicines to the other Mujahedin. His name was Usama.

He wanted to be taken as a great warrior, like Ahmad Shah Massoud, but in fact he was only in one scrap, in late spring 1987, and that was it. Milt Bearden called him a spoilt brat but Devereaux watched him carefully. Behind the younger man's endless references to Allah, there was a seething hatred that would one day find a target other than the Russians.

Paul Devereaux returned home to Langley and a cascade of laurels. He had chosen not to marry, preferring scholarship and his job to the distractions of wife and children. His deceased father had left him wealthy; his elegant townhouse in old Alexandria boasted a much-admired collection of Islamic art and Persian carpets.

He tried to warn against the foolishness of abandoning Afghanistan to its civil war after the defeat of Gromov, but the euphoria as the Berlin Wall came down led to a conviction that, with the USSR collapsing into chaos, the Soviet satellites breaking westwards for freedom and world communism dead in the water, the last and final threats to the world's only remaining superpower were evaporating like mist before the rising sun.

Devereaux was hardly home and settled in when in August 1990 Saddam Hussein invaded Kuwait. At Aspen President Bush and Margaret Thatcher, victors of the Cold War, agreed they could not tolerate such impudence. Within forty-eight hours the first F-15 Eagles were airborne for Thumrait in Oman, and Paul Devereaux was heading for the US embassy in Riyadh, Saudi Arabia.

The pace was furious and the schedule gruelling, or he might have noticed something. A young Saudi, also back from Afghanistan, claiming to be the leader of a group of guerrilla fighters and an organization called simply 'The Base', offered his services to King Fahd in the defence of Saudi Arabia from the belligerent neighbour to the north.

The Saudi monarch probably also did not notice the military mosquito or his offer; instead he permitted the arrival in his country of half a million foreign soldiers and airmen from a coalition of fifty nations to roll the Iraqi army out of Kuwait and protect the Saudi oilfields. Ninety per cent of those soldiers and airmen were infidels, meaning Christians, and their combat boots marched upon the same soil as contained the Holy Places of Mecca and Medina. Almost four hundred thousand were Americans.

For the zealot this was an insult to Allah and His prophet Muhammad that simply could not be tolerated. He declared his own private war, firstly against the ruling house that could do such a thing. More importantly, the seething rage that Devereaux had noticed in the mountains of the Hindu Kush had finally found its target. UBL declared war on America and began to plan.

If Paul Devereaux had been seconded to Counter-Terrorism the moment the Gulf War was over and won, the course of history might have been changed. But CT was a too-low priority in 1992; power passed to William Clinton; and both the CIA and the FBI entered the worst decade of their twin existences. In the CIA's case, that meant the shattering news that Aldrich Ames had been betraying his country for over eight years. Later it would be learned that the FBI's Robert Hanssen was still doing it.

At what ought to have been the hour of victory after four decades of struggle against the USSR, both agencies suffered crises of leadership, morale and incompetence.

The new masters worshipped a new god: political correctness. The lingering scandals of Irangate and the illicit aid to the Nicaraguan Contras caused the new masters a crisis of nerve. Good men left in droves; bureaucrats and bean-counters were elevated to chiefs of departments. Men with decades of frontline experience were disregarded.

At eclectic dinner parties Paul Devereaux smiled politely as congressmen and senators preened themselves to announce that at least the Arab world loved the USA. They meant the ten princes they had just visited. The Jesuit had moved for years like a shadow through the Muslim street. Inside him a small voice whispered: 'No, they hate our guts.'

On 26 February 1993, four Arab terrorists drove a rented

van into the second level of the basement vehicle park below the World Trade Center. It contained between twelve and fifteen hundred pounds of home-made, fertilizer-based explosive called urea nitrate. Fortunately for New York, it is far from the most powerful explosive known.

For all that, it made a big bang. What no one knew for certain and no more than a dozen even suspected was that the blast constituted the salvo at Fort Sumter in a new war.

Devereaux was by then the deputy chief for the entire Middle East division, based at Langley but travelling constantly. It was partly what he saw in his travels and partly what came to him in the torrent of reports from the CIA stations throughout the world of Islam that caused his attention to wander away from the chancelleries and palaces of the Arab world that were his proper concern into another direction.

Almost as a sideline, he began to ask for supplementary reports from his stations; not about what the local prime minister was doing, but about the mood in the street, in the souks, in the medinas, in the mosques and in the teaching schools, the madrasas, that churn out the next generation of locally educated Muslim youths. The more he watched and listened, the more the alarm bells rang.

'They hate our guts,' his voice told him. 'They just need a talented coordinator.' Researching on his own time, he picked up the trail once again of the Saudi fanatic UBL. He learned the man had been expelled from Saudi Arabia for his impertinence in denouncing the monarch for permitting infidels onto the sacred sand.

He learned he was based in Sudan, another pure Islamist state where fundamentalist fanaticism was in power. Khartoum offered to hand the Saudi zealot over to the USA, but no one was interested. Then he was gone, back to the hills of Afghanistan where the civil war had ended in favour of the most fanatical faction, the ultra-religious Taliban party.

Devereaux noted that the Saudi arrived with huge largesse, endowing Taliban with millions of dollars in personal gifts and rapidly becoming a major figure in the land. He arrived with almost fifty personal bodyguards and found several hundred of his foreign (non-Afghan) Mujahedin still in place. Word spread in the bazaars of the Pakistani border towns of Quetta and Peshawar that the returnee had begun two frantic programmes: building elaborate cave complexes in a dozen places and constructing training camps. The camps were not for the Afghan military; they were for volunteer terrorists. The word came back to Paul Devereaux. Islamist hatred of his country had found its coordinator.

The misery of the Somali slaughter of the US Rangers came and went, caused by rotten intelligence. But there was more. Not only was the opposition of the warlord, Aideed, underestimated, but there were others fighting there; not Somalis but more skilled Saudis. In 1996 a huge bomb destroyed the Al Khobar towers in Dhahran, Saudi Arabia, killing nineteen US servicemen and injuring many others.

Paul Devereaux went to see Director George Tenet.

'Let me go over to Counter-Terrorism,' he begged.

'CT is full and it's doing a good job,' said the DCI.

'Six dead in Manhattan, nineteen in Dhahran. It's Al Qaeda. It's UBL and his team who are behind it, even if they don't actually plant the bombs.'

'We know that, Paul. We're working on it. So is the bureau. This is not being allowed to lie fallow.'

'George, the bureau knows diddly about Al Qaeda. They don't have the Arabic, they don't know the psychology, they're good on gangsters but east of Suez might as well be the dark side of the moon. I could bring a new mind to this business.'

'Paul, I want you in the Middle East. I need you there more. The King of Jordan is dying. We don't know who his successor will be. His son Abdullah or his brother Hassan? The dictator in Syria is failing; who takes over? Saddam is making life more and more intolerable for the weapons inspectors. What if he throws them out? The whole Israel–Palestine thing is going south in a big way. I need you in the Middle East.'

It was 1998 that secured Devereaux his transfer. On 7 August two huge bombs were detonated outside two US embassies in Africa: at Nairobi and Dar es Salaam.

Two hundred and thirteen people died in Nairobi, with four thousand, seven hundred and twenty-two injured. Of the dead, twelve were Americans. The explosion in Tanzania was not as bad: eleven were killed, seventy-two injured. No Americans died, but two were crippled.

The organizing force behind both bombs was quickly identified as the Al Qaeda network. Paul Devereaux handed his Middle East duties to a rising young Arabist he had taken under his wing and moved to Counter-Terrorism.

He carried the rank of Assistant Director, but did not displace the existing incumbent. It was not an elegant arrangement. He hovered on the fringe of Analysis as a kind of consultant but quickly became convinced that the Clintonian rule of only employing sources of upright character as informants was complete madness.

It was the sort of madness that had led to the fiasco of the response to Africa. Cruise missiles destroyed a pharmaceutical factory on the outskirts of Khartoum, capital of Sudan, because it was thought the long departed UBL was manufacturing chemical weapons there. It turned out to be a genuine aspirin factory.

Seventy more Tomahawk Cruises were poured into Afghanistan to kill UBL. They turned a lot of big rocks into little rocks at several million dollars a pop, but UBL was at the other end of the country. It was out of this failure and the advocacy of Devereaux himself that Peregrine was created.

It was generally agreed around Langley that he must have

called in a few markers to get his terms accepted. Project Peregrine was so secret that only Director Tenet knew what Devereaux intended. Outside the building the Jesuit had to confide in one other: White House Anti-Terrorist Chief Richard Clarke, who had started under George Bush Senior and continued under Clinton.

Clarke was loathed at Langley for his blunt and abrasive criticisms, but Devereaux wanted and needed Clarke for several reasons. The White House man would agree with the sheer ruthlessness of what Devereaux had in mind; he could keep his mouth shut when he wanted; more, he could secure Devereaux the tools he needed when he needed them.

But first, Devereaux was given permission to throw in the trash can all talk of not being allowed to kill the target, or use to that end 'assets' who might be utterly loathsome, if that is what it took. These permissions did not come from the Oval Office. From that moment Paul Devereaux was performing his own very private high-wire act, and no one was talking safety nets.

He secured his own office and picked his own team. He headhunted the best he could get and the DCI overruled the howls of protest. Having never been an empire-builder, he wanted a small, tight unit, and every one a specialist. He secured a suite of three offices on the sixth floor of the main building, facing over the birch and osier towards the Potomac, just out of sight save in winter when the trees were bare.

He needed a good, reliable, right-hand man: solid, trust-worthy, loyal; one who would do as asked and not second-guess. He chose Kevin McBride.

Save in that both men were career 'lifers' who had joined the company in their mid-twenties and served thirty years, they were like chalk and cheese.

The Jesuit was lean and spare, working out daily in his private gym at home; McBride had thickened with the passing years, fond of his six-pack of beer on a weekend, most of the hair gone from the top and crown.

His annual 'vetting' records showed he had a rock-stable marriage to Molly, two youngsters who had just left home and a modest house in a residential development out beyond the Beltway. He had no private fortune and lived frugally off his salary.

Much of his career had been in foreign embassies, but never rising to chief of station. He was no threat, but a first-class Number Two. If you wanted something done, it would be done. You could rely. There would be no pseudo-intellectual philosophizing. McBride's values were traditional, down-home, American.

On 12 October 2000, twelve months into Project Peregrine, Al Qaeda struck again. This time the perpetrators were two Yemenis and they committed suicide to achieve their goal. It was the first time the concept of suicide bomber had been evoked since 1983 in Beirut against US armed forces. At the Trade Towers, Mogadishu, Dhahran, Nairobi and Dar es Salaam, UBL had not demanded the supreme sacrifices. At Aden, he did. He was upping the stakes.

The *USS Cole*, a Burke-class destroyer, was moored in harbour at the old British coaling station and one-time garrison at the tip of the Saudi peninsula. Yemen was the birthplace of UBL's father. The US presence must have rankled.

Two terrorists in a fast inflatable packed with TNT roared through the flotilla of supply boats, rammed itself between the hull and the quay and blew itself up. Due to the compression between the hull and the concrete, a huge hole was torn. Inside the vessel, seventeen sailors died and thirty-nine were injured.

Devereaux had studied terror, its creation and infliction. He knew that whether imposed by the state or a non-governmental source, it always divides into five levels.

At the top are the plotters, the planners, the authorizers, the inspirers. Next come the enablers, the facilitators, without whom no plan can work. They are in charge of recruiting, training, funding, supply. Third come the doers: those deprived of normal moral thought, who push the Zyklon-B pellets into the gas chambers, plant the bomb, pull the triggers. At slot four are the active collaborators: those who guide the killers, denounce the neighbour, reveal the hiding place, betray the one-time school friend. At the bottom are the broad masses: bovine, stupid, saluting the tyrant, garlanding the murderers.

In the terror against the West in general, and the USA in particular, Al Qaeda fulfilled the first two functions. Neither UBL nor his ideological Number Two, the Egyptian Ayman Kawaheri, nor his Ops chief, Mohamed Atef, nor his international emissary, Abu Zubaydah, would ever need to plant a bomb or drive a truck.

The mosque-schools, the madrassas, would provide a stream of teenage fanatics, already impregnated with a deep hatred of the whole world that was not fundamentalist, plus a garbled version of a few distorted extracts of the Koran. To them could be added a few more mature converts, tricked into thinking that mass murder guaranteed Koranic paradise.

Al Qaeda would then simply devise, recruit, train, equip, direct, fund and watch.

On his way back in the limousine from his blazing row with Colin Fleming, Devereaux once again examined the morality of what he was doing. Yes, the disgusting Serb had killed one American. Somewhere out there was a man who had killed fifty, and more to come.

He recalled Father Dominic Xavier who had taxed him with a moral problem.

'A man is coming at you, with intent to kill you. He has a knife. His total reach is four feet. You have the right of self-defence. You have no shield, but you have a spear. Its reach is nine feet. Do you lunge, or wait?'

He would put pupil against pupil, each tasked to argue the opposite viewpoint. Devereaux never hesitated. The greater good against the lesser evil. Had the man with the spear sought the fight? No. Then he was entitled to lunge. Not counter-strike; that came after surviving the initial strike. But pre-emptive strike. In the case of UBL he had no qualms. To protect his country Devereaux would kill; and no matter how appalling the allies he had to call in aid. Fleming was wrong. He needed Zilic.

For Paul Devereaux there was an abiding enigma about his own country and its place in the world's affections, and he believed he had resolved it.

About 1945, just before he was born, and for the next decade through the Korean War and the start of the Cold War, the USA was not simply the richest and most militarily power-ful country in the world; it was also the most loved, admired and respected.

After fifty years the first two qualities remained. The USA was stronger and richer than ever, the only remaining super-power, apparently mistress of all she surveyed.

And, through great swathes of the world, black Africa, Islam, left-wing Europe, loathed with a passion. What had gone wrong? It was a quandary that defied Capitol Hill and the media.

Devereaux knew his country was far from perfect; it made mistakes, often far too many. But it was in its heart as well-meaning as any and better than most. As a world traveller, he had seen a lot of that 'most' in near vision. Much of it was deeply ugly.

Most Americans could not comprehend the metamorphosis between 1951 and 2001, so they pretended it had not happened, accepting the Third World's polite mask for its inner feeling.

Had not Uncle Sam tried to preach democracy against

tyranny? Had he not given away at least a trillion dollars in aid? Had he not picked up the hundred billion dollars a year defence tab for Western Europe for five decades? What justified the hate-you-hate-you demonstrations, the sacked embassies, the burnt flags, the vicious placards?

It was an old British spymaster who explained it to him in a London Club in the late Sixties as Vietnam became nastier and nastier and the riots erupted.

'My dear boy, if you were weak you would not be hated. If you were poor you would not be hated. You are not hated despite the trillion dollars; you are hated because of the trillion dollars.'

The old mandarin gestured towards Grosvenor Square, where left-wing politicians and bearded students were massing to stone the embassy.

'The hatred of your country is not because it attacks theirs; it is because it keeps theirs safe. Never seek popularity. You can have supremacy or be loved but never both. What is felt towards you is ten per cent genuine disagreement and ninety per cent envy.

'Never forget two things. No man can ever forgive his protector. There is no loathing that any man harbours more intense than that towards his benefactor.'

The old spy was long dead, but Devereaux had seen the truth of his cynicism in half a hundred capitals. Like it or not, his country was the most powerful in the world. Once the Romans had that dubious honour. They had responded to the hatred with ruthless force of arms.

A hundred years ago the British Empire had been the rooster. They had responded to the hatred with languid contempt. Now the Americans had it, and they racked their consciences to ask where they had gone wrong. The Jesuit scholar and secret agent had long made up his mind. In defence of his country he would do what he believed had to be done, and one day go to his

Maker and ask forgiveness. Until then the America-haters could take a long walk off a short jetty.

When he arrived at his office Kevin McBride was waiting for him and his face was gloomy.

'Our friend has been in touch,' he said. 'In a rage and a panic. He thinks he is being stalked.'

Devereaux thought, not of the complainant, but of Fleming at the FBI.

'Damn the man,' he said. 'Damn and blast him to hell. I never thought he'd do it, and certainly not that fast.'

CHAPTER TWENTY-TWO

The Peninsula

There was a secure computer link between a guarded enclave on the shore of the Republic of San Martin and a machine in McBride's office. Like Washington Lee, it used the Pretty Good Privacy (PGP) system of unbreakable cyber codes to keep communications from prying eyes; the difference was that this one had authority.

Devereaux studied the full text of the message from the south. It had clearly been written by the estate's head of security, the South African van Rensberg. The English was over-formal, as of one using their second language.

The meaning was clear enough. It described the Piper Cheyenne of the previous morning; its double pass, heading eastwards towards French Guyana and then back again twenty minutes later. It reported the flash of sunlight off a camera lens in the right-hand window, and even the registration number when it passed too low over the col in the escarpment.

'Kevin, trace that aircraft. I need to know who owns it, who operates it, who flew it yesterday and who was the passenger. And hurry.'

In his anonymous apartment in Brooklyn, Cal Dexter had developed his seventy-two frames and blown them up to prints as large as he could before losing too much definition. From the same original negatives he had also made slides which he could project onto the wall-screen for closer study.

Of the prints he had created a single wall-map running the length of the sitting room, and from ceiling to floor. He sat for hours studying the wall, checking occasionally on a small detail with the appropriate slide. Each slide gave better and clearer detail, but only the wall gave the entire target. Whoever had been in charge of the project had spent millions and made of that once-empty peninsula a fearsome and ingenious fortress.

Nature had helped. The tongue of land was quite different from the hinterland of steamy jungle that made up much of the small republic. It jutted out from the main shore like a triangular dagger blade, guarded on its landward side by the chain of hills that some primeval force had thrown up millions of years ago.

The chain ran from the sea to the sea, and at each end dropped to the blue water in vertical cliffs. No one would ever walk round the ends to stroll from the jungle onto the peninsula.

On the landward side, the hills climbed gently from the littoral plain to about a thousand feet, with slopes covered in dense vegetation. Over the crests, on the seaward side, the slope was a vertiginous escarpment, denuded of any foliage, whether by nature or the hand of man. From the estate, anyone with binoculars looking up at the escarpment would easily see anything trying to descend onto the forbidden side.

There was one single cut, or col, in the chain. A narrow track ran up to it from the hinterland, then twisted and turned down the escarpment until it reached the estate below. In the col was a barrier and guardhouse, which Dexter had seen too late as it flashed below his window.

Dexter began to make a list of the equipment he would need.

Getting in would not be a problem. It was getting out, bringing the target with him, and against a small army of estate guards, that would be close to impossible.

'It belongs to a one-plane, one-man charter firm based at Georgetown, Guyana,' said Kevin McBride that evening. 'Lawrence Aero Services, owned and run by George Lawrence, Guyanese citizen. It looks perfectly legitimate, the sort foreigners can charter to fly into the interior . . . or along the coast in this case.'

'Is there a number for this Mr Lawrence?' asked Devereaux.

'Sure. Here.'

'Did you try to contact him?'

'No. The line would have to be open. And why should he discuss a client with a complete stranger on the phone? He might just tip the client off.'

'You're right. You'll have to go. Use scheduled flights. Have Cassandra get you on the first flight. Trace Mr Lawrence. Pay him if you have to. Find out who our inquisitive friend with the camera was, and why he was there. Do we have a station in Georgetown?'

'No, next door. Caracas.'

'Use Caracas for secure communications. I'll clear it with the station chief.'

Studying his wall-sized photo montage, Cal Dexter's eye moved from the escarpment into the peninsula known simply as El Punto. Running along the base of the escarpment wall was a runway, taking up two-thirds of the fifteen hundred yards available. On the estate side of the runway was a chain-link fence that enclosed the entire airfield, hangar, workshops, fuel store, generator house and all.

Using a pair of compasses and estimating the hangar length at one hundred feet, Dexter was able to start calculating and marking distances between points. These put the cultivated farmland at around three thousand acres. It was clear that centuries of wind-borne dust and bird droppings had created a soil rich in goodness, for he could see grazing herds and a variety of lush crops. Whoever had created El Punto had gone for complete self-sufficiency behind the ramparts of escarpment and ocean.

The irrigation problem was solved by a glittering stream that erupted from the base of the hills and flowed through the estate before tumbling in a cataract into the sea. It could only originate in the high inland plateau and flow through the protective wall in an underground flue. Dexter noted the words: 'Swim in?' Later he would line-dash them out. Without a rehearsal, it would be crazy to attempt a passage through an unknown underground tunnel. He recalled the terror inspired by crawling through the water traps of the tunnels of Cu Chi, and they were only a few yards long. This one could be miles, and he did not even know where it began.

At the base of the runway, beyond the wire, he could see a settlement of perhaps five hundred small white blocks, clearly dwelling units of some kind. There were dirt streets, some larger buildings for refectory halls and a small church. It was a village of sorts; but it was odd that, even with the men away in the fields and barns, there were no women or children on the streets. No gardens, no livestock. More like a penal colony. Perhaps those who served the man he sought had little choice in the matter.

He turned his attention to the main body of the agricultural estate. This contained all the cultivated fields, the flocks, barns, granaries, and a second settlement of low white buildings. But a uniformed man standing outside indicated these were barracks for the security staff, guards, overseers. By the look and the number and size of the quarters, and the likely occupancy rate, he put the guards alone at around one hundred. There were five more substantial villas, with gardens, apparently for the senior officers and flight personnel.

The photographs and the slides were serving their purpose, but he needed two things more. One was a concept of three dimensions; the other was a knowledge of routines and procedures. The first would need a scale model of the whole peninsula; the second would require days of silent observation.

Kevin McBride flew the next morning from Washington Dulles direct to Georgetown, Guyana, with BWIA, landing at 2 p.m. Formalities at the airport were simple and with only a handgrip for a one-night stay, he was soon in a taxi.

Lawrence Aero Services was not hard to find. Its small office was in a back alley off Waterloo Street. The American knocked several times but there was no reply. The moist heat was beginning to drench his shirt. He peered through the dusty window and rapped again.

'Ain't no one there, man,' said a helpful voice behind him. The speaker was old and gnarled; he sat a few doors away in a patch of deep shade and fanned himself with a disc of palm leaves.

'I'm looking for George Lawrence,' said the American.

'You Briddish?'

'Uhuh. American.'

The old-timer considered this as if the availability of charter pilot Lawrence was entirely down to nationality.

'Friend of yours?'

'No. I was thinking of chartering his aeroplane for a flight, if I can find him.'

'Ain't been here since yesterday,' said the old man. 'Not since they took him away.'

'Who took him away, my friend?'

The old man shrugged as if the abduction of neighbours was usual enough.

'The police?'

'No. Not them. They were white. Came in a rental car.'

'Tourists . . . clients?' said McBride.

240

'Maybe,' admitted the sage. Then he had an idea. 'You could try the airport. He keeps his plane there.'

Fifteen minutes later a sweat-drenched Kevin McBride was heading back to the airport. At the desk for private aviation he asked for George Lawrence. Instead he met Floyd Evans. Inspector Floyd Evans of the Georgetown Police Department.

He was taken back downtown yet again, this time in a prowl car, and was shown into an office where the air-conditioning was like a long-delayed cold bath and delicious. Inspector Evans toyed with his passport.

'What exactly are you doing in Guyana, Mr McBride?' he asked.

'I was hoping to pay a short visit with a view to bringing my wife on vacation later,' said the agent.

'In August? The salamanders shelter in August down here. Do you know Mr Lawrence?'

'Well, no. I have a pal in Washington. He gave me the name. Said I might like to fly into the interior. Said Mr Lawrence was about the best charter pilot. I just went to his office to see if he was available for charter. Is all. What did I do wrong?'

The inspector closed the passport and handed it back.

'You arrived from Washington today. That seems clear enough. Your tickets and entry stamp confirm. The Meridien Hotel confirms your one-night reservation for tonight.'

'Look, inspector, I still don't understand why I was brought here. Do you know where I can find Mr George Lawrence?'

'Oh yes. Yes, he's in the mortuary down at our general hospital. Apparently he was taken from his office yesterday by three men in a rented four-by-four. They checked it back in last night and flew out. Do those three names mean anything to you, Mr McBride?'

He passed a slip of paper over the desk. McBride glanced at the three names, all of which he knew to be false, because he had issued them.

'No, sorry, they mean nothing to me. Why is Mr Lawrence in the morgue?'

'Because he was found at dawn today by a vegetable seller coming to market. Dead in a ditch by the roadside just out of town. You, of course, were still in the air.'

'That's awful. I never met him, but I'm sorry.'

'Yes, it is. We have lost our charter pilot. Mr Lawrence lost his life and, as it happens, eight of his fingernails. His office has been gutted and all records of past clients removed. What do you think his captors wanted of him, Mr McBride?'

'I have no idea.'

'Of course, I forgot. You are just a travelling salesman, are you not? Then I suggest you travel back home to the States, Mr McBride. You are free to go.'

'These people are animals,' protested McBride to Devereaux down the secure line from Caracas Station to Langley.

'Come on home, Kevin,' said his superior. 'I'll ask our friend in the south what, if anything, he discovered.'

Paul Devereaux had long cultivated a contact inside the FBI on the grounds that no man in his line of business could ever have too many sources of information and the bureau was not likely to share with him the very gems that would constitute true brotherly love.

He had asked his 'asset' to check in the archive database for files withdrawn by Assistant Director (Investigative Division) Colin Fleming since the request from on high had circulated regarding a murdered boy in Bosnia. Among the withdrawals was one marked simply 'Avenger'.

Kevin McBride, weary and travel-stained, arrived home the following morning. Paul Devereaux was in his office as early as usual and crisply laundered.

He handed a file to his subordinate.

'That's him,' he said. 'Our interloper. I spoke with our friend in the south. Of course, it was three of his thugs who brutalized the charter pilot. And you are right. They are animals. But right now they are vital animals. Pity, but unavoidable.'

He tapped the file.

'Code name Avenger. Age around fifty. Height, build . . . it's all there in the file. There is a brief description. Now masquerading as US citizen Alfred Barnes. That was the man who chartered the deeply unfortunate Mr Lawrence to fly him over our friend's hacienda. And there is no Alfred Barnes matching that description on State Department files as a US passport-holder. Find him, Kevin, and stop him. In his tracks.'

'I hope you don't mean terminate.'

'No, that is forbidden. I mean, identify. If he uses one false name, he may have others. Find the one he will try to use to enter San Martin. Then inform the appalling but efficient Colonel Moreno in San Martin. I am sure he can be relied on to do what has to be done.'

Kevin McBride retired to his own office to read the file. He already knew the chief of the secret police of the Republic of San Martin. Any opponent of the dictator falling into his hands would die, probably slowly. He read the Avenger file with his habitual great care.

Two states away, in New York City, the passport of Alfred Barnes was consigned to the flames. Dexter had not a clue or shred of proof that he had been seen, but as he and charter pilot Lawrence had flown over the col in the sierra, he had been jolted to see a face staring up at him; close enough to take the Piper's number. So, just in case, Alfred Barnes ceased to exist.

That done, he began to build his model of the fortress hacienda. Across the city, in downtown Manhattan, Mrs Nguyen Van Tran was myopically poring over three new passports.

It was 3 August 2001.

CHAPTER TWENTY-THREE

The Voice

IF IT IS NOT AVAILABLE IN NEW YORK IT PROBABLY DOESN'T EXIST. Cal Dexter used a sawn-timber shop to create a trestle table with a top of inch-ply that almost filled his sitting room.

Art shops furnished enough paints to create the sea and the land in ten different hues. Green baize from fabric shops made fields and meadows. Wooden building blocks were used for scores of houses and barns; model-makers' emporia provided balsa wood, fast glue and paste-on designs of brickwork, doors and windows.

The runaway's mansion at the tip of the peninsula was made of Lego from a children's store and the rest of the landscape was down to a magical warehouse providing for model railway enthusiasts.

Railway modellers want entire landscapes, with hills and valleys, cuttings and tunnels, farms and grazing animals. Within three days Dexter had fashioned the entire hacienda to scale. All he could not see was that which was out of sight to his airborne camera: booby traps, pitfalls, the workforce, security locks, gate chains, the full strength of the private army, their equipment and all interiors.

It was a long list and most of the queries on it could only be solved by days of patient observation. Still, he had decided his way in, his battle plan and his way out. He went on a buying spree.

Boots, jungle clothing, K-rations, cutters, the world's most powerful binoculars, a new cellphone . . . He filled a Bergen haversack that finally weighed close to eighty pounds. And then there was more; for some he had to go out of state to places in the USA with more lax laws, for others he had to dive into the underworld, and others were quite legal but raised eyebrows. By 10 August he was ready and so were his first ID papers.

'Spare a moment, Paul?'

Kevin McBride's yeoman face came round the edge of the door and Devereaux beckoned him in. His deputy brought with him a large-scale map of the northern coast of South America, from Venezuela east to French Guyana. He spread it out and tapped the triangle between the Commini and Maroni rivers, the Republic of San Martin.

'I figure he'll go in by the overland route,' said McBride. 'Take the air route. San Martin City has the only airport and it is small. Served only twice daily and then only by local airlines coming from Cayenne to the east or Paramaribo to the west.'

His finger stabbed at the capitals of French Guyana and Surinam.

'It's such a God-awful place politically that hardly any businessmen go and no tourists. Our man is white, American, and we have his approximate height and build, both from the file and what that charter pilot described before he died. Colonel Moreno's goons would have him within minutes of debarkation. More to the point, he'd have to have a valid visa and that means visiting San Martin's only two consulates:

Paramaribo and Caracas. I don't think he'll try the airport.'

'No dispute. But Moreno should still put it under night and day surveillance. He might try a private plane,' said Devereaux.

'I'll brief him on that. Next, the sea. There is just one port: San Martin City again. No tourist craft ever put in there, just freighters and not many of them. The crews are Lascars, Filipinos or Creoles; he'd stand out like a sore thumb if he tried to come in openly as a crewman or passenger.'

'He could come in off the sea in a fast inflatable.'

'Possible, but that would have to have been hired or bought in either French Guyana or Surinam. Or he is dropped from a freighter offshore, whose captain he has bribed for the job. He could motor in from twenty miles off the coast, dump the inflatable, puncture it, sink it. Then what?'

'What indeed?' murmured Devereaux.

'I figure he will need equipment, a heavy load of it. Where does he make landfall? There are no beaches along San Martin's coast, except here at the Bahia. But that's full of the villas of the rich, occupied in August, with bodyguards, night-watchmen and dogs.

'Apart from that, the coast is tangled mangrove, infested with snakes and crocs. How is he to march through all that? If he gets to the main east–west road, what then? I don't think it's on, even for a Green Beret.'

'Could he land off the sea right on our friend's peninsula?'

'No, Paul, he couldn't. It's girt on all seaward sides by cliffs and pounding surf. Even if he got up the cliffs with grapnel irons, the roaming dogs would hear the noise and have him.'

'So, he comes in by land. From which end?'

McBride used his forefinger again.

'I reckon from the west, from Surinam, on the passenger ferry across the River Commini, straight into the San Martin border post, on four wheels, with false papers.'

'He'd still need a San Martin visa, Kevin.'

'And where better to get it than right there in Surinam, one of the only two consulates they run? I reckon that's the logical place for him to acquire his car and his visa.'

'So what's your plan?'

'The Surinam embassy here in Washington and the consulate in Miami. He'll need a visa to get in there as well. I want to put them both on full alert to go back a week and from now on pass me details of every single applicant for a visitor visa. Then I check every one with the passport section at State.'

'You're putting all your eggs in one basket, Kevin.'

'Not really. Colonel Moreno and his Ojos Negros can cover the eastern border, the airport, docks and coast. I'd like to back my hunch our interloper will logically try to get all his kit into San Martin by car out of Surinam. It's far away the busiest crossing point.'

Devereaux smiled at McBride's attempt at Spanish. The San Martin secret police were known as 'black eyes' because they and their wraparound black sunglasses struck terror into the peons of San Martin.

He thought of all the US aid heading in that direction. There was no doubt the Surinam embassy would cooperate to the full.

'OK, I like it. Go for it. But hurry.'

McBride was puzzled.

'We have a deadline, boss?'

'Tighter than you know, my friend.'

The port of Wilmington, Delaware, is one of the largest and busiest on the east coast of the USA. High at the top of the long Delaware Bay that leads from the river to the Atlantic, it has miles of sheltered water, which, apart from taking the big ocean liners, also plays host to thousands of small coastal freighters.

The Carib Coast Ship and Freight Company was an agency handling cargoes for scores of such smaller ships and the visit of Mr Ronald Proctor caused no surprise. He was friendly, charming, convincing, and his rented U-Haul pickup was right outside with the crate in the rear.

The freight clerk who handled his enquiry had no reason to doubt his veracity, all the more so when, in response to the query, 'Do you have documentation, sir?', he produced precisely that.

His passport was not only in perfect order, it was a diplomatic passport at that. Supporting letters and movement orders from the State Department proved that Ronald Proctor, a professional US diplomat, was being seconded to his country's embassy in Paramaribo, Surinam.

'We have a cost-free allowance, of course, but what with my wife's passion for collecting things on our travels, I fear we're one crate over the limit. I'm sure you know what wives are like? Boy, can they collect stuff.'

'Tell me about it,' agreed the clerk. Few things bond male strangers like commiserating about their wives. 'We have a freighter heading down to Miami, Caracas and Parbo in two days.'

He gave the capital of Surinam its shorter and more common name. The consignment was agreed and paid for. The crate would be seaborne within two days and in a bonded warehouse in Parbo docks by the twentieth. Being diplomatic cargo it would be customs-exempt when Mr Proctor called to collect it.

The Embassy of Surinam in Washington is at 4301 Connecticut Avenue and it was there that Kevin McBride flashed his identity as a senior officer of the Central Intelligence Agency and sat down with an impressed consular official in charge of the visa section. It was probably not the busiest diplomatic office in Washington and one man handled all visa applications.

'We believe he deals in drugs and consorts with terrorists,' said the CIA man. 'So far he remains very shady. His name is not important because he will certainly apply, if at all, under a false identity. But we do believe he may try to slip into Surinam as a way of cutting across to Guyana and thence to rejoin his cronies in Venezuela.'

'You have a photo of him?' asked the official.

'Alas, not yet,' said McBride. 'That is where we hope you might be able to help us if he comes here. We have a description of him.'

He slipped a sheet of paper across the desk with a short, two-line description of a man about fifty, five feet eight inches, compact, muscular build, blue eyes, sandy hair.

McBride left with photocopies of the nineteen applications for visas to Surinam that had been lodged and granted in the previous week. Within three days all had been checked out as legitimate US citizens whose details and passport photos lodged with the State Department fully matched those presented to the Surinam Consulate.

If the elusive Avenger of the file Devereaux had ordered him to memorize was going to show up, he had not done so yet.

In truth, McBride was in the wrong consulate. Surinam is not large and certainly not rich. It maintains consulates in Washington and Miami, plus Munich (but not in the German capital of Berlin), and two in the former colonial power, The Netherlands. One is in The Hague but the bigger office is at 11 De Cuserstraat, Amsterdam.

It was in this office that Miss Amelie Dykstra, a locally recruited Dutch lady paid for by the Dutch Foreign Ministry, was being so helpful to the visa applicant before her.

'You are British, Mr Nash?'

The passport she had in her hand showed that Mr Henry Nash was indeed British and his profession was that of businessman.

'What is the purpose of your visit to Surinam?' asked Ms Dykstra.

'My company develops new tourist outlets, notably resort hotels in coastal situations,' said the Englishman. 'I am hoping to see if there are any openings in your country, well, Surinam, that is, before moving on to Venezuela.'

'You should see the Ministry of Tourism,' said the Dutch woman, who had never been to Surinam. From what Cal Dexter had researched about that malarial coast, such a ministry was likely to be an exercise in optimism over reality.

'Precisely my intention, as soon as I get there, dear lady.'

He pleaded a last flight waiting at Schiphol Airport, paid his thirty-five guilders, got his visa and left. In truth his plane was not for London but for New York.

McBride headed south again, to Miami and Surinam. A car from San Martin met him at Parbo airport and he was driven east to the Commini River crossing point. The Ojos Negros who escorted him simply drove to the head of the queue, commandeered the ferry and paid no toll to cross to the San Martin side.

During the crossing McBride stepped out of the car to watch the sluggish brown liquid passing down to the aquamarine sea, but the haze of mosquitoes and the drenching heat drove him back to the interior of the Mercedes and its welcome cool air. The secret policemen sent by Colonel Moreno permitted themselves wintry smiles at such stupidity. But behind the black glasses the eyes were blank.

It was forty miles over bumpy, pot-holed, ex-colonial road from the river border to San Martin City. The road ran through jungle on both sides. Somewhere to the left of the road the jungle would give way to the swamps, the swamps to the mangrove tangle and eventually to the inaccessible sea. To the right the dense rainforest ran away inland, rising gently, to the confluence of the Commini and the Maroni, and thence into Brazil.

A man, thought McBride, could be lost in there within half a mile. Occasionally he saw a track running off the road and into the bush, no doubt to some small farm or plantation not far from the road.

Down the highway they passed a few vehicles, mostly pickup trucks or battered Land Rovers clearly used by better-off farmers, and occasionally a cyclist with a basket of produce above the rear wheel, his livelihood on its way to market.

There were a dozen small villages along the journey and the man from Washington was struck at the different ethnic type of the San Martin peasant from those one republic back. There was a reason.

All the other colonial powers, conquering and trying to settle virtually empty landscapes, planted their estates and then looked for a labour force. The local Indios took one peek at what was in store and vaporized into the jungle.

Most of the colonialists imported African slaves from the properties they already owned, or traded with, along the West African coast. The descendants of these, usually mixing the genes with the Indios and whites, had created the modern populations. But the Spanish Empire was almost totally New World, not African. They did not have an easy source of black slaves, but they did have millions of landless Mexican peons; and the distance from Yucatan to Spanish Guyana was much shorter.

The wayside peasants McBride was seeing through the windows of the Mercedes were walnut-hued from the sun; but they were not black, nor yet Creole. They were Hispanic. The whole labour force of San Martin was still genetically Hispanic. The few black slaves who had escaped the Dutch had gone into the jungle to become the Bushneger, who were very hard to find, and deadly when they were.

When Shakespeare's Caesar expressed the wish to have fat men around him, he presumed they would be jolly and

251

amiable. He was not thinking of Colonel Hernan Moreno.

The man who was credited with keeping the gaudy and massively decorated President Muñoz in the palace on the hill behind the capital of this last banana republic was fat like a brooding toad, but he was not jolly.

The torments practised on those he suspected of sedition, or to be in possession of details of such people, were hinted at only in the lowest whispers and the darkest corners.

There was a place, up country it was rumoured, for such things, and no one ever came back. Dumping cadavers at sea like the secret police of Galtieri in Argentina was not necessary; it was not even required to break sweat with shovel and pick. A naked body pegged out in the jungle would attract fire ants, and fire ants can do to soft tissue in a night what normal nature needs months or years to achieve.

He knew the man from Langley was coming and chose to offer him lunch at the Yacht Club. It was the best restaurant in town, certainly the most exclusive, and it was located at the base of the harbour wall facing out over a glittering blue sea. More to the point, the sea winds at last triumphed over the stench of the back streets.

Unlike his employer the secret police chief avoided ostentation, uniforms, medals and glitz; his pinguid frame was encased in a black shirt and black suit. If there had been a hint of nobility of cast of feature, thought the CIA man, he might have resembled Orson Welles towards the end. But the face was more Hermann Goering.

Nevertheless, his grip on the small and impoverished country was absolute and he listened without interruption. He knew exactly the relationship between the refugee from Yugoslavia who had sought sanctuary in San Martin, and now lived in an enviable mansion at the end of a piece of property Moreno himself hoped one day to acquire, and the president.

He knew of the huge wealth of the refugee and the annual fee he paid to President Muñoz for sanctuary and protection, even though that protection was really provided by himself.

What he did not know was why a very senior hierarch in Washington had chosen to bring together the refugee and the tyrant. It mattered not. The Serb had spent over five million dollars building his mansion, and another ten on his estate. Despite the inevitable imports to achieve such a feat, half that money had been spent inside San Martin, with tidy percentages going to Colonel Moreno on every contract.

More directly, Moreno took a fee for providing the slave labour force, and keeping the numbers topped up with fresh arrests and transportations. So long as no peon ever escaped or came back alive, it was a lucrative and safe arrangement. The CIA man did not need to beg for his cooperation.

'If he sets one foot inside San Martin,' he wheezed, 'I will have him. You will not see him again, but every piece of information he divulges will be passed to you. On that you have my word.'

On his way back to the river crossing and the waiting aeroplane at Parbo, McBride thought of the mission the unseen bounty-hunter had set himself; he thought of the defences, and the price of failure: death at the hands of Colonel Moreno and his black-eyed experts in pain. He shuddered, and it was not from the air-conditioning.

Thanks to the wonders of modern technology, Calvin Dexter did not need to return to Pennington to collect any messages left on the answering machine attached to his office telephone. He could make the collections from a public phone booth in Brooklyn. He did so on 15 August.

The cluster of messages was mainly from voices he knew before the speaker identified himself. Neighbours, law clients, local businessmen; mainly wishing him a happy fishing vacation and asking when he would be back at his desk.

It was the second-to-last message that almost caused him to drop the phone, to stare, unseeing, at the traffic rushing past the glass of the booth. When he had replaced the handset he walked for an hour trying to work out how it had happened, who had leaked his name and business and, most important of all, whether the anonymous voice was that of a friend or a betrayer.

The voice did not identify the speaker. It was flat, monotone, as if coming through several layers of paper tissue. It said simply: 'Avenger, be careful. They know you are coming.'

CHAPTER TWENTY-FOUR

The Plan

WHEN PROFESSOR MEDVERS WATSON LEFT, THE SURINAMESE CONSUL was feeling slightly breathless; so much so, the official very nearly excluded the academic from the list of visa applicants he was sending to Kevin McBride at a private address in the city.

'*Callicore maronensis*,' beamed the professor when asked for the reason he wished to visit Surinam. The consul looked blank. Seeing his perplexity, Dr Watson delved into his attaché case and produced Andrew Neild's masterwork: *The Butterflies of Venezuela*.

'It's been seen, you know. The type "V". Unbelievable.'

He whipped open the reference work at a page of coloured photographs of butterflies that, to the consul, looked pretty similar, barring slight variations of marking to the back wings.

'One of the *Limenitidinae*, you know. Subfamily, of course. Like the *Charaxinae*. Both derived from the *Nymphalidae*, as you probably know.'

The bewildered consul found himself being educated in the descending order of family, subfamily, genus, species and subspecies.

'But what do you want to do about them?' asked the consul. Professor Medvers Watson closed his almanac with a snap.

'Photograph them, my dear sir. Find them and photograph them. Apparently there has been a sighting. Until now the *Agrias narcissus* was about as rare as it gets in the jungles of your hinterlands, but the *Callicore maronensis*? Now that would make history. That is why I must go without delay. The autumn monsoon, you know. Not far off.'

The consul stared at the US passport. Stamps for Venezuela were frequent. Others for Brazil, Guyana. He unfolded the letter on the headed paper of the Smithsonian Institute. Professor Watson was warmly endorsed by the head of the Department of Entomology, Division Lepidoptera. He nodded slowly. Science, environment, ecology, these were the things not to be gainsaid or denied in the modern world. He stamped the visa and handed back the passport.

Professor Watson did not ask for the letter, so it stayed on the desk.

'Well, good hunting,' he said weakly.

Two days later Kevin McBride walked into the office of Paul Devereaux with a broad smile on his face.

'I think we have him,' he said. He laid down a completed application form of the type issued by the Surinamese Consulate and filled out by the applicant for a visa. A passport-sized photo stared up from the page.

Devereaux read through the details.

'So?'

McBride laid a letter beside the form. Devereaux read that as well.

'And?'

'And he's a phoney. There is no US passport-holder in the name of Medvers Watson. State Department is adamant on that. He should have picked a more common name. This one sticks out like a sore thumb. The scholars at the Smithsonian have never heard of him. No one in the butterfly world has ever heard of Medvers Watson.'

Devereaux stared at the picture of the man who had tried to ruin his covert operation and thus had become, albeit unwittingly, his enemy. The eyes looked owlish behind the glasses, and the straggly goatee beard off the point of the chin weakened instead of strengthened the face.

'Well done, Kevin. Brilliant strategy. But then, it worked; and of course all that works becomes brilliant. Every detail immediately to Colonel Moreno in San Martin if you please. He may move quickly.'

'And the Surinam government in Parbo.'

'No, not them. No need to disturb their slumbers.'

'Paul, they could arrest him the moment he flies into Parbo airport. Our embassy boys could confirm the passport is a forgery. The Surinamese charge him with passport fraud and put him on the next plane back. Two of our marines as escort. We arrest him on touchdown and he's in the slammer, out of harm's way.'

'Kevin, listen to me. I know it's rough and I know the reputation of Moreno. But if our man has a big stack of dollars he could elude arrest in Surinam. Back here he could get bail within a day, then skip.'

'But, Paul, Moreno is an animal. You wouldn't send your worst enemy into his grip . . .'

'And you don't know how important the Serb is to all of us. Nor his paranoia. Nor how tight his schedule may be. He has to know the danger to himself is over, totally eliminated, or he will butt out of what I need him for.'

'And you still can't tell me?'

'Sorry, Kevin. No, not yet.'

His deputy shrugged, unhappy but obedient.

'OK, on your conscience, not mine.'

And that was the problem, thought Paul Devereaux when he

was once again alone in his office, staring out at the thick green foliage between him and the Potomac. Could he square his conscience with what he was doing? He had to. The lesser evil, the greater good.

The unknown man with the false passport would not die easily, upon the midnight with no pain. But he had chosen to swim in hideously dangerous waters, and it had been his decision to do so.

That day, 18 August, America sweltered in the summer heat, and half the country sought relief in the seas, rivers, lakes and mountains. Down on the north coast of South America, 100 per cent humidity, sweeping in from the steaming jungles behind the coast, added ten more degrees to the hundred caused by the sun.

In Parbo docks, ten miles up the teak-brown Surinam River from the sea, the heat was like a tangible blanket, lying over the warehouses and quays. The pye-dogs tried to find the deepest shade to pant away the hours until sundown. Humans sat under slow-moving fans which merely moved the discomfort around a bit.

The foolish tossed down sugary drinks, sodas and colas, which merely made the thirst and dehydration worse. The experienced stayed with piping hot, sweet tea, which may sound crazy but was discovered by the British empire-builders two centuries earlier to be the best rehydrator of them all.

The fifteen-hundred-ton freighter, *Tobago Star*, crept up the river, docked at her assigned pier and waited for dark. In the cooler dusk she discharged her cargo, which included a bonded crate in the name of US diplomat Ronald Proctor. This went into a chain-link-fenced section of the warehouse to await collection.

Paul Devereaux had spent years studying terrorism in general, and the types that emanated from the Arab and Muslim world, not necessarily the same type, in particular.

He had long come to the conclusion that the conventional whine in the West, that terrorism stemmed from the poverty and destitution of those whom Fanon had called 'the wretched of the earth', was convenient and politically correct psychobabble.

From the Anarchists of Tsarist Russia to the IRA of 1916, from the Irgun and the Stern Gang to EOKA in Cyprus, from the Baader-Meinhof group in Germany, CCC in Belgium, Action Directe in France, Red Brigades in Italy, Red Army Faction in Germany again, the Renko Sekkigun in Japan, through to the Shining Path in Peru, to the modern IRA in Ulster or the ETA in Spain, terrorism came from the minds of comfortably raised, well-educated, middle-class theorists with a truly staggering personal vanity and a developed taste for self-indulgence.

Having studied them all, Devereaux was finally convinced the same applied to all their leaders, the self-arrogated champions of the working classes. The same applied in the Middle East as in Western Europe, South America or Far East Asia. Imad Mugniyah, George Habash, Abu Awas, Abu Nidal and all the other Abus had never missed a meal in their lives. Most had college degrees.

In the Devereaux theory those who could order another to plant a bomb in a food hall and gloat over the resultant images all had one thing in common. They possessed a fearsome capacity for hatred. This was the genetic 'given'. The hatred came first; the target could come later and usually did.

The motive also came second to the capacity to hate. It might be Bolshevik revolution, national liberation or a thousand variants thereof, from amalgamation to secession; it might be anti-capitalist fervour; it might be religious exaltation.

But the hatred came first, then the cause, then the target,

then the methods and finally the self-justification. And Lenin's 'useful dupes' always swallowed it.

Devereaux was utterly convinced that the leadership of Al Qaeda ran precisely true to form. Its co-founders were a construction millionaire from Saudi Arabia and a qualified doctor from Cairo. It mattered not whether their hatred of Americans and Jews was secular-based or religiously fuelled. There was nothing, absolutely nothing, that America or Israel could do, short of complete self-annihilation, that would even begin to appease or satisfy them.

None of them, for him, cared a damn for the Palestinians save as vehicles and justifications. They hated his country not for what it did but for what it was.

He recalled the old British spy chief in the window table at White's as the left-wing demonstrators went by. Apart from the usual snowy-haired British socialists who could never quite get over the death of Lenin, there were the British boys and girls who would one day get a mortgage and vote Conservative, and there were the torrents of students from the Third World.

'They'll never forgive you, dear boy,' said the old man. 'Never expect it and you'll never be disappointed. Your country is a constant reproach. It is rich to their poor, strong to their weak, vigorous to their idle, enterprising to their reactionary, ingenious to their bewildered, can-do to their sit-and-wait, thrusting to their stunted.

'It only needs one demagogue to arise to shout: "Everything the Americans have they stole from you", and they'll believe it. Like Shakespeare's Caliban, their zealots stare in the mirror and roar in rage at what they see. That rage becomes hatred, the hatred needs a target. The working class of the Third World does not hate you; it is the pseudo-intellectuals. If they ever forgive you, they must indict themselves. So far their hatred lacks the weaponry. One day they will acquire that weaponry. Then you will have to fight or die. Not in tens but in tens of thousands.'

Thirty years down the line, Devereaux was sure the old Brit had got it right. After Somalia, Kenya, Tanzania, Aden, his country was in a new war and did not know it. The tragedy was made worse by the fact the establishment was steeped in ostriches as well.

The Jesuit had asked for the front line and got it. Now he had to do something with his command. His response was Project Peregrine. He did not intend to seek to negotiate with UBL, nor even to respond after the next strike. He intended to try to destroy his country's enemy before that strike. In Father Xavier's analogy, he intended to use his spear to lunge, before the knife-tip came in range. This problem was: where? Not more or less, not 'somewhere in Afghanistan', but 'where' to ten yards by ten yards, and 'when' to thirty minutes.

He knew a strike was coming. They all did; Dick Clarke at the White House, Tom Pickard at the Bureau headquarters in the Hoover Building, George Tenet one floor above his head at Langley. All the whispers out on the street said a 'big one' was in preparation. It was the where, when, what, how, they did not know, and thanks to the crazy rules forbidding them to ask nasty people, they were not likely to find out. That, plus the refusal to collate what they did have.

Paul Devereaux was so disenchanted with the whole lot of them that he had prepared his Peregrine plan and would tell no one what it was.

In his reading of tens of thousands of pages about terror in general and Al Qaeda in particular, one theme had come endlessly through the fog. The Islamist terrorists would not be satisfied with a few dead Americans from Mogadishu to Dar es Salaam. UBL would want hundreds of thousands. The prediction of the long-gone Britisher was coming true.

For those kind of figures the Al Qaeda leadership would need a technology they did not yet have but endlessly sought to acquire. Devereaux knew that in the cave complexes of

Afghanistan, which were not simply holes in rocks but subterranean labyrinths including laboratories, experiments had been started with germs and gases. But they were still miles from the methods of mass-dissemination.

For Al Qaeda, as for all the terror groups in the world, there was one prize beyond rubies: fissionable material. Any one of at least a dozen killer groups would give their eye-teeth, take crazy risks, to acquire the basic element of a nuclear device.

It would never have to be an ultra-modern 'clean' warhead; indeed the more basic, the 'dirtier' in radiation terms, the better. Even at the level of their in-house scientists, the terrorists knew that enough fissionable element, jacketed within enough plastic explosive, would create enough lethal radiation over enough square miles to make a city the size of New York un-inhabitable for a generation. And that would be apart from the half a million people irradiated into an early, cancerous grave.

It had been a decade and the underground war had been costly and intense. So far, the West, assisted by Moscow more recently, had won it and survived. Huge sums had been spent buying up any fragment of Uranium 235 or plutonium that came near to private sale. Entire countries, former Soviet Republics, had handed over every gram left behind by Moscow, and the local dictators, under the provisions of the Nunn-Lugar Act, had become very wealthy. But there was too much, far too much, quite simply missing.

Just after he founded his own tiny section in Counter-Terrorism at Langley, Paul Devereaux noticed two things. One was that a hundred pounds of pure, weapons-grade Uranium 235 was lodged at the secret Vinca Institute in the heart of Belgrade. As soon as Milosevic fell, the USA began to negotiate its purchase. Just a third of it, thirty-three pounds or fifteen kilograms, would be enough for one bomb.

The other thing was that a vicious Serbian gangster and intimate at the court of Milosevic wanted out, before the roof fell in. He needed 'cover', new papers, protection and a place to disappear to. Devereaux knew that place could never be the USA. But a banana republic . . . Devereaux cut him a deal and he cut him a price. The price was collaboration.

Before he quit Belgrade, a thumbnail-sized sample of Uranium 235 was stolen from the Vinca Institute, and the records were changed to show that a full fifteen kilograms had really gone missing.

Six months earlier, introduced by the arms dealer, Vladimir Bout, the runaway Serb had handed over his sample and documentary proof that he possessed the remaining fifteen kilos.

The sample had gone to Al Qaeda's chemist and physicist, Abu Khabab, another highly educated and fanatical Egyptian. It had necessitated his leaving Afghanistan and quietly travelling to Iraq to secure the equipment he needed to test the sample properly.

In Iraq another nuclear programme was underway. It also sought weapons-grade Uranium 235, but was making it the slow, old-fashioned way, with calutrons like the ones used in 1945 at Oak Ridge, Tennessee. The sample caused great excitement.

Just four weeks before the circulation of that damnable report compiled by a Canadian magnate concerning his long-dead grandson, word had come through that Al Qaeda would deal. Devereaux had to force himself to stay very calm.

For his killing machine, he had wanted to use an unmanned high-altitude drone called the Predator, but it had crashed just outside Afghanistan. Its wreckage was now back in the USA but the hitherto unarmed UAV was being 'weaponized' by the fitting of a Hellfire missile so that it could in future not only see a target from the stratosphere but blow it to bits as well.

But the conversion would take too long. Paul Devereaux revamped his plan, but he had to delay it while different weaponry was put in place. Only when they were ready could the Serb accept the invitation to journey to Peshawar, Pakistan, there to meet with Kawaheri, Atef, Zubaydah and the physicist Abu Khabab. He would carry with him fifteen kilos of uranium; but not weapons-grade. Yellowcake would do, normal reactor fuel, isotope 238, 3 per cent refined, not the needed 88 per cent.

At the crucial meeting Zoran Zilic was going to pay for all the favours he had been accorded. If he did not, he would be destroyed by a single phone call to Pakistan's lethal and pro-Qaeda secret service, the ISI.

He would suddenly double the price and threaten to leave if his new price was not met. Devereaux was gambling there was only one man who could make that decision and he would have to be consulted.

Far away in Afghanistan, UBL would have to take that phone call. High above, rolling in space, a listener satellite linked to the National Security Agency would hear the call and pinpoint its destination to a place ten feet by ten feet.

Would the man at the Afghan end wait around? Could he contain his curiosity to learn whether he had just become the owner of enough uranium to fulfil his most deadly dreams?

Off the Baluchi coast the nuclear sub *USS Columbia* would open her hatches to emit a single Tomahawk cruise missile. Even as it flew it would be programmed by global positioning system (GPS) plus Terrain Contour Matching (TERCOM) and Digital Scene Matching Area Correlation (DISMAC).

Three navigational systems would guide it to that hundred-square-foot and blow the entire area containing the mobile phone to pieces, including the man waiting for his call-back from Peshawar. For Devereaux the problem was time. The moment when Zilic would have to leave for Peshawar, pausing at Ras al-Khaimah to pick up the Russian, was moving ever closer. He could not afford to let Zilic panic and withdraw on the ground that he was a hunted man and thus their deal was null and void. Avenger had to be stopped and probably destroyed. Lesser evil, greater good.

It was 20 August. A man descended from the Dutch KLM airliner straight in from Curaçao to Paramaribo airport. It was not Professor Medvers Watson, for whom a reception committee waited further down the coast.

It was not even the US diplomat, Ronald Proctor, for whom a crate waited at the docks.

It was the British resort-developer, Henry Nash. With his Amsterdam-delivered visa he passed effortlessly through customs and immigration and took a taxi into town. It would have been tempting to book in at the Torarica, far and away the best in town. But he might have met real Britishers there, so he went to the Krasnopolsky on the Dominiestraat.

His room was top floor, with a balcony facing east. The sun was behind him when he went out for a look over the city. The extra height gave a hint of breeze to make the dusk bearable. Far to the east, seventy miles away and over the river, the jungles of San Martin were waiting.

PART THREE

CHAPTER TWENTY-FIVE

The Jungle

IT WAS THE AMERICAN DIPLOMAT, RONALD PROCTOR, WHO LEASED the car. It was not even from an established agency but from a private seller advertising in the local paper.

The Cherokee was second-hand but in good repair, and with a bit of work and a thorough service, which its US-army-trained new owner intended to give it, it would do what it had to.

The deal he made the vendor was simple and sweet. He would pay ten thousand dollars in cash. He would only need the vehicle for a month, until his own 4x4 came through from the States. If he returned it absolutely intact in thirty days, the vendor would take it back and reimburse five thousand dollars.

The seller was looking at an effort-free five thousand dollars in a month. Given that the man facing him was a charming American diplomat, and the Cherokee might come back in thirty days, it seemed foolish to go through all the trouble of changing the documents. Why alert the taxman?

Proctor also rented the lock-up garage and store shed behind the flower and produce market. Finally he went to the docks and signed for his single crate, which went into the garage to be carefully unpacked and repacked in two canvas kitbags. Then Ronald Proctor simply ceased to exist.

In Washington, Paul Devereaux was gnawed by anxiety and curiosity as the days dragged by. Where was this man? Had he used his visa and entered Surinam? Was he on his way?

The easy way to indulge the temptation would be to ask the Surinam authorities direct, via the US embassy on Redmondstraat. But that would trigger Surinamese curiosity. They would want to know why. They would pick him up themselves and start asking questions. The man called Avenger could arrange to be set free and start again. The Serb, already becoming paranoid at the thought of going to Peshawar, could panic and call the deal off. So Devereaux paced and prowled and waited.

Down in Paramaribo the tiny consulate of San Martin had been tipped off by Colonel Moreno that an American pretending to be a collector of butterflies might apply for a visa. It was to be granted immediately, and he was to be informed at once.

But no one called Medvers Watson appeared. The man they sought was sitting at a terrace café in the middle of Parbo with his last purchases in a sack beside him. It was 24 August.

What he had bought had come from the town's only camping and hunting shop, the Tackle Box on Zwarten Hovenbrug Street. As the London businessman Mr Henry Nash he had brought almost nothing that would be useful across the border. But with the contents of the diplomat's crate and what he had acquired that morning, he could think of nothing he might be missing. So he tilted back his Parbo beer and enjoyed the last he was going to have for some time.

Those who waited were rewarded on the morning of the 25th. The queue at the river crossing was, as ever, slow, and the mosquitoes, as ever, dense. Those crossing were almost entirely locals, with pedal bikes, motorcycles and rusty pick-ups, all loaded with produce.

There was only one smart car in the queue on the Surinam side, a black Cherokee, with a white man at the wheel. He wore a creased seersucker jacket in cream, off-white Panama hat and heavy-rimmed glasses. Like the others he sat and swatted, then moved a few yards forwards as the chain ferry took on a fresh cargo and cranked back across the Commini.

After an hour he was at last on the flat iron deck of the ferry, handbrake on, able to step down and watch the river. On the San Martin side he joined the queue of six cars awaiting clearance.

The San Martin checkpoint was tighter and there seemed to be a tension among the dozen guards who milled around. The road was blocked by a striped pole laid over two recently added oil drums weighted with concrete.

In the shed to one side, an immigration officer studied all papers, his head visible through the window. The Surinamese, here to visit relatives or buy produce to sell back in Parbo, must have wondered why, but patience has never been rationed in the Third World, nor information a glut. They sat and waited again. It was almost dusk when the Cherokee rolled to the barrier. A soldier flicked his fingers for the needed passport, took it from the American and handed it through the window.

The off-road driver seemed nervous. He sweated in rivers. He made no eye contact, but stared ahead. From time to time he glanced sideways through the booth window. It was during one of these glances that he saw the immigration officer start violently and grab his phone. That was when the traveller with the wispy goatee beard panicked.

The engine suddenly roared, the clutch was let in. The heavy black 4x4 threw itself forward, knocked a soldier flying with the wing-mirror, tossed the striped pole in the air and burst through, swerving crazily round the trucks ahead and charging off into the dusk.

Behind the Cherokee there was chaos. Part of the flying pole had whacked the army officer in the face. The immigration official came shouting out of his booth waving an American passport in the name of Professor Medvers Watson.

Two of Colonel Moreno's secret police goons, who had been standing behind the immigration officer in the shed, came running out with handguns drawn. One went back and began to gabble down the phone lines to the capital forty miles east.

Galvanized by the army officer clutching his broken nose, the dozen soldiers piled into the olive-drab truck and set off in pursuit. The secret policemen ran to their own blue Land Rover and did the same. But the Cherokee was round two corners and gone.

In Langley, Kevin McBride saw the flickering bulb flash on the desk phone that only linked him to the office of Colonel Moreno in San Martin City.

He took the call, listened carefully, noted what was said, asked a few questions and noted again. Then he went to see Paul Devereaux.

'They've got him,' he said.

'In custody?'

'Almost. He tried to come in as I thought, over the river from Surinam. He must have spotted the sudden interest in his passport, or the guards made too much of a fuss. Whatever, he smashed down the barrier and roared off. Colonel Moreno says there is nowhere for him to go. Jungle both sides, patrols on the roads. He says they'll have him by morning.'

'Poor man,' said Devereaux. 'He really should have stayed at home.'

Colonel Moreno was overly optimistic. It took two days. In fact, the news was brought by a bush farmer who lived two miles up a track running off the right-hand side of the highway into the jungle.

He said he recalled the noise of a heavy engine growling past

272

his homestead the previous evening and his wife had caught sight of a big and almost new off-road going up the track.

He naturally presumed it must be a government vehicle, since no farmer or trapper would dream of being able to afford such a vehicle. Only when it did not come back by the following night did he trudge down to the main road. There he found a patrol and told them.

The soldiers found the Cherokee. It had made one further mile beyond the farmer's shack when, trying to push onwards into the rain forest, it had nosed into a gully and stuck at forty-five degrees. Deep furrows showed where the fleeing driver had tried to force his way out of the gully, but his panic had merely made matters worse. It took a crane truck from the city to get the 4x4 out of the hole, turned around and heading for the road.

Colonel Moreno himself came. He surveyed the churned earth, the shattered saplings and torn vines.

'Trackers,' he said. 'Get the dogs. The Cherokee and everything in it to my office. Now.'

But darkness came down; the trackers were simple folk, not able to face the darkness when the spirits of the forest were abroad. They began next morning at dawn and found the quarry by noon.

One of Moreno's men was with them and had a cellphone. Moreno took the call in his office. Thirty minutes later Kevin McBride walked into Devereaux's office.

'They found him. He's dead.'

Devereaux glanced at his desk calendar. It revealed the date was 27 August.

'I think you should be there,' he said.

McBride groaned.

'It's a hell of a journey, Paul. All over the bloody Caribbean.'

'I'll sanction a company plane. You should be there by the breakfast hour tomorrow. It's not just I who have to be satisfied

273

this damn business is over for good. Zilic has to believe it too. Go down there, Kevin. Convince us both.'

The man Langley knew only by his codename of Avenger had spotted the track off the main road when he flew over the region in the Piper. It was one of a dozen that left the highway between the river and the capital forty miles to the east. Each track serviced one or two small plantations or farms, then petered out into nothing.

He had not thought to photograph them at the time, saving all his film for the hacienda at El Punto. But he remembered them. And on the flight back with the doomed charter pilot Lawrence he had seen them again.

The one he chose to use was the third from the river. He had a start of half a mile over his pursuers when he slowed in order not to leave visible skid marks, and eased the Cherokee up the track. Round a bend, engine off, he heard the pursuers thunder past.

The drive to the farmstead was easy, first-gear, four-wheel work. After the farm it was all slog. He got the vehicle an extra mile through dense jungle, descended in the darkness, walked ahead, found a gully and crashed it.

He left what he intended the trackers to find and took the rest. It was heavy. The heat, even in the night, was oppressive. The notion that jungles at night are quiet places is a fallacy. They rustle, they croak, they roar. But they do not have spirits.

Using his compass and flashlight he marched west, then south, for about a mile, slashing with one of his machetes to create a kind of path.

After a mile he left the other part of what he intended the pursuers to find and, lightened at last to a small haversack, water bottle, flashlight and second machete, pressed on towards the river bank.

He reached the Commini at dawn, well upstream of the crossing point and ferry. The inflatable airbed would not have been his crossing of choice but it sufficed. Prone on the navy-blue canvas, he paddled with both hands, withdrawing them from the water when a deadly cottonmouth glided past. The beady, lidless eye gazed at him from a few inches away, but the snake pressed on downstream.

An hour's paddling and drifting brought him to the Surinam bank. The trusty airbed was stabbed into oblivion and abandoned. It was mid-morning when the stained, streaked, wet figure, mottled with mosquito bites and hung with leeches, stumbled onto the road back to Parbo.

After five miles a friendly market trader allowed him to ride the cargo of watermelons the last fifty miles to the capital.

Even the kind souls at the Krasnopolsky would have raised an eyebrow at their English businessman turning up in such a state, so he changed in the lock-up store, used a garage wash-room and a gas lighter to burn off the leeches and returned to his hotel for a lunch of steak and fries. Plus several bottles of Parbo. Then he slept.

Thirty thousand feet up, the company Lear jet drifted down the eastern seaboard of the USA with Kevin McBride as its only passenger.

'This,' he mused, 'is the kind of transportation I really could force myself to get used to.'

They refuelled at the spook-heaven air base of Eglin, northern Florida, and again at Barbados. There was a car wait-ing at San Martin City airfield to bring the CIA man to Colonel Moreno's secret police headquarters in an oil-palm forest on the outskirts of town.

The fat colonel greeted his visitor in his office with a bottle of whisky.

'I guess a tad early for me, colonel,' said McBride.

'Nonsense, my friend, never too early for a toast. Come . . . I propose. Death to our enemies.'

They drank. McBride, at that hour and in that heat, would

have preferred a decent coffee.

'What have you got for me, colonel?'

'A little exposition. Better I show you.'

There was a conference room next to the office and it had clearly been arranged for the colonel's grisly 'exposition'. The central long table was covered with a white cloth which contained one exhibit. Round the walls were four other tables with collections of mixed items. It was one of the smaller tables that Colonel Moreno approached first.

'I told you our friend, Mr Watson, first panicked, drove down the main road, swerved up a track at the side and attempted to find escape by driving straight through the jungle? Yes? Impossible. He crashed his off-road into a gully and could not get out. Today, it stands in the yard beneath these windows. Here is part of what he abandoned in it.'

Table One contained mainly heavy-duty clothing, spare boots, water pannikins, mosquito netting, repellent, water-purification tablets.

Table Two had a tent, pegs, lantern, canvas basin on a tripod, miscellaneous toiletries.

'Nothing I wouldn't have on any normal camping trip,' remarked McBride.

'Quite right, my friend. He obviously thought he would be hiding in the jungle for some time, probably making an ambush for his target on the road out of El Punto. But that target hardly ever leaves by road at all, and when he does it is in an armoured limousine. This assassin was not very good. Still, when he abandoned his kit, he also abandoned this. Too heavy, perhaps.'

At Table Three the colonel whisked a sheet off the contents. It was a Remington Three-Double-O-Six, with a huge Rhino scope sight and a box of shells. Purchasable in American gun stores as a hunting rifle, it would also take a human head away with no problem at all.

'Now,' explained the fat man, enjoying his mastery of his list of discoveries, 'at this point your man leaves the car and eighty per cent of his equipment. He sets off on foot, probably aiming for the river. But he is not a jungle fighter. How do I know? No compass. Within three hundred metres he was lost, heading south into deeper jungle, not west to the river. When we found him, all this was scattered about.'

The last table contained a water can (empty), bush hat, machete, flashlight. There were tough-soled combat boots, shreds of camouflage trousers and shirt, bits of a completely inappropriate seersucker jacket, a leather belt with brass buckle and sheath knife, still looped onto the belt.

'That was all he was carrying when you found him?'

'That was all he was carrying when he died. In his panic he left behind what he should have taken. His rifle. He might have defended himself at the end.'

'So, your men caught up with him and shot him?'

Colonel Moreno threw up both hands, palms forward, in a gesture of surprised innocence.

'We? Shoot him? Unarmed? Of course not, we wanted him alive. No, no. He was dead by the midnight of the night he fled. Those who do not understand the jungle should not venture into it. Certainly not ill-equipped, at night, seized by panic. That is a deadly combination. Look.'

With self-adoring theatricality he whipped the sheet off the centre table. The skeleton had been brought from the jungle in a body bag, feet still in the boots, rags still around the bones. A hospital doctor had been summoned to rearrange the bones in the right order.

The dead man, or what was left of him, had been picked clean to the last tiny fragment of skin, flesh and marrow.

'The key to what happened is here,' said Colonel Moreno, tapping with his forefinger.

The right femur had been snapped cleanly through the middle.

'From this we can deduce what happened, my friend. He

panicked, he ran. By flashlight only, blindly, without a compass. He made about a mile from the stranded car. Then he caught his foot in a root, a hidden tree stump, a tangled vine. Down he went. Snap. One broken leg.

'Now, he cannot run, he cannot walk, he cannot even crawl. With no gun he cannot even summon help. He can only shout, but to what end? You know we have jaguars in these jungles?

'Well, we do. Not many, but if one hundred and fifty pounds of fresh meat insists on shouting its head off, chances are a jaguar will find it. That's what happened here. The main limbs were scattered over a small clearing.

'It's a larder out there. The raccoon eats fresh meat. Also the puma and the coati. Up in the tree canopy the daylight will bring the forest vultures. Ever seen what they can do to a corpse? No? Not pretty, but thorough. At the end of them all, the fire ants.

'I know about fire ants. Nature's most fantastic cleaners. Fifty yards from the remains we found the ants' nest. They leave out scouts, you know. They cannot see, but their sense of smell is amazing, and of course within twenty hours he would have smelt to high heaven. Enough?'

'Enough,' said McBride. Early it might be; he fancied a second whisky.

Back in the colonel's office, the secret policemen laid out some smaller items. One steel watch, engraved MW on the back. A signet ring, no inscription.

'No wallet,' said the Colonel. 'One of the predators must have snatched it if it was made of leather. But maybe this is even better. He had to abandon it at the border-crossing point when he was recognized.'

It was a United States passport in the name of Medvers Watson. The profession was given as scientist. The same face McBride had seen before from the visa application form stared at him: eyeglasses, wispy goatee beard, slightly helpless expression.

The CIA man reckoned, quite rightly, that no one would ever see Medvers Watson again.

'May I contact my superior in Washington?'

'Please,' said Colonel Moreno, 'be my guest. I will leave you your privacy.'

McBride took his laptop from his attaché case and raised Paul Devereaux, tapping in a sequence of numbers that would keep the exchange from prying ears. With his cellphone plugged into the laptop, he waited until Devereaux came on line.

He told his superior the gist of what Colonel Moreno had told him, and what he had seen. There was silence for a while.

'I want you to come home,' said Devereaux.

'Not a problem,' said McBride.

'Moreno can keep all the toys, including the rifle. But I want that passport. Oh, and something else.'

McBride listened.

'You want . . . what?'

'Just do it, Kevin. Godspeed.'

McBride told the colonel what he had been ordered to do. The fat secret police chief shrugged.

'Such a short visit. You should stay. Lobster for lunch on my boat out at sea? Cold Soave? No? Oh well . . . the passport, of course. And the rest . . .'

He shrugged.

'If you wish. Take them all.'

'I'm told just one will do.'

CHAPTER TWENTY-SIX

The Trick

MCBRIDE ARRIVED BACK IN WASHINGTON ON 29 AUGUST. THAT same day, down in Paramaribo, Mr Henry Nash, with his passport issued by Her Majesty's Principal Secretary of State for Foreign and Commonwealth Affairs, to give him his full title, walked into the Consulate of the Republic of San Martin and asked for a visa.

There was no problem. The consul in the one-man office knew there had been a flap several days earlier when a refugee from justice had tried to enter his homeland, but the alarm had been stood down. The man was dead. He issued the entry visa.

That was the trouble with August. You could never get anything done in a hurry, not even in Washington, not even if your name was Paul Devereaux. The excuse was always the same: 'I'm sorry, sir, he's on vacation. He'll be back next week.' And thus it was as the month of August finally trickled away into September.

It was on the 3rd that Devereaux received the first of the two answers he sought.

'It's probably the best forgery we've ever seen,' said the man from the State Department's passport division. 'Basically, it was once genuine and was printed by us. But two vital pages were removed by an expert and two fresh pages from another passport inserted. It is the fresh pages that bear the photo and name of Medvers Watson. To our knowledge there is no such person. This passport number has never been issued.'

'Could the holder of this passport fly into and out of the States?' asked Paul Devereaux. 'Is it that good?'

'Out of, yes,' said the expert. 'Flying out would mean it would only be checked by airline staff. No computer database involved. Flying in . . . that would be a problem if the INS officer chose to run the number through the database. The computer would reply: no such number.'

'Can I have the passport back?'

'Sorry, Mr Devereaux. We like to try and help you guys, but this masterpiece is going into our Black Museum. We'll have entire classes studying this beauty.'

And still there was no reply from the Forensic Pathology unit at Bethesda, the hospital where Devereaux had a few useful contacts.

It was on the 4th that Mr Henry Nash, at the wheel of a modest little rented compact, with a handgrip of summer clothes and wash kit, British passport in hand and San Martin visa stamped inside it, rolled onto the ferry at the Commini River border crossing.

His British accent might not have fooled Oxford or Cambridge, but among the Dutch-speaking Surinamese and, he presumed, the Spanish-speaking San Martinos, there would be no problem. There was not.

Avenger watched the brown river flowing beneath his feet one last time and vowed he would be a happy man if he never saw the damned thing again.

On the San Martin side, the striped pole was gone, as were the secret police and soldiers. The border was back to its usual sleepy self. He descended, passed his passport through the side window of the booth, beamed an inane smile and fanned himself while he waited.

Running in a singlet in all weathers meant he habitually had a slight tan; two weeks in the tropics had deepened it to mahogany brown. His fair hair had received the attention of a barber in Paramaribo and was now so dark brown as to be almost black, but that simply matched the description of Mr Nash of London.

The glance through the trunk of his car and his valise of clothes was perfunctory, his passport went back into the top pocket of his shirt, and he rolled on down the road to the capital.

At the third track on the right, he checked no one was watching, and turned into the jungle again. Halfway to the farmstead he stopped and turned the car around. The giant baobab tree was not hard to locate and the tough black twine was still deep inside the cut he had sliced in the trunk a week earlier.

As he paid out the twine, the camouflaged Bergen rucksack came down from the branches where it had hung unseen. It contained all he hoped he would need for several days crouched on the crest of the cordillera above the hacienda of the runaway Serb, and for his descent into the fortress itself.

The customs officer at the border post had taken little notice of the ten-litre plastic jerrycan in the trunk. When the Englishman said 'Agua', he merely nodded and closed the lid. With the water added to the Bergen, the load would take even a triathlete to his limit for mountain climbing, but two litres a day would be vital.

The manhunter drove quietly through the capital, past the oil-palm forest where Colonel Moreno sat at his desk, and on to the east. He went into the resort village of La Bahia just after lunch, at the hour of siesta, and no one stirred.

The plates on the car were by now those of a San Martin

national. He recalled the adage: where do you hide a tree? In the forest. Where do you hide a rock? In the quarry. He put the compact in the public car park, hefted the Bergen and marched eastwards out of town. Another backpacker.

Dusk descended. Ahead of him he saw the crest of the cordillera that separated the hacienda from the enveloping jungle. Where the road curved away inland, to loop around the hills and go on to the Maroni and the border to French Guyana, he left the road and began to climb.

He saw the narrow track snaking down from the col, and angled away from it towards a peak he had selected from the photographs taken from the aeroplane. When it became simply too black to move, he set down his Bergen, took a supper of high-value hard rations, a cup of the precious water, leaned against the haversack and slept.

In the camping stores of New York he had declined the US-Army derived MREs, Meals Ready to Eat, recalling that in the Gulf War they were so deeply awful that the GIs dubbed them Meals Rejected by Ethiopians. He made up his own concentrates to include beef, raisins, nuts and dextrose. He would be passing rabbit pellets, but he would keep his strength for when he needed it.

Before dawn he came awake, nibbled again, sipped again and climbed on. At one point, down the mountain and through a gap in the trees, he saw the roof of the guardhouse in the col far below.

Before the sun rose, he made the crest. He came out of the forest two hundred yards from where he wanted, so he crabbed sideways until he found the spot in the photograph.

His eye for terrain had not let him down. There was a slight dip in the line of the crest, screened by the last fuzz of vegetation. With camouflaged shirt and bush hat, daubed face and olive-coloured binoculars, motionless under leaves, he would be invisible from the estate below.

When he needed a break, he could slither backwards off the crest and stand up again. He made the small camp that would be home for up to four days, smeared his face and crawled into the hide. The sun pinked the jungles over French Cayenne, and the first beam slipped across the peninsula below. El Punto lay spread out like the scale model that had once graced the sitting room of his apartment in Brooklyn, a shark tooth jabbing into the glittering sea. From below came a dull clang as someone smashed an iron bar into a hanging length of railway track. It was time for the forced labourers to rise.

It was not until the 4th that the friend Paul Devereaux had contacted in the Department of Forensic Pathology at Bethesda called back.

'What on earth are you up to, Paul?'

'Enlighten me. What am I up to?'

'Grave-robbing by the look of it.'

'Tell me all, Gary. What is it?'

'Well, it's a femur, all right. A thighbone, right leg. Clean break at the mid-section. No compound fracture, no splinters.'

'Sustained in a fall?'

'Not unless the fall involved a sharp edge and a hammer.'

'You're fulfilling my worst fear, Gary. Go on.'

'Well, the bone is clearly from an anatomical skeleton, purchasable in any medical store, used by students since the Middle Ages. About fifty years old. The bone was broken recently with a sharp blow, probably across a bench. Did I make your day?'

'No, you just ruined it. But I owe you, anyway.'

As with all his calls, Devereaux had recorded it. When Kevin McBride listened to the playback his jaw dropped.

'Good God.'

'For the sake of your immortal soul, I hope he is, Kevin. You goofed. It's phoney. He never died. He choreographed the whole damn episode, duped Moreno and Moreno convinced you. He's alive. Which means he's coming back, or he's back already. Kevin, this is a major emergency. I want the company plane to take off in one hour and I want you on it.

'I will brief Colonel Moreno myself while you fly. When you get there Moreno will be checking every single possibility that this blasted Avenger came back or is on his way. Now, go.'

On the 5th, Kevin McBride faced Colonel Moreno again. Any veneer of amiability Moreno may have used before was gone. His toad-like face was mottled with anger.

'This is one clever man, mi amigo. You did not tell me this. Hokay, he fool me once. Not again. Look.'

Since the moment Professor Medvers Watson had burst through the border controls, the secret police chief had checked every possible entrant into San Martin Republic.

Three game fishermen out of St Laurent du Maroni on the French side had suffered an engine breakdown at sea and been towed into San Martin marina. They were in detention and not happy. Four more non-Hispanics had entered from the Surinam direction. A party of French technicians from the Kourou space-launch facility in French Guyana had come over the River Maroni looking for cheap sex and were undergoing an even cheaper stay in jail.

Of the four from Surinam, one was Spanish and two Dutch. All their passports had been confiscated. Colonel Moreno slapped them onto his desk.

'Which one is false?' he asked.

Eight French, two Dutch, one Spanish. One missing.

'Who was the other visitor from the Surinam side?'

'An Englishman, we can't find him.'

'Details?'

The colonel studied a sheet with the records from the San Martin Consulate in Parbo and the crossing point on the Commini.

'Nash. Señor Henry Nash. Passport in order, visa in order. No luggage except a few summer clothes. Small compact car, rented. Unsuitable for jungle work. With this he gets nowhere off the main road or the capital city. Drove in on the fourth, two days ago.'

'Hotel?'

'He told our consulate in Parbo he would be staying in the city, the Camino Real Hotel. He had a reservation, faxed from the Krasnopolsky in Parbo. He never checked in.'

'Looks suspicious.'

'The car is also missing. No foreign car cannot be found in San Martin. But it has not been found. Yet it cannot drive off the main highway. So, I say to myself, a garage somewhere in the country. So, a helper; a friend, colleague, employee. The country is being scoured.'

McBride looked at the pile of foreign passports.

'Only their own embassies could verify these as forgeries or genuine. And the embassies are in Surinam. It means a visit for one of your men.'

Colonel Moreno nodded glumly. He prided himself on absolute control of the small dictatorship. Something had gone wrong.

'Have you Americans told our Serbian guest?'

'No,' said McBride. 'Have you?'

'Not yet.'

Both men had good reasons. For the dictator, President Muñoz, his asylum-seeker was extremely lucrative. Moreno did not want to be the one who caused him to quit and take his fortune with him.

For McBride it was a question of orders. He did not know it, but Devereaux feared Zoran Zilic might panic and refuse to fly to Peshawar to meet the Al Qaeda chiefs. Sooner or later someone was either going to have to find the manhunter or tell Zilic.

'Please keep me posted, colonel,' he said as he turned to leave. 'I'll stay at the Camino Real. It seems they have a spare room.'

'There is one thing that puzzles me, señor,' said Moreno as McBride reached the door. He turned.

'Yes?'

'This man, Medvers Watson. He tried to enter the country without a visa.'

'So?'

'He would have needed a visa to get in. He must have known that. He did not even bother.'

'You're right,' said McBride. 'Odd.'

'So, I ask myself, as a policeman, why? And you know what I answer, señor?'

'Tell me.'

'I answer: because he did not intend to enter legally; because he did not panic at all. Because he intended to do exactly what he did. To fake his own death, find his way back to Surinam. Then quietly return.'

'Makes sense,' admitted McBride.

'Then I say to myself: so he knew we were waiting for him. But how did he know?'

McBride's stomach turned over at the full implication of Moreno's reasoning.

Meanwhile, invisible in a patch of scrub on the flank of a mountain, the hunter watched, noted and waited. He waited for the hour that had not yet come.

CHAPTER TWENTY-SEVEN

The Vigil

DEXTER WAS IMPRESSED AS HE STUDIED THE TRIUMPH OF SECURITY and self-sufficiency that a combination of nature, ingenuity and money had accomplished on the peninsula below the escarpment. Were it not dependent on slave labour, it would have been admirable.

The triangle jutting out to sea was larger than he had imagined in the scale model in his New York apartment.

The base, on which he now looked down from his mountain hideout, was about two miles from side to side. It ran, as his aerial photos had shown, from sea to sea and at each end the mountain range dropped to the water in vertical cliffs.

The sides of the isosceles triangle he estimated at about three miles, giving a total land area of almost three square miles. The area was divided into four parts, each with a different function.

Below him at the base of the escarpment was the private airstrip and the workers' village. Three hundred yards out from the cliff a twelve-foot-high chain-link fence topped with razor wire ran across the land from edge to edge. Where it met the sea, he could observe through his binoculars in the growing light, the fence jutted over the cliff and ended in a tangle of rolls of razor wire. No way of slipping round the end of the fence; no way of going over the top.

Two-thirds of the strip created between the escarpment and the wire was dedicated to the airfield. Below him, flanking the runway, was a single large hangar, a marshalling apron and a range of smaller buildings that had to be workshops and fuel stores. Towards the far end, near the sea to catch the cooler breezes, were half a dozen small villas which he presumed to be the home of the aircrew and maintenance staff.

The only access and egress to and from the airfield was a single steel gate set in the chain-link fence. There was no guard-house near the gate, but a pair of visible rods, and bogey wheels beneath the leading edge, indicated it was electrically powered and would open to the command of the appropriate bleeper. At half past five, nothing moved on the airfield.

The other third of the strip was consigned to the village. It was segregated from the airfield by another fence, running from the escarpment outwards and also topped with razor wire. The peasants were clearly not allowed on or near the airfield.

The clanging of the iron bar on the railway track stopped after a minute and the village stumbled into life. Dexter watched the first figures, clad in off-white trousers and shirts, with rope-soled espadrilles on their feet, emerge from the groups of tiny cabanas and head for the communal wash-houses. When they were all assembled, the watcher estimated about twelve hundred of them.

Clearly there were some staff who ran the village and would not go to work in the fields. He saw them working in open-fronted lean-to kitchens, preparing a breakfast of bread and gruel. Long trestle tables and benches formed the refectories under palm-thatch shelters, which would protect against occasional rain but more usually against the fierce sun.

At a second beating of the iron rail, the farm workers took

bowls and a half-loaf and sat to eat. There were no gardens, no shops, no women, no children, no school. This was not a true village but a labour camp. The only remaining buildings were what appeared to be a food store, a general clothing and bedding store and the church with the priest's house attached. It was functional; a place to work, eat, sleep, pray for release and nothing else.

If the airfield was a rectangle trapped between the escarpment, the wire and the sea, so was the village. But there was one difference. A pitted and rutted track zig-zagged down from the single col in the whole mountain range, the only access by road to the rest of the republic. It was clearly not suitable for heavy-duty trucks; Dexter wondered how resupply of weighty essentials like gasoline, engine diesel and aviation fuel would take place. When the visibility lengthened he found out.

At the extremity of his vision hidden in the morning mist was the third portion of the estate, the walled five-acre compound at the end of the foreland. He knew from his aerial pictures it contained the magnificent white mansion in which the former Serbian gangster lived; half a dozen villas in the grounds for guests and senior staff; tonsured lawns, flowerbeds and shrubbery; and along the inner side of the fourteen-foot-high protecting wall, a series of lean-to cottages and stores for domestic staff, linen, food and drink.

In his pictures and on his scale model, the huge wall also went from cliff edge to cliff edge, and at this point the land was fifty feet above the sea which surged and thumped on the rocks below.

A lone but massive double-gate penetrated the wall at its centre with a road of pounded hardcore leading up to it. There was a guardhouse inside which controlled the gate-opening machinery, and a parapet ran along the inside of the wall to enable armed guards to patrol its entire length.

Everything between the chain-link fence below the watcher

and the wall over two miles away was the food-producing farm. As the light rose, Dexter could confirm what his photos had told him: the farm produced almost everything the community within the fortress could need. There were grazing herds of beef and lamb. Sheds would certainly contain pigs and poultry.

There were fields of arable crops, grains, pulses, tubers. Orchards producing ten kinds of fruit. Acre after acre of salad-vegetable crops either in the open or under long domes of polythene. He surmised the farm would produce every conceivable kind of salad and fruit, along with meat, butter, eggs, cheese, oil, bread and rough red wine.

The fields and orchards were studded with barns and granaries, machine stores, and facilities to slaughter the beasts, mill the grain, bake the bread, press the grapes.

To his right, near the cliff edge but inside the farm, was a series of small barracks for the guard staff, with a dozen better-quality chalets for their officers and two or three company shops.

To his left, also at the cliff edge, also inside the farm, were three large warehouses and a gleaming aluminium fuel-storage farm. Right at the very edge of the cliff were two large cranes or derricks. That solved one problem: heavy cargoes came by sea and were hefted or pumped from the ship below to the storage facilities forty feet above the freighter's deck.

The peons finished their morning meal and again came the harsh clang as the iron bar smashed against the hanging length of rail. This time there were several reactions.

Uniformed guards spilled from their barracks further up the coast to the right. One put a silent whistle to his lips. Dexter heard nothing but out of the farmland a dozen loping Dobermanns emerged in obedience to the call and entered their fenced compound near the barracks. Clearly they had not eaten for twenty-four hours; they hurled themselves at the plates of raw offal set out and tore the meat to pieces.

That told Dexter what happened each sundown. When every staffer and slave was closed off in their respective compounds, the dogs would be released to hunt and prowl the three thousand acres of farmland. They must have been trained to leave the calves, sheep and pigs alone, but any wandering burglar would simply not survive. They were far too many for a single man to begin to combat. Entry by night was not feasible.

The watcher had buried himself so deeply in the under-growth that anyone below, raising his or her eyes to the crest of the range, would see no glint of sun off lens-glass, nor would he catch a glimpse of the motionless camouflaged man.

At half past six, when the farming estate was ready to receive them, the iron clang summoned the labourers to work. They trooped towards the high gate that separated the village from the farm.

This gate was a far more complicated affair than the one from the airfield to the estate. It opened inwards to the farm-land, in two halves. Beyond the gate, five tables had been set up and guards sat behind each. Others stood over them. The peons formed into five columns.

On a shouted command they shuffled forward. Each man at the head of the queue stooped at the table to offer a dog tag round his neck to the seated official. The number on the tag was checked and tapped into a database.

The workers must have lined up in the right column, accord-ing to their type of number, for after they were nodded through they reported to a charge-hand beyond the tables. In groups of about a hundred they were led away to their tasks, pausing at a number of tool sheds beside the main track to pick up what they needed.

Some were for the fields, some for the orchards, others were destined for animal husbandry, or the grain mill, the slaughter-house, the vineyard or the huge kitchen garden. As Dexter watched, the enormous farm came to life. But the security never slackened. When the village was finally empty, the double-gate closed and the men dispersed to their stations, Dexter concentrated on that security and looked for his opening.

It was in the mid-morning that Colonel Moreno heard back from the two emissaries he had sent out with foreign passports in their hands.

In Cayenne, capital of French Guyana to the east, the authorities had wasted no time. They were not best pleased that three innocent game fishermen had been detained for the crime of breaking down at sea, nor that five technicians had been picked up and detained without good cause. All eight French passports were pronounced one hundred per cent genuine and an urgent request was lodged that their owners be released and sent home.

To the west, in Paramaribo, the Dutch embassy said exactly the same about their two nationals; the passports were genuine, the visas in order, what was the problem?

The Spanish embassy was closed, but Colonel Moreno had been assured by the man from the CIA that the fugitive was about five feet eight inches tall, while the Spaniard was over six feet. That just left the missing Mr Henry Nash of London.

The secret police chief ordered his man in Cayenne to come home, and the man in Parbo to hunt through every car rental agency to find what kind of car the Londoner had rented, and its registration number.

By mid-morning the heat on the hills was intense. A few inches from the unmoving watcher's face a lizard with red, erect ruff behind its head, walking on stones that would fry an egg, stared at the stranger, detected no threat and scuttled on its way. There was activity out by the cliff-top derricks.

Four muscular young men wheeled a thirty-foot aluminium patrol boat to the rear of a Land Rover and hitched up. The LR towed the vessel to a petrol pump where it was fuelled. It could almost have passed for a leisure craft except for the .30 Browning machine gun mounted in the waist.

When the boat was ready for sea, it was towed beneath one of the derricks. Four webbing bands suspended from a rectangular frame ended in four tough steel cleats. These were fixed into strong-points on the boat's hull. With the crew on board, the patrol boat was lifted off the hard pad, swung out to sea and lowered to the ocean. Dexter saw it go out of sight.

Minutes later he saw it again out at sea. The men on board hauled up and emptied two fish traps and five lobster pots, rebaited them, threw them back and resumed their patrol.

Dexter had noted that everything in front of him would collapse into ruin without two life-giving elixirs. One was gasoline, which would power the generator plant situated behind the warehouse of the dock. This would provide the electricity which itself would power every device and motor on the whole estate, from gate opening to power-drill to bedside light.

The other elixir was water, fresh, clean, clear water in a limitless supply. It came from the mountain stream that he had first seen in the aerial photographs.

That stream was now below him and slightly to his left. It bubbled out of the mountainside, having made its way from somewhere deep in the rainforests of the interior.

It emerged twenty feet above the peninsula, tumbled down several rock falls and then entered a concrete-sided channel that had clearly been created for it. From that point, Man took over from Nature.

To reach the farmland it had to flow under the runway below the hunter. Clearly strong, square culverts had been inserted below the runway when it was built. Emerging from below the runway on the other side, the now-marshalled water flowed under the chain-link fence as well. Dexter had little doubt there was an impenetrable grille there. Without a grille anyone could have slipped into the stream within the airfield, gone under the wire and used the gully and the flowing water to elude the wandering dogs. Whoever designed the defences would not have allowed that.

In the mid-morning two things happened right below his eyrie. The Hawker 1000 was towed out of the hangar into the sun. Dexter feared it might be needed to fly the Serb somewhere, but it was only pulled from the hangar to make space. What followed was a small helicopter of the sort traffic police use to monitor flow. It could hover barely inches away from the rock-face if required, and he would have to be invisible to avoid being spotted. But it remained below him with its rotors folded while the engine was serviced.

The other thing was that a quad-bike came from the farm to the electric gate. Using a bleeper to open the gate, the man on the quad motored in, waved a cheery greeting to the mechanics on the apron and went up the runway to where the stream passed under it.

He stopped the quad, took a wicker basket from the back and looked down at the flowing water. Then he tossed several chicken carcasses into the water. He did this on the upstream side of the runway. Then he crossed the tarmac and looked down into the water again. The carcasses must have been carried by the flow to press up against the grille at the departure side.

Whatever was in that water between the escarpment and the grille, it ate meat. Dexter could only think of one fresh-water denizen of those parts that ate meat: the piranha. If it could eat hens, it could eat swimmers. It mattered not if the water touched the roof longer than he could hold his breath, it was already a three-hundred-yard-long piranha pool.

After the chain-link fence the stream ran away through the estate, feeding a glittering tracery of irrigation channels. Other taps underground would duct some of the flow to the workers' village, the villas, the barracks and the master mansion.

The rest, having served all parts of the estate, curved back towards the farm end of the runway, there to tumble over the edge and into the sea.

By early afternoon the heat lay on the land like a great, heavy, suffocating blanket. Out on the estate the workers had toiled from seven until twelve. They were then allowed to find shade and eat what they had brought in their small cotton tote-bags. Until four they were allowed to make siesta before the last three hours' labour, from four to seven.

Dexter lay and panted, envying the salamander basking on a rock a yard away, immune to the heat. It was tempting to throw pints of precious water down his throat to achieve relief, but he knew it must be rationed to prevent dehydration, rather than poured down for pleasure.

At four the clang of the iron rail told the workers to go back to the fields and barns. Dexter struggled to the edge of his escarpment and watched the tiny figures in rough cotton shirts and pants, nut-brown faces hidden under straw sombreros, take up the hoe and mattock again to keep the model farm weed-free.

To his left a battered-looking pickup rolled to the space between the derricks and stopped, after reversing its rear towards the sea. A peon in bloodstained overalls hauled a long steel chute from the back, fixed it to the tailgate and with a pitchfork began to hoist something onto the steel slide. Whatever it was slithered off and fell into the sea. Dexter adjusted his focus. The next forkful gave the game away. It was a black hide with the bullock's head still attached.

Back in New York, examining the photos, he had been struck that even with the cliffs there was nevertheless no attempt to make an access to the beautiful blue sea. No steps down, no diving platform, no moored raft, no lido, no jetty. Seeing the offal go in, he understood why. The water round the whole peninsula would be alive with hammerheads, tigers and great whites. Anything swimming, other than a fish, would last a few minutes.

About that hour Colonel Moreno took a call on a cellphone from his man across the border in Surinam. The Englishman, Nash, had rented his car from a small private and local company, which is why it had taken so long to trace. But he had it at last. It was a Ford Compact. He dictated the number.

The secret policeman issued his order for the morning. Every car park, every garage, every driveway, every track to be scoured for a Ford Compact of this Surinamese registration number. Then changed his orders. Any Ford with any registration number was to be traced. Searching to start at dawn.

Dusk and dark come in the tropics with bewildering speed. The sun had passed behind Dexter's back an hour earlier, bringing relief at last. He watched the estate workers come home, dragging weary feet. They handed in their tools; they were checked through the double-gate one by one, in their five columns, two hundred per column.

They came back to the village to join the two hundred who had not gone to the fields. In the villas and the barracks the first lights came on. At the far end of the triangle a white glow revealed where the Serb's mansion was floodlit.

The mechanics on the airfield closed up and took their mopeds to ride to the villas at the far end of the runway. When all was fenced and locked the Dobermanns were released, the world said farewell to 6 September, and the manhunter prepared to go down the escarpment.

CHAPTER TWENTY-EIGHT

The Visitor

IN A DAY OF PEERING OVER THE EDGE OF THE ESCARPMENT, THE
Avenger had realized two things about it that had not shown
up on his photographs. One was that it was not steep all the
way down. The slope was perfectly climbable until about a
hundred feet from the level plain, at which point it dropped
sheer. But he had brought more than that length of good climbing rope.

The other was that the nudity of all weeds and shrubs was
down to an act of Man, not of Nature. Someone, preparing the
defences, had had teams of men come over the edge of the drop
in rope cradles to rip every twig and shrub out of the crevices
in the slope, so as to give no leaf-cover at all.

Where the saplings were slim enough to be entirely ripped
out, they had been. But some had had a stem that was simply
resistant to the pull of a man on a rope's end. These had been
sawn off short. But not short enough. The stumps formed
hundreds of hand-and-toe holds for a climber going down or
up.

In daylight such a climber would have been instantly visible,
but not in darkness.

By 10 p.m. the moon was up, a sickle moon, just enough to give dim light to the climber, not enough to make him visible against the shale face. Only delicacy would be needed not to cause a rock-fall. Moving from stump to stump, Dexter began to ease his way down to the airfield below.

When the slope became too steep even for climbing, Dexter used the coiled rope around his shoulders to abseil the rest.

He spent three hours on the airfield. Years earlier another of his 'clients' from the Tombs in New York had taught him the gentlemanly art of picking locks and the set of picks he carried with him had been made by a master.

The padlock on the doors of the hangar he left alone. The double doors would have rumbled if they were rolled back. There was a smaller door to one side with a single Yale-type locking mechanism and it cost him no more than thirty seconds.

It takes a good mechanic to repair a helicopter, and an even better one to sabotage it in such a manner that a good mechanic could not find the fault and mend it, or even notice the tampering.

The mechanic the Serb employed to look after his helicopter was good, but Dexter was better. Up close he recognized the bird as an EC 120 Eurocopter, the single-engine version of the twin EC 135. It had a big Perspex bubble at the front end with excellent all-round, up-and-down observation for the pilot and the man beside him, plus room for three more behind them.

Dexter concentrated not on the main rotor mechanism but on the smaller tail rotor. If that malfunctioned, the chopper would simply not be fit to fly. By the time he had finished, it was certainly going to malfunction and be very hard to repair.

The door of the Hawker 1000 was open, so he had a chance to inspect the interior and ensure that the executive jet had had no serious internal reconfiguration.

When he locked up the main hangar he broke into the mechanics' store, took what he wanted but left no trace. Finally he jogged gently to the far end of the runway, close to the backs of the residential villas, and spent his last hour there. In the morning one of the mechanics would notice with irritation that someone had borrowed his bicycle from where it leaned against the back fence.

When he had done all he came to do, Dexter found his hanging rope and climbed back to the stout stump where it was tied. Beyond that, he climbed, moving from root to root until he was back in his eyrie. He was soaked to the point where he could have wrung the sweat from his clothes. He consoled himself with the thought that body odour was one thing no one was going to notice in that part of the world. To replace the moisture, he allowed himself a full pint of water, checked the level of the remaining liquid, and slept. The tiny alarm in his watch woke him at six in the morning, just before the iron bar began to clang against the hanging rail far below.

At seven, Paul Devereaux raised McBride in his room at the Camino Real hotel.

'Any news?' asked the man from Washington.

'None,' said McBride. 'It seems pretty sure he came back masquerading as an Englishman, Henry Nash, resort developer. Then he vaporized. His car has been identified as a rented Ford Compact from Surinam. Moreno is starting a country-wide trawl for any Ford about now. Should have news sometime today.'

There was a long pause from the Counter-Terrorist Chief, still sitting in a robe in his breakfast room in Alexandria, Virginia, before leaving for Langley.

'Not good enough,' said Devereaux. 'I'm going to have to alert our friend. It will not be an easy call. I'll wait till ten. If there is any news of a capture or imminent capture before then, call me at once.'

'You got it,' said McBride.

There was no such news. At ten Devereaux made his call. It took ten minutes for the Serb to be summoned from the swimming pool to the radio shack, a small room in his basement which, despite its traditional name, was no shack and contained some highly modern and eavesdrop-free communications equipment.

At half past ten Avenger noticed a flurry of activity on the estate below him. Off-roads streamed from the mansion on the foreland, leaving trails of dust behind them. Below him the EC 120 was wheeled out of the hangar and its main rotors spread and locked into flying mode.

'Someone,' he mused, 'appears to have lit the blue touch-paper.'

The helicopter crew arrived from their homes at the end of the runway on two motor scooters. Within minutes they were at the controls and the big rotors began slowly to turn. The engine kicked into life and the rotor rate rapidly increased to warm-up speed.

The tail rotor, vital to stop the whole machine from spinning round its own main axis, was also whirring round. Then something in its core bearings seemed to snag. There was a grinding of suffering metal and the spinning hub destroyed itself. A mechanic waved frantically to the two men inside the Perspex bubble and drew his hand across his throat.

The pilot and observer had been told by the instrument panel that they had a major bearing failure in the tail. They closed down. The main rotors ground to a halt and the crew climbed back out. A group formed round the tail, staring upwards at the damaged prop.

Uniformed guards poured into the village of the absent peons and began to search the cabanas, stores, even the church. Others, on quads, went off across the estate to spread the word to the gang-masters to keep an eye open for any signs of an intruder. There were none. Such signs as there had been eight hours earlier had been too well disguised.

Dexter put the uniformed guards at around one hundred. There was a community of about a dozen on the airfield, and the twelve hundred workers. Given more security personnel, plus domestic staff out of sight in the grounds of the mansion and twenty more technicians at the generating station and various repair shops, Dexter now had an idea how many he was up against. And he still had not seen the mansion itself and its no doubt complex defences.

Just before midday Paul Devereaux called his man in the storm centre.

'Kevin, you have to go over and visit with our friend. I have spoken to him. He is in a high state of temper. I cannot stress enough how vital it is that this wretch plays his part in Project Peregrine. He must not butt out now. One day I'll be able to tell you how vital he is. For the moment, stand by him until the intruder is caught and neutralized. Apparently his helicopter is malfunctioning. Ask the colonel for a jeep to get you over the sierra. Call me when you get there.'

At midday Dexter watched a small coaster approach the cliffs. Holding station in the water just clear of the rocks, the freighter discharged crates from its deck and holds, which the derricks hoisted to the concrete apron where flat-back pick-ups awaited them. Clearly they were for those luxuries the hacienda could not produce.

The last item was a thousand-gallon fuel tank, an aluminium canister the size of a fuel tanker. An empty one was lowered to the boat's deck, and it steamed away across the blue ocean.

Just after one o'clock, below him and to his right, an off-road, having been checked through the guardhouse in the defile, grunted and coughed down the track to the village. It was in San Martin police markings, with a passenger beside the driver.

Traversing the village, the blue Land Rover came to the

chain-link gates and stopped. The police driver descended to offer his ID to the guards manning it. They made a phone call, presumably to the mansion for clearance.

In the pause, the man in the passenger seat also descended and gazed around with curiosity. He turned to look back at the sierra he had just descended. High above, a pair of binoculars adjusted and settled on his face.

Like the unseen man above him on the crest, Kevin McBride was impressed. He had been with Paul Devereaux in the heart of Project Peregrine for two years, right through the first contact and recruitment of the Serbian. He had seen the files, knew, he thought, everything there was to know about him, yet they had never met. Devereaux had always reserved that dubious pleasure for himself.

The blue-liveried police jeep drove towards the high defending wall of the foreland compound, which towered over them as they approached the gate.

A small door in the gate opened and a burly man in slacks and sea island cotton shirt stepped out. The shirt flapped over the waistband, and for a reason. It obscured the Glock 9mm. McBride recognized him from the file: Kulac, the only one the Serb gangster had brought from Belgrade with him, his perpetual bodyguard.

The man approached the passenger door and beckoned. After two years away from home he still spoke not a word but Serbo-Croat.

'Muchas gracias. Adios,' said McBride to his police driver. The man nodded, keen to get back to the capital.

Inside the giant timber gates, made of beams the size of rail sleepers and machine-operated, was a table. McBride was expertly frisked for concealed weapons, then his handgrip was searched on the table. A white-starched butler descended from an upper terrace and waited until the precautions were complete.

Kulac grunted that he was satisfied. With the butler in the lead, carrying the grip, the three went up the steps. McBride got his first real glimpse of the mansion.

It was three storeys tall, set in manicured lawns. Two peons in white tunics could be seen at a distance, intent on their gardening. The house was not unlike some of the more luxurious residences seen along the French, Italian and Croatian Rivieras, each upper room balconied but steel-shuttered against the heat.

The flagged patio on which they stood may have been several feet above the base of the gate they had entered, but it was still below the top of the protective wall. One could see over the wall to the cordillera through which McBride had come, but no sniper in the near ground was going to be able to fire over the wall to hit someone on the terrace.

Set into the patio was a gleaming blue swimming pool, and beside the pool a large table of white Carrara marble on stone supports was set for lunch. Silver and crystal glittered.

To one side a cluster of easy chairs surrounded a table on which an ice bucket played host to a bottle of Dom Perignon. The butler gestured that McBride should sit. The bodyguard remained upright and alert. From the deep shade of the villa a man emerged in white slacks and cream silk safari shirt.

McBride hardly recognized the man who had once been Zoran Zilic, gang enforcer from Zemun district, Belgrade, mobster of a dozen underworld rackets in Germany and Sweden, killer in the Bosnian war, runner of prostitutes, drugs and arms out of Belgrade, embezzler of the Yugoslav treasury and eventual fugitive from justice.

The new face bore little resemblance to the one in the CIA file. That spring the Swiss surgeons had done a good job. The Baltic pallor was replaced by a tropical tan, and only the fine white lines of scars refused to darken.

But McBride had once been told that ears, like fingerprints, were totally distinctive to each human being and, short of surgery, never change. Zilic's ears were the same, and his fingerprints, and when they shook hands McBride noticed the hazel, wild-animal eyes.

Zilic sat at the marble table and nodded to the only other vacant setting. McBride sat. There was a rapid exchange in Serbo-Croat between Zilic and the bodyguard. The muscular thug ambled away to eat somewhere else.

A very young and pretty Martino girl in a blue maid's uniform filled two flutes of champagne. Zilic proposed no toast; he studied the amber liquid, then downed it without pause.

'This man,' he said in good if not flawless English, 'who is he?'

'We do not exactly know. He is a private contractor. Very secretive. Known only by his own chosen codename.'

'And what is that?'

'The Avenger.'

The Serb considered the word, then shrugged. Two more girls began to serve the meal. There were quail egg tartlets and asparagus in melted butter.

'All made on the estate?' asked McBride.

Zilic nodded.

'Bread, salads, eggs, milk, olive oil, grapes . . . I saw them all as we drove through.'

Another nod.

'Why does he come after me?' asked the Serb.

McBride thought. If he gave the real reason the Serb might decide there was no point in further cooperation with the USA or any part of its establishment on the grounds they would never forgive him anyway. His charge from Devereaux was to keep the loathsome creature inside the Peregrine team.

'We do not know,' he said. 'Contracted by somebody else. Perhaps an old enemy from Yugoslavia.'

Zilic thought it through then shook his head.

'Why did you leave it so late, Mr McBride?'

'We knew nothing of this man until you complained of the aeroplane flying over your estate and taking pictures. You took the registration number. Fine. Then you sent men to Guyana to intervene. Mr Devereaux thought we could find the interloper, identify him and stop him. He slipped through the net.'

The lobsters were cold in mayonnaise, also from local ingredients. To round off there were Muscat grapes and peaches, with strong black coffee. The butler offered Cohibas and waited until both were drawing well before leaving. The Serb seemed lost in thought.

The three pretty waitresses were lined up against the wall of the house. Zilic turned in his chair, pointed at one and snapped his fingers. The girl went pale but turned and entered the house, presumably to prepare herself for her master's arrival. 'I take a siesta at this hour. It is a local custom and quite a good one. Before I leave, let me tell you something. I designed this fortress with Major van Rensberg, whom you will meet. I regard it as probably the safest place on earth.

'I do not believe your mercenary will even be able to get in here. If he does, he will never leave alive. The security systems here have been tested. This man may have got past you; he will not get past my systems and near to me. While I enjoy my rest, Van Rensberg will show you round. Then you can tell Mr Devereaux his crisis is over. Until later.'

He rose and left the table. McBride stayed on. Below the terrace the door in the main gate opened and a man walked up the steps to the flagstones. McBride knew him from the files, but pretended not to.

Adriaan van Rensberg was another man with a history. During the period when the National Party and its apartheid policies ruled South Africa, he had been an eager recruit to the Bureau of State Security, the dreaded BOSS, and had risen through the ranks due to his dedication to the extreme forms of that body's excesses.

After the arrival of Nelson Mandela, he had joined the extreme-right AWB party led by Eugene Terre-Blanche, and when that collapsed he thought it would be wiser to flee the country. After several years hiring his services as steward and security expert to a number of European fascist factions, he had caught the eye of Zoran Zilic and landed the plum job of devising, designing, building and commanding the fortress hacienda of El Punto.

Unlike Colonel Moreno, the South African's size was not down to fat but muscled bulk. Only the belly folding over the broad leather belt betrayed a taste for beer and plenty of it.

McBride noted that he had designed himself a uniform for the part: combat boots, jungle camouflage, leopardskin-ringed bush hat and flattering insignia.

'Mr McBride? The American gentleman?'

'That's me, pal.'

'Major van Rensberg, Head of Security. I am instructed to give you a tour of the estate. Shall we say tomorrow morning? Eight thirty?'

In the car park at the resort of La Bahia one of the policemen found the Ford. The plates were local, but forged and made up in a garage elsewhere. The manual in the glove compartment was in Dutch. As in Surinam.

Much later someone recalled seeing a backpacker with a large camouflaged Bergen haversack, trekking away from the resort on foot. He was heading east. Colonel Moreno called back his entire police force and the army to their barracks. In the morning, he said, they would climb and sweep the cordillera from the landward side; from the road to the crest.

CHAPTER TWENTY-NINE

The Tour

IT WAS THE SECOND SUNSET AND FALL OF DARKNESS THAT DEXTER had witnessed from his invisible lying-up position on the peak of the sierra, and it would be his last.

Still motionless, he watched the last lights snuff in the windows of the peninsula below him, then prepared to move. They rose early down there, and slept early. For him there would be, again, precious little sleep.

He feasted off the last of his field rations, packing down two days' supply of vitamins and minerals, fibre and sugar. He was able to finish off the last of his water, giving his body a reservoir for the next twenty-four hours. The big Bergen, the scrim netting and raincape could be abandoned. What he needed he had either brought with him or stolen the previous night. They all fitted into a smaller backpack. Only the coiled rope across his shoulders would remain bulky and would have to be hidden where it would not be found.

It was past midnight when he made what remained of his encampment as invisible as possible and left it.

Using a branch to brush out the tracks left by his own feet, he worked his way slowly to his right until he was over the labourers' village rather than the airfield. It took him half a mile and cost an hour. But he timed it right. The sickle moon rose. The sweat began to soak his clothes again.

He made his way slowly and carefully down the scarp, from handhold to handhold, stump to stump, root to root, until he needed the rope. This time he had to double it and hang the loop over a smooth root where it would not snag when he pulled from below.

He abseiled the rest, avoiding athletic leaps which might dislodge pebbles, but simply walking backwards, pace by pace, until he arrived in the cleft between the cliffs and the rear of the church. He hoped the priest was a good sleeper; he was only a few yards from his house.

He tugged gently on one strand of the double rope. The other slipped over the stump high up the face and at last cascaded down around him. He coiled it round his shoulder and left the shadows of the church.

Latrine facilities were communal and single-sex. There were no women in the labour camp. He had watched the men at their ablutions from above. The basis of the latrine was a long trench covered by boards to mask the inevitable stench, or at least the worst of it. In the boards were circular holes covered by circular lids. There was no concession to modesty. Taking a deep breath, Dexter lifted one of the lids and dropped his coiled rope into the black interior. With luck, it would simply disappear for ever, even if it were searched for, which was extremely unlikely.

The hutments in which the men lived and slept were small squares, little more than a police cell, but each worker had one to himself. They were in rows of fifty, facing another fifty and thus forming a street. Each group of one hundred ran outwards from a main highway, and that was the residential section.

The main road led to the square, flanked by the washing units, the kitchens and the thatch-topped refectory tables.

Avoiding the moonlight of the main square, sticking to the shadows of the buildings, Dexter returned to the church. The lock on the main door detained him for no more than a few minutes.

There was not much to it, as churches go, but for those running the labour camp it was a wise precaution to provide a safety valve in this deeply Catholic country. Dexter wondered idly how the resident priest would square his job with his creed.

He found what he wanted at the far back, behind the altar and to one side, in the vestry. Leaving the main door unlocked, he went back to the rows of huts where the workers snored away their few hours of repose.

From above, he had memorized the location of the cabin he wanted. He had seen the man emerge for his breakfast. Fifth cabin down, left-hand side, third street off the main road after the plaza.

There was no lock; just a simple wooden latch. Dexter stepped inside and froze motionless to accustom his eyes to the almost complete darkness after the pale moonlight outside.

The hunched figure on the bunk snored on. Three minutes later, with complete night vision, Dexter could see the low hump under the coarse blanket. He crouched to remove something from his knapsack, then went towards the bed. The sweet odour of chloroform came up to him from the soaked pad in his hand.

The peon grunted once, tried to roll from side to side for a few seconds, then lapsed into deeper sleep. Dexter kept the pad in place to ensure hours of insensibility. When he was ready, he hefted the sleeping man over his shoulder in a fireman's lift and flitted silently back the way he had come, to the church.

In the doorway of the coral-stone building he stopped again and waited to hear if he had disturbed anyone, but the village slept on. When he found the vestry again he used stout masking tape to bind the peon's feet and ankles, and to cover the mouth, while leaving the nose free to breathe.

As he relocked the main door he glanced with satisfaction at the notice beside it on the blackboard. The notice was a lucky 'plus'.

Back in the empty shack he risked a pen light to examine the labourer's worldly possessions. They were not many. There was a portrait of the Virgin on one wall and stuck into the frame a faded photo of a smiling young woman. Fiancée, sister, daughter? Through powerful binoculars the man had looked about Dexter's age, but he might have been younger. Those caught up in Colonel Moreno's penal system and sent to El Punto would age fast. Certainly he was of the same height and build, which was why Dexter had picked him.

No other wall decorations; just pegs on which hung two sets of work clothes, both identical – coarse cotton trousers and a shirt of the same material. On the floor a pair of rope-soled espadrilles, stained and worn but tough and reliable. Other than that, a sombrero of plaited straw completed the work clothes. There was a canvas bag with drawstring for carrying lunch to the plantation. Dexter snapped off his torch and checked his watch. Five past four.

He stripped down to boxer shorts, selected the items he wanted to take with him, wrapped them in his sweaty T-shirt and bundled them into the lunch bag. The rest he would have to lose. This surplus was rolled into the knapsack, and disposed of during a second visit to the latrines. Then he waited for the clang of the iron bar on the hanging length of railway track.

It came as ever at half past six, still dark but with a hint of pink in the east. The duty guard, standing outside the village just beyond the chain-link double-gates of the farmland, was the source. All around Dexter the village began to come to life.

He avoided the run to the latrines and wash-troughs and hoped no one would notice. After twenty minutes, peering through a slit in the boards of the door, he saw that his alley was empty again. Chin down, sombrero tilted forward, he scurried to the latrines, one figure in sandals, pants and shirt among a thousand.

He crouched over an open hole while the others took their breakfast. Only when the third clang summoned the workers to the access gate did he join the queue.

The five checkers sat at their tables, examined the dog tags, checked the work manifests, punched the number into the records of those admitted that morning, and to which labour gang assigned, and waved the labourer through, to join his gang-master and be led away to collect tools and start the allocated tasks.

Dexter reached the table attending to his queue, offered his dog tag between forefinger and thumb, like the others, leaned forward and coughed. The checker pulled his face away sharply to one side, noted the tag number and waved him away. The last thing the man wanted was a face full of chilli odour. The new recruit shuffled off to draw his hoe; the assigned task was weeding the avocado groves.

At half past seven Kevin McBride breakfasted alone on the terrace. The grapefruit, eggs, toast and plum jam would have done credit to any five-star hotel. At eight fifteen the Serb joined him.

'I think it would be wise for you to pack your grip,' he said. 'When you have seen what Major van Rensberg will show you, I hope you will agree this mercenary has a one per cent chance of getting here, even less of getting near me, and none of getting out again. There is no point in your staying. You may tell Mr Devereaux that I will complete my part of our arrangement, as agreed, at the end of the month.'

At eight thirty McBride threw his grip into the rear of the South African's open jeep and climbed in beside the major.

'So, what do you want to see?' asked the Head of Security.

'I am told it is virtually impossible for an unwanted visitor to get in here at all. Can you tell me why?'

'Look, Mr McBride, when I designed all this I created two things. One, it is an almost completely self-sufficient farming paradise. Everything is here. Second, it is a fortress, a sanctuary, a refuge, safe from almost all outside invasion or threat.

'Now, of course, if you are talking about a full military operation, paratroopers, armour, of course it could be invaded. But one mercenary, acting alone? Never.'

'How about arrival by sea?'

'Let me show you.'

Van Rensberg let in the clutch and they set off, leaving a plume of rising dust behind them. The South African pulled over and stopped near a cliff edge.

'You can see from here,' he said as they climbed out. 'The whole estate is surrounded by sea, at no point less than twenty feet below the cliff top, in most areas fifty feet. Sea-scanning radar, disguised as TV dishes, warn us of anything approaching by sea.'

'Interception?'

'Two fast patrol boats, one at sea at all times. There is a one-mile limit of forbidden water round the whole peninsula. Only the occasional delivery freighter is allowed in.'

'Underwater entry? Amphibious special forces?'

Van Rensberg snorted derisively.

'A special force of one? Let me show you what would happen.'

He took his walkie-talkie, called the radio basement and was patched through to the slaughterhouse. The rendezvous was across the estate, near the derricks. McBride watched a bucket of offal go down the slide and drop to the sea thirty feet below.

For several seconds there was no reaction. Then the first scimitar fin sliced the surface. Within sixty seconds there was a feeding frenzy. Van Rensberg laughed.

'We eat well here. Plenty of steak. My employer does not eat steak, but the guards do. Many of them, like me, are from the old country and we like our braai.'

'So?'

'When a beast is slaughtered, lamb, goat, pig, steer, about once a week, the fresh offal is thrown into the ocean. And the blood. That sea is alive with sharks. Blacktip, whitefin, tiger, giant hammerhead, they're all there. Last month one of my men fell overboard. The boat swerved back to pick him up. They were there in thirty seconds. Too late.'

'He didn't come out of the water?'

'Most of him did. But not his legs. He died two days later.'

'Burial?'

'Out there.'

'So the sharks got him after all.'

'No one makes mistakes around here. Not with Adriaan van Rensberg in charge.'

'What about crossing the sierra, the way I came in yesterday?'

For answer van Rensberg handed McBride a pair of field glasses.

'Have a look at it. You cannot climb round the edges of it. It's sheer to the water. Come down the escarpment in daylight and you'll be seen in seconds.'

'But at night?'

'So, you reach the bottom. Your man is outside the razor wire, over two miles from the mansion and outside the wall. He is not a peon, not a guard; he is quickly spotted and . . . taken care of.'

'What about the stream I saw? Could one come in down the stream?'

'Good thinking, Mr McBride. Let me show you the stream.'

Van Rensberg drove to the airfield, entered with his own bleeper for the chain-link gate and motored to where the stream from the hills ran under the runway. They dismounted. There was a long patch of water open to the sky between the runway and the fence. The clear water ran gently over grasses and weeds on the bottom.

'See anything?'

'Nope,' said McBride.

'They're in the cool, in the shade, under the runway.'

It was clearly the South African's party piece. He kept a small supply of beef jerky in the jeep. When he tossed a piece in, the water seethed. McBride saw the piranha sweep out of the shadow and the cigarette-pack-sized piece of beef was shredded by a myriad needle teeth.

'Enough? I'll show you how we husband the water supply here and never lose security. Come.'

Back in the farmland, van Rensberg followed the stream for most of its meandering course through the estate. At a dozen points, spurs had been taken off the main current to irrigate various crops or top up different storage ponds, but they were always blind alleys.

The main stream curved hither and yon, but eventually came back to the cliff edge near the runway but beyond the wire. There it increased in speed and rushed over the cliff into the sea.

'Right near the edge I have a plate of spikes buried,' said van Rensberg. 'Anyone trying to swim through here will be taken by the current and swept along, out of control, between smooth walls of concrete, towards the sea. Passing over the spikes the helpless swimmer will enter the sea bleeding badly. Then what? Sharks, of course.'

'But at night?'

'Ah, you have not seen the dogs? A pack of twelve. Dobermanns and deadly. They are trained not to touch anyone in the uniform of the estate guards, and another dozen of the senior personnel no matter how dressed. It is a question of personal odour.

315

'They are released at sundown. After that every peon and every stranger has to remain outside the wire or survive for a few minutes until the roaming dogs find him. After that there is no chance for him. So, this mercenary of yours. What is he going to do?'

'I haven't the faintest idea. If he's got any sense, I guess he's gone by now.'

Van Rensberg laughed again.

'Very sensible of him. You know, back in the old country, up in the Caprivi Strip, we had a camp for mundts who were causing a lot of trouble in the townships. I was in charge of it. And you know what, Mr CIA-man? I never lost a single kaffir. Not one. By which I mean, no escapers. Never.'

'Impressive, I'm sure.'

'And you know what I used? Landmines? No. Searchlights? No. Two concentric rings of chain-link fencing, buried six feet deep, razor-topped, and between the rings wild animals. Crocs in the ponds, lions in the grassland. One covered tunnel in and out. I love Mother Nature.'

He checked his watch.

'Eleven o'clock. I'll drive you up the track to our guardhouse in the gap in the hills. The San Martin police will send a jeep to meet you there and take you back to your hotel.'

They were motoring back across the estate from the coast to the gate giving access to the village and the climbing track when the major's communicator crackled. He listened to the message from the duty telephone/radio operator in the cellar beneath the mansion. It pleased him. He switched off and pointed to the crest of the sierra.

'Colonel Moreno's men scoured the jungle this morning, from the road to the crest. They've found the American's camp. Abandoned. You could be right. I think he's seen enough and chickened out.'

In the distance McBride could see the great double gate

and beyond it the white of the buildings of the worker village.

'Tell me about the labourers, major.'

'What about them?'

'How many? How do you get them?'

'About twelve hundred. They are all offenders: within San Martin's penal system. Now, don't get holier-than-thou, Mr McBride. You Americans have prison farms. So this is a prison farm. Considering all things they live pretty well here.'

'And if they have served their sentences, when do they go back home?'

'They don't,' said van Rensberg.

A one-way ticket, thought the American, courtesy of Colonel Moreno and Major van Rensberg. A life sentence. For what offences? Jay-walking? Litter? Moreno would have to keep the numbers up. On demand.

'What about guards and mansion staff?'

'That's different. We are employed. Everyone needed inside the mansion wall lives there. Everybody stays inside when our employer is in residence. Only uniformed guards and a few senior staff like me can pass through the wall. Never a peon. Pool cleaners, gardeners, waiters, maids – all live inside the wall. The peons who labour on the estate, they live in their township. They are all single men.'

'No women, no children?'

'None. They are not here to breed. But there is a church. The priest preaches one text only – absolute obedience.'

He forbore to mention that for lack of obedience he retained the use of his rhino-hide sjambok whip as in the old days.

'Could a stranger come into the estate posing as part of the workforce, major?'

'No. Every evening the workforce for the next day is selected by the estate manager who goes to the village. Those selected walk to the main gate and report at sunrise, after breakfast.

They are checked through one by one. So many desired, so many admitted. Not a single one more.'

'How many come through?'

'About a thousand a day. Two hundred with some technical skill for the repair shops, mill, bakery, slaughterhouse, tractor shed; eight hundred for hacking and weeding. About two hundred remain behind each day. The genuinely sick, garbage crews, cooks.'

'I think I believe you,' said McBride. 'This loner doesn't have a chance, does he?'

'Told you so, Mr CIA-man. He's chickened out.'

He had hardly finished when the communicator crackled again. His brow furrowed as he listened to the report.

'What kind of flap? Well, tell him to calm down. I'll be there in five minutes.'

He replaced the set.

'Father Vicente, at the church. In some kind of a panic. I'll have to drive by on our way to the mountains. A delay of a few minutes no doubt.'

On their left they passed a row of peons, aching backs bent over mattocks and hoes in the raging heat. Some heads lifted briefly to watch the passing vehicle bearing the man who had power of life and death over them. Gaunt, stubbled faces, coffee-brown eyes under straw brims. But one pair of eyes was blue.

CHAPTER THIRTY

The Bluff

HE WAS HOPPING UP AND DOWN AT THE TOP OF THE CHURCH STEPS by the open door, a short tubby man with porcine eyes and a none-too-clean white soutane. Father Vicente, pastoral shepherd of the wretched forced labourers.

Van Rensberg's Spanish was extremely basic and habitually only expressed abrupt commands; that of the priest attempting English was not much better.

'Come queek, coronel,' he said and darted back inside. The two men dismounted, ran up the steps and followed him.

The soiled cassock swept down the aisle, past the altar and on to the vestry. It was a tiny room, its main feature a wall cupboard of basic carpentry, assembled and screwed to the wall to contain his vestments. With a theatrical gesture he threw the door open and cried: 'Mira.'

They looked. The peon was still exactly as Father Vicente had found him. No attempt had been made to release him. His wrists were firmly bound with tape in front of him; his ankles the same; a broad band of tape covered his mouth, from behind which came protesting mumbles. Seeing van Rensberg, his eyes indicated that he was terrified.

The South African leaned forward and tore away the gag without ceremony.

'What the hell is he doing here?'

There was a babble of terrified explanation from the man, and an expressive shrug from the priest.

'He says he not know. He says he go to sleep last night, he wake up in here. He has headache, he remember nothing more.'

The man was naked but for a pair of skimpy shorts. There was nothing for the South African to grab but the man's upper arms, so he seized these and brought the peon to his feet.

'Tell him he'd better start remembering,' he shouted at the priest, who translated.

'Major,' said McBride quietly, 'first things first. What about a name?'

Father Vicente caught the sense.

'He is called Ramon.'

'Ramon what?'

The priest shrugged. He had over a thousand parishioners; was he supposed to remember them all?

'Which cabin does he come from?' asked the American.

There was another rapid interchange of local Spanish. McBride could decipher written Spanish slowly, but the local San Martin patois was nothing like Castilian.

'It is three hundred metres from here,' said the priest.

'Shall we go and look?' said McBride. He produced a penknife and cut the tape from Ramon's wrists and ankles. The intimidated worker led the major and the American across the plaza, down the main street and thence to his alley. He pointed to his door and stood back.

Van Rensberg went in, followed by McBride. There was nothing to find, save one small item which the American discovered under the bed. It was a pad of compressed cotton wool. He sniffed it and handed it to the major, who did the same.

'Chloroform,' said McBride. 'He was knocked out in his sleep. Probably never felt a thing. Woke up bound hand and foot, locked in a cupboard. He's not lying, just bewildered and terrified.'

'So what the hell was that for?'

'Didn't you mention dog tags on each man, checked when they went through the gate to work?'

'Yes. Why?'

'Ramon isn't wearing one. And it's not here on the floor. Somewhere in there I think you have a ringer.'

It sank in. Van Rensberg strode back to the Land Rover in the square and unhooked the walkie-talkie on the dash.

'This is an emergency,' he told the radio operator who answered. 'Sound the "escaped prisoner" siren. Seal the gate of the mansion to everyone except me. Then use the PA to tell every guard on the estate, on or off duty, to report to me at the main gate.'

Seconds later the long, wailing sound of the siren rolled over the peninsula. It was heard in field and barn, shed and orchard, kitchen garden and pigsty.

Everyone out there raised their head from what they were doing to stare towards the main gate. When their undivided attention had been secured, the voice of the radio operator in the basement beneath the mansion was heard.

'All guards to main gate. Repeat, all guards to main gate. On the double.'

There were over sixty on day shift and the rest on lay-over in their barracks. From the fields, riding quad-bikes from the farthest reaches, jogging on foot from the barracks a quarter of a mile from the main gate, they converged in response to the emergency.

Van Rensberg took his off-road back through the gate and waited for them, standing on the bonnet, bullhorn in hand.

'We don't have an escape,' he told them when they stood in

front of him. 'We have the reverse. We have an intruder. Now, he's masquerading as a labourer. Same clothes, same sandals, same sombrero. He's even got a stolen dog tag. Day shift: round up and bring in every single labourer. No exceptions. Off-duty shift, search every barn, cowshed, stable, workshop. Then seal and mount guard. Use your communicators to stay in touch with squad commanders. Junior leaders, stay in touch with me. Now get to it. Anyone in prisoner uniform seen running away, shoot on sight. Now go.'

The hundred men began to fan out over the estate. They had the mid-section to cover: from the chain-link fence separating the village and airfield from the farmland, up to the mansion wall. A big territory; too big even for a hundred men. And it would take hours.

Van Rensberg had forgotten that McBride was leaving. He ignored the American, busy with his own planning. McBride sat and puzzled.

There was a notice by the church, right next to the door. It said: 'Obsequias por nuestro hermano Pedro Hernandez. Once de la mañana.'

Even with his laboured Spanish, the CIA man could work out that meant: 'Funeral service for our brother Pedro Hernandez. Eleven in the morning.'

Did the manhunter not see it? Could he not work out the sense? It would be reasonable that the priest would not normally visit his vestry until Sunday. But today was different. At exactly ten to eleven he would open his vestry cupboard and see the prisoner.

Why not dump him somewhere else? Why not tape him to his own cot where no one would find him till sundown, or not even then?

He found the major speaking to the airfield mechanics.

'What's wrong with it? Sod the tail rotor. I need it back up in the air. Well, hurry it up.'

He flicked off his machine, listened to McBride, glared and snapped: 'Your fellow countryman simply made a mistake, that is all. An expensive mistake. It's going to cost him his life.'

An hour passed. Even without field glasses McBride could see the first columns of white-cotton-clad workers being force-marched back to the double-gates to their village. Beside the lines of men the uniformed guards were shouting them on. Midday. The heat was a hammer on the back of the head.

The milling crowd of men in front of the gates grew even bigger. The chitchat on the radio never stopped, as sector after sector of estate was cleared of workers, its buildings searched, declared clear, sealed and manned from inside.

At half past one the number-checking began. Van Rensberg insisted on the five checkers resuming their places behind the tables and passing the workers through, one after another, two hundred per column.

The men normally worked in the cool of the dawn or the evening. They were baking alive in the heat. Two or three peons fainted and were helped through by friends. Every tag was checked until its number matched one passed through that same morning. When the last white-bloused figure stumbled towards the village, rest, shade and water, the senior checker nodded.

'One missing,' he called. Van Rensberg walked to his desk to peer over his shoulder.

'Number five-three-one-oh-eight.'

'Name?'

'Ramon Gutierrez.'

'Release the dogs.'

Van Rensberg strolled across to McBride.

'Every single technician must by now be inside, locked in and guarded. The dogs will never touch my men, you know. They recognize the uniform. That leaves one man out there. A stranger, white cotton pants and floppy shirt, wrong smell. It's

323

like a lunch bell to the Dobermanns. Up a tree? In a pond? They'll still find him. Then they will surround him and bay until the handlers come. I give this mercenary half an hour to get up a tree and surrender, or die.'

The man he sought was in the middle of the estate, running lightly between rows of maize higher than his own head. He judged by the sun and crests of the sierra the direction of his run.

It had taken two hours of steady jogging earlier in the morning to bring him from his allotted work patch to the base of the mansion's protective wall. Not that the distance was a problem for a man accustomed to half a marathon, but he had to dodge the other work parties and the guards. He was still dodging.

He came to a track across the maize field, dropped to his belly and peered out. Down the track, two guards on a quad-bike roared away in the direction of the main gate. He waited till they were round a corner, then sprinted across the track and was lost in a peach orchard. His study of the layout of the estate from above had given him a route that would take him from where he had started near the mansion wall to where he wanted to be, without ever crossing a knee-high crop.

The equipment he had brought in that morning, either in his supposed lunch bag or inside the tight Y-front underpants he wore beneath the boxer shorts, was almost expended. The tough dive-watch was back on his wrist, his belt round his waist and his knife up against the small of the back, out of the way but easy to reach. The bandage, sticky plaster and the rest were in the flat pouch forming part of his belt.

He checked the peaks of the hills again, altered course by a few degrees and stopped, tilting his head until he heard the gurgle of the flowing water ahead. He came to the stream's edge, backtracked fifteen yards, then stripped to the buff, retaining only belt, knife and Y-fronts.

Across the crops, in the dull, numbing heat, he heard the first baying of the hounds pounding towards him. What little off-sea breeze there was would take his odour to the muzzles of the hounds in a few more minutes.

He worked carefully but fast, until he was satisfied, then tip-toed away towards the stream, slipped into the cool water and began to let the current take him, slanting across the estate towards the airfield and the cliff.

Despite his assertion that the killer dogs would never touch him, van Rensberg had wound all the windows up as he drove slowly down one of the main avenues from the gate into the heartland.

Behind him came the deputy dog-handler at the wheel of a truck with a completely enclosed rear made of steel-wire mesh. The senior handler was beside him in the Land Rover, head stuck out on the passenger side. It was he who heard the sudden change in pitch of his hounds' baying, from deep-throated bark to excited yelping.

'They have found something,' he shouted.

Van Rensberg grinned.

'Where, man, where?'

'Over there.'

McBride crouched in the rear, glad of the walls and windows of the Land Rover Defender. He did not like savage dogs, and for him twelve was a dozen too much.

The dogs had found something all right, but their yelping was more from pain than excitement. The South African came upon the entire pack after swerving round the corner of a peach orchard. They were milling around the centre of the track. A bundle of bloody clothes was the object of their attention.

'Get them into the truck,' shouted van Rensberg. The senior handler got down, closed the door and whistled his pack to order. Without protest, still yelping, they bounded into the rear of the dog-lorry and were locked in. Only then did van Rensberg and McBride descend.

'So, this is where they caught him,' said van Rensberg.

The handler, still puzzled by the behaviour of his pack, scooped up the bloodstained cotton blouse and held it to his nose. Then he jerked his face away.

'Bloody man,' he screamed. 'Chilli powder, fine-ground green chilli powder. It's stiff with the stuff. No wonder the poor bastards are screaming. That's not excitement. They're in pain.'

'When will their muzzles work again?'

'Well, not today, boss, maybe not tomorrow.'

They found the cotton pants, also impregnated with chilli powder, and the straw hat, even the canvas espadrilles. But no body, no bones, nothing but the stains on the shirt.

'What did he do here?' van Rensberg asked the handler.

'He cut himself, that's what the swine did. He cut himself with a knife, then bled over the shirt. He knew that would drive the dogs crazy. Man-blood always does when they're on a kill patrol. So they would smell the blood, worry the fabric and inhale the chilli. We have no tracker dogs until tomorrow.'

Van Rensberg counted up the items of clothing.

'He also stripped off,' he said. 'We're looking for someone stark naked.'

'Maybe not,' said McBride.

The South African had kitted out his force along military lines. They all wore the same uniform. Into canvas mid-calf combat boots they tucked khaki drill trousers. Each had a broad leather belt with a buckle.

Above the waist each man had a shirt in the pale African-bush camouflage known as 'leopard'. Sleeves were cut at the mid-forearm, then rolled up to the bicep and ironed flat.

One or two inverted chevrons indicated corporal or sergeant, while the four junior officers had cloth 'pips' on the epaulettes of their shirts.

What McBride had discovered, snagged on a thorn near the

path where evidently a struggle must have taken place, was an epaulette, ripped off a shirt. It had no pips.

'I don't think our man is naked at all,' said McBride. 'I think he's wearing a camouflage shirt, minus one epaulette, khaki drill pants and combat boots. Not to mention a bush hat like yours, major.'

Van Rensberg was the colour of raw terracotta. But the evidence told its own story. Two scars along the grit showed where a pair of heels had apparently been dragged through the long grass. At the end of the trail was the stream.

'Throw a body in there,' muttered the major, 'it'll be over the cliff edge by now.'

And we all know how you love your sharks, thought McBride, but said nothing.

The full enormity of his predicament sank into van Rensberg's mind. Somewhere, on a six-thousand-acre estate, with access to weapons and a quad-bike, face shaded by a broad-brimmed bush hat, was a professional mercenary contracted, so he presumed, to blow his employer's head off. He said something in Afrikaans and it was not nice. Then he got on the radio.

'I want twenty extra and fresh guards to the mansion. Other than them, let no one in but me. I want them fully armed, scattered immediately throughout the grounds around the house. And I want it now.'

They drove back, cross country, to the walled mansion on the foreland.

It was quarter to four.

CHAPTER THIRTY-ONE

The Sting

AFTER THE SEARING HEAT OF THE SUN ON BARE SKIN, THE WATER of the stream was like balm. But it was dangerous water, for its speed was slowly increasing as it rushed between concrete banks to the sea.

At the point where he entered the water it would still have been possible for Dexter to climb out the other side. But he was too far from the point he needed to be and he heard the dogs far away. Also, he had seen the tree from his mountain-top, and even earlier in the aerial photographs.

His last piece of unused equipment was a small folding grapnel and a twenty-foot twine lanyard. As he swept between the banks, along a twisting course, he unfolded the three prongs, locked them rigid and slipped the loop of the lanyard round his right wrist.

He came round a corner in the torrent and saw the tree ahead. It grew on the bank, at the airfield side of the water, and two heavy branches leaned over the stream. As he approached, he reared out of the water, swung his arm, and hurled the grapnel high above him.

He heard the crash as the metal slammed into the tangle of

branches, swept under the tree, felt the pain in his right arm socket as the hooks caught and the rush down-river stopped abruptly.

Hauling himself back on the twine, he crabbed his way to the bank and pulled his torso out. The water pressure eased, confined to his legs. With his free hand digging into the earth and grass, he dragged the rest of his body onto terra firma.

The grapnel was lost in the branches. He simply reached as high as he could, sliced the lanyard with his knife and let it flutter above the water. He knew he was a hundred yards from the airfield wire that he had cut forty hours earlier. There was nothing for it but to crawl. He put the nearest hounds at still a mile away and across the stream. They would find the bridges, but not just yet.

When he was lying in the darkness by the airfield's chain-link fence two nights earlier, he had cut a vertical and horizontal slice, to create two sides of a triangle, but left one thread intact to maintain the tension. The bolt-cutters he had pushed under the wire into the long grass, and that was where he found them.

The two cuts had been re-tied with thin, green plastic-coated gardener's wire. It took not a minute to unlace the cuts; he heard a dull twang as the tension wire was sliced, and he crawled through. Still on his belly, he turned and laced it up again. From only ten yards the cuts became invisible.

On the farmland side, the peons cut hay for forage on spare tracts of grassland, but each side of the runway it grew a foot long. Dexter found the bicycle and the other things he had stolen, dressed himself so as not to burn in the sun, and lay motionless to wait. A mile away, through the wire, he heard the hounds find the blooded clothes.

By the time Major van Rensberg, at the wheel of his Land Rover, reached the mansion gate, the fresh guards he had ordered were already there. A truck was stopped outside and the men jumped down, heavily armed and clutching M-16 assault carbines. The young officer lined them up in columns as the oaken gates swung apart. The column of men jogged through and quickly dispersed across the parkland. Van Rensberg followed and the gates closed.

The steps McBride had mounted to the pool terrace when he arrived were ahead of them, but the South African pulled to the right, round the terrace to the side. McBride saw doorways at the lower level and the electrically operated gates of three underground garages.

The butler was waiting. He ushered them inside and they followed him down a passage, past doors leading to the garages, up a flight of stairs and into the main living area.

The Serb was in the library. Although the late afternoon was balmy, he had chosen discretion over valour. He sat at a conference table with a cup of black coffee and gestured his two guests to sit down. His bodyguard, Kulac, loomed in the background, back against a wall of unread first editions, watchful.

'Report,' said Zilic, without ceremony. Van Rensberg had to make his humiliating confession that someone, acting alone, had slipped into his fortress, gained access to farmland by posing as a Latino labourer and escaped death by the dogs by killing a guard, dressing in his uniform and tossing the body into the fast-flowing stream.

'So where is he now?'

'Between the wall round this park and the chain-link protecting the village and airfield, sir.'

'And what do you intend to do?'

'Every single man under my command, every man who wears that uniform, will be called up by radio and checked for identity.'

'*Quis custodiet ipsos custodes?*' asked McBride. The other two looked at him blankly. 'Sorry. Who guards the guardians themselves? In other words, who checks the checkers? How do you know the voice on the radio isn't lying?'

There was silence.

'Right,' said van Rensberg. 'They will have to be recalled to barracks and checked on sight by their squad commanders. May I go to the radio shack and issue the orders?'

Zilic nodded dismissively.

It took an hour. Outside the windows the sun set across the chain of crests. The tropical plunge to darkness began. Van Rensberg came back.

'Every one accounted for at the barracks. All eighty attested to by their junior officers. And he's still out there somewhere.'

'Or inside the wall,' suggested McBride. 'Your fifth squad is the one patrolling this mansion.'

Zilic turned to his security chief.

'You ordered twenty of them in here without identity checks?' he asked icily.

'Certainly not, sir. They are the elite squad. They are commanded by Janni Duplessis. One strange face and he would have seen immediately.'

'Have him report here,' ordered the Serb.

The young South African appeared at the library door several minutes later, smartly to attention.

'Lieutenant Duplessis, in response to my order you chose twenty men including yourself, and brought them here by truck two hours ago?'

'Yes, sir.'

'You know every one of them by sight?'

'Yes, sir.'

'Forgive me, but when you jogged through the gate, what was your formation of march?' asked McBride.

'I was at the head. Sergeant Gray behind me. Then the men, three abreast, six per column. Eighteen men.'

'Nineteen,' said McBride. 'You forgot the tail ender.'

In the silence the mantelpiece clock seemed intrusively loud.

'What tail ender?' whispered van Rensberg.

'Hey, don't get me wrong, guys. I could have been mistaken. I thought a nineteenth man came round the corner of the truck and jogged through at the rear. Same uniform. I thought nothing of it.'

At that moment the clock struck six and the first bomb went off.

They were no bigger than golf balls and completely harmless, more like bird scarers than weapons of war. They had eight-hour-delay timers and the Avenger had hurled all ten of them over the wall around 10 a.m. He knew exactly where the thickest shrubbery dotted the parkland round the house, from the aerial photographs, and in his teenage years he had been quite a good pitcher. The crackers did nevertheless make a sound on detonation remarkably similar to the whack-whump of a high-powered rifle shot.

In the library someone shouted, 'Cover,' and all five veterans hit the floor. Kulac, rolled, came up and stood over his master with his gun out. Then the first guard outside, believing he had spotted the gunman, fired back.

Two more bomblets detonated and the exchange of rifle fire intensified. A window shattered. Kulac fired back towards the darkness outside.

The Serb had had enough. He ran at a crouch through the door at the back of the library, along the corridor and down the steps to the basement. McBride followed suit, with Kulac bringing up the rear, facing backwards.

The radio room was off the lower corridor. The duty operator, when his employer burst in, was white-faced in the neon light, trying to cope with a welter of shouts and yells on the waveband of the guards' breast-pocket communicators.

'Speaker, identify. Where are you? What is going on?' he shouted. No one listened as the firefight in the darkness intensified. Zilic reached forward to his console and threw a switch. Silence descended.

'Raise the airfield. All pilots, all ground staff. I want my helicopter and I want it now.'

'It's not serviceable, sir. Ready tomorrow. They've been working on it for two days.'

'Then the Hawker. I want it airworthy.'

'Now, sir?'

'Now. Not tomorrow, not in an hour. Now.'

The crackle of fire in the far distance brought the man in the long grass to his knees. It was the deepest dusk before complete darkness, the hour when the eyes play tricks and shadows become threats. He lifted the bicycle to its wheels, put the toolbox in the front basket, pedalled across the runway to the escarpment side and began to cycle the mile and a half to the hangars at the far end. The mechanic's coveralls with the 'Z' logo of the Zeta Corporation on the back were unnoticeable in the dusk, and with a panic about to be launched, no one would remark on them for the next thirty minutes either.

The Serb turned on McBride.

'This is where we part company, Mr McBride. I fear you will have to return to Washington by your own means. The problem here will be sorted, and I shall be getting a new head of security. You can tell Mr Devereaux I shall not renege on our deal, but for the moment I intend to kill the intervening days enjoying the hospitality of friends of mine in the Emirates.'

The garage was at the end of the basement corridor and the Mercedes was armoured. Kulac drove, his employer seated in the rear. McBride stood helplessly in the garage as the door rolled up and back, the limousine slid under it, across the gravel and out of the still opening gates in the wall.

By the time the Mercedes had rolled up to it, the hangar was ablaze with light. The small tractor was hitched to the nose-wheel assembly of the Hawker 1000 to tow it out onto the apron.

The last mechanic fastened down the last hatch on the

engines, clattered down the gantry and pulled the structure away from the airframe. In the illuminated cockpit Captain Stepanovic, with his young French co-pilot beside him, was checking instruments, gauges and systems on the strength of the auxiliary power unit.

Zilic and Kulac watched from the shelter of the car. When the Hawker was out on the apron, the door opened, the steps hissed down, and the co-pilot could be seen in the opening.

Kulac left the car alone, jogged the few yards of concrete and ran up the steps into the sumptuous cabin. He glanced to his left towards the closed door of the flight deck. Two strides took him to the lavatory at the rear. He flung the door open. Empty. Returning to the top of the steps, he beckoned to his employer. The Serb left the car and ran to the steps. When he was inside, the door closed, locking them in to comfort and safety.

Outside, two men donned ear defenders. One plugged in the trolley accumulator and Captain Stepanovic started his engines. The two Pratt and Whitney 305s began to turn, then whine, then howl.

The second man stood way out front where the pilot could see him, a neon-lit bar in each hand. He guided the Hawker clear of the hangars and out to the edge of the apron.

Captain Stepanovic lined her up, tested brakes one last time, released them and powered both throttles.

The Hawker began to roll, faster and faster. To one side, miles away, the floodlights around the mansion flickered out, adding to the chaos. The nose lifted towards the sea and the north. To the left the escarpment raced by. The twinjet eased off the tarmac, the faint rumbling stopped, the cliff-edge villas went under the nose and she was out over the moonlit sea.

Captain Stepanovic brought up his undercarriage, handed over to the Frenchman and began to work out flight plan and track for a first fuel stop in the Azores. He had flown to the UAE several times, but never at thirty minutes' notice.

The Hawker tilted to starboard, moving from her northwest take-off heading towards northeast, and passed through ten thousand feet.

Like most executive jets, the Hawker 1000 has a small but luxurious lavatory, right at the back, occupying the whole hull from side to side. And like some, the rear wall is a movable partition giving access to an even smaller cubbyhole for light luggage. Kulac had checked the lavatory, but not the luggage bay.

Five minutes into the flight, the crouching man in the mechanic's coveralls eased the partition aside and stepped into the washroom. He removed the Sig Sauer 9mm automatic from the toolbox, checked the mechanism yet again, eased off the safety catch and walked into the salon. The two men in the rawhide club chairs facing each other stared at him in silence.

'You'll never dare use it,' said the Serb. 'It will penetrate the hull and blow us all away.'

'The slugs have been doctored,' said Avenger evenly. 'One quarter charge. Enough to punch a hole in you, stay inside and kill you, but never go through the hull. Tell your boy I want his piece out, finger and thumb, on the carpet.'

There was a short exchange in Serbo-Croat. His face dark with rage, the bodyguard eased out his Glock from the left armpit holster and dropped it.

'Kick it toward me,' said Dexter. Zilic complied.

'And the ankle gun.'

Kulac wore a smaller back-up gun taped round his left ankle, under the sock. This was also kicked out of range. Avenger produced a pair of handcuffs and tossed them to the carpet.

'Your pal's left ankle. Do it yourself. In vision all the time or you lose a kneecap. And yes, I am that good.'

'A million dollars,' said the Serb.

'Get on with it,' said the American.

'Cash, any bank you like.'

'I'm losing patience.'

The handcuff went on.

'Tighter.'

Kulac winced as the metal bit.

'Round the seat stanchion. And to the right wrist.'

'Ten million. You're a fool to say no.'

The answer was a second pair of cuffs . . .

'Left wrist, through your friend's chain, then right wrist. Back up. Stay in my vision or you're the one saying adios to the kneecap.'

The two men crouched, side by side, on the floor, tethered to each other and the assembly holding the seat to the floor, which Dexter hoped would be stronger even than the giant bodyguard.

Avoiding their grip he stepped round them and walked to the cabin door. The captain presumed the opening door was his owner coming forward to ask for progress. The barrel of the gun nudged his temple.

'It is Captain Stepanovic, isn't it?' said a voice. Washington Lee, who had intercepted the email from Wichita, had told him.

'I have nothing against you,' said the hijacker. 'You and your friend here are simply professionals. So am I. Let's keep it that way. Professionals do not do stupid things if they can be avoided. Agreed?'

The captain nodded. He tried to glance behind him, into the cabin.

'Your owner and his bodyguard are disarmed and chained to the fuselage. There will be no help coming. Please do just as I say.'

'What do you want?'

'Alter course.' Avenger glanced at the Electronic Flight Instrument System just above the throttles. 'I suggest Three-One-Five degrees, compass true, should be about right. Skirt the eastern tip of Cuba, as we have no flight plan.'

'Final destination?'
'Key West, Florida.'
'The USA?'
'Land of my fathers,' said the man with the gun.

CHAPTER THIRTY-TWO

The Rendition

DEXTER HAD MEMORIZED THE ROUTE FROM SAN MARTIN TO KEY West, but there was no need. The avionics on the Hawker are so clear that even a non-flier can follow the liquid crystal display showing intended course and line of track.

Forty minutes out from the coast he saw the blur of Grenada's lights slip under the starboard wing. Then came the two hours of over-water haul to make landfall on the south coast of the Dominican Republic.

After two more, between the coast of Cuba and the Bahamas' biggest island, Andros, he leaned forward and touched the Frenchman's ear with the tip of the automatic.

'Disconnect the transponder now.'

The co-pilot looked across at the Yugoslav who shrugged and nodded. The co-pilot switched it off. With the transponder, designed to pulse out an endlessly repeated identification signal, disconnected, the Hawker was reduced simply to a speck on the radar screen of someone looking very closely indeed. To anyone not looking that closely, it had ceased to exist. But it had also announced it was a suspect intruder.

South of Florida, reaching far out over the sea, is the Air

Defence Identification Zone, designed to protect the south-eastern flank of the USA from the continuous war of the drug smugglers. Anyone entering ADIZ without a flight plan was playing hide and seek with some very sophisticated metal.

'Drop to four hundred feet above the sea,' said Dexter. 'Dive and dive now. All nav and cabin lights off.'

'That is very low,' said the pilot as the nose dropped through thirty thousand feet. The aircraft went dark.

'Pretend it's the Adriatic. You've done it before.'

It was true. As a fighter pilot in the Yugoslav Air Force, Colonel Stepanovic had led dummy attacks against the Croatian coast at well below four hundred feet to slip under the radar. Still, he was right.

The moonlit sea at night is mesmeric. It can lure the low-flying pilot down and down until he flips the surface of the waves, rolls in and dies. Altimeters under five hundred feet have to be spot-on accurate and constantly checked. Ninety miles southeast of Islamorada the Hawker levelled at four hundred feet and raced over the Santaren Channel towards the Florida Keys. Coming in at sea level those last ninety miles almost fooled the radar.

'Key West Airport, runway Two-Seven,' said Dexter. He had studied the layout of his chosen landfall. Key West Airport faces east–west, with one runway along that axis. All the passenger and ops buildings are at the eastern end. To land heading west would put the entire length of the runway between the Hawker and the vehicles racing towards it. Runway Two-Seven means point to compass heading 270, or due west.

At fifty miles from touchdown they were spotted. Twenty miles north of Key West is Cudjoe Key, home to a huge balloon tethered to a cable and riding twenty thousand feet in the sky. Where most coastal radars look outwards and up, the Cudjoe eye-in-the-sky looks down. Its radars can see any aeroplane trying to slip in under the net.

Even balloons need occasional maintenance, and the one at Cudjoe is brought down at random intervals which are never announced. It had been down that evening by chance and was heading back up. At ten thousand feet it saw the Hawker coming out of the black sea, transponder off, no flight plan. Within seconds two F-16s on duty alert at Pensacola Air Force Base were barrelling down the runway, going straight to after-burn once they cleared the deck.

Climbing and breaking the sound barrier, the Fighting Falcons formated the headed south for the last of the Keys. Thirty miles out, Captain Stepanovic was down to two hundred knots and lining up. The lights of Cudjoe and Sugarloaf Keys twinkled to starboard. The fighters' look-down radars picked up the intruder and the pilots altered course a tad to come in from behind. Against the Hawker's two hundred knots the Falcons were moving at over a thousand.

As it happened George Tanner was duty controller at Key West that night and was within minutes of closing the airport down when the alarm was raised. The position of the intruder indicated it was actually trying to land, which was the smart thing to do. Darkened intruders with lights and transponder switched off are given, after fighter interception, one warning to do as they are told and land where they are told. There are no second warnings: the war against the drug smugglers is too serious for games.

Still and all, a plane can have an on-board emergency and deserves a chance to land. The light stayed on. Twenty miles out the crew of the Hawker could see the lights of the runway glowing ahead of them. Above and behind, the F-16s began to drop and air-brake. For them two hundred knots was almost landing speed.

Ten miles from touchdown the Falcons found the darkened

Hawker by the red glow from the jet efflux each side of its tail. The first the aircrew in the cabin knew, the deadly fighters were formating with each wing tip.

'Unidentified twin jet, look ahead and land. I say look ahead and land,' said a voice in the captain's ear.

Undercarriage came down, with one-third flap. The Hawker adopted its landing posture. Chica Key Naval Air Station swept past to the right. The Hawker's main wheels felt for the touchdown markings, found the concrete and it was down on US territory.

For the last hour Dexter had had the spare earphones over his head and the mike in front of his mouth. As the wheels hit the tarmac he keyed the transmit button.

'Unidentified Hawker jet to Key West Tower, do you read?'

The voice of George Tanner came clearly into his ears.

'Read you five.'

'Tower, this airplane contains a mass murderer and a killer of an American in the Balkans. He is manacled to his seat. Please inform your police chief to exercise close custody and await the federal marshals.'

Before waiting for a reply, he disconnected and turned to Captain Stepanovic.

'Go right to the far end, stop there and I'll leave you,' said the hijacker. He rose and pocketed his gun. Behind the Hawker the Crash/Fire/Rescue trucks left the airport buildings and came after them.

'Door open please,' said Dexter.

He left the flight deck and walked back through the cabin as the lights came on. The two prisoners blinked in the glare. Through the open door Dexter could see the trucks racing towards them. Flashing red/blues indicated police cars. The wailing sirens were faint but getting closer.

'Where are we?' shouted Zoran Zilic.

'Key West,' said Dexter.

'Why?'

'Remember a meadow? In Bosnia? Spring of ninety-five? An American kid pleading for his life? Well, pal, all this' – he waved his hand outside – 'is a present from the boy's grandpa.'

He walked down the steps and strode to the nose-wheel assembly. Two bullets blew out the tyres. The boundary fence was twenty yards away. The dark coveralls were soon lost in the blackness as he vaulted the chain-link and walked away through the mangrove.

The airport lights behind him dimmed through the trees but he began to make out the flashes of car and truck headlights on the highway beyond the swamp. He pulled out a cellphone and dialled by the glow of the tiny screen. Far away in Windsor, Ontario, a man answered.

'Mr Edmond?'

'This is he.'

'The package from Belgrade that you asked for has landed at Key West airport, Florida.'

He said no more and barely heard the yell at the other end before disconnecting. Just to be sure, the cellphone spun away into the brackish swamp water beside the track to be lost for ever.

Ten minutes later a senator in Washington was roused from his dinner and within an hour two marshals from the Federal Marshal Service Bureau in Miami were speeding south.

Before the marshals were through Islamorada, a teamster driving north, just out of Key West, on the US1, saw a lone figure by the roadside. Thinking the coveralls meant a stranded trucker, he stopped.

'I'm going up as far as Marathon,' he called down. 'Any use?'

'Marathon will do just fine,' said the man. It was twenty before midnight.

It took Kevin McBride the whole of the 9th to find his way

home. Major van Rensberg, still trying to find the missing impostor, consoling himself that at least his employer was safe, despatched the CIA man as far as the capital city. Colonel Moreno fixed him a passage from the airport to Paramaribo. A KLM flight ferried him to Curaçao Island. There was a connector to Miami International and thence a shuttle to Washington. He landed very late and very tired. On the Monday morning he was early when he walked into Paul Devereaux's office but his chief was already there.

He looked ashen. He seemed to have aged. He gestured McBride to a seat and wearily pushed a sheet across the desk.

All good reporters go out of their way to maintain an excellent contact with the police forces of their area. They would be crazy not to. The Key West correspondent of the *Miami Herald* was no exception. The events of the Saturday night were leaked to him by friends on the Key West force by Sunday noon and his report filed well in time for the Monday edition. It was a synopsis of the story that Devereaux found on his desk that Monday morning.

The tale of a Serbian warlord and suspected mass murderer detained in his own jet after an emergency landing at Key West International had made the third lead on the front page.

'Good Lord,' whispered McBride as he read. 'We thought he had escaped.'

'No. It seems he was hijacked,' said Devereaux. 'You know what this means, Kevin? No, of course you don't. My fault. I should have explained to you. Project Peregrine is dead. Two years of work down the Swanee. It cannot go forward without him.'

Line by line, the intellectual explained the conspiracy he had devised to accomplish the greatest anti-terrorist strike of the century.

'When was he due to fly to Karachi and on to the Peshawar meeting?'

'The twentieth. I just needed that extra ten days.'

He rose and walked to the window, gazing out at the trees, his back to McBride.

'I have been here since dawn, when a phone call woke me with the news. Asking myself: how did he do it, this damnable, bloody man Avenger?'

McBride was silent, mute in his sympathy.

'Not a stupid man, Kevin. I will not have it that I was bested by a stupid man. Clever, more than I could have thought. Always just one step ahead of me . . . He must have known he was up against me. Only one man could have told him. And you know who that was, Kevin?'

'No idea, Paul.'

'That sanctimonious bastard in the FBI called Colin Fleming. But even tipped off, how did he beat me? He must have guessed we would engage the cooperation of the Surinam embassy here. So he invented Professor Medvers Watson, butterfly hunter extraordinaire. And fictional. And a decoy. I should have spotted it, Kevin. The professor was a phoney and he was meant to be discovered. Two days ago I got news from our people in Surinam. Know what they told me?'

'No, Paul.'

'That the real cover-name, the Englishman Henry Nash, got his visa in Amsterdam. We never thought of Amsterdam. Clever, clever bastard. So Medvers Watson went in and died in the jungle. As intended. And it bought the man six days while we proved it was a sting. By then he was inside and watching the estate from the mountaintop. Then you went in.'

'But I missed him too, Paul.'

'Only because that idiot South African refused to listen to you. Of course the chloroformed peon had to be discovered in the mid-morning. Of course the alarm had to be raised. To bring the dogs in. To permit the third sting, the presumption that he had murdered a guard and taken his place.'

'But I was at fault as well, Paul. I honestly thought I saw an extra guard trotting into the mansion grounds in the dusk. Apparently there wasn't one. By dawn they were all accounted for.'

'By then it was too late. He had hijacked the aircraft.'

Devereaux turned from the window and walked over to his deputy. He held out his hand.

'Kevin, we all slipped up. He won, I lost. But I appreciate everything you did and tried to do. As for Colin Fleming, the moralizing bastard who tipped him off, I'll deal with him in my own time. For the moment, we have to start again. UBL is still out there. Still planning. Still plotting. I want the whole team in here tomorrow at eight. Coffee and Danish. We'll catch the CNN news, then go into a major session. Autopsy and forward planning. Where we go from here.'

McBride turned to go.

'You know,' said Devereaux as he reached the door, 'if there's one thing that thirty years in this agency has taught me, it's this. There are some levels of loyalty that command us beyond even the call of duty.'

The Loyalty

KEVIN McBRIDE WALKED DOWN THE HALL AND TURNED INTO THE executive washroom. He felt drained; days of travelling, worrying, not sleeping, had left him exhausted.

He stared at his tired face in the mirror above the hand basins and wondered at Devereaux's last Delphic remark. Would Project Peregrine have worked? Would the Saudi master-terrorist have fallen for it? Would his acolytes have showed up in Peshawar in ten days? Would they have made the vital phone call for the listening NSA to intercept?

Too late now. Zilic would never travel again, save to a US courtroom and thence to a maximum security jail. What was done was done.

He dunked his face a dozen times and stared at the man in the mirror. Fifty-six, going on fifty-seven. A thirty-year man, due to take his pension at the end of December.

In the spring, he and Molly would do what he had long promised. Their son and daughter were through college and making their own careers. He wanted his daughter and her husband to make him a grandchild whom he could spoil rotten. While waiting, they would buy the big motorhome he had promised Molly and go see the Rockies. He knew he had a rendezvous with some serious cut-throat trout up in Montana.

A much younger agent, a newly joined GS12, came out of a cubicle and began to wash his hands two basins down. One of the team. They nodded and smiled. McBride took paper towels and dabbed his face dry.

'Kevin,' said the youngster.

'Yep.'

'Mind if I ask you a question?'

'Ask away.'

'It's kind of personal.'

'Then maybe I won't answer it.'

'The tattoo on your left arm. The grinning rat with his pants down. What does it mean?'

McBride was still looking in the mirror, but he seemed to see two young GIs, rat-assed on beer and wine, laughing in the warm Saigon night, and a white petromax lamp hissing, and a Chinese tattooist at work. Two young Americans who would part company, but be bound by a bond that nothing could ever break. And he saw a slim file a few weeks earlier, which mentioned a tattoo of a grinning rat on the left forearm. And he heard the order to find the man, and have him killed.

He slipped his bracelet watch back on his wrist and flipped his sleeve back down. He checked the day-date window. Tenth September, 2001.

'It's quite a story, son,' said the Badger, 'and it all happened long ago and far away.'